QUESTÕES ATUAIS SOBRE OS MEIOS
DE IMPUGNAÇÃO CONTRA
DECISÕES JUDICIAIS

LEONARDO CARNEIRO DA CUNHA
Coordenador

QUESTÕES ATUAIS SOBRE OS MEIOS DE IMPUGNAÇÃO CONTRA DECISÕES JUDICIAIS

Belo Horizonte

2012

© 2012 Editora Fórum Ltda.

É proibida a reprodução total ou parcial desta obra, por qualquer meio eletrônico, inclusive por processos xerográficos, sem autorização expressa do Editor.

Conselho Editorial

Adilson Abreu Dallari
Alécia Paolucci Nogueira Bicalho
Alexandre Coutinho Pagliarini
André Ramos Tavares
Carlos Ayres Britto
Carlos Mário da Silva Velloso
Carlos Pinto Coelho Motta (*in memoriam*)
Cármen Lúcia Antunes Rocha
Cesar Augusto Guimarães Pereira
Clovis Beznos
Cristiana Fortini
Dinorá Adelaide Musetti Grotti
Diogo de Figueiredo Moreira Neto
Egon Bockmann Moreira
Emerson Gabardo
Fabrício Motta
Fernando Rossi
Flávio Henrique Unes Pereira

Floriano de Azevedo Marques Neto
Gustavo Justino de Oliveira
Inês Virgínia Prado Soares
Jorge Ulisses Jacoby Fernandes
José Nilo de Castro (*in memoriam*)
Juarez Freitas
Lúcia Valle Figueiredo (*in memoriam*)
Luciano Ferraz
Lúcio Delfino
Marcia Carla Pereira Ribeiro
Márcio Cammarosano
Maria Sylvia Zanella Di Pietro
Ney José de Freitas
Oswaldo Othon de Pontes Saraiva Filho
Paulo Modesto
Romeu Felipe Bacellar Filho
Sérgio Guerra

Luís Cláudio Rodrigues Ferreira
Presidente e Editor

Coordenação editorial: Olga M. A. Sousa
Revisão: Cristhiane Maurício
Gehilde Reis
Bibliotecário: Fábio Jaderson Miguel Reis – CRB 3025P – 6ª Região
Capa, projeto gráfico: Walter Santos
Diagramação: Karine Rocha

Av. Afonso Pena, 2770 – 15º/16º andares – Funcionários – CEP 30130-007
Belo Horizonte – Minas Gerais – Tel.: (31) 2121.4900 / 2121.4949
www.editoraforum.com.br – editoraforum@editoraforum.com.br

Q5 Questões atuais sobre os meios de impugnação contra decisões judiciais / Coordenador Leonardo Carneiro da Cunha. Belo Horizonte: Fórum, 2012.

332 p.
ISBN 978-85-7700-580-2

1. Direito processual civil. 2. Direito constitucional. I. Cunha, Leonardo Carneiro da. II Título.

CDD: 347.05
CDU: 347.91

Informação bibliográfica deste livro, conforme a NBR 6023:2002 da Associação Brasileira de Normas Técnicas (ABNT):

CUNHA, Leonardo Carneiro da (Coord.). *Questões atuais sobre os meios de impugnação contra decisões judiciais*. Belo Horizonte: Fórum, 2012. 332 p. ISBN 978-85-7700-580-2.

SUMÁRIO

PREFÁCIO
Leonardo Carneiro da Cunha..11

EVOLUÇÃO HISTÓRICA E NATUREZA JURÍDICA DO RECURSO
EXTRAORDINÁRIO BRASILEIRO E DA APELAÇÃO EXTRAORDINÁRIA
MEXICANA
Alexandre Freire Pimentel, Irving William Chaves Holanda 13
1   Introdução 13
2   Recursos: origem, evolução e conceito 14
3   Natureza jurídica recursal 15
4   Delimitação do significado da "extraordinariedade" recursal............................16
5   Origem e evolução do recurso extraordinário brasileiro.....................................17
6   A apelação extraordinária mexicana 20
7   Considerações finais 22
    Referências 23

PRINCÍPIO DA COOPERAÇÃO – UMA PERSPECTIVA HERACLITIANA
NO PROCESSO CIVIL
Alyson Rodrigo Correia Campos 25
1   Introdução 25
2   Princípios e regras..26
3   Em linhas históricas 26
4   Uma perspectiva alemã 27
5   Colisões e associações no universo da Principiologia..29
6   Deveres: caracteres ou atributos do princípio da interação processual? 31
6.1 Dever de prevenção 31
6.2 Dever de esclarecimento 32
6.3 Dever de consulta 32
6.4 Dever de auxílio...34
7   Mais uma questão de gênero e espécie? 35
8   Considerações prospectivas...37
    Referências 38

AGRAVO DE INSTRUMENTO DO ARTIGO 475-H DO CPC E A NATUREZA DA DECISÃO DE LIQUIDAÇÃO DE SENTENÇA
Felipe Regueira Alecrim 39
1   Tutela jurisdicional executiva e a execução de título judicial 39
2   O procedimento executivo e a liquidação de sentença: conceito, espécies
       e julgamento 40
3   O agravo de instrumento 41
4   A decisão interlocutória e a sentença 42
5   Artigo 475-H do CPC: a decisão de liquidação é uma decisão interlocutória
       ou uma sentença? 43
6   Conclusão 47
       Referências 48

PARADOXOS DO RECURSO EXTRAORDINÁRIO COMO FERRAMENTA DO DIREITO PROCESSUAL CONSTITUCIONAL
Francisco de Barros e Silva Neto 49

UM GRANDE AVANÇO – A APELAÇÃO CÍVEL SEM EFEITO SUSPENSIVO
Frederico Augusto Leopoldino Koehler 59
1   Introdução 59
2   Apelação cível sem efeito suspensivo 60
3   Conclusão 66
       Referências 67

DUPLO GRAU DE JURISDIÇÃO – NOVOS CONTORNOS E SIGNIFICAÇÕES
Isabela Lessa de Azevedo Pinto Ribeiro 69
1   Apontamentos preliminares 69
2   Arcabouço principiológico e constitucional do processo 71
3   Duplo grau de jurisdição 73
3.1   Do duplo grau de jurisdição enquanto princípio constitucional: notas conceituais 74
3.2   Duplo grau de jurisdição e limitações infraconstitucionais 76
4   O contraditório sucessivo e o art. 518, CPC 77
5   Conclusões 79
       Referências 80

DA REPERCUSSÃO GERAL COMO *PRESSUPOSTO ESPECÍFICO* E COMO *FILTRO OU BARREIRA DE QUALIFICAÇÃO* DO RECURSO EXTRAORDINÁRIO
Ivo Dantas 83
1   O Recurso Extraordinário, a Arguição de Relevância prevista na EC 7/77
       e a Medida Provisória nº 2.226, de 4.9.2001 como precedentes da repercussão
       geral na EC 45/2004. O STF e a Doutrina 83
1.1   O exemplo argentino. A "Acordada" de 4/2007 e a regulamentação dos requisitos
       formais para interposição do recurso de inconstitucionalidade e "recursos de queja" 90
2   A tramitação legislativa da *Repercussão Geral* 98
2.1   A *repercussão geral no Recurso Extraordinário* prevista no art. 102 §3º da
       EC nº 45/2004 da CF e a Lei nº 11.418/06 100
3   A Emenda Regimental nº 21 do Regimento Interno do STF 108

4	Natureza jurídica da repercussão	111
5	A repercussão geral e o processo penal	111
6	Nossa posição	113

EFEITO SUSPENSIVO E SUA CONCESSÃO JUDICIAL – APELAÇÃO, RECURSOS ESPECIAL E EXTRAORDINÁRIO
João Luiz Lessa de Azevedo Neto 117

1	Efeitos dos recursos	117
2	A apelação e o critério *ope judicis* para a obtenção do efeito suspensivo	122
2.1	A posição restritiva do Superior Tribunal de Justiça	128
2.2	Os efeitos da apelação quando há um processo cautelar e um processo principal	129
3	Obtenção do efeito suspensivo nos recursos especial e extraordinário	129
3.1	O tribunal a que deve ser dirigida a cautelar	131
3.1.1	Uma crítica à atual posição dos tribunais	133
3.2	Requisitos para a concessão de efeito suspensivo aos Recursos Excepcionais pelos tribunais superiores	135
3.3	O controle pelos Tribunais Superiores da decisão do tribunal a quo sobre o efeito suspensivo	136
4	Conclusão	138
	Referências	138

SUSPENSÃO DE LIMINAR – CRÍTICA À POSSIBILIDADE DE INTERPOSIÇÃO CONCOMITANTE AO AGRAVO DE INSTRUMENTO (§6° DO ARTIGO 4° DA LEI Nº 8.437/92)
João Victor Lima 141

1	Introdução	141
2	Conceitos relevantes	142
2.1	Agravo de instrumento	142
2.2	Suspensão de liminar	144
3	Cotejo analítico entre os dois meios de impugnação analisados	147
3.1	Da inconstitucionalidade do §6º do artigo 4º da Lei nº 8.437/92: violação ao artigo 5º, *caput*, da CF/88	151
4	Problemáticas decorrentes da aplicação do §6° do artigo 4° da Lei nº 8.437/92	152
4.1	Natureza jurídica	152
4.2	Da duração da suspensão concedida	153
	Referências	155

SENTENÇA LIMINAR DE IMPROCEDÊNCIA E A ATUAÇÃO DO TRIBUNAL NO JULGAMENTO DA APELAÇÃO (ARTIGO 285-A DO CPC)
Lucas Lima Costa Miranda 157

1	Introdução	157
2	O artigo 285-A do CPC	159
2.1	Considerações preliminares	160
2.2	Procedimento	163
3	Efeito devolutivo	165
4	Atuação do tribunal no julgamento da apelação contra sentença liminar de improcedência	166

5	A natureza das contrarrazões	170
6	Sistemática do julgamento liminar de improcedência no projeto do novo CPC	173
7	Conclusão	175
	Referências	175

O PROCEDIMENTO DA LEI Nº 11.672/2008 A PARTIR DA MANIFESTAÇÃO DO *AMICUS CURIAE*
Marta Patriota 177

1	Introdução	177
2	O processo civil constitucionalizado	178
2.1	O direito processual e o princípio fundamental do contraditório	178
2.2	O contraditório como cooperação	179
3	A positivação do *amicus curiae*: Lei nº 11.672/08	181
3.1	O julgamento por atacado (artigo 543-C, CPC)	181
3.2	A intervenção do *amicus curiae*: interesse institucional	182
3.3	Legitimidade recursal	185
3.4	Limites à manifestação	187
4	Conclusão	188
	Referências	189

PRINCÍPIO DA FUNGIBILIDADE NA ESFERA RECURSAL BRASILEIRA E A PROBLEMÁTICA DO PRAZO MENOR – APEGO AO FORMALISMO OU REQUISITO DA DÚVIDA OBJETIVA?
Paulynne Rocha V. Figueiredo 191

1	Da natureza normativa dos princípios no ordenamento jurídico	191
2	Princípios processuais na Constituição Federal	193
3	Dos princípios processuais da economicidade e da instrumentalidade das formas	195
4	Dos princípios recursais	195
4.1	Princípio da singularidade	195
4.2	Princípio da correspondência	197
5	Do princípio da fungibilidade	197
5.1	Da dúvida objetiva, da má-fé e do erro grosseiro	199
6	Do princípio da fungibilidade na jurisprudência nacional	201
	Conclusão	203
	Referências	204

A AÇÃO RESCISÓRIA E A PROBLEMÁTICA DOS CAPÍTULOS DE SENTENÇA
Ravi de Medeiros Peixoto 207

1	Introdução	207
2	Breves comentários sobre o instituto da competência	209
2.1	Competência absoluta e relativa	210
2.2	Competência da ação rescisória	210
2.3	Capítulos da decisão judicial	213
2.4	Recurso parcial, efeito devolutivo e translativo	214
3	Em defesa do trânsito em julgado progressivo	216
4	Da possibilidade de interposição de várias ações rescisórias	217
5	Competência da ação rescisória em face da sentença complexa	218

6	Problemática dos prazos com o trânsito em julgado progressivo	222
7	Conclusão	224
	Referência	225

O CABIMENTO DA AÇÃO RESCISÓRIA NOS JUIZADOS ESPECIAIS FEDERAIS
Roberto Corte Real Curra 229

1	Introdução	229
2	Coisa julgada e ação rescisória	230
3	Cabimento da ação rescisória nos Juizados Especiais Federais	233
4	A taxatividade do artigo 3º, §1º, da Lei nº 10.259/01	236
5	Conclusão	238
	Referências	239

UMA TENTATIVA DE SISTEMATIZAÇÃO DO USO DE EMBARGOS DECLARATÓRIOS PARA FINS DE PREQUESTIONAMENTO
Rodolfo Botelho Cursino 241

1	Introdução	241
2	O prequestionamento	242
2.1	Histórico	242
2.2	Conceito	244
2.3	As formas de prequestionar: os prequestionamentos explícito, implícito, numérico e ficto	245
3	O uso de embargos declaratórios para fins de prequestionamento	247
3.1	Os embargos declaratórios e o caminho do prequestionamento no âmbito do Supremo Tribunal Federal e do Superior Tribunal de Justiça	249
4	Problemática no uso dos embargos declaratórios sob a justificativa de prequestionamento	253
4.1	A tentativa de pós-questionamento	253
4.2	O requerimento de pronunciamento expresso dos dispositivos violados e os embargos inquisitórios	256
4.3	A automática oposição de embargos declaratórios como requisito para interposição dos recursos excepcionais	257
5	A Súmula nº 98/STJ e os embargos declaratórios protelatórios	258
6	Considerações finais	260
	Referências	261

RESCISÃO POR MEIO DE EMBARGOS
Rodrigo Numeriano Dubourcq Dantas 265

1	Limites impostos à estabilidade dos pronunciamentos jurisdicionais: os novos contornos da coisa julgada	265
2	A natureza das sentenças inconstitucionais: considerações sobre "invalidade", "nulidade" e "inexistência"	268
3	O reconhecimento da inconstitucionalidade como fundamento do *ius rescindens*	270
4	*Embargos Rescisórios*: o parágrafo único do art. 741 do CPC e as questões de direito intertemporal	271
4.1	Hipóteses de cabimento	273
4.2	Do prazo para o ajuizamento	277

4.3	Da competência para processar e julgar	278
5	A redefinição dos resultados do processo anterior: efeitos dos embargos rescisórios e suma conclusiva	279
	Referências	281

O AGRAVO DE INSTRUMENTO INTERPOSTO CONTRA DECISÕES LIMINARES E A SUPERVENIÊNCIA DE SENTENÇA
Sheila Pinto Giordano 283

	Introdução	283
1	Considerações introdutórias	284
1.1	Efeitos do agravo	285
1.2	Tutelas de urgência: tutela antecipatória, tutela cautelar e medida liminar	285
1.3	Medidas de urgência no âmbito recursal	286
2	O agravo de instrumento e a superveniência de sentença	287
3	O agravo de instrumento interposto contra decisões liminares e a superveniência de sentença	288
3.1	A existência da controvérsia	288
3.2	Critérios para solução	290
	Conclusão	310
	Referências	310

POSSIBILIDADE DE ALEGAÇÃO DE PRESCRIÇÃO NAS INSTÂNCIAS RECURSAIS EXTRAORDINÁRIAS
Tamyres Tavares de Lucena 313

1	Prescrição: aspectos jurídicos relevantes	313
2	Consequências da alteração legislativa provocada pela Lei 11.280/2006	316
3	O tratamento jurídico dado à prescrição na esfera recursal extraordinária	320
4	Recursos Excepcionais: regime jurídico	320
5	Possibilidade de reconhecimento de questões de ordem pública nos Recursos Excepcionais	322
6	Posicionamento jurisprudencial das Cortes Superiores a respeito do efeito translativo nos recursos de estrito direito	327
7	Conclusão	328
	Referências	329

SOBRE OS AUTORES 331

PREFÁCIO

Logo que tomei posse no cargo de Professor Adjunto da tradicional Faculdade de Direito do Recife (FDR/UFPE), fui designado para lecionar em duas turmas, no período noturno, de Direito Processual Civil 3, cujo conteúdo programático abrange *sentença, coisa julgada, ação rescisória* e *recursos*.

No decorrer das aulas, impressionou-me a excelente qualidade dos alunos e o interesse na pesquisa, na extensão universitária e na produção acadêmica. Em pouco tempo, um grupo de alunos convidou-me para organizar, orientar e coletar textos, a serem produzidos por eles mesmos, que deveriam versar sobre *os meios de impugnação de atos judiciais*, tema que se relacionava com a disciplina por mim então ministrada.

Não hesitei em aceitar o convite.

Aproveitei a oportunidade e criei um grupo de pesquisa na faculdade, estendendo o convite a alguns professores, que se apressaram em aceitá-lo e encaminharam seus textos para o nosso grupo.

O resultado disso foi a reunião de interessantes, caprichados, oportunos e bem elaborados textos.

De autoria do titular do Departamento de Direito Público Geral e Processual da FDR/UFPE, professor doutor Ivo Dantas, tem-se o destacado texto sobre a *Repercussão geral como pressuposto específico e como filtro ou barreira de qualificação do recurso extraordinário*, em que é feita análise detalhada do instituto que ainda se apresenta como novidade no sistema processual brasileiro.

O doutor Alexandre Freire Pimentel, que é professor adjunto da FDR/UFPE, juntamente com o Irving Chaves de Holanda, professor da Escola do Legislativo da Assembleia Legislativa do Estado de Pernambuco – ALEPE, discorreram sobre a *Evolução histórica e natureza jurídica do recurso extraordinário brasileiro e da apelação extraordinária mexicana*, fazendo uma comparação bastante interessante e útil para compreensão do regime jurídico do recurso extraordinário.

Paradoxos do recurso extraordinário como ferramenta do Direito Processual Constitucional é o título do artigo do doutor Francisco Barros e Silva Neto, professor adjunto da FDR/UFPE, em que expõe suas interessantes e bem ponderadas reflexões sobre alguns paradoxos atuais do recurso extraordinário dentro do sistema processual brasileiro.

Coerente com sua linha de pesquisa e alinhado ao tema de sua dissertação de mestrado, o mestre Frederico Augusto Leopoldino Koehler, professor substituto da FDR/UFPE e professor da Faculdade Boa Viagem – FBV, tratou da *apelação sem efeito suspensivo*, demonstrando a necessidade de o recurso de apelação ser dotado apenas de efeito devolutivo, como uma forma de concretização da duração razoável do processo.

Também contribui com interessante trabalho a respeito dos *novos contornos e significações do duplo grau de jurisdição* a mestre Isabela Lessa Ribeiro, professora da Faculdade Christus em Fortaleza/CE.

Ao lado dos textos dos professores, há os artigos dos alunos, que foram fruto de dedicada pesquisa, tendo sido elaborados com muito afinco e com muita vontade de produzir o melhor da investigação que fizeram, todos preocupados em expor a opinião dos principais processualistas, sem deixar de demonstrar suas opiniões próprias, com juízo crítico e analítico.

Assim, João Luiz Lessa Neto tratou, com detalhes, do *efeito suspensivo e de sua concessão judicial na apelação e nos recursos especial e extraordinário*. Paulynne Figueiredo discorreu, com segurança, sobre o *princípio da fungibilidade recursal*, enfocando o problema da observância do prazo do recurso que seria cabível. Por sua vez, Ravi Peixoto disserta sobre a *ação rescisória e a problemática dos capítulos de sentença*, enfrentando, com detalhes e de forma crítica, as opiniões lançadas pela doutrina acerca do tema, além de cotejá-las com precedentes dos tribunais superiores, manifestando-se sobre cada uma delas e apresentando importantes sugestões.

Tamyres Lucena trata da *possibilidade de alegação de prescrição nas instâncias recursais extraordinárias*, valendo-se de boa doutrina e seleta jurisprudência para justificar sua opinião. Já Rodolfo Cursino preferiu discorrer sobre o *indevido uso de embargos declaratórios para fins de prequestionamento*, tema sempre atual e relevante. A preocupação de Roberto Curra relaciona-se com o *cabimento da ação rescisória nos Juizados Especiais Federais*, chegando a entender que seria inconstitucional sua vedação. Os estudos realizados por Sheila Pinto resultaram na elaboração de oportuno texto, de inegável repercussão prática, sobre *a perda de objeto do agravo de instrumento em face da superveniência de sentença e a antecipação de tutela*.

O procedimento da Lei nº 11.672/2008 a partir da manifestação do amicus curiae é o título do artigo de autoria de Marta Patriota, tendo João Victor Lima dissertado sobre a *suspensão de liminar e a possibilidade de interposição concomitante do agravo de instrumento*. Para Lucas Miranda impõe-se concluir pela *possibilidade de reforma, pelo tribunal, de sentença liminar de improcedência (CPC, artigo 285-A)*. Já Rodrigo Numeriano tratou do polêmico parágrafo único do artigo 741 do CPC que permite ao executado, por meio de embargos, obter a *rescisão da sentença* que se funda em lei tida por inconstitucional, desfazendo-se, assim, a chamada *coisa julgada inconstitucional*.

A Felipe Regueira Alecrim coube tratar do *agravo de instrumento do artigo 475-H do CPC e a natureza da decisão e liquidação de sentença*, enquanto Alyson Rodrigo Correia Campos discorreu sobre o *princípio da cooperação: uma perspectiva heraclitiana no processo civil*.

De posse de tais textos, procurei a Editora Fórum, que se interessou imediatamente pelos trabalhos, propondo-se a publicá-los por meio desta coletânea que ora se lança ao público.

A presente coletânea reúne, portanto, esses interessantes, instigantes e atuais temas que foram estudados por professores com experiência no assunto e, igualmente, por alunos dedicados ao aprofundamento dos estudos de temas examinados em sala de aula, que não se acomodaram, nem se conformaram em simplesmente estudar para as avaliações da faculdade. Foram além: desenvolveram interessantes e bem redigidos textos a partir de suas leituras, ponderações e críticas.

Aproveito a oportunidade para agradecer aos professores e à Editora Fórum que, de pronto, aceitaram o convite. E aos alunos, registro meus parabéns pelos textos, cuja publicação transformará seus sonhos em projetos realizados.

Leonardo Carneiro da Cunha

EVOLUÇÃO HISTÓRICA E NATUREZA JURÍDICA DO RECURSO EXTRAORDINÁRIO BRASILEIRO E DA APELAÇÃO EXTRAORDINÁRIA MEXICANA

ALEXANDRE FREIRE PIMENTEL
IRVING WILLIAM CHAVES HOLANDA

1 Introdução

A partir do estudo da evolução histórica dos recursos, este artigo propõe-se a analisar o desenvolvimento conceitual do instituto, centrando-se sobre as diferentes correntes doutrinárias edificadas a respeito da natureza jurídica recursal.

Em sucessivo, serão esquadrinhadas duas distintas concepções acerca da "extraordinariedade" recursal: a que considera como extraordinário o recurso destinado à manutenção da ordem constitucional de um estado federado, como o remédio previsto no artigo 102 da nossa Constituição Federal; e a que considera como extraordinário o recurso interponível após o trânsito em julgado da sentença, como chegou a ventilar o nosso CPC, artigo 467, e como permite o código de processo civil do distrito federal mexicano.

Essa problematização terá como base comparativa o recurso extraordinário brasileiro e a apelação extraordinária mexicana. Depois de adentramos na procedimentalização e hipóteses de cabimento de ambos, tentar-se-á demonstrar que nos sistemas que admitem a interposição recursal após a formação da coisa julgada a doutrina tende a atribuir aos recursos, ditos extraordinários, natureza jurídica de ação autônoma. Diferentemente, nos ordenamentos em que isso não é admissível prevalece a corrente de pensamento que considera os recursos como um mero prolongamento do mesmo direito de ação já exercitado, atribuindo-lhes, consequentemente, natureza de remédios ou ônus processuais.

Por fim, esclareça-se que a opção pela apelação extraordinária mexicana deve-se ao fato de o tema já ter sido objeto de pesquisa do advogado Gilmar José Menezes Serra Júnior, enquanto estudante de graduação, em regime de intercâmbio com a *Universidad Autónoma* do México, na qual o primeiro autor do presente artigo participou na condição de orientador.

2 Recursos: origem, evolução e conceito

O direito de recorrer justifica-se como uma decorrência do inconformismo humano, derivado, sobretudo, da sensação de injustiça acarretada por uma decisão contrária ao interesse de uma das partes de uma relação processual, de um terceiro prejudicado ou do Ministério Público. O recurso, portanto, se apresenta enquanto uma vicissitude atávica do ser humano. Do ponto de vista histórico, não é possível estabelecer um momento preciso quanto ao surgimento dos meios processuais de impugnação das decisões judiciais, gênero ao qual pertencem os recursos.[1] No entanto, é certo que a ideia de recorribilidade (tome-se aqui a expressão em sentido *lato*) verifica-se presente nas mais remotas civilizações, como na egípcia, hebraica e grega, as quais previram diferentes remédios processuais impugnativos às decisões judiciais.[2]

O direito natural foi o lastro mais remoto que emprestara fundamento jurídico aos meios de impugnação, mas, por outro lado, também servira para justificar a vedação à impugnabilidade decisional.

Nos primórdios, o direito e o processo restaram diretamente ungidos à religiosidade, e em razão de o poder de decidir quedar-se concentrado na pessoa do soberano, os meios de impugnação de decisões judiciais chegaram a ser suprimidos.[3] Na Mesopotâmia, por exemplo, cria-se que o soberano concentrava em suas mãos o poder divino, como ocorreu na época de Uruinimgina, Gudea e Hamurabi, o qual teria recebido diretamente do deus Schamasch uma estrela de bronze contendo o seu famoso código.[4] Esse fenômeno do atrelamento do Direito a sentimentos religiosos, ainda que com diferentes graus de intensidades, repetiu-se em inúmeras sociedades posteriores, incluindo os povos europeus, como os germânicos, por exemplo.[5] Na idade média, o fundamento da inexistência de recursos derivava dos denominados *juízos de Deus* e das ordálias ou ordálios.[6] Na Germânia as decisões eram tomadas por assembleias populares e a crença de que o poder divino interferia nas decisões judiciais era tão forte que não havia ambiência para se admitir a revisão dos julgados.[7]

---

[1] CANTU, Césare. *História universal*. São Paulo: Editora das Américas, 1959. t. XXXIX, p. 182-214. E ainda, BORTOWSKI, Marco Aurélio Moreira. *Apelação cível*. Porto Alegre: Livraria do Advogado, 1997. p. 21, bem como ARAGÃO, E. D. Moniz de. *Embargos infringentes*. 2. ed. São Paulo: Saraiva, 1973. p. 2-3.

[2] ARAGÃO, *op. cit.*, p. 1.

[3] Como registra Couture: "en un primer momento, en una concepción mui rudimentaria y primitiva de la justicia, como la del proceso germânico primitivo, con una acentuada tonalidad religiosa, el fenómeno de los recursos no se concibe, porque el juicio es una expresión de la divindad y tiene el carácter infalible de ésta" (COUTURE, Eduardo Juan. *Fundamentos del derecho procesal civil*. 3. ed. Montevidéu: Depalma, 1993. p. 348). Aragão reforça essa ideia, ao afirmar que: "A raça germânica, quando tomou contato com a latina, não tinha ainda ultrapassado aquele período da história dos povos a que Vico chama de período divino. A crença difusa de que a divindade intervenha em suas manifestações na vida dos homens, e tome assim partido a favor de quem tem razão contra quem não a tem, é o fundamento dos 'Juízos de Deus'" (ARAGÃO, *op. cit.*, p. 13-14).

[4] PEINADO, Federico Lara; GONZÁLEZ, Federico Lara. *Los primeros Códigos de la Humanidad*. Madri: Tecnos, 1994. p. X.

[5] Esta assertiva também é defendida por BORTOWSKI, *op. cit.*, p. 19.

[6] A expressão Ordálio deriva do vocábulo latino *Ordo, Ordario*, que, por sua vez, advém da palavra bárbara *Urteil*, que em Alemão significa Julgamento. No direito antigo era um meio de aferição da verdade pela submissão da parte a testes que demonstrariam, ou não, a inocência do acusado de praticar algum crime, sob a espera de que a divindade iria socorrer quem se encontrasse em provação, sem deixar nada lhe acontecer (ARAGÃO, *op. cit.*, p.15).

[7] Por isso, Pontes afirmara que no sistema germânico primitivo: "A sentença era popular e imune a recursos. Não havia decisão pelos achadores; havia algo de parecer, menos, portanto, do que na appellatio e muito menos ainda do que nos outros recursos do direito contemporâneo" (PONTES DE MIRANDA, Francisco Cavalcanti. *Comentários ao Código de Processo Civil*. Rio de Janeiro: Forense, 1949. v. 5, p. 466.

A idade média, na verdade, representou um inegável retrocesso na evolução dos mecanismos revisionais de decisões judiciais, porquanto significou uma renúncia ao progresso romano, sistema no qual surgira a *provocatio*, meio de impugnação das decisões judiciais concebido por boa parte da doutrina enquanto recurso, nos moldes mais aproximados da sistemática atual.[8] Montesquieu, a propósito, assinala que, em Roma, primeiro julgaram os reis, depois os cônsules, e depois julgaram os *praetores*,[9] *instituindo-se um amadurecido sistema de hierarquia jurisdicional, o qual favoreceu sobremaneira o desenvolvimento da noção de recorribilidade.*

Foi na fase da república romana que se consolidou o uso dos "recursos" como remédios processuais, com o escopo de impugnar as decisões judiciais mediante a imputação de errores in procedendo e iudicando. Nos prelúdios da República, a competência para apreciação dos recursos pertencia ao próprio povo reunido em assembleia. Daí a propriedade da denominação *provocatio ad populum*. Equivalente à apelação, a *provocatio* surgiu como uma modalidade de recurso de natureza criminal, que pressupunha a condenação de um cidadão romano. Posteriormente, surgiram a *appellatio* e a *intercessio* (também chamada de *appellatio collegarum*), representando a origem romana dos recursos na área cível.

Mas, se atualmente é certo que os recursos devem ter por objeto matéria jurisdicional, no início eles chegaram a ser utilizados com finalidade que atualmente resta reservada à seara censora dos tribunais e conselhos destinados ao controle da disciplina da magistratura.[10]

Haurindo-se do legado romano, o sistema de Direito canônico tratou de aperfeiçoar vários institutos processuais, incluindo os recursos. A apelação canônica, por exemplo, restou sistematizada em moldes bastante similares aos atuais congêneres.[11] E, como será visto mais adiante, serviu de base inspiradora para a instituição da apelação extraordinária mexicana.

3 Natureza jurídica recursal

Etimologicamente falando, o termo recurso origina-se do latim *recursus* e designa o ato de alguém voltar para o lugar de onde saiu, correr de novo.[12] A certificação da origem romana dos recursos é reconhecida também por Buzaid, que, na

---

[8] É o primeiro recurso que se tem notícia no direito romano, possuía escopo exclusivamente penal (BORTOWSKI, *op. cit.*, p. 23). No mesmo sentido segue (ARAGÃO, *op. cit.*, p. 5).

[9] MONTESQUIEU, Charles de Secondat Baron de. *O espírito das leis*. 2. ed. Tradução de Pedro Vieira Mota. São Paulo: Saraiva, 1992. p. 193.

[10] Para Gouvêa Pinto, a origem da prática recursal é localizada nas mais antigas civilizações, as quais se serviam dos meios de impugnação das decisões judiciais também para reprimir iniqüidades e, igualmente, a ignorância dos julgadores. Para ele tal prática era: "... muito antiga, e a vemos já usada entre os Hebreos, como se vê nas Sagradas Páginas, considerando-a como necessária os primeiros romanos, depois os seus jurisconsultos, e por último admitindo o Direito Canônico o seu uso" (PINTO, Antonio Joaquim de Gouvêa. *Manual de appellações e aggravos*. Lisboa: Livraria Clássica Editora A. M. Teixeira, 1914. p. 1-2). Com efeito, a Bíblia nos oferta, em diversas passagens, a ideia embrionária de recurso, como se destaca em Jó, versículos 6 a 29: "Mudai de parecer, peço-vos, não haja injustiça; sim, mudai de parecer, que a minha causa é justa. Jó 6:29". Confira-se: *A Bíblia — Tradução Ecumênica. Título original: La Bible — Traduction Aecumémique — Lês Éditions du cerf et Societé Biblique Française*. Direção: Fidel Garcia Rodriguez e Gabriel C. Galache (*in memoriam*). São Paulo: Edições Loyola, 1995.

[11] FRAGA, Afonso. *Instituições do processo civil no Brasil*, v. 3, p. 30 apud ARAGÃO, *op. cit.*, p. 20.

[12] JORGE, Flávio Cheim. *Teoria geral dos recursos cíveis*. 3. ed. São Paulo: Revista dos Tribunais, 2007. p. 21.

exposição de motivos do CPC de 1973, assinalou tratar-se de categoria oriunda "... *das fontes romanas, segundo a qual omnis definitio in jure civile*".[13]

A natureza jurídica dos recursos, por sua vez, foi objeto de várias controvérsias doutrinárias, havendo quem os considerasse como verdadeiras ações autônomas, de índole constitutivo-negativa.[14] Outros atribuem aos recursos a natureza de ônus processual, visto que a não interposição acarreta efeitos jurídicos aos prejudicados e aos beneficiados pela decisão, em razão da superveniência da coisa julgada. Contudo, prepondera o entendimento pelo qual os recursos são um prolongamento do mesmo direito de ação anteriormente exercido, são remédios jurídico-processuais destinados à impugnação das decisões judiciais.[15] Não obstante, ainda nos dias atuais a doutrina não é pacífica quanto à conceituação desse instituto. Para Nelson Nery Junior, recurso é "... o meio processual que a lei coloca à disposição das partes, do Ministério Público e de um terceiro, a viabilizar; dentro da mesma relação jurídica processual, a anulação, a reforma, a integração ou o aclaramento da decisão judicial impugnada".[16] Ovídio Baptista, por sua vez, enxerga no recurso o "... procedimento através do qual a parte, ou quem esteja legitimado a intervir na causa, provoca o reexame das decisões judiciais, a fim de que elas sejam invalidadas ou reformadas pelo próprio magistrado que as proferiu ou por algum órgão de jurisdição superior".[17]

Conquanto haja divergências conceituais sobre a natureza jurídica dos recursos, a sua evolução histórica, estudada a partir da *provocatio* romana, evidencia que se constituem em inequívocos remédios processuais capazes de proporcionar a revisão das decisões judiciais. Interessa observar que a aceitação da tese que considera os recursos enquanto remédios processuais não se incompatibiliza com a noção de ônus processual.

4 Delimitação do significado da "extraordinariedade" recursal

No Brasil atual, o desenvolvimento do sistema recursal atingiu um patamar tão exagerado que, somente no CPC, o artigo 496 arrola oito espécies recursais: apelação, embargos infringentes, embargos declaratórios, embargos de divergência, recurso ordinário, recurso especial, recurso extraordinário e agravo. O gênero dos agravos envolve mais três subespécies: o agravo de instrumento, o retido e o agravo interno.

---

[13] BRASIL. Lei n. 5.869, de 11 de janeiro de 1973. Institui o Código de Processo Civil. Disponível em: <http://www.planalto.gov.br/ccivil_03/LEIS/L5869.htm.>. Acesso em: 30 ago. 2008.

[14] Segundo Nelson Nery Jr., Gilles considerava que a função precípua dos recursos era desconstituir a decisão impugnada, não o concebendo como um ato processual integrante da própria ação impugnada, visto que possui finalidade própria, diferente da ação principal. Falhou, no entanto, ao desconsiderar a sucumbência, bem como ao conferir à ação rescisória caráter de recurso típico e, ainda, ao condicionar a existência do efeito devolutivo à hipótese de provimento. Betti defendia que o recurso possuía caráter de ação, mas sem ressalvar que mencionada ação seria autônoma. Para Rocco, o direito de impugnar está compreendido no direito de ação. Concebe o recurso como atividade inserida no bojo do próprio direito de ação, mas afirma que o recurso seria uma renovação do procedimento (NERY JÚNIOR, Nelson. *Teoria geral dos recursos*. 6. ed. São Paulo: Revista dos Tribunais, 2004. p. 212-219).

[15] KRUSCHEWSKY, Gustavo Cezar. *Natureza jurídica do recurso cível*: teoria, jurisprudência e legislação. São Paulo: Bestbook, 1999. p. 58-77.

[16] NERY JUNIOR, *op. cit.*, p. 212.

[17] SILVA, Ovídio A. Baptista da. *Curso de processo civil*: processo de conhecimento. 5. ed. São Paulo: Revista dos Tribunais, 2000. v. 1, p. 409.

Quanto ao problema da "extraordinariedade" recursal, há, pelo menos, duas distintas concepções a respeito do assunto que merecem destaque. Num primeiro sentido, têm-se como extraordinários os recursos destinados à manutenção do ordenamento jurídico de um Estado federado, como prevê a nossa Constituição Federal, artigo 102. Nesse contexto, contrapõem-se ao gênero dos recursos extraordinários os recursos que se limitam a resolver a controvérsia litigiosa entre as partes sem exorbitar tal âmbito, isto é, sem que se avente quebra do direito federal ou de sua interpretação.

Noutro sentido, são também considerados como extraordinários os recursos interponíveis após o trânsito em julgado da decisão. É esse o referencial positivado no CPC, artigo 467, pelo qual: "Denomina-se coisa julgada material a eficácia, que torna imutável e indiscutível a sentença, não mais sujeita a recurso ordinário ou extraordinário". Mas, como advertiu Barbosa Moreira, em razão da adoção da ação rescisória (CPC, 485-495), restou sem sentido a previsão do CPC, artigo 467, no pertinente à possibilidade de interposição de recurso depois do trânsito da decisão, na medida em que, no Brasil, somente se admite a interposição de recursos antes da formação da coisa julgada.

No entanto, alguns países, como o México, por exemplo, admitem a interposição de recursos após a formação da coisa julgada. Tais recursos são considerados extraordinários precisamente em razão de a sua utilização pressupor a formação da coisa julgada. Por isso, contrapõem-se aos denominados recursos "ordinários", isto é, aqueles que somente podem ser manejados antes da constituição da coisa julgada.[18]

No México, admite-se tanto a apelação ordinária, ou seja, aquela interposta no prazo de nove dias contados da intimação da decisão apelável e, portanto, antes da formação da coisa julgada, quanto a apelação extraordinária, que deve ser interposta no prazo de três meses após a constituição da coisa julgada. Como esclarece José Becerra Bautista:

> (...) como el único recurso ordinario que puede hacer que la sentencia se modifique o revoque es el de apelación, podemos concluir que pasan en autoridad de cosa juzgada las sentencias en contra las cuales no proceden el recurso de apelación.[19]

Passemos, agora, a verificar a origem histórica e a evolução do recurso extraordinário brasileiro, para, em seguida, analisar a apelação extraordinária mexicana e, ao cabo, contrapor da natureza jurídica de ambos.

5 Origem e evolução do recurso extraordinário brasileiro

Com o surgimento da República adveio a necessidade de adaptação do nosso sistema recursal em consideração ao sistema federativo, o qual pressupõe a autonomia dos Estados-membros e, ao mesmo tempo, a necessidade de manutenção da ordem instituída pela "União". Foi assim que, já em 1890, foi promulgado o Decreto nº 848,

---

[18] SERRA JÚNIOR, Gilmar José Menezes. *A apelação extraordinária mexicana vista por um estrangeiro frente ao direito pátrio*. 2005. Monografia (Graduação) — Universidade Católica de Pernambuco, Pernambuco, 2005. f. 30-38.

[19] BAUTISTA, José Becerra. *El proceso civil em México*. 17. ed. México: Porruá, 2000. p. 649.

que além de criar a Justiça Federal brasileira, instituiu em seu artigo 11, parágrafo único, um recurso dirigido ao STF cabível contra sentenças definitivas proferidas pelos tribunais e juízes dos Estados. Esse recurso representa a origem do nosso RE, instituído à semelhança do *writ of certiorari* norte-americano, o qual, como mostra Ives Gandra da Silva Martins Filho, consiste em:

> uma ordem dada por uma Corte superior a uma Corte inferior, no sentido de que lhe remeta um determinado caso, para que seja revisto pela Corte superior. No caso da Suprema Corte, o "writ of certiorari" está sujeito ao "discretionary method of review", pelo qual se selecionam os casos que serão realmente julgados.[20]

As semelhanças entre esse *writ* e o nosso RE se evidenciam porquanto ambos pressupõem que o julgamento da causa já ocorreu.[21] As hipóteses de cabimento do nosso embrionário RE eram as seguintes: 1. Quando a decisão fosse contrária à validade de um tratado ou convenção, à aplicação de uma lei do congresso federal, e à legitimidade do exercício de qualquer autoridade que haja obrado em nome da União qualquer que fosse a alçada; 2. Quando a validade de uma lei ou ato de qualquer estado fosse posta em questão como contrária à Constituição Federal, aos tratados e às leis federais, e a decisão tivesse sido em favor da validade da lei ou ato; 3. Quando a interpretação de um preceito constitucional ou de lei federal, ou da cláusula de um tratado ou convenção, fosse posta em questão, e a decisão final tivesse sido contrária à validade da cláusula.[22]

Interessante ressaltar que esse mesmo Decreto nº 848/1890 instituiu a possibilidade concreta de utilização do direito comparado como fonte jurídica. Dispunha o artigo 387, 2ª parte, que:

> os estatutos dos povos cultos e especialmente os que regem as relações jurídicas da República dos Estados Unidos da América do Norte, os casos da *common law* e *Equity*, serão também subsidiários da Jurisprudência e processo Federal.[23]

O nosso recurso extraordinário pressupõe a não formação da coisa julgada como requisito de seu conhecimento. Esse princípio resta preservado no atual CPC, como se observa pela conjugação dos artigos 177, 242, 506, 507 e 508. Trata-se de forma excepcional de recurso, somente admitido após o exaurimento das vias recursais anteriores à decisão final da causa.

O foco principal do RE é a preservação da Constituição e da uniformidade de sua interpretação. Cabe esclarecer que o recurso extraordinário brasileiro não se presta para reapreciação de provas já avaliadas pelas instâncias inferiores. O que não se permite, na verdade, é o reexame da solução outorgada, sendo porém possível

---

[20] MARTINS FILHO, Ives Gandra da Silva. O critério de transcendência no recurso de revista. *Revista Jurídica Virtual*, Brasília, v. 2, n. 20, jan. 2000. Disponível em <http://www.planalto.gov.br/ccivil_03/revista/Rev_20/Revista20.htm>. Acesso em: 14 set. 2008.
[21] DAVID, René. *O direito inglês*. Tradução de Eduardo Brandão. São Paulo: Martins Fontes, 1997. p. 66-67.
[22] PACHECO, José da Silva. *Evolução do processo civil brasileiro*: desde as origens até o advento do novo milênio. 2. ed. Rio de Janeiro: Renovar, 1999. p. 160.
[23] PACHECO, *op. cit.*, p. 160-161.

o reexame da causa em si, como se extrai do enunciado nº 279 da súmula do STF.[24] Consoante Marinoni: "o que se veda, mediante a proibição do reexame de provas, é a possibilidade de analisar se o tribunal recorrido apreciou adequadamente a prova para formar a sua convicção sobre os fatos".[25]

Outro aspecto refere ao fato de que só será objeto do recurso extraordinário, para efeito de impugnabilidade, o que for considerado "causa". E neste aspecto, só é "causa" a questão decidida por meio de atividade jurisdicional, em última ou única instância. As questões administrativas, ainda que sejam valoradas pelo Poder Judiciário não se caracterizam como causa para fins do recurso extraordinário.[26]

É que o desiderato deste recurso é rever os julgamentos de tribunais ou juízos inferiores, com o intuito de preservar o Direito Constitucional federal. Por essa razão, o âmbito do cabimento do recurso extraordinário é mais amplo do que o do recurso especial, pois enquanto este só cabe contra decisões de tribunais (por força da CF, artigo 105, II) aquele é admitido contra decisão final de colégios recursais e até mesmo de juízes de primeiro grau, desde que se trate de decisão final da causa.[27] Com efeito, somente as causas decididas é que resguardam o cabimento do recurso extraordinário ao STF.[28]

Para ser admitido o RE, é preciso que a matéria tenha sido prequestionada (Súmula do STF, enunciados nos 282[29] e 356[30]). *Prequestionar* na melhor acepção da palavra significa provocar, ou seja, instigar o tribunal inferior a se pronunciar sobre determinada questão de matéria constitucional, o que deve anteceder a interposição do RE.[31] Salutar ressaltar que para o STF a simples interposição de embargos declaratórios com essa finalidade, por si só, enseja o prequestionamento. É que, caso o tribunal *a quo* permaneça sem se pronunciar sobre determinada matéria constitucional, mesmo empós o manejo dos aclaratórios (CPC, 535), isso resultará em incúria do pretório local representada por decisão negativa por omissão, permitindo-se assim, o RE, já que o Supremo admite o prequestionamento ficto.

---

[24] Enunciado nº 279 da Súmula do STF: "Para simples reexame de prova não cabe recurso extraordinário".

[25] MARINONI, Luiz Guilherme. Reexame da prova diante dos recursos especial e extraordinário. *In*: DUARTE, Bento Herculano; DUARTE, Ronnie Preuss (Coord.). *Processo civil*: aspectos relevantes: estudos em homenagem ao Professor Humberto Theodoro Júnior. São Paulo: Método, 2007. v. 2, p. 413-414.

[26] *Idem*, p. 279-280.

[27] Nestes termos: STF, 1ª T., Recurso Extraordinário 136153-1 — DF, rel. Min. Moreira Alves, j. 15.09.92 e RTJ 147/316, 146/654, 144/953, 142/946.

[28] Nada obstante o expendido até o momento, merece destaque o seguinte posicionamento de Wanessa Fançolin: "Todos os requisitos de admissibilidade gerais, quais sejam, (a) cabimento, (b) legitimação, (c) interesse, (d) tempestividade, (e) regularidade formal, (f) inexistência de fato impeditivo ou extintivo do direito de recorrer e (g) preparo, também são exigidos para os recursos especial e extraordinário, todavia, tendo em vista as hipóteses estritas de cabimento desses dois recursos, outros requisitos serão a estes somados" [FRANÇOLIN, Wanessa de Cássia. O juízo de admissibilidade dos recursos especial e extraordinário exercido pelo tribunal local. *In*: NERY JUNIOR, Nelson; WAMBIER, Teresa Arruda Alvim (Coord.). *Aspectos polêmicos e atuais dos recursos e assuntos afins*. São Paulo: Revista dos Tribunais, 2006. p. 651].

[29] "É inadmissível o recurso extraordinário, quando não ventilada, na decisão recorrida, a questão federal suscitada".

[30] "O ponto omisso da decisão, sobre o qual não foram opostos embargos declaratórios, não pode ser objeto de recurso extraordinário, por faltar o requisito do prequestionamento".

[31] Ementa: "AGRAVO DE INSTRUMENTO – ALEGADA VIOLAÇÃO A PRECEITOS INSCRITOS NA CONSTITUIÇÃO DA REPÚBLICA – AUSÊNCIA DE PREQUESTIONAMENTO EXPLÍCITO DA MATÉRIA CONSTITUCIONAL – RECURSO IMPROVIDO. – A ausência de efetiva apreciação do litígio constitucional, por parte do Tribunal de que emanou o acórdão impugnado, não autoriza – ante a falta de prequestionamento explícito da controvérsia jurídica — a utilização do recurso extraordinário" (STF-2ª Turma, AgRg no AI 265955/SP, rel. Min. Celso de Mello, j. 15.05.07, negaram provimento, v.u., *DJ*, 29 jun. 07, p. 074).

Considerando sua destinação, o recurso extraordinário só é admitido quando já esgotadas todas as possibilidades recursais nas instâncias inferiores, digam-se ordinárias, já que no Brasil inexiste recurso *per saltum* (Súmula STF, enunciado nº 281).[32] Outro ponto importante, é que a possibilidade de impugnação da decisão através de ação autônoma (*v.g.*: ação rescisória) não impede a utilização do RE, pois o que se exige é o exaurimento das vias recursais, e não de todas as formas de impugnação possíveis. Quanto ao preparo, trata-se de requisito indeclinável de admissibilidade deste recurso.[33] Cremos, no entanto, que o advento do e-RE, isto é, do RE eletrônico, sem a mais mínima dúvida, ensejará o fim da exigência do preparo recursal à medida que o transporte dos autos será virtual, com transporte telemático de dados processuais, como já permite a Lei nº 11.419/06.

Alteração deveras relevante foi a que estabeleceu o requisito da repercussão geral para o conhecimento do RE. Tal inovação positivou-se através da Emenda Constitucional nº 45/04 e foi regulamentada pela Lei nº 11.418, de 2006, que entrou em vigor em 2007. Em seguida, o Supremo editou a Emenda nº 21/2007, que alterou o seu Regimento Interno traçando a procedimentalização da repercussão geral no âmbito interno do STF.

A repercussão geral foi inserida no Brasil de forma a assentar a função do STF como verdadeira corte constitucional, e não como mera instância recursal. Ao mesmo tempo, presta-se como uma espécie de filtro recursal com o escopo de fazer com que o STF analisasse apenas questões relevantes para a ordem constitucional. Para tanto, é preciso que a questão levada a julgamento supere o interesse subjetivo das partes, irradiando efeito vinculativo para os tribunais inferiores, sendo desnecessário novo pronunciamento do Pretório Excelso em processos com matérias idênticas, efeito este que proporciona igualdade de tratamento para os jurisdicionados, considerando que as causas idênticas terão idêntico tratamento decisional, fator de verdadeira justiça processual.[34]

Mas, ao que interessa para este estudo, é que os recursos interponíveis antes da formação da coisa julgada, tal como acontece com o nosso RE, continuam a manter a mesma natureza jurídica de qualquer recurso, isto é, não detêm natureza de ação mas de mero remédio processual com inegável feição de ônus processual. Adentremos, agora, na problemática da natureza jurídica dos denominados "recursos" interpostos após a formação da coisa julgada, a partir da análise da apelação extraordinária mexicana.

6 A apelação extraordinária mexicana

À semelhança dos Estados Unidos, no México os entes constituintes da federação possuem uma autonomia legislativa bem mais alargada que a dos Estados-membros

---

[32] "É inadmissível o recurso extraordinário, quando couber na justiça de origem, recurso ordinário da decisão impugnada".
[33] CAVALCANTE, Mantovanni Colares. *Recursos especial e extraordinário*. São Paulo: Dialética, 2003. p. 99.
[34] É esta a ideia de Luiz Guilherme Marinoni e Daniel Mitidiero, que inclusive chegam a afirmar: "A exigência de demonstração da relevância e da transcendência da questão constitucional debatida como condição de acesso, via recurso extraordinário, ao Supremo Tribunal Federal, constitui decisivo passo na construção de nosso processo justo" (MARINONI, Luiz Guilherme; MITIDIERO, Daniel. *Repercussão geral no recurso extraordinário*. São Paulo: Revista dos Tribunais, 2007. p. 5-6).

brasileiros. A respeito de matéria processual, por exemplo, a Constituição Federal brasileira simplesmente suprimiu dos Estados a prerrogativa de legislarem a respeito, deixando-a, com exclusividade, para a União.

Diferentemente, no México, cada Estado e o Distrito Federal possuem um Código de Processo Civil. Pois bem, a apelação extraordinária mexicana foi instituída por inspiração do direito processual canônico e espanhol e se apresenta como mecanismo de desconstituição da coisa julgada, tendo sido instituída no ano de 1932, com a promulgação do Código de Processo Civil para o Distrito Federal, CPCDF.[35]

A apelação extraordinária em questão, na verdade, assume a roupagem de uma *querela nulitatis insanabilis*, só que com prazo de interposição bastante exíguo (três meses) e hipóteses de cabimento enumeradas taxativamente no CPCDF. Requer a demonstração de que o procedimento fora viciado mediante nulidade insanável e que, daí, sobreveio prejuízo ao apelante. Por conta dessas peculiaridades, desde 1932 até o presente ainda se debate acerca da sua natureza jurídica. Para parte da doutrina mexicana que segue a inspiração da apelação canônica, ela detém natureza de verdadeiro recurso. Outros consideram-na como espécie diferenciada e integrante do gênero dos meios de impugnação de decisões judiciais, porém estranho ao gênero recursal geral.[36]

Como observa Favella, a apelação extraordinária mexicana não tramita dentro da mesma relação processual antecedente, porquanto já encerrada por sentença trânsita em julgado, razão pela qual não "... se puede considerar como un recurso, sino como un ulterior proceso, como un proceso impugnativo de la cosa juzgada, (...)".[37] Semelhantemente, Becerra Bautista conclui que:

> (...) para nosotros se trata de un verdadero proceso impugnativo de nulidad y no de recurso porque, desde el punto de vista formal, no existe ni interposición del recurso, ni escritos de expresión de agravios y de contestación de los mismos y su trámite se realiza mediante una demanda que inicia un juicio de nulidad del que no conoce forzosamente el superior jerárquico del juez que dictó la sentencia viciada de nulidad.[38]

Os artigos 255 e 717 do Código de Processo Civil para o Distrito Federal mexicano determinam que a apelação extraordinária deve ser ajuizada perante o juízo de primeiro grau que conheceu da demanda principal, o qual somente pode recusá-la se ficar demonstrado que o requerente chegara a contestar a demanda originária ou se dela tinha inequívoco conhecimento, pois nesses casos não haveria que se falar em indevida revelia, a qual exsurge enquanto requisito de validade da apelação extraordinária. O primeiro grau apenas recepciona a apelação extraordinária, mas, uma vez admitida, deve ser remetida para uma câmara cível do tribunal ao qual estiver

---

[35] SERRA JÚNIOR, Gilmar José Menezes. *A apelação extraordinária mexicana vista por um estrangeiro frente ao direito pátrio*. 2005. Monografia (Graduação) — Universidade Católica de Pernambuco, Pernambuco, 2005. f. 30-38.

[36] SERRA JÚNIOR, Gilmar José Menezes. *A apelação extraordinária mexicana vista por um estrangeiro frente ao direito pátrio*. 2005. Monografia (Graduação) — Universidade Católica de Pernambuco, Pernambuco, 2005. f. 30-38.

[37] FAVELA, José Ovalle. *Derecho procesal civil*. 8. ed. México: Oxford, 1999. p. 272.

[38] BAUTISTA, *op. cit.*, p. 30-38.

vinculado o juiz.³⁹ A recepção da apelação no primeiro grau também acarreta o efeito da suspensão da execução da sentença prolatada na ação principal.⁴⁰

A procedência do pedido na apelação extraordinária implica desconstituição da sentença anterior em razão de sua invalidade, sendo que a sentença invalidante não é passível de recurso.⁴¹

7 Considerações finais

Deixando de lado inúmeros aspectos que podiam ser abordados no pertinente à comparação dos institutos analisados, em atenção à problematização aqui eleita, relativa à natureza jurídica dos recursos ante a questão da extraordinariedade, fica patenteado que o fato de a interposição recursal restar condicionada à fluência de prazo anterior ao trânsito em julgado, que isso favorece enormemente a corrente doutrinária que considera os recursos enquanto meros prolongamentos do direito de ação já exercido, isto é, enquanto remédios/ônus processuais, sobretudo porque a revisitação da decisão recorrida perfaz-se no âmbito da mesma relação processual.

Noutra banda, os sistemas processuais que admitem a interposição de recursos empós o trânsito em julgado, e tais recursos são precisamente por isso considerados como extraordinários, favorecem o desenvolvimento da tese oposta àquela mencionada no parágrafo anterior, já que nesse caso o juízo recursal perpetra-se noutra relação processual, distinta e autônoma e da decisão que a julga não cabe mais recurso. De todos os argumentos sustentados pela doutrina mexicana pelos quais a apelação extraordinária é considerada como ação autônoma, o mais robusto parece mesmo ser o fato de a revisitação do julgamento proferido anteriormente processar-se através de processo distinto e em instância superior, cujo julgamento de procedência importa inequívoca rescisão do julgado já acobertado pela coisa julgada noutro processo.

Esse aspecto afasta sobremaneira a apelação extraordinária mexicana do nosso recurso extraordinário, cuja existência justifica-se como mecanismo de preservação do direito federal constitucional. Considerando que a apelação extraordinária mexicana não pressupõe a violação de qualquer dispositivo da Constituição do México, bem como que não é julgada pela corte constitucional daquele país, e, ainda, em atenção aos motivos que admitem o seu cabimento, podemos concluir, sem receio, que ela, de fato, detém natureza jurídica de ação autônoma e que se aproxima bastante da nossa ação rescisória e da *querela nulitatis insanabilis*. O nosso recurso extraordinário, por seu turno, apresenta-se como um mero prolongamento do mesmo direito de ação exercido no momento da instauração da demanda no juízo originário, cuja natureza jurídica consiste em remédio/ônus processual, ainda que venha a produzir efeitos jurídicos exoprocessuais, ainda que acarrete a extensão vinculativa do julgado a outros processos com teses repetitivas que se encontrem em instâncias inferiores.

---

[39] SERRA JÚNIOR, *op. cit.*, p. 30-38.
[40] "La 'apelación extraordinaria' se sigue con todos los trámites de un juicio ordinario (art. 718). La remisión del expediente al superior, implica la suspensión de la ejecución de la sentencia definitiva dictada en el juicio cuya nulidad se reclama" (FAVELA, *op. cit.*, p. 276 *apud* SERRA JÚNIOR, *op. cit.*, p. 30-38.
[41] BAUTISTA, *op. cit.*, p. 662.

Referências

ARAGÃO, E. D. Moniz de. *Embargos infringentes*. 2. ed. São Paulo: Saraiva, 1973.

BAUTISTA, José Becerra. *El proceso civil em México*. 17. ed. México: Porruá, 2000.

BORTOWSKI, Marco Aurélio Moreira. *Apelação cível*. Porto Alegre: Livraria do Advogado, 1997.

CANTU, Césare. *História universal*. São Paulo: Editora das Américas, 1959. t. XXXIX.

CAVALCANTE, Mantovanni Colares. *Recursos especial e extraordinário*. São Paulo: Dialética, 2003.

COUTURE, Eduardo Juan. *Fundamentos del derecho procesal civil*. 3. ed. Montevidéu: Depalma, 1993.

DAVID, René. *O direito inglês*. Tradução de Eduardo Brandão. São Paulo: Martins Fontes, 1997.

FAVELA, José Ovalle. *Derecho procesal civil*. 8. ed. México: Oxford. 1999.

FRANÇOLIN, Wanessa de Cássia. O juízo de admissibilidade dos recursos especial e extraordinário exercido pelo tribunal local. *In*: NERY JUNIOR, Nelson; WAMBIER, Teresa Arruda Alvim (Coord.). *Aspectos polêmicos e atuais dos recursos e assuntos afins*. São Paulo: Revista dos Tribunais, 2006.

JORGE, Flávio Cheim. *Teoria geral dos recursos cíveis*. 3. ed. São Paulo: Revista dos Tribunais, 2007.

KRUSCHEWSKY, Gustavo Cezar. *Natureza jurídica do recurso cível*: teoria, jurisprudência e legislação. São Paulo: Bestbook, 1999.

MARINONI, Luiz Guilherme. Reexame da prova diante dos recursos especial e extraordinário. *In*: DUARTE, Bento Herculano; DUARTE, Ronnie Preuss (Coord.). *Processo civil*: aspectos relevantes: estudos em homenagem ao Professor Humberto Theodoro Júnior. São Paulo: Método, 2007. v. 2.

MARINONI, Luiz Guilherme; MITIDIERO, Daniel. *Repercussão geral no recurso extraordinário*. São Paulo: Revista dos Tribunais, 2007.

MARTINS FILHO, Ives Gandra da Silva. O critério de transcendência no recurso de revista. *Revista Jurídica Virtual*. Brasília, v. 2, n. 20, jan. 2000. Disponível em: <http://www.planalto.gov.br/ccivil_03/revista/Rev_20/Revista20.htm>. Acesso em: 14 set. 2008.

MONTESQUIEU, Charles de Secondat Baron de. *O espírito das leis*. 2. ed. Tradução de Pedro Vieira Mota. São Paulo: Saraiva, 1992.

NERY JÚNIOR, Nelson. *Teoria geral dos recursos*. 6. ed. São Paulo: Revista dos Tribunais, 2004.

PACHECO, José da Silva. *Evolução do processo civil brasileiro*: desde as origens até o advento do novo milênio. 2. ed. Rio de Janeiro: Renovar, 1999.

PEINADO, Federico Lara; GONZÁLEZ, Federico Lara. *Los primeros Códigos de la Humanidad*. Madri: Tecnos, 1994.

PINTO, Antonio Joaquim de Gouvêa. *Manual de appellações e aggravos*. Lisboa: Livraria Clássica Editora A.M. Teixeira, 1914.

PONTES DE MIRANDA, Francisco Cavalcanti. *Comentários ao Código de Processo Civil*. Rio de Janeiro: Forense, 1949.

SERRA JÚNIOR, Gilmar José Menezes. *A apelação extraordinária mexicana vista por um estrangeiro frente ao direito pátrio*. 2005. Monografia (Graduação) — Universidade Católica de Pernambuco, Pernambuco, 2005.

SILVA, Ovídio A. Baptista da. *Curso de processo civil*: processo de conhecimento. 5. ed. São Paulo: Revista dos Tribunais, 2000.

Informação bibliográfica deste livro, conforme a NBR 6023:2002 da Associação Brasileira de Normas Técnicas (ABNT):

PIMENTEL, Alexandre Freire; HOLANDA, Irving William Chaves. Evolução histórica e natureza jurídica do recurso extraordinário brasileiro e da apelação extraordinária mexicana. *In*: CUNHA, Leonardo Carneiro da (Coord.). *Questões atuais sobre os meios de impugnação contra decisões judiciais*. Belo Horizonte: Fórum, 2012. p. 13-23. ISBN 978-85-7700-580-2

PRINCÍPIO DA COOPERAÇÃO
UMA PERSPECTIVA HERACLITIANA NO PROCESSO CIVIL

ALYSON RODRIGO CORREIA CAMPOS

1 Introdução

No transpassar do tempo, vinculamo-nos, com um frenesi até então não visto, a uma alucinadora meta de desempenharmos especializações e, sobretudo, especificações no que concerne ao conhecimento humano. A epistemologia exige-nos, sempre sobre alicerces lógico-formais, o desenvolver de análises pragmáticas, universais e imediatas, frente à demanda social vigente, já que estamos na "era das complexidades", a qual, em muito, já dirimiu arcaicas sociedades, fragilizou identidades coletivas e individuais e tende a tornar mero registro histórico as lições de *O Príncipe* de Maquiavel.

Tamanha perplexidade não diferente aflige o direito, linguagem essa que assumiu a condição de comunicador mais poderoso para comportar as demandas dos seres humanos. O professor Luis Alberto Warat pontuou certa vez: "Os direitos subjetivos são a agonia da alma jurídica".[1] Parafraseamo-lo na perspectiva de que 'são os desejos humanos a agonia da alma jurídica'. Porquanto, diante de uma demanda, geometricamente crescente, cabe ao judiciário tentar responder as mais diversas e, por vezes, inusitadas perguntas realizadas por um conglomerado de indivíduos cada vez mais heterogêneo, apesar da homogeneidade basilar que os conduz, qual seja: a globalização.

A ciência jurídica surge com um primordial intento de apaziguar tamanha conturbação. Para tanto, usufrui não só das divagações zetéticas desenvolvidas por vários juristas e construtores do direito, mas busca sua cotidiana efetivação através da

---

[1] WARAT, Luis Alberto. As funções poéticas na linguagem jurídica e na hermenêutica. *In*: COGNO: CONGRESSO BRASILEIRO DE FILOSOFIA E TEORIA GERAL DO DIREITO, 3., 2007, Pernambuco. *Anais...* Pernambuco: UFPE, 2007.

operacionalização e da otimização concedida pelo direito processual. Esse instrumento conecta macrossistemas, em prol de escopos sociais, dentre eles, a harmonia social.

Nosso desiderato primevo, nesse sucinto esboço a ser exposto, é tentar registrar algumas linhas que possam contribuir nessa saga do direito.

2 Princípios e regras

Há muito doutrinadores se debruçam sobre a pretensão de distinguir conceitualmente institutos recorrentes no universo jurídico. Com o escopo de organizar o espaço teórico tão importante para as deliberações mais técnicas e diuturnas. Todavia, as divergências são múltiplas. E. Von Hippel, com a teoria do "modelo puro de princípios", cogita, por exemplo, que as normas fundamentais são simples normas de princípios.[2] Outros reputam só existir regras, outros doutos aderem ao modelo que admite a existência de regras e princípios concomitantes e necessários dentro de um mesmo sistema. Ronald Dworkin considera que os princípios possuem uma amplitude maior, quando comparados às regras: "os princípios possuem uma dimensão que as regras não têm — a dimensão do peso ou importância",[3] assim se registra uma diferenciação, contudo não se extingue a dificuldade de se estabelecer parâmetros contundentes de distinção. Só para elucidar, a boa-fé é, convencionalmente, enquadrada parte da principiologia, todavia ao se observá-la como exigência contratual no artigo 164 do Código Civil de 2002, muitos a intitulam como regra. O próprio Dworkin pontua quanto à dificuldade de tal discriminação: "Às vezes, regras ou princípios podem desempenhar papéis bastante semelhantes e a diferença entre eles reduz-se quase a uma questão de forma".[4] Ainda há óbices, outrossim, para se discernir regra de valores, incumbência abdicada também pelo legislador do CC de 2002, quando usa ampla e indistintamente este último termo: "Art. 157, §1º: Aprecia-se a desproporção das prestações segundo os valores vigentes ao tempo em que foi celebrado o negócio jurídico". Tais querelas terminológicas enfrentadas por Robert Alexy, Ronald Dworkin, Jüngen Habermas, entre tantos outros, não constituem nosso objetivo-mor. Portanto, consideramos princípios como os norteadores — fluidos ainda não-conceituados delimitadamente — de um sistema. Conquanto, deixemos o outro debate para ocasião oportuna.

Almejamos delinear traços — ainda que tênues — sobre o princípio da cooperação, tema recente entre os doutrinadores brasileiros. Por tal razão, pedimos vênia pela intrepidez de mesmo com poucas referências dissertarmos sobre o assunto, já que há pretensão de um aprimoramento futuro desse texto preliminar.

3 Em linhas históricas

O direito processual desenvolveu-se, assim como diversos eventos, em fases que se tornaram sucessivas e cumulativas, no concernente a experiências e evoluções

---

[2] DWORKIN, Ronald. *Levando os direitos a sério*. São Paulo: Martins Fontes, 2002. p. 568.
[3] DWORKIN, Ronald. *Levando os direitos a sério*. São Paulo: Martins Fontes, 2002. p. 568.
[4] DWORKIN, Ronald. *Levando os direitos a sério*. São Paulo: Martins Fontes, 2002. p. 568.

adquiridas com a variedade dos casos. Destarte, o praxismo, o processualismo, o instrumentalismo e o formalismo-valorativo são as grandes vertentes que compõem as estruturas processualísticas. Sendo, realmente, a partir da terceira fase — processualismo — quando a ideia de relação jurídica é estabelecida, que se constatam mudanças substanciais no direito brasileiro. Conquanto, o direito processual civil, sobretudo, não mais seria um mero instrumento do direito material.[5]

Ao adquirir tal independência idiossincrática, esse relevante ramo jurídico deparou-se com um entendimento do século XIX, mas que nos influenciou durante a elaboração do Código de 1973, qual seja: os parâmetros da Escola da Exegese, fidedigna às pretensões napoleônicas, cuja aderência foi percebida no Brasil, quando um dos organizadores do Código, em conferência na Universidade de Keyo, declarou Alfredo Buzaid: "o processo civil é uma instituição técnica".[6] Tal compreensão emanava de influências, principalmente, da Escola Italiana, a qual em muito norteou doutrinadores brasileiros seguidores de Giuseppe Chiovenda. Mudanças foram trazidas com maior ênfase a partir do final da Segunda Guerra Mundial, momento que reestruturou a concepção de Estado Democrático de Direito. Com isso, a relação entre Direito Constitucional e Direito Processual Civil adquiriu feições mais próximas, gerando a constitucionalização das normas jurídicas basilares do processo, a exemplo dos incisos LIV e LV do artigo 5º da CF/1988, que garantem, respectivamente, o devido processo legal e o direito ao contraditório e à ampla defesa, dentre tantos outros. O acumular dessas mudanças reformulou substancialmente a clássica visão outrora defendida por Buzaid, que prejudicava até então o direito brasileiro. Ademais, a nova conjuntura que se vislumbra ainda em seu esboço concedeu não só mais espaço à principiologia, mas também o fez em relação às teorias humanitárias, negligenciada por retrógrados processualistas e meros "operadores do direito", como se a tão vasta ciência fosse uma engrenagem matemática, um conjunto de métodos operacionais, ingênuo e perigoso entendimento.

4 Uma perspectiva alemã

É recorrente na formação do direito brasileiro, notar-se que, além das influências portuguesas (cartas afonsinas, manuelinas, etc.), estadunidenses, principalmente, no ramo administrativo e a de outros tantos países, as participações teóricas francesas e alemãs sobrepuseram quantitativamente a qualquer outra.

Hodiernamente, deve-se, *a priori*, a expansão do princípio da cooperação aos alemães, os quais, em termos legislativos, ao realizarem em 2001 uma reforma no seu Código (ZPO Alemã), deixaram explícitas as pretensões quanto aos nortes de tal princípio:

---

[5] MITIDIERO, Daniel. Colaboração no processo civil: pressupostos sociais, lógicos e éticos. *In*: MARINONI, Luiz Guilherme; BEDAQUE, José Roberto dos Santos (Coord.). *Temas atuais de direito processual civil*. São Paulo: Revista dos Tribunais, 2009. v. 14, p. 185.

[6] MITIDIERO, Daniel. Colaboração no processo civil: pressupostos sociais, lógicos e éticos. *In*: MARINONI, Luiz Guilherme; BEDAQUE, José Roberto dos Santos (Coord.). *Temas atuais de direito processual civil*. São Paulo: Revista dos Tribunais, 2009. v. 14, p. 185.

§139 – Condução Material do Processo. (1) O órgão judicial deve discutir com as partes, na medida do necessário, os fatos relevantes e as questões em litígio, tanto do ponto de vista jurídico quanto fático, formulando indagações, com a finalidade de que as partes esclareçam de modo completo e em tempo suas posições concernentes ao material fático, especialmente para suplementar referências insuficientes sobre fatos relevantes, indicar meios de prova, e formular pedidos baseados nos fatos afirmados. (2) O Órgão judicial só poderá apoiar sua decisão numa visão fática ou jurídica que não tenha parte, aparentemente, se dado conta ou considerado irrelevante, se tiver chamado a sua atenção para o ponto e lhe dado oportunidade de discuti-lo, salvo se se tratar de questão secundária. O mesmo vale para o entendimento do órgão judicial sobre uma questão de fato ou de direito, que divirja da compreensão de ambas as partes. (3) O órgão judicial deve chamar a atenção sobre as dúvidas que existam a respeito das questões a serem consideradas de ofício. (4) As indicações conforme essas prescrições devem ser comunicadas e registradas nos autos tão logo seja possível. Tais comunicações só podem ser provadas pelos registros nos autos. Só é admitido contra o conteúdo dos autos prova de falsidade. (5) Se não for possível a uma das partes responder prontamente a uma determinação judicial de esclarecimento, o órgão judicial poderá conceder um prazo para posterior esclarecimento por escrito.[7]

Não destoaram muito os legisladores franceses e portugueses, respectivamente, dessa ideia:

Art. 16 do Novo Código de Processo Civil Francês, segundo a tradução de *Eduardo Pereira Jordão*: O juiz deve, em todas as circunstâncias, fazer observar e observar ele mesmo o princípio do contraditório. Ele não pode considerar, na sua decisão, as questões, as explicações e os documentos invocados ou produzidos pelas partes a menos que estes tenham sido objeto de contraditório. "Ele não pode fundamentar sua decisão em questões de direito que suscitou de ofício, sem que tenha, previamente, intimado as partes a apresentar suas observações".[8]

No mesmo sentido:

Art. 266 do CPC de Portugal: 1 - Na condução e intervenção no processo, devem os magistrados, os mandatários judiciais e as próprias partes cooperar entre si, concorrendo para se obter, com brevidade e eficácia, a justa composição do litígio.[9]

A reprodução *ipis litteris* possibilita-nos, a princípio, duas observações. Primeiro, há um indubitável avanço na legislação desses países, a qual representa, com louvor de nossa parte, a especialização em função da complexidade social, que em primevas linhas mencionamos, e, concomitantemente, o escopo de humanizar um direito ainda tão sistemático e elitista.

Segundo, ocorre uma amplitude de direitos até pouco, nem sequer cogitada no âmbito processualista. Esse primeiro ponto, aparentemente, consequência do

---

[7] DIDIER JUNIOR, Fredie. *Curso de direito processual civil*: teoria geral do processo e processo do conhecimento. 11. ed. Salvador: JusPodivm, 2009. p. 600.
[8] DIDIER JUNIOR, Fredie. *Curso de direito processual civil*: teoria geral do processo e processo do conhecimento. 11. ed. Salvador: JusPodivm, 2009. p. 600.
[9] DIDIER JUNIOR, Fredie. *Curso de direito processual civil*: teoria geral do processo e processo do conhecimento. 11. ed. Salvador: JusPodivm, 2009. p. 600.

supramencionado tende a assumir — a depender do foco referencial de observação — a condição de causa, de origem para produção legal. Tal mudança de natureza, mesmo que, grosso modo, represente um preciosismo protecionista do *status quo* vigente, extrapola tão ínfimo desiderato. Pretendemos elucidar essa ressalva no transcorrer do texto.

É preciso não ignorar, obviamente, o sobressalto contributivo a frisar, quando se almeja romper ideologias praxistas tão em voga no direito processual civil.

5 Colisões e associações no universo da Principiologia

Importante esse sucinto adendo textual, com intento de esclarecer as múltiplas relações que o princípio da cooperação pode estabelecer com o espaço imenso dos princípios no direito processualista. Não nos deteremos, porém, em uma descrição detalhada de todos, ao contrário, deter-nos-emos em poucos e deixaremos o princípio do contraditório para um subitem em separado, assim como bem poderemos fazer com outros, por opção didático-pedagógica nossa.

Princípio da verdade material. É a possibilidade mais forte que impulsiona as sensíveis mudanças no âmbito da processualística. Porquanto, tem o objetivo de averiguar todas as variações e provas conhecidas para admitir que a partir daí seja proferida uma decisão jurídica. É motivo para um dos principais cismas na clássica teoria, já que é a verdade formal, bem mais pragmática e dogmática que vige o direito. Há décadas se vincula esse formalismo ao âmbito processual, a observar:

> A verdade material é o princípio específico do processo administrativo e se contrapõe ao princípio do dispositivo, próprio do processo civil. O processo desenvolvido no Judiciário busca a verdade formal, que é obtida apenas do exame dos fatos e provas trazidas aos autos pelas partes (art. 128 do CPC). Como regra geral, o Juiz se mantém neutro na pesquisa da verdade, devendo cingir-se ao legado pelas partes no devido tempo, já que elas têm o ônus da prova.[10]

Interpretações como essas simbolizam o quão ainda se nota as lições exegéticas em voga. Por isso, a mudança de perspectiva para o norte apontado pela busca da verdade material perfaz uma contribuição que concederá mais tempo e prováveis oportunidades de efetivar a ideia cooperacional pretendida.

Princípio da ampla defesa. Esse é um dos direitos que mais tende a ser beneficiado pela aderência do princípio da cooperação. Constatada a dedução de uma extensão de prazos que necessitará ocorrer, de um repensar de institutos, como a prescrição e a decadência e tantos outros, assim como de reestruturar a própria impessoalidade imiscuída nos alicerces do direito processual, deseja-se romper o ritualismo europeu que obstaculariza o acesso a um mínimo do que, popularmente, denomina-se justiça.

Princípios da segurança e da estabilidade jurídicas. Já pontua a doutrina:

---

[10] NEDER, Marcos Vinicius; LÓPEZ, MARIA Teresa Martínez. *Processo administrativo fiscal federal comentado*. São Paulo: Dialética, 2002. p. 542.

O princípio da segurança jurídica busca preservar as relações jurídicas já estabelecidas ante as alterações da conjuntura política de governo. É um dos pilares que sustentam o Estado Democrático de Direito e condicionam todo o sistema jurídico.

Positivado no preâmbulo do texto constitucional, sua influência se faz sentir por todo ordenamento jurídico pátrio. O princípio da irretroatividade da lei, o respeito ao direito adquirido, à coisa julgada e ao ato jurídico perfeito e os institutos da prescrição e da decadência são, por exemplo, conseqüências da aplicação do princípio da segurança jurídica.

Nós, representantes do povo brasileiro, reunidos na Assembléia Nacional Constituinte para instituir um Estado Democrático, destinado a assegurar o exercício dos direitos sociais e individuais, a liberdade, *a segurança*, o bem-estar, o desenvolvimento, a igualdade e a justiça como valores supremos de uma sociedade fraterna (...).[11]

Destarte, predominantemente, dissertam e louvam muitos juristas brasileiros. O intento de seguir com afinco o texto legal; de efetivar a execução dos mais diversos princípios (razoabilidade, proporcionalidade, ampla defesa, juiz natural, moralidade, etc.); de garantir um liminar máximo de contestações a decisões jurídicas ou administrativas, são formas dentre inúmeras de se determinar rumos que não transformem o direito em uma dialética, mas deplorável e vil, em um sistema regido pela dialética erística. Para se compreender a hermenêutica recorrente que define essa modalidade, citamos Olavo de Carvalho ao realizar sua introdução crítica do livro de Arthur Schopenhauer:

> Com a dialética ela (a erística) tem em comum o confronto de argumentos contraditórios, mas separa-se dela porque não busca arbitrar esses argumentos por um critério de razoabilidade suficiente — objetivo da dialética —, mas simplesmente obter a vitória de um deles, *per faz et per nefas*. Ela não é, portanto um instrumento de investigação, uma *lógica inveniendi*, lógica da pesquisa, nem muito menos um treinamento do intelecto para as ocupações científicas, mas, bem ao contrário, um empreendimento meramente contencioso onde o que menos interessa é descobrir a verdade. (...) A erística, em suma, *é uma arte da discussão contenciosa, que utilizando os instrumentos da dialética, da sofística, da erística e da retórica aristotélicas, abrange também os aspectos psicológicos do duelo argumentativo, ao mesmo tempo que deixa de lado as regras de ordem ética que faziam da dialética aristotélica um instrumento confiável de investigação*.[12]

Há transformações que se farão necessárias e a flexibilidade da própria concepção de direitos fundamentais processuais está suscetível a modificações. Não protegidas, portanto, ficariam as cláusulas pétreas, porquanto ao se refutar o art.60, §4º, IV, mesmo que parcialmente, fragilizaria pilares incontestes do Estado Democrático de Direito do Brasil. Não afirmo que o princípio da cooperação causará isso, não estamos usufruindo da escatológica, só especulamos o efeito em cadeia possível.

Outro caso muito já analisado concerne ao que reza o artigo 5º, LXXVIII, nos parágrafos 2º, 3º e 4º, quando à aceitação de tratados internacionais, frisamos a título de exemplo o texto do segundo:

---

[11] NEDER, Marcos Vinicius; LÓPEZ, MARIA Teresa Martínez. *Processo administrativo fiscal federal comentado*. São Paulo: Dialética, 2002. p. 542.

[12] SCHOPENHAUER, Arthur. *Como vencer um debate sem precisar ter razão*: em 38 estratagemas: dialética erística. Rio de Janeiro: Topbooks, 1997. p. 258.

> Os direitos e garantias expressos nesta Constituição não excluem outros decorrentes do regime e dos princípios por ela adotados, ou dos tratados internacionais em que a República Federativa do Brasil seja parte.

Tal elaboração é mais uma forma de assegurar direitos e garantias fundamentais, isso não constatamos. A mera indagação parte de uma simples aplicação do artigo 8º, 1, da Convenção Americana de Direito Humanos — Pacto de San José da Costa Rica:

> Toda pessoa tem o direito a ser ouvida com as devidas garantias e dentro de um prazo razoável, por um juiz ou tribunal competente, independente e imparcial, estabelecido anteriormente por lei, na apuração de qualquer acusação penal formulada contra ela, ou para que determinem os seus direitos ou obrigações de natureza civil, trabalhista, fiscal ou de qualquer outra natureza.

Posto que pode-se perquirir: Quais os limites desse artigo? Até que ponto se flexibilizará a legislação pátria em detrimento de sua efetivação? Até que extensões se admitirá uma ideia de cooperação como discurso defensivo de garantias que possam afrontar o razoável, o proporcional?

Pretende-se mais elencar as ressalvas do que só descrever um princípio, já que cooperar pressupõe consciência participativa. As flexibilidades são profícuas desde que devidamente processadas. As conceituações de estabilidade e segurança jurídicas poderão estar suscetíveis a várias alterações e precisam estar pela própria necessidade, mas com as ponderações correspondentes e advindas de análises criteriosas. A observação atenta desperta mais para os cuidados quanto às formas de efetivar, aplicar o princípio da cooperação.

Princípio da legalidade. Em uma visão mais dogmática tradicionalista, seria o princípio que executaria estritamente o texto legislativo. Na condição de substrato do Estado Democrático de Direito, representa dogmaticamente o alicerce dos demais princípios. O devido processo legal nas suas amplas bifurcações. Nessa acepção, é indubitável o confronto com essa nova perspectiva que está reformulando o direito processual. É salutar, contudo, frisar que a legalidade deve assumir uma condição de segurança e não de cerceamento de um aprimoramento necessário à ciência jurídica.

Não dissertaremos, com primor, esse ponto em função de abordagens outras no transcorrer do texto, as quais o complementarão.

6 Deveres: caracteres ou atributos do princípio da interação processual?

6.1 Dever de prevenção

É uma ajuda, um assistencialismo prestado às partes frente a um equívoco cometido durante o processo ou a fase inicial desse. É uma orientação ou oportunidade de evitar prejuízos futuros a parte que se equivocou ou negligenciou algum procedimento necessário. Como exemplo, citamos o artigo 284 do CPC:

Verificando o juiz que a petição inicial não preenche os requisitos exigidos nos arts. 282 e 283, ou que apresenta defeitos e irregularidades capazes de dificultar o julgamento de mérito, determinará que o autor a emende, ou a complete, no prazo de 10 (dez) dias.

Tal possibilidade contribui para se economizar tempo e se evitar ônus processuais que muito interferem no acesso à justiça. Há um sentido mais genérico para tal dever nas palavras de Lúcio Grassi: "Mas o dever de prevenção tem um âmbito mais amplo: ele vale genericamente para todas as situações em que o êxito da ação a favor de qualquer das partes possa ser frustrado pelo uso inadequado do processo".[13] O intento é evitar decisões inesperadas para as partes, em função, sobretudo, do desconhecimento ou das poucas informações recebidas.

O dever de prevenção é um apoio que traz uma economia processual às partes e ao Estado. Além de contribuir para uma otimização do judiciário.

6.2 Dever de esclarecimento

Ao nosso entender, o dever de prevenção deveria estar incluso nessa modalidade. Porquanto, é preciso elucidar, explicar à parte as dificuldades e prejuízos que poderá ter, caso não retifique algum ato equivocado cometido. Por tal, reputamos ser o dever de esclarecimento — gênero — enquanto o dever de consulta, dever de prevenção, o dever de auxílio e espécies. Quanto ao primeiro, há pouco discorremos.

Questão à parte, esclarecer pressupõe uma predisposição recíproca tanto das partes quando do órgão julgador em responder, indagar e disponibilizar o máximo de informações para, com isso, tentarem solucionar o caso. Tanto os interessados podem requerer audiência e anexar documentos para dirimir e suprir lacunas e obscuridades, quanto o juiz ou tribunal tem que convocar as partes. O dever de esclarecimento conflitua-se com a paranoia, em que muitos transformaram, a celebridade processual, a qual surgiu para otimizar o processo burocrático e não para ignorar a devida averiguação que requer cada caso. Já advertia o professor Otmar Ballweg: "O conflito não termina quando é solucionado, mas sim é solucionado quando termina".[14]

Com ênfase citamos a prudente assertiva, com desiderato de ressaltar a sensatez necessária a muitos juízes e desembargadores. Visto que não se é preciso uma solução formal e ritualizada, todavia se busca um estabelecimento consensual translucidado pela cristalização do diálogo.

6.3 Dever de consulta

É um dever assistencialista do tribunal ou juiz perante as partes. O intento é se evitar decisões inopinadas, sobretudo, as que podem ser conhecidas de ofício, sem a prévia análise das partes sobre pontos do processo. A controvérsia pode surgir

---

[13] GRASSI, Lúcio. Cognição processual civil: atividade dialética e cooperação intersubjetiva na busca da verdade real. *Revista Dialética de Direito Processual*, São Paulo, n. 6, p. 47-59, 2003.
[14] BALLWEG, Ottmar *apud* ADEODATO, João Maurício. *Ética e retórica*: para uma teoria da dogmática jurídica. São Paulo: Saraiva, 2006. p. 433.

da interpretação que pode advir de concepções diversas quanto aos limites dessa exigência, a elucidar:

> (...) o tribunal tem também o dever de consultar as partes, sempre que pretenda conhecer de matéria de facto ou de direito sobre a qual aquelas não tenham tido a possibilidade de se pronunciarem (cfr. Art. 3º, nº 3) porque, por exemplo, o tribunal enquadra juridicamente a situação de forma diferente daquela que é a perspectiva das partes ou porque esse órgão pretende conhecer oficiosamente certo facto relevante para a decisão da causa.[15]

Certamente, não pode o julgador se sobrepor a dialética imprescindível ao processo que se faz somente entre as partes. Tão pouco poderá negar explicações ou provas elucidativas do fato. A questão maior, contudo, é o que será considerado como "fato relevante", como será conceituado. Meros atos *ex officio* não serão permitidos ou serão a depender de uma retórica munida por um "mais de força"? Só para ampliar o debate, o art. 418 do CPC destarte está redigido:

> O juiz pode ordenar, de ofício ou a requerimento da parte:
> I - a inquirição de testemunhas referidas nas declarações da parte ou das testemunhas;
> II - a acareação de duas ou mais testemunhas ou de alguma delas com a parte, quando, sobre fato determinado, que possa influir na decisão da causa, divergirem as suas declarações.

Caso as partes não venham a requerer e o juiz o faça de ofício, por assim entender, poderá ser contestado quanto à necessidade ou não da acareação ou a inquirição de testemunhas? Caso não consulte e tal tenha concedido outro rumo ao processo, a parte prejudicada poderá pedir anulação do ato do magistrado? Como distinguir se a atitude da parte foi mero ato protelatório ou necessário a ideia de justiça a qual deve subjazer no processo? Não há, eminentemente, novidade nas indagações, mas na amplitude, que o princípio da cooperação traz, sem dúvidas, há.

Com tal contundência nos expressaremos, porque assim se expressa a doutrina, predominantemente:

> Não pode o magistrado decidir com base em questão de fato ou de direito, ainda que possa ser conhecida *ex officio*, sem que sobre elas sejam as partes intimadas a manifestar-se. Deve o juiz consultar as partes sobre esta questão não alvitrada no processo, e por isso não posta em contraditório, antes de decidir.[16]

Com isso, também não objetivamos refutar ou ignorar a condição primordial dos órgãos judiciais, principalmente, dos juízes, servir ao povo. A ponderação vincula-se à precaução de que surjam exigências as quais possam obstar mais ainda o processo. Ademais, pode ser um recurso usado escusamente pelas partes

---

[15] GRASSI, Lúcio. Cognição processual civil: atividade dialética e cooperação intersubjetiva na busca da verdade real. *Revista Dialética de Direito Processual*, São Paulo, n. 6, p. 47-59, 2003.
[16] DIDIER JUNIOR, Fredie. *Curso de direito processual civil*: teoria geral do processo e processo do conhecimento. 11. ed. Salvador: JusPodivm, 2009. p. 600.

hobbesianamente conveniente. Por tal razão, reiteramos a premência dos critérios aplicativos. A consulta é um "pedir ajuda", conselho, opinião, por vezes, informações ou pareceres sobre fatos ou conjecturas, já com o fim de colaborar no desenvolvimento ou no decidir de Aldo; e essa conceituação não pode ser de toda subjugada a uma maneira imperiosa ao juiz, o qual não poderá ficar a mercê da fluidez hermenêutica transmitida ao termo consulta.

6.4 Dever de auxílio

É a função do tribunal ou juiz de facilitar acesso a documentos ou dados imprescindíveis à elucidação do processo. É o dever que tem o atributo de dirimir óbices apresentados às partes. O dever de auxílio deveras contribui para possibilitar às partes: leitura de petições ou atos ordinatórios anexos ao processo, mas que funcionários da justiça ainda não tenham juntado ou se neguem a mostrar, não diferente em tantos outros setores da Administração Pública; assim também, pode agilizar a produção de provas e muitos ritos processuais simples, delongados pela burocracia existente. Não se deve negar acessibilidade ao povo, ao que a ele pertence; isso é um "anacoluto social", é necessário racionalizar então, novamente, o sistema social.

Os deveres supracitados delineiam o perfil de uma magistratura que deve ser mais dinâmica, mais humana, menos reacionária, impessoal e prepotente. Bem dissertou Daniel Mitidiero em dois momentos no seu artigo "Colaboração do Processo Civil":

> O juiz do processo cooperativo é um juiz isonômico na condução do processo e assimétrico no quando da decisão das questões processuais e matérias da causa. (...)
>
> Note-se: a Constituição de 1988 não submete o juiz à legalidade estrita (embora nosso Código de Processo Civil tenha tentado fazê-lo em 1973, art. 126, numa tardia e verdadeira "invasão napoleônica", consoante já anotamos alhures), submetendo-o apenas à Constituição, por cuja incolumidade deve velar com o emprego do judicial review (art. 5º, XXXV). Aliás, não é por outro motivo que, comentando o art. 126, CPC, grifamos que o juiz brasileiro está submetido a um sistema de juridicidade e ao de legalidade.[17]

Sendo, portanto, plausível mostrar que o patamar de juridicidade traz maior liberdade, flexibilidade ao magistrado, útil e indispensável ao processo. Quando, por exemplo, no artigo 126 se concede recorrer a formas não só legais, possibilita-se a construção da igualdade possível, em respeito às idiossincrasias das partes e às múltiplas sociedades conturbadas pelos desejos humanos. Traz um maior poder para iniciativa probatória pelo juiz, considerada indispensável, assim também reputou José Carlos Barbosa Moreira ao comentar o Código Alemão: "O legislador (empenhouse) em assegurar que seja o mais completo possível o material probatório necessário

---

[17] MITIDIERO, Daniel. Colaboração no processo civil: pressupostos sociais, lógicos e éticos. *In*: MARINONI, Luiz Guilherme; BEDAQUE, José Roberto dos Santos (Coord.). *Temas atuais de direito processual civil*. São Paulo: Revista dos Tribunais, 2009. v. 14, p. 185.

para formação do convencimento do julgador".[18] Ampliam-se as formas de atuação do magistrado, reformula-se um modelo ainda muito atrelado ao paradigma "do juiz — boca de lei".

7 Mais uma questão de gênero e espécie?

Os recentes, e ainda pouco frequentes, debates acerca do princípio da cooperação deixam, além de dúvidas e ressalvas, como algumas já apresentadas, a indagação quanto a sua possibilidade efetiva de contribuir para modificações efetivas no direito brasileiro. Destarte, não só a sua eficácia, mas a sua originalidade metodológica deve, assim se espera, apresentar instrumentalizações até então pouco usadas ou não vigentes na processualística pátria.

Daí emana a dúvida: em que inova tal princípio quando comparado ao princípio do contraditório? Simples não? Não.

Vejamos, *a priori*, pontos que poderão auxiliar-nos em tal distinção. Para tanto, recorremos a características do princípio do contraditório, elencadas por três doutrinadores.

> Em síntese, o contraditório é constituído por dois elementos: a) informação; b) reação (esta meramente possibilitada nos casos de direitos disponíveis).[19]

> Trata-se de princípio que pode ser decomposto em duas garantias: participação (audiência; comunicação; ciência) e possibilidade de influência na decisão.[20]

> Decorrem três conseqüências básicas desse princípio:
> a) A sentença só afeta as pessoas que foram parte no processo, ou seus sucessores;
> b) Só há relação processual completa após regular citação do demandado;
> c) Toda decisão só é proferida depois de ouvidas ambas as partes.[21]

Ao se observar os elementos, as garantias e as consequências que podem advir do contraditório, notamos o caráter absoluto concedido a tal princípio, tanto o é que, caso não seja observado, pode pleitear a possibilidade de nulidade do processo. Assim como os outros princípios, ele é necessário, mas extrapola, porquanto é imprescindível e possui notoriedade ímpar se comparado a outros de menor alcance, tema sobre o qual não nos deteremos no instante. É muito além do mero ato de conceder chances para produção de provas, é uma busca pelo equilíbrio, pelo diálogo, pelo máximo de isonomia entre as partes. É um direito que os litigantes possuem de interferir/

---

[18] MOREIRA, José Carlos Barbosa. Breve notícia sobre a reforma do processo civil alemão. *In*: MOREIRA, José Carlos Barbosa. *Temas de direito processual*: oitava série. São Paulo: Saraiva, 2004.
[19] CINTRA, A. Carlos de Araújo; GRINOVER, A. da Pellegrini; DINAMARCO, Cândido Rangel. *Teoria geral do processo*. 24. ed. São Paulo: Malheiros, 2008. p. 385.
[20] DIDIER JUNIOR, Fredie. *Curso de direito processual civil*: teoria geral do processo e processo do conhecimento. 11. ed. Salvador: JusPodivm, 2009. p. 600.
[21] THEODORO JÚNIOR, Humberto. *Curso de direito processual civil*. 39. ed. Rio de Janeiro: Forense, 2003. v. 1, p. 674.

modificar, ao longo do processo, o entendimento do magistrado, sejam em questões de fato, de direito ou mistas.[22]

Por seu turno, não difícil seria transpassar as mesmas características e observações para o princípio da cooperação. Conquanto, tais atribuições são afins ao deveres de consulta, de prevenção, além de ter similitudes com os demais.

Daniel Mitidiero afirmou certa vez: "O princípio da "cooperação" pode ser entendido como o princípio do contraditório inserido no ambiente dos direitos fundamentais".[23]

Algo que tanto pode ajudar-nos, quanto estender-nos a outras perquirições.

Contudo para pontuações propedêuticas, frisemos:

- *Primeiro:* o princípio do contraditório foi elaborado ainda sobre a perspectiva de um modelo hierárquico processual, de parâmetros exegéticos. Conjuntura na qual os direitos e garantias tinham um cunho mais liberal e individualista. A ideia de processo coletivo, de interação não era comportada no sistema;
- *Segundo:* o contraditório surgiu com o imediatismo de se garantir — legalmente — uma margem de contestação, de recursos, a ingerências de juízes e quaisquer outros que pudessem usurpar ou manipular indevidamente o direito;
- *Terceiro:* o contraditório é reflexo de uma lógica formal. É direito institucionalizado e, por tal, pode sofrer restrições quanto à abrangência, tolhido pelo legalismo ainda vigente. Foi afirmado quando o princípio insano da neutralidade era a meta. Mesmo que tenha sido construído sobre a forma tênue desse, denominada de imparcialidade — que é uma tentativa árdua de se conseguir, mesmo na idoneidade. As causas trabalhistas, o direito do consumidor, dentre tantos outros casos e leis, são exemplificações da pouca eficácia (para não ser mais radical) de tamanha pretensão principiológica. O paradigma colaborativo firma-se sobre os moldes da ponderação do magistrado. Tamanha a polêmica e a dificuldade de dissertar sobre o ponto que geraríamos um esboço dentro do esboço. Por didática, esperaremos uma ocasião propícia;
- *Quarto:* o princípio da cooperação surge já em um modelo de colaboração entre os juízes e as partes, é o modelo contributivo. Os juizados especiais; a "justiça gratuita"; a maior possibilidade de usufruto de recursos e ações diversas permitidas e lançadas, após a Constituição Cidadã, aos superiores tribunais; a atuação das corregedorias, do Ministério Público e de outros órgãos; as audiências de conciliação, sobretudo, na modalidade de pequenas causas simbolizam elementos que minaram, dialeticamente, as rígidas estruturas da tradicional processualística;
- *Quinto:* a "cooperação", por não ter sido legislada e contar com terreno mais fértil do que o originário do princípio do contraditório, possui mais

---

[22] KNIJNIK, Danilo. *O recurso especial e revisão da questão de fato pelo Superior Tribunal de Justiça*. Rio de Janeiro: Forense, 2005.

[23] MITIDIERO, Daniel. Colaboração no processo civil: pressupostos sociais, lógicos e éticos. *In*: MARINONI, Luiz Guilherme; BEDAQUE, José Roberto dos Santos (Coord.). *Temas atuais de direito processual civil*. São Paulo: Revista dos Tribunais, 2009. v. 14, p. 185.

amplitude, porquanto a sua construção conceitual é mais doutrinária, jurisprudencial do que legal, como se mera lei fosse;
- *Sexto:* o princípio da colaboração ou interação traz uma perspectiva mais humanitária, concomitante surge também da carência dessa. Atrela-se e possui como maximizadores o instituto da hipossuficiência e os princípios dos artigos 1º, 2º, 3º, e 5º da CF/1988. Ademais, possui os tratados sobre direitos humanos internacionais na condição de aliados, caso as ideias globais de acesso à justiça e dignidade, por exemplo, sejam descumpridas. Apoio esse que o contraditório não possuía outrora;
- *Sétimo:* em função de estar vinculado mais ao princípio da verdade material, o princípio da cooperação adquire o caráter absoluto que era creditado ao contraditório, sendo que com poderes não concedidos até então a nenhum princípio. Ao estar sequioso por justiça — sem as ponderações arcaicas dos institutos de Justiniano e napoleônicos que obstavam, muitas vezes, a busca, efetivamente, pela verdade —, terá a possibilidade de contestar vários alicerces já firmados, a saber: o princípio do juiz natural; os princípios do inquisitivo/dispositivo; o princípio da verdade formal; prazos tidos como inflexíveis, só porque receberam uma mera classificação diferencial; institutos como o da prescrição, da decadência, quiçá até o da preclusão; caso se constate o desrespeito aos deveres basilares do princípio colaborativo. Primordial não só frente ao juiz ou ao processo, mas à própria visão milenar de se pensar o direito. É um reconstruir verdades, já aclamadas como axiomas, eis a questão.

Não nos debruçaremos mais, momentaneamente, sobre tais distinções em detrimento do escopo-mor que nos instigou a esse sucinto esboço. Ademais, precisaremos averiguar os posicionamentos outros suscetíveis de uma construção doutrinária e jurisprudencial sobre o princípio da cooperação, acréscimos e discordâncias, profícuas que serão a temática dialética em questão. Até pela escassa doutrina vigente que trabalha tal princípio.

Em termos gerais, poderia se dizer, *data venia*, que o princípio da cooperação é o membro da família ou o filho que nasce na época de prosperidade. Em terminologia aristotélica, o contraditório vige, então, enquanto "ato", já o princípio da cooperação se vislumbra, hodiernamente, no *status* de "potência" sempre latente nas relações humanas e, por conseguinte, nas relações jurídicas. Postas as favoráveis condições, a potência se pretende fazer ato, para concretizar a ideia de solidariedade, de humanidade e de "comum-unidade" pretendida há muito pelo direito (conclui-se o ciclo ato-potência).

Por tal, reputamos que o contraditório está contido no princípio da cooperação que o contém, destarte como o faz a outros. Este pela universalidade: é gênero, do qual o outro, pela atribuição, é espécie.

8 Considerações prospectivas

Ao delinear das primeiras linhas sobre o tema exposto, almejou-se estabelecer um vínculo com os debates de abrangência e limitação acerca da importância da principiologia e das formas de conexão que tece ao comunicar o processualismo civil e as matérias de cunho mais sócio-filosófico. Espera-se, em um outro momento, apaziguar polêmicas despertadas e desenvolver questões, até então só pontuadas. Por ocasião, pontuamos a relevante necessidade de se observar o quão profícuo é o princípio da cooperação, sem, contudo, extrapolar-se a criticidade imprescindível a qualquer atitude humana, sobretudo, se essa pode se refletir impactantemente nas vidas de milhares de outras pessoas, as quais veem no Judiciário, ainda, a possibilidade mais efetiva de se aproximar do espectro, do simulacro de justiça.

Referências

BALLWEG, Ottmar *apud* ADEODATO, João Maurício. *Ética e retórica*: para uma teoria da dogmática jurídica. São Paulo: Saraiva, 2006.

CINTRA, A. Carlos de Araújo; GRINOVER, A. da Pellegrini; DINAMARCO, Cândido Rangel. *Teoria geral do processo*. 24. ed. São Paulo: Malheiros, 2008.

DIDIER JUNIOR, Fredie. *Curso de direito processual civil*: teoria geral do processo e processo do conhecimento. 11. ed. Salvador: JusPodivm, 2009.

DWORKIN, Ronald. *Levando os direitos a sério*. São Paulo: Martins Fontes, 2002.

GRASSI, Lúcio. Cognição processual civil: atividade dialética e cooperação intersubjetiva na busca da verdade real. *Revista Dialética de Direito Processual*, São Paulo, n. 6, p. 47-59, 2003.

KNIJNIK, Danilo. *O recurso especial e revisão da questão de fato pelo Superior Tribunal de Justiça*. Rio de Janeiro: Forense, 2005.

MITIDIERO, Daniel. Colaboração no processo civil: pressupostos sociais, lógicos e éticos. *In*: MARINONI, Luiz Guilherme; BEDAQUE, José Roberto dos Santos (Coord.). *Temas atuais de direito processual civil*. São Paulo: Revista dos Tribunais, 2009. v. 14.

MOREIRA, José Carlos Barbosa. Breve notícia sobre a reforma do processo civil alemão. *In*: MOREIRA, José Carlos Barbosa. *Temas de direito processual*: oitava série. São Paulo: Saraiva, 2004.

NEDER, Marcos Vinicius; LÓPEZ, Maria Teresa Martínez. *Processo administrativo fiscal federal comentado*. São Paulo: Dialética, 2002.

SCHOPENHAUER, Arthur. *Como vencer um debate sem precisar ter razão*: em 38 estratagemas: dialética erística. Rio de Janeiro: Topbooks, 1997.

THEODORO JÚNIOR, Humberto. *Curso de direito processual civil*. 39. ed. Rio de Janeiro: Forense, 2003. v. 1.

WARAT, Luis Alberto. As funções poéticas na linguagem jurídica e na hermenêutica. *In*: COGNO: CONGRESSO BRASILEIRO DE FILOSOFIA E TEORIA GERAL DO DIREITO, 3., 2007, Pernambuco. *Anais*... Pernambuco: UFPE, 2007.

Informação bibliográfica deste livro, conforme a NBR 6023:2002 da Associação Brasileira de Normas Técnicas (ABNT):

CAMPOS, Alyson Rodrigo Correia. Princípio da cooperação: uma perspectiva heraclitiana no processo civil. *In*: CUNHA, Leonardo Carneiro da (Coord.). *Questões atuais sobre os meios de impugnação contra decisões judiciais*. Belo Horizonte: Fórum, 2012. p. 25-38. ISBN 978-85-7700-580-2.

AGRAVO DE INSTRUMENTO DO ARTIGO 475-H DO CPC E A NATUREZA DA DECISÃO DE LIQUIDAÇÃO DE SENTENÇA

FELIPE REGUEIRA ALECRIM

1 Tutela jurisdicional executiva e a execução de título judicial

A tutela jurisdicional executiva busca a satisfação de uma prestação devida, podendo ser *"espontânea*, quando o devedor cumpre voluntariamente a prestação, ou *forçada*, quando o cumprimento da prestação é obtido por meio da prática de atos executivos pelo Estado". [1]

O título executivo é um instrumento através do qual o credor poderá acionar o judiciário a fim de ter a sua prestação adimplida, caso o devedor não o faça espontaneamente dentro do prazo legal.

O título executivo pode ser judicial[2] ou extrajudicial.[3]

---

[1] DIDIER JUNIOR, Fredie *et al*. *Curso de direito processual civil*. 3. ed. Salvador: JusPodivm, 2011. v. 5, p. 28.

[2] Art. 475 – N, CPC: São títulos executivos judiciais: **I** – a sentença proferida no processo civil que reconheça a existência de obrigação de fazer, não fazer, entregar coisa ou pagar quantia; **II** – a sentença penal condenatória transitada em julgado; **III** – a sentença homologatória de conciliação ou de transação, ainda que inclua matéria não posta em juízo; **IV** – a sentença arbitral; **V** – o acordo extrajudicial, de qualquer natureza, homologado judicialmente; **VI** – a sentença estrangeira, homologada pelo Superior Tribunal de Justiça; **VII** – o formal e a certidão de partilha, exclusivamente em relação ao inventariante, aos herdeiros e aos sucessores a título singular ou universal.

[3] Art. 585 – São títulos executivos extrajudiciais: I – a letra de câmbio, a nota promissória, a duplicata, a debênture e o cheque; II – a escritura pública ou outro documento público assinado pelo devedor; o documento particular assinado pelo devedor e por duas testemunhas; o instrumento de transação referendado pelo Ministério Público, pela Defensoria Pública ou pelos advogados dos transatores; III – os contratos garantidos por hipoteca, penhor, anticrese e caução, bem como os de seguro de vida; IV – o crédito decorrente de foro e laudêmio; V – o crédito, documentalmente comprovado, decorrente de aluguel de imóvel, bem como de encargos acessórios, tais como taxas e despesas de condomínio; VI – o crédito de serventuário de justiça, de perito, de intérprete, ou do tradutor, quando as custas, emolumentos ou honorários forem aprovados por decisão judicial; VII – a certidão de dívida ativa da Fazenda Pública da União, dos Estados, do Distrito Federal, dos Territórios e dos Municípios, correspondente aos créditos inscritos na forma da lei; **VIII** – todos os demais títulos a que, por disposição expressa, a lei atribuir força executiva – e legislação extravagante.

Analisar-se-á a execução forçada de título judicial,[4] mais especificamente a execução forçada da sentença proferida no Processo Civil que reconheça a obrigação de fazer, não fazer, entregar coisa ou pagar quantia.

Para que haja a exigibilidade do crédito, deve haver inadimplemento.

Durante muito tempo a execução foi feita em processo autônomo, mas hoje é mera fase procedimental. Isso se explica com o advento do sincretismo processual, quando o processo passou a ser dividido nas fases de conhecimento, execução e cautelar. Tal evolução culminou, em 2005, com a criação do cumprimento de sentença[5] pela Lei nº 11.232/2005.

Destarte, o credor que tem um título executivo, logo, a exigibilidade do crédito, tem também o direito de ação. Assim como na instauração da fase de conhecimento, é na fase de execução, quando o credor ingressa com a ação de liquidação de sentença a fim de tornar certo ou determinável o título executivo judicial, a sentença genérica.

Portanto, ao exercer o seu direito de ação, o credor está instaurando a liquidação de sentença para obter o *quantum debeatur* de uma sentença genérica.

2 O procedimento executivo e a liquidação de sentença: conceito, espécies e julgamento

O cumprimento de sentença pressupõe a liquidação da mesma. Se a decisão judicial não traz na sua parte dispositiva o *quantum debeatur*, dar-se-á início à liquidação da sentença através do requerimento de nova demanda pelo credor.

> A liquidação de sentença tem por objetivo um pronunciamento judicial que defina o *quantum* da obrigação genérica que foi objeto da sentença condenatória. Prevalece a tese de que a eficácia jurídica preponderante desta decisão proferida na liquidação é declaratória.[6]

A instauração da liquidação de sentença deve ser iniciada através de requerimento da parte, nunca de ofício pelo juiz. Sendo assim, a quantificação do valor da obrigação se inicia por uma *nova demanda* de liquidação de sentença.

Com fulcro no parágrafo único do artigo 459 do CPC, quando o autor postula pedido certo, não pode o juiz proferir sentença ilíquida. Consoante Súmula nº 318 do STJ, nesses casos, somente o autor tem interesse recursal em arguir o vício da sentença ilíquida.

Caso o recurso seja provido, liquidar-se-á a sentença desde que presentes os elementos necessários para a apuração do valor da obrigação, respeitado o contraditório, ou baixam-se os autos ao juízo de origem para liquidação, caso contrário.

---

[4] Os títulos extrajudiciais são, em regra, líquidos.
[5] A execução por processo autônomo continuou a existir em ações executórias com a fazenda pública no pólo passivo, sentenças penais, sentenças estrangeiras homologadas pelo STF, sentenças arbitrais, títulos extrajudiciais.
[6] WAMBIER, Luiz Rodrigues; TALAMINI, Eduardo. *Curso de processo civil*. 11. ed. São Paulo: Revista dos Tribunais, 2010. v. 2, p. 111.

A liquidação pode ter duas espécies: por artigos ou por arbitramento. A liquidação por artigos ocorre quando a apuração do valor depender da alegação/comprovação de fatos novos, a exemplo dos lucros cessantes. A liquidação por arbitramento ocorre (i) quando o juiz assim determinar, (ii) quando as partes assim convencionarem ou (iii) quando o objeto da obrigação assim o exigir.

Em ambas as espécies, não se pode discutir o que foi objeto da decisão anterior.[7] O juiz julga a liquidação por decisão passível de agravo de instrumento, consoante disposto no artigo 475-H do CPC.

Diante da conjuntura, parte da doutrina entende o ato que julga a liquidação como decisão interlocutória, porquanto é o agravo de instrumento o remédio processual próprio para combater este tipo de decisão; como a liquidação não põe fim ao processo, não poderia ser sentença.

Outros consideram que tal decisão, mesmo que recorrível por agravo de instrumento, incide no mérito de uma nova demanda, acolhendo ou não o pedido de liquidação, sendo, portanto, sentença. Essa é a questão do presente estudo.

3 O agravo de instrumento

O agravo de instrumento é cabível contra decisões interlocutórias,[8] que resolvem questões incidentais no curso do processo. Enquanto os demais recursos são endereçados ao juízo que proferiu a decisão para posterior revisão por instância superior, o agravo de instrumento é encaminhado diretamente ao juízo de 2º grau.

É cabível o juízo de retratação pelo magistrado que proferiu a decisão interlocutória quando da apresentação do recurso.

O agravo de instrumento ataca decisões que possam causar às partes lesão grave e de difícil reparação, devendo-se comprovar o *periculum in mora*, e decisões que não recebam apelações ou discutam os efeitos em que foram recebidas.

O agravo de instrumento é geralmente recebido somente no efeito devolutivo, com fulcro no artigo 497 do CPC, podendo o relator conferir efeito suspensivo até que a Câmara ou Turma se pronuncie definitivamente, desde que (i) presente o risco de lesão grave ou dano irreparável, (ii) nas hipóteses de prisão civil, adjudicação, remição de bens e levantamento de dinheiro sem caução idônea e (iii) outras causas onde esteja presente o *periculum in mora*.

Deferido o efeito suspensivo, o relator deverá informar de imediato o juiz *a quo* para que suspenda o cumprimento da decisão interlocutória (ou sentença, no entendimento trazido *a lume*).

Ausentes os requisitos de risco de lesão grave ou dano irreparável, o relator deverá converter o agravo de instrumento em agravo retido.

O prazo para interpor agravo de instrumento é de dez dias, mesmo prazo que o agravado terá para responder quando da intimação.

Regra geral, "se a parte vencida interpuser apelação, o órgão recursal deverá julgar primeiro o agravo, por seu caráter prejudicial em face da sentença apelada

---

[7] Art. 475 – G, do CPC.
[8] Art. 522, CPC.

(artigo 559 e seu parágrafo único). É que, sendo provido o agravo, cairá a sentença, ficando prejudicada a apelação".[9]

Caso o vencido na sentença não apele, o agravo ficará prejudicado em virtude do trânsito em julgado da sentença proferida no juízo *a quo*, que restará imutável por força dos efeitos da *res judicata*.[10]

Por fim, caso o próprio agravante interponha apelação e esta venha a ser julgada antes do agravo de instrumento, este não restará prejudicado porque não haverá a formação de coisa julgada material, apenas formal, em decorrência da pendência de julgamento da questão prejudicial suscitada no agravo.

4 A decisão interlocutória e a sentença

Tanto a sentença quanto a decisão interlocutória são atos de competência do juiz e estão presentes no artigo 162, §§1º e 2º do CPC, respectivamente. "Decisão interlocutória é o ato pelo qual o juiz, no curso do processo, resolve questão incidente". (artigo 162, §2º, do CPC).

As questões incidentais não são questões de mérito porque não foram suscitadas na petição inicial, mas são questões de suma importância para o deslinde da demanda.

A sentença, por sua vez, "é emitida como prestação do Estado, em virtude da obrigação assumida na relação jurídico-processual (processo), quando a parte ou as partes vierem a juízo, isto é, exercerem a pretensão à tutela jurídica".[11]

Tal ato decisório pode ocorrer sem resolução do mérito (artigo 267 do CPC)[12] ou com resolução do mérito (artigo 269 do CPC).[13]

Nos casos em que a sentença for extinta sem resolução do mérito, ou seja, quando não reunidas as condições necessárias para o estabelecimento de uma relação processual, esta é classificada como *sentença terminativa*. Quando extinta com resolução de mérito, é classificada como *sentença definitiva* ou de mérito.

A sentença tem como principal efeito a entrega da prestação jurisdicional. Todo cidadão tem direito de ação, com o fito de alcançar o provimento jurisdicional. A sentença definitiva julga a demanda levada ao judiciário em caráter definitivo, o que

---

[9] THEODORO JÚNIOR, Humberto. *Curso de direito processual civil*: teoria geral do direito processual civil e processo de conhecimento. 50. ed. Rio de Janeiro: Forense, 2009. v. 1, p. 612.

[10] Art. 467, CPC.

[11] PONTES DE MIRANDA, Francisco Cavalcanti *apud* THEODORO JÚNIOR, *op. cit.*, p. 495.

[12] Art. 267 – Extingue-se o processo, sem resolução de mérito: I – quando o juiz indeferir a petição inicial; II – quando ficar parado durante mais de 1 (um) ano por negligência das partes; III – quando, por não promover os atos e diligências que lhe competir, o autor abandonar a causa por mais de 30 (trinta) dias; IV – quando se verificar a ausência de pressupostos de constituição e de desenvolvimento válido e regular do processo; V – quando o juiz acolher a alegação de peremção, litispendência ou de coisa julgada; VI – quando não concorrer qualquer das condições da ação, como a possibilidade jurídica, a legitimidade das partes e o interesse processual; VII – pela convenção de arbitragem; VIII – quando o autor desistir da ação; IX – quando a ação for considerada intransmissível por disposição legal; X – quando ocorrer confusão entre autor e réu; XI – nos demais casos prescritos neste Código.

[13] Art. 269 – Haverá resolução de mérito: I – quando o juiz acolher ou rejeitar o pedido do autor; II – quando o réu reconhecer a procedência do pedido; III – quando as partes transigirem; IV – quando o juiz pronunciar a decadência ou a prescrição; V – quando o autor renunciar ao direito sobre que se funda a ação.

ocorre quando não há mais a possibilidade de interposição de recurso, alcançando-se os efeitos da *res judicata*.

Contra a sentença de mérito cabe o recurso de apelação, artigo 513 do CPC.

Insta observar a incidência da coisa julgada material a depender da natureza da decisão. Às decisões interlocutórias não se aplica o instituto da *res judicata*, enquanto que a sentença condenatória civil transitada em julgado está sujeita aos efeitos da coisa julgada material.

5 Artigo 475-H do CPC: a decisão de liquidação é uma decisão interlocutória ou uma sentença?

Inicialmente, em se considerando o ato judicial que julga a liquidação de sentença uma decisão interlocutória, restariam prejudicados "a propositura de ação rescisória, a interposição do recurso de embargos infringentes, a sustentação oral junto ao tribunal de justiça e o processamento direto dos recursos especial e extraordinário".[14]

De outra forma, atribuindo-se a tal ato decisório a natureza de sentença, estar-se-ia diante de uma antinomia do legislador perante a conjectura do Código de Processo Civil, qual seja, a interposição de um agravo de instrumento a uma sentença.

Esse entendimento é endossado por grande parte da doutrina.

"O julgamento de mérito proferido na fase de liquidação tem a natureza de sentença, porque contém uma decisão de mérito (CPC, artigo 162, §1º, c/c artigo 269)",[15] mesmo que não extinga o processo e apenas dê início a uma fase processual.

Dessa forma, defende Dinamarco que a sentença representa a decisão de mérito da liquidação em si mesma, sem extinguir o processo em curso.

Nessa esteira de raciocínio, quando o Código de Processo Civil, em seu artigo 475-H, designa o agravo de instrumento para combater o ato judicial que julgou a liquidação de sentença, está, tão somente, definindo que, a despeito de tal recurso ser cabível contra decisões interlocutórias, será o remédio processual contra a *sentença* que julgou o mérito da liquidação.

Assim sendo, "quando um juiz julga a liquidação, profere decisão que tem conteúdo de sentença, já que resolve a lide, e não apenas uma questão incidental".[16]

Nesse sentido, o artigo 269, I, do CPC: "Haverá resolução de mérito: I - quando o juiz acolher ou rejeitar o pedido do autor".

Ensina o professor Alexandre Pimentel:

> Como a liquidação de sentença constitui-se em ação cujo objeto é distinto do veiculado na demanda cognitiva, e como a execução da sentença condenatória depende da delimitação do valor ou da individuação do objeto, e, ainda, como a decisão nestas duas espécies irradiam eficácia de coisa julgada material, concluímos que em face do conteúdo decisional o julgamento da liquidação de sentença na modalidade por arbitramento e

---

[14] FURLAN, Daniel Borghetti. A natureza jurídica da decisão liquidatória do decisum e as suas repercussões práticas. Disponível em: <http://www.abdpc.org.br/abdpc/artigos/DANIEL%20BORGHETTI%20FURLAN-%20vers%C3%A3o%20final.pdf>. Acesso em: 25 nov. 2011. p. 8.
[15] DINAMARCO, Cândido Rangel. *Instituições de direito processual civil*. 3. ed. São Paulo: Malheiros, 2009. v. 4, p. 726.
[16] MEDINA, José Miguel Garcia. *Processo civil moderno*. São Paulo: Revista dos Tribunais, 2008. v. 3, p. 240.

artigos perpetra-se através de ato judicial inserido na classificação de sentença. A decisão que põe fim termo à liquidação detém natureza constitutivo-integrativa, pois não se limita a declarar o valor ou individuar o objeto, mas complementa a sentença anterior.[17]

De fato, não fosse a ressalva trazida pelo artigo 475-H do CPC, tal decisão judicial continuaria sendo apelável, porquanto resolve o mérito da demanda do autor na ação de liquidação.

> Com efeito, a regra de que o recurso cabível da sentença é necessariamente a apelação, não é de hoje foi mitigada no sistema jurídico pátrio, pois já havia o comando expresso acerca do cabimento de agravo de instrumento, *verbi gratia*, das decisões que indeferem liminarmente a reconvenção, das declaratórias incidentais, das que afastam o litisconsorte por ilegitimidade, todas elas, salvo melhor juízo, com natureza jurídica sentencial.[18]

Também é este o entendimento de Pimentel:

> (...) a despeito de o CPC, 475-H, estipular que o recurso adequado é o agravo de instrumento, pensamos que deve ser adotada a regra da fungibilidade recursal. No código, há casos de extinção de demanda atacáveis através de agravo de instrumento, tal como acontece com a decisão que indefere liminarmente a petição inicial da reconvenção. Ora, não se discute que a reconvenção tem natureza jurídica de ação, todavia, o seu indeferimento inicial desafia agravo de instrumento e não apelação, assim como acontece com outras situações processuais, e.g., a exclusão do litisconsorte na decisão saneadora. Isso demonstra que nem todas as sentenças desafiam recurso de apelação em nosso sistema processual.[19]

É uma mera definição legal de qual recurso deverá ser usado contra a decisão de mérito em discussão, assim como a lei processual define que contra a sentença cabe apelação.[20]

A sentença de liquidação é uma sentença declaratória, porquanto determinará o valor exato da obrigação a ser adimplida, ou, ao menos, definirá os elementos necessários para se chegar a tal montante através de cálculos, que deverão ser apresentados pelo credor no memorial junto à petição, quando do requerimento do cumprimento de sentença, nos moldes do artigo 475-J, do CPC.[21]

Parte da doutrina defende que nessa modalidade de agravo de instrumento, não é necessária a comprovação de *periculum in mora* (artigo 522 do CPC).[22]

Nesse sentido, a doutrina de Leonardo Greco:

---

[17] PIMENTEL, Alexandre Freire. O sistema da liquidação de sentença instituído pela Lei n. 11.232/05. Disponível em: <http://jus.com.br/revista/texto/12945/o-sistema-da-liquidacao-de-sentenca-instituido-pela-lei-nº-11-232-05/2>. Acesso em: 25 nov. 2011. p. 2.

[18] FURLAN, *op. cit.*

[19] PIMENTEL, *op. cit.*

[20] Art. 513, CPC.

[21] Art. 475 – B, CPC.

[22] Cf. DIDIER JUNIOR, Fredie *et al. Curso de direito processual civil*. 3. ed. Salvador: JusPodivm, 2011. v. 5, p. 452.

(...) esse agravo não se aplica a exigência para o processamento autônomo e imediato a que se refere o artigo 522, com a redação da Lei 11.187/05, qual seja, que a decisão seja suscetível de causar à parte lesão grave e de difícil reparação.

Está correta a opção do legislador. Essas decisões têm tal relevância no conteúdo dos atos subseqüentes, que a sua impugnação pela via recursal deve ser imediata e resolvida com a maior brevidade, para evitar que a atividade coativa se instaure ou tenha prosseguimento sem que as questões suscitadas naqueles incidentes estejam definitivamente pacificadas.[23]

Não obstante, por ser uma sentença de mérito, a sentença de liquidação estará sujeita aos efeitos da *coisa julgada material*, não cabendo recursos contra ela após o trânsito em julgado. Desta feita, não podem credor e devedor rediscutir o valor determinado ou determinável pela sentença declaratória de liquidação. "O resultado prático do processo de liquidação se tornará indiscutível no presente e no futuro. Em todas as espécies de liquidação, há coisa julgada".[24]

Com a prolação da sentença de liquidação, torna-se certo ou determinável o título judicial, a sentença condenatória. O direito de exigibilidade foi exercido através da ação de liquidação e culminou na certeza do *quantum debeatur*, restando imutável em virtude da coisa julgada.

Observe-se que a sentença sob os efeitos da coisa julgada material poderá ser atacada por *ação rescisória* ou corrigida em virtude de algum *erro material*.

Por fim, é importante ressaltar que a decisão da liquidação, por ter natureza de sentença, pode ser terminativa, passível de extinção sem resolução do mérito.

Ora, ainda assim, contra tal decisão, cabe o agravo de instrumento,[25] consoante artigo 475-H do Código de Processo Civil.

Em sentido contrário, defendendo ser uma decisão interlocutória a decisão que julga a liquidação de sentença, ensina Humberto Theodoro Júnior:

> Na execução, todavia, não há a perspectiva de uma sentença sobre o mérito da causa, já que o provimento esperado não é o acertamento do direito subjetivo da parte, mas sua material satisfação, que se consumará antes de qualquer sentença, e nem mesmo *a posteriori* se submeterá a uma sentença que lhe aprecie o conteúdo e validade. Daí que os atos executivos preparatórios e finais reclamam impugnação por agravo de instrumento".[26]

Argumenta ainda:

> A reforma implantada pela Lei 11.232, de 22.12.2005, ao extinguir a *actio iudicati*, aboliu também, a liquidação como ação contenciosa cognitiva entre o encerramento do

---

[23] GRECO, Leonardo. *Primeiros comentários sobre a reforma da execução oriunda da Lei 11.232/05*. Rio de Janeiro, 13 jan. 2006, p. 4. Disponível em: <http://bdjur.stj.gov.br/xmlui/bitstream/handle/2011/18143/Primeiros_Coment%E1rios_sobre_a_Reforma_da_Execu%E7%E3o_oriunda_da_Lei_11232_05.pdf?sequence=2>. Acesso em: 25 nov. 2011.
[24] ASSIS, Araken de. *Manual da execução*. 12. ed. São Paulo: Revista dos Tribunais, 2009. p. 308.
[25] "(...) os recursos extraordinário e especial que venham a ser interpostos contra o acórdão que julgar o agravo de instrumento referido no art. 475 – H não deverão ficar retidos, não se aplicando, ao caso, o disposto no art. 522 do CPC" (MEDINA, *op. cit.*, p. 240-241).
[26] THEODORO JÚNIOR, *op. cit.*, p. 606.

processo principal e a abertura do processo de execução. Assim como os próprios atos de cumprimento da sentença deixaram de ser objeto da ação separada (*actio iudicati*), também os atos de liquidação passaram à condição de simples incidente complementar da sentença condenatória genérica.

Não há mais uma nova sentença de mérito. A definição do *quantum debeatur* transformou-se em simples decisão interlocutória de caráter complementar e com função integrativa. Tal como se fora um embargo de declaração, o decisório da liquidação simplesmente agrega o elemento faltante à sentença, isto é, o quantum a ser pago em função do débito já reconhecido no julgado ilíquido.

Isto não quer dizer que o julgamento do incidente não decida sobre o mérito da causa. Embora sob a forma de decisão interlocutória (art. 475-G), o tema enfrentado integra questão genuinamente de mérito, por versar sobre um dos elementos da lide. Não deixará, portanto, de produzir a coisa julgada material.[27]

Nesse sentido, Daniel Roberto Hertel defende que o procedimento de liquidação, tanto por artigos quanto por arbitramento, "é encerrado por meio de decisão interlocutória, até mesmo por se tratar de um mero incidente do processo já instaurado. Ora, se provimento do magistrado, *in casu*, é decisão interlocutória, até em virtude do princípio da correlação, o recurso cabível será o de agravo de instrumento".[28]

Marinoni e Arenhart defendem que, com o advento da Lei nº 11.232/2005, "se passou a admitir sentenças de mérito no interior do processo ou sentenças interlocutórias de mérito". Entretanto, não seriam tais atos jurisdicionais equiparados às sentenças; continuariam a ser decisões interlocutórias, sendo cabível contra elas agravo de instrumento.[29]

Defendem ainda:

> Ainda que, do ponto de vista eminentemente teórico, seja possível sustentar a existência de sentenças interlocutórias, qualificando-as a partir do conteúdo de decisão proferida no curso do processo, não há como negar que, na perspectiva do CPC, a preocupação pragmática se sobrepõe, fazendo com que as decisões que tratam do mérito no seio do processo não sejam definidas como sentenças e, assim, não fiquem sujeitas ao recurso de apelação. Ora, não há como submeter ao sistema da apelação uma decisão tomada no curso do processo, uma vez que o recurso, neste caso, necessariamente deve ser apresentado ao tribunal através de instrumento.[30]

Ocorre que, tratando-se de decisão interlocutória, afastar-se-ia de imediato a incidência dos efeitos da coisa julgada material e a possibilidade de interposição de ação rescisória.

Em sentido contrário:

> Porque se trata de decisão interlocutória, seria possível rejeitar, de forma peremptória, a existência de coisa julgada sobre o ato do juiz que examina a liquidação. Não obstante,

---

[27] THEODORO JÚNIOR, Humberto. *Curso de direito processual civil*: processo de execução e cumprimento de sentença: processo cautelar e tutela de urgência. 46. ed. Rio de Janeiro: Forense, 2011. v. 2, p. 98.
[28] HERTEL, Daniel Roberto. *Curso de execução civil*. Rio de Janeiro: Lumen Juris, 2008. p. 130.
[29] MARINONI, Luiz Guilherme; ARENHART, Sérgio Cruz. *Curso de processo civil*. 2. ed. São Paulo: Revista dos Tribunais, 2008. v. 3, p. 138.
[30] *Ibdem*.

(...) a decisão que julga a liquidação é de mérito. Ora, se a decisão trata do mérito, não sendo considerada sentença apenas para permitir a racionalidade do sistema recursal — a interposição de agravo de instrumento e não de apelação —, não haveria razão para deixar de outorgar-lhe a autoridade da coisa julgada material. Por idêntica razão, a decisão que julga a liquidação poderia ser objeto de ação rescisória, conforme, aliás, vem admitindo o Superior Tribunal de Justiça[31] em determinados casos em que a decisão interlocutória trata do mérito.

De qualquer forma, a nova sistemática da execução permite outra construção teórica capaz de outorgar estabilidade à decisão que julga a liquidação. Como a execução é apenas *fase do processo* e não mais processo autônomo, toda e qualquer discussão que envolva o crédito a ser executado deve ser realizado *dentro deste processo* — sob pena de violação da coisa julgada (da sentença condenatória) ou de litispendência — ou, excepcionalmente, por via de ação rescisória. Distinta não é a situação do valor devido: também sua discussão só pode ocorrer dentro do processo, seja na fase de liquidação, seja na fase de execução. Ora, se já houve decisão a respeito do valor devido — ainda que por decisão interlocutória, produzida no final do incidente de liquidação —, qualquer outra decisão que trate do mesmo tema, e que caminhe em sentido distinto, violará a *preclusão havida com a decisão anterior*.[32]

Tal entendimento não pode prosperar em função da natureza de sentença da decisão que julga a liquidação de sentença, a exemplo da possibilidade da oposição de ação rescisória e de sua sujeição aos efeitos da coisa julgada material. Atribuir tais características à decisão interlocutória seria incorrer em duplo erro, já que se tentaria sanar uma antinomia do legislador com uma construção teórica que iria de encontro às disposições do CPC.

Portanto, "a decisão que encerra a fase de liquidação em primeiro grau de jurisdição é a *sentença* (em sentido estrito), porque finaliza uma fase cognitiva do procedimento em primeira instância, complementando a norma jurídica individualizada estabelecida na decisão liquidanda. De fato, na primeira fase de conhecimento, o magistrado certifica alguns elementos da obrigação; nesta fase, certifica-se o elemento restante (normalmente, o *quantum debeatur*)".[33]

6 Conclusão

Diante do exposto, considerando que a decisão da liquidação de sentença é uma sentença declaratória de mérito ou terminativa, sujeita aos efeitos da coisa julgada material e à ação rescisória, bem como à correção por existência de erro material, não há que se falar em decisão interlocutória.

A definição do agravo de instrumento, ao invés da apelação, como recurso de combate à decisão que julga a liquidação de sentença foi, fundamentalmente, mera opção do legislador. O fato de não ser possível, nesse caso, o juízo de retratação somente corrobora a natureza de sentença, conforme se depreende do artigo 463 do CPC.

---

[31] Cf. STJ, 3.ª T., rel. Min. Nancy Andrighi, REsp 628464, *DJ*, 27 nov. 2006.
[32] MARINONI; ARENHART, *op. cit.*, p. 140-141.
[33] DIDIER JUNIOR, *op. cit.*, p. 119.

Da mesma maneira, contra acórdão que julga o agravo de instrumento cabem os recursos especial e extraordinário, que, nessa modalidade, não devem ficar retidos porquanto não interpostos contra acórdão que ostente decisão interlocutória.

Referências

ASSIS, Araken de. *Manual da execução*. 12. ed. São Paulo: Revista dos Tribunais, 2009.

DIDIER JUNIOR, Fredie et al. *Curso de direito processual civil*. 3. ed. Salvador: JusPodivm, 2011. v. 5.

DINAMARCO, Cândido Rangel. *Instituições de direito processual civil*. 3. ed. São Paulo: Malheiros, 2009. v. 4.

FURLAN, Daniel Borghetti. A natureza jurídica da decisão liquidatória do decisum e as suas repercussões práticas. Disponível em: <http://www.abdpc.org.br/abdpc/artigos/DANIEL%20BORGHETTI%20FURLAN-%20vers%C3%A3o%20final.pdf> . Acesso em: 25 nov. 2011.

GRECO, Leonardo. *Primeiros comentários sobre a reforma da execução oriunda da Lei 11.232/05*. Rio de Janeiro, 13 jan. 2006, p. 4. Disponível em: <http://bdjur.stj.gov.br/xmlui/bitstream/handle/2011/18143/Primeiros_Coment%E1rios_sobre_a_Reforma_da_Execu%E7%E3o_oriunda_da_Lei_11232_05.pdf?sequence=2>. Acesso em: 25 nov. 2011.

HERTEL, Daniel Roberto. *Curso de execução civil*. Rio de Janeiro: Lumen Juris, 2008.

MARINONI, Luiz Guilherme; ARENHART, Sérgio Cruz. *Curso de processo civil*. 2. ed. São Paulo: Revista dos Tribunais, 2008. v. 3

MEDINA, José Miguel Garcia. *Processo civil moderno*. São Paulo: Revista dos Tribunais, 2008. v. 3.

PIMENTEL, Alexandre Freire. O sistema da liquidação de sentença instituído pela Lei n. 11.232/05. Disponível em: <http://jus.com.br/revista/texto/12945/o-sistema-da-liquidacao-de-sentenca-instituido-pela-lei-nº-11-232-05/2>. Acesso em: 25 nov. 2011.

THEODORO JÚNIOR, Humberto. *Curso de direito processual civil*: processo de execução e cumprimento de sentença: processo cautelar e tutela de urgência. 46. ed. Rio de Janeiro: Forense, 2011. v. 2

THEODORO JÚNIOR, Humberto. *Curso de direito processual civil*: teoria geral do direito processual civil e processo de conhecimento. 50. ed. Rio de Janeiro: Forense, 2009. v. 1.

WAMBIER, Luiz Rodrigues; TALAMINI, Eduardo. *Curso de processo civil*. 11. ed. São Paulo: Revista dos Tribunais, 2010. v. 2.

Informação bibliográfica deste livro, conforme a NBR 6023:2002 da Associação Brasileira de Normas Técnicas (ABNT):

ALECRIM, Felipe Regueira. Agravo de instrumento do Artigo 475: H do CPC e a natureza da decisão de liquidação de sentença. *In*: CUNHA, Leonardo Carneiro da (Coord.). *Questões atuais sobre os meios de impugnação contra decisões judiciais*. Belo Horizonte: Fórum, 2012. p. 39-48. ISBN 978-85-7700-580-2.

PARADOXOS DO RECURSO EXTRAORDINÁRIO COMO FERRAMENTA DO DIREITO PROCESSUAL CONSTITUCIONAL

FRANCISCO DE BARROS E SILVA NETO

O recurso extraordinário se destina, nas palavras de Pontes de Miranda, a preservar a "aplicação uniforme" da Constituição.[1] Permite levar ao conhecimento do Supremo Tribunal Federal debates relativos ao corpo constitucional, nos processos instaurados perante os demais órgãos do Poder Judiciário. Em outros termos, presta-se à "subida dos autos" à Corte Suprema, a fim de que exerça seu papel de guardiã da Carta Magna.

Nessa perspectiva, insere-se no âmbito de estudos do direito processual, como elemento do sistema de impugnação das decisões judiciais, e, concomitantemente, no direito constitucional, como mecanismo de controle da constitucionalidade dos atos do Poder Público. Trata-se, então, de figura posta na região lindeira do Direito Processual Constitucional.[2]

Admitindo-se a metáfora, o recurso extraordinário é uma ponte entre o sistema recursal e o sistema de controle de constitucionalidade. Presta-se a permitir a comunicação desses setores, harmonizando sua aplicação sistêmica. Logo, não é crível que parta de bases radicalmente diferentes, como se de um lado adotasse os arcos romanos da Ponte Neuf e de outro, os cabos de aço da Ponte do Brooklyn.

Seguindo-se essa ordem de ideias, o sistema de controle da constitucionalidade guarda fundamento na própria força normativa da Carta Magna, que implica, nas palavras de J. J. Gomes Canotilho, a "conformidade dos atos do Estado com a Constituição", ou seja, que "exige desde logo a conformidade intrínseca e formal de todos os atos dos poderes públicos (...) com a Constituição".[3]

---

[1] PONTES DE MIRANDA, Francisco Cavalcanti. *Comentários à Constituição de 1967*. 2. ed. São Paulo: Revista dos Tribunais, 1970. t. IV, p. 82.
[2] DANTAS, Ivo. Constituição e processo: o direito processual constitucional. *Revista Acadêmica*, Recife, v. 1, p. 105-106, 2001.
[3] CANOTILHO, J. J. Gomes. *Direito constitucional e teoria da Constituição*. 4. ed. Coimbra: Almedina, 2001. p. 245.

É o aspecto teleológico — a pretensão de eficácia e a efetividade das normas constitucionais — que permite reunir os elementos do conjunto e formar o sistema de controle de constitucionalidade.

Na margem processual, ao seu turno, o recurso extraordinário se subordina, grosso modo, à teoria geral dos recursos, cuja lógica parte do princípio dispositivo, atribuindo-se à parte o juízo de conveniência entre permitir a formação da coisa julgada (ou preclusão) ou submeter a questão ao reexame do mesmo ou de outro órgão da estrutura do Judiciário.

O recurso, portanto, não se põe como dever, mas como ônus da parte interessada em impugnar a decisão judicial. Aplica-se nessa seara o princípio da voluntariedade, ao qual escapam poucas exceções.[4]

Confrontadas tais premissas, surgem alguns paradoxos, colisões aparentes entre os elementos do sistema, sobre as quais se pretende refletir neste breve ensaio.

O **primeiro paradoxo** se põe, nessa perspectiva, pelo confronto entre a necessidade de preservar a autoridade da Constituição e a liberdade atribuída às partes de interporem ou não o recurso contra uma possível decisão inconstitucional.

Dito de outro modo, embora seja dever do Poder Judiciário velar pela guarda da Constituição, não se pode excluir a possibilidade de *error in judicando* no capítulo pertinente ao debate constitucional.[5]

Esse paradoxo se torna ainda mais visível quando se percebe que tal debate não precisa ser necessariamente instaurado pela parte, mas se enquadra nos temas de cognição *ex officio* do julgador. A crítica constitucional, ao menos no modelo brasileiro, é uma etapa prévia à aplicação de qualquer norma pelo Judiciário, integrando os poderes intrínsecos à jurisdição.[6]

Em síntese, o sistema recursal deixa ao condão da parte apresentar sua peça impugnativa, enquanto o respeito à Constituição, como matéria de ordem pública, exorbita o interesse privado das partes. Eis o primeiro paradoxo, não privativo do recurso extraordinário, mas nele identificável de modo mais claro.

Para superá-lo, urge inicialmente substituir a tradicional polarização dos interesses públicos e privados pela ótica da coordenação dessas instâncias. Nesta perspectiva, a realização do interesse do titular do direito se coordena com o interesse público na realização da Justiça e, *a fortiori*, na efetividade das normas constitucionais.

---

[4] NERY JÚNIOR, Nelson. *Teoria geral dos recursos*. 6. ed. São Paulo: Revista dos Tribunais, 2004. p. 179-180. Essas exceções, de qualquer modo, implicam a remessa dos autos, *ex officio*, aos tribunais de segunda instância, não existindo semelhante via de acesso aos Tribunais Superiores.

[5] A identificação desse vício não é simples, pois envolve uma difícil escolha de paradigmas. Entretanto, "(...) as dificuldades que se podem encontrar neste terreno não eliminam a possibilidade de pensar (ou a necessidade de constatar) que interpretações inválidas e insustentáveis da norma existem, e seguem distintas daquelas válidas e legítimas" (TARUFFO, Michele. Idee per una teoria della decisione giusta. *In*: TARUFFO, Michele. *Sui confini*: scritti sulla giustizia civile. Bologna: Il Mulino, 2002. p. 231). De qualquer modo, a pluralidade de decisões, ao menos em casos de acentuada homogeneidade, sem margem razoável para o *distinguishing*, presta-se como indicativo de que decisões judiciais merecem revisão.

[6] "A interpretação das leis é própria e peculiarmente da incumbência dos tribunais. Uma Constituição é, de fato, uma lei fundamental e assim deve ser considerada pelos juízes. A eles pertence, portanto, determinar seu significado, assim como o de qualquer lei que provenha do corpo legislativo. E se ocorresse que entre as duas existisse uma discrepância, deverá ser preferida, como é natural, aquela que possua força obrigatória e validez superiores" (HAMILTON, Alexander; JAY, John; MADISON, James. *O federalista*. Rio de Janeiro: Editora Nacional de Direito, 1959. p. 314).

O processo se serve dos interesses particulares, postos em relação dialética, para obter o resultado justo.[7] Embora não se espere das partes uma atividade altruísta, o processo utiliza seus estímulos como fator de realização do individual e do coletivo.

Assim, em termos fáticos, é crível que as partes exerçam as faculdades asseguradas pela lei processual a fim de obter o resultado favorável ao seu interesse. Há, pois, uma sintonia entre a estrutura dialética do processo e sua finalidade de assegurar a tutela dos direitos, inclusive os de índole constitucional.

Essa concepção permite superar o primeiro paradoxo apresentado, que sobrevive residualmente apenas nas situações em que o interessado conscientemente não utiliza as ferramentas processuais postas ao seu dispor, encontra-se impedido de fazê-lo ou, por inabilidade, não logrou cumprir as formalidades previstas em lei.

No caso de atividade voluntária e consciente da parte interessada, se a causa versa sobre interesses disponíveis não há propriamente imperfeição do sistema. A qualificação constitucional da controvérsia não a torna, *ipso factu*, impossível de soluções autocompositivas, como a renúncia ou o reconhecimento do direito alheio, nem implica insuficiência de efetividade das normas constitucionais. Por exemplo, o filho (maior e capaz) que admite para si um quinhão inferior aos demais não "trai" a igualdade assegurada pela Constituição, nem viola o seu artigo 227, §6º, mas apenas exerce a liberdade que o próprio corpo constitucional lhe defere.

Situação mais complexa ocorre quando as peculiaridades do direito *sub judice* não admitem a livre disposição de seu conteúdo. Nesse caso, guiar-se o processo de densificação das normas constitucionais pelo paradigma de voluntariedade pode, de fato, conduzir ao *deficit* de sua efetividade. Em suma, não há como se transigir, *v. g.*, com a dignidade humana e seus consectários mais próximos.

Nesses casos, a anuência da parte prejudicada não possui eficácia saneadora do *error in judicando*, não se prestando como técnica de legitimação do ato (judicial) do Poder Público, pois exercida fora do âmbito de liberdade que a própria Constituição lhe outorga.

O tema, porém, não passou despercebido ao sistema constitucional, que atribui ao Ministério Público e à Advocacia Pública, como funções essenciais à Justiça, a defesa dos interesses públicos primários e secundários, respectivamente.[8] E em seu desenvolvimento infraconstitucional, as normas processuais impõem a participação dessas entidades, sob pena de nulidade, nas causas sensíveis àqueles interesses.

Ora, conjugando-se o plano processual ao constitucional e administrativo, esses entes possuem o verdadeiro dever, ínsito à sua finalidade institucional, de apresentar os recursos necessários à salvaguarda da ordem jurídica, inclusive nas instâncias extraordinárias. Não atuam, pois, sob um regime pautado pela voluntariedade estrita, mas seguem os traços institucionais delineados pela Carta Magna.

Se não há um vínculo necessário entre o substrato constitucional da controvérsia e a atuação processual dessas instituições, pelo menos há a determinação

---

[7] "Para uma boa escolha devem ser exploradas, até onde for possível, ambas as estradas. Mas cada parte tem interesse em explorar apenas uma: aquela que conduz ao seu sucesso. Eis porque apenas a atividade de ambas constitui aquela colaboração da qual necessita o juiz" (CARNELUTTI, Francesco. *Diritto e processo*. Napole: Morano, 1958. p. 100). O contraditório, portanto, "constitui o segredo do mecanismo processual" (*Idem*, p. 33).

[8] Sobre a dicotomia entre os interesses públicos primários e secundários, *v.*, por todos, (ALESSI, Renato. *Sistema istituzionale del diritto amministrativo italiano*. Milano: Giuffrè, 1953. p. 151-152).

de defesa dos interesses sociais e individuais indisponíveis (Ministério Público) e de representação dos entes públicos em juízo (Advocacia Pública), o que esgota o universo dos interesses indisponíveis e elimina mais uma manifestação daquele primeiro paradoxo.

Permitindo-se ir adiante, a superação daquele paradoxo também pressupõe o exercício razoável do direito à interposição do recurso extraordinário. Em outras palavras, os requisitos de admissibilidade recursal devem ser postos adequadamente, a fim de não impedirem a revisão, pelo Supremo Tribunal Federal, do ato judicial viciado.

Alcança-se, nesse ponto, um **segundo paradoxo** do recurso extraordinário: para separar o joio do trigo (ou seja, as pretensões legítimas daquelas infundadas ou mesmo procrastinatórias) é necessário apreciar o mérito do recurso, o que pressupõe juízo de admissibilidade favorável ao recorrente.

Logo, na perspectiva funcional, a maior abertura do juízo de admissibilidade submeteria à Corte Suprema proporcionalmente um maior volume de decisões, aumentando a probabilidade de revisão dos julgados. Entretanto, como qualquer organização, sua capacidade de trabalho é limitada pelos recursos materiais e humanos, rotinas e demais elementos do processo produtivo. Na ótica administrativa, o incremento na demanda pode exceder a capacidade de trabalho, criando gargalos nas etapas produtivas e, possivelmente, diminuindo a própria qualidade do produto final.[9]

Não é de se estranhar que os Tribunais Superiores sejam deveras rigorosos no juízo de admissibilidade recursal, exigindo uma perfeição formal nem sempre compatível com a instrumentalidade do processo.[10]

Com efeito, os pressupostos de admissibilidade recursal se prestam apenas como juízo de viabilidade da impugnação, controlando-se aspectos intrínsecos (pertinentes à própria existência do direito de recorrer) e extrínsecos (relativos ao exercício desse direito) para filtrar aqueles aptos ao conhecimento de mérito.[11] Na prática, porém, o Supremo Tribunal Federal passou a utilizar essa técnica como "regulador de vazão", diminuindo o aporte mensal de processos mediante uma análise mais rigorosa dos requisitos legais.

Há casos que beiram o pitoresco, como a negativa de seguimento pela ilegibilidade do carimbo de protocolo, pela falta de assinatura *etc*.[12] Como denominador comum, são falhas facilmente saneáveis, que não impossibilitam o conhecimento do recurso e demonstram o câmbio do papel exercido pelo juízo de admissibilidade recursal.

---

[9] Como adverte Barbosa Moreira, "estamos preocupados em modelar um processo mais 'efetivo' e cogitamos de iniciativas que, na imensa maioria, não se poderão concretizar sem nova e ponderável carga de trabalho (...). Assim se estaria, na prática, tirando com a mão esquerda o que porventura se desse com a direita" — pois, em termos de 'efetividade', basta agravar a lentidão da marcha processual para esvaziar as vantagens acaso concebíveis de outros pontos de vista (Notas sobre o problema da "efetividade" do processo. *In*: MOREIRA, José Carlos Barbosa. *Temas de direito processual*: terceira série. São Paulo: Saraiva, 1984. p. 41).

[10] cf. MOREIRA, José Carlos Barbosa. Restrições ilegítimas ao conhecimento dos recursos. *In*: MOREIRA, José Carlos Barbosa. *Temas de direito processual*: nona série. São Paulo: Saraiva, 2007. p. 267-282.

[11] cf. MOREIRA, José Carlos Barbosa. *O juízo de admissibilidade no sistema dos recursos civis*. Rio de Janeiro: [s.n.], 1968. p. 26 *et seq*.

[12] Neste sentido, *v*'. Agravo Regimental no Agravo de Instrumento n. 560.956/RJ, rel. Min. Cármen Lucia, j. 02.03.2007, Primeira Turma, *DJ*, p. 90, 20 abr. 2007; Agravo Regimental no Agravo de Instrumento n. 467.776/MG, rel. Min. Joaquim Barbosa, j. 17.11.2009, Segunda Turma, *DJe*, 18 dez. 2009, entre outros.

Nesse ponto, permita-se a abertura de um parêntesis: não é possível uma abordagem de Teoria Geral do Processo que descure da Administração Judiciária. A instrumentalidade do processo e o princípio da eficiência da Administração Pública conduzem a uma aproximação entre esses planos, evitando qualquer redução positivista de corte kelseniano.

A Administração Judiciária não é seara alheia ao Direito Processual, como também não o é a Sociologia do Processo. Apenas se pode compreender adequadamente o fenômeno processual por uma mirada que contemple todas essas perspectivas, pois, como visto, soluções de direito processual surgem de "problemas administrativos" e vice-versa.

Grandes reformas do sistema judicial foram feitas sem alarde mediante a capacitação de gestores das unidades jurisdicionais, no sentido de racionalizarem os recursos colocados a sua disposição.[13] Graves problemas, ao seu turno, surgem quando se interpretam normas processuais sem se ter em mente que se destinam a organizações, com diferentes níveis de eficiência, cuja evolução depende de políticas públicas muito além do plano legislativo ou da aplicação do direito.

Assim, por exemplo, diz-se que a competência não é propriamente quantidade de jurisdição, pois tal poder não admite repartição quantitativa.[14] Entretanto, abertura de competência implica aumento da carga de trabalho e necessidade constante de otimização de fluxos e rotinas e de adequação da estrutura disponível. Distribuírem-se competências entre as várias unidades do sistema sem atenção a esse aspecto pode causar lentidão e *deficit* de realização de direitos.[15]

Encerrando-se o parêntesis, enfim, o maior rigor no juízo de admissibilidade recursal pode conduzir ao não conhecimento de recursos contra decisões inconstitucionais, o que perfaz o segundo paradoxo. E, para resolvê-lo, deve-se enfrentar a própria crise do Supremo Tribunal Federal.[16]

Várias soluções foram cogitadas no decorrer do tempo, como a criação do Superior Tribunal de Justiça, as súmulas de jurisprudência uniforme, a arguição de relevância *etc*.

A criação do Superior Tribunal de Justiça teve inegável impacto ao retirar do Supremo Tribunal Federal a missão de uniformizar o direito federal. Entretanto, veio em uma Carta dirigente, cuja vasta disciplina submeteu inúmeras questões ao

---

[13] Um bom registro dessas práticas está disponível no sítio do Instituto Innovare, que procede anualmente à sua identificação, premiação e disseminação: <http://www.premioinnovare.com.br/>.

[14] Por todos, *v*. NEVES, Celso. *Estrutura fundamental do processo civil*: tutela jurídica processual, ação, processo e procedimento. Rio de Janeiro: Forense, 1995. p. 53-57.

[15] O próprio Supremo Tribunal Federal o reconheceu quando do cancelamento da súmula n. 384: "não se trata, é verdade, de uma cogitação estritamente jurídica, mas de conteúdo político, relevante, porque concernente à própria subsistência da Corte, em seu papel de guarda maior da Constituição Federal e de cúpula do Poder Judiciário Nacional"; "se não se chegar a esse entendimento, dia virá em que o Tribunal não terá condições de cuidar das competências explícitas, com o mínimo de eficiência, de eficácia e de celeridade, que se deve exigir das decisões de uma Suprema Corte" (Questão de ordem no Inquérito n. 587/SP, rel. Min. Sydney Sanches).

[16] A crise do Supremo Tribunal Federal não é fenômeno recente. Segundo Buzaid, seus primeiros sintomas se manifestam ainda no começo da década de 30, quando o Decreto n.º 20.669, de 23 de novembro de 1931, determinava a realização de quatro sessões semanais de julgamento enquanto não esgotasse a pauta de processos conclusos (A crise do Supremo Tribunal Federal. *In*: BUZAID, Alfredo. *Estudos de direito*. São Paulo: Saraiva, 1972. p. 145).

recurso extraordinário. Em outros termos, o que a Assembléia Constituinte fez com uma mão, desfez com a outra.

As demais soluções, *data venia* das opiniões contrárias, partiram de uma premissa equivocada: aguarda-se a subida dos autos à Corte Suprema, para que — em um rito abreviado, é verdade — sejam resolvidas naquela sede. Não se prestam, portanto, a devolver racionalidade ao juízo de admissibilidade recursal, antes estimulam o mencionado garrote.

A quebra desse paradigma se deu com a Lei dos Juizados Especiais Federais (Lei nº 10.259, de 12 de julho de 2001), cujo artigo 14 estabeleceu uma sistemática de julgamento por amostragem, evitando a subida de milhares de casos semelhantes à Corte Suprema.

Mediante essa técnica, replicada no artigo 543-B do Código de Processo Civil, o tribunal de origem seleciona apenas um ou alguns recursos "representativos da controvérsia", remetendo-os ao Supremo Tribunal Federal, mantendo sobrestados os demais.

Concluído o julgamento pela Corte Suprema (ou negada a repercussão geral, adiante melhor comentada), reputam-se prejudicados os recursos com fundamentos dissonantes, admitindo-se, em relação aos demais, que o tribunal de origem adapte a decisão recorrida à tese vencedora, o que igualmente impediria a subida dos autos à instância extraordinária.

Ora, diminuindo-se o volume de processos remetidos àquela Corte, é de se esperar que o rio retorne ao seu leito, que os pressupostos de admissibilidade recursal voltem à sua função originária.

Por fim, abordem-se as situações em que, pela inabilidade do advogado ou pelo rigor da Corte, o recurso extraordinário não foi conhecido e, portanto, operou-se a coisa julgada material.

Nessas hipóteses, as premissas estruturais e funcionais do recurso extraordinário não se coordenam a contento, pois, se a guarda da Constituição exorbita o interesse das partes, não se justifica a concentração de todo o ônus sobre os seus ombros.

O **terceiro paradoxo** tende a se aproximar de um áporo: diante da primazia da Constituição, como estabilizar o ato inconstitucional mediante a rejeição do recurso extraordinário, mormente por fatores estabelecidos pela lei ordinária?

A exclusão, *sic et simpliciter*, desses fatores não se faz possível. Mesmo a racionalização advinda do julgamento por amostragem não é suficiente para se prescindir dessa categoria, que espelha exigências lógicas do sistema (legitimidade, interesse, preclusão). E sua simples existência pode conduzir à manutenção de atos potencialmente viciados (basta o decurso *in albis* do prazo recursal e nenhuma das técnicas dantes mencionadas terá o condão de resolver o problema).

Parte da doutrina pugna, em resposta, pela desconsideração da coisa julgada inconstitucional. Em face das "deficiências" do controle difuso de constitucionalidade, concede-se verdadeira força rescindente ao precedente judicial, de modo a esvaziar a eficácia dos atos embasados em premissas incompatíveis com a tese vitoriosa na Corte Suprema (artigos 475-L, §1º, e 741, parágrafo único, do Código de Processo Civil).

Observe-se, inicialmente, que sob tal rubrica se agrupam várias teses distintas, que ora defendem a inexistência do ato judicial inconstitucional, ora sua invalidade, ora apenas sua ineficácia.[17] Partem, entretanto, de uma premissa comum (a primazia do Supremo Tribunal Federal ao dizer acerca da primazia constitucional) e alcançam, ao seu turno, resultado semelhante (a decisão judicial perde sua pretensão de eficácia). Confrontadas com o precedente do Supremo Tribunal Federal, as decisões conflitantes com a tese vitoriosa se tornam "mais tênues", pois algo importante se perdeu. São automóveis sem motor ou fé sem capacidade de obras, de escassa utilidade, portanto.

A coisa julgada inconstitucional, nessa perspectiva, consiste em ferramenta de padronização, que impõe isonomia ao custo da segurança jurídica, espelhando debate fundamentalmente político,[18] que gera reservas de parte expressiva da doutrina.[19]

Ademais, uma questão terminológica se faz importante. A expressão "coisa julgada inconstitucional" provoca a adesão tácita do intérprete à mencionada tese, pois evoca uma ruptura constitucional, com toda a carga axiológica envolvida. Porém, se a Constituição possui vários intérpretes[20] e, *a fortiori*, se a guarda de sua autoridade é missão atribuída difusamente ao Judiciário em geral, o centro de gravidade do problema se desloca do "ser constitucional" para o "dizer constitucional".

Em outros termos, a ênfase posta pela doutrina no predicativo (ser constitucional ou não) encobre a busca por paradigmas interpretativos do texto constitucional, que exalta o Supremo Tribunal Federal e subvaloriza os demais órgãos do sistema.

O debate não se limita ao "ser constitucional", mas reforça a autoridade da Corte Suprema quanto ao "dizer constitucional", que adquire prevalência na dimensão do passado, presente e futuro. Melhor falar, portanto, em "coisa julgada contrária à decisão do Supremo Tribunal Federal", sob pena de se reconhecer entre Constituição e decisão da Corte Constitucional uma simbiose tão intensa que impossibilite precisar onde a primeira termina e a outra começa.

Retornando-se ao campo específico do recurso extraordinário, essa tese implica deslocamento no ponto de equilíbrio entre os modelos difuso e concentrado de controle de constitucionalidade, com predomínio deste. Logo, elimina a falta de conexidade com o sistema processual, mediante o enfraquecimento do papel desempenhado pelo recurso extraordinário.

Em outros termos, a "primazia constitucional" resta assegurada mediante interferências extrínsecas ao processo de origem, a partir da projeção de eficácia da decisão do Supremo Tribunal Federal. *Mutatis mutandis*, a técnica se aproxima mais do paradigma das ações autônomas de impugnação que da sistemática recursal.

Essa projeção de eficácia, por fim, conduz ao **quarto paradoxo**, sobre o qual primeiro convém tecer considerações sobre o instituto da repercussão geral.

---

[17] Para um panorama geral do debate, *v.* DIDIER JÚNIOR, Fredie (Coord.). *Relativização da coisa julgada*: enfoque crítico. 2. ed. Salvador: JusPodivm, 2006; NASCIMENTO, Carlos Valder do (Coord.). *Coisa julgada inconstitucional*. 5. ed. Rio de Janeiro: América Jurídica, 2005.

[18] "O princípio jurídico da igualdade não é um princípio passivo ou estático, pois ele é uma projeção do querer político e do agir político de um povo, manifestado no fazer e no aplicar o seu Direito" (ROCHA, Cármen Lúcia Antunes. *O princípio constitucional da igualdade*. Belo Horizonte: Lê, 1990. p. 29).

[19] Com efeito, "admitir que o Estado-Juiz errou no julgamento que se cristalizou, obviamente implica em aceitar que o Estado-Juiz pode errar no segundo julgamento, quando a idéia de 'relativizar' a coisa julgada não traria qualquer benefício ou situação de justiça" (MARINONI, Luiz Guilherme. O princípio da segurança dos atos jurisdicionais: a questão da relativização da coisa julgada material. *In*: DIDIER JÚNIOR, Fredie (Coord.). *Relativização da coisa julgada*: enfoque crítico. 2. ed. Salvador: JusPodivm, 2006. p. 234).

[20] HÄBERLE, Peter. *Hermenêutica constitucional*: a sociedade aberta dos intérpretes da Constituição. Porto Alegre: Fabris, 1997.

Como cediço, a Reforma do Judiciário passou a exigir, para admissão do recurso extraordinário, "a repercussão geral das questões constitucionais discutidas no caso, nos termos da lei" (artigo 102, §3º).

O Código de Processo Civil, por sua vez, considera para este fim "a existência, ou não, de questões relevantes do ponto de vista econômico, político, social ou jurídico, que ultrapassem os interesses subjetivos da causa" (artigo 543-A, §1º).

Percebe-se que a repercussão geral impõe um segundo adjetivo à questão versada no recurso extraordinário: ela deve ser constitucional e transcendente. Se a questão debatida não detiver a primeira qualificação, é desnecessário aferir sua transcendência.[21] Apenas quando verificados ambos os adjetivos, o mérito do caso será submetido ao crivo do Supremo Tribunal Federal, que dirá se a decisão recorrida guarda compatibilidade com a Carta Magna.

Resta definir qual a conformação teórica da questão constitucional não transcendente. Pode-se considerá-la uma questão constitucional sem relevância, ou seja, de segunda categoria? Decerto que não, pois se diminuiria parcialmente o *status* do texto constitucional, colidindo com a sua primazia.[22]

Logo, não se deve perscrutar a subsunção entre a norma constitucional e o caso concreto, pois a pretensão de eficácia constitucional não encontra diferença na questão transcendente e na de contornos "puramente" individuais. A resposta, mais uma vez, não está no "ser constitucional", mas no "dizer constitucional".

Seguindo-se essa hipótese de trabalho, é necessário desfazer o nexo — cada vez mais forte — entre a questão constitucional e a competência do Supremo Tribunal Federal. Em outros termos, deve-se quebrar o mito pelo qual a última palavra sobre o juízo de constitucionalidade compete àquela Corte.

Ao rejeitar a repercussão geral do recurso extraordinário, o Tribunal não ratifica nem substitui a decisão recorrida. O Supremo, neste caso, não se pronuncia sobre a tese adotada, ou seja, não entra no mérito da sua constitucionalidade. O juízo de repercussão geral é prévio, processual, de admissibilidade, apenas.[23] Rejeitada a repercussão geral, a última palavra (de mérito!) assiste ao juízo *a quo*.

Em síntese, se essa técnica não implica diminuição de *status* da questão constitucional, então se trata de reforço institucional dos demais órgãos do Judiciário, no contexto do sistema de controle de constitucionalidade. Seguindo as premissas do modelo norte-americano, confia-se às cortes inferiores a solução do caso, exercendo a Suprema Corte apenas o controle daquilo que exorbita o interesse local e/ou particular.[24]

---

[21] Equivoca-se, pois, o artigo 324, §2º, do Regimento Interno do Supremo Tribunal Federal, ao determinar que, nos casos em que o relator repute infraconstitucional a questão debatida, a ausência de pronunciamento dos demais ministros "será considerada como manifestação de inexistência de repercussão geral". Aparentemente se pretendeu equiparar os efeitos jurídicos de ambos os pronunciamentos, mas a redação do dispositivo assimilou duas noções diversas, reconhecidas como tal pelo artigo 322 daquele mesmo diploma ("Art. 322. O Tribunal recusará recurso extraordinário cuja questão constitucional não oferecer repercussão geral, nos termos deste capítulo.")

[22] Em se tratando da Carta Magna, valem as palavras de Fernando Pessoa: "Para ser grande, sê inteiro: nada / Teu exagera ou exclui. / Sê todo em cada coisa."

[23] MOREIRA, José Carlos Barbosa. *Comentários ao código de processo civil*. 14. ed. Rio de Janeiro: Forense, 2008. v. 5, p. 617.

[24] *v.* REHNQUIST, William. *The Supreme Court*. New York: First Vintage, 2001. p. 224 *et seq.*

É verdade que essa ênfase no mecanismo difuso de controle de constitucionalidade não invalida o movimento de concentração de poderes na Corte Suprema, pois pressupõe uma decisão desta, afastando o cabimento do recurso extraordinário no caso paradigma. Ao Supremo Tribunal Federal, do mesmo modo que se concedeu o "toque de Midas" da constitucionalidade, também se reconheceu, por uma exigência lógica do sistema, a competência para delimitar a transcendência dessas questões constitucionais.

O **quarto paradoxo**, enfim, verifica-se entre a "flexibilização da coisa julgada inconstitucional" e a prevalência do "dizer constitucional" pelas Cortes *a quo*, quanto às questões constitucionais não transcendentes. Chega-se, portanto, ao confronto entre o recurso extraordinário e as vias de controle concentrado de constitucionalidade.

Um exemplo o ilustrará. São comuns as demandas propostas por aposentados, servidores públicos e outros beneficiários de prestações de trato sucessivo a fim de obterem a majoração judicial dessas verbas. Julgado procedente o pedido, as parcelas pretéritas são pagas mediante precatório ou requisição de pequeno valor e, cumuladas pelo tempo necessário ao processo, por vezes expressam considerável soma.

O artigo 12 da Lei nº 7.713, de 22 de dezembro de 1988, é claro ao afirmar que, "no caso de rendimentos recebidos acumuladamente, o imposto incidirá, no mês do recebimento ou crédito, sobre o total dos rendimentos, diminuídos do valor das despesas com ação judicial necessárias ao seu recebimento (...)". Em outros termos, o imposto de renda será calculado pelo regime de caixa, não importando se, computadas isoladamente, as parcelas eram isentas ou tributadas por uma alíquota inferior.

No Superior Tribunal de Justiça, entretanto, autoriza-se o cálculo do imposto de renda "mês a mês", como se o valor devido tivesse sido pago oportunamente, entendendo-se, em prol da equidade e da isonomia, que o mencionado artigo "disciplina o momento da incidência e não o modo de calcular o imposto".[25]

O Supremo Tribunal Federal, por sua vez, entendeu que o tema não ostenta repercussão geral, silenciando sobre o mérito da questão.[26]

Ora, não se pode afastar a possibilidade de Ação Declaratória de Constitucionalidade – ADC, ou de Ação Direta de Inconstitucionalidade – ADIN, do mencionado artigo, mormente quando se percebe que os argumentos utilizados pelo Superior Tribunal de Justiça possuem um quê de constitucional (equidade, isonomia, razoabilidade).

Dito de outro modo, a mesma questão constitucional dantes suscitada em recurso extraordinário pode ser submetida à análise do Supremo Tribunal Federal, pela via do controle concentrado. E, se tal Corte conhecer do pedido, sua decisão infirmará os julgamentos transitados em julgado, fundados em premissas diferentes?

---

[25] AgRg no REsp 641.531/SC, Rel. Ministro Mauro Campbell Marques, Segunda Turma, julgado em 21.10.2008, *DJe*, 21 nov. 2008; AgRg no REsp 1069718/MG, Rel. Ministro Luiz Fux, Primeira Turma, julgado em 23.04.2009, *DJe*, 25 maio.2009.

[26] "Assim, a definição da alíquota do IRPF aplicável a determinados valores pagos de forma diferenciada, qualquer que seja a solução adotada pelas instâncias ordinárias, não repercutirá política, econômica, social e, muito menos, juridicamente na sociedade como um todo, estando limitada ao patrimônio individual de cada um dos contribuintes. Além disso, a matéria não é suficiente para repercutir na arrecadação tributária do país" (RE 592.211/RG, rel. Min. Menezes Direito, Plenário Virtual, manifestação do relator datada de 17 de outubro de 2008).

Em termos de legitimidade institucional, a desconsideração da coisa julgada se apresenta ainda mais gravosa ao princípio da segurança jurídica, pois o ato judicial a ser afastado foi emitido com a chancela da própria Corte Suprema (e com a pretensão de se tornar definitivo).

Logo, para contornar o paradoxo, as limitações inerentes ao recurso extraordinário devem ser replicadas no controle concentrado, de modo a harmonizar a conduta da Suprema Corte em ambas as vias de acesso.

Em termos de Ação Declaratória de Constitucionalidade, o artigo 14, III, da Lei nº 9.868, de 10 de novembro de 1999, presta-se a garantir essa sintonia, permitindo ao Supremo Tribunal Federal apreciar a "relevância" da controvérsia judicial. A mesma lógica, porém, precisa ser estendida aos demais instrumentos, ainda que os artigos 3º e 12-B daquela lei não o repliquem.

Enfim, se os paradoxos aparentemente desestabilizam o sistema, por outro lado valorizam o intérprete e suas estratégias argumentativas. Embora por vezes conduzam a perplexidades, não expressam impossibilidades hermenêuticas, mas reafirmam a tarefa comum a todos os intérpretes — sobretudo os da Carta Constitucional — de velar pela harmonia e pela efetividade do contexto normativo.

Informação bibliográfica deste livro, conforme a NBR 6023:2002 da Associação Brasileira de Normas Técnicas (ABNT):

SILVA NETO, Francisco de barros e. Paradoxos do recurso extraordinário como ferramenta do direito processual constitucional. *In*: CUNHA, Leonardo Carneiro da (Coord.). *Questões atuais sobre os meios de impugnação contra decisões judiciais*. Belo Horizonte: Fórum, 2012. p. 49-58. ISBN 978-85-7700-580-2.

UM GRANDE AVANÇO
A APELAÇÃO CÍVEL SEM EFEITO SUSPENSIVO

FREDERICO AUGUSTO LEOPOLDINO KOEHLER

1 Introdução

Neste importante momento, em que se inicia o processo de elaboração de um novo Código de Processo Civil, faz-se imprescindível a reflexão acerca de modificações que possam acelerar a tramitação dos feitos e, assim, promover a concretização do princípio da razoável duração do processo.[1]

Inolvidável, contudo, uma advertência prévia. Constitui equívoco constantemente cometido, tanto por leigos quanto por juristas, imaginar-se que as modificações no texto legal trazem consigo a solução imediata para os problemas referentes à duração excessiva dos processos.[2]

Ao lecionar sobre as reformas do processo civil no Japão, o professor Shozo Ota faz uma analogia entre um computador e o sistema judicial. Tratando-se de um computador, nem mesmo os melhores aperfeiçoamentos adicionados ao software irão elevar significativamente a performance geral do sistema, se a máquina estiver equipada com uma unidade de processamento fraca e uma memória insuficiente. O mesmo pode ser dito do sistema judiciário. Quando a infraestrutura — isto é, o quantitativo de tribunais, magistrados, servidores, defensores públicos, advogados,

---

[1] Sobre o tema, confira-se KOEHLER, Frederico Augusto Leopoldino. *A razoável duração do processo*. Salvador: JusPodivm, 2009.

[2] Ivo Dantas chama a atenção para o fato de que um simples comando legal não muda uma realidade, exemplificando com o "fim das classes sociais", determinado pela Revolução Russa de 1917, e a "extinção das castas", comandada pelos ingleses na Índia. Em ambos os casos, o comando legal sucumbiu em face da realidade dos fatos (DANTAS, Ivo. *Constituição e processo*. Curitiba: Juruá, 2007. p. 356).

e materiais de trabalho — mantém-se insuficiente, melhoramentos no processo civil não vão afetar significativamente o desempenho geral das cortes cíveis.[3]

O pensamento referido, entretanto, não deve transmitir a falsa ideia de que as reformas legislativas carecem de efeitos práticos. Nunca é demais relembrar a lição de José Carlos Barbosa Moreira, de que a norma nem é impotente, nem onipotente, e que se a modificação normativa não tivesse qualquer relevância, tanto uma reforma boa quanto uma ruim deixariam as coisas exatamente onde estão, o que, sabe-se há muito, não é verdadeiro.[4]

Sobre a importância das reformas, confira-se a lição de Paulo Afonso Brum Vaz: "sabe-se que o atraso, de efeitos nefastos, não se deve apenas aos problemas de ordem estrutural da justiça, mas também aos instrumentos processuais que lhe são disponibilizados pelo sistema".[5] Com efeito, o ideário que inspirou a reforma do Poder Judiciário não poderá alcançar seus objetivos sem a necessária reforma dos Códigos de Processo Civil e Penal.[6]

Destarte, não se pode deixar de buscar a concretização da "racionalização externa da Justiça" (reformas processuais), e de perseguir incessantemente a "racionalização interna da Justiça" (investimentos e aperfeiçoamentos com vistas à eficiência na gestão do serviço prestado pelo Poder Judiciário).[7]

2 Apelação cível sem efeito suspensivo

Na sistemática atual, a apelação suspende, em regra, os efeitos da sentença recorrida. Tal fato demonstra uma desvalorização do juízo de primeiro grau e uma supervalorização dos juízos recursais, figurando aquele como uma espécie de antessala, em que se aguarda o momento de interpor o apelo para levar o processo à instância superior. Esse proceder gera um acúmulo de processos nos tribunais, com a consequente morosidade no andamento dos feitos. Em virtude disso, diversos doutrinadores, dentre eles, Sálvio de Figueiredo Teixeira, Carlos Mário da Silva Velloso e José Rogério Cruz e Tucci, pugnam pela correção desse equívoco, atribuindo-se, como regra, exequibilidade provisória à sentença, tal como ocorre nas sistemáticas processuais italiana, alemã e portuguesa.[8]

Não se pode olvidar a existência de doutrinadores com posição oposta, pugnando pela manutenção do efeito suspensivo como regra no recurso de apelação.

---

[3] OTA, Shozo. Reform of Civil Procedure in Japan. *The American Journal of Comparative Law*, v. XLIX, n. 4, p. 561-583, fall 2001. p. 561 (tradução nossa).

[4] MOREIRA, José Carlos Barbosa. O futuro da justiça: alguns mitos. *In*: MOREIRA, José Carlos Barbosa. *Temas de direito processual*: oitava série. São Paulo: Saraiva, 2004. p. 10.

[5] VAZ, Paulo Afonso Brum. Reexame necessário no novo processo civil. *Revista Direito Federal*, Brasília, ano 22, n. 78, p. 261, out./dez. 2004..

[6] GRINOVER, Ada Pellegrini. A necessária reforma infraconstitucional. *In*: TAVARES, André Ramos; LENZA, Pedro; ALARCÓN, Pietro de Jesús Lora (Coord.). *Reforma do Judiciário analisada e comentada*. São Paulo: Método, 2005. p. 518.

[7] Conceitos utilizados por PITSCHAS, R. Der Kampf um Art. 19 IV GG. *In*: ZRP, Heft 3, 1998. p. 96-103.

[8] DIAS, Rogério A. Correia. A demora da prestação jurisdicional. *Revista dos Tribunais*, São Paulo, ano. 90, v. 789, p. 53, jul. 2001. Confira-se, também, TUCCI, José Rogério Cruz e. O judiciário e os principais fatores de lentidão da justiça. *Revista do Advogado*, n. 56, p. 78, set. 1999.

Sob esse prisma, Sérgio Bermudes entende que o efeito suspensivo dos recursos realiza o princípio do duplo grau de jurisdição na sua plenitude:

> O efeito suspensivo dos recursos é conseqüência natural do seu efeito devolutivo, elemento dele, destinado a assegurar a sua plenitude. Se se entende conveniente a revisão de um ato, para tanto se deferindo a outro órgão essa revisão, é melhor conter-lhe a eficácia, até que esse novo exame se realize.[9]

Concorda-se nesse artigo com os juristas que pugnam pela minoração das hipóteses de incidência do efeito suspensivo na apelação. Exemplar nessa seara é o processo trabalhista, que colhe bons resultados com a adoção do efeito meramente devolutivo como regra geral, salvo as exceções previstas na CLT:

> Art. 899. Os recursos serão interpostos por simples petição e terão efeito meramente devolutivo, salvo as exceções previstas neste Título, permitida a execução provisória até a penhora. (Redação dada pela Lei nº 5.442, de 24.5.1968) (*Vide* Lei nº 7.701, de 1988)

Tramita no Congresso Nacional o PLS nº 136/2004 — gestado por sugestão da Associação dos Magistrados Brasileiros (AMB), com o propósito de tornar regra geral do recurso de apelação cível a ausência de efeito suspensivo, devendo o juiz atribuir-lhe tal efeito apenas quando necessário para evitar dano irreparável à parte:

> A restrição das hipóteses em que o recurso de apelação é recebido no efeito suspensivo é fundamental para conferir maior celeridade ao processo, uma vez que a recepção desse recurso apenas no efeito devolutivo permite que a parte vencedora na primeira instância prossiga com a execução da sentença, o que garantirá maior efetividade às decisões judiciais de primeiro grau. Conforme dispõe o projeto, a atribuição do efeito suspensivo à apelação somente terá cabimento nas hipóteses em que o prosseguimento da execução possa causar dano irreparável ou de difícil reparação ao devedor.[10]

Segundo a redação do projeto de lei em referência, na versão final do substitutivo apresentado pelo senador Demóstenes Torres e que aguarda votação pela Comissão de Constituição, Justiça e Cidadania (CCJ), o artigo 520 do CPC passará a ter a seguinte redação:

> Art. 520. A apelação será recebida somente no efeito devolutivo.
> Parágrafo único. A apelação será recebida também no efeito suspensivo, quando interposta de sentença que:
> I – modificar o estado ou a capacidade das pessoas;
> II – determinar alteração no registro civil;

---

[9] BERMUDES, Sérgio. Efeito devolutivo da apelação. *In*: MARINONI, Luiz Guilherme (Coord.). *Estudos de direito processual civil*: homenagem ao Professor Egas Dirceu Moniz de Aragão. São Paulo: Revista dos Tribunais, 2005. p. 514-518.

[10] Cf. BRASIL. Ministério da Justiça. *Reforma infraconstitucional do judiciário*. Brasília-DF: Ministério da Justiça. p. 22-23.

III – impuser condenação à Fazenda Pública;
IV – importar conseqüências práticas de difícil ou impossível reversão.[11]

Observe-se como é tratada a matéria no Direito comparado. No ordenamento jurídico germânico, o §704 da ZPO prevê a execução forçada das sentenças definitivas ou das que forem declaradas provisoriamente executáveis. Veda o diploma alemão que sejam declaradas provisoriamente executáveis apenas as sentenças proferidas em processos de divórcio e nos relativos à infância. Os §§708 a 710, a seu turno, elencam as causas em que a execução provisória pode ocorrer sem a prestação de caução (*ohne Sicherheitsleistung*) — a imensa maioria, diga-se — e com a prestação de caução (*gegen Sicherheitsleistung*).[12] Na lição de Wolfgang Lüke: "Deve-se impedir, por intermédio da execução provisória, que uma parte interponha um recurso apenas com a finalidade de protelar a formação da coisa julgada e, com isso, da própria execução" (tradução nossa).[13]

No Direito processual italiano, após a reforma de 1990, os artigos 282 e 283 do CPC prescrevem que a sentença de primeiro grau pode ser executada provisoriamente pelo vencedor, cabendo ao juízo *ad quem*, a requerimento da parte, quando ocorram graves motivos, suspender integralmente ou parcialmente a eficácia executiva ou a execução da sentença impugnada.[14]

O Código de Processo Civil de Portugal, por sua vez, atribui efeito meramente devolutivo à apelação, ressalvadas as ações que versem sobre o estado das pessoas, a posse ou a propriedade do domicílio do réu, facultando-se à parte vencida requerer, ao interpor o recurso, que a apelação tenha efeito suspensivo quando a execução lhe cause prejuízo considerável e se ofereça para prestar caução.[15] [16]

---

[11] O inteiro teor e o relatório do projeto podem ser consultados no *site* do Senado Federal, sendo de registrar-se que o substitutivo em questão está pronto para ser submetido à apreciação da Comissão de Constituição, Justiça e Cidadania — CCJ, com voto do relator pela aprovação. Disponível em: <http://www.senado.gov.br/sf/atividade/Materia/gethtml.asp?t=1586>. Acesso em: 26 dez. 2009.

[12] A ZPO pode ser consultada na internet. Disponível em: <http://www.gesetze-im-internet.de/bundesrecht/zpo/gesamt.pdf>. Acesso em: 26 dez. 2009.

[13] No original: "*Es soll durch die vorläufige Vollstreckbarkeit verhindert werden, daß eine Partei ein Rechtsmittel nur zu dem Zweck einlegt, den Eintritt der Rechtskraft und damit der Vollstreckbarkeit hinauszögern*" (LÜKE, Wolfgang. *Zivilprozessrecht: Erkenntnisverfahren Zwangsvollstreckung.* 9. Aufl. München: Beck, 2006. p. 498). Para mais subsídios acerca dos efeitos da apelação no processo civil alemão, (cf.: PAULUS, Christoph G. *Zivilprozessrecht: Erkenntnisverfahren und Zwangsvollstreckung.* 3. Aufl. Berlin: Springer, 2004. p. 189 *et seq.*; GRUNSKY, Wolfgang. *Zivilprozessrecht.* 12. Aufl. München: Luchterhand, 2006. p. 186 *et seq.*; ADOLPHSEN, Jens. *Zivilprozessrecht.* Baden Baden: Nomos, 2006. p. 43 *et seq.*).

[14] *Art. 282. Esecuzione provvisoria. La sentenza di primo grado è provvisoriamente esecutiva tra le parti. Art. 283. Provvedimenti sull'esecuzione provvisoria in appello. Il giudice d'appello su istanza di parte, proposta con l'impugnazione principale o con quella incidentale, quando ricorrono gravi motivi, sospende in tutto o in parte l'efficacia esecutiva della sentenza impugnata.* Vide CAMBI, Eduardo Augusto Salomão. Efetividade da decisão recorrida e o efeito suspensivo dos recursos. *Revista do Programa de Mestrado em Ciência Jurídica da Fundinopi*, v. 1, n. 4, p. 29, 2004.

[15] Artigo 692.º (Efeito da apelação) 1 – A apelação tem efeito meramente devolutivo. 2 – A apelação tem, porém, efeito suspensivo: a) Nas acções sobre o estado das pessoas; b) Nas acções referidas no n.º 5 do artigo 678.º e nas que respeitem à posse ou à propriedade da casa de habitação do réu; 3 – A parte vencida pode requerer, ao interpor o recurso, que a apelação tenha efeito suspensivo quando a execução lhe cause prejuízo considerável e se ofereça para prestar caução, ficando a atribuição desse efeito condicionada à efectiva prestação da caução no prazo fixado pelo tribunal e aplicando-se, devidamente adaptado, o n.º 3 do artigo 818.º. Disponível em: <http://www.portolegal.com/CPCivil.htm>. Acesso em: 26 dez. 2009.

[16] Incorre em equívoco, *data venia*, o eminente Barbosa Moreira, quando aduz que a diretriz adotada por Portugal é a atribuição de efeito suspensivo, como regra, à apelação, em razão de o art. 692 do Código de Processo Civil daquele país prescreve que a apelação suspende a exeqüibilidade da sentença, ressalvada

Defende-se amplamente na doutrina nacional o efeito meramente devolutivo como regra nas apelações.[17] Segundo Gabriel de Oliveira Zéfiro, o sistema recursal atual nos leva a um paradoxo, pois o derrotado em primeira instância, por sentença proferida em cognição exauriente, mesmo com uma declaração judicial de que não é portador do direito controvertido, continua em posição favorável frente ao vencedor, que precisará aguardar o julgamento do recurso para ver concretizar-se seu direito.[18]

Em adendo a isso, registre-se uma das mais graves incongruências do sistema processual brasileiro, que é o fato de as medidas antecipatórias dos efeitos da tutela possuírem força e eficácia imediatas, enquanto a sentença, cuja prolatação exige do magistrado uma cognição exauriente dos fatos versados na demanda, apresenta-se usualmente castrada de qualquer eficácia no mundo empírico. Isso ocorre precisamente em função da previsão de efeito suspensivo como regra geral nas apelações.[19] Tal fato foi um dos motores do Projeto de Lei nº 136/2004, acima referido, consoante se lê em sua justificativa, *in verbis*:

> Todavia, verifica-se no sistema atual uma incoerência que deve ser corrigida. É mais fácil alcançar a efetividade de uma decisão interlocutória que antecipa os efeitos da tutela do que a de uma sentença que concede essa mesma tutela, agora em sede de cognição plena e exauriente. Isso porque aquela é atacada via recurso de agravo, que de regra não tem efeito suspensivo, ao passo que a última desafia apelação, onde a regra é inversa, ou seja, o recurso é recebido em ambos os efeitos.
>
> (...)
>
> Verifica-se, então, a seguinte incoerência: a efetivação de uma decisão interlocutória antecipatória só será suspensa em razão de recurso quando restar evidenciado o risco de dano para a parte contrária ao beneficiário (CPC, arts. 527, III e 558, caput), ao passo que a efetivação da tutela concedida na sentença será suspensa como regra, salvo se houver antecipação dos seus efeitos, mas desde que haja risco de dano para o beneficiário.
>
> Bem de se ver, pois, que a efetivação de uma tutela concedida em sede de cognição sumária é mais fácil de ser alcançada do que aquela concedida após cognição plena e exauriente.
>
> (...)
>
> Portanto, o que se pretende, com a alteração proposta, é sugerir uma inversão na regra dos efeitos da apelação, conforme previsto atualmente no art. 520 do Código de Processo Civil, ou seja, o recurso deve ser recebido apenas no efeito devolutivo, salvo nos casos de dano irreparável ou de difícil reparação.[20]

---

ao apelante a possibilidade de requerer que se atribua ao recurso efeito meramente devolutivo nos casos previstos expressamente (MOREIRA, José Carlos Barbosa. Reformas do CPC em matéria de recursos. *In*: MOREIRA, José Carlos Barbosa. *Temas de direito processual*: oitava série. São Paulo: Saraiva, 2004. p. 154).

[17] Cf., a título exemplificativo: TESHEINER, José Maria Rosa. Em tempo de reformas: o reexame das decisões judiciais. *Revista de Processo*, ano 32, n. 147, maio 2007. p. 163.

[18] ZÉFIRO, Gabriel de Oliveira. O direito à razoável duração da demanda. *In*: ANDRADE, André Gustavo Corrêa de (Org.). *A constitucionalização do direito*: a Constituição como *Locus* da hermenêutica jurídica. Rio de Janeiro: Lumen Juris, 2003. p. 379.

[19] Nesse exato sentido, rotulando tal fenômeno de "incoerência sistemática" do sistema processual brasileiro, confira-se BUENO, Cássio Scarpinella. Efeitos dos recursos. *In*: NERY JÚNIOR, Nelson; WAMBIER, Teresa Arruda Alvim (Coord.). *Aspectos polêmicos e atuais dos recursos cíveis e assuntos afins*. São Paulo: Revista dos Tribunais, 2006. p. 72-73.

[20] Disponível em: <http://www.senado.gov.br/sf/atividade/Materia/gethtml.asp?t=1586>. Acesso em: 26 dez. 2009.

A decisão antecipatória dos efeitos da tutela possui eficácia instantânea e natureza satisfativa, estando dotada de intrínseca executividade ou pronta exequibilidade, ou seja, da capacidade de produzir de plano as suas consequências. Em caso de descumprimento, a medida liminar não se sujeita a uma execução forçada, mas sim a um incidente de efetivação, norteado pela simplicidade e por meios próprios de coerção. Tais características a diferenciam sobremaneira da sentença condenatória na sistemática vigente.[21]

Em se tratando da sentença condenatória, a sua prolação não satisfaz materialmente o credor e, por isso, não resta superada a crise de adimplemento. Na hipótese de inadimplemento espontâneo do julgado pelo demandado, abre-se ao autor a via da execução, por meio da qual se buscará a concretização do direito reconhecido na sentença.[22] Entretanto, a execução definitiva apenas se inicia depois de ultrapassada a etapa recursal e formada a coisa julgada. Portanto, vale como regra que os efeitos do *decisum* só venham a ser produzidos após o seu trânsito em julgado. Exceção a isso é a execução provisória, a ser realizada quando se tratar de sentença impugnada mediante recurso ao qual não foi atribuído efeito suspensivo, com base no artigo 475-I, §1º do CPC. Na execução provisória, a produção de efeitos ocorre somente de forma parcial e limitada, com as limitações previstas no artigo 475-O do Código de Processo Civil.[23] Como se vê, a previsão do duplo efeito (devolutivo e suspensivo) como regra geral na apelação impede que a sentença produza seus efeitos, tornando-a inócua. Dita problemática seria — ao menos parcialmente — solucionada, com a incidência do efeito suspensivo apenas em casos excepcionais previstos na legislação.

Os opositores da proposta ventilada e os céticos quanto à sua adoção apontam como principal óbice os danos irreparáveis que poderiam ser causados ao recorrente, em caso de provimento da apelação.[24] No entanto, tal objeção não merece acolhida. A ausência de efeito suspensivo na apelação não trará prejuízos irreparáveis ao executado/apelante, porquanto, na pendência do recurso não se admite a execução definitiva do julgado. E a execução provisória, como se sabe, corre por conta e risco do exequente, de quem se exige, em regra, a prestação de caução idônea e suficiente, para a consecução de atos que importem alienação de propriedade, levantamento de depósito em dinheiro, ou dos quais possa resultar grave dano ao executado (artigo 475-O do CPC).[25]

---

[21] TEIXEIRA, Sérgio Torres. Peculiaridades da antecipação de tutela enquanto instrumento de concretização da efetividade do processo. *In*: DUARTE, Bento Herculano; DUARTE, Ronnie Preuss (Coord.). *Processo civil*: aspectos relevantes. Estudos em homenagem ao Prof. Humberto Theodoro Júnior. São Paulo: Método, 2007. v. 2, p. 534-535.

[22] TEIXEIRA, Sérgio Torres. Evolução do modelo processual brasileiro: o novo perfil da sentença mandamental diante das últimas etapas da reforma processual. *In*: DUARTE, Bento Herculano; DUARTE, Ronnie Preuss (Coord.). *Processo civil*: aspectos relevantes: estudos em homenagem ao Prof. Ovídio A. Baptista da Silva. São Paulo: Método, 2006. v. 1, p. 327.

[23] TEIXEIRA, Sérgio Torres. Evolução do modelo processual brasileiro: o novo perfil da sentença mandamental diante das últimas etapas da reforma processual. *In*: DUARTE, Bento Herculano; DUARTE, Ronnie Preuss (Coord.). *Processo civil*: aspectos relevantes: estudos em homenagem ao Prof. Ovídio A. Baptista da Silva. São Paulo: Método, 2006. v. 1, p. 336-337.

[24] Cf. MOREIRA, José Carlos Barbosa. Reformas do CPC em matéria de recursos. *In*: MOREIRA, José Carlos Barbosa. *Temas de direito processual*: oitava série. São Paulo: Saraiva, 2004. p. 154.

[25] GAJARDONI, Fernando da Fonseca. *Técnicas de aceleração do processo*. São Paulo: Lemos & Cruz, 2003. p. 192-193.

Como se percebe claramente, a questão dos efeitos dos recursos tem íntima conexão com o problema da efetividade das decisões. A pergunta que cabe ser feita é: o que merece maior proteção, a decisão recorrida ou o inconformismo da parte sucumbente?[26] Ou, formulando em outras palavras, cabe perquirir qual dos litigantes é merecedor da proteção legal: o vencedor ou o vencido. Portanto, imputar o efeito suspensivo como regra nas apelações é o mesmo que privar a sentença de qualquer eficácia, conferindo prevalência absoluta ao inconformismo do litigante derrotado na primeira instância.

Em lição de todo aplicável ao presente tópico, Sérgio Ferraz, em sua clássica obra sobre o Mandado de Segurança, sustenta que a efetividade da decisão judicial relaciona-se diretamente com o prestígio da justiça e com a integridade do ordenamento jurídico, sendo imperioso que as sentenças judiciais criem uma nova situação jurídica a partir delas. Essa é a própria razão e essência da existência do Poder Judiciário e do próprio ordenamento jurídico, não interessando a ineficácia da medida apenas à parte, mas também ao julgador, para que sua sentença não caia, ao final, no vazio.[27] Logo, devem ser evitadas, na medida do possível, as impugnações com efeito suspensivo, com o intento de não paralisar ou diferir o negócio principal, dotando o processo de maior utilidade e eficácia.[28] Pugna-se ainda por um incremento na restrição dos casos de concessão de efeito suspensivo à apelação, com vistas à atribuição de maior utilização das execuções provisórias.[29]

A propósito, com a execução provisória, deve ser de logo decretada a indisponibilidade do bem ou pecúnia concedidos na sentença, seja mediante arresto, penhora ou outro meio à disposição da parte vencedora em primeira instância. Deve ocorrer, assim que houver ordem judicial para tanto, o retorno dos bens em questão ao credor. Foge do senso comum e do razoável admitir que, por exemplo, alguém adquira uma mercadoria, não pague por ela e o credor não possa reavê-la. Uma consequência prática disso é o aumento geral do preço das mercadorias, com a incorporação dos custos das execuções infrutíferas no valor dos demais objetos vendidos a terceiros. Em linguagem popular, o bom pagador acaba sendo punido pelas atitudes do mau. Tal atitude é de uma irracionalidade gritante, pois, "ao argumento de 'proteger o devedor', o sistema beneficia o ilícito e pune o lícito!".[30]

Oreste Laspro, a seu turno, lembra que uma das tendências mais fortes no direito comparado é a generalização da execução provisória da sentença de primeira instância, o que conduz a um desinteresse pela apresentação exacerbada de recursos. Ressalva o autor, contudo, que tal solução não é suficiente, pois, embora leve à

---

[26] CAMBI, Eduardo Augusto Salomão. Efetividade da decisão recorrida e o efeito suspensivo dos recursos. *Revista do Programa de Mestrado em Ciência Jurídica da Fundinopi*, v. 1, n. 4, p. 11, 2004.
[27] *Apud* CONTIPELLI, Ernani. Tempo e processo: efetividade dos provimentos judiciais acautelatórios. *Revista Tributária e de Finanças Públicas*. São Paulo, ano 15, n. 73, p. 244-248, mar./abr. 2007.
[28] MARTÍN, Agustín Jesús Pérez-Cruz. *Teoría general del derecho procesal*. Coruña: Tórculo Edicións, 2005. p. 335.
[29] BECKER, Laércio. Duplo grau: a retórica de um dogma. *In*: MARINONI, Luiz Guilherme (Coord.). *Estudos de direito processual civil*: homenagem ao Professor Egas Dirceu Moniz de Aragão. São Paulo: Revista dos Tribunais, 2005. p. 150.
[30] BOLLMANN, Vilian. Mais do mesmo: reflexões sobre as "reformas" processuais. *Revista Direito Federal*, ano 23, n. 84, p. 229, nota 42, abr./jun. 2006.

diminuição da quantidade de recursos, não constitui expressa restrição ao duplo grau de jurisdição e a todos os males que este causa à atividade jurisdicional.[31]

De qualquer modo, a atribuição do efeito meramente devolutivo como regra geral nas apelações — excetuando-se as hipóteses concretas em que a eficácia imediata da sentença puder causar dano irreparável ou de difícil reparação à parte vencida, conforme prudente avaliação do magistrado[32] — desestimularia a interposição de apelações protelatórias e, por conseguinte, dinamizaria o trâmite processual.

Registre-se, por fim, que deve ficar reservada ao recorrente a possibilidade de pleitear perante o tribunal a concessão do efeito suspensivo ao recurso — caso não tenha sido deferido pelo magistrado planicial —, com base na relevância dos fundamentos recursais e no perigo de dano grave ou de difícil reparação que lhe poderá acarretar o cumprimento imediato da sentença.

3 Conclusão

Conclui-se que a restrição das hipóteses de efeito suspensivo nas apelações cíveis a casos excepcionais seria extremamente benéfica à efetividade do processo e ao acesso à Justiça.

Nesse sentido, importante registrar o contido a respeito do tema em estudo no primeiro relatório da comissão de juristas encarregada de elaborar o anteprojeto do novo Código de Processo Civil, *in verbis*:

> g) Os recursos têm, como regra, apenas o efeito devolutivo, inclusive quanto à Fazenda Pública, sendo que, em casos excepcionais o efeito suspensivo deverá ser requerido nos moldes atuais.[33]

Aguarda-se com esperança a adoção dessa ideia no novo Código de Processo Civil, ou mesmo a sua inclusão por meio de alteração isolada do diploma atual, tendo em vista a imensa relevância que teria para a realização de uma Justiça mais efetiva no Brasil.

---

[31] LASPRO, Oreste Nestor de Souza. *Duplo grau de jurisdição no direito processual civil*. São Paulo: Revista dos Tribunais, 1995. v. 33, p. 173. (Coleção Estudos de Direito de Processo Enrico Tullio Liebman).

[32] Barbosa Moreira aponta a inegável tendência generalizada à maior valorização do julgamento de primeiro grau, inserindo-se nessa linha de pensamento a concessão de exeqüibilidade imediata à sentença apelada. Ressalta o processualista que, para atingir-se um ponto de equilíbrio nesse tema, não se pode deixar de ressalvar a possibilidade de suspender-se o cumprimento da sentença, em hipóteses de risco manifesto e grave dano irreparável (MOREIRA, José Carlos Barbosa. Reformas do CPC em matéria de recursos. *In*: MOREIRA, José Carlos Barbosa. *Temas de direito processual*: oitava série. São Paulo: Saraiva, 2004. p. 155).

[33] A comissão de juristas encarregada de elaborar o anteprojeto do novo Código de Processo Civil foi instituída pelo Ato nº 379, de 30 de setembro de 2009, do Presidente do Senado Federal. O primeiro relatório dos resultados da primeira fase dos trabalhos, de aprovação das proposições que servirão à elaboração do anteprojeto a ser submetido ao processo legislativo pode ser consultado na internet. Disponível em: <http://www.anadep.org.br/wtksite/cms/conteudo/7905/CPC.pdf>. Acesso em: 26. dez. 2009.

Referências

ADOLPHSEN, Jens. *Zivilprozessrecht*. Baden Baden: Nomos, 2006.

BECKER, Laércio. Duplo grau: a retórica de um dogma. *In*: MARINONI, Luiz Guilherme (Coord.). *Estudos de direito processual civil*: homenagem ao Professor Egas Dirceu Moniz de Aragão. São Paulo: Revista dos Tribunais, 2005.

BERMUDES, Sérgio. Efeito devolutivo da apelação. *In*: MARINONI, Luiz Guilherme (Coord.). *Estudos de direito processual civil*: homenagem ao Professor Egas Dirceu Moniz de Aragão. São Paulo: Revista dos Tribunais, 2005.

BOLLMANN, Vilian. Mais do mesmo: reflexões sobre as "reformas" processuais. *Revista Direito Federal*, ano 23, n. 84, p. 215-230, abr./jun. 2006.

BRASIL. Ministério da Justiça. *Reforma infraconstitucional do judiciário*. Brasília-DF.

BUENO, Cássio Scarpinella. Efeitos dos recursos. *In*: NERY JÚNIOR, Nelson; WAMBIER, Teresa Arruda Alvim (Coord.). *Aspectos polêmicos e atuais dos recursos cíveis e assuntos afins*. São Paulo: Revista dos Tribunais, 2006. v. 10.

CAMBI, Eduardo Augusto Salomão. Efetividade da decisão recorrida e o efeito suspensivo dos recursos. *Revista do Programa de Mestrado em Ciência Jurídica da Fundinopi*, v. 1, n. 4, p. 7-32, 2004.

CONTIPELLI, Ernani. Tempo e processo: efetividade dos provimentos judiciais acautelatórios. *Revista Tributária e de Finanças Públicas*. São Paulo, ano 15, n. 73, p. 244-248, mar./abr. 2007.

DANTAS, Ivo. *Constituição e processo*. Curitiba: Juruá, 2007.

DIAS, Rogério A. Correia. A demora da prestação jurisdicional. *Revista dos Tribunais*. São Paulo, ano, 90, v. 789, p. 48-61, jul. 2001.

GAJARDONI, Fernando da Fonseca. *Técnicas de aceleração do processo*. São Paulo: Lemos & Cruz, 2003.

GRINOVER, Ada Pellegrini. A necessária reforma infraconstitucional. *In*: TAVARES, André Ramos; LENZA, Pedro; ALARCÓN, Pietro de Jesús Lora (Coord.). *Reforma do Judiciário analisada e comentada*. São Paulo: Método, 2005.

GRUNSKY, Wolfgang. *Zivilprozessrecht*. 12. Aufl. München: Luchterhand, 2006.

KOEHLER, Frederico Augusto Leopoldino. *A razoável duração do processo*. Salvador: JusPodivm, 2009.

LASPRO, Oreste Nestor de Souza. *Duplo grau de jurisdição no direito processual civil*. São Paulo: Revista dos Tribunais, 1995. v. 33. (Coleção Estudos de Direito de Processo Enrico Tullio Liebman).

LÜKE, Wolfgang. *Zivilprozessrecht*: Erkenntnisverfahren Zwangsvollstreckung. 9. Aufl. München: Beck, 2006.

MARTÍN, Agustín Jesús Pérez-Cruz. *Teoría general del derecho procesal*. Coruña: Tórculo Edicións, 2005.

MOREIRA, José Carlos Barbosa. O futuro da justiça: alguns mitos. *In*: MOREIRA, José Carlos Barbosa. *Temas de direito processual*: oitava série. São Paulo: Saraiva, 2004.

MOREIRA, José Carlos Barbosa. Reformas do CPC em matéria de recursos. *In*: MOREIRA, José Carlos Barbosa. *Temas de direito processual*: oitava série. São Paulo: Saraiva, 2004.

OTA, Shozo. Reform of Civil Procedure in Japan. *The American Journal of Comparative Law*, v. XLIX, n. 4, p. 561-583, fall 2001.

PAULUS, Christoph G. *Zivilprozessrecht*: Erkenntnisverfahren und Zwangsvollstreckung. 3. Aufl. Berlin: Springer, 2004.

PITSCHAS, R. Der Kampf um Art. 19 IV GG. *In*: ZRP, Heft 3, 1998.

TEIXEIRA, Sérgio Torres. Evolução do modelo processual brasileiro: o novo perfil da sentença mandamental diante das últimas etapas da reforma processual. *In*: DUARTE, Bento Herculano; DUARTE, Ronnie Preuss (Coord.). *Processo civil*: aspectos relevantes: estudos em homenagem ao Prof. Ovídio A. Baptista da Silva. São Paulo: Método, 2006. v. 1.

TEIXEIRA, Sérgio Torres. Peculiaridades da antecipação de tutela enquanto instrumento de concretização da efetividade do processo. *In*: DUARTE, Bento Herculano; DUARTE, Ronnie Preuss (Coord.). *Processo civil*: aspectos relevantes: estudos em homenagem ao Prof. Humberto Theodoro Júnior. São Paulo: Método, 2007. v. 2.

TESHEINER, José Maria Rosa. Em tempo de reformas: o reexame das decisões judiciais. *Revista de Processo*, ano 32, n. 147, maio 2007.

TUCCI, José Rogério Cruz e. O judiciário e os principais fatores de lentidão da justiça. *Revista do Advogado*, n. 56, p. 76-82, set. 1999.

VAZ, Paulo Afonso Brum. Reexame necessário no novo processo civil. *Revista Direito Federal*, Brasília, ano 22, n. 78, p. 259-290, out./dez. 2004.

ZÉFIRO, Gabriel de Oliveira. O direito à razoável duração da demanda. *In*: ANDRADE, André Gustavo Corrêa de (Org.). *A constitucionalização do direito*: a Constituição como *Locus* da hermenêutica jurídica. Rio de Janeiro: Lumen Juris, 2003.

Informação bibliográfica deste livro, conforme a NBR 6023:2002 da Associação Brasileira de Normas Técnicas (ABNT):

KOEHLER, Frederico Augusto Leopoldino. Um grande avanço: a apelação cível sem efeito suspensivo. *In*: CUNHA, Leonardo Carneiro da (Coord.). *Questões atuais sobre os meios de impugnação contra decisões judiciais*. Belo Horizonte: Fórum, 2012. p. 59-68. ISBN 978-85-7700-580-2.

DUPLO GRAU DE JURISDIÇÃO
NOVOS CONTORNOS E SIGNIFICAÇÕES

ISABELA LESSA DE AZEVEDO PINTO RIBEIRO

1 Apontamentos preliminares

A dinâmica da modernidade é bastante peculiar e é pautada na negação, na crítica e no questionamento dos modelos.[1] Tal característica da atualidade atinge o Direito e faz com que o jurista deva perscrutar os conceitos dos institutos jurídicos basilares, redefinindo-os. Essa revisitação de significações do jurídico nos interessa no que concerne ao ramo processual civil.

Tal ramo sempre se preocupou muito com a forma e com o respeito ao procedimento previamente estabelecido, o que garantiria a segurança jurídica: *forma* é como se exterioriza o processo e o *procedimento* em contraditório é a própria definição do objeto central do direito processual — o processo. *A posteriori*, a instrumentalidade e a garantia de acessibilidade ao judiciário tomaram conta dos estudos, mas agora as preocupações centrais da moderna processualística são: efetividade e duração razoável do processo. As últimas reformas evidenciam isso. Mas não podemos esquecer o "dilema permanente do processo entre a segurança e presteza da jurisdição".[2]

---

[1] Agnes Heller destaca que "a dinâmica da modernidade é algo mais que o arranjo social moderno. Este termo se refere à forma ou ao modo como se alteram as instituições modernas e as formas de vida. As forças motoras impulsionam um desafio que desenraíza e derruba qualquer ordem estabelecida. A dinâmica moderna se caracteriza por uma negação constante e pela justaposição, pela crítica e pela idealização" (HELLER, Agnes. Uma crise global da civilização. *In*: HELLER, Agnes. et al. *A crise dos paradigmas em ciências sociais e os desafios para o século XXI*. Rio de Janeiro: Contraponto, 1999. p. 17).

[2] MITIDIERO, Daniel Francisco. *Elementos para uma teoria contemporânea do processo civil brasileiro*. Porto Alegre: Livraria do Advogado, 2005. p. 55-56. No mesmo sentido obtempera ZAVASCKI, Teori Albino: O decurso do tempo, todos o sabem, é inevitável para a concretização da segurança jurídica, mas é, muitas vezes, incompatível com a efetividade da jurisdição. *In*: ZAVASCKI, Teori Albino. Os princípios constitucionais do processo e suas limitações. *Revista da ESMEC*. v. 5, n. 6, p. 49, maio 1999.

Como garantir uma jurisdição rápida sem abrir mão da segurança jurídica? Quando se fala nos entraves à prestação célere, sempre há alguém que reduz o problema à complexidade do nosso sistema recursal.

Os recursos não são os únicos vilões, se é que vilões são, pois, na verdade, consistem na extensão do direito inafastável que as partes têm de influenciar o *decisum*. Mas parece-nos clarividente que o sistema recursal há de ser repensado, até como parte da própria dinâmica da modernidade, para que se encontrem os trilhos a serem percorridos e seja mais simples dar ao jurisdicionado os resultados da lide posta em juízo.

Ademais, não são os recursos os contribuintes únicos da morosidade da prestação jurisdicional; há diversos e complexos fatores que influenciam os problemas de ausência de celeridade no deslinde das contendas judiciais. Restringir à questão recursal é de um reducionismo ôntico-causal-analítico que empobrece a discussão.

Se se pretende buscar alternativas para acelerar o fim do processo reestruturando a sistemática recursal, encontramos como lugar comum a menção ao duplo grau de jurisdição. Aliás, todos os estudos sobre os recursos têm seu pontapé inicial na menção ao duplo grau de jurisdição.

Na realidade, não há mais como estudar o processo sem considerar seu delineamento principiológico e constitucional; sua constitucionalização é temática que se cinge de suma importância, haja vista a atual maturação da valência normativa dos princípios no constitucionalismo moderno e a relevância da previsão processuais no bojo da Carta Magna.

Essa problemática da significação do duplo grau de jurisdição é atualíssima em tempos de reformas legislativas compromissadas com a celeridade da prestação jurisdicional. Algumas soluções postas em vigor pelo legislador modificam sobremaneira as coisas como conhecíamos. Quem imaginaria, há alguns anos, a possibilidade de o juiz prolator da decisão recorrida poder negar seguimento à apelação por estar sua sentença em consonância com súmula do STF ou STJ? Esta é a reforma inserta no §1º, do art. 518, do CPC.[3] Interessar-nos-á essa reforma por ser afeita a etapa recursal e vem sendo denominada como súmula impeditiva de recursos.

É preciso repensar hermeneuticamente e sob um paradigma constitucionalmente adequado; redefinir os institutos do direito processual para que sejam aptos a propiciar "uma jurisdição compatível com o nosso tempo, uma jurisdição capaz de lidar com a sociedade de consumo, complexa e pluralista".[4] Temos que trabalhar o processo sob o prisma dos valores constitucionais, sem olvidar que ele é o mecanismo hábil e civilizado para proteger e fazer valer todas as demais previsões existentes em nosso ordenamento jurídico. É esse o enfoque do presente artigo e é com a perspectiva de análise semiótica que teremos que trabalhar, esta apreendida no sentido jurídico conforme destacado pelo Houaiss: "estudo ou observação das mudanças de significação nas palavras empregadas no direito".[5]

---

[3] Introduzido em nosso ordenamento em 2006, pela Lei nº 11.276.
[4] SILVA, Ovídio Baptista da. *Processo e ideologia*: o paradigma racionalista. 2. ed. Rio de Janeiro: Forense, 2006. p. 1.
[5] HOUAISS, Antonio. *Dicionário Houaiss da Língua Portuguesa*. Rio de Janeiro: Objetiva, 2004. p. 2543.

2 Arcabouço principiológico e constitucional do processo

O estudo da principiologia goza, hodiernamente, de grande prestígio, haja vista a sedimentação da normatividade dos princípios e a sua constitucionalização. Dentro dessa perspectiva, no direito processual, percebe-se que diversos de seus institutos estão salvaguardados no bojo da carta magna, alguns compondo, inclusive o cerne imutável da Constituição, as cláusulas pétreas.

O constituinte de 1988 houve por bem constitucionalizar diversos direitos e garantias, criando uma moldura complexa de como se pretendia a nova sociedade, um programa político a ser realizado *ad futurum*. Esse programa é delineado frequentemente com supedâneo nos princípios. Mas quais eram as condições sociais na constituinte de 1988? O país vivia um momento de abertura política, almejava-se um salto para a democracia e para a plena garantia de direitos fundamentais que foram tão desrespeitados nos anos antecedentes a ela. Qual era o ideário político? A construção de Estado Democrático de Direito. Dentre os pontos estabelecidos, especificou-se o arcabouço do modelo processual almejado, calcando-o no princípio do devido processo legal.

A valência normativa dos princípios é ratificada no pós-positivismo pela sua positivação nos textos constitucionais. A CF de 1988 insere-se nesse contexto e é altamente principiológica e analítica, dispondo sobre matérias cuja essência não é eminentemente constitucional. Assim, não há como falarmos de processo sem que busquemos os seus fundamentos constitucionais.

Hoje não há quem rechace a importância de estudar o processo com os óculos dos valores consagrados no texto da Carta Maior. Isso, aparentemente simples, impõe ao estudioso do processo um cuidado com todas as previsões do CPC de 1973, ou seja, todos os institutos basilares do processo para propiciar que sejam compatíveis com valores constitucionalmente assegurados para o processo civil brasileiro e defendam-nos.

As relações entre processo e Constituição, como preleciona Cândido Rangel Dinamarco, hão de ser observadas em dois sentidos vetoriais: 1) Constituição – processo: em que se delineia a tutela constitucional dos princípios processuais; 2) processo – Constituição: no qual se situa a jurisdição constitucional (controle de constitucionalidade e preservação das garantias oferecidas pela CF).[6] Interessa-nos aquela interação que transparece no sentido do primeiro vetor. Ou seja, a CF como fonte de direito processual.

Não pretendemos encontrar uma significação para o duplo grau de jurisdição com pretensão de universalidade (versão única), pois esta corre o risco de perder a perspectiva histórica inerente a cada interpretação, que não existe no vácuo, mas em dado momento e lugar, sendo assim pelas nuances destes influenciado.

Com a pós-modernidade, possibilitou-se a reviravolta paradigmática no direito que nos fez reconhecer como inequívoca a valência normativa dos princípios e a condição central da Constituição. Assim, é importante revisitar o duplo grau de jurisdição, haja vista que:

---

[6] DINAMARCO, Candido Rangel. *A instrumentalidade do processo*. 6. ed. São Paulo: Malheiros, 1998. p. 25.

1. "não se faz ciência sem princípios";[7]
2. a importância dos princípios tem sido, paulatinamente, reconhecida pelo ordenamento jurídico não apenas como mero vetores interpretativos, mas, assim como as regras, como espécie do gênero norma;
3. a solução trazida pelo legislador como solução para as demandas repetitivas é compatível com a principiologia constitucional vigente?

O termo é amplamente utilizado por diversos ramos do saber, aliás há quem defenda que "não se faz ciência sem princípios".[8] A distinção entre norma e princípio, na realidade, não subsiste na atualidade, pois é assente na doutrina que os princípios e as regras são espécies, cada qual, com suas peculiaridades, do gênero norma,[9] ou seja, "*norma jurídica* é gênero que alberga, como espécies, regras e princípios".[10]

Humberto Ávila distingue princípios e regras tomando por base a dimensão de cada um deles. Para o autor as regras teriam uma dimensão comportamental, enquanto os princípios seriam marcados por uma dimensão finalística, além de designarem diretrizes valorativas a serem alcançadas, sem traçar, previamente, o comportamento que ensejaria essa realização; são, pois, normas que complementam o ordenamento, tendo por atributo, justamente, a demarcação de um fim com inequívoca relevância jurídica.[11] Ao conceituar os princípios, diz que:

> (...) são normas imediatamente finalísticas, primariamente prospectivas e com pretensão de complementaridade e de parcialidade, para cuja aplicação se demanda uma avaliação da correlação entre o estado das coisas a ser promovido e os efeitos decorrentes da conduta havida como necessária à sua promoção.[12]

A CF de 1988 é essencialmente principiológica; assim, as relações entre a Constituição e os princípios nela positivados[13] cingem-se de notória importância. Merece lembrança o destaque de Ruy Samuel Espíndola de que os princípios constitucionais são normas que compõe o corpo da CF, com a mesma relevância de qualquer outra regra e gozando da mesma normatividade, sejam eles implícitos ou explícitos.[14]

Dentre os princípios e garantias processuais explicitados pelo constituinte, grande destaque merece o devido processo legal, que é garantia do contraditório do procedimento, além de sustentáculo de todos os outros princípios processuais; é o gênero do qual decorrem todas as demais espécies principiológicas de direito processual, é postulado fundamental do direito processual constitucional. É considerado pelos doutrinadores como um "super princípio", um princípio garantidor-mor, que

---

[7] PORTANOVA, Rui. *Princípios do processo civil*. 4. ed. Porto Alegre: Livraria do Advogado, 2001. p. 13.
[8] PORTANOVA, Rui. *Princípios do processo civil*. 4. ed. Porto Alegre: Livraria do Advogado, 2001. p. 13.
[9] CANOTILHO, J. J. Gomes. *Direito constitucional e teoria da constituição*. 7. ed. Coimbra: Almedina, 2003. p. 1160.
[10] GRAU, Eros Roberto. *Ensaio e discurso sobre a interpretação: aplicação do direito*. 4. ed. São Paulo: Malheiros, 2006. p. 49.
[11] ÁVILA, Humberto. *Teoria dos princípios*: da definição à aplicação dos princípios jurídicos. 3 ed. São Paulo: Malheiros, 2004. p. 60-69
[12] ÁVILA, *op cit.*, 2004. p. 70.
[13] ÁVILA, *op cit.*, 2004. p. 71: "a positivação de princípios implica a obrigatoriedade da adoção dos comportamentos necessários à sua realização."
[14] ESPÍNDOLA, Ruy Samuel. *Conceitos de princípios constitucionais*. São Paulo: Revista dos Tribunais, 1999.

salvaguarda toda a estrutura democrática e garante a ordem constitucional, na qual é também garantida.[15]

O sobreprincípio do devido processo legal exerce uma função interpretativa do subprincípio do duplo grau. E este define aquele, pois em alguns casos a revisibilidade é essencial para a segurança jurídica.

Ora, sabemos que o constituinte assegurou os recursos como renovação do direito de demandar e *longa manus* do contraditório e da ampla defesa.[16] Logo, são os recursos mecanismos de exercício do contraditório sucessivo. Contraditório apreendido como direito de influenciar e de poder participar efetivamente da criação da decisão que deverá cumprir.

A significação do que é contraditório ou duplo grau de jurisdição ou outra previsão feita pelo constituinte levará em conta os contornos específicos do momento histórico em que se pretende realizá-la, pois "a norma constitucional não tem existência autônoma em face da realidade"[17] e hodiernamente é essencial rememorar que a preocupação do processo civil é altamente pragmática: os resultados do processo civil.

O direito se pretende *para*, mas, para sua plena eficácia, ele depende de condições que transcendem o jurídico, sejam elas de ordem natural, técnica, econômica ou social. Logo, "a pretensão de eficácia das normas jurídicas somente será realizada se levar em conta essas condições".

É na interação entre CF e processo que reside a garantia do próprio ordenamento jurídico. Os institutos processuais hão de ser apreendidos em observância aos ditames constitucionais, para que seu manejo possa ser potencializado pelos mecanismos e instrumentos jurídico-constitucionais.

3 Duplo grau de jurisdição

Não é nosso objetivo neste artigo exaurir a temática, nem apreciar se a maior experiência dos juízes de segundo seria justificativa do duplo grau de jurisdição, nem questionar se a nova decisão em segunda instância seria qualitativamente superior ou não a de primeira. Reconhecemos ser de extrema importância, pois serve para aplacar a condição humana de insatisfação com uma decisão desfavorável ao oportunizar uma nova chance de influenciar na decisão; é, também, um mecanismo de evitar que injustiças se perpetuem haja vista a falibilidade humana do juiz; além de ser um importante meio político de controle da atividade da magistratura.

O duplo grau é a possibilidade de reapreciação das decisões judiciais por uma instância superior. Logo, nem todo recurso é pautado no duplo grau, pois há recursos cujo julgamento compete ao mesmo órgão prolator da decisão. Nesses casos, trata-se de expressão do direito ao contraditório sucessivo, mas não uma expressão do duplo grau.[18]

---

[15] NERY JUNIOR, Nelson. *Princípios do processo civil na Constituição Federal.* 8. ed. São Paulo: Revista dos tribunais, 2004. p. 60-62.

[16] Inciso LV, art. 5º, CF: "aos litigantes, em processo judicial ou administrativo, e aos acusados em geral são assegurados o contraditório e ampla defesa, com os meios e recursos a ela inerentes". A EC/45 passa a dispor no inciso LXXVIII: "a todos, no âmbito judicial e administrativo, são assegurados a razoável duração do processo e os meios que garantam a celeridade de sua tramitação."

[17] HESSE, Konrad. *A força normativa da Constituição.* Porto Alegre: Sergio Antonio Fabris, 1991. p. 14.

[18] Neste sentido JORGE, Flávio Cheim. *Teoria geral dos recursos cíveis.* 3. ed. São Paulo: Revista dos Tribunais, 2007. p. 173.

Essa conclusão pode ser alcançada pela análise crítica de seus signos linguísticos: *duplo*: pressupõe dois e não um; *grau*: remete juridicamente à instância, ou seja, organização vertical dos órgãos do judiciário. Assim, há incidência do duplo grau sempre que a competência para julgamento do recurso for de instância judicial diversa — superior — daquela que prolatou a decisão combatida. A apelação é um recurso que reflete a existência do duplo grau, o mérito do recurso é de competência do juízo *ad quem* o ponto nevrálgico do §1º, do art. 518, do CPC, é exatamente subverter esta regra.

O que nos interessa é o fato de reconhecermos de forma implícita a presença do duplo grau de jurisdição no seio da CF e indagamos: O duplo grau de jurisdição é um princípio? É uma garantia constitucional? Qual é sua extensão? Ou seja, o que na verdade significa o duplo grau de jurisdição e quais são os seus contornos reais em um paradigma constitucionalmente adequado. Depois ponderaremos de que maneira as limitações infraconstitucionais do duplo grau de jurisdição importam em um novo delineamento de suas fronteiras significantes.

3.1 Do duplo grau de jurisdição enquanto princípio constitucional: notas conceituais

A Constituição brasileira é altamente principiológica, e como vimos os princípios são normas dotadas de maior abstração. Nem todo princípio que está no bojo constitucional é direito ou garantia fundamental, alguns o são, outros não. E nem todo princípio constitucional está expressamente previsto. O devido processo legal, por exemplo, antes da Constituição Federal de 1988 não tinha sido expressamente referido, contudo, sempre fora tal cláusula considerada um princípio implícito.[19]

O duplo grau está previsto no ordenamento jurídico brasileiro desde a nossa primeira Constituição, a Imperial, que o previa explicitamente em seu art. 158,[20] ao dispor sobre a revisibilidade para todas as causas por um órgão de instância superior. Depois dela não houve mais Carta que o previsse expressamente. Será o duplo grau de jurisdição uma garantia constitucional? Ou é um princípio implícito? Para Humberto Theodoro, não é nem um, nem outro; o duplo grau é um mito.[21]

Como dissemos, todas as Constituições pós-cedentes não o previram expressamente havendo mera previsão implícita; para Nelson Nery, isso de *per si* retira a possibilidade de ser o mesmo considerado garantia.

Semelhante é o entendimento no âmbito do Supremo, segundo o qual ele é um importante princípio geral do processo, mas não uma garantia fundamental. O ministro Sepúlveda Pertence enfatiza que "não é fácil, no Brasil, alçar *de lege lata* o duplo grau a princípio e garantia constitucional, tantas são as previsões na própria Constituição de julgamentos de única instância".[22]

---

[19] OLIVEIRA, Pedro Miranda. Princípios constitucionais do processo civil no âmbito recursal. *In*: FUX, Luiz; NERY JUNIOR, Nelson; WAMBIER, Teresa Arruda Alvim. *Processo e Constituição*: estudos em homenagem ao Professor José Carlos Barbosa Moreira. São Paulo: Revista dos Tribunais, 2006. p. 555.

[20] A Constituição Imperial dispunha em seu art. 158: "Para julgar as Causas em segunda, e ultima instancia haverá nas Provincias do Imperio as Relações, que forem necessarias para commodidade dos Povos." Disponível em http://www.planalto.gov.br/ccivil_03/Constituicao/Constituiçao24.htm

[21] THEODORO JUNIOR, Humberto. Inovações da Lei nº 10.352 de 26.12.2001, em matéria de recursos cíveis e duplo grau de jurisdição. *Gênesis – Revista de Direito Processual Civil*, Curitiba, jul./set. 2002.

[22] RHC79785 – 7 RJ.

Entendemos que não é uma garantia, é um princípio constitucional processual implícito. Não pode ser totalmente suprimido do ordenamento jurídico brasileiro,[23] não poderá deixar de haver uma competência recursal nos tribunais, por exemplo; mas, por não ser uma garantia, pode ser mais facilmente moldado por reformas legislativas infraconstitucionais.

É importante destacar, contudo, que, mesmo se fosse — ou defendêssemos ser — o duplo grau uma garantia fundamental, não haveria nada que impedisse ser o mesmo mitigado no momento de sua aplicação, caso colidisse com outra garantia. Afinal de contas, não há direito absoluto, todo direito pode ser desaplicado faticamente sem que isso fulmine sua valência normativa.

E "os princípios processuais constitucionais não são absolutos, mas relativos".[24] Eles podem, sim, ganhar um novo significado em uma reforma legislativa, sobretudo se a mudança decorrer de seu cotejo com outro valor constitucional igualmente relevante, como o é a duração razoável do processo.

Na verdade, o duplo grau de jurisdição é uma maneira de se permitir uma nova análise da questão posta a juízo, mas, como já dissemos, dessa vez por outro grau de jurisdição. Daí vermos implicitamente o referido princípio quando a CF prevê a competência recursal dos tribunais, por exemplo, ou quando prevê que o exercício do contraditório resta salvaguardado pela utilização de todos os meios ou recursos disponíveis.

O denominado duplo grau obrigatório, previsto no art. 475, do CPC, não é recurso, é o fato de que, ante a sucumbência do ente público para garantia do patrimônio da coletividade, haverá a remessa ao tribunal hierarquicamente superior para reapreciação da decisão em desfavor da *res publica;* seria uma forma de tutela do interesse público. Mas tal previsão legislativa é uma confirmação da existência do referido princípio no ordenamento pátrio.[25]

No processo penal, o duplo grau de jurisdição possui feições particulares, pois, em decorrência do Pacto de São José da Costa Rica,[26] ele é deveras assegurado com maior veemência em decorrência da vitalidade do próprio direito fundamental atingido na seara penalista: a liberdade. Na seara cível, desde que não obstacularize o contraditório sucessivo, nem seja extirpado, é possível que o legislador mitigue o seu âmbito de incidência, repaginando-o.

---

[23] Robustecem tal entendimento o pensamento de Teresa Arruda Alvim Wambier e Luiz Rodrigues Wambier expresso em: WAMBIER, Teresa Arruda Alvim; WAMBIER, Luiz Rodrigues. *Breves comentários à 2ª fase da reforma de processo civil.* 2. ed. São Paulo: Revista dos Tribunais, 2002. p. 140.

[24] ZAVASCKI, Teori Albino. Os princípios constitucionais do processo e suas limitações. *Revista da ESMEC,* v. 5, n. 6, maio 1999. p. 58.

[25] Nelson Nery Junior sobre o 475 que "muito embora esse dispositivo não aluda ao direito de impugnação, não se caracterizando como recurso, na verdade é exteriorização importante do corolário do duplo grau".

[26] No art. 7º, da Convenção Americana de Direitos Humanos, que versa sobre o direito à liberdade resta previsto que: "Toda pessoa privada da liberdade tem direito a recorrer a um juiz ou tribunal competente, a fim de que este decida, sem demora, sobre a legalidade de sua prisão ou detenção e ordene sua soltura, se a prisão ou a detenção forem ilegais. Nos estados-partes cujas leis prevêem que toda pessoa que se vir ameaçada de ser privada de sua liberdade tem direito a recorrer a um juiz ou tribunal competente, a fim de que este decida sobre a legalidade de tal ameaça, tal recurso não pode ser restringido nem abolido. O recurso pode ser interposto pela própria pessoa ou por outra pessoa" (Disponível em: <http://www2.idh.org.br/casdh.htm>. Acesso em: 20 dez. 2009).

O duplo grau de jurisdição é uma das formas de expressão do direito de recorrer; este é essencial para a proteção do contraditório dinâmico,[27] é uma das maneiras de se exercer o contraditório sucessivo.

Não resta dúvida de que os recursos são instrumentos de justiça das decisões judiciais, ao robustecerem a segurança jurídica do *decisum* e quando em duplo grau propiciam o controle da atuação dos juízes.

Não é possível, contudo, que consideremos ampliativamente o referido princípio, pois se o fizermos ele colidirá com a garantia de duração razoável do processo. Por isso, tampouco é razoável considerar o duplo grau como um direito a todas as instâncias recursais existentes, inclusive como uma forma de não se retornar aos arbítrios do tempo que a nova Carta procurava suplantar. O princípio do duplo grau é efetivamente exercido e esgotado quando a decisão é reexaminada uma única vez por um órgão diferente do que decidiu primeiramente. Nesse sentido decidiu o STF:

> Ementa: Recurso. Extraordinário. Inadmissibilidade. Aplicação de multa em recurso especial. Decisão de última instância. Ofensa ao duplo grau de jurisdição. Ausência. Embargos de declaração rejeitados. O fato de decisão do STJ ser de última instância não envolve ofensa ao art. 5º, LV, da CF (AI 342517 AgR-ED. Rel. Min. Cezar Peluso. Primeira Turma, julgado em 7.10.2003. *DJ*, 20 fev. 2004)

Os primeiros contornos e nuances do duplo grau ecoam da própria Constituição Federal e explicitam sua feição de "garantia fundamental de boa justiça", pois "o objetivo do duplo grau de jurisdição é, portanto, fazer adequação entre a realidade no contexto social de um país e o direito à segurança e à justiça das decisões judiciais, que todos têm de acordo com a Constituição Federal".[28]

3.2 Duplo grau de jurisdição e limitações infraconstitucionais

O afunilamento das vias recursais está diretamente relacionado com uma redefinição do duplo grau de jurisdição. A criação de filtros para os recursos é uma novidade que vem a calhar com as preocupações de efetividade e celeridade processual. A outrora timidez do legislador na criação de tais filtros foi suplantada e, nos últimos anos, alguns foram criados, como a repercussão geral, por exemplo, mas esta não se relaciona diretamente com o duplo grau de jurisdição, pois diz respeito ao recurso extraordinário e os recursos excepcionais e não são integrantes do exercício do duplo grau de jurisdição. Destinam-se não a tutelar o direito da parte, mas a garantir uniformidade no direito brasileiro.

Aceitar que a lei ordinária possa ditar exceções ao duplo grau pode não parecer conciliável com a ideia de que se trata de um princípio constitucional, mas o é.

Não pode o mesmo vir a ser fulminado pela atuação do legislativo, pois a possibilidade de recorrer em grau superior é de importância para a justiça das

---

[27] NUNES, Dierle José Coelho. Comentários acerca da súmula impeditiva de recursos (Lei 11.276/2006) e do julgamento liminar de ações (Lei 11.277/2006): do duplo grau de jurisdição e do direito constitucional ao recurso (contraditório sucessivo): aspectos normativos e pragmáticos. São Paulo: *Revista de Processo*, ano 31, n. 137, jul. 2006.

[28] NERY JUNIOR., Nelson. *Teoria geral dos recursos*. 6. ed. São Paulo: Revista dos Tribunais, 2004. p. 39-40.

decisões e para uma atuação escorreita da atividade judicante. Mas, pode ser, sem problemas, mitigado em algumas hipóteses desde que não inviabilize o contraditório e a ampla defesa.

O duplo grau sempre pode ser facilmente observado no exame da apelação, pois seu ponto fulcral remonta, sobretudo, à recorribilidade da sentença,[29] e é exatamente esse o ponto que torna interesse a possibilidade de julgamento do mérito da apelação pela primeira instância.

Antes de sua introdução no CPC, já obtemperava Nelson Nery Junior que, apesar de o legislador não ter limitado a apelação, "poderia, entretanto, fazê-lo", não haveria nenhum óbice, pois o duplo grau não é algo absoluto e já antevia que "se em eventual reforma do processo civil criarem-se obstáculos ao cabimento da apelação, restringindo-a, não se estará violando o princípio do duplo grau de jurisdição".[30]

Assim, clarifique-se que ele está previsto na CF; é um princípio constitucional processual implícito, "exigência do *due process of law*", mas "não tem incidência ilimitada, como ocorria no sistema da Constituição Imperial",[31] só não pode a lei ordinária suprimi-lo.

4 O contraditório sucessivo e o art. 518, CPC

A partir do momento em que o deslinde *a contento tempore* do processo passa a ser uma preocupação e um valor a ser defendido para evitarmos que injustiças perdurem no tempo, é necessário pensar alternativas para concretizá-lo. Não resta dúvidas que a simplificação do sistema recursal tem um papel importante nisso. Então, temos que pensar em filtros, delimitar melhor o objeto de cada recurso e extirpar aqueles recursos que contribuam mais para procrastinar do que para garantir a justiça das decisões.

As reformas de 2006 introduziram no CPC duas novidades nesse viés: 285-A e 518, §1º. Esta é a que nos interessa. Vemos que a solução que o legislador tem dado às demandas repetitivas passa diretamente pela modificação das coisas como conhecíamos: 285-A e 518, do CPC[32] são exemplos disso. Quem imaginaria a possibilidade do juiz *prima facie* poder decidir o mérito do processo, no primeiro caso, ou negar seguimento à apelação, no caso do segundo. Como aquele está no âmbito da prolação da sentença, não nos deteremos nele, interessar-nos-á aquele afeto à etapa recursal, ou seja, a denominada súmula impeditiva de recursos.

> Art. 518. Interposta a apelação, o juiz, declarando os efeitos em que a recebe, mandará dar vista ao apelado para responder.
>
> §1º *O juiz não receberá o recurso de apelação quando a sentença estiver em conformidade com súmula do Superior Tribunal de Justiça ou do Supremo Tribunal Federal.*
>
> §2º Apresentada a resposta, é facultado ao juiz, em cinco dias, o reexame dos pressupostos de admissibilidade do recurso. (grifos nossos)

---

[29] Para Nelson Nery Junior "é respeitante única e exclusivamente à recorribilidade da sentença" (NERY JUNIOR, Nelson. *Teoria geral dos recursos*. 6. ed. São Paulo: Revista dos Tribunais, 2004. p. 45).

[30] NERY JUNIOR, Nelson. *Teoria geral dos recursos*. 6. ed. São Paulo: Revista dos Tribunais, 2004. p. 43.

[31] NERY JUNIOR, Nelson. *Teoria geral dos recursos*. 6. ed. São Paulo: Revista dos Tribunais, 2004. p. 43.

[32] Ambos introduzidos em nosso ordenamento em 2006, pelas leis 11.277 e 11.276.

A súmula impeditiva de recursos é não admitir, nem conhecer da apelação quando a decisão vergastada estiver consentânea com súmula do Supremo Tribunal Federal e Superior Tribunal de Justiça.

Existe, na verdade, "uma relação de contrariedade: se a sentença está em conformidade com enunciado de súmula do STF ou STJ, a apelação contra ela interposta estará em desconformidade com referidas súmulas".[33]

Assim, quando o juiz houver decidido de acordo com entendimento sumulado pelo STF ou pelo STJ, ele pode ao receber o recurso de apelação, decidir liminarmente — sem sequer ouvir as partes e sem precisar remeter os autos à instância superior, ou seja, no momento em que normalmente ele faria o julgamento provisório do juízo de admissibilidade recursal — pelo não prosseguimento do recurso.

O magistrado fará o exame das razões da apelação com o fito de "verificar se há confronto entre o recurso e a tese jurídica adotada na fundamentação da sentença, a qual se encontra em conformidade com enunciado da súmula do STF ou STJ". Se houver, ele aplicará a previsão do §1º. Ocorre que, se o "objeto da apelação for exatamente a não-incidência ao caso julgado da tese jurídica acolhida no enunciado da súmula", o exame do mérito da apelação só poderá ser feito pelo juízo *ad quem*.[34]

O dia a dia forense evidencia que há uma grande similitude entre diversas demandas que se avolumam nos rincões do judiciário, consequentemente a proposta do legislador traz celeridade e dispensa que subsista um tratamento pormenorizado para demandas substancialmente próximas ou repetitivas. Da mesma maneira que passamos do processo individual e começamos a construir os contornos do processo coletivo — para as demandas de massa — e do processo subjetivo alicerçamos o processo objetivo — controle de constitucionalidade —, agora havemos de fazer o mesmo com as demandas repetitivas que lotam o judiciário.

Não há como prosperar a alegação de inconstitucionalidade por ofensa ao duplo grau, ainda que se possa questionar se foi o melhor critério o escolhido pelo legislador, não podemos esquecer que aquilo que vale juridicamente é definido através de um processo inequivocamente político.[35] E uma opção legislativa da qual discordamos não a torna inconstitucional.

Só há direito ao recurso em duplo grau quando é de fato importante o exercício do contraditório, pois "a defesa é direito inviolável em cada momento e grau de procedimento",[36] mas se não é essencial para o contraditório sucessivo, a definição de qual é o recurso que atacará a decisão é matéria sujeita ao deleite da política legislativa e não um direito fundamental.

Destarte, se consentâneo com as preocupações de celeridade processual — inerente ao processo civil de resultados — resolver o legislador criar filtros para

---

[33] RODRIGUES NETTO, Nelson. Cognição limitada do mérito da apelação pelo juízo de primeiro grau: art. 518, §1º, do CPC. *In*: NERY JUNIOR, Nelson; WAMBIER, Teresa Arruda Alvim. (Coord.). *Aspectos polêmicos e atuais dos recursos cíveis e assuntos afins*. São Paulo: Revista dos Tribunais, 2007. v. 11, p. 240.

[34] RODRIGUES NETTO, Nelson. Cognição limitada do mérito da apelação pelo juízo de primeiro grau: art. 518, §1º, do CPC. *In*: NERY JUNIOR, Nelson; WAMBIER, Teresa Arruda Alvim. (Coord.). *Aspectos polêmicos e atuais dos recursos cíveis e assuntos afins*. São Paulo: Revista dos Tribunais, 2007. v. 11, p. 238-240.

[35] GRIMM, Dieter. *Constituição e política*. Belo Horizonte: Del Rey, 2006. p. 6-14.

[36] RICCI, Edoardo F. Princípio do contraditório e questões que o juiz pode propor de ofício. *In*: FUX, Luiz; NERY JUNIOR, Nelson; WAMBIER, Teresa Arruda Alvim. *Processo e Constituição*: estudos em homenagem ao Professor José Carlos Barbosa Moreira. São Paulo: Revista dos Tribunais, 2006. p. 495. "La difesa è diritto inviolabile in ogni stato e grado del procedimento."

determinados recursos ou novos contornos para outro, não há nenhum óbice. Em resumo, o legislador pode mitigar ou dificultar a utilização de determinado recurso, desde que isso não importe em ofensa ao contraditório sucessivo.

A hipótese legal em debate provoca uma ruptura no sistema recursal, apesar de ser "louvável o esforço para a melhoria da efetividade processual, com economia do tempo do processo e valorização dos enunciados das súmulas do STF e STJ", pois "rompe-se com a regra de que o julgamento do mérito recursal é de competência exclusiva do órgão *ad quem*".[37] Mas, a despeito das vozes que alegam suposta violação ao duplo grau de jurisdição pelo §1º, do art. 518, do CPC, não resta dúvidas de que é uma forma de se salvaguardar o desfecho *a contento tempore* do processo, sobretudo quando o trâmite recursal se mostraria infrutífero na prática. Não há como negar que, se a matéria resta sumulada, o processo se prolongará à toa.[38]

Na moderna processualística, o complexo, como dado inafastável, faz com que não haja apenas o binômio segurança-justiça a ser obtemperado, mas a esses dois elementos acresce-se o da duração razoável do processo como garantia fundamental. Os valores celeridade e efetividade dão a tônica do processo civil moderno.

Essa intrincada relação entre valores de tão grande valia exige a constante aplicação do postulado da proporcionalidade para sua solução. Afinal de contas, o processo há de ter uma duração razoável, isso não se contesta, mas sem que se fulmine a efetiva possibilidade da parte influenciar no *decisum* que deverá cumprir — direito ao contraditório.

5 Conclusões

A cautela do constituinte ao inserir no seio da CF de 1988 os princípios que regem o processo no rol das garantias fundamentais corrobora a inconteste valência normativa dos princípios norteadores da atividade jurisdicional. Com isso, a Constituição passa a ser a fonte formal das normais processuais.

Para que possamos apreender, de forma adequada, os institutos processuais e garantir que sejam mecanismo de defesa do *due process*, deve haver, sim, uma preocupação crescente com a atividade hermenêutica que dota o texto de aplicabilidade. Mas essa há de se desenvolver dentro de uma perspectiva zetética,[39] que se preocupa com o direito como instrumento de regulação social a serviço do homem.

---

[37] RODRIGUES NETTO, Nelson. Cognição limitada do mérito da apelação pelo juízo de primeiro grau: art. 518, §1º, do CPC. In: NERY JUNIOR, Nelson; WAMBIER, Teresa Arruda Alvim. (Coord.). *Aspectos polêmicos e atuais dos recursos cíveis e assuntos afins*. São Paulo: Revista dos Tribunais, 2007. v. 11, p. 240.

[38] Corroborando o entendimento exposto: "mesmo o princípio do duplo grau de jurisdição sendo considerado constitucionalmente, tende a ser constitucional, visando uma melhor prestação de tutela jurisdicional àquele que tem razão, num impedimento de que o recurso de apelação seja interposto como medida protelatória da efetivação do direito concedido em sentença" (BRIDA, Nério Andrade de. A (in)constitucionalidade da súmula impeditiva de recursos. *Revista de Processo*, ano 32, n. 151, p. 194, set. 2007).

[39] Termo cunhado por Tércio Sampaio que o traduz como uma hermenêutica mais humanizante. Há sedimentação de que o direito é um meio de pacificação social, está a serviço do homem e não o homem a serviço deste. Ressalve-se que a filosofia do direito vive uma reciclagem com o resgate da fronesis, da argumentação, um renascimento da retórica. São novas ideias que têm como escopo abandonar o débil normativismo legalista em prol de um direito crítico, que permite questionamentos a sua própria essência (Cf.: FERRAZ JUNIOR, Tércio Sampaio. *Introdução ao estudo do direito*: técnica, decisão, dominação. 3. ed. São Paulo: Atlas, 2001. p. 39-47).

Por vezes o estudioso de processo teima em permanecer em um tecniscismo vazio, o que propulsiona reducionismo ôntico-causal analítico do direito à norma; temos que repensar o processo.

Ainda que seja passível de críticas, a política legislativa escolhida para tratar das demandas repetitivas, mais especificamente a denominada súmula impeditiva de recursos, trata-se única e exclusivamente de política legislativa e não de inconstitucionalidade por ofensa ao duplo grau de jurisdição.

O duplo grau de jurisdição é um princípio constitucional processual implícito que pode ter seus contornos redefinidos pelo legislador infraconstitucional. Não se trata de garantia fundamental inafastável, mas de princípio basilar da organização das funções do judiciário, que, por razões de segurança jurídica, optou pelo controle de uma instância através da revisibilidade de suas decisões por outra.

Ao reconhecermos o duplo grau como um princípio implícito e não uma garantia constitucional, isso importa em perceber que o legislador pode alterar os critérios de admissibilidade de um recurso, mitigar suas possibilidades de utilização, desde que isso não importe em uma ofensa ao devido processo legal e ao direito das partes de influenciarem, também, através dos recursos na decisão. Ora, essa nova era do processo civil adjetivada de "de resultados" impõe uma revisitação na significação de diversos institutos processuais e basta que tal caminho seja percorrido de mãos dadas com o arcabouço constitucional do processo.

Referências

BRIDA, Nério Andrade de. A (in)constitucionalidade da súmula impeditiva de recursos. *Revista de Processo*, ano 32, n. 151, p. 194, set. 2007.

CANOTILHO, J. J. Gomes. *Direito constitucional e teoria da constituição*. 7. ed. Coimbra: Almedina, 2003.

JORGE, Flávio Cheim. *Teoria geral dos recursos cíveis*. 3. ed. São Paulo: Revista dos Tribunais, 2007.

DINAMARCO, Candido Rangel. *A instrumentalidade do processo*. 6. ed. São Paulo: Malheiros, 1998.

ESPÍNDOLA, Ruy Samuel. *Conceitos de princípios constitucionais*. São Paulo: Revista dos Tribunais, 1999.

FERRAZ JUNIOR, Tércio Sampaio. *Introdução ao estudo do direito*: técnica, decisão, dominação. 3. ed. São Paulo: Atlas, 2001.

GRAU, Eros Roberto. *Ensaio e discurso sobre a interpretação*: aplicação do direito. 4. ed. São Paulo: Malheiros, 2006.

GRIMM, Dieter. *Constituição e política*. Belo Horizonte: Del Rey, 2006. p. 6-14.

HOUAISS, Antonio. *Dicionário Houaiss da língua portuguesa*. Rio de Janeiro: Objetiva, 2004.

HELLER, Agnes et al. *A crise dos paradigmas em ciências sociais e os desafios para o século XXI*. Rio de Janeiro: Contraponto, 1999.

HESSE, Konrad. *A força normativa da Constituição*. Porto Alegre: Sergio Antonio Fabris, 1991.

MITIDIERO, Daniel Francisco. *Elementos para uma teoria contemporânea do processo civil brasileiro*. Porto Alegre: Livraria do Advogado, 2005.

NERY JUNIOR, Nelson. *Teoria geral dos recursos*. 6. ed. São Paulo: Revista dos Tribunais, 2004.

NERY JUNIOR, Nelson. *Princípios do processo civil na Constituição Federal*. 8. ed. São Paulo: Revista dos tribunais, 2004.

NUNES, Dierle José Coelho. Comentários acerca da súmula impeditiva de recursos (Lei 11.276/2006) e do julgamento liminar de ações (Lei 11.277/2006): do duplo grau de jurisdição e do direito constitucional ao recurso (contraditório sucessivo): aspectos normativos e pragmáticos. *Revista de processo*, São Paulo, ano 31, n. 137, jul. 2006.

OLIVEIRA, Pedro Miranda. Princípios constitucionais do processo civil no âmbito recursal. *In*: FUX, Luiz; NERY JUNIOR, Nelson; WAMBIER, Teresa Arruda Alvim. *Processo e constituição*: estudos em homenagem ao Professor José Carlos Barbosa Moreira. São Paulo: Revista dos Tribunais, 2006.

PORTANOVA, Rui. *Princípios do processo civil*. 4. ed. Porto Alegre: Livraria do Advogado, 2001.

RICCI, Edoardo F. Princípio do contraditório e questões que o juiz pode propor de ofício. *In*: FUX, Luiz; NERY JUNIOR, Nelson; WAMBIER, Teresa Arruda Alvim. *Processo e Constituição*: estudos em homenagem ao professor José Carlos Barbosa Moreira. São Paulo: Revista dos Tribunais, 2006.

RODRIGUES NETTO, Nelson. Cognição limitada do mérito da apelação pelo juízo de primeiro grau: art. 518, §1º, do CPC. *In*: NERY JUNIOR, Nelson; WAMBIER, Teresa Arruda Alvim. (Coord.). *Aspectos polêmicos e atuais dos recursos cíveis e assuntos afins*. São Paulo: Revista dos Tribunais, 2007. v. 11.

SILVA, Ovídio Baptista da. *Processo e ideologia*: o paradigma racionalista. 2. ed. Rio de Janeiro: Forense, 2006.

THEODORO JUNIOR, Humberto. Inovações da Lei nº. 10.352 de 26/12/2001, em matéria de recursos cíveis e duplo grau de jurisdição. *Gênesis – Revista de Direito Processual Civil*, Curitiba, jul./set. 2002.

WAMBIER, Teresa Arruda Alvim; WAMBIER, Luiz Rodrigues. *Breves comentários à 2ª fase da reforma de processo civil*. 2. ed. São Paulo: Revista dos Tribunais, 2002.

ZAVASCKI, Teori Albino. Os princípios constitucionais do processo e suas limitações. *Revista da ESMEC*, v. 5, n. 6, p. 49-58, maio 1999.

Informação bibliográfica deste livro, conforme a NBR 6023:2002 da Associação Brasileira de Normas Técnicas (ABNT):

RIBEIRO, Isabela Lessa de Azevedo Pinto. Duplo grau de jurisdição: novos contornos e significações. *In*: CUNHA, Leonardo Carneiro da (Coord.). *Questões atuais sobre os meios de impugnação contra decisões judiciais*. Belo Horizonte: Fórum, 2012. p. 69-81. ISBN 978-85-7700-580-2.

DA REPERCUSSÃO GERAL COMO *PRESSUPOSTO ESPECÍFICO* E COMO *FILTRO OU BARREIRA DE QUALIFICAÇÃO* DO RECURSO EXTRAORDINÁRIO [1]

IVO DANTAS

1 O Recurso Extraordinário,[2] a Arguição de Relevância prevista na EC 7/77 e a Medida Provisória nº 2.226, de 4.9.2001 como precedentes da repercussão geral na EC 45/2004. O STF e a Doutrina

Observe-se, de saída, que o sistema recursal brasileiro consagra, de um lado, os denominados *recursos ordinários*, e do outro, os *recursos extraordinários*, aqui englobados o *recurso especial* (STJ) e o *recurso extraordinário em sentido estrito* (STF), denominados de *recursos abertos* e *recursos de estrito direito*, estes últimos preocupados, em última análise, com a *Guarda da Constituição*.

---

[1] Este texto é parte do capítulo intitulado "Do incidente de inconstitucionalidade no Brasil: teoria geral" a constar do livro *Novo direito processual constitucional*. Curitiba: Juruá, 2009. No prelo.

[2] Sobre o *Recurso Extraordinário* existem várias súmulas do STF, a saber: *Súmula 272 do STF*: "Não se admite como ordinário recurso extraordinário de decisão denegatória de mandado de segurança"; *Súmula 279 do STF*: "Para simples reexame de prova não cabe recurso extraordinário"; *Súmula 280 do STF*: "Por ofensa a direito local não cabe recurso extraordinário"; *Súmula 281 do STF*: "É inadmissível o recurso extraordinário, quando couber na justiça de origem, recurso ordinário da decisão impugnada"; *Súmula 282 do STF*: "É inadmissível o recurso extraordinário, quando não ventilada, na decisão recorrida, a questão federal suscitada"; *Súmula 283 do STF*: "É inadmissível o recurso extraordinário, quando a decisão recorrida assenta em mais de um fundamento suficiente e o recurso não abrange a todos eles"; *Súmula 284 do STF*: "É inadmissível o recurso extraordinário, quando a deficiência na sua fundamentação não permitir a exata compreensão da controvérsia"; *Súmula 289 do STF*: "O provimento do agravo por uma das turmas do Supremo Tribunal Federal ainda que sem ressalva, não prejudica a questão do cabimento do recurso extraordinário"; *Súmula 355 do STF*: "Em casos de embargos infringentes parciais, é tardio o recurso extraordinário interposto após o julgamento dos embargos, quanto à parte da decisão embargada que não fora por eles abrangida"; *Súmula 399 do STF*: "Não cabe recurso extraordinário, por violação de lei federal, quando a ofensa alegada for a regimento de tribunal"; *Súmula 432 do STF*: "Não cabe recurso extraordinário, com fundamento no art. 101, III, 'd', da

José Henrique Mouta em trabalho intitulado *A repercussão geral e o novo papel do supremo*,[3] de forma didática escreve que "destarte, em teoria geral dos recursos é comum dividi-los em ordinários e extraordinários, sendo aqueles também chamados de recursos abertos (sem qualquer corte cognitivo) e estes de recursos de estrito direito (de fundamentação vinculada). O STF tem competência para recursos de fundamentação aberta (artigo 102, II da CF/88), mas também atua como guardião da Constituição nos recursos extraordinários com restrição cognitiva (não se prestam a discutir a *justiça da decisão*).

No recurso extraordinário, portanto, o que se discute é a aspecto constitucional da decisão, se há ou não violação direta à CF/88, importando de forma *reflexa* a real ocorrência da justiça na decisão.

Aliás, a restrição cognitiva neste recurso de estrito direito não significa violação ao princípio da inafastabilidade da jurisdição, tendo em vista que a demanda necessariamente passou por instâncias ordinárias com competência para análise do aspecto subjetivo e, nesta instância extraordinária, o *móvel recursal* é a verificação do aspecto objetivo do *decisum*" — conclui.

Uma questão preliminar ao tratamento da *Repercussão Geral* é aquela referente ao âmbito do *Recurso Extraordinário* frente ao *Recurso Especial*, valendo-se mencionar a Súmula nº 640 do STF, nos seguintes termos: "É cabível recurso extraordinário contra decisão proferida por juiz de primeiro grau nas causas de alçada, ou por turma recursal de juizado especial cível ou criminal".

Pelo enunciado transcrito evidencia-se, portanto, que para defender o Valor da Constituição, o âmbito espacial de cabimento do Recurso Extraordinário não se restringe a que a decisão impugnada seja originária *apenas* de tribunal, ao contrário do que ocorre para o cabimento do recurso especial (CF, artigo 105, III). Neste sentido, confira-se a decisão do Tribunal Pleno nos autos do RE 136154/DF, relator para o Acórdão, o Min. Carlos Velloso (*DJ* de 23.4.1993, p. 833).

Criticando a mencionada Súmula, é que foi lembrado pelo Min. Gilmar Mendes, nos autos do Agr-395662, publicado no *DJ* de 23.4.2004: "A Constituição Federal de 1988 estabelece ser admissível recurso extraordinário quando a decisão recorrida

---

Constituição Federal, quando a divergência alegada for entre decisões da justiça do trabalho"; *Súmula 636 do STF*: "Não cabe recurso extraordinário por contrariedade ao princípio constitucional da legalidade, quando a sua verificação pressuponha rever a interpretação dada a normas infraconstitucionais pela decisão recorrida"; *Súmula 637 do STF*: "Não cabe recurso extraordinário contra acórdão de Tribunal de Justiça que defere pedido de intervenção estadual em município"; *Súmula 640 do STF*: "É cabível recurso extraordinário contra decisão proferida por juiz de primeiro grau nas causas de alçada, ou por turma especial cível e criminal"; *Súmula 733 do STF*: "Não cabe recurso extraordinário contra decisão proferida no processo de precatórios".Em relação ao *Recurso Especial* existem várias súmulas do STJ, a saber: *Súmula 5 do STJ*: "A simples interpretação de cláusula contratual não enseja recurso especial"; *Súmula 7 do STJ*: "A pretensão de simples reexame de prova não enseja recurso especial"; *Súmula 13 do STJ*: "A divergência entre julgados do mesmo tribunal não enseja recurso especial"; *Súmula 86 do STJ*: "Cabe recurso especial contra acórdão proferido no julgamento do agravo de instrumento"; *Súmula 126 do STJ*: "É inadmissível recurso especial, quando o acórdão recorrido assenta em fundamentos constitucional e infraconstitucional, qualquer deles suficiente, por si só, para mantê-lo, e a parte vencida não manifesta recurso extraordinário"; *Súmula 203 do STJ*: "Não cabe recurso especial contra decisão proferida por órgão de segundo grau dos Juizados Especiais"; *Súmula 207 do STJ*: "É inadmissível recurso especial quando cabíveis embargos infringentes contra o acórdão proferido no tribunal de origem"; *Súmula 211 do STJ*: "Inadmissível recurso especial quanto à decisão que, a despeito da oposição de embargos declaratórios, não for apreciada pelo Tribunal *a quo*".

[3] MOUTA, José Henrique. A repercussão geral e o novo papel do supremo. *In*: GÓES, Gisele; DIAS, Jean Carlos; MOUTA, José Henrique. *A nova execução por quantia certa, Súmula Vinculante, processo eletrônico e repercussão geral*. Salvador: JusPodivm, 2009. p. 49-50.

contrariar algum de seus dispositivos, declarar a inconstitucionalidade de tratado ou lei federal ou julgar válida lei ou ato do governo local contestado em face do texto constitucional. Assim, ao contrário do que se verifica em outras ordens constitucionais, que limitam, muitas vezes, o recurso constitucional aos casos de afronta aos direitos fundamentais, optou o constituinte brasileiro por admitir o cabimento do recurso extraordinário contra qualquer decisão que, em única ou última instância, contrariar a Constituição. Portanto, a admissibilidade do recurso não está limitada, em tese, a parâmetros constitucionais, como é o caso da *Verfassungsbeschwerde* na Alemanha (Lei Fundamental, artigo 93, n. 4ª), destinada, basicamente, à defesa dos direitos fundamentais" — conclui.

"Como premissa necessária à compreensão das espécies em exame — escreve Misael Montenegro Filho —,[4] devemos fixar a *ratio* da existência dos recursos especial e extraordinário, que se afastam, em termos de requisitos e de finalidades, de todos os demais recursos previstos de forma taxativa na Lei Processual Civil.

O tema sobre o qual nos debruçamos neste instante passa pela análise da constatação de que o STF e o STJ não se apresentam como *terceira instância*, aberta após o esgotamento da denominada instância ordinária (1º e 2º Graus de Jurisdição). A finalidade dos dois tribunais não é de rever *errores in judicando* dos magistrados do 1º Grau de Jurisdição e dos tribunais, ou seja, não se prestam à análise dos elementos de fato dos processos judiciais que lhe são confiados.

A delegação constitucional — continua Montenegro Filho — atribuída às duas Cortes apoia-se na preocupação em proteger *direito objetivo*, ou seja, as normas constitucionais e infraconstitucionais, evitando que a descabida interpretação da lei possa alterar o seu sentido, a *ratio* da sua existência, tratando as Cortes Superiores de proferir a última palavra a respeito da interpretação dos regramentos constitucional e infraconstitucional" — conclui.

Dizendo de forma diferente: o sistema de *controle incidental de constitucionalidade* (embora visando zelar pelo sistema jurídico como tal), sem dúvida alguma, tem no *Recurso Extraordinário* o único caminho possível para se buscar um pronunciamento do Supremo Tribunal Federal, sendo de sublinhar que a CF, em seu artigo 102, §3º, inseriu a *repercussão geral das questões constitucionais discutidas no caso, nos termos da lei*. Trata-se aí de um pressuposto formal do *Recurso Extraordinário*, visando com isto limitar, em termos de amplitude, o cabimento de sua impetração.[5]

A previsão do requisito formal da *Repercussão Geral* para o conhecimento do *Recurso Extraordinário*, decorrente da EC nº 45/2004, de logo provocou uma inquietação na Doutrina quanto à existência, ou não, de precedente na própria

---

[4] O autor se refere ao *recurso extraordinário* e ao *recurso especial* [MONTENEGRO FILHO, Misael. *Curso de direito processual civil*: teoria geral dos recursos, recursos em espécie e processo de execução: de acordo com as Leis nº 11.187/2005 (Novo Agravo), 11.232/2005 (Cumprimento da Sentença), 11.276/2006, 11.277/2006, 11.280/2006, 11.382/2006 (Nova Execução de Título Extrajudicial), 11.417/2006, 11.418/2006 e 11.419/2006. 4. ed. São Paulo: Atlas, 2008. p. 175].

[5] Os recursos extraordinário e especial visam à proteção do *direito objetivo*, razão pela qual no caso do *recurso extraordinário*, este só será admitido nos termos do **art. 102, inciso III, *a*, *b*, *c*, *d*** da CF, enquanto que o recurso especial só caberá, ainda nos termos da Lei Maior, na hipótese do **art. 105, III, *a*, *b*, *c*.** Dizendo mais claro: a diferença entre aquele (RExtr.) e o Recurso Especial, reside no fato de que enquanto o recurso extraordinário é cabível contra decisão proferida por juiz de primeiro grau nas causas de alçada, ou por turma recursal de juizado especial cível ou criminal, o recurso especial tem uma área de cabimento muito menos ampla, pois o seu cabimento (recurso especial: CF, art. 105, III), só se dará, quando a decisão impugnada for de tribunal.

História Constitucional Brasileira, visto que para alguns a *repercussão geral* não se trata de nenhuma novidade, pois corresponderia à *arguição de relevância* introduzida no sistema brasileiro pela EC nº 7, de 13 de abril de 1977, ao texto de 67-69.

A fim de facilitar a análise deste que nos parece *precedente remoto* da *repercussão geral*, vejamos a íntegra da EC nº 7/77, no tocante à matéria:

> Art. 119:
>
> §1º As causas a que se refere o item III, alíneas *a* e *d*, deste artigo, serão indicadas pelo Supremo Tribunal Federal no regimento interno, que atenderá à sua natureza, espécie, valor pecuniário e relevância da questão federal.
>
> §3º O regimento interno estabelecerá:
>
> c) o processo e o julgamento dos feitos de sua competência originária ou recursal e da *argüição de relevância da questão federal*.

Analisando a *arguição de relevância*, escreve Raul Armando Mendes (*Da interposição do recurso extraordinário*)[6] que (ela) "surgiu de elaboração no próprio seio do Supremo Tribunal Federal, quando da emenda regimental de 28 de agosto de 1963, sob a inspiração do saudoso e eminente Min. Hahnemann Guimarães, com a contribuição do eminente Min. Victor Nunes Leal, passando depois a ser texto constitucional, posta na Seção II do Capítulo VII da Constituição pela EC nº 7/1977".

E mais adiante, continua: "A inovação serve para afastar óbices regimentais ao conhecimento do recurso extraordinário. É apresentada juntamente com as razões do recurso, porém, não cabe ao juízo *a quo*, ou seja, ao Presidente do Tribunal *a quo*, manifestar-se sobre sua admissibilidade. Qualquer decisão desta autoridade que impeça a remessa da argüição ao Supremo Tribunal Federal enseja reclamação nos termos do artigo 156 do Regimento Interno do Supremo Tribunal Federal".[7]

Paulino Jacques, em trabalho publicado à mesma época do denominado *pacote de abril*, (*As Emendas Constitucionais nº 7, 8 e 9 explicadas*),[8] referindo-se ao texto de 1969, artigo 119, §1º, escreve: "O 'poder normativo' atribuído ao Supremo, para indicar, no seu Regimento Interno, as 'causas' de que tratam a alínea *a* (contrariar dispositivo da Constituição Federal ou negar vigência de tratado ou Lei Federal) e *d* (dar à Lei Federal interpretação divergente da que lhe tenha dado outro Tribunal ou o próprio Supremo Tribunal Federal), é louvável e está conforme a doutrina contemporânea da 'estreita colaboração' entre os Poderes do Estado, a fim de que este realize os seus altos fins de tutela e proteção em toda a plenitude. O dispositivo inclui, entre os pressupostos do exercício desse 'poder normativo', a 'relevância da questão federal', o que se compreende perfeitamente".

Adiante, agora se referindo diretamente ao §3º do artigo 119, leciona Paulino Jacques: "As alterações são de forma (substituição de parágrafo único do artigo 120 da Constituição Federal pelo §3º supratransladado, cujo *caput* passou a artigo 119, com o neologismo 'recursal', em vez de 'recursos'), salvo a 'argüição de relevância da questão federal', que foi inserida de conformidade com o estabelecido no §1º, *in fine*".

---

[6] São Paulo: Saraiva, 1984. p. 128.
[7] *Idem*, p. 128.
[8] JACQUES, Paulino. *As Emendas Constitucionais n. 7, 8 e 9 explicadas*. Rio de Janeiro: Forense, 1977. p. 19-20.

E conclui: "Demais, notamos que o legislador continua usando *pleonasticamente* a conjunção *e* entre a penúltima e a última alíneas *c* e *d* — desnecessária, como demonstramos em nossa 'Constituição Explicada', 2ª edição, Forense, 1968".

Recentemente, e ainda com relação ao tema da *relevância*, Osmar Mendes Paixão Côrtes (*Recurso extraordinário — origem e desenvolvimento no Direito brasileiro*)[9] faz interessante observação ao afirmar que "a questão federal era tida como relevante, nos termos do artigo 327 do RISTF, quando, pelos seus reflexos na ordem jurídica, e considerados os aspectos morais, econômicos, políticos ou sociais da causa, exigisse a apreciação do recurso extraordinário. Era examinada na sessão do Conselho, no Supremo Tribunal Federal, previamente ao recurso propriamente dito."

Rodolfo de Camargo Mancuso — prossegue Paixão Côrtes — bem destaca que muito se questionou sobre a natureza jurídica da argüição de relevância, estando o tema, todavia, pacificado, na doutrina e jurisprudência, no sentido de que 'não se tratava de recurso, e sim de um expediente que — pondo em realce a importância jurídica, social e econômica da matéria versada no recurso extraordinário — buscava obter o acesso desse apelo extremo no Supremo Tribunal Federal, nas hipóteses em princípio excluídas de seu âmbito'.

Muitas críticas foram feitas à arguição de relevância, que poderia levar à absoluta discricionariedade do Supremo Tribunal Federal na apreciação do recurso extraordinário. E, de fato, dependendo da regulamentação dada pelo Supremo Tribunal Federal, havia risco de redução considerável das hipóteses de cabimento do recurso e esvaziamento da sua tradicional função relacionada à manutenção do federalismo. Mas, consoante já anotado, um maior risco poderia advir do excesso de processos levados à apreciação da Suprema Corte.[10] Nesse sentido, Rodolfo de Camargo Mancuso fala da necessidade de filtragem dos processos: "De todo modo, parece indisputável que algum tipo de *controle, filtro ou filtragem*[11] há de existir para *o acesso às Cortes Superiores, quanto mais não seja ante a evidente desproporção entre o*

---

[9] Rio de Janeiro: Forense, 2005. p. 238-239. Veja-se, igualmente, sobre o tema, FUX, Luiz, *Curso de direito processual civil: processo de conhecimento*: atualizado até a Lei nº 11.694, de 12 de junho de 2008. 4. ed. Rio de Janeiro: Gen; Forense, 2008. v. 1; WAMBIER, Teresa Arruda Alvim. Recurso especial, recurso extraordinário e ação rescisória. In: WAMBIER, Teresa Arruda Alvim. *Controle das decisões judiciais por meio de recursos de estrito direito e de ação rescisória*. São Paulo: Revista dos Tribunais, 2008; MANCUSO, Rodolfo de Camargo. *Recurso extraordinário e recurso especial*. 10. ed. rev. ampl. e atual. de acordo com as Leis 11.417 e 11.418/2006 e a Emenda Regimental STF 21/2007. São Paulo: Revista dos Tribunais, 2007; DANTAS, Bruno. *Repercussão geral*: perspectivas histórica, dogmática e de direito comparado: questões processuais. São Paulo: Revista dos Tribunais, 2008; LIMA, José Edvaldo Albuquerque de. *Recursos ordinário, extraordinário e especial*: teoria, prática, jurisprudência e legislação. 2. ed. São Paulo: Mundo Jurídico, 2007; MELLO, Rogério Licastro Torres de (Coord.). *Recurso especial e extraordinário*: repercussão geral e atualidades. São Paulo: Método, 2007; AGUIAR, João Carlos Pestana de. *Recursos extraordinário e especial*: com comentários às Súmulas antigas e novas do STF e STJ, à Súmula Vinculante e atual jurisprudência livre: temas polêmicos. Rio de Janeiro: Espaço Jurídico, 2004; MONTEIRO, Samuel. *Recurso extraordinário e argüição de relevância*. 2. ed. São Paulo: Hemus, 1988; BAPTISTA, N. Doreste. *Da arguição de relevância no recurso extraordinário*. Rio de Janeiro: Forense, 1976; ALVIM, Arruda. *A argüição de relevância no recurso extraordinário*. São Paulo: Revista dos Tribunais, 1988. Na Doutrina estrangeira, por todos, mencione-se GARCIA COUSO, Susana. *El juicio de relevancia en la cuestión de inconstitucionalidad*. Madrid: Centro de Estudios Políticos y Constitucionales, 1998.

[10] Em nota de rodapé, Paixão Côrtes afirma que com estas palavras não está a defender o instituto. "Apenas – diz – tenta-se demonstrar os dois lados da moeda. Pelo contrário, tem-se que o valor que não deve, jamais, ser posto em risco por uma eventual discricionariedade judicial é a segurança jurídica, essencial à manutenção do Estado Democrático de Direito" (p. 238).

[11] Sobre o tema, indicamos o livro de SCHIER, Paulo Ricardo. *Filtragem constitucional*: construindo uma nova dogmática jurídica. Porto Alegre: Sergio Antonio Fabris, 1999.

número de seus membros e o volume de processos que, de outro modo, ali aportariam, sem um critério distintivo ou regulador; outrossim, a singela alternativa do aumento do número de julgadores, sobre não resolver o problema, acarretaria a indesejável macrocefalia da estrutura do Poder Judiciário, *de per si* já bastante avantajada", conclui Mancuso em citação trazida por Paixão Côrtes.

A equivalência da *repercussão geral* com a *arguição de relevância* é claramente reconhecida por Athos Gusmão Carneiro (*Recurso especial, agravos e agravo interno*)[12] ao estudar a Repercussão Geral e a Súmula Vinculante, nos seguintes termos: "A chamada 'Reforma do Poder Judiciário', traduzida na EC nº 45, de 8.12.2004, novamente instaurou perante o STF, com nova denominação, a antiga 'arguição de relevância' (prevista no RISTF, antigo artigo 325, XI, e revogada por força da CF de 1988), seguindo, aliás, a orientação adotada em muitas Cortes Constitucionais de países de antiga e prestigiada tradição jurídica. Na Argentina, o sistema restou acolhido sob o nome de *gravidad institucional*..." [13]

Em nosso entender a *arguição de relevância* pode ser vista como *precedente remoto* da denominada *repercussão geral*, podendo-se ainda apontar um *precedente próximo* na Medida Provisória nº 2.226, datada de 4.9.2001 e publicada no *DOU* em 5.9.2001,[14] pela qual se inseriu na CLT o artigo 896-A, nos seguintes termos: "O Tribunal Superior do Trabalho, no recurso de revista, examinará previamente se a causa oferece *transcendência com relação aos reflexos gerais de natureza econômica, política, social ou jurídica*".

Finalmente, vale mencionar-se a definição dada pela MP nº 2.226/01, e que passou a integrar a CLT, como sendo o seu artigo 896-A:

Art. 1º:

§1º – considera-se transcendência:

I – **jurídica**, o desrespeito patente aos direitos humanos, fundamentais ou aos interesses coletivos indisponíveis, com comprometimento da segurança e estabilidade das relações jurídicas;

II – **política**, o desrespeito notório ao princípio federativo ou à harmonia dos Poderes constituídos;

III – **social**, a existência de situação extraordinária de discriminação, de comprometimento do mercado de trabalho ou de perturbação notável à harmonia entre capital e trabalho;

IV – **econômica**, a ressonância de vulto da causa em relação a entidade de direito público ou economia mista, ou grave repercussão da questão na política econômica nacional, no segmento produtivo ou no desenvolvimento regular da atividade empresarial.

Quer se use a expressão *Arguição de Relevância*, como o fez o texto constitucional de 1969, em seu artigo 119 com a redação dada pela EC nº 7/77, quer se use o vocábulo

---

[12] CARNEIRO, Athos Gusmão. *Recurso especial, agravos e agravo interno*: exposição didática: área do processo civil, com invocação à jurisprudência do Superior Tribunal de Justiça. 6. ed. atual. conforme a Emenda Constitucional nº 45/2004 e as leis processuais civis até 2008. Rio de Janeiro: Gen; Forense, 2009. p. 42.

[13] Adiante, em item próprio, estudaremos o sistema argentino.

[14] Ainda hoje este artigo se encontra em vigor, consequência do que determinou o art. 2º da EC 32/2001, nos seguintes termos: "Art. 2º - As medidas provisórias editadas em data anterior à da publicação desta emenda continuam em vigor até que medida provisória ulterior as revogue explicitamente ou até deliberação definitiva do Congresso Nacional".

Transcendência (CLT) ou ainda *repercussão geral das questões constitucionais discutidas no caso*, vale que se traga à colação a lição de Alfredo Buzaid, citado por Raul Armando Mendes,[15] quando definindo *Arguição de Relevância*, ensinava: "Convém salientar, antes de mais nada, que 'a argüição de relevância não é outro recurso, que se deva apresentar em separado. Ao contrário, integra o recurso extraordinário, *é parte* dele e só com ele pode ser deduzida. Apenas por medida de ordem pública — o fácil e pronto de seus fundamentos — exige o Regimento o *destaque*, mas na mesma petição, onde ocupará capítulo específico'.

A relevância da questão federal — continua Buzaid — é um conceito novo no Direito brasileiro, que a doutrina está elaborando cuidadosamente, posto que sem contar com os valiosos subsídios do Supremo Tribunal Federal, onde é julgada em sessão do Conselho, de cuja ata 'constará apenas a relação das argüições não conhecidas, bem como das acolhidas e rejeitadas' (Regimento Interno, artigo 328, VIII). Doreste Baptista observa que 'será relevante a questão federal quando o interesse no seu desate seja maior fora da causa do que propriamente dentro dela'. O eminente Min. Victor Nunes Leal — prossegue — a quem cabe o mérito da criação desse instrumento para reduzir os encargos do Supremo Tribunal Federal, depois de assinalar as dificuldades de uma definição, observou: 'Antes de tudo, a relevância para esse efeito, será apurada especialmente do ponto de vista do interesse público'" — conclui.

Pelas lições que traz sobre o tema, demos novamente a palavra a Raul Armando Mendes: "O Des. Barbosa Moreira diz que 'a questão será relevante quando se reveste de *interesse público*, quando o seu desate se destina a repercutir necessariamente fora do âmbito estrito das relações entre as partes' (PONTES DE MIRANDA, Francisco Cavalcanti. *Comentários ao Código de Processo Civil*, 3. ed. Forense, v. 5, p. 656).

Diante desses precisos ensinamentos, conclui-se que é relevante a questão federal todas as vezes que a tese da controvérsia transcender o interesse de qualquer das partes para se situar no âmbito do interesse público.

Como exemplos citem-se: a aplicação da correção monetária em dívidas judiciais a partir da citação inicial ou da Lei nº 6.899/81. O Egrégio Conselho tem acolhido argüição no último sentido, a fim de que a instância *ad quem* recursal fique aberta ao conhecimento do recurso extraordinário, afastando, assim, o óbice regimental que tinha sido posto ao seu segmento.

Também o Egrégio Conselho acolheu argüição levantada para superar o óbice regimental e ser o recurso examinado à luz do direito à reparação do dano moral".[16]

E prossegue Raul Armando Mendes: "Diz o Min. Moreira Alves: 'O julgamento em tese da relevância, ou não, da questão federal é antes ato político do que, propriamente, ato de prestação jurisdicional, e isso porque não se decide o caso concreto, mas apenas se verifica a existência, ou não, de um interesse que não é o do recorrente, mas que é superior a ele, pois o interesse federal de se possibilitar ao Tribunal Supremo do país a manifestação sobre a questão jurídica que é objeto daquele caso concreto, mas que transcende dele, pela importância jurídica, social,

---

[15] MENDES, Raul Armando. *Da interposição do recurso extraordinário*. São Paulo: Saraiva, 1984. p. 128-129. Itálicos no original.
[16] *Idem*, p. 129-130.

econômica ou política da questão mesma em julgamento, abstraídos os interesses concretos das partes litigantes.

É, aliás, em virtude desse caráter político advindo do julgamento em tese que se explica e se justifica a circunstância de se admitir que a argüição de relevância da questão federal seja acolhida ainda quando a maioria do Tribunal se manifesta pela sua rejeição, e desde que essa maioria se forme com o mínimo de quatro votos em onze possíveis'" (*Revista do Instituto dos Advogados Brasileiros*, v. 16, n. 58/59, p. 48, 1º, 2º sem. 1982.).

As considerações trazidas ao texto tiveram uma intenção, qual seja a de chamar a atenção para o fato de que o requisito formal para conhecimento do Recurso Extraordinário, que hoje aparece com a denominação de *repercussão geral*, apesar de pequenas diferenças, em essência tem o mesmo conteúdo da *arguição de relevância* introduzida em nosso sistema pela EC nº 7/77, ou no âmbito do processo do trabalho, a *transcendência* do artigo 896-A da CLT.

Em todas as hipóteses há sempre um firme objetivo, qual seja o de *peneirar* ou *filtrar* os recursos apresentados, permitindo que apenas aqueles recursos relacionados direta e objetivamente com a Constituição, sejam aceitos pelo órgão máximo do Poder Judiciário Brasileiro — o Supremo Tribunal Federal — e daí a expressão Recurso *Extraordinário*.

1.1 O exemplo argentino. A "Acordada" de 4/2007 e a regulamentação dos requisitos formais para interposição do recurso de inconstitucionalidade e "recursos de queja"

Uma das fontes mais importantes para o estudo de qualquer instituto jurídico, (sempre o dissemos!) é conhecer a *história* dos institutos jurídicos, tanto no plano externo (quando se tratar de *recepção legislativa*), quanto no interno, aqui englobando seus antecedentes, bem como o percurso das discussões no plano da produção da norma.[17]

Neste item de nosso estudo, as atenções estarão voltadas para o que se denomina de *Recepção Legislativa Externa*, compreendida como a aceitação, por um sistema jurídico (com as necessárias adaptações), de instituto oriundo de outro, seja da mesma família, ou não, o que se verifica na contemporaneidade de forma muito mais frequente, em razão da facilidade proporcionada pela Globalização e, especialmente, pela facilidade com que os meios de comunicação revelam e disponibilizam inovações de qualquer natureza.[18]

---

[17] Para uma análise detalhada dos *Aspectos Históricos e Políticos do Recurso Extraordinário* e do *Direito Estrangeiro como Fonte de Inspiração da Repercussão Geral*, veja-se DANTAS, Bruno, *Repercussão geral*: perspectivas histórica, dogmática e de direito comparado: questões processuais. São Paulo: Revista dos Tribunais, 2008.

[18] Ver sobre o tema, DANTAS, Ivo. Direito constitucional comparado: introdução, teoria e metodologia. 2. ed. rev. atual. e aum. Rio de Janeiro: Renovar, 2006; DANTAS, Ivo. A recepção legislativa e os sistemas constitucionais. *In*: FARÍAS, Haydée (Coord.). *Visión iberoamericana del tema constitucional*. Caracas: Ed. Ex-Libris, 2003. p. 515-543; DANTAS, Ivo, A recepção legislativa e os sistemas constitucionais. *Revista de Informação Legislativa*, Brasília, ano 40, n. 158, p. 7-21, abr./jun. 2003; DANTAS, Ivo. A recepção legislativa e os sistemas constitucionais. *Revista Acadêmica*, Recife, Edição da UFPE, LXXVIII, 2001/2002, p. 69-84; DANTAS, Ivo. A recepção legislativa e os sistemas constitucionais. *Revista da Esmese – Escola Superior da*

Neste sentido, no caso em estudo, além da influência americana com o *writ of certiorari*, sofremos influência direta do sistema constitucional argentino com o seu *Recurso extraordinario por gravedad institucional*, assim explicado por Fernando N. Barrancos y Vedia em seu livro *Recurso extraordinário y gravedad institucional*,[19] com amparo de Gérman J. Bidart Campos: "el recurso extraordinario ante la Corte Suprema de Justicia de la Nación es una vía de naturaleza excepcional, que tiene como principal función la de asegurar la supremacía de la Constitución Nacional. Se ha dicho también que su objeto es 'lograr uma revisión de sentencias a título de control de constitucionalidad'".

Antes, porém, de analisarmos o tema, oportuno é que apresentemos, em rápidas linhas, o controle de constitucionalidade na Argentina, para tal seguindo o resumo apresentado por Alberto Ricardo Dalla Via,[20] valendo lembrar que naquele sistema jurídico, o método de controle é *difuso*, o que significa dizer que, todo e qualquer juiz é competente para "declarar inconstitucional una norma, siempre que esto haya sido solicitado por la parte y que el tema forme parte del litígio".

Por outro lado, a Corte Suprema de Justiça, criada pela Constituição Nacional (1853) instalou-se, formalmente, em 15.1.1863, sob a inspiração do modelo americano

---

Magistratura do Estado de Sergipe, Aracaju, n. 1, p. 237-256, dez. 2001; DANTAS, Ivo. A recepção legislativa e os sistemas constitucionais. *Veritati – Revista da Universidade Católica de Salvador*, ano 1, n. 1, p. 49-63, nov. 2001; SGARBOSSA, Luis Fernando; JENSEN, Geziela. *Elementos de direito comparado*: ciência, política legislativa, integração e prática judiciária. Porto Alegre: Sergio Antonio Fabris, 2008. p. 213-272; AGOSTINI, Eric. As migrações de sistemas jurídicos. *In*: AGOSTINI, Eric. *Direito comparado*. Porto: Resjurídica. p. 251-332; ARNAUD, André-Jean (Coord.). *Dicionário enciclopédico de teoria e de sociologia do direito*. Rio de Janeiro: Renovar, 1999. p. 674-678; DEKKERS, René. La expansión del derecho. *In*: DEKKERS, René. *El derecho privado de los pueblos*. Madrid: Revista de Derecho Privado, 1957. p. 551 *et seq*.; HÄBERLE, Peter. Elementos teóricos de un modelo general de recepción legislativa. *In*: PÉREZ LUÑO, Antonio Enrique (Coord.). *Derechos humanos y constitucionalismo ante el tercer milênio*. Madrid: Marcial Pons, 1996. p. 151-185; ESPANÉS, Luis Moisset de. Cambio Social y Cambio Legislativo. *In*: ESPANÉS, Luis Moisset de. *Codificación civil y derecho comparado*. Buenos Aires: Zavalia. 1994. p. 15-41; MOLINA PASQUEL, Roberto. Ensayo sobre el metodo para la interpretación y recepción de instituciones de derecho extranjero. *Boletin Mexicano de Derecho Comparado - Nueva Serie*, Mexico, ano 4, n 12. p. 47-53, sept. 1951; MOLINA PASQUEL, Roberto, Reglas sobre recepción de instituciones jurídicas extranjeras. *Boletin Mexicano de Derecho Comparado*, Mexico, ano, 18, n. 54. p. 677-681, sept. 1965; ROULAND, Norbert, Les transferts de droit. *In*: ROULAND, Norbert. *Introduction historique au droit*. Paris: Puf, 1998. p. 415-461; SACCO, Rodolfo Les mutations des modèles. *In*: SACCO, Rodolfo. *La comparaison juridique au service de la connaissance du droit*. Paris: Economica, 1991. p. 113-128; TAVARES, Ana Lucia de Lyra. O estudo das recepções legislativas. *In*: ESTUDOS jurídicos em homenagem ao Prof. Haroldo Valladão. Rio de Janeiro: Freitas Bastos, 1983. p. 45-66; TAVARES, Ana Lucia de Lyra. Recepção de direitos. Dicionário de ciências sociais. Rio de Janeiro: Fundação Getulio Vargas, 1986. p. 1032-1033; TAVARES, Ana Lucia de Lyra. A Constituição brasileira de 1988: subsídios para os comparatistas. *Revista de Informação Legislativa*, ano, 28, n. 109, p. 71-108, jan./mar. 1991; TAVARES, Ana Lucia de Lyra. Nota sobre as dimensões do direito constitucional comparado. *Direito, Estado e Sociedade - PUC/RJ*, n. 14, p. 89-104, jan./jul. 1999; TAVARES, Ana Lucia de Lyra. Recepções de direito na CF 88: um balanço provisório. *In*: CONGRESSO BRASILEIRO DE DIREITO CONSTITUCIONAL COMPARADO, 1., 2000, Recife. *Anais...*, Recife: UFPE, 2000; TSOUCA, Chryssapho. L'alamage de systèmes et les systèmes en transition: L'importation et l'exportation de modèles juridiques. *Revue Hellénique de Droit International*, 51ème Anné, 1/1998. p. 9-36; VERGOTTINI, Giuseppe de. Modelli costituzionali e innovazione. *In*: CONGRESSO DE DIREITO CONSTITUCIONAL, São Paulo. *Anais...*, São Paulo, 1999; VERGOTINI, Giuseppe de. Modelos constitucionales e innovación. *In*: MORODO, Rául; VEJA, Pedro de (Dir.). *Estudios de teoría del Estado y derecho constitucional en honor de Pablo Lucas Verdu*. Madrid: Instituto de Investigaciones Jurídicas UNAM-Universidad Complutense de Madrid, 2000. t. II; YAZBEK, Otávio, Considerações sobre a circulação e transferência dos modelos jurídicos. *In*: GRAU, Eros Roberto; GUERRA FILHO, Willis Santiago (Org.). *Direito constitucional*: estudos em homenagem a Paulo Bonavides. São Paulo: Malheiros, 2001. p. 541-557.

[19] 2. ed. actual. Buenos Aires: Abeledo Perrot, 1991. p. 23.

[20] Disponível em: <http://turan.uc3m.es/uc3m/inst/MGP/JCI/02-argentina.htm>.

(artigo III). Exerce o controle de constitucionalidade na forma originária e exclusiva nos casos do artigo 117 da Constituição, por apelação nas matérias próprias da competência da Justiça Federal e pela via do "recurso extraordinário", nos casos do artigo 14 da Lei nº 48 e naqueles têm "supuestos de 'arbitrariedad' y de 'gravedad institucional'". Vale lembrar que a Lei mencionada (nº 48) é de 26 de agosto de 1863, e a regulamentação do recurso extraordinário de constitucionalidade está regulada em seus artigos 14, 15 e 16, nos seguintes termos:[21]

> **Artículo 14** – Una vez radicado un juicio ante los tribunales de provincia, será sentenciado y fenecido en la jurisdicción provincial, y sólo podrá apelarse a la Corte Suprema de las sentencias definitivas pronunciadas por los tribunales superiores de provincia en los casos siguientes:
>
> **1)** cuando en el pleito se haya puesto en cuestión la validez de un tratado, de una ley del Congreso, o de una autoridad ejercida en nombre de la Nación, y la decisión haya sido contra su validez;
>
> **2)** cuando la validez de una ley, decreto o autoridad de provincia se haya puesto en cuestión bajo la pretensión de ser repugnante a la Constitución Nacional, a los tratados o leyes del Congreso, y la decisión haya sido en favor de la validez de la ley o autoridad de provincia;
>
> **3)** cuando la inteligencia de alguna cláusula de la Constitución, o de un tratado o ley del Congreso, o una comisión ejercida en nombre de la autoridad nacional haya sido cuestionada y la decisión sea contra la validez del título, derecho, privilegio o exención que se funda en dicha cláusula y sea materia de litigio.
>
> **Artículo 15** – Cuando se entable el recurso de apelación que autoriza el artículo anterior deberá deducirse la queja con arreglo a lo prescripto en él, de tal modo que su fundamento parezca de los autos y tenga una relación directa e inmediata a las cuestiones de validez de los artículos de la Constitución, leyes, tratados o comisiones en disputa, quedando entendido que la interpretación o aplicación que los tribunales de provincia hicieren de los códigos Civil, Penal, Comercial y de Minería, no dará ocasión a este recurso por el hecho de ser leyes del Congreso, en virtud de lo dispuesto en el inciso 11, artículo 67 de la Constitución.
>
> **Artículo 16** – En los recursos de que tratan los dos artículos anteriores, cuando la Corte Suprema revoque, hará una declaratoria sobre el punto disputado, y devolverá la causa para que sea nuevamente juzgada; o bien resolverá sobre el fondo, y aun podrá ordenar la ejecución especialmente si la causa hubiese sido una vez devuelta por idéntica razón.

Nos termos da legislação citada, podemos afirmar que "es posible llegar por via de apelación a la Corte Suprema, una vez agotada la instancia ante el supremo tribunal de la causa. Los supuestos de procedencia son tres, pudiendo tratarse de una 'cuestión federal simple' (interpretación) o 'cuestiones federales complejas' en disputa de normas de derecho común con preceptos constitucionales y cuando un acto de uma autoridad local está controvertido con una norma de la Constitución Nacional (artigo 14 Ley 48). Fuera de los casos mencionados, el recurso extraordinario sólo es procedente en los supuestos de 'arbitrariedad' y de 'gravedad institucional',

---

[21] Ver: <http://www.derecho-comparado.org/legislacion/arg58./htm>.

que se encuentran legislados y que son producto de la elaboración 'pretoriana' de nuestra Corte Suprema".[22]

Vale lembrar que, ao lado do *controle difuso* e do *recurso extraordinário federal*, a Reforma Constitucional de 1994 incorporou de forma expressa a *garantia constitucional do amparo*, nos seguintes termos:

> **Art. 43** – Toda persona puede interponer acción expedita y rápida de amparo, siempre que no exista otro medio judicial más idóneo, contra todo acto u omisión de autoridades públicas o de particulares, que en forma actual o inminente lesione, restrinja, altere o amenace, con arbitrariedad o ilegalidad manifiesta, derechos y garantías reconocidos por esta Constitución, un tratado o una ley. En el caso, el juez podrá declarar la inconstitucionalidad de la norma en que se funde el acto u omisión lesiva.
>
> Podrán interponer esta acción contra cualquier forma de discriminación y en lo relativo a los derechos que protegen al ambiente, a la competencia, al usuario y al consumidor, así como a los derechos de incidencia colectiva en general, el afectado, el defensor del pueblo y las asociaciones que propendan a esos fines, registradas conforme a la ley, la que determinará los requisitos y formas de su organización.
>
> Toda persona podrá interponer esta acción para tomar conocimiento de los datos a ella referidos y de su finalidad, que consten en registros o bancos de datos públicos, o los privados destinados a proveer informes, y en caso de falsedad o discriminación, para exigir la supresión, rectificación, confidencialidad o actualización de aquéllos. No podrá afectarse el secreto de las fuentes de información periodística.
>
> Cuando el derecho lesionado, restringido, alterado o amenazado fuera la libertad física, o en caso de agravamiento ilegítimo en la forma o condiciones de detención, o en el de desaparición forzada de personas, la acción de hábeas corpus podrá ser interpuesta por el afectado o por cualquiera en su favor y el juez resolverá de inmediato, aun durante la vigencia del estado de sitio.

Na conformidade do "Digesto de los Fallos de la Corte Suprema de Justicia de la Nación — ensina Fernando N. Barrancos Y Vedia, — publicación que como es sabido se encuentra a cargo del mismo Tribunal, clasifica las condiciones de procedencia del recurso extraordinario en *requisitos comunes, requisitos propios y requisitos formales*".[23]

> Los *requisitos comunes* son aquellos que corresponden en general a las apelaciones, que en el caso del recurso extraordinário presentan modalidades propias. Ellos se refieren a la intervención en la causa de un tribunal de justicia, la que debe haber tenido lugar en un juicio en el cual se haya discutido una cuestión justiciable; asimismo que la resolución recurrida cause gravamen y que subsistan los requisitos en el momento em que la Corte dicte sentencia, o sea que el pronunciamiento del Tribunal no se haya transformado en inútil por circunstancias sobrevinientes.[24]

Não há dúvidas de que são os *requisitos próprios* aqueles que interessam mais diretamente e causam maior interesse.

---

[22] DALLA VÍA, *op. cit.*, p. 3.
[23] BARRANCOS Y VEDIA, *op. cit.*, p. 24.
[24] *Idem*, p. 25. Itálico nosso.

Sobre eles, recorremos, novamente, a Fernando N. Barrancos Y Vedia que os aponta em número de 3 (três), a saber: a) *Cuestión Federal*; b) *Sentencia Definitiva*; c) *Tribunal Superior*.

> El primero es que en el pleito se haya debatido y decidido una 'cuestión federal', assim definidas: "son esencialmente cuestiones de derecho, lo cual, en princípio, excluye las cuestiones de hecho del examen y decisión de la Corte Suprema en ejercício de sua jurisdicción extraordinária".[25]

Em se tratando de *sentencia definitiva*, diz Barrancos Y Vedia de forma muito esclarecedora: "La primera parte del art. 14 de la ley 48 dispone: 'Una vez radicado un juicio ante los tribunales de provincia, será sentenciado y fenecido en la jurisdicción provincial, y sólo podrá apelarse a la Corte Suprema de las *sentencias definitivas* pronunciadas por los *tribunales superiores* de provincia'... Tenemos así otros dos requisitos propios para la procedencia del recurso extraordinario: que la sentencia apelada sea 'definitiva' y que haya sido dictada por el 'tribunal superior' de la causa".

E prossegue: "La Corte ha entendido que es sentencia definitiva la que: a) pone fin al pleito, o sea, resulve la controvérsia con fuerza de cosa juzgada, y b) la que impide la continuación del juício, privando al interesado de los médios legales para la tutela de su derecho. La jurisprudencia de la Corte, además, ha equipado a sentencia definitiva — a los efectos del recurso extraordinario — las decisiones que aun resolviendo cuestiones previas cusan un gravamen de insuficiente o imposible reparación ulterior".[26]

Por fim, "o *Tribunal Superior*, Respecto de la exigencia de que la sentencia apelada haya sido dictada por el 'tribunal superior' (artigo 14, 1ª parte, ley 48), es jurisprudencia de la Corte que es tal el que ha decidido la cuestión federal em última instancia, es decir, sin recurso alguno para ante outro tribunal de la jurisdicción respectiva. Uma sentencia puede haber sido dictada por el tribunal superior llamado a entender en la causa y no ser definitiva, e inversamente, una sentencia puede ser definitiva y no haber sido dictada por el tribunal superior respectivo: en estos casos el recurso extraordinario no procede".[27]

Encerrando a análise destes requisitos, restam aqueles denominados de *formales* e que ainda segundo Barrancos Y Vedia, são dois: "1º) que la cuestión federal haya sido correcta y oportunamente planteada en la causa, y 2º) que el recurso extraordinario haya sido correcta y oportunamente interpuesto. El primero determina quiénes, en qué momento y en qué forma deben plantear la cuestión federal; asimismo requiere que esta sea mantenida en todas las instancias. El segundo determina quiénes pueden

---

[25] *Ibidem*, p. 25. Cabe lembrar que a *análise exclusiva das questões de direito*, já foi apontada nos seguintes termos em relação ao Brasil: Um ponto foi levantado acima, qual seja o de que os recursos extraordinário e especial visam à proteção do direito objetivo. Neste sentido, no caso do *recurso extraordinário*, este só será admitido nos termos do art. 102, inciso III, *a, b, c, d* da CF, enquanto que o recurso especial só será admitido, ainda nos termos da Lei Maior, na hipótese do art. 105, III, *a, b, c*.

[26] *Ibidem*, p. 26-27.

[27] *Ibidem*, p. 27.

interponer el recurso extraordinario, así como la forma y término para interponerlo"[28] – conclui.[29]

Com a intenção de chamar a atenção para a complexidade do tema, leia-se o que escreve Augusto M. Morello no livro *Constitución y proceso. La nueva edad de las garantias jurisdiccionales*,[30] em capítulo intitulado *Luces y Sombras en el Recurso Extraordinário*, e ao tratar das *Reglas y Excepciones. Corrimentos y Ajustes*: "Importará destacar de manera muy señala que el 'juício de admisibilidad' es el talón de Aquiles del recurso extraordinario; la llave de acceso o de desestimación. Todavía cobra más significación ante la amplíssima *discrecionalidad* atribuída (por la ley 23.774) al Tribunal que hace que penda sobre la doctrina de la sentencia arbitraria uma contínua espada de Damocles y haga totalmente incerto su futuro. Hasta donde puede llegar la discrecionalidad de la Corte em la seleción de casos a ingresar?

Dudas que lejos de disiparse se acrescientan ante la vigencia de outro pesado comodín de descarte: solo ante la gran equivocación en los motivos de la sentencia podrá tener acogida formal la impugnación ganado un amplio frente de *desestimación* aquellas sentencias 'simplemente equivocadas' (*merely wrong*). Uma mezcla nada definida (en el marco de una 'previsibilidad a la criolla'), de destreza, conocimiento acabado del tipo de asuntos que resulve el Tribunal y una gran cuota de suerte condicionan, por ende, las (castigadas) expectativas del recurrente".

Dito tudo isto, cabe observar que atualmente, a Corte Suprema de Justicia de la Nación aprovou a Acordada de 4/2007 (Expediente nº 835/2007) com o objetivo de regulamentar os requisitos formais para interposição do recurso de inconstitucionalidade bem como os "recursos de queja", tudo conforme a análise que segue.

Inicialmente, vale chamar a atenção que a mencionada 'Acordada'[31] está formada por 3 (três) seções, a saber:
a) Reglas para la interposición del recurso extraordinario federal;
b) Reglas para la interposición de la queja por denegación del recurso extraordinario federal;
c) Observaciones generales.

A primeira delas, ou seja, *Reglas para la interposición del recurso extraordinario federal*, inicia-se com a enumeração dos aspectos formais de apresentação do recurso, nos seguintes termos:

1°. El recurso extraordinario federal deberá interponerse mediante un escrito de extensión no mayor a cuarenta (40) páginas de veintiséis (26) renglones, y con letra de tamaño claramente legible (no menor de 12).

Igual restricción será de aplicación para el escrito de contestación del traslado previsto en el art. 257 del Código Procesal Civil y Comercial de la Nación.

---
[28] *Ibidem*, p. 27.
[29] Por todos, vejam-se SAGÜES, Néstor Pedro. *Derecho procesal constitucional*. 2. ed. actual. y ampl. Buenos Aires: Ed. Astrea. t. IV, sendo que os dois primeiros são dedicados ao *Recurso Extraordinário*; PALACIO, Lino Enrique. *El recurso extraordinário federal*: teoria y técnica. 3. ed. ampl. Bueno Aires: Abeledo Perrot, 2001.
[30] Bueno Aires: Abeledo Perrot, 1998. p. 341. O autor faz menção a David Stewart. Aconselhamos a leitura completa do capítulo e, se possível, da obra.
[31] Na linguagem comum, "acordada" significa acordar condições. No sentido aqui empregue, deve ser entendida como conjunto de procedimentos, regulamentação para o uso de determinado instituto.

Na segunda prescrição, ainda desta primeira seção, determina-se a forma como deverá apresentar-se a folha de rosto, que "contendrá una carátula en hoja aparte en la cual deberán consignarse exclusivamente los siguientes datos:
  a) el objeto de la presentación;
  b) la enunciación precisa de la carátula del expediente;
  c) el nombre de quien suscribe el escrito; si actúa en representación de terceros, el de sus representados, y el del letrado patrocinante si lo hubiera;
  d) el domicilio constituido por el presentante en la Capital Federal;
  e) la indicación del carácter en que interviene en el pleito el presentante o su representado (como actor, demandado, tercero citado, etc.);
  f) la individualización de la decisión contra la cual se interpone el recurso;
  g) la mención del organismo, juez o tribunal que dictó la decisión recurrida, como así también de los que hayan intervenido com anterioridad en el pleito;
  h) la fecha de notificación de dicho pronunciamiento;
  i) la mención clara y concisa de las cuestiones planteadas como de índole federal, con simple cita de las normas involucradas en tales cuestiones y de los precedentes de la Corte sobre el tema, si los hubiere; como así también la sintética indicación de cuál es la declaración sobre el punto debatido que el recurrente procura obtener del Tribunal; no se considerará ninguna cuestión que no haya sido incluida aquí;
  j) la cita de las normas legales que confieren jurisdicción a la Corte para intervenir en el caso."

Em seguida, estabelecem-se os *aspectos materiais de fundamentação do recurso*, como se vê:

En las páginas siguientes deberá exponerse, en capítulos sucesivos y sin incurrir en reiteraciones innecesarias:

a) la demostración de que la decisión apelada proviene del superior tribunal de la causa y de que es definitiva o equiparable a tal según la jurisprudencia de la Corte;

b) el relato claro y preciso de todas las circunstancias relevantes del caso que estén relacionadas con las cuestiones que se invocan como de índole federal, con indicación del momento en el que se presentaron por primera vez dichas cuestiones, de cuándo y cómo el recurrente introdujo el planteo respectivo y, en su caso, de cómo lo mantuvo con posterioridad;

c) la demostración de que el pronunciamiento impugnado le ocasiona al recurrente un gravamen personal, concreto, actual y no derivado de su propia actuación;

d) la refutación de todos y cada uno de los fundamentos independientes que den sustento a la decisión apelada en relación con las cuestiones federales planteadas;

e) la demostración de que media una relación directa e inmediata entre las normas federales invocadas y lo debatido y resuelto en el caso, y de que la decisión impugnada es contraria al derecho invocado por el apelante con fundamento en aquéllas.

De destacar-se o conteúdo no item *c*, ao determinar que o impetrante terá de demonstrar "que el pronunciamiento impugnado le ocasiona al recurrente un *gravamen personal, concreto, actual y no derivado de su propia actuación*".

Na *segunda seção*, estabelece ainda o documento as *Reglas para la interposición de la queja por denegación del recurso extraordinario federal*, como se vê:

4° El recurso de queja por denegación del recurso extraordinário federal deberá interponerse mediante un escrito de extensión no mayor a diez (10) páginas de veintiséis (26) renglones, y con letra de tamaño claramente legible (no menor de 12).

5° Contendrá una carátula en hoja aparte en la cual deberán consignarse exclusivamente los datos previstos en el art. 2°, incisos a, b, c, d y e; y, además...

Em seguida, traz os *aspectos materiais de fundamentação do recurso*, na sequência dos requisitos fixados na seção anterior, que terminou na letra *e* aqui retomados a partir da letra *f*, como se vê:

f) la mención del organismo, juez o tribunal que dictó la resolución denegatoria del recurso extraordinario federal, como así también de los que hayan intervenido con anterioridad en el pleito;

g) la fecha de notificación de dicho pronunciamiento;

h) la aclaración de si se ha hecho uso de la ampliación del plazo prevista en el art. 158 del Código Procesal Civil y Comercial de la Nación;

i) en su caso, la demostración de que el recurrente está exento de efectuar el depósito previsto en el art. 286 del Código Procesal Civil y Comercial de la Nación.

Em seguida, sob os números 6 e 7, e da mesma forma como foi feito em relação ao *Recurso Extraordinário*, a *interposición de la queja* exige alguns *aspectos materiais de fundamentação do recurso*, como se vê:

6° En las páginas siguientes el recurrente deberá refutar, en forma concreta y razonada, todos y cada uno de los fundamentos independientes que den sustento a la resolución denegatoria.

El escrito tendrá esa única finalidad y no podrán introducirse en él cuestiones que no hayan sido planteadas en el recurso extraordinario.

7° El escrito de interposición de la queja deberá estar acompañado por copias simples, claramente legibles, de:

a) la decisión impugnada mediante el recurso extraordinario federal;

b) el escrito de interposición de este último recurso;

c) el escrito de contestación del traslado previsto en el art. 257 del Código Procesal Civil y Comercial de la Nación;

d) la resolución denegatoria del recurso extraordinario federal.

Con el agregado de las copias a que de refiere este artículo no podrán suplirse los defectos de fundamentación en que hubiera incurrido el apelante al interponer el recurso extraordinario.

Por último, uma seção formada pelas *Observaciones generales*, que se compõem de 5 regras, numeradas de 8 a 12:

8° El recurrente deberá efectuar una transcripción -dentro del texto del escrito o como anexo separado- de todas las normas jurídicas citadas que no estén publicadas en el Boletín Oficial de la República Argentina, indicando, además, su período de vigencia.

9º Las citas de fallos de la Corte deberán ir acompañadas de la mención del tomo y la página de su publicación en la colección oficial, salvo que aun no estuvieran publicados, en cuyo caso se indicará su fecha y la carátula del expediente en el que fueron dictados.

10 La fundamentación del recurso extraordinario no podrá suplirse mediante la simple remisión a lo expuesto en actuaciones anteriores, ni con una enunciación genérica y esquemática que no permita la cabal comprensión del caso que fue sometido a consideración de los jueces de la causa

11 En el caso de que el apelante no haya satisfecho alguno o algunos de los recaudos para la interposición del recurso extraordinario federal y/o de la queja, o que lo haya hecho de modo deficiente, la Corte desestimará la apelación mediante la sola mención de la norma reglamentaria pertinente, salvo que, según su sana discreción, el incumplimiento no constituya un obstáculo insalvable para la admisibilidad de la pretensión recursiva.

Cuando la Corte desestime esas pretensiones por tal causa, las actuaciones respectivas se reputarán inoficiosas. Del mismo modo deberán proceder los jueces o tribunales cuando denieguen la concesión de recursos extraordinarios por no haber sido satisfechos los recaudos impuestos por esta reglamentación.

En caso de incumplimiento del recaudo de constituir domicilio en la Capital Federal se aplicará lo dispuesto por el art. 257 del Código Procesal Civil y Comercial de la Nación.

12 El régimen establecido en este reglamento no se aplicará a los recursos interpuestos *in forma pauperis*.

Fdo. : Dr. Lorenzetti, Dra. Highton de Nolasco, Dra. Argibay Dr.

Petracchi, Dr. Zaffaroni, Dr. Maqueda y Dr. Fayt (por su voto)

Dr. Cristian Abritta Secretario CSJN

2 A tramitação legislativa da *Repercussão Geral*

Tal como foi visto no item anterior, o precedente portenho sobre a *Repercussão Geral*, bem como a dificuldade de sua compreensão e aplicação, cabe-nos chamar a atenção para a 'evolução' no tratamento que a matéria recebeu no Congresso Nacional, durante a denominada *Reforma do Judiciário* que, em sua versão inicial, na PEC 96, de 1992 não fazia qualquer referência à *Repercussão Geral*. Vale lembrar que a referida PEC, ao final da legislatura, foi arquivada sem que o parecer do relator, datado de 8 de agosto de 1996 fizesse qualquer sinal no sentido de modificar, neste sentido, a proposta do Dep. Hélio Bicudo.

Desarquivada em 1999, e tendo como relator-geral o Dep. Aloysio Nunes Ferreira, foram criadas seis relatorias parciais, das quais coube ao Dep. Renato Viana a responsabilidade daquela referente à *estrutura e competência do Supremo Tribunal Federal e da Justiça Federal*, surgindo, neste instante, a proposição da *repercussão geral*, nos moldes em que veio a ser promulgada.

Em parecer datado de 31.5.1999, o Relator-Geral (Dep. Aloysio Nunes Ferreira) escreveu sobre a repercussão geral as seguintes considerações, aqui trazidas inclusive porque faz referência expressa à relevância, já acima assinalada neste estudo.

> Na mesma linha, procurando criar um filtro para os recursos de natureza extraordinária — diz o documento — reintroduziu-se a necessidade de demonstração da repercussão geral das questões constitucional e federal suscitadas nos casos, na hipótese de recurso extraordinário e de recurso especial. É o que já chamamos de '*relevância*' ou o que os argentinos denominam '*transcendência*' da matéria.

Em seguida, após fazer referências a dados estatísticos, diz o relatório: "Urge, portanto, o estabelecimento de *filtros* para tais demandas, sob pena de perpetuar-se essa situação de completa *banalização da jurisdição extraordinária*".[32]

Na conclusão, a proposta do Relator estava assim redigida: "no recurso extraordinário, o recorrente deverá demonstrar a repercussão geral das questões constitucionais discutidas no caso, a fim de que o Tribunal, *em procedimento a ser disciplinado em seu regimento interno*, examine a admissão do recurso, somente podendo recusá-lo pela manifestação de dois terços de seus membros" (artigo 102, §4º).

Vale notar, por importante, que, na proposta, o procedimento para *verificação da repercussão* seria de responsabilidade do regimento interno do STF, enquanto que na proposta final aprovada ficou para ser verificada "nos termos da lei" (CF, artigo 102, §3º).

O parecer do Dep. Aloysio Nunes não chegou a ser votado pela Comissão Especial,[33] tendo sido designada para relatora-geral a Dep. Zulaiê Cobra que, em sua primeira versão (14.12.1999), manteve intacto o tratamento dado pelo relator anterior à *Repercussão*, porém, estendendo-a ao *recurso especial* e ao *recurso de revista*, o que não foi aceito pelo plenário da Câmara, tanto que seguiu para o Senado com a única previsão para o RE. Em 16.12.1999, via complementação de voto, a deputada a suprimiu a competência para que o RISTF regulasse o procedimento de verificação da repercussão geral.

Assim, ficou então a proposta com a seguinte redação: "No recurso extraordinário, o recorrente deverá demonstrar a repercussão geral das questões constitucionais discutidas no caso, a fim de que o Tribunal examine a admissão do recurso, somente podendo recusá-lo pela manifestação de dois terços de seus membros".

No Senado, não ocorreu qualquer modificação na proposta oriunda da Câmara, de tal forma que, aprovado o texto pelo plenário, veio a ser promulgado em 8.12.2004 (EC nº 45 – Reforma do Judiciário). [34]

Cumpre observar que a criação de *filtros* é uma tendência do constitucionalismo contemporâneo, tanto que o Relatório-Geral do Dep. Aloysio Nunes Ferreira (31.5.1999) faz referência ao *modelo argentino*.

Em última análise, há de ser considerado que o mencionado filtro tem uma natureza política, como entende José Manoel de Arruda Alvim, aqui trazido em citação de Athos Gusmão.[35]

> A respeito do tema escreveu José Manoel de Arruda Alvim que a expressão 'repercussão geral' significa praticamente a colocação de um *filtro*, ou um *divisor de águas* em relação ao cabimento do recurso extraordinário, deixando de merecer julgamento os recursos não dotados deste atributo, ainda que formal e substancialmente pudessem ser aptos à admissão e ao julgamento. Refere o eminente processualista, com a costumeira propriedade, que o novo instituto se coloca como *filtro de caráter político* prévio à admissão, propriamente dita, do recurso extraordinário, e assim deverá permitir a

---

[32] Itálicos nossos.
[33] O referido Dep. assumiu a Secretaria-Geral da Presidência da República em 19.1.1999.
[34] Embora tenhamos consultado todos os documentos referidos, a organização do histórico está baseada em DANTAS, Bruno. *Repercussão geral*: perspectivas histórica, dogmática e de direito comparado: questões processuais. São Paulo: Revista dos Tribunais, 2008. p. 212-216.
[35] *Op. cit.*, p. 43-44.

admissão de recursos com a flexibilidade desejável, descartando aqueles recursos 'que não mais tenham razão alguma de ser, senão uma insistência socialmente não desejável do recorrente, permeada por um *animus* lotérico'.

Por esta razão, observou Luiz Fux[36] que "o modelo no qual se inspirou o nosso legislador não é o europeu, como em geral verifica-se nos institutos processuais. Nesse particular, a nossa fonte é norte-americana e precisamente o *judiciary act* de 1789, que instituiu a competência da Corte Suprema para apreciar recursos de decisões 'locais' que violassem a ordem central".

2.1 A *repercussão geral no Recurso Extraordinário* prevista no art. 102, §3º da EC nº 45/2004 da CF e a Lei nº 11.418/06

Feitas estas considerações de natureza histórica, que vieram acompanhadas por comentários que trouxemos à colação sobre institutos que nos parecem precedentes do instituto da *Repercussão Geral*, passemos à sua análise, tudo com base no sistema constitucional vigente, ou seja, a EC nº 45/2004, artigo 543-A e 543-B (acrescentados ao CPC pela Lei nº 11.418/2006), Regimento Interno do STF, na redação dada pelas Emendas Regimentais nº 21, 22, 23 e 24 bem como pela Portaria nº 177 (26.11.2007).

Na redação dada pela EC nº 45/2004, cremos que o ponto capital sobre o *Recurso Extraordinário*, diz respeito, exatamente, ao conceito de *repercussão geral* que a referida EC conferiu ao Congresso Nacional a incumbência de conceituá-la através de lei.

Para tal, foi aprovada a Lei nº 11.418 (19.12.2006) que acrescentou à Lei nº 5.869, de 11 de janeiro de 1973 — Código de Processo Civil, os artigos 543-A e 543-B.

Assim, de acordo com o *caput* do artigo 543-A, "O Supremo Tribunal Federal, em decisão irrecorrível, não conhecerá do recurso extraordinário, quando a questão constitucional nele versada não oferecer repercussão geral, nos termos deste artigo".

Logo em seguida, no §1º do mesmo artigo se lê: "Para efeito da repercussão geral, será considerada a existência, ou não, de questões relevantes do ponto de vista econômico, político, social ou jurídico, que ultrapassem os interesses subjetivos da causa".

Observa-se que não basta ser matéria constitucional, sendo necessário que esta matéria traga uma abrangência larga, atingindo interesses que vão além daqueles que pertencem às partes da relação processual. Pode-se mesmo dizer que há uma necessidade de que tais matérias sejam consideradas levando-se em conta os princípios constitucionais que se referem diretamente ao todo social, como, por exemplo, vida, liberdade, patrimônio, saúde. Isto é o que, exatamente, o que se deve ler no artigo 543-A §1º, em sua parte final: "questões relevantes do ponto de vista econômico, político, social ou jurídico, que ultrapassem os interesses subjetivos da causa".

Por sua vez, na *Emenda Regimental nº 21*, de 30 de abril de 2007 que alterou "a redação dos artigos 13, inciso V, alínea *c*, 21, parágrafo 1º, 322, 323, 324, 325, 326, 327, 328 e 329, e revoga o disposto no parágrafo 5º do artigo 321, todos do Regimento interno".

---

[36] THEODORO JUNIOR, Humberto. *Curso de direito processual civil*: processo de conhecimento: atualizado até a Lei nº 11.694, de 12 de junho de 2008. 4. ed. Rio de Janeiro: Gen; Forense, 2008. v. 1, p. 877-878.

Assim, prescreve a nova redação do artigo 322 (RISTF):

O Tribunal recusará recurso extraordinário cuja questão constitucional não oferecer repercussão geral, nos termos deste capítulo.

Parágrafo único — Para efeito da repercussão geral, será considerada a existência, ou não, de questões que, relevantes do ponto de vista econômico, político, social ou jurídico, ultrapassem os interesses subjetivos das partes.[37]

Neste emaranhado legislativo, um ponto no conceito de *repercussão geral* há de ser destacado, ou seja, em princípio, todo Recurso Extraordinário tem a *'presunção' da repercussão geral das questões constitucionais discutidas no caso*, (daí não caber ao Tribunal *a quo* discuti-la), competindo apenas ao STF examinar a admissão do recurso, que somente poderá *"recusá-lo pela manifestação de dois terços de seus membros"*, de acordo com o artigo 102, §3º da CF.

Em artigo intitulado *"Argüição de (Ir)relevância na Reforma do Poder Judiciário"*,[38] José Levi Mello do Amaral Junior, destacando a expressão *"nos termos da lei"* contida no atual artigo 102, §3º, observa que "o Regimento Interno do STF — que tinha sob a Constituição de 1967, força de lei — disciplinou a argüição de relevância em seus artigos 327 a 329. Tais dispositivos não estão mais vigentes. Isso porque o texto constitucional originário de 1988 não previa a argüição de relevância (o Regimento Interno do STF não foi, portanto, recepcionado no particular) e porque os artigos 327 a 329 não foram expressamente repristinados (revigorados) pela Emenda nº 45, de 2004.

Ainda assim, o Regimento Interno do STF ajuda a compreender o instituto em seu formato atual. Ademais, será útil na elaboração da lei reclamada pelo novo §3º do artigo 102 da Constituição de 1988".

E prossegue afirmando que[39] "o aspecto mais curioso da atual argüição de relevância é que ela *foi concebida do avesso*. Com efeito, trata-se de uma argüição de 'irrelevância'. Em princípio, parece, presume-se a relevância. A irrelevância somente será reconhecida se neste sentido se manifestarem dois terços dos ministros (são necessários, no mínimo, oito votos para a configuração da irrelevância).

Vale destacar: ainda que o recorrente tenha o dever de 'demonstrar a repercussão geral das questões constitucionais discutidas no caso, o STF somente não conhecerá do recurso se acaso dois terços dos seus ministros julgar não haver relevância na matéria. Há, assim, uma presunção de relevância em favor do recorrente".

Deste *quorum* de 8 Ministros discorda Sérgio Bermudês,[40] ao doutrinar que "tal como manifestada no parágrafo, presume-se a repercussão geral, tanto assim que se exige *quorum* qualificado para negá-la. Em virtude dessa presunção, o juízo de admissibilidade de que cuida o parágrafo dependerá da manifestação de dois terços dos membros do tribunal. Entenda-se por *tribunal*, não o plenário da Corte, mas o órgão competente para o julgamento do recurso (no STF, uma das duas turmas, onde

---

[37] No site <www.stf.gov.br> existe um levantamento das matérias que o Supremo Tribunal Federal considera como portadora de *Repercussão Geral*.
[38] *Direito Público*. Instituto Brasiliense de Direito Público, ano 2, n. 7, p. 96, jan./mar. 2005.
[39] Op. cit., p. 97.
[40] *A reforma do judiciário pela Emenda Constitucional nº 45*. Rio de Janeiro: Forense, 2005. p. 57.

o terço, por aproximação, será de três ministros, ressalvados os casos de remessa de recurso ao plenário). Se este é o órgão competente para julgar o recurso, será dele a competência para o juízo de admissibilidade. Note-se que o §3º não usou da linguagem do artigo 97, onde a referência ao órgão especial leva à conclusão de que a declaração de inconstitucionalidade dependerá do voto da maioria dos membros da Corte, se nela não houver órgão especial".[41]

Apesar de alguns aspectos positivos da medida, sobretudo face aos *recursos abusivos*, principalmente, da Administração Pública, em essência, parece-nos temerária a consagração de mais um *conceito indeterminado* no texto constitucional, a saber, *"repercussão geral das questões constitucionais discutidas no caso"*.

De tudo o que foi dito, algumas questões devem ser resolvidas pela lei a que se refere o comando constitucional, a saber:

a) O que será entendido por *"demonstrar a repercussão geral das questões constitucionais discutidas no caso"*?

b) Será um critério meramente quantitativo (leia-se matemático e estatístico) que irá definir a *repercussão geral*?

Esta *repercussão geral*, a exemplo do que ocorre, por exemplo, com a questão do *prequestionamento* terá, obrigatoriamente, de estar explícita?

De todas as questões, a última, versando sobre a verdadeira compreensão do *requisito prequestionamento* é matéria que merece algumas palavras a seu respeito.

Em livro intitulado *Omissão judicial e embargos de declaração*, Teresa Arruda Alvim Wambier[42] tratando o tema, inclusive com valiosas lições de *Direito Estrangeiro*, escreve que "a noção de prequestionamento, como se sabe e como o próprio vocábulo sugere, nasceu como sendo fenômeno que dizia respeito à *atividade das partes*. As partes é que 'questionam', discutem ao longo do processo sobre a questão federal ou constitucional.

A importância desta atividade das partes sempre foi uma constante na evolução do instituto.

A exemplo do que ocorria com o *writ of error* do direito americano, a Constituição Federal de 1891 mencionava que o recurso extraordinário seria cabível quando se questionasse sobre a validade ou incidência de tratados ou leis federais, e a decisão dos tribunais dos Estados fosse contra elas. Incorporou, assim, o texto constitucional, concepção corrente no direito norte-americano e no direito argentino, embora nesses países o recurso extraordinário não constasse nas respectivas Constituições.

No que pertine ao *writ of error* do direito norte-americano — prossegue Wambier —, a norma que o instituiu era expressa no sentido de que a questão federal deveria ser inserida oportunamente e mantida até o julgamento. Kenneth F. Ripple ensina que, para que uma questão federal possa ser revista na Suprema Corte dos Estados Unidos, deve ser ajuizada de modo apropriado e assim mantida. Tal exigência existe, segundo o autor citado, para assegurar que a Corte do Estado tenha a plena oportunidade de resolver o caso dentro do seu território. Semelhantemente escreveu

---

[41] A propósito, determina o art. 543-A, §4º do CPC com a redação que lhe foi dada pela Lei nº 11.418/2006: "Se a Turma decidir pela existência da repercussão geral por, no mínimo, 4 (quatro) votos ficará dispensada a remessa do recurso ao Plenário".

[42] São Paulo: Revista dos Tribunais, 2005. p. 264-265.

Cooley, autor segundo o qual, para a admissão do *writ of error,* 'força é conste nos autos, ou expressamente ou por manifestação clara e necessária, que qualquer uma das questões enumeradas tenha surgido no Tribunal do Estado e aí foi rejeitada'. Consoante noticiam Robert L. Stern, Eugene Greesman e Stephen M. Shapiro, a Suprema Corte nunca se desviou dessa interpretação, a não ser para estabelecer a presunção de que a questão federal terá sido introduzida de modo adequado se a Corte Estadual a tiver resolvido.

Vê-se, pois, que, no direito norte-americano, a atividade realizada pelas partes, perante a Corte local, é de suma relevância, devendo ser realizada de modo a proporcionar à referida Corte oportunidade para se manifestar acerca da *federal question*" — conclui Teresa Arruda Alvim Wambier em relação ao modelo americano,[43][44] para de imediato referir-se ao direito argentino, com relação ao *recurso extraordinário*.

Diz-nos: "Também naquele país a lei que instituiu o recurso refere-se expressamente à existência da questão federal controvertida, em regra decorrente de controvérsia surgida entre as partes. Alude-se, no caso, ao *planteamiento del caso constitucional o federal*, figura correspondente ao prequestionamento realizado pelas partes, no Direito brasileiro. Consoante expõe Rafael Bielsa, "el planteamiento del caso constitucional (o federal) puede ser muy anterior a la interposición del recurso. El planteamento debe hacerse en cuanto surge la cuestión que dará la matéria prima del recurso. Lo relativo al planteamiento no ha sido matéria de ley, sino de jurisprudência. Pero no por falta de base legal cierta deja de tener fundamento. Al contrario, el plateamiento en el litígio hace posible la controvérsia sobre el punto, sino la decisión que evita el recurso". Mais adiante, o autor argentino volta a ferir o tema: "Es condición esencial, no solo en el recurso extraordinário, sino en toda actividad jurisdicional del Poder Judicial (...), que haya contienda y, en consecuencia, decisión sobre la demanda". Nada impede, contudo, ainda de acordo com Rafael Bielsa, que a questão federal ou constitucional surja na decisão recorrida, independentemente de provocação das partes. Desse modo, para a doutrina argentina, é requisito para o cabimento do *recurso extraordinário* a existência de uma questão federal ou constitucional, introduzida oportunamente perante as instâncias inferiores, questão esta que deverá ter sido decidida pela instância recorrida.[45]

---

[43] Vale a leitura do trabalho de MACIEL, Ademar Ferreira. Restrição à Admissibilidade de Recursos na Suprema Corte dos Estados Unidos e no Supremo Tribunal Federal. *In*: FABRÍCIO, Adroaldo Furtado (Coord.). *Meios de impugnação ao julgado civil*: estudos em homenagem a José Carlos Barbosa Moreira. Rio de Janeiro: Forense, 2007. p. 32 *et seq*. De ressaltar-se é que o modelo constitucional dos Estados Unidos foi a *grande fonte* na qual Rui Barbosa inspirou-se na elaboração de nossa Constituição de 1891, sobretudo, quanto ao modelo do Supremo Tribunal Federal, francamente inspirado na estrutura da Suprema Corte A propósito, consultem-se de Lêda Boechat Rodrigues as seguintes obras: *A Corte de Warren, 1953-1969*: revolução constitucional. Rio de Janeiro: Civilização Brasileira, 1991; *História do Supremo Tribunal Federal*. 2. ed. Rio de Janeiro: Civilização Brasileira, 1991. t. I, Defesa das liberdades civis: 1891-1898; *História do Supremo Tribunal Federal*. 2. ed. Rio de Janeiro: Civilização Brasileira, 1991. t. II, Defesa do federalismo: 1889-1910; *História do Supremo Tribunal Federal*. Rio de Janeiro: Civilização Brasileira, 1991. t. III, Doutrina brasileira do *habeas-corpus*: 1910-1926; *História do Supremo Tribunal Federal*. Rio de Janeiro: Civilização Brasileira, 2002. v. 1, t. IV, 1930-1963; *A corte suprema e o direito constitucional americano*. Rio de Janeiro: Forense, 1958.

[44] De ressaltar-se é que o modelo constitucional dos Estados Unidos foi a *grande fonte* na qual Rui Barbosa inspirou-se para a elaboração de nossa Constituição de 1891, inclusive, quanto ao modelo do Supremo Tribunal Federal, francamente inspirado na estrutura da Suprema Corte dos EUA.

[45] *Op. cit.*, p 265-266. Com referências ao tema vejam-se os seguintes livros: SAGÜES, Néstor Pedro. *Derecho procesal constitucional*. Buenos Aires: Ed. Universidad, 1984; SAQÜES, Nestor Pedro. *Derecho procesal constitucional*. Buenos

Referindo-se aos *Recursos Extraordinário* e *Especial* no sistema nacional, escreve Alexandre Freitas Câmara[46] que "estão eles sujeitos a um requisito específico de admissibilidade, que é o *prequestionamento* (da questão federal, no caso do recurso especial; da questão constitucional, no caso do recurso extraordinário). A ausência deste requisito (como, aliás, a ausência de qualquer requisito de admissibilidade dos recursos), levará a um juízo negativo de admissibilidade, impedindo-se, assim, a realização do juízo de mérito.

Por *prequestionamento* quer-se significar a exigência de que a decisão recorrida tenha ventilado a questão (federal ou constitucional) que será objeto de apreciação no recurso especial ou extraordinário. Em outros termos, não se admite que, no recurso especial ou extraordinário, se ventile questão inédita, a qual não tenha sido apreciada pelo órgão *a quo*.

Este requisito de admissibilidade decorre do próprio texto constitucional, que admitem o recurso extraordinário e o recurso especial apenas contra 'causas decididas'. Assim sendo, é preciso que a matéria objeto do recurso haja sido suscitada e decidida pelo órgão *a quo*, para que possa ser apreciada no recurso excepcional. Omissa a decisão contra a qual se queira opor o recurso excepcional, faz-se necessária a interposição de embargos de declaração, com o fim de prequestionar a questão federal ou constitucional.

Deve, pois, haver prequestionamento, para que o recurso especial e o extraordinário possam ser admitidos".

Tratando de *Embargos de Declaração e Prequestionamento*,[47] Roberto Luis Luchi Demo faz interessantes comentários, como se vê: "Prequestionamento é a apreciação da matéria federal ou constitucional que será questionada no recurso especial ou extraordinário. Por isso, *a priori*, ocorre tão-somente em acórdão (decisão de Tribunal).

Assim, é descabida a interposição de embargos de declaração em face de sentença (decisão de primeira instância), ao fundamento de **prequestionamento**, como se tem visto bastante na praxe forense.

(...) Entretanto e em face do artigo 515, do CPC, que devolve ao Tribunal o conhecimento pleno da matéria, mesmo que a sentença analise todas as questões que as partes desejam 'prequestionadas' (e para isto interponham embargos de declaração) e o Tribunal eventualmente não analise uma dessas questões, **deixou de haver o prequestionamento** com relação a essa questão mesma, em face do efeito substitutivo do acórdão (CPC, artigo 512: o acórdão substitui a sentença, mesmo que a 'mantenha' ou a 'confirme').

(...) Sendo o âmbito de devolutividade nos recursos extraordinários limitado ao que pleiteado no recurso interposto, **somente se pode analisar a insatisfação**

Aires: Astrea, 1989. v. 4; GUASTAVINO, Elias P. *Recurso extraordinário de inconstitucionalidad*. Buenos Aires: La Rocca, 1992. t. I, II; VANOSSI, Jorge Reinaldo A. *Recurso extraordinário federal*: control de constitucionalidad. Buenos Aires: Ed. Universidad, 1984; BARRANCOS Y VEDIA, Fernando N. *Recurso extraordinário y gravedad institucional*. 2. ed. actual. Buenos Aires: Abeledo Perrot; MORELLO, Augusto M. *Actualidad del recurso extraordinário*. Buenos Aires: Librería Editora Platense; Abeledo Perrot, 1995; GHIGLIANI, Alejandro E. *Del 'control' jurisdicional de constitucionalidad*. Buenos Aires: Depalma, 1952.

[46] *Lições de direito processual civil*. 10. ed. rev. e atual. segundo o Código Civil de 2002, pela Emenda Constitucional nº 45/2004 e pela nova Lei de Falência nº 11.101/2005. Rio de Janeiro: Lumen Juris, 2005. p. 132-133.

[47] In: *Embargos de declaração: aspectos processuais e procedimentais*. Rio de Janeiro: Forense, 2003. p. 177-179. Negritos e itálicos no original.

surgida, e da maneira como surgida, na decisão impugnada: se não houve análise naquela instância, não se devolve esta análise, pela via do recurso extraordinário, ao Tribunal *ad quem* e está-se diante da ausência de prequestionamento, entendido como *'seqüência do debate da causa'* e como condição de admissibilidade do recurso mesmo.

Ainda, na via extraordinária, restam **preclusas** todas as matérias decididas nas instâncias ordinárias, a respeito das quais não houve impugnação específica da parte (incluindo as chamadas **matérias de ordem pública**). Isso porque o âmbito de devolutividade é restrito, nos recursos extraordinários, ao que pleiteado pelo recorrente, excepcionando-se **tão-só** a possibilidade de o Tribunal manifestar-se de ofício sobre a inconstitucionalidade de lei ou ato normativo".[48]

Miriam Cristina Generoso Ribeiro Crispin (*Recurso especial e recurso extraordinário*: questões pontuais sobre a admissibilidade e procedibilidade no direito processual civil)[49] tratando do requisito *Prequestionamento* reconhece ser "um dos pontos mais delicados a ser discutido em sede de recurso extraordinário e recurso especial.

Conceitualmente, diz-se que prequestionamento é na concepção de Garcia Medina 'a atividade postulatória das partes, decorrente do princípio dispositivo, tendente a provocar a manifestação do órgão julgador (juiz ou Tribunal) em virtude da qual fica o órgão vinculado, devendo manifestar-se sobre a questão prequestionada'".

E continua Miriam Cristina: "Do ponto de vista etimológico, prequestionamento significa debate ou discussão anterior, voltado para a esfera da admissibilidade recursal extrema, assume uma dúplice acepção, divisão esta amplamente adotada em sede doutrinária: a) prequestionamento como manifestação expressa do Tribunal recorrido acerca de determinado tema; b) prequestionamento como debate anterior à decisão recorrida, acerca do tema, hipótese em que o mesmo é muitas vezes considerado como prévio debate a envolver o tema de direito federal ou constitucional, em consonância com a manifestação expressa do Tribunal a respeito.

Nessa linha de raciocínio — prossegue —, adota-se a idéia de Mantovanni Colares Cavalcante, para quem 'o prequestionamento representa um ato complexo, pois exige: I) provocação da parte ou surgimento espontâneo da questão pelo julgador, II) enfrentamento, pelo Tribunal, de modo espontâneo ou por provocação, da matéria constitucional e/ou federal e III) vinculação entre a matéria constitucional e/ou federal com a discussão jurídica versada na causa.

Ou seja, o prequestionamento não é ato que se concretiza somente com a provocação da parte, exige-se a abordagem da matéria pelas instâncias ordinárias, seja explicitamente (indicando-se o texto constitucional ou federal e afirmando-se explicitamente estar sendo atendidos os mencionados comandos) ou implicitamente (não há indicação expressa de norma constitucional ou federal, mas do acórdão se extrai de forma inequívoca que a abordagem do julgado diz respeito à determinada norma constitucional ou federal)'" — conclui Miriam Cristina.

---

[48] Vale lembrar que nas decisões das turmas recursais do Juizado Especial, nas causas trabalhistas de alçada exclusiva das Varas e nas Execuções Fiscais cujo valor não ultrapasse a 50 OTN (283,43 UFIR), cabe a interposição de Recurso Extraordinário, mas não de Recurso Especial.

[49] CRISPIN, Miriam Cristina Generoso Ribeiro. *Recurso especial e recurso extraordinário*: questões pontuais sobre a admissibilidade e procedibilidade no direito processual civil. São Paulo: Pillares, 2006. p. 110-112.

Em monografia intitulada *Embargos de declaração*,[50] Luis Guilherme Aidar Bondioli afirma que "o prequestionamento consubstancia-se na existência de prévios debates nas instâncias ordinárias a respeito da matéria constitucional ou legal que se pretende discutir nos tribunais superiores. A idéia de anteriores discussões acerca dos temas que se tenciona debater nos órgãos jurisdicionais de superposição está fortemente relacionada com os escopos dos recursos especial e extraordinário".[51]

Em seguida, depois de tecer algumas considerações históricas, escreve que "a caracterização do prequestionamento ainda suscita bastante controvérsia nos dias de hoje. Verificam-se ao menos três correntes a respeito do assunto, bem como diferenciados graus de exigências dos tribunais para dar pela presença do prequestionamento. Quanto às correntes, a primeira delas dimensiona o prequestionamento como a existência de prévio pronunciamento judicial acerca da matéria que se tenciona discutir nas instâncias superiores. A segunda delas vincula-o à simples argüição da questão federal ou constitucional pela parte antes do julgamento recorrido. E a terceira exige ambas as coisas: a prévia ventilação do tema pela parte e a decisão do tribunal *a quo* a seu respeito. Já os anunciados graus de exigência relacionam-se com as conhecidas expressões *prequestionamento explícito, prequestionamento implícito e prequestionamento ficto*. A primeira delas impõe que no acórdão recorrido conste expressa referência ao dispositivo legal ou constitucional tido por ofendido, bem como específica análise desse dispositivo. A segunda delas contenta-se com o ser dessumível do aresto impugnado a questão ou tese jurídica relacionada com a norma que se diz violada, mesmo que inexista na decisão recorrida menção expressa ao artigo de lei ou da Constituição. E a última delas orienta-se pela suficiência da diligência da parte no debate da matéria: se a parte fez tudo o que estava ao seu alcance para obter um pronunciamento do tribunal *a quo* a respeito de certo tema, tendo, inclusive, lançado mão de embargos declaratórios para tal fim, tem-se por preenchido o prequestionamento, pouco importando que a corte ordinária tenha indevidamente permanecido silente, mesmo quando provocada a sair da inércia no julgamento dos embargos de declaração".[52]

Vale lembrar, diante do que foi dito sobre o tema, que a Jurisprudência do STF, consagrava, sem discordância, a necessidade de um *prequestionamento claro e objetivo, explícito portanto*. Senão, vejamos:

> Não há prequestionamento implícito, ainda quando se trate de questão constitucional (STF, RTJ, 125/1.368).
>
> O prequestionamento não pode estar subentendido ou implícito. Deve, sempre, ser expresso e apresentado no momento da apelação, das contra-razões, do recurso adesivo, enfim, do recurso para a Segunda Instância (STJ, RE nº 101.562-PR; AC nº 106.272MG, 2a. Turma do TRF. DOU 12.6.1986).

O entendimento do acórdão citado, faz pouco tempo, era pacífico, muito embora passível de críticas por parte de doutrinadores. Pessoalmente, sempre entendemos,

---

[50] BONDIOLI, Luis Guilherme Aidar. *Embargos de declaração* São Paulo: Saraiva, 2005. p. 252-272.
[51] *Op. cit.*, p. 252-253.
[52] *Idem*, p. 255-257.

inclusive como advogado militante, que a matéria trazida à inicial ou à contestação, sendo de natureza constitucional, já significava o *prequestionamento*.

Em outras palavras: levando-se em conta a natureza dos *recursos extraordinário e especial*, não se deveria impedir sua apreciação por um Tribunal Superior (STF e/ou STJ) pela ausência de um simples requisito formal, que poderia ser corrigido por *Embargos de Declaração*, cabíveis diante do silêncio do *juízo a quo*.

Vale insistir que ditos Embargos visam fazer com que o acórdão do Tribunal enfrente de forma expressa a matéria constitucional que se menciona em vários instantes e que, por isto mesmo, teria de ser resolvido até *ex-officio*, preliminarmente. Como o julgador não o fez, a parte se vê obrigada a *renovar o prequestionamento* (repita-se: *a matéria constitucional já vinha sendo discutida*), visto que, e como foi dito, esta era a única posição do STF.

Mais uma vez, damos a palavra a Athos Gusmão Carneiro quando a respeito do *requisito do prequestionamento*, ensina: "Temos, pois, uma interessante questão relativa ao próprio conceito de prequestionamento: para que uma determinada questão federal seja considerada como prequestionada, é necessário que haja ela sido 'suscitada' pela parte, ou basta tenha sido 'decidida' no acórdão recorrível?

Sustentam alguns autores que 'o prequestionamento resulta da atividade anterior das partes perante a instância ordinária, apta a provocar a manifestação do órgão julgador acerca da questão constitucional ou federal' (MEDINA, José Miguel Garcia, artigo dout. na colet. *Aspectos polêmicos e atuais...*, Revista dos Tribunais, 1997. p. 305-306); assim, não haveria o chamado prequestionamento 'implícito' quando o tribunal aprecia de ofício matéria de ordem pública, bem como outras omitidas na sentença (CPC, artigo 267, §3º; 515, §§1º e 2º).

Todavia — prossegue —, parece-nos correta a posição de Arruda Alvim, de que não se deve confundir prequestionamento com 'postulação pela parte', a respeito de uma dada questão federal: a questão federal considera-se prequestionada *quando decidida no acórdão*, haja ou não sido, expressa ou implicitamente suscitada pelo litigante. O prefixo 'pré' significa anterioridade com relação ao momento processual em que a parte manifesta o recurso extraordinário ou especial, e não ao momento em que prolatada a decisão recorrível".[53]

Prosseguindo, e depois de fazer considerações legislativas e doutrinárias sobre o *prequestionamento implícito*, observa Athos Gusmão que "difícil, no entanto, é conceituar com precisão o que se deva entender por prequestionamento *implícito*, e esta dificuldade indica ao advogado, em tais casos, a alta conveniência na interposição de embargos de declaração".[54]

Vale lembrar que a Ministra Ellen Gracie, nos autos do AI 375011 AgR/RS,[55] mesmo reconhecendo a ausência do *prequestionamento*, afirmou: "estou, entretanto, mais inclinada a valorizar, preponderantemente, as manifestações do Tribunal, especialmente as resultantes de sua competência mais nobre — a de intérprete último da Constituição Federal".

---

[53] *Op. cit.*, p. 49-50.
[54] *Idem*, p. 51. O autor menciona diversas decisões do STJ que aceitam o *prequestionamento implícito*, bem como analisa a questão em várias situações, pelo que vale sua leitura.
[55] Informativo nº 365, de 20.10.2004. Aí estão feitas as transcrições do despacho.

Mais adiante, afirma: "Com efeito, o Supremo Tribunal Federal, em recentes julgamentos, vem dando mostras de que o papel do recurso extraordinário na jurisdição constitucional está em processo de redefinição, de modo a conferir maior efetividade às decisões".

Finalizando, se refere a uma *flexibilização do prequestionamento*, como se vê: "nos processos cujo tema de fundo foi definido pela composição plenária desta Suprema Corte, com o fim de impedir a adoção de soluções diferentes em relação à decisão colegiada, é preciso valorizar a última palavra — em questões de direito — proferida por esta Casa" — conclui Ellen Gracie.

Sem dúvida alguma, a corrente liderada pela Ministra (embora não majoritariamente aceita) dá o verdadeiro valor de *"Guardião da Constituição"* atribuído ao STF, colocando-o acima de mera *questão formal*, principalmente, quando várias posições existem quanto à amplitude do conceito de *prequestionamento*, tal como analisamos acima.[56]

Retomando o que dissemos acima de forma muito rápida: uma realidade nos parece incontestável, ou seja, se a Inicial da Ação está fundada em *matéria constitucional*, ou a *contestação* (ou *informações* no Mandado de Segurança) a traz ao cenário do debate, não entendemos como afirmar-se que o *prequestionamento* não exista. Nestes casos, em nosso entender, desde que a fundamentação das partes tem uma natureza constitucional, *a matéria constitucional fica prequestionada*, o que dispensaria os *Embargos de Declaração como forma de prequestionamento*, sobretudo porque, nestes casos (e a prática nos demonstra) a decisão nos embargos é sempre a mesma, ou seja, afirma-se que "a matéria já foi objeto de análise".

Ora, a tese da Ministra Ellen Gracie, valoriza *o exame do mérito* que lhe merece maior importância que a simples *forma*, evitando-se que o STF fique ao longe do debate, por mero rigorismo formal, em detrimento da eficácia da prestação jurisdicional.

3 A Emenda Regimental nº 21 do Regimento Interno do STF

Apesar do que já foi dito, cabem algumas considerações adicionais à Emenda Regimental nº 21 do STF que deverão ser complementadas pelas *Emendas Regimentais* nº 22 (30.11.2007), 23 (11.3.2008), 24 (20.5.2008) e pela *Portaria* nº 177 (26.11.2007), visto que todo este conjunto regulamenta o processamento do Recurso Extraordinário no âmbito do Supremo Tribunal Federal.

A *Arguição de relevância* referida na EC nº 7, de 13 de abril de 1977, ao texto de 67-69, com a redação que deu ao artigo 119, outorgou ao STF um poder discricionário bastante amplo, o que se esperava não acontecesse com a EC nº 45/2004, visto que, com a redação do artigo 102, §3º determina-se que "no recurso extraordinário o recorrente deverá demonstrar a repercussão geral das questões constitucionais discutidas no caso, *nos termos da lei*".

Esperava-se que a Lei nº 11.418, de acordo com a determinação constitucional, definisse, objetivamente, a expressão *repercussão geral das questões constitucionais*

---

[56] Veja-se, a propósito, CRISPIM, Mirian Cristina Generoso Ribeiro. *Recurso especial e recurso extraordinário*. questões pontuais sobre a admissibilidade e a procedibilidade no direito processual civil. São Paulo: Pillares, 2006. Principalmente. p. 110 *et seq.*

discutidas no caso, o que não houve, limitando-se a dizer que (§1º) "para efeito da repercussão geral, será considerada a existência, ou não, de questões relevantes do ponto de vista econômico, político, social ou jurídico, que ultrapassem os interesses subjetivos da causa".

Ademais, nos termos do §2º, "o recorrente deverá demonstrar, em preliminar do recurso, para apreciação exclusiva do Supremo Tribunal Federal, a existência da repercussão geral", sendo de observar-se que a única hipótese objetiva de definição objetiva da repercussão encontra-se no artigo 543-A (§3º), exatamente, quando se afirma que "haverá repercussão geral sempre que o recurso impugnar decisão contrária à súmula ou jurisprudência dominante do Tribunal".

Observe-se que, em sentido contrário, era o conteúdo da EC nº 7/77, em seu artigo 119 (como já foi visto) que determinava: "as causas a que se refere o item III, alíneas *a* e *d*, deste artigo, serão indicadas pelo Supremo Tribunal Federal no regimento interno, que atenderá à sua natureza, espécie, valor pecuniário e relevância da questão federal" (§1º) e que o regimento interno estabelecerá (§3º):

> ....
>
> c) o processo e o julgamento dos feitos de sua competência originária ou recursal e da ***argüição de relevância da questão federal***", enquanto que no art. 327 §1º do RISTF lia-se que considerava-se relevante "a questão federal que, pelos seus reflexos na ordem jurídica e considerados os aspectos morais e econômicos, políticos e sociais da causa, exigir a apreciação do recurso extraordinário pelo Tribunal".

Permita o leitor, repetir (com novos elementos, é verdade) o que já dissemos, mas que é essencial ao raciocínio que desenvolvemos.

Insista-se que "há um ponto que carece ser destacado, em relação ao *Recurso Extraordinário e a Repercussão Geral* na EC nº 45/2004, a saber: em princípio, tem-se a 'presunção' da *repercussão geral das questões constitucionais discutidas no caso*, visto que ao Tribunal compete examinar a admissão do recurso, "*somente podendo recusá-lo pela manifestação de dois terços de seus membros*" (CF, artigo 102, §3º)".

Vale aqui que relembremos o que foi dito por José Levi Mello do Amaral Junior[57] em texto já transcrito neste mesmo estudo: "o aspecto mais curioso da atual argüição de relevância é que ela *foi concebida do avesso*. Com efeito, trata-se de uma argüição de 'irrelevância'. Em princípio, parece, presume-se a relevância. A irrelevância somente será reconhecida se neste sentido se manifestarem dois terços dos ministros (são necessários, no mínimo, oito votos para a configuração da irrelevância).

Vale destacar: ainda que tendo o recorrente o dever de 'demonstrar a repercussão geral das questões constitucionais discutidas no caso', o STF somente não conhecerá do recurso se acaso dois terços dos seus ministros julgar não haver relevância na matéria. Há, assim, uma presunção de relevância em favor do recorrente".

Embora este aspecto não descaracterize nosso posicionamento no sentido de que a inspiração para a *Repercussão Geral* (EC nº 45/06), em nível de Direito Nacional, tenha sido a *Arguição de Relevância* (EC nº 7/77), veja-se o que escreve Diogo Telles

---

[57] Artigo citado, "Argüição de (Ir)relevância na Reforma do Poder Judiciário", p. 97. (*Direito Público*. Instituto Brasiliense de Direito Público, ano 2, n. 7, jan./mar. 2005.

Akashi (Comentários à Reforma do Poder Judiciário — Emenda Constitucional nº 45/2004. Rigorosamente atualizado pelas recentes alterações do Código de Processo Civil e Resoluções do Conselho Nacional de Justiça):[58] "Não há nenhuma novidade na introdução da exigência da repercussão geral nos recursos extraordinários, pois o ordenamento jurídico brasileiro já possuiu instituto semelhante na Constituição de 1967, a chamada *argüição de relevância*, introduzida pela Reforma do Poder Judiciário de 1977, mediante a aprovação da EC nº 7/77.

O §1º do artigo 327 do Regimento Interno do STF, na época, definia questão federal relevante como aquela que, pelos reflexos na ordem jurídica, e considerados os aspectos morais, econômicos, políticos ou sociais da causa, exigiria a apreciação do recurso extraordinário pelo Tribunal.

Atualmente, podemos identificar em nosso ordenamento outras hipóteses de argüição de relevância, como no recurso de revista e em uma das hipóteses de argüição de descumprimento de preceito fundamental.

Contudo, o instituto da repercussão geral — prossegue — remonta mesmo ao direito norte-americano, com o seu *writ of certiori*.

Embora possuam semelhantes finalidades, os institutos da argüição de relevância e da repercussão geral são substancialmente diferentes.

Com efeito, o requisito da repercussão geral assemelhasse mais a uma argüição de 'irrelevância'. Isso porque, em princípio, presume-se a relevância. Já a irrelevância somente será reconhecida se neste sentido se manifestarem dois terços dos Ministros do STF.[59] Em outras palavras, a regra geral é a relevância constitucional da matéria, sendo a irrelevância a exceção, que deverá ser expressamente reconhecida.

Esta talvez seja a principal diferença entre a argüição de relevância da Carta de 1967 e a repercussão geral da Constituição de 1988.

No modelo anterior, o recurso extraordinário seria admitido apenas se quatro ou mais Ministros do STF se manifestassem pela existência da relevância. Já, pelo instituto da repercussão geral, estabelecida com o advento da EC nº 45/04, o recurso extraordinário será sempre admitido, exceto se dois terços ou mais dos Ministros (8) se manifestarem pela inexistência da relevância. Assim, na repercussão geral, basta a manifestação de quatro Ministros do STF para que a argüição não seja rejeitada, isto é, seja acolhida.

A argüição de relevância tinha objetivo de possibilitar o conhecimento do recurso extraordinário. A repercussão geral, entretanto, é instituto que possui o objetivo de justificar o não-conhecimento daquele recurso, caso não haja reflexão de sua decisão junto à sociedade.

Em conclusão, temos que, no modelo anterior, exigia-se o reconhecimento da relevância da matéria para que o STF admitisse o extraordinário; no atual, porém, exige-se o reconhecimento da irrelevância da matéria para que se vede a admissão de tal recurso" – conclui Telles Akashi.[60]

---

[58] São Paulo: Letras Jurídicas, 2006. p. 206-207.
[59] Em nota de pé de página, lembra o autor que "são necessários, no mínimo, oito votos para se afastar a relevância" (*op. cit.*, p. 207).
[60] Itálico e negrito nossos.

4 Natureza jurídica da repercussão

Um ponto ainda merece ser tratado, ou seja, o da *Natureza Jurídica da Repercussão Geral*, sobre o qual é irretorquível a lição que nos dá Bruno Dantas,[61] nos seguintes termos: "A natureza jurídica do instituto da repercussão geral, segundo nos parece, é de *pressuposto específico de cabimento* do recurso extraordinário, de modo que, embora dotado de peculiaridades, se insere no juízo de admissibilidade desse recurso", após o que desenvolve a explicação de seu posicionamento.

Cabe aqui uma interessante observação: acima, em lição de José Manoel de Arruda Alvim, citado por Athos Gusmão, falou-se em *filtro de caráter político* para caracterizar-se a prática do Recurso Extraordinário. Pois bem, Bruno Dantas se refere ao fato de que "denota-se claramente a *vinculação direta* entre a repercussão geral e o *conteúdo da decisão recorrida*" para, em seguida, concluir: "É na decisão recorrida, e somente nela, que se devem buscar as questões constitucionais que, levadas ao conhecimento do STF no bojo de um RE, serão hábeis a oferecer amplo impacto indireto no *grupo social relevante*".[62]

Nas duas expressões encontra-se presente de uma lição, qual seja a de que a aceitação do *Recurso Extraordinário* tem uma forte marca política, dada a flexibilidade do conceito de *Repercussão Geral*. Este comportamento, entretanto, é uma tendência contemporânea que marca nesta espécie extraordinária de recurso, o fim dos interesses pessoais e subjetivos para que sejam valorizadas aquelas situações em que a decisão tem seus efeitos espalhados pela sociedade como um todo.

É, até certo ponto, a face sociológica do instituto, muito embora seja de enorme importância a lição que nos é dada por Calmon de Passos: "na verdade, perquirir-se da relevância da questão para admitir-se o recurso é consequência da irrelevância do indivíduo aos olhos do poder instituído. Considerar-se de pouca valia a lesão que se haja ilegitimamente infligido à honra, à vida, à liberdade ou ao patrimônio de alguém, ou a outros bens que lhe sejam necessários ou essenciais, é desqualificar-se a pessoa humana.

Não há injustiça irrelevante! Salvo quando o sentimento de Justiça deixou de ser exigência fundamental na sociedade política. E quando isso ocorre, foi o Direito mesmo que deixou de ser importante para os homens. Ou quando nada para alguns homens — os poderosos"[63] — conclui o processualista.

5 A repercussão geral e o processo penal

O tema que pretendemos abordar neste item motivou dúvidas no sentido de saber-se se o conteúdo do artigo 102, §3º da Constituição Federal seria aplicado ao *Recurso extraordinário processual penal*.

Discutindo a questão, César Antônio da Silva, *Doutrina dos recursos criminais*[64] escreve que "a nosso sentir, a repercussão geral das questões constitucionais

---

[61] *Op. cit.*, p. 216-220.
[62] *Repercussão geral...*, *op. cit.*, p. 217.
[63] Cf. SÁ, Djanira Maria Radamés de. *A atividade recursal civil na reforma do Poder Judiciário*. São Paulo: Pillares, 2006. p. 73-74.
[64] SILVA, César Antônio da. *Doutrina dos recursos criminais* 3. ed. atual. até dezembro de 2007. Curitiba: Juruá, 2008. p. 199.

discutidas, cuja arguição é exigida no §3º do artigo 102, para a interposição de recurso extraordinário no crime, ainda depende de regulamentação específica, tendo em vista que esse dispositivo deixa claro que 'o recorrente deverá demonstrar a repercussão geral das questões constitucionais discutidas no caso, nos termos da lei'". E não se trata de norma constitucional autoaplicável; ao contrário, é a própria norma constitucional que torna clara a necessidade de regulamentação.

Quer nos parecer que a regulamentação levada a efeito pela Lei nº 11.418/06, não alcança o recurso extraordinário no crime. Todavia, quando surgir a necessidade real de ser interposto o recurso extraordinário, recomenda-se, mesmo assim, *ad cautelam*, que a demonstre o recorrente, em preliminar do recurso, para apreciação exclusiva do STF, a existência de repercussão geral, isto é, a existência de questões relevantes "do ponto de vista econômico, político ou jurídico, que ultrapasse o interesse subjetivo da causa", nos termos do §1º do artigo 543-A do CPC, por aplicação analógica, de conformidade com o disposto no artigo 3º do CPP. E sempre haverá repercussão geral, quando o recurso impugnar decisão que tenha contrariado súmula ou jurisprudência dominante do tribunal.

Assim, satisfeito também esse requisito, o recorrente não viabiliza motivo para que o recurso interposto não seja conhecido".

Ada Pellegrini Grinover, Antônio Magalhães Gomes Filho e Antônio Scarance Fernandes, no livro *Recursos no processo penal*,[65] após tecerem considerações sobre a significação da repercussão geral na EC nº 45 e na Lei nº 11.418, de 19.12.2006, ensinam que "embora a Lei nº 11.418/2006 tenha introduzido alterações apenas no CPC, o Supremo Tribunal Federal assentou, no julgamento da Questão de Ordem nº AI 664.567, que a regulamentação do dispositivo constitucional introduzido pela Emenda nº 45 tem plena aplicação ao recurso extraordinário criminal, pois a repercussão geral passou a integrar a disciplina constitucional de todos os recursos extraordinários. Nessa ocasião, a Suprema Corte consignou, ainda, que não falar em imanente repercussão geral de todo recurso extraordinário criminal, porque em jogo, em regra, a liberdade de locomoção. Primeiro, porque o RE, mais do que a justa solução do caso concreto, busca preservar a autoridade e a uniformidade de inteligência da Constituição, o que se reforça com a necessidade de repercussão geral das questões constitucionais nele versadas, assim entendidas aquelas que 'ultrapassem os interesses subjetivos da causa'. Além do mais, para obviar a ameaça ou lesão à liberdade de locomoção, há sempre a garantia do *habeas corpus* (DJU de 26.6.2007, Inf. 472 e 473)".

Em outra passagem, ao tratar da *regularidade formal da interposição: a) requisitos gerais da petição* escrevem que "por sua vez, o Regimento Interno do Supremo Tribunal Federal preceitua que o recurso extraordinário deve ser interposto *com indicação do dispositivo que o autorize, dentre os casos previstos nos arts. 102-III, a, b, c, e 121, §3º, da CF*, sendo também da jurisprudência da Suprema Corte que não tem aplicação, nessa matéria, a máxima *jura novit cúria*,[66] pelo que não cabe ao presidente do tribunal *a quo*, nem ao STF, suprir eventuais omissões do recorrente (RTJ 112/1.409-1.413)".[67]

E prosseguem: "Também o STJ tem acentuado a necessidade de motivação do recurso especial, com expressa indicação do texto legal porventura ofendido,

---

[65] 6. ed. rev. atual. e ampl. Revista dos Tribunais, 2009. p. 203-204.
[66] *O Tribunal conhece o Direito*. Observação nossa.
[67] *Op. cit.*, p. 223.

referindo-se expressamente à aplicabilidade da Súmula 284 (REsp. 4.485-MG, *DJU* 15.10.1990, p. 11.190; REsp. 7.821-SP, *DJU* 9.2.1992, p. 2.583); além disso, é preciso demonstrar em que e como ocorreu a negativa de vigência do dispositivo legal (REsp. 21.755-0-TO, *DJU* 21.9.1992, p. 15.700); 'o recurso especial, quanto ao permissivo da alínea *a*, deve apresentar a indicação do texto infraconstitucional violado e demonstração da suposta violação, sob pena de esbarrar no óbice do enunciado nº 284 da Súmula do STF' (STJ, REsp. 891-765-GO, rel. Min. Félix Fischer, j. 3.9.2007)".[68]

6 Nossa posição

Sempre assumimos, em todos os nossos estudos, posição pessoal sobre os temas discutidos. Assim, com o tema em análise, não seria diferente, até porque, a sua importância exige do estudioso do *Novo Processo Constitucional Brasileiro* uma *definição clara e precisa* ou, se não conseguir alcançá-la, pelo menos que os elementos que compõem e caracterizam esta realidade sejam apresentados.

Neste sentido, já deixamos transparecer que em nossa posição a *Repercussão Geral* só estará completamente estudada em todos os seus aspectos se for vista em dois sentidos: em *primeiro lugar*, em seu *conteúdo jurídico-positivo*, no qual se apresenta como *pressuposto específico de cabimento*; em *segundo lugar*, em um *conteúdo sociológico e político* representado por uma *filtragem* ou *barreira de qualificação* a qual, inevitavelmente estará determinada pela *realidade histórica e política da época em que a matéria objeto do Recurso for apreciada*. Em outras palavras: algo que hoje tenha uma repercussão tida como geral, pois vai além dos *efeitos interpartes*, representando reflexos políticos, sociais e econômicos, ontem pode não ter tido esta amplidão de efeitos. Noutro sentido, o que hoje tem a repercussão, poderá não ocorrer daqui a algum tempo. Exatamente por esta variação histórica é que apontamos a filtragem como sendo de conteúdo sociológico.

Vale observar que esta constatação não impede que concordemos em todos os sentidos, com o que foi dito por Calmon de Passos, independentemente de sabermos que esta filtragem é uma tendência do direito contemporâneo.

José Augusto Delgado (*Reflexões sobre a repercussão Geral como condição para o conhecimento do recurso extraordinário (EC 45/04)*,[69] embora advirta que reserva "sua visão pessoal para o futuro",[70] afirma que "o recurso extraordinário deixa de ser via de pretensão para alcançar prestação jurisdicional de cunho individual. Assume missão de maior amplitude para enfrentar, apenas, lides em que as suas soluções ditadas pelo Supremo Tribunal Federal repercutam em todos ou em determinados estamentos da Nação.

De início, consideramos que a instituição da repercussão geral apresenta a virtude de aperfeiçoar o sistema recursal na Corte Suprema do Brasil, em face de passar a conhecer, apenas, de recursos extraordinários de efeitos relevantes para a

---

[68] *Op. cit.*, p. 223.
[69] *In*: SILVA, Bruno Freire e; MAZZEI, Rodrigo (Coord.). *Reforma do judiciário*: análise interdisciplinar e estrutural do primeiro ano de vigência. Curitiba: Juruá, 2006. p. 261-293.
[70] *Op. cit.*, p. 291. O autor faz um exaustivo levantamento doutrinário sobre o tema, que merece ser lido.

vida de todos os brasileiros ou para uma determinada classe econômica, familiar, religiosa, política, educacional ou social.

Pensamos, também, que a repercussão geral em exame provoca uma consistente democratização da prestação jurisdicional, pelo fato de o recurso extraordinário perder a sua condição de refletir interesses individuais das partes para gerar expansão dos seus efeitos aos demais jurisdicionados que se encontrarem em idêntica situação jurídica, embora não se encontrem integrando o processo" — conclui José Delgado.[71]

Em seguida, ao enfrentar a sinonímia entre a *Arguição de Relevância* e a *Repercussão Geral*, o autor manifesta-se, de logo, "pela não ocorrência desse fato".[72]

Dissemos acima que o autor afirmava reservar "sua posição para o futuro".

Entretanto, para quem o conhece de perto, por várias vezes trocou *ideias* sobre *princípios* e outros temas do Direito Contemporâneo, haveria de saber que ele não controlaria seu temperamento de inovador e corajoso doutrinador e julgador. Tanto é assim, que no item intitulado *Conclusão*, escreve: "Adiantamos apenas, uma idéia que estamos a desenvolver em nossos trabalhos e pregações. É a de que a crise da entrega da prestação jurisdicional está ligada ao modo como os processos são gerenciados e julgados. Estamos vinculados a um sistema burocrático que nos é imposto pelas leis formais. Dele não nos libertamos. Seguimos, com poucas diferenças, os métodos adotados pelas Ordenações Filipinas, Manuelinas e Afonsinas. Não exigimos que a parte apresente conclusões em sua petição inicial, em sua contestação ou em seus recursos. O mesmo não é feito pelos Juízes, Desembargadores e Ministros. Os órgãos colegiados entregam-se a debates que ostentam disputas acadêmicas, sem que haja destaque para a síntese, celeridade e clareza. As vias para publicação das decisões são lentas, e a execução das mesmas esbarra em obstáculos muitas vezes intransponíveis. Há distorções aberrantes no sistema. Enquanto o particular está obrigado, quando executado para pagamento de dívidas líquidas e certas decorrentes de determinações judiciais, a pagar ou oferecer bens como garantia, no prazo de 24 (vinte e quatro horas), a Fazenda Pública goza o privilégio de só quitar a dívida em prazo que pode alcançar até dez anos. Outros privilégios existem que distorcem o sistema e desacreditam a força da sentença judicial, sem se falar nos recursos protelatórios e decisões repetidas.

Encerramos essas rápidas apreciações sobre o §3º do artigo 102 da Constituição Federal — prossegue o autor —, introduzido pela EC nº 45/04, registrando que a lei regulamentadora do assunto a ser aprovada definirá muitas das questões acima supracitadas. Do mesmo modo, as manifestações jurisprudenciais do Supremo Tribunal Federal em cada caso concreto irão emprestar exata compreensão ao texto constitucional, tanto no seu aspecto formal, como no tocante aos seus efeitos materiais".[73]

---

[71] *Op. cit.*, p. 263-264.
[72] *Idem*, p. 265.
[73] *Idem*, p. 291-292. Permitam os leitores que repitamos o que foi dito por nós ao analisarmos o art. 543-A introduzido no CPC, exatamente sobre esta esperança de que a lei definisse o instituto da Repercussão Geral:
"Aí a grande *esperança*, visto que era de se esperar que o Congresso Nacional definisse, objetivamente, a expressão **repercussão geral das questões constitucionais discutidas no caso**, o que não houve, visto que se limitou a dizer que (§1º) 'para efeito da repercussão geral, será considerada a existência, ou não, de questões relevantes do ponto de vista econômico, político, social ou jurídico, que ultrapassem os interesses subjetivos da causa'".
Ademais, nos termos do §2º, "o recorrente deverá demonstrar, em preliminar do recurso, para apreciação exclusiva do Supremo Tribunal Federal, a existência da repercussão geral", sendo de observar-se que a única hipótese objetiva de definição objetiva da repercussão encontra-se no art. 543-A (§3º), exatamente, quando se afirma que "haverá repercussão geral sempre que o recurso impugnar decisão contrária a súmula ou jurisprudência dominante do Tribunal".

Já alongamos demais a análise do instituto, pelo que convocamos mais uma vez José Augusto Delgado quando apresenta casos que "podem ser consideradas como tendo repercussão geral, conforme anota a doutrina, as seguintes questões constitucionais:[74]

a) a discussão sobre a inconstitucionalidade de determinado tributo;

b) causa onde está sendo discutida a liberdade de expressão;

c) lides que discutam o sistema financeiro de habitação;

d) questões relativas à privatização de serviços públicos essenciais;

e) debates sobre litígios que influenciem relações com Estados estrangeiros ou organismos internacionais;

f) ações onde são discutidos aspectos determinantes da aquisição de direito adquirido e que tenham repercussão em outras relações jurídicas de igual contexto;

g) discussões em juízos sobre planos de saúde;

h) o direito à clonagem;

i) os debates sobre o meio ambiente;

j) o problema do aborto quando o ser, por consciência médica, não tem condições de sobrevivência (o caso de feto sem cabeça etc.);

k) outros que representem repercussão de ordem econômica, financeira, moral, social, política, de soberania nacional, de valorização da dignidade humana, de prestígio à cidadania, de proteção ao trabalho, de guarda da saúde e outros direitos fundamentais assegurados pela Constituição Federal" - conclui.

Por fim, e em busca da síntese, veja-se a lição de Bernardo Pimentel Souza (*Introdução aos recursos cíveis e à ação rescisória*)[75] nos seguintes termos: "A repercussão geral é *requisito de admissibilidade específico do recurso extraordinário*, porquanto o conhecimento de *nenhum outro recurso* depende da relevância da matéria suscitada pelo recorrente. Por conseguinte, não é admissível a exigência da repercussão da *quaestio iuris* nos demais recursos, nem mesmo no recurso especial e nos embargos de divergência, até mesmo quando os últimos (embargos) são interpostos contra acórdão proferido em recurso extraordinário. Trata-se, à evidência, de requisito de admissibilidade exclusivo do recurso extraordinário, consoante revela o §3º do artigo 102 da Constituição Federal".[76]

Informação bibliográfica deste livro, conforme a NBR 6023:2002 da Associação Brasileira de Normas Técnicas (ABNT):

DANTAS, Ivo. Da repercussão geral como pressuposto específico e como filtro ou barreira de qualificação do recurso extraordinário. *In*: CUNHA, Leonardo Carneiro da (Coord.). *Questões atuais sobre os meios de impugnação contra decisões judiciais*. Belo Horizonte: Fórum, 2012. p. 83-115. ISBN 978-85-7700-580-2.

---

[74] *Idem*, p. 292.
[75] 6. ed. atual. de acordo com as Leis nº 11.672 e nº 11.697, de 2008. São Paulo: Saraiva, 2009. p. 884. Itálicos e negritos no original.
[76] Consulte-se o sítio <www.stf.jus.gov.br> no qual se encontra uma relação de matéria com repercussão. Em 18.6.2009 esta relação constava de decisões proferidas entre 26.9.2007 a 04.6.2009.

EFEITO SUSPENSIVO E SUA CONCESSÃO JUDICIAL
APELAÇÃO, RECURSOS ESPECIAL E EXTRAORDINÁRIO

JOÃO LUIZ LESSA DE AZEVEDO NETO

1 Efeitos dos recursos

Os recursos, quando interpostos, agregam algo novo ao processo, desencadeando uma série de efeitos[1] na relação jurídica processual, os recursos, diferenciando-se dos meios autônomos de impugnação, não implicam no surgimento de uma relação jurídica nova. Eles implicam a continuação da discussão, do debate, no bojo do mesmo processo, gerando assim, como consequência, o prolongamento da litispendência.

Por excelência, eles veiculam o inconformismo da parte com a decisão tomada pelo julgador. São assim um desdobramento do próprio direito de ação. As partes podem se valer de todos os meios disponíveis para expor suas razões e argumentos. Ao impugnar a decisão, o objetivo é justamente a reversão do provimento dado pelo julgador, é a devolução da matéria decidida para que seja julgada novamente. Por isto, o primeiro efeito do recurso é devolver a matéria para que seja reanalisada.

Se a decisão judicial não for oportunamente impugnada, se a parte não manifestar oportunamente seu descontentamento, a decisão se tornará inatacável. Ocorrerá o fenômeno da preclusão. Assim, a decorrência mais próxima de qualquer recurso é impedir a preclusão e, em determinados casos, a formação da coisa julgada que depende desta, o segundo efeito é o de obstar preclusões.

---

[1] Flávio Cheim Jorge defende que rigorosamente só existe um efeito, o devolutivo, apontando que "o conteúdo do recurso é justamente a obtenção de um novo exame de determinada matéria" e os demais fenômenos decorrentes da interposição de um recurso não se tratariam "efetivamente um de um efeito, mas algo próximo e semelhante" (JORGE, Flávio Cheim. *Teoria geral dos recursos cíveis*. Rio de Janeiro: Forense, 2003. p. 245-250).

Não se dá a preclusão até que se escoe *in albis* o prazo para a interposição recursal, mas existem casos em que a não oposição imediata da parte, como se dá nos casos dos agravos retidos em audiência de instrução e julgamento, já implica a preclusão da matéria. O efeito de obstar a preclusão e o trânsito em julgado da decisão decorre da mera recorribilidade do ato, independe da efetiva interposição do recurso, e se estende pelo prazo legalmente previsto para o exercício do direito e se interposto o recurso até seu julgamento.

Assim, pincelamos dois efeitos dos recursos, o efeito obstativo e o efeito devolutivo. O efeito devolutivo se dá em qualquer caso *e se liga à própria noção de recurso*, de revisão de um pronunciamento anterior, e o obstativo também ocorre sempre, impedindo a preclusão e, por via de consequência a formação da coisa julgada, contanto que o recurso seja admissível, mas é um terceiro efeito, ou decorrência de interposição recursal, que vai nos interessar no presente estudo. É que a lei determina que determinadas decisões, seja por expressa determinação, seja pela possibilidade de requerimento do recorrente, não produzam seus efeitos pendente o julgamento de recurso ou até que se escoe o prazo para a interposição do recurso sem manifestação das partes, trata-se do efeito suspensivo.

Os atos processuais naturalmente produzem efeitos imediatos, o efeito suspensivo consiste justamente em impedir a pronta consumação dos efeitos de uma decisão até a apreciação do recurso. Desta forma, ele não é intrínseco à lógica recursal como o é o efeito devolutivo, não há recurso sem efeito devolutivo, mas a lei aponta quais decisões não produzirão imediatamente seus efeitos[2] ou o recorrente pode provocar o julgador a concedê-lo, delineando-se assim duas maneiras de manifestação deste efeito.

As duas maneiras de manifestação ou obtenção do efeito suspensivo são o critério legal (*ope legis*), a regra geral, e o critério de concessão judicial mediante requerimento da parte (*ope judicis*).[3] Na apelação, por exemplo, a regra atual é que haja sempre o efeito suspensivo, salvo as exceções elencadas no artigo 520 do Código de Processo Civil e na legislação especial.[4] Nestes casos, o recorrente pode solicitar ao julgador que suspenda os efeitos da decisão, em face das circunstâncias do caso.

Observe-se que no critério *ope legis* não é a interposição do recurso em si que determina o efeito suspensivo, ele em verdade o antecede. A interposição recursal

---

[2] DINAMARCO, Cândido Rangel. *Nova era do processo civil*. 3. ed. São Paulo: Malheiros, 2009. p. 146.

[3] José Miguel Garcia Medina e Teresa Arruda Alvim Wambier entendem que em verdade existem "no sistema recursal brasileiro, recursos que: a) em regra, têm efeito suspensivo; b) em regra não têm, mas podem ter efeito suspensivo; c) não têm nem podem ter efeito suspensivo, mas, neste caso, pode-se manejar medida cautelar com o intuito de se suspender os efeitos da decisão recorrida" [MEDINA, José Miguel Garcia; WAMBIER, Teresa Arruda Alvim. *Recursos e ações autônomas de impugnação*: de acordo com a nova sistemática para os recursos repetitivos no STJ (Lei nº 11.672/2008 e Resolução nº 8/2008). São Paulo: Revista dos Tribunais, 2008. p. 111].
Tal entendimento não se choca com o que apontamos aqui, pois, entendemos que ao se utilizar da medida cautelar para se suspender os efeitos da decisão recorrida se está utilizando do critério judicial (*ope judicis*) para a obtenção do efeito suspensivo, contrapondo-se a expressa previsão legal quanto a existência do efeito suspensivo (critério *ope legis*).

[4] Apenas a título exemplificativo: artigo 15 da lei, parágrafo único, da Lei nº 99.507/97 atribui efeito apenas devolutivo à apelação em *habeas data*, artigo 14 da Lei nº 5.478/68 prevê efeito suspensivo *ope judicis* para a ação civil pública, artigo 198,VI, do Estatuto da Criança e do Adolescente, prevê em regra apenas o efeito devolutivo para as ações que rege.

prolongará o efeito suspensivo até o seu julgamento, mas a decisão não produziu qualquer efeito e durante o prazo para a parte manifestar sua inconformidade não pode a parte vencedora dar seguimento à execução provisória.

No critério *ope judicis* é a determinação do julgador mediante requerimento da parte que determina a suspensão dos efeitos da decisão recorrida, tomando feição de natureza acautelatória como um "instrumento para assegurar a viabilidade de obtenção da tutela do direito ou para assegurar uma situação jurídica tutelável, conforme o caso."[5]

Embora quando se pense sobre este efeito normalmente se remeta às sentenças condenatórias, em que sua manifestação mais clara é impedir a execução provisória,[6] o efeito suspensivo, impede a produção de efeitos da decisão como um todo, e não apenas de sua feição de título executivo judicial.[7]

Não tendo o recurso de regra efeito suspensivo, isto é se a lei não determinar que determinada decisão não produzirá imediatamente seus efeitos, já possui a parte vencedora o direito à extração da carta de sentença para que se dê início à execução provisória, mas se for concedido efeito suspensivo pelo julgador, cessa no momento da publicação da decisão o direito à extração da carta de sentença ou à execução provisória, caso esta já tenha se iniciado.[8] Impede-se que a condenação produza seus efeitos.

Note-se que, o efeito suspensivo abrange apenas a parte impugnada pelo recurso, aproximando-se do efeito devolutivo.[9] É que a parte não impugnada ficará acobertada pela preclusão e, se for o caso, pela coisa julgada. O capítulo da sentença que não tenha sido atacado não ficará suspenso, já que não pode ser revisto, justificando-se assim o tratamento diferenciado dos capítulos,[10] estes entendidos como as "partes em que a sentença comporta uma decomposição útil".[11]

A parte não impugnada da decisão não será devolvida ao julgamento, e não poderá mais ser revista, ficará acobertada pela preclusão, assim não pode ter seus efeitos suspensos. Se não for interposto um recurso contra um determinado capítulo sua eficácia não pode ser suspensa, até pela impossibilidade de ele vir a ser modificado.

---

[5] MARINONI, Luiz Guilherme; ARENHART, Sérgio Cruz. *Curso de processo civil*: processo cautelar. São Paulo: Revista dos Tribunais, 2008. p. 23.

[6] Execução provisória, que não é a rigor provisória, mas incompleta, o traço marcante é a não realização integral dos atos executivos e não sua provisoriedade (Cf. LUCON, Paulo Henrique dos Santos. *Eficácia das decisões e execução provisória*. São Paulo: Revista dos Tribunais, 2000. p. 342-343).

[7] Neste sentido: MOREIRA, José Carlos Barbosa. *Comentários ao Código de Processo Civil*. 15. ed. Rio de Janeiro: Forense, 2009. p. 257. Em sentido contrário, Dinamarco entende que o efeito suspensivo só faz sentido para as sentenças condenatórias, já que pela própria lógica das sentenças constitutivas e declaratórias, elas só produziriam efeitos após o trânsito em julgado (DINAMARCO, Cândido Rangel. *Nova era do processo civil*. São Paulo: Malheiros, 2009. p. 148).

[8] NOGUEIRA, Antonio de Pádua Saubhie. *Execução provisória da sentença*: caracterização, princípios e procedimento. São Paulo: Revista dos Tribunais, 2005. p. 122-123.

[9] "Ocorrendo impugnação parcial (art. 505), quer a sentença, quer ao acórdão, somente o capítulo sujeito a recurso subordinar-se-á ao regime da execução provisória; definitivamente, ao invés, executar-se-á a parte autônoma, integrando capítulo separado e independente do que é objeto da impugnação pendente, em princípio insuscetível a mudanças pelo eventual provimento do recurso" (ASSIS, Araken. *Manual da execução*. 12. ed. São Paulo: Revista dos Tribunais, 2009. p. 343).

[10] NOGUEIRA, Antonio de Pádua Saubhie. *Execução provisória da sentença*: caracterização, princípios e procedimento. São Paulo: Revista dos Tribunais, 2005. p. 124-125.

[11] DINAMARCO, Cândido Rangel. *Capítulos de sentença*. 4. ed. São Paulo: Malheiros, 2009. p. 13.

A discussão quanto à obtenção do efeito suspensivo é, em verdade, uma manifestação da contraposição — e aparente antagonismo — entre celeridade e segurança jurídica ou justiça, o anseio de uma parte por uma execução rápida do julgado e a necessidade de não se lesionar os interesses da outra já que até o trânsito em julgado da decisão, ela ainda não foi condenada de maneira definitiva.[12]

Atualmente, há uma ânsia e uma preocupação com a celeridade do provimento jurisdicional, em se encontrar uma rápida solução para o litígio, seguindo o modelo adotado em outros países,[13] o projeto do novo Código de Processo Civil pretende restringir os casos de efeito suspensivo *ope legis*, invertendo a regra atual para que de regra os recursos sejam recebidos apenas no efeito devolutivo. Mas o direito não pode se conformar com a lesão injustificada a direitos, é preciso sempre se contrabalançar, se sopesar, o interesse na execução provisória e a necessidade de se impedir uma lesão que pode se mostrar injusta, ganha relevo, pois, o critério *ope judicis*.

Há uma aproximação entre o sistema recursal e a função jurisdicional acautelatória, na concessão do efeito suspensivo. A suspensão dos efeitos de uma decisão toma o contorno de uma medida acautelatória, procurando resguardar os interesses dos litigantes, contém-se pois a necessidade de celeridade, de uma execução provisória, em prol de uma maior segurança. De uma decisão final. É que as medidas acautelatórias procuram salvaguardar, bens ou direitos visando garantir a efetividade do provimento a ser dado no processo principal.[14]

Até o trânsito em julgado (ou até que fique acobertada pela preclusão) toda decisão no processo é provisória, podendo ser reformada, assim, impedir a produção dos efeitos de uma determinada decisão, atuação do efeito suspensivo, pode mesmo se mostrar garantidora de um resultado útil ao provimento jurisdicional, já que a execução provisória ou a eficácia imediata de uma decisão posteriormente reformada pode trazer sérios prejuízos ao recorrente.

Por isto, não se pode permitir a lesão de direitos em face de uma decisão que ainda pode vir a ser reformada, é preciso se conformar os interesses antagônicos dos litigantes. Por exemplo, se um tribunal estadual profere um acórdão de mérito contrário à Súmula do Superior Tribunal de Justiça, não se pode permitir a execução provisória deste julgado pois ele muito provavelmente será reformado. É preciso que se conceda uma medida acautelatória para impedir a lesão.[15]

É no poder geral de cautela, desta maneira, que reside a possibilidade de concessão do efeito suspensivo mesmo para os casos em que a lei de regra não o prevê, a

---

[12] "Em verdade, o antagonismo entre celeridade processual e segurança jurídica é apenas aparente, e o que garantirá a aplicação da justiça ao caso concreto, ao fim e ao cabo, é o equilíbrio entre ambas" (KOEHLER, Frederico Augusto Leopoldino. *A razoável duração do processo*. Salvador: JusPodivm, 2009. p. 29).

[13] CARVALHO FILHO, Milton Paulo de. *Apelação sem efeito suspensivo*. São Paulo: Saraiva, 2010. p. 75.

[14] WAMBIER, Luiz Rodrigues. Da integração dos subsistemas recursal e cautelar nas hipóteses do recurso especial e recurso extraordinário. In: NERY JUNIOR, Nelson; WAMBIER, Tereza Arruda Alvim (Coord.). *Aspectos polêmicos e atuais dos recursos cíveis e outras formas de impugnação às decisões judiciais*. São Paulo: Revista dos Tribunais, 2001. v. 4.

[15] "Na verdade, a função jurisdicional acautelatória — chamemo-la assim para englobar as várias espécies de tutela provisória — justifica-se constitucionalmente como mecanismo de concretização e harmonização de direitos fundamentais em conflito. Sua origem, sua importância, sua indispensabilidade, sua legitimidade, enfim, decorrem não de um ou outro dispositivo específico, e sim do próprio sistema constitucional organicamente considerado" (ZAVASCKI, Teori Albino. *Antecipação da tutela*. 5. ed. São Paulo: Saraiva, 2009. p. 63).

questão que se coloca é por um lado a pretensão de uma execução célere e proveitosa para uma parte, que a sentença ou acórdão produza de pronto seus efeitos, permitindo a fruição imediata do direito, e de outro a necessidade, social inclusive, de não lesar a outra parte, já que o conhecimento da questão foi devolvido a um órgão de maior hierarquia e a decisão a que se procura suspender pode ser substituída por outra que lhe seja favorável ou anulada, a depender dos vícios que eventualmente a maculem.

O efeito suspensivo é, sob este viés, "uma técnica de segurança que retira a eficácia de uma decisão impugnável por recurso".[16]

Se por um lado, entendemos que, ante inclusive a função instrumental do processo, os casos de efeito suspensivo *ope legis* devem ser restringidos, prestigiando-se também as decisões proferidas pelas instâncias inferiores. No projeto do novo Código de Processo Civil, os recursos serão de regra recebidos apenas no efeito devolutivo, tendo sido proposta a criação de um incidente de atribuição de efeito suspensivo[17] abrindo-se uma margem de discricionariedade em relação à concessão ou manutenção do efeito suspensivo, em contra posição ao sistema atual, ao menos na apelação, que é *ope legis* e não deixa margem de discricionariedade para o julgador quanto a conveniência de se suspender a decisão.

O melhor modelo é o que adota concessão do efeito suspensivo pelo magistrado, ante o requerimento da parte, analisando as peculiaridades do caso concreto, como verdadeira medida acautelatória, pois se há clara vantagem em se prestigiar as decisões, permitindo a execução provisória, por outro entendemos que não se há de convalescer e aceitar a lesão ao direito do recorrente, devendo os efeitos da decisão serem suspensos sempre que presente ao menos o perigo de dano e a probabilidade de provimento do recurso.

Por isto, é fundamental se entender o mecanismo para a obtenção do efeito suspensivo, o critério *ope judicis*, pois a tendência é que se limite os casos em que de regra existe o efeito suspensivo, o critério *ope legis*.

No presente estudo, atentos a estas circunstâncias, não apenas pela perspectiva de uma acentuação de sua importância, mas também pela concessão do efeito suspensivo judicialmente em determinadas situações, atualmente, se apoiar numa construção jurisprudencial e por isto mesmo um tanto quanto fluida, nos voltamos sobre a situação atual para a aplicação do critério *ope judicis* para a obtenção do efeito suspensivo nos Recursos Especial e Extraordinário e na apelação.

---

[16] JORGE, Flávio Cheim. *Teoria geral dos recursos cíveis*. Rio de Janeiro: Forense, 2003. p. 250.

[17] O projeto do novo Código de Processo Civil foi recentemente aprovado pelo senado e seguiu para a câmara dos deputados. O anteprojeto apresentado pela comissão de juristas, em relação ao efeito suspensivo na apelação, sofreu mudanças substanciais no formato do projeto adotado no relatório geral do senado, apresentado pelo seu relator o Senador Valter Pereira. No anteprojetom, o efeito suspensivo na apelação seria concedido *ope judicis* pelo relator ao decidir um incidente de atribuição de efeito suspensivo. No projeto do relatório geral do senado, o simples protocolo da petição, do incidente de atribuição de efeito suspensivo, tem o condão de suspender os efeitos da decisão. O modelo do anteprojeto apresentado pela comissão de juristas consagrava o efeito suspensivo *ope judicis*, no modelo do projeto do relatório geral do senado, o simples protocolo do incidente basta para suspender a decisão, é um efeito suspensivo *condicionado* ao protocolo do incidente, já que na prática o relator apenas poderá afastar o efeito suspensivo obtido com o protocolo do incidente. Não se sabe ainda qual será o modelo final a ser adotado pelo Novo CPC, caso ele seja aprovado. De qualquer maneira, não é este o foco do presente artigo, que se preocupa com os mecanismos de obtenção do efeito suspensivo no contexto do atual Código de Processo Civil.

2 A apelação e o critério *ope judicis* para a obtenção do efeito suspensivo

A regra no ordenamento jurídico pátrio sempre foi que a apelação tenha o efeito suspensivo, não o tendo apenas nos casos expressamente determinados no Código de Processo Civil ou em leis esparsas. Assim, durante longo tempo, antes das reformas empreendidas na década de 1990, na lei processual, entendia-se que a declaração do juiz ao receber o recurso de apelação, prevista no *caput* do artigo 518 do Código de Processo Civil, seria desprovida de qualquer conteúdo decisório. Ele limitar-se-ia a aplicar a lei observando se era, ou não, o caso de se receber a apelação apenas no efeito devolutivo, já que a regra é que ela seja recebida no duplo efeito.

Ao juiz e ao desembargador não cabiam analisar da pertinência ou não da concessão do efeito suspensivo, o critério seria *ope legis* e absoluto. Desta feita, sua manifestação de receber a apelação em ambos os efeitos ou apenas no devolutivo seria uma mera aplicação da lei, observados os critérios desta, sem que pudesse ser exercido qualquer juízo sobre a necessidade ou a conveniência da concessão ou não do efeito suspensivo, não importava se a parte corria um risco efetivo de lesão ao seu direito com a execução provisória, a aplicação do texto legal era direta.

A solução amplamente utilizada, em tal quadro, pela ausência de uma sistemática recursal adequada, era a utilização de mandado de segurança contra ato judicial, para evitar lesão à direito líquido e certo, a concessão de liminar no mandado de segurança daquela ação fazia as vezes do efeito suspensivo que o agravo e a apelação não tinham.[18]

Mas, com as alterações e reformas realizadas pelas Leis nº 8.952/94 e nº 9.139/95, modificando o artigo 558 do CPC, que se refere ao agravo, o julgador passou a, quando provocado pela parte, poder tomar uma decisão, atentando às peculiaridades do caso, para emprestar efeito suspensivo à apelação nos casos em que, fugindo da regra geral, a lei não o atribui. Com a reforma racionalizou-se a sistemática procedimental, limitando bastante o uso do mandado de segurança contra ato judicial nestas hipóteses,[19] possibilitando uma sistemática para se suspender os efeitos da sentença, assim o critério *ope judicis* para obtenção do efeito.[20]

O critério para a concessão do efeito suspensivo, com a atual feição do agravo de instrumento e da apelação, é aberto, trata-se de uma cláusula geral aberta, cabendo ao julgador, valendo-se de critérios de perigo e do risco de se ocorrer lesão grave e

---

[18] WAMBIER, Teresa Arruda Alvim. *Os agravos no CPC brasileiro*. 4. ed. São Paulo: Revista dos Tribunais, 2006. p. 405.

[19] LUCON, Paulo Henrique dos Santos. *Eficácia das decisões e execução provisória*. São Paulo: Revista dos Tribunais, 2000. p. 399.

[20] Essa alteração ocasionou (embora não tenha eliminado completamente) uma limitação dos casos de impetração de mandado de segurança contra ato judicial, antes da reforma de 1995, a lei não oferecia uma solução razoável para a obtenção do efeito suspensivo, levando as partes a lançarem mão do *writ* para tal fim. O que se entendia era nos casos em "que o ato do juiz não fosse recorrível através de recurso com efeito suspensivo seria, em tese, se preenchida as demais condições, vulnerável por meio do *writ*." Assim, com as alterações da década de 1990, " em face do sistema recursal atual, que tem como características (das mais importantes introduzidas pela Reforma, extensível aos casos do art. 520) a possibilidade de se imprimir *efeito suspensivo* a todo e qualquer recurso, desde que se esteja em face de recurso apoiado em fundamento relevante e que haja *periculum in mora* (art. 558), bem como de se anteciparem os efeitos da tutela (art. 527, inc. II)." Os trechos entre aspas são de: WAMBIER, Teresa Arruda Alvim. *Os agravos no CPC brasileiro*. 4. ed. São Paulo: Revista dos Tribunais, 2006. p. 431-432.

de difícil reparação e da probabilidade de provimento do recurso (fumaça do bom direito), avaliar a situação e decidir em quais efeitos receber o recurso, o que deve ser requerido e demonstrado pelo recorrente.

O artigo 558, muito embora refira-se ao recurso de agravo, aplica-se a outros recursos,[21] como à apelação, até pela expressa disposição de seu parágrafo único, o que não é incomum já que vários dos dispositivos localizados no capítulo referente apelação, por exemplo, são na verdade normas gerais aplicáveis às demais espécies recursais.

Assim, com a reforma, abriu-se um critério valorativo, *ope judicis*, que permite, ante a análise das circunstâncias do caso concreto, com fito de evitar lesões injustificadas ao direito do recorrente, a suspensão dos efeitos da sentença, atuando como uma técnica acautelatória de proteção e segurança jurídica, contrapondo-se ao critério *ope legis*, que determina a regra geral.

Para considerar o critério legal, o juiz não precisa ser provocado, ele está aplicando a regra, inclusive se neste caso ele se equivocar, recebendo o recurso apenas no efeito devolutivo quando deveria tê-lo feito no duplo efeito, poderá sanar de ofício o vício independentemente de qualquer manifestação da parte,[22] é que se trata de norma processual, de ordem pública,[23] se ele assim não o fizer espontaneamente, a parte pode, além de agravar de instrumento para que o tribunal reforme a decisão, requerer por simples petição nos autos que ele sane o vício.

Entretanto, para considerar o critério *ope judicis*, para receber o recurso emprestando o efeito suspensivo quando ele de regra não o teria, ele deve unicamente agir ante a provocação da parte, sendo "indispensável o requerimento do apelante, excluída a decretação *ex-officio*".[24]

Questão que se põe é se concessão do efeito suspensivo a recurso que pelo texto da lei não o tem é uma "opção" do julgador ou um direito subjetivo da parte. Ora, a questão advém de uma confusão desnecessária.

O magistrado não pode ser arbitrário, pela própria feição do processo, em quanto relação jurídica marcada pelo contraditório, se a parte, seguindo o procedimento correto demonstra a situação ensejadora que requeira a concessão do efeito suspensivo, não se concebe uma discricionariedade para o magistrado. Assim, é um direito subjetivo[25] da parte, cabendo a ela apenas, em contraditório, demonstrar tal situação.[26]

---

[21] CARVALHO FILHO, Milton Paulo de. *Apelação sem efeito suspensivo*. São Paulo: Saraiva, 2010. p. 99.

[22] JORGE, Flávio Cheim. *Teoria geral dos recursos cíveis*. Rio de Janeiro: Forense, 2003. p. 289.

[23] "Como se trata de regra processual, de ordem pública, o efeito suspensivo deve ser atribuído ao recurso por ato de ofício do juiz, independentemente de requerimento da parte ou interessado" (NERY JUNIOR, Nelson. *Teoria geral dos recursos*. 6. ed. São Paulo: Revista dos Tribunais, 2004. p. 456).

[24] MOREIRA, José Carlos Barbosa. *Comentários ao Código de Processo Civil*. 15. ed. Rio de Janeiro: Forense, 2009. p. 696.

[25] O termo aqui é utilizado para designar uma faculdade ou uma pretensão legalmente respaldada, não nos interessa, para este trabalho, o embate direito objetivo e subjetivo ou a conceituação filosófica deste. Sobre o tema: AFTALIÓN, Enrique R.; VILANOVA, José; RAFFO, Julio. *Introducción al derecho*. 4. ed. Buenos Aires: Abeledo-Perrot, 2004. p. 493-523.

[26] CARVALHO FILHO, Milton Paulo de. *Apelação sem efeito suspensivo*. São Paulo: Saraiva, 2010. p. 100-102; JORGE, Mário Helton. Recurso extraordinário: atribuição de efeito suspensivo. In: NERY JUNIOR, Nelson; WAMBIER, Tereza Arruda Alvim (Coord.). *Aspectos polêmicos e atuais dos recursos cíveis e outras formas de impugnação às decisões judiciais*. São Paulo: Revista dos Tribunais, 2002. v. 6, p. 424.

Não se deve confundir o fato de os critérios de *lesão grave e de difícil reparação* e *relevante fundamentação* serem "vagos", permitirem um amplo aspecto de preenchimento conceitual e ideológico (como aliás ocorre com todo o direito, pela sua construção linguística), com discricionariedade, pois este conceito remete à uma noção de escolha subjetiva, de livre escolha, o que não se concebe. Só se pode dizer que a concessão de efeito suspensivo é ato discricionário se tal for feito de maneira imprópria.[27] Incumbe à parte provocar o magistrado e ao longo de sua petição demonstrar tal situação, que sopesada, em consonância com o conjunto probatório dos autos, formará convencimento do magistrado quanto ao perigo de dano e à probabilidade de provimento do recurso.

Na generalidade dos casos, a apelação deve ser recebida no duplo efeito, esta é a regra no ordenamento jurídico pátrio de acordo com o artigo 520 do Código de processo civil, e o juiz deve determinar tal situação *ex officio*, o juiz ao receber o recurso deve seguir o comando legal e o princípio receber o recurso em conformidade com o critério legal, de modo semelhante nos casos elencados nos incisos do artigo 520 do CPC deve receber a apelação apenas no efeito devolutivo, a menos que o recorrente, expondo suas razões e demonstrando o risco de ocorrerem danos graves, peça a suspensão dos efeitos da sentença.[28]

No concernente a quem pode aplicar o critério *ope judicis* para a concessão do efeito suspensivo, a doutrina se divide em afirmar se já poderia o juiz, provocado pela parte, analisando o caso, conceder o efeito suspensivo ou se tal poder estaria reservado apenas ao desembargador.

Pontes de Miranda entendia que o pronunciamento do juiz em relação aos efeitos em que recebe a apelação era um despacho irrecorrível, mas poderia o apelante ou o apelado dirigir-se ao "relator da apelação para que corrija a classificação da apelação interposta".[29]

Atualmente, nos casos em que *ex vi legis* não há efeito suspensivo para a apelação parte da doutrina[30] entende que mediante requerimento da parte, no bojo da própria apelação, o juiz e o desembargador (e não apenas este último) podem conceder o efeito suspensivo, o argumento é que o critério *ope judicis* enquadra-se no poder geral de cautela concedido ao juiz.

---

[27] "Entretanto, o indeferimento do pedido, formulado pela parte, com base no art. 558, no sentido de que o agravo de instrumento tenha efeito suspensivo, não é, como se viu, ato propriamente discricionário" (WAMBIER, Teresa Arruda Alvim. *Os agravos no CPC brasileiro*. 4. ed. São Paulo: Revista dos Tribunais, 2006. p. 385-386).

[28] "Em outras palavras, ao receber o recurso, o julgador *não* poderá *de ofício* conceder efeito suspensivo a recurso que não o tem. Sua atividade deve ser, na espécie, vinculada, devendo receber, não custa repetir, o recurso no efeito indicado pela lei. O que se pretende deixar consignado é que o juiz somente poderá conceder efeito suspensivo a recurso dele desprovido *caso* haja requerimento da parte neste sentido, sendo-lhe defeso fazê-lo de ofício" (CUNHA, Leonardo José Carneiro da. Meio processuais para concessão de efeito suspensivo a recurso que não o tem. *In*: NERY JUNIOR, Nelson; WAMBIER, Tereza Arruda Alvim (Coord.). *Aspectos polêmicos e atuais dos recursos cíveis e outras formas de impugnação às decisões judiciais*. São Paulo: Revista dos Tribunais, 2005. v. 8).

[29] PONTES DE MIRANDA, Francisco Cavalcanti. *Comentários ao Código de Processo Civil*. Rio de Janeiro: Forense, 2002. t. VII, p. 179.

[30] JORGE, Flávio Cheim. *Teoria geral dos recursos cíveis*. Rio de Janeiro: Forense, 2003. p. 287; DIDIER JUNIOR, Fredie; CUNHA, Leonardo José Carneiro da. *Curso de direito processual civil*: meios de impugnação às decisões judiciais e processo nos tribunais. 5. ed. Salvador: JusPodivm, 2008. p. 115; NERY JUNIOR, Nelson. *Teoria geral dos recursos*. 6. ed. São Paulo: Revista dos Tribunais, 2004. p. 457.

Contudo, José Carlos Barbosa Moreira, criticando inclusive a posição de Clito Fornaciari Jr., entende que apenas o relator da apelação, também mediante requerimento do apelante, e não o juiz de primeiro grau, pode, analisando o caso, conceder o efeito suspensivo até a decisão final da câmara ou turma.[31]

Em se aceitando que apenas o desembargador relator é que pode na apelação conceder o efeito suspensivo, encarando-se a realidade de nosso sistema judiciário, haverá um lapso de tempo entre a apelação ser recebida, ouvida as contra-razões, efetuado o juízo provisório de admissibilidade, encaminhada ao tribunal, distribuída, encaminhada ao gabinete, para só então ser analisado o pedido de concessão do efeito suspensivo pelo desembargador, neste meio tempo — que pode ser longo — o apelado já poderia dar início a execução provisória, situação que pode ocasionar danos ao apelante.

Assim, para evitar danos decorrentes da demora do processamento do recurso no primeiro grau, sugere Barbosa Moreira, que deveria se aceitar que o apelante requisitasse a suspensão, através de um instrumento, diretamente ao tribunal, visando que o relator sorteado deliberasse primeiramente apenas sobre a concessão da medida suspensiva.[32]

Entendemos que o juiz pode conceder o efeito suspensivo a recurso que não o tem via de regra, pois é preciso lembrar que embora o parágrafo único do artigo 558, inserido pela Lei nº 9.139/95, tenha estendido à apelação a suspensão *ope judicis*, o artigo originariamente referia-se apenas ao recurso de agravo de instrumento e por isto é que faz menção expressa ao relator, é que este recurso, diferentemente daquele, interpõe-se diretamente no tribunal. Como a apelação é interposta no primeiro grau nos parece que o juiz pode sim conceder a suspensão dos efeitos da sentença.[33]

Observe-se que mesmo em relação ao agravo de instrumento, antes da reforma, quando este era interposto perante o juiz, sendo remetido posteriormente ao tribunal, o magistrado tinha expressamente poderes para suspender a execução da medida agravada. Na redação original do Código de 1973, bem como na redação dada pela Lei nº 5.925/73 o parágrafo único dispunha literalmente "igual competência tem o juiz da causa enquanto o agravo não tiver subido". Assim, atento também a esta nuance histórica, como a apelação é interposta na primeira instância deve se entender também ter o juiz poderes para conceder o efeito suspensivo.

Neste sentido a legislação especial contém preceitos que expressamente permitem o juiz conceder o efeito suspensivo, o Estatuto da Criança e do Adolescente (Lei nº 8.069/90), que possui regra processuais próprias, regendo-se supletivamente pelas normas do Código Processual, em seu artigo 215 estabelece que o *juiz* pode conceder efeito suspensivo aos recursos, que via de regra não o tem, para evitar danos irreparáveis à parte. Ao revés, quando a lei de proteção ao menor estabelece

---

[31] MOREIRA, José Carlos Barbosa. *Comentários ao Código de Processo Civil*. 15. ed. Rio de Janeiro: Forense, 2009. p. 468.
[32] MOREIRA, José Carlos Barbosa. *Comentários ao Código de Processo Civil*. 15. ed. Rio de Janeiro: Forense, 2009. p. 697. O modelo, já proposto por Barbosa Moreira é muito próximo do apontado no anteprojeto da comissão de juristas do novo Código de Processo Civil.
[33] SOUZA, Bernardo Pimentel. *Introdução aos recursos cíveis e à ação rescisória*. 6. ed. São Paulo: Saraiva, 2009. p. 463-464.

o efeito suspensivo como regra, como se dá no caso da adoção por estrangeiro, não pode o juiz afastá-la.[34]

O regramento dos Juizados Especiais Cíveis (Lei nº 9.099/95), com redação muito próxima por sinal ao artigo 215 do Estatuto da Criança e do Adolescente, prevê, em seu artigo 43, que o recurso inominado será recebido apenas no efeito devolutivo, mas permite ao juiz conceder o efeito suspensivo, em existindo o perigo de lesão à direito do recorrente.

Por isto, acreditamos que no recurso de apelação tanto o juiz quanto o relator possuem competência para conceder o efeito suspensivo, em face das características do apelo, e pela própria sistemática recursal, além dos dispositivos de lei especial expressamente permitirem tal situação em seus microcosmos de incidência.

Para que o juiz conceda o efeito suspensivo nos casos em que a lei não o prevê, ou, especificamente no caso da apelação, o afasta, é indispensável, como dito linhas acima, que a parte o provoque,[35] e deve fazê-lo no bojo da própria apelação ou em petição avulsa, mas é indispensável que o faça, se não o juiz deverá aplicar a previsão legal, recebendo o recurso apenas no efeito devolutivo.

Se o juiz, devidamente provocado, não conceder o pretendido efeito suspensivo, o apelado deve interpor agravo de instrumento contra esta decisão, não basta mero pedido de reconsideração ao juiz, uma vez proferida esta decisão, ela não poderá ser por ele modificada. Caberá então, nos autos do agravo de instrumento, em que a parte demonstrará que o juiz foi provocado e, presente o permissivo legal, caracterizado o risco de lesão ao seu direito, o juiz equivocadamente indeferiu o seu pedido ou se for a parte apelada, ela alegará que o efeito suspensivo concedido não encontrava sustentação legal, por não existir perigo de dano.

A interposição do agravo de instrumento contra a decisão do juiz que nega o pedido de atribuição de efeito suspensivo pela parte é cabível e atraente pela prontidão de sua sistemática, já que é distribuído *incontinenti* e tem preferência para julgamento, mas, entendemos, que embora não ajuizado o agravo de instrumento o relator da apelação desde que provocado nos autos, poderá, conceder o efeito suspensivo, quando receber a apelação. É que o juízo de admissibilidade, embora a concessão de efeito suspensivo não o integre propriamente, exercido pelo juiz de primeiro grau é sempre provisório podendo ser revisto no tribunal.

Mas, se o apelante não houver provocado o juiz e este, em virtude disto, receber a apelação apenas no efeito devolutivo, observando o previsto nos incisos do artigo 520 do CPC, ao que nos parece, é incabível o agravo de instrumento. É que neste caso, como não poderia agir de ofício de maneira contrária, o juiz limitou-se a aplicar a previsão legal, a rigor não houve qualquer *erro*. A parte deveria ter se manifestado oportunamente, fosse no bojo da própria apelação ou por petição nos autos, e não o fez. Ora, uma decisão em que só se tem uma opção (aplicar a previsão legal), como a

---

[34] CURY, Munir; PAULA; Paulo Afonso Garrido de; MARÇURA, Jurandir Norberto. *Estatuto da Criança e do Adolescente anotado*. 3. ed. São Paulo: Revista dos Tribunais, 2002. p. 180.

[35] Em comentário ao artigo 558, referindo-se ao agravo, mas que, com a inclusão do parágrafo único pela Lei nº 9.139/95, aplica-se também à apelação, Pontes de Miranda colocava que: "sem o requerimento do agravante, o relator não pode suspender o cumprimento da decisão agravada. Atua, no particular, o princípio dispositivo, que governa os recursos judiciais, parecidos com as ações" (PONTES DE MIRANDA, Francisco Cavalcanti. *Comentários ao Código de Processo Civil*. Rio de Janeiro: Forense, 2002. t. VIII, p. 231).

situação do juiz neste caso, é uma não decisão, é uma mera aplicação de uma regra, incabível, pois, o agravo *in casu*.

Não nos parece também correto o argumento de que o artigo 522 prevê agravo de instrumento contra casos de inadmissão da apelação e nos relativos aos efeitos em que a apelação é recebida, justificando-se assim sempre o cabimento do agravo de instrumento. É que neste artigo o legislador procura demonstrar que não cabe agravo retido que é a regra para atacar as decisões interlocutórias, apenas o de instrumento. Realmente não poderia ser agravo retido de maneira alguma, pois não traria qualquer resultado útil à parte, que poderia ver o desenrolar da execução provisória, enquanto o agravo estaria retido nos autos ainda na primeira instância esperando a subida ao tribunal. Este é o ponto, a lei quer demonstrar a inutilidade do agravo retido, e não que em qualquer caso é cabível o agravo de instrumento.

Só cabe o agravo de instrumento para atacar a decisão quanto aos efeitos em que apelação é recebida se houver *erro*, equívoco do juiz ao aplicar o critério *ope legis*, por exemplo, se a lei designar que ele receba no duplo efeito e ele recebe apenas no devolutivo. Ou se o recorrente o provocar (critério *ope judicis*) para que conceda o efeito suspensivo a uma situação constante dos incisos do artigo 520 ou da legislação especial no mesmo sentido, sua *decisão* será agravável independentemente de seu conteúdo pela parte a prejudicada: o recorrente se o pedido for negado ou o recorrido se for concedido.

Por isto, entendemos, incabível o agravo de instrumento visando conceder efeito suspensivo a este pronunciamento que recebeu apenas no efeito devolutivo, aplicando o critério legal do artigo 520 do CPC, se não tiver havido anterior provocação do recorrente. A medida cabível neste caso, além de se provocar o relator pedindo a concessão do efeito suspensivo,[36] seria a utilização de ação cautelar ajuizada diretamente perante o tribunal, já que com a interposição da apelação a este foi devolvido o conhecimento da matéria cessando a atividade cognitiva do juiz de primeira instância.

A ação cautelar dirigida ao tribunal pode ser utilizada de maneira concorrente ao pedido de atribuição de efeito suspensivo ao juiz ou do agravo de instrumento contra a decisão negativa deste. Não há qualquer ofensa ao princípio da singularidade, a ação cautelar não tem a feição de recurso, ela é uma ação autônoma, que tem por escopo resguardar o direito, evitando lesões injustificadas.[37]

Paulo Henrique dos Santos Lucon, aponta que neste caso a medida cautelar não se destina a atribuir efeito suspensivo a recurso que por lei não o teria, mas a suspender a realização dos atos executivos que provoquem males de difícil reparação, o que se aplica à maioria dos casos.[38]

---

[36] Note-se que agora, já tendo sido exercido o juízo de admissibilidade pelo juízo singular, a provocação se dá necessariamente por petição nos autos, mesmo que este não esteja ainda fisicamente no tribunal ou ainda não tenha sido distribuído o relator.

[37] CUNHA, Leonardo José Carneiro da. Meios processuais para concessão de efeito suspensivo a recurso que não o tem. *In*: NERY JUNIOR, Nelson; WAMBIER, Tereza Arruda Alvim (Coord.). *Aspectos polêmicos e atuais dos recursos cíveis e outras formas de impugnação às decisões judiciais*. São Paulo: Revista dos Tribunais, 2005. v. 8, p. 301-303.

[38] LUCON, Paulo Henrique dos Santos. *Eficácia das decisões e execução provisória*. São Paulo: Revista dos Tribunais, 2000. p. 402.

Contudo, é preciso se observar que o pedido de não realização dos atos de execução se justifica somente nos casos de sentenças condenatórias, mas o efeito suspensivo, conforme Barbosa Moreira, não suspende apenas a execução provisória da sentença, mas sua eficácia. O efeito suspensivo impede que a decisão produza qualquer resultado no mundo jurídico, é pois conceito mais amplo. Sob este viés, a cautelar, em especial nos casos de sentenças declaratórias e constitutivas, objetiva justamente que a sentença não produza efeito algum, a não execução provisória do julgado é apenas uma de suas decorrências.

2.1 A posição restritiva do Superior Tribunal de Justiça

Embora defendamos, conforme exposto, e do ponto de vista teórico seja uma solução acertada e plenamente viável, o uso da cautelar para obter efeito suspensivo para a apelação, o Superior Tribunal de Justiça, entretanto, tem uma posição restritiva sobre o tema, não aceitando o uso de medida cautelar para tal fim.[39]

O STJ entende que, neste caso, é sempre cabível agravo de instrumento[40] contra o pronunciamento do juiz sobre os efeitos em que recebe a apelação, sendo incabível medida cautelar contra ato judicial de que cabe recurso. O problema é, segundo já expusemos, que para o juiz pode, em certos casos, não haver qualquer margem decisória para sua atuação: ele tem que aplicar o critério *ope legis*, ele só pode aplicar o critério *ope judicis* se provocado pela parte. Se a parte não o provocar, do seu pronunciamento aplicando o modelo legal não cabe agravo.

O agravo de instrumento, segundo entendemos, é cabível apenas no caso em que provocado o juiz *decide* seja para conceder ou não o pedido ou em que ele *erra* aplicando, sem pedido da parte, efeito diferente do previsto na lei. De outra forma, o pronunciamento do juiz é desprovido de caráter decisório, não fazendo sentido se cogitar do uso de agravo de instrumento.

Nesta situação, nos parece, estar claro o interesse de agir para a ação cautelar, embora o relator por simples petição possa conceder o efeito suspensivo, nos casos de urgência, pode haver danos irreparáveis ao apelante pela demora no processamento do apelo. Apresentando-se a cautelar como instrumento hábil à salvaguardar o direito do recorrente.

Também não se há de cogitar de qualquer maneira de preclusão em relação ao uso da cautelar, por se tratar de fenômeno endoprocessual. Só há preclusão em relação ao pedido ser dirigido ao juiz, pronunciado os efeitos em que recebe a apelação e exercido o juízo de admissibilidade este não mais pode rever sua decisão, não havendo qualquer óbice ao uso da medida cautelar mesmo que também se peticione nos autos pedindo a concessão do efeito suspensivo ao relator.

---

[39] BRASIL. Superior Tribunal de Justiça. Ag. Reg. no Bem. de Dec. No REsp 1114765/SP Rel. Min. Humberto Martins, 2T, julgado em 15.10.2009, *DJe* publicação em 23.out. 2009; BRASIL. Superior Tribunal de Justiça. REsp 263.824/CE Rel. Min. Waldemar Zeveiter, 2T; BRASIL. Superior Tribunal de Justiça. Ag. Reg. no REsp 845877/RO Rel. Min. Humberto Gomes de Barros, 3T, julgado em 12.2.2008, *DJe* publicação em 13 mar. 2008.

[40] Veja-se parte da ementa do Ag. Reg. no REsp. 8.86.613/SP: "Não é admissível ação cautelar contra ato judicial passível de recurso, visto que o pedido de efeito suspensivo, este previsto tanto para o agravo de instrumento (arts. 527, II, e 588, CPC), quanto para a apelação quando desprovida do referido efeito (arts. 520 e 558, parágrafo único, CPC) revelam-se mais adequados para tutelar a situação." (BRASIL. Superior Tribunal de Justiça. Ag. Reg. no REsp. 8.86.613/SP Rel. Min. Mauro Campbell Marques, 2T, julgado em 03.02.2009, *DJe* publicação em 18 fev.2009).

2.2 Os efeitos da apelação quando há um processo cautelar e um processo principal

Pode existir o caso em que haja um processo principal e outro cautelar, tenha este sido proposto de maneira preparatória ou incidental, a questão é saber em quais efeitos deve ser recebida a apelação, já que ambos os processos são julgados conjuntamente e a legislação prevê, que de regra, a apelação deve ser recebida tanto no efeito devolutivo quanto no suspensivo e a ação cautelar apenas no efeito devolutivo, pelo disposto no inciso IV do artigo 520 do Código de Processo Civil.

O posicionamento do Superior Tribunal de Justiça tranquilo, tirando-se algumas decisões monocráticas destoantes, já há algum tempo, é de que a ação principal deve ser recebida no duplo efeito e a ação cautelar apenas no efeito devolutivo, não se suspendendo assim os efeitos da decisão anteriormente tomada. A Corte Especial, inclusive, em julgado recente, firmou tal posição ao julgar os Embargos de Divergência 663.570-SP.[41]

Com a decisão dos Embargos de Divergência, uniformiza-se a jurisprudência interna do STJ, eliminando-se qualquer conflito interno de entendimento na corte superior.[42] A decisão prestigia a autonomia da ação cautelar em relação à ação principal, elas correm em conjunto mas não há qualquer subordinação entre elas, não se justificando a posição vencida de como apenas uma sentença julgaria as duas ações se deveria preservar a assessoriedade da cautelar.[43]

Assim, os efeitos da apelação contra a sentença única que julga ação cautelar a principal deve ser, via de regra, recebida no duplo efeito no concernente à ação principal e apenas no devolutivo em relação à cautelar.

Entender que o simples fato de se ter julgado em uma única sentença formal, embora materialmente existam duas sentenças (já que materialmente são distintas) a ação cautelar e a principal, tendo a sentença principal sido atacada por apelação com efeito suspensivo, obstaria a produção de efeitos da sentença proferida na ação cautelar, seria retirar da ação cautelar a sua função de resguardar direitos, de prevenir lesões.

3 Obtenção do efeito suspensivo nos recursos especial e extraordinário

Para os recursos extremos, gênero do qual são espécies o recurso especial e o recurso extraordinário, a lei não prevê a suspensão dos efeitos da decisão recorrida.

---

[41] "O entendimento que deve prevalecer é o que já vem, há muito, consolidando-se no STJ. Ainda que julgadas, por sentença única, ação principal e cautelar, o recurso de apelação interposto deve ser recebido no duplo efeito, quanto ao capítulo que decide a principal, e apenas no efeito devolutivo, no capítulo relativo à ação cautelar" (BRASIL. Superior Tribunal de Justiça. Embargos de divergência em Recurso Especial 663.570/SP. Rel. Min. Nancy Andrighi, Corte Especial, julgado em 15.4.2009, *DJe* publicação em 18 maio, 2009).

[42] DIDIER JUNIOR, Fredie; CUNHA, Leonardo José Carneiro da. *Curso de direito processual civil*: meios de impugnação às decisões judiciais e processo nos tribunais. 5. ed. Salvador: JusPodivm, 2008. p. 333.

[43] "O tribunal estadual, quando recebeu a apelação em seus duplos efeitos, devolutivo e suspensivo, o fez levando em consideração o fato de ela ter sido interposta contra sentença que julgou simultaneamente a ação principal e a cautelar, devendo ser preservada, portanto, a assessoriedade da medida cautelar" (BRASIL. Superior Tribunal de Justiça. Embargos de divergência em Recurso Especial 663.570/SP. Rel. Min. Aldair Passarinho, decisão monocrática, *DJ* publicação em 21 jun. 2006).

Em regra, estes recursos são recebidos apenas no efeito devolutivo, assim a decisão recorrida produz imediatamente todos os seus efeitos, permitindo-se, logicamente, a execução provisória.[44]

Nos casos de recurso especial e extraordinário, o recorrente pode obtê-lo, valendo-se do critério *ope judicis*, por simples petição nos autos ou mediante o ajuizamento de ação cautelar incidental com fulcro no artigo 800 do Código de Processo Civil, devendo para tanto comprovar a existência do risco de vir a sofrer um dano grave ou de difícil reparação.[45]

O artigo 497 do Código de Processo Civil que prevê em regra apenas o efeito devolutivo para os Recursos Especial e Extraordinário é excepcionado através do manejo de medida acautelatória, conferindo o efeito suspensivo a recursos que de regra não o teriam.[46]

A cautelar toma uma feição de incidente processual, voltado para garantir a eficácia do acórdão proferido no recurso excepcional, garantindo a segurança jurídica, suspendendo os efeitos do acórdão prolatado pelo tribunal *ad quo*.

É neste sentido que Luiz Rodrigues Wambier aponta a existência de um mecanismo de integração entre o sistema recursal e o sistema cautelar, nos recursos excepcionais. Procura-se garantir a efetividade do processo, postergando a produção imediata dos efeitos da decisão impugnada.[47] Sob este viés, não se trata de uma forma de ir de encontro ao texto legal que prevê apenas o efeito devolutivo, preconiza a celeridade, ao contrário, se prestigia a segurança jurídica, ao se permitir que o lado negativo da não suspensão, a possibilidade de dano ao recorrente quando seu direito aparenta ser bom, seja controlado e se permita ao processo apresentar uma solução útil às partes.

Os tribunais têm sido criteriosos em analisar a admissibilidade e os requisitos para a concessão da suspensão dos efeitos da decisão atacada por recurso extremo através de ação cautelar (que serão apresentados adiante), e é realmente necessário prudência ao se conceder o efeito suspensivo em tal situação, já que aqui se expõe o

---

[44] WAMBIER, Luiz Rodrigues. Da integração dos subsistemas recursal e cautelar nas hipóteses do recurso especial e recurso extraordinário. *In*: NERY JUNIOR, Nelson; WAMBIER, Tereza Arruda Alvim (Coord.). *Aspectos polêmicos e atuais dos recursos cíveis e outras formas de impugnação às decisões judiciais*. São Paulo: Revista dos Tribunais, 2001. v. 4, p. 707.

[45] JORGE, Mário Helton. Recurso extraordinário: atribuição de efeito suspensivo. *In*: NERY JUNIOR, Nelson; WAMBIER, Tereza Arruda Alvim (Coord.). *Aspectos polêmicos e atuais dos recursos cíveis e outras formas de impugnação às decisões judiciais*. São Paulo: Revista dos Tribunais, 2002. v. 6, p. 419-420.

[46] "O art. 497 do CPC determina que 'o recurso extraordinário e o recurso especial não impedem a execução da sentença.' Não obstante é possível a suspensão dos efeitos da decisão recorrida, no caso através do manejo de medida cautelar (cf. Art. 5º, XXXV, da CF, c/c art. 800 CPC; súmulas 634 e 635 do STF). Resta, assim, evidentemente esvaziado o conteúdo do art. 497 do CPC, transcrito acima. No mínimo, deveria aquele preceito legal ser lido como se comportasse exceção, devendo a regulação normativa, *em sua integralidade*, ser assim entendida: *a decisão impugnada por recurso extraordinário ou especial pode ser diretamente executada, salvo suspensão cautelar de seus efeitos*" (MEDINA, José Miguel Garcia; WAMBIER, Teresa Arruda Alvim. *Recursos e ações autônomas de impugnação*: de acordo com a nova sistemática para os recursos repetitivos no STJ (Lei 11.672/2008 e Resolução 8/2008). São Paulo: Revista dos Tribunais, 2008. p. 110).

[47] WAMBIER, Luiz Rodrigues. Da integração dos subsistemas recursal e cautelar nas hipóteses do recurso especial e recurso extraordinário. *In*: NERY JUNIOR, Nelson; WAMBIER, Tereza Arruda Alvim (Coord.). *Aspectos polêmicos e atuais dos recursos cíveis e outras formas de impugnação às decisões judiciais*. São Paulo: Revista dos Tribunais, 2001. v. 4, p. 712.

confronto entre interesses — e valores — contrapostos, novamente coloca-se entre a efetividade e a celeridade, entre o tempo e o perigo de dano.[48]

A legislação, por regra prescreveu a inexistência de efeito suspensivo para os recursos extremos, preferiu a celeridade. Assim, sua concessão, se preconizar a segurança jurídica, é medida excepcional, que deve ser deferida e analisada com atenção e razoabilidade, levando em consideração especialmente a probabilidade de provimento do recurso, pois também é legítimo o interesse do recorrido em dar seguimento à execução provisória, já que possui uma decisão de segunda instância a seu favor.

3.1 O tribunal a que deve ser dirigida a cautelar

Da inteligência do artigo 800 do CPC e seu parágrafo único se depreende que antes de interposição do recurso excepcional cabe ao órgão *a quo* conhecer da medida cautelar e após a interposição do recurso caberia ao tribunal *ad quem* conhecer da medida cautelar. "A lei não exige que o recurso tenha sido *admitido* ou *recebido para processamento* para que o tribunal *ad quem* seja competente para apreciar e decidir a cautelar".[49]

Todavia, o Supremo Tribunal Federal tem o posicionamento, firme,[50] e sumulado de não ser possível ajuizar a cautelar diretamente no Pretório Excelso enquanto não for exercido o juízo de admissibilidade provisório pelo tribunal *a quo*, é o que consta da Súmula nº 634,[51] e que antes de exercido o juízo provisório de admissibilidade a ação cautelar deve ser proposta perante o próprio tribunal *a quo*, incumbindo ao seu presidente julgar a ação, segundo a Súmula nº 635.[52]

Tal posição "encontrou grande receptividade"[53] no Superior Tribunal de Justiça, entretanto, nesta Corte, há decisões seguindo a posição do Supremo,[54] e outras em sentido contrário, entendendo que em situações excepcionais, para resguardar o direito do recorrente o STJ poderia conhecer da cautelar embora pendente o juízo de admissibilidade pelo tribunal *a quo*.[55] Este é o contexto atual, apesar de, antes da edição

---

[48] AZZONI, Clara Moreira. *Recurso especial e extraordinário*: aspectos gerais e efeitos. São Paulo: Atlas, 2009. p. 234.
[49] NERY JUNIOR, Nelson. *Teoria geral dos recursos*. 6. ed. São Paulo: Revista dos Tribunais, 2004. p. 459.
[50] SANT'ANNA, Paulo Afonso de Souza. Competência e meio processual para atribuição de efeito suspensivo aos recursos especial e extraordinário (súmulas 634 e 635 do STF). In: NERY JUNIOR, Nelson; WAMBIER, Tereza Arruda Alvim (Coord.). *Aspectos polêmicos e atuais dos recursos cíveis e outras formas de impugnação às decisões* judiciais. São Paulo: Revista dos Tribunais, 2005. v. 8, p. 570.
[51] Súmula 634 do STF: "Não compete ao Supremo Tribunal Federal conceder medida cautelar para dar efeito suspensivo a recurso extraordinário que ainda não foi objeto de juízo de admissibilidade na origem."
[52] Súmula 635 do STF: "Cabe ao presidente do tribunal de origem decidir pedido de medida cautelar em recurso extraordinário ainda pendente do seu juízo de admissibilidade."
[53] "A Suprema Corte editou as súmulas 634 e 635, com grande receptividade no Superior Tribunal de Justiça (ressalvado casos excepcionais)" (CARNEIRO, Athos Gusmão. *Recurso especial, agravos e agravo interno*. 5. ed. Rio de Janeiro: Forense, 2008. p. 127).
[54] BRASIL. Superior Tribunal de Justiça. Ag. Reg. na Ação Cautelar 9.838/MS. Rel. Min. Honildo Amaral de Mello Castro (convocado), 4T, julgado em 05.11.2009, *DJe*, publicação em 16. nov. 2009. BRASIL. Superior Tribunal de Justiça. Ag. Reg. na Ação Cautelar 6.470/SC. Rel. Min. Luis Felipe Salomão, 4T, julgado em 27.10.2009, *DJe* publicação em 16 nov. 2009.
[55] BRASIL. Superior Tribunal de Justiça. Ag. Reg. na Ação Cautelar 15.794/GO. Rel. Min. Hamilton Carvalhido, 1T, julgado em 13.10.2009, *DJe* publicação em 20 nov. 2009.

das súmulas, tivesse entendimento diferente, conhecendo de medidas cautelares para emprestar efeito suspensivo independentemente do exercício prévio do juízo de admissibilidade pelo tribunal *a quo* e até mesmo em casos em que o recurso não havia sido ainda interposto,[56] o STJ, desta maneira, atualmente, aproximou-se da posição do STF.

Por isto, é preciso atenção para se entender a que órgão deve ser pedido a medida acautelatória de se suspender os efeitos da decisão recorrida, para que o pedido não seja indeferido por uma formalidade.

(i) Assim, se abrem dois momentos para a interposição da cautelar. Um, antes do juízo positivo de admissibilidade, e mesmo antes da interposição do próprio recurso extremo, quando a cautelar deverá ser proposta perante o próprio tribunal *a quo*. Outro, após, mesmo que os autos não tenham ainda sido remetidos ao Tribunal Superior, em que a cautelar deve ser ajuizada no tribunal *ad quem*. Se tal não for seguido, a cautelar será julgada improcedente, consonante à posição dos Tribunais Superiores.[57]

No tribunal de origem, o efeito suspensivo pode ser requerido ao presidente do tribunal por simples petição nos autos ou por medida cautelar.[58] A incumbência do presidente do tribunal *a quo* é exercer o juízo provisório de admissibilidade e, neste momento, ele decidirá sobre a concessão ou não do efeito suspensivo.

Após o juízo positivo de admissibilidade, a cautelar deve ser proposta diretamente no Tribunal Superior, não mais perante o órgão de origem, e será decidida monocraticamente pelo relator, desta decisão é cabível agravo interno.

(ii) Mas deve se atentar a uma situação. Quando houver a interposição simultânea de recurso especial e extraordinário, exercido o juízo positivo de admissibilidade pelo presidente do tribunal de origem, os autos serão primeiramente enviados ao Superior Tribunal de Justiça (artigo 543 do CPC), devendo aí ser proposta a ação cautelar para emprestar efeito suspensivo aos recursos excepcionais.

Assim, para além do mero juízo de admissibilidade positivo pelo tribunal de origem, segundo a Súmula nº 634 e nº 635, para que a cautelar seja proposta no Supremo Tribunal Federal, é preciso que os autos estejam efetivamente no Pretório Excelso para que este conheça da cautelar, enquanto os autos estiverem no Superior Tribunal de Justiça, é aí que deverá ser proposta a ação cautelar.[59]

(iii) No julgamento de recurso sobrestado em face do reconhecimento de repercussão geral, o Supremo Tribunal Federal, em seu Informativo de nº 528, firmou o posicionamento de que compete ao tribunal *a quo* o julgamento das ações cautelares

---

[56] RODRIGUES NETTO, Nelson. Comentários sobre as súmulas 634 e 635 do STF: o recurso extraordinário e a competência para deferir medida cautelar concessiva de efeito suspensivo. *Revista Dialética de Direito Processual Civil*, São Paulo, n. 11, p. 117, 2004.

[57] "Quando não admitido o recurso extremo, a cautelar será ajuizada no tribunal de origem. Depois de admitido o recurso, a cautelar será, aí sim, intentada perante o respectivo Tribunal Superior" (CUNHA, Leonardo José Carneiro da. Meios processuais para concessão de efeito suspensivo a recurso que não o tem. In: NERY JUNIOR, Nelson; WAMBIER, Tereza Arruda Alvim (Coord.). *Aspectos polêmicos e atuais dos recursos cíveis e outras formas de impugnação às decisões judiciais*. São Paulo: Revista dos Tribunais, 2005. v. 8, p. 293-294).

[58] AZZONI, Clara Moreira. *Recurso especial e extraordinário*: aspectos gerais e efeitos. São Paulo: Atlas, 2009. p. 235.

[59] BRASIL, Supremo Tribunal Federal. Ag. Reg. na Ação Cautelar 2.206-1/RJ. Rel. Min. Eros Grau, 2T, julgado em 04.08.2009, *DJ* nº 181 publicação em 24 set. 2009.

enquanto sobrestadas aguardando o julgamento do recurso representativo (artigo 543-B do CPC). Sob o argumento de que se a responsabilidade do julgamento das cautelares dos recursos de matéria com repercussão geral em debate, ou já reconhecida, implicaria um aumento significativo no número de ações a serem julgadas pelo Supremo, situação que iria de encontro ao próprio objetivo da criação do instituto da repercussão geral.[60]

Contudo, de maneira diversa, se o recurso sobrestado já estiver no Supremo Tribunal Federal, em virtude da urgência da medida cautelar, o relator do recurso extraordinário poderá decidir sobre a pretensão veiculada na medida cautelar.[61]

Desta feita, no caso dos recursos sobrestados compete ao presidente do tribunal de origem conceder o efeito suspensivo, não cabendo, segundo a atual posição pretoriana, ao Tribunal Superior conceder o efeito, baseando-se em uma questão de economia processual, exceto se os autos do processo já estiverem no Supremo Tribunal Federal quando o relator poderá atribuir efeito suspensivo ao recurso extraordinário.

3.1.1 Uma crítica à atual posição dos tribunais

Embora a posição da Corte Suprema esteja sumulada e deva, *ad cautelam*, ser seguida na prática forense, não nos parece do ponto de vista teórico a mais acertada. É que uma vez interposto o recurso o juízo de admissibilidade a ser exercido pelo tribunal *a quo* é sempre provisório, cabendo agravo, previsto no artigo 544 do Código de Processo Civil, bastando a interposição do recurso excepcional para acionar a competência do órgão *ad quem*.[62]

A própria interposição do recurso devolve ao tribunal *ad quem* o conhecimento da matéria, inaugurando sua competência.[63] Ocorre, uma confusão entre o juízo de

---

[60] "Qualquer alteração na forma de fixação da competência cautelar hoje estabelecida por essas súmulas que viesse a atribuir ao Supremo a responsabilidade pelo exame de todos os pedidos de medida cautelar apresentados em matéria com repercussão geral em debate ou já reconhecida, ocasionaria um significativo aumento na quantidade de processos cautelares passíveis de serem individualmente analisados nesta Corte, o que, em princípio, não estaria em harmonia com o objetivo pretendido com a criação do requisito da repercussão geral." Informativo do STF nº 528/2008. Disponível em: <https://www.stf.jus.br//arquivo/informativo/documento/informativo528.htm#Repercuss%E3o%20Geral:%20Sobrestamento%20de%20RE%20e%20A%E7%E3o%20Cautelar%20com%20Pedido%20de%20Efeito%20Suspensivo%20-%202>. Acesso em: 20 dez. 2009.

[61] "Se o recurso, apesar de sobrestado, estiver no Supremo, o seu relator, ante a natureza de urgência da tutela cautelar, a fim de não frustrar o princípio da efetividade do processo, poderá decidir." Informativo do STF nº 528/2008. Disponível em: <https://www.stf.jus.br/arquivo/informativo/documento/informativo528.htm#Repercuss%E3o%20Geral:%20Sobrestamento%20de%20RE%20e%20A%E7%E3o%20Cautelar%20com%20Pedido%20de%20Efeito%20Suspensivo%20-%202>. Acesso em: 20 dez. 2009.

[62] "Com efeito, a interposição do especial aciona imediatamente a competência do Superior Tribunal de Justiça para processar e julgar a cautelar incidental, nos termos do artigo 288 do regimento interno de 1989. Não há no parágrafo único do artigo 800 nem em algum outro preceito, a exigência da prévia admissão do recurso na origem para a concessão da cautelar pelo tribunal *ad quem*" (SOUZA, Bernardo Pimentel. *Introdução aos recursos cíveis e à ação rescisória*. 6. ed. São Paulo: Saraiva, 2009. p. 850-851).

[63] "*Devolver* significa, no glossário da técnica recursal, *transferir*: quando um recurso é interposto, o julgamento de uma causa ou de uma demanda incidente é devolvido ao órgão superior, ou transferido a ele o poder de julgar. A interposição recursal tem, portanto, a eficácia de incluir concretamente na competência do tribunal a causa ou o incidente em que o recurso tiver sido interposto" (DINAMARCO, Cândido Rangel. *Nova era do processo civil*. São Paulo: Malheiros, 2009. p. 123.

admissibilidade do Recurso Excepcional e o mérito da medida cautelar. A concessão de uma medida cautelar, embora necessite da presença do *periculum in mora* e do *fumus bonis juris*, não se confunde ou se vincula à pretensão resguardada ou ao seu juízo de admissibilidade, pela própria autonomia da medida cautelar.[64]

Deveria-se inclusive observar que a Lei nº 8.952/94 alterou o disposto no parágrafo único do artigo 800 do Código de Processo Civil,[65] e passou a dispor que "interposto o recurso, a medida cautelar será requerida diretamente ao tribunal", a lei é direta, determinando claramente que basta a interposição do recurso para que caiba ao órgão *ad quem* conhecer da medida cautelar, não se concebendo que o STF simplesmente ignore a lei.[66]

De outra forma, com o presente entendimento de que é preciso o juízo positivo da admissibilidade para que o Tribunal Superior conceda a cautelar para emprestar efeito suspensivo aos recursos extremos, no caso de inadmissão provisória do recurso excepcional, a parte ficaria sem ter a quem recorrer, surge uma situação de verdadeiro *non liquet*.[67] É claro que se o presidente do tribunal de origem negou seguimento ao recurso, ele considera o pleito, se não desprovido da "fumaça do bom direito", ao menos inviável processualmente, não devendo a decisão recorrida vir a ser suspensa. Por isto, não se deve considerar o juízo positivo de admissibilidade como marco de início da competência dos Tribunais Superiores para concederem a medida acautelatória.

Assim, nos parece que com a clareza que se põe o texto do parágrafo único do artigo 800 da lei dos ritos com a interposição do recurso cabe ao tribunal *ad quem* conhecer das medidas cautelares, inclusive daquelas que visam atribuir efeito suspensivo a recurso que não o tem.

Entretanto, ante a resistência dos Tribunais Superiores em aplicar a previsão legal, em caso de inadmissão do recurso extremo, com o manejo do agravo previsto no artigo 544 do CPC contra a decisão do presidente do tribunal de origem que exerce juízo negativo de admissibilidade, deve-se entender que a parte pode ajuizar a cautelar diretamente na Corte Superior. Não se justifica a exigência de juízo positivo de admissibilidade para que a Corte Superior possa conceder o efeito suspensivo.

Caso a atual posição dos tribunais fosse revista, uma vez proposta a cautelar, o relator a que esta fosse distribuída estaria prevento para conhecer do recurso extremo ou de um eventual agravo contra a decisão que inadmitisse na origem o recurso, tornando mais racional o sistema de concessão de efeito suspensivo nos recursos extremos. Embora seja verdade o crônico problema de excesso de afazeres dos tribunais superiores, em obediência à atual redação do parágrafo único do artigo 800 do CPC, nos parece a melhor — a única — solução.

---

[64] RODRIGUES NETTO, Nelson. Comentários sobre as súmulas 634 e 635 do STF: o recurso extraordinário e a competência para deferir medida cautelar concessiva de efeito suspensivo. *Revista Dialética de Direito Processual Civil*, São Paulo, n. 11, p. 114, 2004.

[65] A redação anterior do parágrafo único do artigo 800 do CPC dispunha: "Nos casos urgentes, se a causa estiver no tribunal, será competente o relator do recurso".

[66] CUNHA, Leonardo José Carneiro da. Breves notas sobre a súmula 634 do STF. *Revista de Processo*, São Paulo, n. 121, p. 89, 2005.

[67] CUNHA, Leonardo José Carneiro da. Breves notas sobre a súmula 634 do STF. *Revista de Processo*, São Paulo, n. 121, p. 92, 2005.

3.2 Requisitos para a concessão de efeito suspensivo aos Recursos Excepcionais pelos tribunais superiores

A jurisprudência do Supremo Tribunal Federal e o Superior Tribunal da Justiça, atentos ao fato da concessão de efeito suspensivo aos recursos extremos ser medida excepcional e apoiada unicamente na construção pretoriana, tem entendido como necessário para a concessão do efeito suspensivo o preenchimento de alguns requisitos, que devem ser demonstrados pelo recorrente:[68]

a) que tenha sido "inaugurada" a juridição cautelar do Pretório Excelso, com o juízo positivo de admissibilidade pelo presidente do tribunal de origem;

b) o Recurso Extraordinário deve ter viabilidade processual, isto é deve demonstrar a ofensa direta ao texto da constituição, a matéria deve estar prequestionada, além do recurso preencher os requisitos gerais de admissibilidade;

c) que a postulação deduzida seja plausível;

d) que exista um grave risco de lesão grave ou de difícil reparação, o *periculum in mora*;

O primeiro requisito implica que a parte esteja atenta ao entendimento pretoriano sobre qual tribunal deve receber a medida cautelar ou a petição pedindo a concessão do efeito suspensivo, conforme demonstrado no tópico anterior, se houver equívoco, a medida não será concedida.

O segundo requisito recai sobre sua viabilidade e sobre suas chances de sucesso, isto se justifica pois a concessão de efeito suspensivo aos Recursos Extremos é medida extraordinária, assim, é preciso, ainda que em uma análise rápida, em "cognição sumaríssima", observar o mérito do próprio recurso. Entretanto, isto de maneira alguma inviabiliza a autonomia da medida cautelar em relação ao processo principal, o seu futuro e mérito não se confundem com o deste. É preciso uma cognição sumária do *meritum cuasae* e da viabilidade processual de êxito do recurso para se observar o cabimento e justiça da cautelar.

O recurso também deve ser viável, se ele não preencher um requisito de admissibilidade, ainda que de cunho estritamente formal, não faz sentido a concessão da suspensão, não há sentido em se postergar a execução provisória, mantendo o recorrido insatisfeito se mais adiante certamente o recurso será julgado inadmissível, não faz sentido impedir a execução em face de um recurso que restará sem êxito.

---

[68] BRASIL. Supremo Tribunal Federal. Ag. Reg. na Ação Cautelar 2.160-0/SP. Rel. Min. Ellen Gracie, 2T, julgado em 06.10.2009, *DJ* nº 204 publicação em 29 out. 2009. BRASIL. Supremo Tribunal Federal. Ag. Reg. na Ação Cautelar 2.023-9/SP. Rel. Min. Carmem Lúcia, Pleno, Julgado em 17.9.2009, *DJ* nº 191 publicação em 09 out. 2009.
No mesmo sentido, o Superior Tribunal de Justiça: BRASIL. Superior Tribunal de Justiça. Ag. Reg. na Ação Cautelar 16.051/RJ. Rel. Min. Benedito Gonçalves, 1T, julgado em 03.11.2009, *DJe* publicação em 10 nov. 2009. BRASIL. Superior Tribunal de Justiça. Ag. Reg. na Ação Cautelar 16.061/RS. Rel. Min. Vasco Della Giustina (convocado), 3T, julgado em 27.10.2009, *DJe* publicação em 06 nov.2009. BRASIL. Superior Tribunal de Justiça. Ag. Reg. na Medida Cautelar 15.040/SC. Rel. Min. Humberto Martins, 2T, julgado em 04.6.2009, *DJe* publicação em 25 jun. 2009.
Todas as decisões anteriores, de ambos os tribunais superiores, são recentes, com o que procuramos demonstrar a atualidade de tal entendimento, entretanto, o *leading case* que elaborou tal construção foi relatado pelo Ministro Celso de Mello, o BRASIL. Supremo Tribunal Federal. Ag. Reg. em petição 1.859-1/DF. Rel. Min. Celso de Mello, 2T, julgado em 28.3.2000, *DJ* publicação em 28 abr. 2000.

Pelo contrário, deve se permitir uma maior celeridade para que o recorrido proceda a execução provisória.

O direito deve aparentar ser bom, além de se demonstrar a existência de um risco objetivo de danos, não bastando meras conjecturas subjetivas,[69] que o recorrente pode vir a sofrer em virtude da execução provisória do julgado ou com a produção imediata dos efeitos da decisão recorrida.

A presença destes requisitos, ou condições, impostos pela jurisprudência para a concessão do efeito suspensivo nos recursos extremos, devem, por cautela, ser demonstrados pelo requerente em sua petição ou em sua medida cautelar, para evitar o indeferimento do pedido. Tudo isto demonstra justamente o caráter acautelatório do efeito suspensivo.

3.3 O controle pelos Tribunais Superiores da decisão do tribunal *a quo* sobre o efeito suspensivo

A sistemática para a concessão de efeito suspensivo aos recursos extremos é uma construção pretoriana, não amparada diretamente em dispositivos legais. A concessão de efeito suspensivo a Recurso Excepcional, é feito até o juízo positivo de admissibilidade, segundo entendem os tribunais superiores, por uma delegação de poderes, competindo ao presidente do tribunal *a quo* decidir sobre este pedido.

A questão é saber o recurso cabível contra esta decisão (se é que cabe algum recurso), ou como se deve impugnar esta decisão, já que não há nenhuma previsão expressa na legislação processual.

Entendemos que, se provocado pelo recorrente, o presidente do tribunal *a quo* conceder ou negar o efeito suspensivo, não cabe agravo interno para o órgão colegiado do próprio tribunal. O agravo interno é cabível quando o relator toma uma decisão com poderes delegados do órgão colegiado, devolvendo a este matéria de sua competência, o que não é o caso já que o poder de conceder a suspensão é originariamente da corte *ad quem*. Não competia ao tribunal de origem originariamente julgar a questão, competia a um Tribunal Superior, não fazendo sentido o uso do agravo interno.

Teori Albino Zavascki, ainda na sistemática anterior à Lei nº 12.322/2010, que modificou o mecanismo do agravo para admitir recurso especial/extraordinário, entendia que o controle da decisão do presidente do tribunal de origem deveria ser feito pela via do agravo previsto no artigo 544 do Código de Processo Civil,[70] já que é a via cabível para o controle do juízo de admissibilidade dos recursos excepcionais, e este é exatamente o marco, conforme a posição sumulada pelo Supremo Tribunal

---

[69] MARINONI, Luiz Guilherme; ARENHART, Sérgio Cruz. *Curso de processo civil*: processo cautelar. São Paulo: Revista dos Tribunais, 2008. p. 28.

[70] "Não havendo a lei previsto expressamente o recurso apropriado para a decisão do incidente (aliás, o próprio incidente é fruto de construção pretoriana e não da lei, conforme se viu), deve-se aplicar aqui, por analogia, a disciplina prevista para as decisões proferidas no juízo de admissibilidade. Cabível será, por tanto, o agravo de instrumento previsto no art. 544 do Código de Processo Civil, que será instruído com as peças adequadas ao exame, pelo tribunal, do objeto específico e peculiar do recurso" (ZAVASCKI, Teori Albino. *Antecipação da tutela*. São Paulo: Saraiva, 2009. p. 162).

Federal, que determina a competência do Tribunal Superior para conhecer da matéria.[71]

Pois, se o juízo de admissibilidade já tiver sido exercido positivamente, em face das Súmulas nº 634 e nº 635 do STF, já se inaugurou a competência do Tribunal Superior para conhecer de uma medida cautelar e se ele tiver sido exercido negativamente pelo presidente do tribunal de origem também seria de se aceitar sua postulação através do agravo do 544 do Código de Processo Civil.

Entretanto, com a Lei nº 12.322/2010, este agravo passou a ser interposto no tribunal de origem, nos autos do próprio processo, não havendo atualmente a formação de um instrumento. Assim, admitindo esta hipótese, na petição do próprio agravo proposto agora nos autos principais seria pedida a reforma da decisão do tribunal *a quo* que não concedeu o efeito suspensivo bem como a reforma da decisão da inadmissão do recurso extremo.

Ainda antes da Lei nº 12.322/2010, em caso no qual o agravo (artigo 544 do CPC) não foi recebido pelo tribunal de origem, sob o argumento que consubstanciaria recurso inexistente, nestas circunstâncias, o STJ entendeu, em um precedente, cabível o ajuizamento de ação cautelar diretamente no Superior Tribunal de Justiça, para atacar a decisão do presidente da corte originária, permitindo o controle da decisão que conferiu efeito suspensivo a Recurso Especial. A cautelar, neste caso, fez as vezes mesmo de recurso (embora não o seja), permitindo a reforma da decisão do presidente do tribunal de origem.[72]

Clara Moreira Azzoni, por outro lado, entende que "se concedido ou não o efeito suspensivo ao recurso especial/extraordinário pelo presidente, caberá à parte prejudicada a interposição de agravo regimental e, caso desprovido o agravo, o ajuizamento de medida cautelar para os Tribunais superiores".[73]

Não nos parece, conforme apontamos, cabível o agravo interno justamente por não atuar o presidente do tribunal *a quo* em uma atividade delegada do tribunal a que pertence, não havendo motivo para se provocar o órgão colegiado. Neste caso, ele atua por delegação de corte hierarquicamente superior, assim, caso seja negado pela

---

[71] "Conforme já afirmamos, entendemos que é perfeitamente possível admitir a suspensão da decisão impugnada por recurso especial interposto contra decisão de não-admissão da presidência do tribunal de origem (ainda que este recurso ainda não tenha sido distribuído junto aos Tribunais Superiores). Em outros termos, mesmo que a presidência do tribunal *a quo* tenha negado seguimento aos recursos extraordinário e especial, poderão os tribunais *ad quem* atribuir efeito suspensivo aos recursos não admitidos" (SANT'ANNA, Paulo Afonso de Souza. Competência e meio processual para atribuição de efeito suspensivo aos recursos especial e extraordinário (súmulas 634 e 635 do STF). *In*: NERY JUNIOR, Nelson; WAMBIER, Tereza Arruda Alvim (Coord.). *Aspectos polêmicos e atuais dos recursos cíveis e outras formas de impugnação às decisões* judiciais. São Paulo: Revista dos Tribunais, 2005. v. 8, p. 595).

[72] Veja-se trecho do voto condutor da Rel. Min. Nancy Andrighi, reformando a decisão do Min. Vasco Della Giustina que não tinha conhecido da cautelar sob o argumento desta não poder substituir o recurso próprio. "A decisão proferida pelos Tribunais de origem na apreciação de recursos especiais e extraordinários, seja no que diz respeito à sua admissibilidade, seja no que diz respeito à concessão de efeito suspensivo, consubstanciam exercício de poder delegado dos Tribunais Superiores. Assim, o controle dessas decisões não compete ao órgão colegiado, na origem, mas ao próprio STJ ou ao próprio STF, conforme se trate da interposição de recurso especial ou extraordinário. A propositura de medida cautelar ao STJ, portanto, é adequada à finalidade de obter a reforma da decisão liminar, proferida no âmbito do TJ/RJ, que concedeu efeito suspensivo a recurso especial." (BRASIL, Superior Tribunal de Justiça. Ag. Reg. na Ação Cautelar 15.889/RJ. Rel. Min. Nancy Andrighi, 3T, julgado em 06.10.2009, *DJe* publicação em 04 nov. 2009).

[73] AZZONI, Clara Moreira. *Recurso especial e extraordinário*: aspectos gerais e efeitos. São Paulo: Atlas, 2009. p. 242.

presidência do tribunal de origem o efeito suspensivo pedido, a parte poderá se valer de medida cautelar agora proposta diretamente no tribunal superior, afastando-se a incidência das Súmulas nº 634 e nº 635 do STF.

O efeito suspensivo é uma técnica acautelatória, sempre podendo ser concedido através de medida cautelar, cautelar esta que, como dito, deveria de qualquer forma ser intentada no tribunal superior, não fosse as aludidas súmulas. Assim, caso proposta medida cautelar para atribuir efeito suspensivo ou mesmo caso este seja solicitado através de simples petição, no tribunal de origem, em face da decisão que julga este pedido, deve a parte interessada propor medida cautelar diretamente no tribunal superior, não precisando, em caso de inadmissão do recurso, nem mesmo esperar a subida dos autos principais do processo com o agravo do art. 544.

4 Conclusão

O efeito suspensivo impede a produção de efeitos da decisão recorrida, impedindo a possibilidade de execução provisória do julgado. Existem dois critérios para a manifestação do efeito suspensivo, um por determinação legal (*ope legis*) e outro por concessão judicial (*ope judicis*), mediante provocação da parte.

O critério *ope judicis* é mais flexível, permitindo a análise do caso concreto, prestigiando a um só tempo a decisão judicial, já que os efeitos da decisão somente serão suspensos caso fique evidenciado a probabilidade de provimento do recurso e o perigo de dano e o interesse legítimo do recorrente em não sofrer a execução provisória quando o seu recurso for viável e provavelmente será acolhido.

O presente artigo pretendeu analisar justamente os mecanismos processuais para obtenção *ope judicis* do efeito suspensivo na apelação e nos recursos extremos, levando em consideração o seu caráter eminentemente acautelatório, analisando a posição da doutrina e a construção da jurisprudência quanto ao tema.

Referências

AFTALIÓN, Enrique R.; VILANOVA, José; RAFFO, Julio. *Introducción al derecho*. 4. ed. Buenos Aires: Abeledo-Perrot, 2004.

ASSIS, Araken. *Manual da execução*. 12. ed. São Paulo: Revista dos Tribunais, 2009.

AZZONI, Clara Moreira. *Recurso especial e extraordinário*: aspectos gerais e efeitos. São Paulo: Atlas, 2009.

CARNEIRO, Athos Gusmão. *Recurso especial, agravos e agravo interno*. 5. ed. Rio de Janeiro: Forense, 2008.

CARVALHO FILHO, Milton Paulo de. *Apelação sem efeito suspensivo*. São Paulo: Saraiva, 2010.

CUNHA, Leonardo José Carneiro da. Meios processuais para concessão de efeito suspensivo a recurso que não o tem. *In*: NERY JUNIOR, Nelson; WAMBIER, Tereza Arruda Alvim (Coord.). *Aspectos polêmicos e atuais dos recursos cíveis e outras formas de impugnação às decisões judiciais*. São Paulo: Revista dos Tribunais, 2005. v. 8.

CUNHA, Leonardo José Carneiro da. Breves notas sobre a súmula nº 634 do STF. *Revista de Processo*, São Paulo, n. 121, 2005.

CURY, Munir; PAULA, Paulo Afonso Garrido de; MARÇURA, Jurandir Norberto. *Estatuto da Criança e do Adolescente anotado*. 3. ed. São Paulo: Revista dos Tribunais, 2002.

DIDIER JUNIOR, Fredie; CUNHA, Leonardo José Carneiro da. *Curso de direito processual civil*: meios de impugnação às decisões judiciais e processo nos tribunais. 5. ed. Salvador: JusPodivm, 2008.

DINAMARCO, Cândido Rangel. *Nova era do processo civil*. São Paulo: Malheiros, 2009.

DINAMARCO, Cândido Rangel. *Capítulos de sentença*. 4. ed. São Paulo: Malheiros, 2009.

JORGE, Flávio Cheim. *Teoria geral dos recursos cíveis*. Rio de Janeiro: Forense, 2003.

JORGE, Mário Helton. Recurso extraordinário: atribuição de efeito suspensivo. *In*: NERY JUNIOR, Nelson; WAMBIER, Tereza Arruda Alvim (Coord.). *Aspectos polêmicos e atuais dos recursos cíveis e outras formas de impugnação às decisões judiciais*. São Paulo: Revista dos Tribunais, 2002. v. 6.

KOEHLER, Frederico Augusto Leopoldino. *A razoável duração do processo*. Salvador: JusPodivm, 2009.

LUCON, Paulo Henrique dos Santos. *Eficácia das decisões e execução provisória*. São Paulo: Revista dos Tribunais, 2000.

MARINONI, Luiz Guilherme; ARENHART, Sérgio Cruz. *Curso de processo civil*: processo cautelar. São Paulo: Revista dos Tribunais, 2008.

MEDINA, José Miguel Garcia; WAMBIER, Teresa Arruda Alvim. *Recursos e ações autônomas de impugnação*: de acordo com a nova sistemática para os recursos repetitivos no STJ (Lei 11.672/2008 e Resolução 8/2008). São Paulo: Revista dos Tribunais, 2008.

MOREIRA, José Carlos Barbosa. *Comentários ao Código de Processo Civil*. 15. ed. Rio de Janeiro: Forense, 2009.

PONTES DE MIRANDA, Francisco Cavalcanti. *Comentários ao Código de Processo Civil*. Rio de Janeiro: Forense, 2002. t. VII.

PONTES DE MIRANDA, Francisco Cavalcanti. *Comentários ao Código de Processo Civil*. Rio de Janeiro: Forense, 2002. t. VIII.

NERY JUNIOR, Nelson. *Teoria geral dos recursos*. 6. ed. São Paulo: Revista dos Tribunais, 2004.

NOGUEIRA, Antonio de Pádua Saubhie. *Execução provisória da sentença*: caracterização, princípios e procedimento. São Paulo: Revista dos Tribunais, 2005.

RODRIGUES NETTO, Nelson. Comentários sobre as súmulas nº 634 e nº 635 do STF: o recurso extraordinário e a competência para deferir medida cautelar concessiva de efeito suspensivo. *Revista Dialética de Direito Processual Civil*, São Paulo, n. 11, 2004.

SANT'ANNA, Paulo Afonso de Souza. Competência e meio processual para atribuição de efeito suspensivo aos recursos especial e extraordinário (súmulas nº 634 e nº 635 do STF). *In*: NERY JUNIOR, Nelson; WAMBIER, Tereza Arruda Alvim (Coord.). *Aspectos polêmicos e atuais dos recursos cíveis e outras formas de impugnação às decisões judiciais*. São Paulo: Revista dos Tribunais, 2005. v. 8.

SOUZA, Bernardo Pimentel. *Introdução aos recursos cíveis e à ação rescisória*. 6. ed. São Paulo: Saraiva, 2009.

WAMBIER, Luiz Rodrigues. Da integração dos subsistemas recursal e cautelar nas hipóteses do recurso especial e recurso extraordinário. *In*: NERY JUNIOR, Nelson; WAMBIER, Tereza Arruda Alvim (Coord.). *Aspectos polêmicos e atuais dos recursos cíveis e outras formas de impugnação às decisões judiciais*. São Paulo: Revista dos Tribunais, 2001. v. 4.

WAMBIER, Teresa Arruda Alvim. *Os agravos no CPC brasileiro*. 4. ed. São Paulo: Revista dos Tribunais, 2006.

ZAVASCKI, Teori Albino. *Antecipação da tutela*. 5. ed. São Paulo: Saraiva, 2009.

Informação bibliográfica deste livro, conforme a NBR 6023:2002 da Associação Brasileira de Normas Técnicas (ABNT):

AZEVEDO NETO, João Luiz Lessa de. Efeito suspensivo e sua concessão judicial: apelação, recursos especial e extraordinário. *In*: CUNHA, Leonardo Carneiro da (Coord.). *Questões atuais sobre os meios de impugnação contra decisões judiciais*. Belo Horizonte: Fórum, 2012. p. 117-139. ISBN 978-85-7700-580-2.

SUSPENSÃO DE LIMINAR
CRÍTICA À POSSIBILIDADE DE INTERPOSIÇÃO CONCOMITANTE AO AGRAVO DE INSTRUMENTO (§6º DO ARTIGO 4º DA LEI Nº 8.437/92)

JOÃO VICTOR LIMA

1 Introdução

Desde a constituição definitiva do nosso Estado Democrático de Direito e da sua consolidação através da Constituição Federal de 1988, os operadores do direito vêm sempre buscando valorizar os Princípios Constitucionais consagrados pela nossa Carta Magna, dentre os quais, notadamente, o Princípio da Isonomia.

Contudo, ao se interpretar o referido Princípio da Isonomia deve-se ter em mente que este não preconiza um tratamento igual em termos absolutos, mas apenas um tratamento igual para aqueles que se encontram em situação idêntica. Neste contexto, surge no Direito a possibilidade de criação de mecanismos com o intuito de diferenciar determinados entes litigantes em juízo sem afrontar o Princípio da Isonomia, mas sim pautado nas suas bases estruturantes.

Quando se trata da Fazenda Pública, por motivos óbvios de relevante importância perante a sociedade civil como um todo, surge a necessidade de concessão de certas prerrogativas, com a finalidade de preservar a sustentabilidade deste ente jurídico em detrimento dos entes individualizados.

Dentre tais benefícios, ou prerrogativas, encontra-se a Suspensão de Liminar, espécie de pedido de suspensão, instrumento jurídico regulamentado pelo Artigo 4º da Lei nº 8.437/92 e amplamente utilizado no intuito de sustar preventivamente a consecução de uma decisão judicial. Tal dispositivo preconiza o seguinte:

> Art. 4º Compete ao presidente do tribunal, ao qual couber o conhecimento do respectivo recurso, suspender, em despacho fundamentado, a execução da liminar nas ações

movidas contra o Poder Público ou seus agentes, a requerimento do Ministério Público ou da pessoa jurídica de direito público interessada, em caso de manifesto interesse público ou de flagrante ilegitimidade, e para evitar grave lesão à ordem, à saúde, à segurança e à economia públicas.

Entenda-se, na Suspensão de Liminar não se faz necessário um questionamento meritório da decisão concedida contrária à Fazenda Pública, sendo necessária tão somente a demonstração da incapacidade daquela pessoa jurídica de direito público de cumprir a referida decisão sem trazer danos para a sua sustentabilidade e consequentemente para a coletividade.

Uma análise mais aprofundada das características e peculiaridades da Suspensão de Liminar será elaborada em tópico específico, razão pela qual a definição conferida no parágrafo anterior se faz suficiente por ora.

Isto porque o que se analisa neste momento, sendo este o objetivo principal deste artigo, é a legitimidade da Suspensão de Liminar, ou seja, a sua legalidade e a sua utilidade dentro do ordenamento jurídico pátrio, em casos em que podem ser aplicados também outros meios de impugnação à decisão judicial.

O intuito deste artigo é que se faça uma reflexão acerca dos requisitos e objetivos da Suspensão de Liminar para se questionar por fim se a sua utilização concomitante ao Agravo de Instrumento por parte da Fazenda Pública está de acordo com os nossos Princípios Constitucionais ou consiste em uma abusividade por parte da Fazenda Pública.

Lembre-se que tal possibilidade de interposição concomitante foi agraciada pelo §6º do Art. 4º da Lei nº 8.437/92 que assim dispõe:

> §6º A interposição do agravo de instrumento contra liminar concedida nas ações movidas contra o Poder Público e seus agentes não prejudica nem condiciona o julgamento do pedido de suspensão a que se refere este artigo.

O dispositivo supratranscrito é o ponto fulcral deste ensaio, razão pela qual analisaremos e compararemos todas as características inerentes ao Agravo de Instrumento e à Suspensão de Liminar para ao final concluirmos pela eficácia ou não do §6º do Art. 4º da Lei nº 8.437/92.

Assim, para conferir um maior embasamento ao leitor acerca do tema, cumpre elucidar isoladamente as características principais do Agravo de Instrumento e da Suspensão de Liminar para apenas em um momento posterior, elaborar um cotejo analítico entre os dois institutos jurídicos.

2 Conceitos relevantes

2.1 Agravo de instrumento

Primeiramente, analisemos o Agravo de Instrumento. Ressalte-se que para o nosso artigo não se faz necessário o estudo do Agravo Retido, visto que o "provimento liminar ou antecipatório — por ter subjacente uma urgência — subtrai do Agravo

Retido o seu interesse processual, exatamente porque não conterá utilidade ou aptidão para combater, com eficiência, o comando judicial".[1]

Assim, dentro do gênero Agravo, previsto no rol de recursos do Artigo 496, do CPC (Inciso II), enfocaremos nossa análise exclusivamente na espécie do Agravo de Instrumento.

Adentremos, pois nas características mais relevantes do Agravo de Instrumento.

Ab initio, ressalte-se que este meio de impugnação às decisões judiciais, por estar enquadrado nas hipóteses do Artigo 496, CPC, tem natureza jurídica recursal.

Este recurso é cabível, via de regra, contra decisões interlocutórias que gerem para o agravante um risco de lesão grave ou de difícil reparação, ou, excepcionalmente, em casos em que o agravo retido se revelar inadequado ou casos de expressa previsão legal específica.

Como qualquer recurso, o Agravo de Instrumento deve preencher uma série de requisitos formais e materiais necessários para o seu regular processamento e julgamento.

Afora os diversos requisitos formais expressamente elencados no CPC, que não se revelam importantes para a finalidade deste artigo, existem ainda os requisitos materiais do recurso que basicamente se dividem em dois pontos essenciais: *o fumus boni iuris* e o *periculum in mora*.

Assim, para que obtenha êxito, o agravante terá de satisfazer estes dois requisitos, convencendo o julgador, de forma ao menos aparente, da plausibilidade de seu direito (*fumus boni iuris*) e da urgência que este direito demanda, ou seja, da necessidade de reforma imediata da decisão interlocutória agravada para evitar o perecimento do seu direito em si (*periculum in mora*).

O *fumus boni iuris* nada mais é do que a exposição do seu direito por parte do agravante em busca da persuasão do julgador. Através das razões de fato e de direito, o agravante tentará demonstrar ao julgador que a decisão agravada não condiz com o ordenamento pátrio e que a sua manutenção seria uma injustiça para com ele. Notadamente, deve-se ressaltar que neste momento do processo ainda não se teve uma cognição exauriente, razão pela qual não se exige do agravante uma comprovação definitiva e inquestionável do alegado. O que se exige para o provimento do Agravo de Instrumento é uma plausibilidade das alegações, ou seja, um convencimento ao menos superficial do julgador, para que apenas em um momento posterior se tenha uma cognição exauriente através da sentença.

No que tange ao periculum in mora, este é indubitavelmente o elemento diferenciador principal do Agravo de Instrumento para a sua modalidade retida. Para facilitar a compreensão deste requisito essencial ao Agravo de Instrumento pode-se sintetizá-lo em uma palavra: urgência.

Em outras palavras, mesmo que esteja devidamente demonstrada no bojo do recurso a plausibilidade das alegações do agravante (*fumus boni iuris*), não poderá ser provido o agravo de instrumento sem a demonstração efetiva do dano ou perigo de dano suportado pela parte Agravante resultante da manutenção da decisão agravada

---

[1] BUENO, Cássio Scarpinella. Novas perspectivas do recurso de agravo. *In*: WAMBIER Teresa Arruda Alvim; NERY JUNIOR, Nelson (Coord.). *Aspectos polêmicos e atuais dos recursos cíveis de acordo com a Lei nº 9.756/98*. São Paulo: Revista dos Tribunais, 1999. p. 149.

no mundo jurídico. Nesses casos, o mais recomendado seria a conversão do Agravo de Instrumento em Agravo Retido, uma vez que "não há mais opção entre Agravo de Instrumento ou Agravo Retido, ou cabe um, ou cabe o outro".[2]

De todo o exposto, denota-se que o recurso ora discutido tem uma amplitude bastante vasta, ou seja, é bastante eficiente no intuito de evitar danos imediatos irreparáveis, mantendo, contudo, a justiça e o equilíbrio entre as partes ao exigir um mínimo de plausibilidade nas alegações do agravante.

Em outras palavras, o Agravo de Instrumento é o remédio perfeito para questões incidentais relevantes uma vez que preconiza um equilíbrio entre legitimidade dos pedidos e sua urgência.

Por tais razões é que surge a dúvida: será mesmo necessário permitir que a Fazenda Pública lance mão da Suspensão de Liminar em casos atacáveis pelo Agravo de Instrumento? Ou ainda, será mesmo justo, do ponto de vista jurídico, atribuir à Fazenda Pública a possibilidade de impugnar a mesma decisão interlocutória, em busca da mesma finalidade prática, por meio de dois instrumentos jurídicos distintos, com fulcro no §6º do Artigo 4º da Lei nº 8.437/92?

São estas, dentre outras, as respostas que buscamos neste artigo. Contudo, para melhor responder tais indagações faz-se necessário destrinchar também, de forma pormenorizada, as características principais e mais relevantes da Suspensão de Liminar.

2.2 Suspensão de liminar

O pedido de suspensão, gênero do qual a suspensão de liminar é apenas uma espécie, foi instituído com a nítida intenção de preservar a sustentabilidade e a governabilidade dos entes constituintes da Fazenda Pública. Isto porque concede à Fazenda Pública um instrumento bastante eficaz no combate a eventuais reveses judiciais que não possa arcar de imediato.

Ou seja, é um instrumento jurídico voltado eminentemente para a comprovação da impossibilidade de cumprimento imediato daquela decisão interlocutória impugnada por parte da Fazenda Pública. Para melhor compreensão, cumpre transcrever o Artigo 15 da Lei nº 12.016/09, que dispõe sobre a Suspensão de Liminar:

> Art. 15. Quando, a requerimento de pessoa jurídica de direito público interessada ou do Ministério Público e *para evitar grave lesão à ordem, à saúde, à segurança e à economia públicas*, o presidente do tribunal ao qual couber o conhecimento do respectivo recurso suspender, em decisão fundamentada, a execução da liminar e da sentença, dessa decisão caberá agravo, sem efeito suspensivo, no prazo de 5 (cinco) dias, que será levado a julgamento na sessão seguinte à sua interposição.[3] (grifos nossos)

---

[2] DIDIER JUNIOR, Fredie; CUNHA, Leonardo José Carneiro da. *Curso de direito processual civil*: meios de impugnação às decisões judiciais e processo nos tribunais. 7. ed. Salvador: JusPodivm, 2009. p. 152.

[3] No mesmo sentido: Art. 4° da Lei n° 8.437/92: "Compete ao presidente do tribunal, ao qual couber o conhecimento do respectivo recurso, suspender, em despacho fundamentado, a execução da liminar nas ações movidas contra o Poder Público ou seus agentes, a requerimento do Ministério Público ou da pessoa jurídica de direito público interessada, em caso de manifesto interesse público ou de flagrante ilegitimidade, e *para evitar grave lesão à ordem, à saúde, à segurança e à economia públicas*."

Denota-se, do exposto, que o requisito essencial da suspensão de liminar resume-se à demonstração do dano a ser suportado pelo erário no caso de a liminar não vir a ser suspensa. Não há, portanto, ao contrário do que ocorre no Agravo de Instrumento, uma necessidade premente de se demonstrar de forma mais pormenorizada a plausibilidade do direito da Fazenda Pública.

Obviamente, deve-se ressalvar que a nossa Suprema Corte já firmou posicionamento[4] no sentido de que para o deferimento da suspensão de liminar, devem os argumentos da Fazenda Pública conter um mínimo de plausibilidade, não sendo suficiente a tão e só demonstração do dano ao erário. Não obstante, é notório que a exigência da dita plausibilidade (*fumus boni iuris*) é bem inferior na Suspensão de Liminar do que no Agravo de Instrumento, uma vez que o que mais importa na Suspensão de Liminar é mesmo a demonstração do dano a ser suportado pelo erário.

Enfim, o que se está querendo dizer com isso é que a Suspensão de Liminar em si está impregnada de conceitos políticos e não somente jurídicos em sua essência. O que mais se exige neste instituto é a demonstração política da impossibilidade de cumprimento por parte da Fazenda Pública da liminar anteriormente concedida em desfavor dela, não sendo de todo relevantes os fundamentos jurídicos meritórios alegados para tal.

Trata-se de uma ingerência política dentro do mundo jurídico com o intuito de favorecer os entes jurídicos "mais importantes" para a sociedade civil como um todo, quais sejam, os entes que compõem a Fazenda Pública.

Posta esta breve análise, passemos a destrinchar as principais características e a natureza jurídica da Suspensão de Liminar.

Primeiramente, atente-se para o fato de que em nenhum momento este artigo tratou de se referir à Suspensão de Liminar como um instrumento recursal. Isto porque este instituto, efetivamente, não comporta os requisitos necessários para ser definido como tal. Assim, de pronto identificamos que o Agravo de Instrumento e a Suspensão de Liminar têm natureza jurídica distinta, sendo o primeiro um instrumento recursal propriamente dito e o segundo não.

E isto porque a Suspensão de Liminar não visa à reforma ou à anulação da decisão interlocutória combatida, almejando tão somente a sustação provisória dos seus efeitos. Assim este meio de impugnação ora analisado não satisfaz um dos efeitos básicos dos recursos, qual seja, o efeito substitutivo, uma vez que a eventual decisão que defere a Suspensão de Liminar não se sobrepõe à decisão que concedeu a liminar.

Para melhor delimitar a natureza jurídica da Suspensão de Liminar, haja vista a impossibilidade de classificá-la como recurso, podemos enquadrá-la no conceito de sucedâneo recursal. Isto porque, como visto até o momento, a Suspensão de Liminar é notadamente um meio de impugnação à decisão judicial, sendo os sucedâneos recursais exatamente "os meios de impugnação que nem são recursos nem são ações autônomas de impugnação. Trata-se de categoria que engloba todas as outras formas de impugnação da decisão".[5]

---

[4] Nesse sentido: BRASIL. Supremo Tribunal Federal, SS 908 AgR/ES, rel. Ministro Sepúlveda Pertence, j. 09.05.97, *DJ*, 27 jun. 97
[5] DIDIER JUNIOR, Fredie; CUNHA, Leonardo José Carneiro da. *Curso de direito processual civil*: meios de impugnação às decisões judiciais e processo nos tribunais. 7. ed. Salvador: JusPodivm, 2009. p. 27.

Uma vez delimitada a natureza jurídica da Suspensão de Liminar, tendo-se demonstrado definitivamente que não se trata de um instrumento recursal, imperioso abrir um parêntesis para discorrer o seguinte:

A interposição concomitante do Agravo de Instrumento e da Suspensão de Liminar não viola, sob hipótese alguma, o princípio da unirrecorribilidade ou singularidade. Este princípio preceitua que, "para cada ato judicial recorrível, há um único recurso previsto pelo ordenamento, sendo vedada a interposição simultânea ou cumulativa de mais outro visando à impugnação do mesmo ato judicial".[6] Está, pois, devidamente resguardado na hipótese em comento o referido princípio uma vez que "enquanto o Agravo de Instrumento constitui um recurso, a Suspensão de Liminar não detém natureza recursal".[7]

Ou seja, neste aspecto não há o que se debater acerca da legalidade ou da constitucionalidade do §6º do Artigo 4º da Lei nº 8.437/92, uma vez que em perfeita consonância com o princípio da unirrecorribilidade ou singularidade.

Não é esta a intenção deste artigo, razão pela qual, após a abertura desta breve ressalva, podemos retomar o foco principal analisando outros aspectos relevantes da Suspensão de Liminar.

Quanto às formalidades do pedido de suspensão, explique-se que este deverá ser endereçado ao presidente do Tribunal ao qual o juízo prolator da decisão combatida estiver subordinado. Ou seja, se a Fazenda Pública almeja suspender os efeitos de liminar concedida pelo juízo de primeira instância federal, deverá endereçar seu pedido de suspensão ao presidente do Tribunal Regional Federal da respectiva Região.

"Em outras palavras, a competência para apreciar o pedido de suspensão é do presidente do tribunal que teria competência para julgar o recurso contra a decisão concessiva do provimento liminar, antecipatório ou final de mérito."[8]

Quanto ao prazo para apresentação do pedido de suspensão de liminar, tem-se incontroverso que este não sofre limitações. Ou seja, "enquanto persistir a grave lesão à ordem, à saúde, à economia e à segurança pública poderá ser intentado o pedido de suspensão".[9] Via de regra, a única limitação temporal neste caso é o trânsito em julgado do processo, muito embora seja possível, inclusive, "que a potencialidade de risco surja em momento posterior ao da prolação da liminar ou sentença atacadas".[10]

Feitas estas explanações formais, deve-se atentar para o conteúdo do pedido de suspensão, ou seja, os requisitos materiais. Conforme dito anteriormente, a finalidade de um pedido de suspensão de liminar é basicamente convencer o presidente do tribunal competente da impossibilidade de a Fazenda Pública cumprir a liminar atacada sem a lesão gravosa à ordem, saúde, economia e segurança pública. A plausibilidade jurídica do pedido fazendário é posta em segundo plano, sendo necessário apenas que não consista em nenhuma aberração jurídica, ou seja, que tenha um mínimo de

---

[6] MOREIRA, José Carlos Barbosa. *Comentários ao Código de Processo Civil*. 6. ed. Rio de Janeiro; Forense, 1994. v. 5, p. 221-223.
[7] CUNHA, Leonardo José Carneiro da. *A Fazenda Pública em juízo*. 3. ed. São Paulo: Dialética, 2005. p. 391.
[8] CUNHA, Leonardo José Carneiro da. *A Fazenda Pública em juízo*. 3. ed. São Paulo: Dialética, 2005. p. 385.
[9] DIDIER JUNIOR, Fredie; CUNHA, Leonardo José Carneiro da. *Curso de direito processual civil*: meios de impugnação às decisões judiciais e processo nos tribunais. 7. ed. Salvador: JusPodivm, 2009. p. 501.
[10] NORTHFLEET, Ellen Gracie. Suspensão de sentença e de liminar. *Revista de Processo*, São Paulo, n. 97, p. 188, 2000.

plausibilidade. Analogicamente, pode-se inferir que enquanto no Agravo de Instrumento a demonstração do *fumus boni iuris* e do *periculum in mora* são igualmente relevantes e necessários para o êxito do agravante, na Suspensão de Liminar a clara demonstração do *periculum in mora* é basicamente o que precisa o requerente, sendo necessário apenas um mínimo de plausibilidade das suas alegações, ou seja, um mínimo de *fumus boni iuris*.

Mas, de fato, em que consiste essa demonstração de perigo de lesão à ordem, à saúde, à economia e à segurança pública?

Ora, denota-se claramente que esta demonstração do perigo de lesão guarda íntima semelhança com o tradicional *periculum in mora* do Agravo de Instrumento e demais medidas cautelares.

Em outras palavras, a demonstração do perigo de lesão à ordem, saúde, economia e segurança pública nada mais é do que um legítimo *periculum in mora* restrito a estes quatro aspectos (ordem, saúde, economia e segurança pública). E convenhamos que tal restrição é mínima uma vez que estes quatro aspectos delimitados abrangem praticamente todas as searas da administração pública. Ou seja, praticamente qualquer lesão suportada pela Fazenda Pública em decorrência de uma liminar judicial pode ser enquadrada dentre estes quatro aspectos.

3 Cotejo analítico entre os dois meios de impugnação analisados

Após a efetiva delimitação das principais características e peculiaridades dos dois meios de impugnação em voga neste artigo, quais sejam, o Agravo de Instrumento e a Suspensão de Liminar, podemos agora adentrar no cerne desta discussão.

Ou seja, entramos agora provavelmente no tópico mais importante deste artigo, no qual se tentará chegar a uma conclusão acerca das indagações laboradas anteriormente.[11] Ressalte-se que estes questionamentos, de forma sintética, remetem a um juízo de valoração acerca da necessidade e da constitucionalidade da utilização concomitante da Suspensão de Liminar e do Agravo de Instrumento.

Para alcançar as respostas desejadas, deve-se, *ab initio*, comparar as principais características dos referidos meios de impugnação, identificando assim as respectivas semelhanças e distinções.

Neste ponto, importante ressaltar que a comparação a ser desenvolvida neste artigo será pautada na praticidade jurídica, ou seja, serão apontadas as semelhanças e distinções teóricas dos dois meios de impugnação em debate, mas sempre se ressaltando a importância prática desta semelhança ou divergência.

Assim, avançando nesta análise comparativa pode-se, de pronto, identificar certas divergências pontuais no que tange à essência do Agravo de Instrumento e da Suspensão de Liminar, sendo algumas destas divergências já apontadas anteriormente.

---

[11] Questionamentos laborados na p. 144 deste artigo:
*Será mesmo necessário permitir que a Fazenda Pública lance mão da Suspensão de Liminar em casos atacáveis pelo Agravo de Instrumento?
*Ou ainda, será mesmo justo, do ponto de vista jurídico, atribuir à Fazenda Pública a possibilidade de impugnar a mesma decisão interlocutória, em busca da mesma finalidade prática, por meio de dois instrumentos jurídicos distintos, com fulcro no §6° do Art. 4° da Lei n° 8.437/92?

- Enquanto o Agravo de Instrumento reveste-se de natureza recursal, a Suspensão de Liminar pode ser classificada como um sucedâneo recursal.
- Enquanto o Agravo de Instrumento visa à desconstituição da decisão interlocutória combatida e a sua consequente reforma devido ao seu efeito substitutivo, a Suspensão de Liminar almeja apenas a sustação dos efeitos desta decisão interlocutória, não se revestindo, portanto, de efeito substitutivo.
- Enquanto o Agravo de Instrumento consiste em um instrumento recursal estritamente jurídico, cujos requisitos não sofreram influência do meio político, a Suspensão de Liminar é um meio de impugnação judicial instituído com propósitos claramente voltados para a esfera político-administrativa.

Muito embora sejam relevantes tais divergências, já se pode inferir, do ponto de vista prático que os dois meios de impugnação levam a um mesmo resultado. Ou seja, "o acolhimento de qualquer um deles irá atender à utilidade pública, suspendendo a decisão ou, no caso do julgamento final do agravo, reformando-a".[12]

Em outras palavras, nestes casos, a Fazenda Pública é privilegiada com a possibilidade de impugnar a mesma decisão judicial através de dois mecanismos distintos, sendo suficiente apenas que obtenha êxito em um desses caminhos adotados para que suste os efeitos da decisão interlocutória combatida.

Mas será mesmo necessário conceder à Fazenda Pública estes dois mecanismos impugnatórios distintos? Será que todos os aspectos da impugnação fazendária não poderiam estar englobados em apenas um meio de impugnação?

Antes de responder estes questionamentos, passemos à análise comparativa dos aspectos semelhantes do Agravo de Instrumento e da Suspensão de Liminar, de acordo com todo o exposto nos tópicos anteriores.

Quanto aos requisitos da suspensão de liminar
- A demonstração do perigo de lesão (*periculum in mora*) decorrente da manutenção da decisão combatida, devendo tal perigo de lesão estar relacionado exclusivamente à ordem ou às áreas da saúde, economia e segurança pública.
- Secundariamente, exige-se que o direito pleiteado pela Fazenda Pública tenha um mínimo de plausibilidade. Ressalte-se que na prática, uma considerável parcela dos julgadores subjuga este requisito, exigindo apenas a efetiva demonstração do perigo de lesão.

Quanto aos requisitos do Agravo de Instrumento
- O *fumus boni iuris*, ou seja, a efetiva aparência de que o direito pleiteado pelo Agravante, no caso a Fazenda Pública, é suficientemente plausível para ensejar a reforma da decisão recorrida, mesmo que de forma preliminar.
- Assim como na Suspensão de Liminar, a demonstração do perigo de lesão (*periculum in mora*) decorrente da manutenção da decisão recorrida.

Dos requisitos expostos, salta aos olhos a semelhança do conteúdo dos dois meios de impugnação. Não surpreende o fato de que buscam, em última análise, o

---

[12] CUNHA, Leonardo José Carneiro da. *A Fazenda Pública em juízo*. 3. ed. São Paulo: Dialética, 2005. p. 393.

mesmo resultado prático. Com um conteúdo tão semelhante, não poderia ser distinta a finalidade almejada por cada um dos meios de impugnação.

O que resta latente é que o Agravo de Instrumento, em comparação com a Suspensão de Liminar, exige do recorrente uma argumentação mais densa no que tange ao mérito. Ou seja, exige uma plausibilidade mais evidente do direito perseguido pelo recorrente, sendo, portanto, um meio de impugnação mais completo, uma vez que na Suspensão de Liminar as exigências resumem-se basicamente à demonstração da lesão a ser suportada pela Fazenda Pública.

Ora, desta forma seria perfeitamente plausível afirmar que, do ponto de vista prático, a Suspensão de Liminar estaria inteiramente englobada nos requisitos do Agravo de Instrumento. Através do Agravo de Instrumento, a Fazenda Pública pode perfeitamente demonstrar o perigo de lesão à ordem, economia, saúde e segurança pública, que não deixa de ser o malsinado *periculum in mora*, e pugnar pela reforma da decisão recorrida, desde que suas alegações estejam revestidas de um mínimo de plausibilidade (*fumus boni iuris*).

Ressalte-se ainda que o Agravo de Instrumento permite ao recorrente o pedido de concessão do efeito suspensivo ao recurso, com base no Artigo 558 do CPC que assim preceitua:

> Art. 558. O relator poderá, a requerimento do agravante, nos casos de prisão civil, adjudicação, remição de bens, levantamento de dinheiro sem caução idônea e em outros casos dos quais possa resultar lesão grave e de difícil reparação, sendo relevante a fundamentação, suspender o cumprimento da decisão até o pronunciamento definitivo da turma ou câmara.

Assim, em casos de premente urgência, a Fazenda Pública conseguirá, de plano, através do Agravo de Instrumento, a suspensão dos efeitos da decisão interlocutória recorrida, da mesma forma que possivelmente conseguiria através da Suspensão de Liminar.

Ora, se a Fazenda Pública pode, através do Agravo de Instrumento, obter o mesmo resultado prático alcançado pela Suspensão de Liminar, sendo ainda o Agravo um recurso bem mais amplo, uma vez que resultará por fim não apenas na suspensão dos efeitos da decisão recorrida, mas sim na efetiva reforma desta decisão, qual a utilidade prática da Suspensão de Liminar nestes casos?

Nenhuma. Em situações atacáveis por Agravo de Instrumento a Suspensão de Liminar consiste em um benefício exagerado e desnecessário concedido à Fazenda Pública. Isto porque enquanto na Suspensão de Liminar se busca a simples sustação imediata dos efeitos da decisão combatida, no Agravo de Instrumento se pode obter esta mesma sustação imediata, com fulcro no Artigo 558, CPC, e ir mais além, ao buscar a reforma efetiva da decisão recorrida no momento do julgamento do mérito do Agravo.

Os críticos poderiam argumentar que a não utilização da Suspensão de Liminar poderia trazer prejuízos à Fazenda Pública, uma vez que este instituto difere do Agravo de Instrumento por ter um cunho eminentemente político, razão pela qual é julgado pelo presidente do respectivo tribunal.

Mas ora, não consiste em nenhum prejuízo o fato do Agravo de Instrumento ser julgado por outro integrante do tribunal, que não o presidente. Não existe efetiva hierarquia entre o presidente de um tribunal e os seus pares. Não há razões para crer que o julgamento laborado por determinado integrante de um tribunal será distinto daquele laborado pelo presidente daquele respectivo tribunal.

Além do que, muito embora o presidente do tribunal possua uma certa carga de responsabilidade política devido ao seu cargo, as decisões que dele emanam devem estar sempre pautadas nos fundamentos jurídicos aplicáveis, sendo, portanto, decisões jurídicas e não políticas. Seria, portanto, temerário e "incorreto admitir que uma decisão administrativa ou política atingisse uma decisão judicial".[13]

Poderiam também, os críticos, alegarem que a não utilização da Suspensão de Liminar em casos atacáveis por Agravo seria temerária para a Fazenda Pública, ameaçando assim a sua sustentabilidade, uma vez que no Agravo de Instrumento exige-se, além da demonstração do dano a ser suportado, uma maior plausibilidade, ao menos aparente, das alegações tecidas.

Neste ponto, importante salientar que o ordenamento jurídico pátrio não foi esquematizado com o intuito de proteger um ente litigante cujas alegações não tenham um mínimo de plausibilidade. Assim, em casos de flagrante ilegitimidade do direito perseguido pela Fazenda Pública, não há sentido em procrastinar excessivamente a demanda baseando-se exclusivamente na demonstração do dano a ser suportado pela Fazenda Pública.

Pensar de maneira diversa seria estimular a improbidade administrativa, uma vez que dessa forma os entes fazendários teriam mais liberdade para contrair dívidas indiscriminadamente, sabendo que posteriormente poderiam simplesmente demonstrar a sua impossibilidade de pagar tais dívidas sem lesar a sua sustentabilidade e procrastinar o andamento do processo, muito embora restasse claravidente o direito do credor.

Ou seja, o que se quer dizer é que não há razão para se sustar os efeitos de uma decisão interlocutória quando o direito no qual se ampara a Fazenda Pública não se reveste de um mínimo de plausibilidade. Tal sustação seria meramente protelatória nesses casos de total incongruência do direito fazendário, razão pela qual a procrastinação só resultaria em um prejuízo maior para a Fazenda Pública no momento do trânsito em julgado.

Já nos casos em que efetivamente exista a aparência do bom direito do lado fazendário, o Agravo de Instrumento é suficientemente eficaz para sustar, de plano, os efeitos da decisão recorrida, desde que se demonstre também o perigo da lesão a ser suportada pela Fazenda Pública. Assim, nestes casos não há o que se questionar a respeito da eficiência do Agravo de Instrumento, sendo insubsistente a alegação de que este instrumento recursal não seria eficaz na proteção da sustentabilidade do ente fazendário em litígio.

Assim, chegamos à primeira conclusão deste artigo a respeito das indagações outrora levantadas: em casos atacáveis por Agravo de Instrumento, a Suspensão

---

[13] DIDIER JUNIOR, Fredie; CUNHA, Leonardo José Carneiro da. *Curso de direito processual civil*: meios de impugnação às decisões judiciais e processo nos tribunais. 7. ed. Salvador: JusPodivm, 2009. p. 495.

de Liminar é perfeitamente dispensável. Ou seja, através da análise dos requisitos e do conteúdo de cada um destes meios de impugnação, restou demonstrada a desnecessidade da utilização da Suspensão de Liminar em concomitância com o Agravo de Instrumento.

Deste modo, sem adentrar ainda na questão da constitucionalidade do §6º do Artigo 4º da Lei nº 8.437/92, pode-se afirmar categoricamente que este dispositivo é desnecessário do ponto de vista jurídico, haja vista que restou demonstrado que, na prática, tudo o que se almeja através da Suspensão de Liminar pode ser obtido de forma até mais aprofundada através do Agravo de Instrumento, sendo incongruente, portanto, a redação deste dispositivo que possibilita a utilização simultânea dos dois meios de impugnação por parte da Fazenda Pública.

3.1 Da inconstitucionalidade do §6º do artigo 4º da Lei nº 8.437/92: violação ao artigo 5º, *caput*, da CF/88

Adentrando, agora sim, na questão da constitucionalidade do §6° do Artigo 4° da Lei nº 8.437/92, denota-se que este dispositivo viola claramente um dos principais dispositivos consagrados pela Constituição Federal de 88 e pelo Estado Democrático de Direito, qual seja, o artigo 5º, *caput*. Explique-se:

O artigo 5º assim dispõe em seu *caput*:

> Art. 5º *Todos são iguais perante a lei*, sem distinção de qualquer natureza, garantindo-se aos brasileiros e aos estrangeiros residentes no País a inviolabilidade do direito à vida, à liberdade, à igualdade, à segurança e à propriedade, nos termos seguintes:

Ou seja, o supracitado dispositivo constitucional consagra o princípio da isonomia, ou igualdade, no ordenamento jurídico pátrio. Tal princípio preconiza uma "igualdade material na medida em que a lei deverá tratar igualmente os iguais e desigualmente os desiguais, *na medida de suas desigualdades*".[14]

Desta definição tem-se que por serem os entes que compõem a Fazenda Pública de relevada importância para a sociedade civil, estes não podem ser tratados de forma juridicamente idêntica aos demais entes litigantes. Contudo, as prerrogativas concedidas à Fazenda Pública em juízo devem se ater apenas à medida de suas desigualdades, sob pena de se estar violando o *caput* do artigo 5º da Constituição. Em outras palavras, as "desigualdades" a que alude o princípio da isonomia surgem em nossa Carta Magna com estreita regulação pelo princípio da proporcionalidade, consubstanciado na expressão "na medida de suas desigualdades". Se desrespeitada tal proporcionalidade, configurar-se-ia uma afronta não apenas ao princípio da proporcionalidade como também ao próprio princípio da igualdade ou isonomia, e consequentemente, ao artigo 5º da Carta Magna.

No dispositivo em comento, denota-se que tal proporcionalidade não foi resguardada, uma vez que o benefício concedido à Fazenda Pública extrapola todos os limites da razoabilidade jurídica. A possibilidade de interposição concomitante da

---

[14] LENZA, Pedro. *Direito constitucional esquematizado*. 13. ed. São Paulo: Saraiva, 2009. p. 679.

Suspensão de Liminar ao Agravo de Instrumento preconizada no §6º do Artigo 4º da Lei nº 8.437/92 é nitidamente abusiva, tendo em vista que pode permitir à Fazenda Pública uma procrastinação exacerbada do cumprimento de uma decisão ou até de uma sentença judicial contrária, mesmo em casos de evidente falta de plausibilidade das suas alegações.

Assim, ao conferir uma prerrogativa exacerbada e desproporcional à Fazenda Pública, o §6º do Artigo 4º da Lei nº 8.437/92 está ferindo o artigo 5º, *caput*, da Constituição, sendo em última análise, inconstitucional por desrespeitar a isonomia entre as partes litigantes.

Na prática, o que ocorre nos casos de litigância entre um particular e a Fazenda Pública é uma batalha judicial pautada na desproporcionalidade, gerando neste particular um sentimento de impotência, haja vista que inobstante a legitimidade de seu direito, consubstanciado numa eventual sentença favorável, a depender dos valores cobrados, ele terá de aguardar um demasiado lapso temporal para quem sabe ver este direito efetivado, devido a uma provável Suspensão de Liminar ou de Sentença. Em outras palavras, a atuação fazendária nestes casos resume-se ao seguinte provérbio, com as devidas vênias: "devo não nego, pago quando puder", ou melhor, pago quando minha Suspensão de Liminar não mais perdurar.

Ante o exposto, conclui-se não só pela desnecessidade da Suspensão de Liminar em casos atacáveis por Agravo de Instrumento, como também pela sua inconstitucionalidade no que tange ao desrespeito aos limites da proporcionalidade entre os entes litigantes do processo, violando, em última análise, o próprio princípio da igualdade, restando, portanto, respondidas as indagações laboradas no bojo deste artigo.

4 Problemáticas decorrentes da aplicação do §6º do artigo 4º da Lei nº 8.437/92

Após toda a explanação já delimitada neste artigo, ficou demonstrada a desnecessidade e a inconstitucionalidade da utilização da Suspensão de Liminar por parte da Fazenda Pública em casos atacáveis por Agravo de Instrumento, ou seja, concluiu-se pela não aplicação do §6º do Artigo 4º da Lei nº 8.437/92.

Contudo, no cotidiano jurídico, a utilização da Suspensão de Liminar por parte da Fazenda Pública, em casos atacáveis por Agravo de Instrumento, é bastante difundida, gerando uma série de imbróglios jurídicos devido a divergências interpretativas entre os operadores do direito, ratificando ainda mais a tese deste artigo de que em casos atacáveis por Agravo não se deveria permitir, aos entes fazendários, a utilização da Suspensão de Liminar.

Passemos, pois, à demonstração de tais divergências interpretativas e seus desdobramentos.

4.1 Natureza jurídica

Em tópico específico anterior já se discorreu exaustivamente acerca da natureza jurídica da Suspensão de Liminar, ressaltando, naquele momento, a sua essência de sucedâneo recursal e os seus elementos intrínsecos de cunho político.

No entanto, cumpre esclarecer que existem sensíveis divergências acerca desta dita natureza política do pedido de suspensão. Por um lado, a jurisprudência majoritária em nosso país, capitaneada por entendimento consolidado no Superior Tribunal de Justiça,[15] defende com afinco a feição política ostentada pela Suspensão de Liminar,[16] admitindo de forma implícita a existência de certa dose de ingerência política dentro do mundo jurídico, ao menos no que tange a este instituto. Para robustecer seus argumentos, a jurisprudência dominante reconhece também a feição política inerente ao cargo de presidente do Tribunal competente, elemento julgador do pedido de suspensão.

Por sua vez, em posição diametralmente oposta encontra-se boa parte da doutrina, que rechaça qualquer tentativa de atribuição de caráter político à natureza jurídica do pedido de suspensão. Tal posicionamento pode ser materializado nos dizeres de Fredie Didier Jr. e Leonardo José Carneiro da Cunha que assim preceituam:

> Na realidade, o pedido de suspensão, ao contrário do que possa parecer, não provoca atividade administrativa do presidente do tribunal, que, no seu exame, não exerce juízo político.
>
> (...)
>
> Com efeito, muito embora os tribunais superiores atribuam ao pedido de suspensão a natureza de atividade político-administrativa, o certo é que tal incidente contém nítida feição judicial, em cujo âmbito se analisa a violação a interesses públicos, como segurança, ordem, saúde e economia.[17]

Destarte, fica claro que existem várias divergências acerca da natureza jurídica da Suspensão de Liminar, sendo certo que, um instituto cuja natureza jurídica não se consegue delimitar de forma incontroversa é passível de outras muitas divergências como consequência. É exatamente isso que ocorre no pedido de suspensão, razão pela qual passaremos a analisar um dos principais imbróglios jurídicos deste instituto, qual seja, a discussão acerca da duração da suspensão concedida.

4.2 Da duração da suspensão concedida

Debate acalorado surge quando se discute sobre o período de duração de uma suspensão concedida. Tais divergências ficam ainda mais intensas quando se trata da suspensão de segurança, devido às peculiaridades do Mandado de Segurança que não vêm ao caso neste artigo.

De toda sorte, analisando literalmente a legislação aplicável, não nos parece passível de tanta discussão a questão da duração da suspensão concedida. É que o §9º

---

[15] BRASIL. Superior Tribunal de Justiça, REsp n. 768.480/RJ, rel. Ministro José Delgado, j. 17.11.05, *DJ*, 05 dez. 05.

[16] Nesse sentido, NORTHFLEET, Ellen Gracie. Suspensão de sentença e de liminar. *Revista de Processo*, São Paulo, n. 97, p. 184, 2000.

[17] DIDIER JUNIOR, Fredie; CUNHA, Leonardo José Carneiro da. *Curso de direito processual civil*: meios de impugnação às decisões judiciais e processo nos tribunais. 7. ed. Salvador: JusPodivm, 2009. p. 495.

do Artigo 4º da Lei nº 8.437/92 preconiza expressamente que o pedido de suspensão acolhido "vigorará até o trânsito em julgado da decisão de mérito na ação principal".[18]

Seguindo o disposto neste dispositivo, os tribunais superiores, bem como a maior parte da doutrina têm entendido que a Suspensão de Liminar concedida deverá perdurar até o trânsito em julgado da ação principal. Até aí, nada de absurdo, e nenhuma controvérsia há.

Contudo, o Tribunal Regional Federal da 5ª Região, na contramão da jurisprudência e doutrina dominante, firmou posicionamento diverso, no sentido de rechaçar a prevalência da suspensão concedida até o trânsito em julgado da ação principal. Segundo o entendimento do dito Tribunal, até mesmo a decisão monocrática do relator do Agravo de Instrumento que não concede o efeito suspensivo aludido no Artigo 558 do CPC é suficiente para derrogar os efeitos da Suspensão de Liminar concedida. Repita-se, são diversos os julgados deste tribunal neste sentido[19][20][21] E o mais interessante, o fundamento para tal posicionamento, conforme havíamos alertado, remete à discussão anterior acerca da natureza jurídica da Suspensão de Liminar. Isto porque o entendimento deste tribunal regional, neste ponto em consonância com os tribunais superiores, é de que o pedido de suspensão tem natureza político-administrativa. Partindo desta premissa, argumenta que qualquer decisão, monocrática ou colegiada, proferida nos autos do Agravo de Instrumento, por ter um cunho eminentemente judicial, deverá prevalecer sobre a decisão concessiva da Suspensão de Liminar, por ter esta última feição político-administrativa.

Mais contraditória ainda, *data vênia*, foi a decisão proferida pelo Eminente Desembargador Presidente do Tribunal Regional Federal da 5ª Região, Dr. Luiz Alberto Gurgel, quando instado a se manifestar acerca da hierarquia entre a Suspensão de Liminar e o Agravo de Instrumento. Nesta decisão monocrática,[22] o magistrado entendeu pela harmonização das duas decisões, mantendo ambas no mundo jurídico.

Agora se imagine na prática esta decisão. Supondo que a ação trate de obrigação pecuniária e a decisão interlocutória de primeira instância ordenou que a Fazenda Pública pagasse à outra parte determinado montante. Negado o efeito suspensivo (Artigo 558, CPC) ao Agravo de Instrumento, persiste a obrigação de pagamento. Deferida a suspensão de liminar, susta-se a ordem de pagamento. Enfim, mantidas as duas decisões opostas no mundo jurídico, conforme entendimento do Desembargador Presidente, qual será a solução prática? A Fazenda Pública terá de pagar ou não o montante estipulado? Fica a pergunta sem resposta plausível.

Em suma, o que se quis passar neste artigo foi a ideia de que é possível restringir a aplicação da Suspensão de Liminar apenas a casos não atacáveis por Agravo de

---

[18] Art 4°, §9º da Lei nº 8.437/92 – "A suspensão deferida pelo Presidente do Tribunal vigorará até o trânsito em julgado da decisão de mérito na ação principal."
[19] BRASIL. Tribunal Regional Federal 5ª Região, AGRPET n. 3041, rel. Desembargador Federal Geraldo Apoliano, *DJ*, 25 fev. 03.
[20] BRASIL. Tribunal Regional Federal 5ª Região, AGRSL n. 3635/01, rel. Desembargador Federal Francisco Queiroz Cavalcanti, *DJ*, 13 set. 06.
[21] BRASIL. Tribunal Regional Federal 5ª Região, AGSS n. 6333, rel. Desembargadora Federal Margarida Cantarelli, *DJ*, 16 jan. 04.
[22] BRASIL. Tribunal Regional Federal 5ª Região, SL n. 4042/PE, Desembargador Presidente Luiz Alberto Gurgel de Faria, *DJ*, 17 jul. 09.

Instrumento, haja vista a identidade dos dois meios de impugnação. Para tal, se demonstrou a desnecessidade e a inconstitucionalidade da aplicação do §6º do Artigo 4º da Lei nº 8.437/92, dispositivo que permite a interposição concomitante de Agravo e Suspensão. Ademais, desta forma se estaria evitando também todos os problemas elencados neste tópico, conferindo, indubitavelmente, uma maior segurança jurídica aos jurisdicionados e uma maior coerência ao ordenamento pátrio.

Referências

BUENO, Cássio Scarpinella. Novas perspectivas do recurso de agravo. *In*: WAMBIER Teresa Arruda Alvim; NERY JUNIOR, Nelson (Coord.). *Aspectos polêmicos e atuais dos recursos cíveis de acordo com a Lei nº 9.756/98*. São Paulo: Revista dos Tribunais, 1999.

CANOTILHO, J. J. Gomes. *Direito constitucional e teoria da Constituição*. 2. ed. Coimbra: Almedina, 1998.

CUNHA, Leonardo José Carneiro da. *A Fazenda Pública em juízo*. 3. ed. São Paulo: Dialética, 2005.

DIDIER JUNIOR, Fredie; CUNHA, Leonardo José Carneiro da. *Curso de direito processual civil*: meios de impugnação às decisões judiciais e processo nos tribunais. 7. ed. Salvador: JusPodivm, 2009.

GRINOVER, Ada Pellegrini; DINAMARCO, Cândido Rangel; CINTRA, Antonio Carlos de Araújo. *Teoria geral do processo*. 18. ed. São Paulo: Malheiros, 2002.

LENZA, Pedro. *Direito constitucional esquematizado*. 13. ed. São Paulo: Saraiva, 2009.

MOREIRA, José Carlos Barbosa. *Comentários ao Código de Processo Civil*. 6. ed. Rio de Janeiro; Forense, 1994. v. 5.

NERY JUNIOR, Nelson; NERY, Rosa Maria de Andrade. *Código de Processo Civil comentado e legislação extravagante*. 9. ed. São Paulo: Revista dos Tribunais, 2006.

NORTHFLEET, Ellen Gracie. *Suspensão de sentença e de liminar*. Revista de Processo, São Paulo, n. 97. 2000.

THEODORO JÚNIOR, Humberto. *Curso de direito processual civil*. 48. ed. Rio de Janeiro: Forense, 2008. v. 2.

Informação bibliográfica deste livro, conforme a NBR 6023:2002 da Associação Brasileira de Normas Técnicas (ABNT):

LIMA, João Victor. Suspensão de liminar: crítica à possibilidade de interposição concomitante ao agravo de instrumento (§6º do Artigo 4º da Lei nº 8.437/92). *In*: CUNHA, Leonardo Carneiro da (Coord.). *Questões atuais sobre os meios de impugnação contra decisões judiciais*. Belo Horizonte: Fórum, 2012. p. 141-155. ISBN 978-85-7700-580-2.

SENTENÇA LIMINAR DE IMPROCEDÊNCIA E A ATUAÇÃO DO TRIBUNAL NO JULGAMENTO DA APELAÇÃO (ARTIGO 285-A DO CPC)

LUCAS LIMA COSTA MIRANDA

1 Introdução

O presente exame se concentra nas possibilidades que se abrem ao Tribunal de segunda instância, quando se depara com uma apelação de sentença julgada liminarmente improcedente, pela aplicação do artigo 285-A do Código de Processo Civil.

Tal dispositivo é um dos frutos das diversas microrreformas pelas quais nosso Diploma de Procedimentos atravessou nos últimos anos, todas comprometidas pela busca da duração razoável do processo e efetividade das decisões judiciais, em conformidade com o inciso LXXVIII[1] do artigo 5º da Magna Carta (inserido pela Emenda Constitucional nº 45, de 2004), o qual assegura a todos, no âmbito judicial e administrativo uma duração razoável do processo, com a implantação de meios aptos a garantir a celeridade processual.

Particularmente, o artigo 285-A do CPC mune o Poder Judiciário com importante e eficiente ferramenta para o enfrentamento das chamadas ações de massa, isto é, ações com fundamentação idêntica que se multiplicam na esfera dos órgãos de tal Poder,[2] tão comuns no âmbito do serviço público, do direito do consumidor, tributário e previdenciário.

---

[1] Artigo 5º (...) LXXVIII - a todos, no âmbito judicial e administrativo, são assegurados a razoável duração do processo e os meios que garantam a celeridade de sua tramitação.

[2] Neste sentido: (...) o artigo 285-A deve ser entendido como uma forma de debelar o que a prática judiciária costuma denominar, com freqüência, de "processos repetitivos", em que o que se discute basicamente é uma *mesma tese jurídica* aplicada a uma *mesma situação fática* que em si mesma considerada não desperta maiores dúvidas ou indagações das partes e do próprio magistrado. Uma situação fática que não aceita ou não apresenta peculiaridades dignas de destaque. (BUENO, Cássio Scarpinella. *Curso sistematizado de direito processual civil*: procedimento comum: ordinário e sumário. São Paulo: Saraiva, 2007, v. 2, t. I, p. 125.)

Esse tipo de demanda abarrota o Judiciário e, por conseguinte, prejudica o andamento de todos os demais processos, porquanto recursos materiais e humanos são despendidos para desafogar as instâncias judiciais. Vale ressaltar que, na maioria das vezes, tem como parte ré um ente integrante da Administração Pública, direta ou indireta.

O julgamento liminar de improcedência, nesse contexto, serve para que o Poder Judiciário extinga, da forma mais breve possível, as ações repetidas que se afigurem, de plano, insubsistentes quanto ao mérito. Não é por outra razão que, nesses casos, a improcedência do pedido se dá sem a citação da parte contrária, desde que sejam atendidos os demais requisitos legais do dispositivo, os quais serão também analisados no presente estudo.

Ver-se-á, ainda, que além dos requisitos expressamente previstos no Código de Processo Civil, o Superior Tribunal de Justiça, fazendo interpretação extensiva do artigo em foco, acaba por criar uma nova exigência para a utilização, pelo juiz monocrático, do julgamento liminar de improcedência.

Adianta-se que a sistemática prevista no artigo 285-A, não obstante ter despertado, de início, inúmeros debates, encontra-se em perfeita harmonia com o ordenamento jurídico nacional; não há violação dos princípios do contraditório, da segurança jurídica, da ampla defesa, da isonomia ou de qualquer outro, razão pela qual não se pode considerar sua inconstitucionalidade.

Contudo, de maneira distinta entendeu a Ordem dos Advogados do Brasil, tendo até mesmo impetrado uma Ação Declaratória de Inconstitucionalidade (ADIn nº 3.695/DF) contra o artigo em comento. A ADIn se encontra conclusa ao Ministro relator Cezar Peluso; espera-se, todavia, seja julgada improcedente, principalmente após a manifestação em parecer do Instituto Brasileiro de Direito Processual (IBDP), o qual participa do processo na qualidade de *amicus curiae* — pois parece consistir no desfecho mais sensato.

Repise-se: o julgamento de improcedência *prima facie* não fere o contraditório e a ampla defesa, porquanto além de o réu receber a melhor das decisões — a improcedência do pedido com resolução do mérito — ao autor é permitido apelar da sentença, havendo a possibilidade de retratação do juiz de primeira instância.

Tampouco atinge a segurança jurídica ou a isonomia; muito pelo contrário, pois garante a previsibilidade de decisões constantes em casos idênticos, garantindo àqueles que entram com demandas similares um tratamento igualitário perante a Justiça.

Do mesmo entendimento é o doutrinador Leonardo José Carneiro da Cunha, segundo o qual não há violação do contraditório, visto que o réu não é condenado; da mesma forma, não se vislumbraria agressão à isonomia, pois o artigo 285-A possibilita um tratamento idêntico a todos que se encontrem na mesma situação.[3]

Comentário interessante sobre o tema fez Frederico Koehler,[4] professor e Juiz Federal da Seção Judiciária de Pernambuco, o qual é colacionado abaixo:

---

[3] CUNHA, Leonardo José Carneiro da. Primeiras impressões sobre o artigo 285-a do CPC: julgamento imediato de processos repetitivos: uma racionalização para as demandas de massa. *Revista Dialética de Direito Processual*, São Paulo, n. 39, p. 95, jun. 2006.

[4] KOEHLER, Frederico Augusto Leopoldino. Breve análise sobre alguns aspectos polêmicos da sentença liminar de improcedência (artigo 285-A do CPC). *Revista Dialética de Direito Processual*, São Paulo, n. 41, p. 71, 2006.

No caso da alteração legislativa em apreço, a sentença é de 'total improcedência', não sendo cogitável a ocorrência de efeitos negativos para o demandado. A parte autora, por seu turno, dispõe da apelação para veicular sua irresignação contra o decisum em liça. Portanto, os princípios referidos restam devidamente protegidos pela norma. Por outro lado, não se pode olvidar que o legislador buscou imprimir maior celeridade ao trâmite processual, atendendo ao direito fundamental previsto no artigo 5º, inciso LXXVIII, da Carta Magna. De fato, não é razoável que um processo tenha que tramitar por longo período para que, ao final, chegue-se a um resultado previsível *ab initio* por todos. Assim, não se vislumbra qualquer eiva de inconstitucionalidade a macular o novo artigo 285-A do Código de Processo Civil.

No entanto, como mencionado adrede, a presente reflexão se centra em um segundo momento da aplicação do artigo 285-A: no instante em que a sentença de improcedência liminar é devolvida para apreciação do Tribunal de segundo grau. Buscam-se, assim, conclusões tanto sobre os limites do efeito devolutivo da apelação interposta contra a sentença originada pela aplicação do artigo 285-A, quanto acerca da possibilidade, ou não, de o Tribunal dar provimento ao recurso, reformando a sentença anteriormente prolatada para já julgar procedente o pedido da parte autora.

Surge, então, a controvérsia a ser enfrentada neste artigo: pode o Tribunal, na apreciação da apelação de sentença liminar de improcedência, proceder à reforma do *decisum* ou somente lhe é permitido anular a sentença, remetendo os autos ao juízo *a quo* para prolação de novo julgamento?

Com esse escopo, em primeiro lugar faz-se um breve estudo sobre os aspectos gerais do dispositivo incluído em nosso ordenamento pela Lei nº 11.277/2006 e o contexto no qual este se insere. Em seguida, passa-se a um estudo concentrado na natureza da apelação e das contrarrazões oferecidas diante da sentença, com foco no efeito devolutivo do recurso interposto pelo autor contra o tipo de sentença ora em destaque.

Nesse caminho, entendimentos doutrinários sobre o tema serão explorados, intentando-se transmitir os argumentos defendidos por cada uma das posições já tomadas no âmbito do Direito brasileiro. Desenvolvida tal análise, apontar-se-á a posição que, de acordo com o autor do presente estudo, melhor se coaduna com a técnica processual mais apurada, sempre em consonância com a efetividade da decisão judicial e com o próprio acesso à Justiça.

Como não se pode deixar de ser, será também demonstrado como o projeto do Novo Código de Processo Civil, em tramitação no Congresso Nacional, aborda a questão, com o intuito de manter o presente trabalho em aberto diálogo com os recentes acontecimentos no campo do Direito Processual Civil brasileiro.

2 O artigo 285-A do CPC

A Lei nº 11.277/2006 inseriu no Código de Processo Civil brasileiro o artigo 285-A, dispondo nos seguintes termos:

> Art. 285-A. Quando a matéria controvertida for unicamente de direito e no juízo já houver sido proferida sentença de total improcedência em outros casos idênticos,

poderá ser dispensada a citação e proferida sentença, reproduzindo-se o teor da anteriormente prolatada.

§1º Se o autor apelar, é facultado ao juiz decidir, no prazo de 5 (cinco) dias, não manter a sentença e determinar o prosseguimento da ação.

§2º Caso seja mantida a sentença, será ordenada a citação do réu para responder ao recurso.

2.1 Considerações preliminares

Da leitura do dispositivo, depreende-se que tal norma visa a sintetizar o processo quando a questão aduzida pelo autor for unicamente de direito e decisões de igual sentido já tenham sido exaradas no mesmo juízo. O julgamento, então, será realizado antes mesmo da citação do réu, haja vista a decisão favorável que este, invariavelmente, receberá.

Todavia, o artigo em comento é alvo de diversos comentários e críticas, em virtude da falta de técnica legislativa em sua elaboração. Não se pode negar que, apesar de a ideia contida no artigo, ou, como ensinou Montesquieu, de o "espírito da lei" ser louvável, faltou técnica legislativa no momento de sua elaboração, suscitando debates sobre o significado e o alcance dos termos contidos no referido dispositivo.

Antes de adentrar no âmbito da atuação do tribunal na apreciação da apelação de sentença liminar de improcedência, faz-se necessário tecer comentários sobre os aspectos que geram incertezas na aplicação do julgamento com base no artigo 285-A.

De início, não obstante a utilização da expressão "matéria controvertida", tecnicamente ainda não se poderia falar em controvérsia se o réu nem mesmo se pronunciou sobre o ponto alegado pelo autor. Ora, se os pontos controversos só se materializam após a resposta do réu, a qual não existe nos casos de aplicação da norma em estudo, como se há de falar em controvérsia? A única interpretação possível para a expressão é que o legislador quis ressaltar, na verdade, a matéria a ser discutida em juízo.[5]

Ademais, de acordo com a redação literal do artigo 285-A do Código de Processo Civil, para que seja proferida sentença de improcedência *prima facie*, a matéria aduzida pelo autor deve ser unicamente de direito.

Sabe-se, todavia, que em um processo, não se pode falar em direito sem um fato que o constitua, pois toda questão jurídica tem sempre um aspecto formal e um material. Portanto, "matéria unicamente de direito" deve ser entendida como ponto que não necessita de dilação probatória; aquele que, *de per si*, já é tido como de remota refutação, porquanto resolvido pela simples aplicação da lei ao caso concreto. Manuel Gaspar de Oliveira[6] é preciso ao afirmar:

> De forma simples e didática dizemos que a matéria é "unicamente de Direito", quando a solução da *quaestio júris* passa pela aplicação pura e simples da Lei ao caso concreto, não dependendo de dilação probatória mais ampla, tal como a produção de prova testemunhal ou pericial, o que demanda análise mais complexa.

---

[5] CAVALCANTE, Mantovanni Colares. A sentença liminar de mérito do artigo 285-A do Código de Processo Civil e suas restrições. *Revista Dialética de Direito Processual*, São Paulo, n. 42, p. 97, set. 2006.

[6] OLIVEIRA, Manoel Gaspar. Comentários ao artigo 285-A do CPC. Disponível em: <www.abdpc.org.br>. Acesso: 10 dez. 2009.

Além disso, há divergência doutrinária acerca do termo "juízo". Eduardo Cambi, em consistente artigo sobre o julgamento liminar de improcedência, defende que as sentenças anteriores devem ter sido proferidas pelo mesmo juiz.[7] Gustavo de Medeiros Melo, por seu turno, entende que as decisões não precisam ser, necessariamente, do mesmo juiz, mas sim da mesma vara judiciária.[8]

Esse último entendimento parece ser o mais adequado, pois além de abranger o sentido técnico do termo "juízo", coaduna-se com a unicidade do órgão julgador, garantindo a segurança jurídica. Todavia, o Superior Tribunal de Justiça, em recentíssimos julgados, vem sedimentando o entendimento de que o termo "juízo" deve ser interpretado de forma ainda mais ampla, não bastando haver decisões de improcedência na vara.

De acordo com aquele Tribunal Superior, o julgamento de improcedência *prima facie* só pode ser utilizado pelo magistrado quando as decisões anteriores em que se baseia não contrariarem o entendimento dos tribunais superiores. Foi, inclusive, publicado pela Quarta Turma o Informativo nº 0477, referente ao período de 13 a 17 de junho de 2011, com a seguinte redação:

> ARTIGO 285-A DO CPC. ENTENDIMENTO. TRIBUNAIS SUPERIORES.
>
> A Turma entendeu que a aplicação do artigo 285-A do CPC supõe que a sentença de improcedência *prima facie* esteja alinhada ao entendimento cristalizado nas instâncias superiores, especialmente no STJ e no STF. Segundo o Min. Relator, os casos em que o CPC permite o julgamento liminar ou monocrático baseiam-se na solidez da jurisprudência, não havendo como se dissociar dessa técnica quando da utilização do dispositivo em comento. Ressaltou que a Lei n. 11.277/2006, ao incluí-lo no código processual, trouxe mecanismo voltado à celeridade e racionalidade processuais, o que não seria alcançado caso fosse permitida a prolação de decisões contrárias aos posicionamentos já consolidados. <u>REsp 1.109.398-MS</u>, Rel. Min. Luis Felipe Salomão, julgado em 16.6.2011.

No voto do Min. Relator Luis Felipe Salomão,[9] a seguinte passagem merece ser transcrita para ilustrar o que se quer explanar:

> No caso dos autos, a celeuma se instalou quanto à interpretação da fórmula "no juízo já houver sido proferida sentença de total improcedência em outros casos idênticos", postulando o recorrente leitura mais literal do artigo, no sentido de ser bastante a existência de julgados no próprio juízo, abstraindo-se qualquer dissídio eventualmente ocorrente com as instâncias superiores. (...) O acórdão recorrido, a sua vez, sufragou entendimento segundo o qual a aplicação da nova sistemática, introduzida pelo artigo 285-A, tem por condição "sentença de improcedência no sentido idêntico ao entendimento predominante no Tribunal de Justiça ao qual estiver vinculado" o juiz. Deveras, a exegese conferida pelo acórdão ora hostilizado afigura-se-me a melhor, porquanto a nova técnica de julgamento supõe alinhamento entre o juízo sentenciante e o entendimento cristalizado nas instâncias superiores. (*omissis*)

---

[7] CAMBI, Eduardo. Julgamento prima facie (imediato) pela técnica do artigo 285-A do CPC. Disponível em: <www.tex.pro.br>. Acesso em: 05 dez. 2009.

[8] MELO, Gustavo Medeiros. O julgamento liminar de improcedência: uma leitura sistemática da Lei 11.277/2006. *Revista de Processo*, São Paulo, n. 165, p. 112, nov. 2008.

[9] RECURSO ESPECIAL Nº 1.109.398 - MS (2008/0283287-1)

Desta forma, é possível dizer que a interpretação dada pelo Superior Tribunal de Justiça fez surgir mais um requisito para a aplicação do julgamento liminar de improcedência, qual seja, o de as decisões do Juízo não sejam contrárias ao posicionamento firmado nas instâncias superiores.

Não obstante a opinião já firmada acima, é preciso salientar que a posição do STJ encontra supedâneo no mesmo paradigma utilizado nas demais microrreformas realizadas no Código de Processo Civil após a inserção do inciso LXXVIII ao artigo 5º da Constituição Federal: dar celeridade ao processo judicial, evitando-se decisões conflitantes e garantindo a segurança jurídica.

Seguindo em frente, o julgamento de improcedência *prima facie* só poderá ser efetuado pelo juiz se, em outros casos idênticos, sentenças de total improcedência houverem sido proferidas. Contudo, a expressão "casos idênticos" presente no 285-A não equivale àquela contida no artigo 301, §2º, do CPC, caso contrário não se poderia cogitar um julgamento liminar, visto que a ação teria que ser indeferida sem resolução do mérito, por se tratar de litispendência ou coisa julgada.

Também não se pode defender que somente as partes são distintas, visto que se a causa de pedir e o pedido fossem idênticos, haveria somente um único juízo prevento para análise de determinada matéria julgada liminarmente improcedente.

O imprescindível é que a fundamentação do autor coincida com as dos processos anteriormente julgados improcedentes. Não se faz necessária a similitude dos três elementos de identificação das ações, mas somente a argumentação trazida pela parte.[10]

Além disso, a redação do dispositivo não é clara quanto ao número de casos idênticos anteriores necessários à aplicação do julgamento liminar de improcedência. Interpretação impossível, no entanto, é considerar que a existência de apenas um seja suficiente, pois não é por acaso que a norma se utiliza do plural "casos idênticos".

Logo, conclui-se que é preciso ter havido sentença de total improcedência em, pelo menos, dois casos análogos, sob o fundamento de que a lei não contém palavras inúteis.

Outro ponto controvertido sobre o artigo ora analisado é se sua aplicação é um dever ou uma faculdade do órgão julgador. Assim, havendo sentenças de improcedência em casos idênticos — e não estando elas em dissonância com o entendimento dos Tribunais superiores — o juiz será obrigado a usar o artigo 285-A no próximo caso que requerer seu discernimento, ou poderá seguir o procedimento comum, citando o réu para contestar a petição inicial?

Neste diapasão, mais acertada é a interpretação literal do dispositivo, que reflete o caráter facultativo da norma, senão vejamos: nada impede que o magistrado altere seu posicionamento com o passar do tempo, sendo vedada unicamente a ausência de fundamentação de tal mudança.

---

[10] "Nesses casos repetidos, as causas de pedir e os pedidos são diferentes em cada uma das demandas: cada autor tem uma relação jurídica diferente com a parte contrária, sofrendo uma lesão ou ameaça própria, que não se confunde com a posição de cada um dos autores das outras demandas. O objeto, por sua vez, de cada demanda é próprio: cada autor irá obter um bem da vida diferente ou uma vantagem própria. O que se identifica, o que é igual em todas essas demandas é a argumentação ou fundamentação jurídica" (CUNHA, Leonardo José Carneiro da. Primeiras impressões sobre o artigo 285-a do CPC: julgamento imediato de processos repetitivos: uma racionalização para as demandas de massa. *Revista Dialética de Direito Processual*, n. 39, p. 96, jun. 2006).

Caso a aplicação do artigo 285-A seja encarada como um dever do órgão julgador, encontrar-se-á o juiz aprisionado ao seu entendimento inicial sobre a matéria, o que não se pode aceitar.[11] Entretanto, na hipótese de o juiz não mudar seu entendimento sobre o assunto, a técnica mais coerente e que mais se coaduna com o princípio da isonomia consiste na utilização do artigo 285-A. Repise-se, contudo, não se impor como dever ao magistrado, estando este livre para aplicar ou não o referido dispositivo, apenas destacando que a aplicação do julgamento de improcedência *prima facie* contribui para a racionalidade do órgão julgador.

Comunga deste entendimento Leonardo Ayres Santiago:[12]

> Não há obrigatoriedade de sentença liminar e também não há risco de engessamento da jurisprudência, pois não se exige a adoção de entendimentos consagrados nos tribunais. Caberá ao juiz a análise dos fundamentos apresentados na inicial, ocasião em que deverá verificar se existem fundamentos novos ou se a petição traz as mesmas questões já debatidas em feitos anteriormente decididos. Nada impede, ainda, que o julgador não aplique o artigo 285-A do CPC e venha a alterar entendimento anteriormente firmado no juízo, após a devida instrução de feito, ainda que trate de matéria de direito anteriormente decidida.

São estas, em linhas gerais, as principais discussões acerca da redação do artigo 285-A.

2.2 Procedimento

Para adentrar no tema proposto neste estudo, é imperiosa a análise do procedimento previsto no artigo 285-A do CPC.

Como se infere, é possível dividir em dois grupos os requisitos para aplicação do julgamento liminar de improcedência: a) a matéria alegada na exordial não necessitar de dilação probatória e que, b) no juízo, outros casos similares tenham sido julgados totalmente improcedentes, desde que o entendimento não entre em confronto com os Tribunais superiores.

Assim, recebida a petição inicial — versando esta sobre questão de direito já discutida e rejeitada em outros casos similares — o juiz poderá julgar o mérito da causa liminarmente; não citará a parte contrária para contestar a ação, uma vez que proferirá, de pronto, a melhor das decisões para o réu: o julgamento de mérito rejeitando o pedido do autor.

Não é demais ressaltar que só poderá acontecer tal modalidade de julgamento antecipado, caso a sentença seja de improcedência. Não poderá o juiz, portanto, utilizar-se do artigo 285-A para julgar total ou parcialmente procedente o pedido, sob pena de ignorar diversos princípios constitucionais, a citar o contraditório e o devido processo legal.

---

[11] Em sentido contrário: CAMPOS, Gledson Marques de. A sentença liminar de improcedência, os requisitos para que seja proferida e os limites da apelação interposta contra ela. *Revista Dialética de Direito Processual*, São Paulo, n. 46, p. 46-54, jan. 2007.

[12] SANTIAGO, Leonardo Ayres. Apontamentos acerca do artigo 285-A, CPC: os pressupostos e a constitucionalidade da improcedência liminar no direito processual civil brasileiro. *Revista Brasileira de Direito Processual*, Belo Horizonte, ano 17, n. 65, jan. 2009.

O julgador deverá, na sentença, transcrever o conteúdo do *decisum* paradigma, explicitando as razões que o levaram a julgar liminarmente a ação. Logo, não basta a citação da sentença anterior, mas sim sua transcrição fundamentada. Este requisito tem a finalidade de o juiz demonstrar a similitude dos casos por ele cotejados, restando indispensável sua realização, sob pena de nulidade da sentença. É preciso, enfim, que o juiz demonstre qual a *ratio decidendi* que fundamentou os casos por ele anteriormente decididos para, então, deixar assentado que o caso que está sob sua apreciação contém as mesmas peculiaridades, a merecer idêntico desfecho, com base naquela mesma *ratio*.

Salvaguardando o contraditório, cabe ao autor o direito de apelar da sentença caso entender que sua situação possui aspectos peculiares em relação à demanda paradigma e que, por isso, o artigo 285-A foi utilizado de forma errônea, ou, se considerar que não poderia ter sido proferido o julgamento por haver necessidade de dilação probatória.

Será possível ao magistrado cumular ao julgamento liminar de improcedência o artigo 518, §1º do CPC. Assim, caso a sentença recorrida esteja em consonância com súmula do STJ ou do STF, a apelação não será recebida pelo juiz.

Se o autor, porém, conforma-se com a sentença de primeiro grau e não interpõe apelação, a decisão transitará em julgado. Note-se que, dessa forma, formou-se coisa julgada material sem a participação do réu no processo, assim ele não teve conhecimento de sua "vitória". Por isso, apesar da omissão legislativa, deverá o escrivão comunicar ao réu o resultado do julgamento, em aplicação analógica do §6º do artigo 219 do CPC. Conforme preleciona Fredie Didier Jr,[13] esse ato é de importância indubitável, pois possibilita ao demandado alegar existência de coisa julgada material, no caso de o autor ingressar novamente com a demanda em outro juízo.

Contudo, como é de costume no processualismo pátrio, o mais comum é haver recurso da parte sucumbente. Assim, após o recebimento da apelação, o juiz de primeiro grau poderá retratar-se da sentença em até 5 (cinco) dias, configurando mais uma exceção[14] à regra da imutabilidade da sentença. Neste caso, em seguida determinará o prosseguimento da ação, citando o réu para contestar. Caso, entretanto, o magistrado mantenha seu entendimento, deverá *citar* o réu para responder ao recurso.

A expressão "citação" contida no §2º do artigo 285-A do CPC pode ser vista com estranheza, pois em regra o que ocorre é a intimação do apelado para contrarrazoar. Todavia, não houve equívocos por parte do legislador na escolha deste termo, uma vez que somente nesse momento o processo angulariza-se; em outras palavras, é no instante de suas contrarrazões que o réu passará a participar diretamente do processo, pois até então a única relação processual existente era entre o autor e o juiz.[15]

---

[13] DIDIER JUNIOR, Fredie. *Curso de direito processual civil*: teoria geral do processo e processo de conhecimento. 10. ed. Salvador: JusPodivm, 2009. v. 1, p. 440.

[14] Outras duas exceções: apelação interposta contra a sentença que indefere a petição inicial (artigo 296, parágrafo único), e quando interposta contra sentença proferida nos procedimentos regulados na Lei 8.069/90 (artigo 198, VII).

[15] No mesmo sentido: "Uma leitura do artigo 213 do CPC, poderá levar o intérprete a criticar a opção do legislador em prever a citação do réu para responder o recurso, considerando-se que o dispositivo legal mencionado prevê que a citação é 'o ato pelo qual e chama a juízo o réu ou o interessado a fim de se defender', sendo que tradicionalmente esse ato ocorre após a *apresentação da petição inicial. Ocorre, entretanto, que o conceito legal de*

Quase não há divergência doutrinária acerca do procedimento até este ponto. O artigo 285-A, no entanto, mostra-se incompleto tanto sobre a natureza das contrarrazões do réu, quanto acerca da atuação do órgão recursal na análise da apelação, formando terreno fecundo às discussões doutrinárias sobre tais questões.

Afinal, que matérias deverá o réu alegar em sua resposta? E ainda: seria possível ao tribunal, ao analisar o recurso, já lhe dar provimento, reformando a sentença *a quo* para já julgar procedente o pedido autoral?

Como será exposto em seguida, as respostas das questões levantadas estão intimamente ligadas ao estudo da extensão e profundidade do efeito devolutivo. Por esta razão, não há como respondê-las antes de realizar uma breve análise sobre este, que se posiciona como um dos mais importantes efeitos recursais.

3 Efeito devolutivo

Presente em todos os recursos, o efeito devolutivo possibilita ao tribunal reexaminar o processo; a matéria em liça é, destarte, apreciada novamente pela Justiça.

O artigo 515, *caput*,[16] do CPC dispõe que a matéria impugnada será devolvida ao conhecimento do Tribunal. Note-se que somente as questões efetivamente impugnadas pela parte recorrente são devolvidas ao Tribunal, portanto não poderão ser julgados os pontos não suscitados na peça recursal, com exceção daqueles que podem ser analisados *ex officio* pelo juiz, bem como os que, não examináveis de ofício, não foram apreciados, apesar de suscitados.

No entanto, da leitura dos §§1º e 2º[17] do mesmo artigo infere-se que todas as matérias aventadas no processo serão devolvidas ao Tribunal, tenha ou não havido apreciação em primeiro grau. Apesar da aparente contradição, deve-se atentar para a exata compreensão dos dispositivos em comento.

A saber, o efeito devolutivo subdivide-se em horizontal e vertical, equivalendo este à profundidade e aquele à extensão do recurso.

A extensão do efeito devolutivo é definida pelo recorrente e coincide com o objeto do recurso. Consiste, portanto, naquilo que poderá ser julgado pelo Tribunal.

Por seu turno, o material que servirá de subsídio ao magistrado para a análise dos objetos delimitados no recurso corresponde à profundidade do efeito devolutivo — também chamada por alguns de efeito translativo[18] dos recursos — não sofrendo esta nenhuma limitação por parte do recorrente, haja vista a sua definição por lei.

Elucidativa é a lição de Fredie Didier Jr. e Leonardo José Carneiro da Cunha sobre o tema:[19]

---

citação não é o correto, devendo ser interpretado adequadamente, o que demonstrará o acerto do legislador, ainda parcial, em prever a citação do réu durante o trâmite procedimental" (NEVES, Daniel Amorim Assumpção. Julgamento liminar de improcedência e o recurso de apelação. *Revista de Processo*, v. 32, n. 152, p. 210, out. 2007).

[16] A apelação devolverá ao tribunal o conhecimento da matéria impugnada.

[17] § 1.º Serão, porém, objeto de apreciação e julgamento pelo tribunal todas as questões suscitadas e discutidas no processo, ainda que a sentença não as tenha julgado por inteiro. § 2.º Quando o pedido ou a defesa tiver mais de um fundamento e o juiz acolher apenas um deles, a apelação devolverá ao tribunal o conhecimento dos demais.

[18] NERY JUNIOR, Nelson. *Teoria geral dos recursos*. 6. ed. São Paulo: Revista dos Tribunais, 2000.

[19] DIDIER JUNIOR, Fredie; CUNHA, Leonardo José Carneiro da. *Curso de direito processual civil*: meios de impugnação às decisões judiciais e processo nos tribunais. 6. ed. Salvador: Juspodivm, 2008. p. 81-82.

A extensão do efeito devolutivo significa precisar *o que* se submete, por força do recurso, ao julgamento do órgão *ad quem*. A extensão do efeito devolutivo determina-se pela extensão da impugnação: *tantum devolutum quantum apellatum*. O recurso não devolve ao tribunal o conhecimento de matéria estranha ao âmbito do julgamento (decisão) a quo. Só é devolvido o conhecimento da matéria impugnada. (...) A extensão do efeito devolutivo determina o *objeto litigioso*, a *questão principal* do procedimento recursal. Trata-se de sua dimensão horizontal. A profundidade do efeito devolutivo determina questões que devem ser examinadas pelo órgão *ad quem* para decidir o *objeto litigioso* do recurso. A profundidade identifica-se com o material que há de trabalhar o órgão *ad quem* para julgar.

Desse modo, não há incoerência na redação do artigo 515, visto que o *caput* versa acerca do efeito devolutivo horizontal, enquanto os dois primeiros parágrafos tratam de sua dimensão vertical. Após esta sucinta digressão sobre o efeito devolutivo, já é possível a elucidação das questões adrede formuladas.

4 Atuação do tribunal no julgamento da apelação contra sentença liminar de improcedência

Como se viu, do julgamento liminar de improcedência caberá recurso de apelação. Tal apelo será provido de efeito regressivo, pois possibilitará ao juiz reformar a sentença prolatada, se constatar que a demanda possui peculiaridades inexistentes nas anteriormente julgadas em desfavor dos antigos autores.

Não houve, zelo por parte do legislador na descrição do procedimento adequado após a interposição do recurso, seguida da ausência de reforma pelo magistrado de primeiro grau. Por essa razão, as possibilidades de atuação que se abrem ao órgão recursal são alvos de constantes discussões doutrinárias.

Após a apelação e manutenção da sentença pelo juízo *a quo*, o réu será citado a responder ao recurso e, em seguida, os autos serão encaminhados ao Tribunal. Entendendo o órgão de segunda instância pela manutenção da sentença proferida no juízo originário, indeferirá o apelo do autor, extinguindo o processo com resolução de mérito, substituindo a sentença *a quo* pelo acórdão.

Surge, entretanto, a controvérsia quando o tribunal pretende julgar procedente apelação interposta pelo autor. Nesse caso, põe-se em pauta se estará o julgador *ad quem* limitado a anular a sentença de primeira instância, determinando a remessa dos autos ao juízo *a quo* para que seja dado prosseguimento à ação no juízo de origem, ou se já poderá dar provimento ao recurso e reformar a sentença de mérito anteriormente proferida e, então, julgar procedente a pretensão autoral.

O tema é polêmico, em virtude, principalmente, da imprecisão em nossa legislação sobre a definição do procedimento apropriado após o recebimento dos autos pelo órgão recursal. O §2º do artigo 285-A do CPC apenas indica que, se o magistrado mantiver "a sentença, será ordenada a citação do réu para responder ao recurso"; em nada se refere a como poderá o tribunal proceder após o recebimento da apelação e das contrarrazões.

Muitos dos que declaram a impossibilidade de reforma da sentença *a quo* alegam que haveria mitigação do contraditório e ofensa à ampla defesa e ao devido processo legal. Defendem que o réu não estaria obrigado a rebater o mérito da questão, mas somente defender a manutenção da sentença que se fundou no artigo 285-A do CPC, porquanto as contrarrazões não poderiam ser recebidas como contestação. Logo, para estes a reforma de decisão conflitaria com os princípios constitucionais supracitados.

Afirmam, outrossim, não ser possível proceder à reforma da sentença para dar ganho de causa ao autor, sob pena de gerar supressão de instância. O argumento consiste em que, por não ter havido oportunidade de contraditório em sede de primeiro grau, a causa não estaria pronta para julgamento imediato. Nas palavras de Haroldo Pimenta e Djanira Sá:[20]

> Por fim, não exercendo o juiz a retratação e remetidos os autos ao tribunal, impossível que este, ao prover o recurso, prossiga na atividade cognitiva, decidindo o *meritum causae*, pois, sem que tenha havido contraditório mínimo na instância inferior, a causa não estará "em condições de imediato julgamento" (§ 3º, do artigo 515, *in fine*).

Segundo Eduardo Cambi, o juízo *ad quem* deverá analisar, unicamente, se estão presentes os requisitos do artigo 285-A do CPC, limitando-se, destarte, a manter ou anular a sentença apelada. No entendimento do renomado professor paranaense, refoge às possibilidades do Tribunal dar ganho de causa ao autor, reformando o *decisum*.[21] Por conseguinte, não seria correta a reforma da sentença em nenhuma circunstância, mesmo que houvesse pedido expresso do recorrente neste sentido.

Da mesma forma entende José Henrique Mouta Araújo:[22]

> (...) ao apelante há o ônus de limitar o objeto cognitivo do recurso, nos termos dos arts. 514 e 515 do CPC. Ora, se no processo repetido objeto da resolução superantecipada do mérito, o móvel do recurso é um só: demonstrar a inexistência de identidade com o precedente. Este é o objeto cognitivo do recurso, sendo vedado ao tribunal ultrapassar este limite, sob pena de violação aos dispositivos apontados, além dos arts. 128 e 460 do CPC (...)

Em outro viés, a possibilidade de o órgão recursal, ao dar provimento ao recurso, julgar procedente o pedido formulado na petição inicial encontra forte amparo na doutrina brasileira. Adepta a essa corrente, Patrícia Carla de Deus Lima aduz que deverá ser anulada a sentença, somente quando ausentes os demais requisitos formais para julgamento com fulcro no artigo 285-A do CPC. Só não seria analisado o mérito em favor do apelante, portanto, quando a questão não fosse unicamente de direito, não houvesse identidade entre as causas, ou na inexistência de "julgamentos paradigmas" no mesmo juízo.[23]

---

[20] SÁ, Djanira Maria Radamés de; PIMENTA, Haroldo. Reflexões iniciais sobre o artigo 285-A do Código de Processo Civil. *Revista de Processo*, São Paulo, n. 133, p. 148, mar. 2006.

[21] CAMBI, Eduardo. Julgamento *prima facie* (imediato) pela técnica do artigo 285-A do CPC. Disponível em: <www.tex.pro.br>. Acesso em: 05 dez. 2009.

[22] ARAÚJO, José Henrique Mouta. Processos repetidos e os poderes do magistrado diante da Lei 11.277/06: observações e críticas. *Revista Dialética de Direito Processual*, São Paulo, n. 37, p. 79, abr. 2006.

[23] LIMA, Patrícia Carla de Deus. Notas sobre o julgamento da apelação do artigo 285-A do CPC. *In*: NERY JUNIOR, Nelson; WAMBIER, Teresa Arruda Alvim (Coord.). *Aspectos polêmicos e atuais dos recursos cíveis*. São Paulo: Revista dos Tribunais, 2007. v. 11, p. 281-282.

Em estudo sobre o tema, Leonardo José Carneiro da Cunha posiciona-se pela possibilidade de reforma da sentença pelo juízo de segundo grau.[24]

> Se o réu não fosse citado, mas o tribunal entendesse que a sentença estaria errada e deveria haver a procedência, caberia determinar o retorno dos autos à primeira instância para que, citado o réu e desenvolvidos os atos processuais, houvesse sentença, daí se seguindo apelação etc. Objetiva-se suprimir tudo isso, com ganho de tempo: o tribunal, discordando do juiz, já pode condenar o réu, sem que haja ofensa à ampla defesa e ao contraditório, pois a matéria é só de direito e o réu já teve oportunidade de se defender, apresentando suas contra-razões, que, aliás, consistirão em mera reprodução da contestação apresentada em casos anteriores (não custa lembrar que o artigo 285-A do CPC aplica-se para demandas de massa; o réu/apelado já tem sua defesa pronta).

Este entendimento é o que mais se coaduna com o espírito reformista das microalterações sofridas pelo CPC com o intuito de garantir a razoável duração do processo. Apesar do respeito à doutrina contrária, não há caminho diverso ao tribunal — ao entender pela procedência da apelação — que não há a reforma da decisão fundada no artigo 285-A do CPC, no caso de a questão ser só de direito e estar pronta para julgamento. Limitar o juízo *ad quem* à anulação do *decisum* resultaria em uma dilação desnecessária e indevida do processo, visto que, apesar de o convencimento do tribunal sobre o assunto já estar firmado, os autos seriam remetidos à primeira instância, despendendo tempo e dinheiro.

Havendo dilação indevida, resta ofendida a garantia constitucional de o processo ter duração razoável. Logo, cumpre optar pela interpretação que esteja mais de acordo com a duração razoável do processo.

Ora, caso não fosse possível ao tribunal adentrar no mérito da questão, por qual pretexto o legislador não repetiria, no artigo 285-A, o procedimento disposto no artigo 296, parágrafo único, no qual após a interposição da apelação e ausência de reforma pelo juiz, os autos devem ser imediatamente encaminhados ao tribunal, sem a citação do réu? A diferença teve o intuito, exatamente, de possibilitar ao réu influir no convencimento do julgador. A citação do demandado tem o fito, justamente, de garantir os princípios do contraditório e da ampla defesa, pois é oportunizado ao réu expor sua fundamentação, apontando os pontos que entender pertinentes e demonstrando a correção da sentença recorrida.

Logo, presentes os requisitos da causa madura, ou seja, sendo diminuto o aspecto fático da questão debatida e estando o processo em condições de imediato julgamento, poderá o tribunal aplicar o artigo 515, §3º, do CPC e já julgar o mérito da demanda. Conquanto se perceba, em uma leitura exegética, que tal dispositivo faz menção apenas aos processos extintos com sentença terminativa,[25] não há supedâneo para negar sua aplicação naqueles em que o mérito restou apreciado.

---

[24] CUNHA, Leonardo José Carneiro da. *A Fazenda Pública em juízo*. 6. ed. São Paulo: Dialética, 2006. p. 114.

[25] Artigo 515, § 3.º Nos casos de extinção do processo *sem julgamento do mérito* (artigo 267), o tribunal pode julgar desde logo a lide, se a causa versar sobre questão exclusivamente de direito e estiver em condições de imediato julgamento. (grifos nossos)

Além disso, o parágrafo em comento foi adicionado em nosso ordenamento em 2005, ou seja, antes da elaboração do artigo 285-A do CPC. Desta forma, mais aconselhável é seja realizada uma interpretação sistemática da norma em apreço.[26]

Se o legislador previu a possibilidade de, na apreciação de um recurso após sentença terminativa pelo juízo monocrático, o tribunal julgar o mérito do processo, é evidente que o mesmo poderá ser realizado quando a sentença for de mérito. Aplicação prática do brocardo latino *cui licet quod est plus, licet utique quod est minus*.[27] Destarte, caso entenda o órgão recursal pela procedência do pedido do apelante, poderá dar provimento ao recurso, reformando o julgamento *a quo*.

Todavia, nem em todos os casos tal conduta será processualmente permitida ao Tribunal: para que o órgão recursal possa assim proceder, o autor terá de requerer expressamente em sua apelação, haja vista a atuação do Tribunal se encontrar intimamente relacionada com a extensão do efeito devolutivo definida pelo apelante.

Se desejar, então, um acórdão que reforme a sentença de primeiro grau, o autor necessita, na elaboração do recurso, indicar o *error in judicando* presente na decisão combatida e, em seguida, pleitear pelo julgamento do mérito a seu favor, com consequente inversão do julgamento *a quo*. Ratifica a opinião exposta nesse estudo Glédson Marques de Campos:[28]

> (...) a apelação interposta contra a sentença que julgou liminarmente improcedente o pedido do autor (CPC, artigo 285-A) poderá devolver ao tribunal tudo aquilo que foi objeto de apreciação pelo juiz de primeiro grau, ou seja, o próprio mérito da ação. É evidente que a extensão do efeito devolutivo será dada pela apelação do autor. O autor pode, por exemplo, limitar-se a alegar que não era caso de aplicação do artigo 285-A (*error in procedendo*) e, assim, pedir seja cassada a sentença, devolvendo-se os autos ao juízo de primeiro grau para que seja proferida nova sentença. Entretanto, o autor pode, por exemplo, devolver todo o mérito, até porque foi apreciado e pedir a reforma da decisão por parte do tribunal. Note-se que, para que haja a reforma, deve haver pedido por parte do autor, não podendo o tribunal reformar a sentença se o pedido do autor foi no sentido de apenas ser reconhecido que não era o caso de sentença de improcedência liminar porque não satisfeitos os requisitos do 285-A.

Parte da doutrina vai mais além, apontando a possibilidade de reforma, mesmo quando não requerido pelo apelante. Tal entendimento, no entanto, mostra-se perigoso. Veja-se: após a interposição da apelação, o réu será citado para responder ao recurso; ao perceber que a intenção do réu limita-se à anulação da sentença, o

---

[26] Em sentido idêntico: "Ora, se após o juízo *a quo* proferir sentença terminativa (sem analisar o mérito, permite-se ao Tribunal, entendendo não ser caso de extinção do processo sem resolução do mérito, julgar desde logo o mérito, sem necessidade de remeter os autos ao juízo de origem, não há porque negar tal possibilidade quando o juízo monocrático efetivamente julgou o mérito (ainda que liminarmente, imediatamente ou *prima facie*). Não haveria nenhuma razão para se sustentar a possibilidade de aplicação da Teoria da Causa Madura em face de sentença terminativa e negá-la a uma sentença de mérito" (VIANNA, Eduardo Araujo Bruzzi. Julgamento liminar de improcedência e conteúdo da resposta do réu. Disponível em: <www.jus.uol.com.br>. Acesso em: 10 jan. 2010).

[27] *quem pode o mais, pode o menos*.

[28] CAMPOS, Gledson Marques de. A sentença liminar de improcedência, os requisitos para que seja proferida e os limites da apelação interposta contra ela. *Revista Dialética de Direito Processual*, São Paulo, n. 46, p. 57, jan. 2007.

réu fundamentará as razões da sua defesa nesse sentido, alegando a presença dos requisitos do artigo 285-A do CPC. Um acórdão reformador, nessa situação, geraria surpresa à parte ré, indo de encontro ao espírito das microrreformas sofridas pelo diploma de procedimentos brasileiro, ocasionando maior interposição de recursos, abarrotando ainda mais o Poder Judiciário. Ademais, é cediço que as decisões surpresa não são legítimas, haja vista atentarem contra o princípio do contraditório e, igualmente, contra o princípio da segurança jurídica.

Ao passo que o contraditório não é mitigado porque o apelado é citado a responder ao recurso, o mesmo não ocorre se o tribunal julga além do que fora suscitado pelo autor e rebatido pelo réu.

Pelo exposto, a reforma da sentença sem pedido expresso do apelante entra em conflito com a segurança jurídica, motivo pelo qual deve ser rechaçada pelo ordenamento jurídico pátrio.

Em suma, será possível ao juízo *ad quem* seguir qualquer dos três procedimentos: manter, anular ou inverter, em favor do autor, a sentença. Este último, contudo, somente se a causa estiver madura para julgamento e a reforma esteja abrangida pela extensão do efeito devolutivo limitada pelo apelante, ou seja, caso requerida de forma explícita na apelação.

5 A natureza das contrarrazões

Partindo da premissa de que ao tribunal será possível reformar a sentença do juízo originário, faz-se necessária a análise da resposta do réu. Visto que as contrarrazões configuram a primeira participação do demandado no litígio, é preciso ponderar se nelas deverão ser trazidas, ou não, todas as matérias de defesa, como em uma contestação.

Contrário ao recebimento das contrarrazões como contestação, Eduardo Cambi aduz que os tratamentos conferidos ao réu e ao autor restariam em manifesto desequilíbrio, pois duas oportunidades de contraditório seriam oferecidas a este, ao passo que somente uma seria concedida àquele. Vale a pena a colação das palavras do autor:[29]

> Caso as contra-razões fossem recebidas como contestação, haveria prejuízo para a defesa, porque possibilitaria ao demandante duas instâncias de argumentação, enquanto ao demandado ficaria reservado apenas a instância recursal, em evidente desequilíbrio ao princípio da isonomia e das garantias da ampla defesa e do contraditório.

Pelo que foi demonstrado até o momento no presente estudo, não se pode corroborar tal entendimento. Como se mostra patente, não incorre em nenhum prejuízo ao réu a inexistência de oportunidade de contestar em primeira instância; muito pelo contrário, visto que o julgamento improcedente *initio litis* somente ocorrerá caso beneficie a parte demandada. Logo, não há razão para se mobilizar toda a

---

[29] CAMBI, Eduardo. Notas sobre questões recursais envolvendo a aplicação do artigo 285-A do CPC. *In*: NERY JUNIOR, Nelson; WAMBIER, Teresa Arruda Alvim (Coord.). *Aspectos polêmicos e atuais dos recursos cíveis*. São Paulo: Revista dos Tribunais, 2007. v. 11, p. 66.

máquina judiciária para citar o réu a contestar uma ação na qual, desde a propositura da demanda, já se sagraria vencedor em primeiro grau.

Não ser citado a contestar no primeiro grau, na verdade, constitui um privilégio ao réu, porquanto possibilita ao demandado vencer o processo sem sequer estabelecer procurador nos autos, pelo que se mostra plenamente em seu proveito a regra contida no dispositivo em comento. Assim, somente suportará os custos iniciais com advogado, caso haja apelo do autor, haja vista ser nesse instante que o réu passará, efetivamente, a atuar no litígio, contrarrazoando o recurso de apelação interposto pelo autor.

Além do mais, o dispositivo aplica-se às causas repetitivas; o réu já formulou, em casos anteriores, sua defesa. Suas contrarrazões consistirão, em verdade, numa reprodução da contestação oferecida em casos pretéritos.

Por se tratar de uma modalidade *sui generis* de contrarrazões, uma vez que será a primeira manifestação do réu no processo, as mesmas terão, sim, a natureza de contestação. O réu, por conseguinte, quando citado, não deverá se limitar a apontar o preenchimento dos requisitos do artigo 285-A, mas também objetar tudo o que foi alegado pelo apelante.

Foi esclarecido em ponto próprio que a extensão do efeito devolutivo é limitada pelo apelante, bem como que a atuação do Tribunal está diretamente ligada a essa extensão. Portanto, o apelado deverá observar o que está sendo pleiteado pelo autor e contrarrazoar como se contestando estivesse.

> (...) deve o réu ter em mente que as contra-razões de apelação são sua primeira fala no processo, ou seja, sua primeira oportunidade para se opor à pretensão deduzida pelo autor na demanda inicial, papel ordinariamente reservado à contestação. (...) O cuidado que o réu deve ter na elaboração das contra-razões ganha cores ainda mais vivas quando se considera o intenso efeito devolutivo da apelação (artigo 515, §§1º, 2º e 3º), que confere significativa margem de atuação para o tribunal no julgamento do apelo. Na apreciação do recurso, pode o tribunal manter a sentença liminar, invalidá-la, determinar a extinção do processo sem julgamento de mérito ou até, dentro de certas condições, reformá-la para decretar a procedência da demanda. E o réu deve se preparar para o enfrentamento de qualquer uma dessas situações na confecção das suas contra-razões.[30]

Concluindo-se pelo recebimento das contrarrazões com natureza de contestação — tese defendida neste esboço — surge uma questão interessante que raramente é tratada na doutrina.

Como é sabido, a Fazenda Pública tem a prerrogativa de prazos em dobro para recorrer e em quádruplo para contestar. Por outro lado, o prazo designado para apresentação de contrarrazões previsto no Código de Processo Civil é simples, de 15 (quinze) dias. Assim, quando citada para responder ao recurso de apelação contra sentença embasada no artigo 285-A, incidirá para a Fazenda Pública o artigo 508 do CPC, ou, por fazerem as contrarrazões as vezes de uma contestação, o prazo será em quádruplo?

---

[30] BONDIOLI, Luís Guilherme Aidar. O julgamento liminar de improcedência da demanda da óptica do réu (artigo 285-A do CPC). *Revista Jurídica*, Porto Alegre, n. 367, p.17-18, maio 2008.

Em que pese não pareça consistir na visão majoritária, quando a Fazenda Pública figurar como ré nesse tipo de ação, nada impede que seja concedido o prazo em quádruplo para as contrarrazões. Ora, se o ente público deverá alegar toda a matéria de defesa necessária para combater as razões do apelante e não apenas se ater a apontar o preenchimento dos requisitos para o julgamento liminar de procedência, nada mais coerente que ser observada sua prerrogativa de prazo em quádruplo para contestar.

Na práxis forense, a regra vem sendo a concessão de apenas 15 (quinze) dias à Fazenda Pública, no entanto já existem órgãos julgadores que adotam o entendimento defendido neste esboço, a exemplo da maioria das varas da Justiça Federal do Rio Grande do Sul, bem como do Tribunal de Justiça do Distrito Federal e Territórios. Deste último, destaca-se o seguinte voto.[31]

> Assim o faço em observância aos preceitos introduzidos no CPC pela Lei 11.277/06, pois o parágrafo 2º do artigo 285-A dispõe que, mantida a sentença, o réu deve ser citado para responder ao recurso. A resposta ao recurso é também resposta ao pedido inicial, de vez que o "caput" do artigo 285-A trata exatamente do julgamento independente de citação na hipótese em que a matéria controvertida é unicamente de direito e, ainda, no juízo houver sentença de total improcedência do pedido noutros casos idênticos. Aliás, o dispositivo em destaque refere-se à citação que 'é o ato pelo qual se chama a juízo o réu ou interessado, a fim de se defender' (CPC no artigo 213). Em sendo as contra-razões uma espécie de resposta do réu ao pedido, entre as quais a contestação, o prazo para o Distrito Federal, por interpretação sistêmica, não deve ser compreendido pelo artigo 508 do CPC, que constitui regra, porém, pela exceção introduzida pelo artigo 285-A e parágrafos do CPC, de maneira que a contagem leva em consideração o quádruplo do prazo para contestar, na forma do artigo 188 do CPC.
>
> Não se olvida que tal prerrogativa estatal tem justificativa no equilíbrio de tratamento entre as partes, pois a Administração Pública necessita de esclarecimentos de seus órgãos para que possa formular a defesa. Assim, entender de outro modo inviabiliza a celeridade pretendida com a inovação legislativa, de vez que, não permitida amplitude da defesa, o processo padece de vício insanável e não permite ao juízo 'ad quem', no julgamento do recurso, o imediato desate da questão entre as partes.

É verdade que o artigo 285-A do CPC é utilizado para as demandas de massa, nas quais geralmente o réu já tem pronta sua fundamentação de defesa e, por isso, a maioria da doutrina defende que seria despiciendo conceder prazo em quádruplo para a Fazenda Pública contrarrazoar. Entretanto, há casos em que não será suficiente somente a peça modelo.

Um exemplo consiste em uma ação de pedido de restituição de Imposto de Renda sobre juros moratórios. Sendo o processo julgado liminarmente improcedente e a sentença apelada com pedido de reforma, o ente público, em sua resposta, deverá apresentar não só sua fundamentação padrão, mas também cálculos comprobatórios. Nesse caso, o prazo de 15 dias será insuficiente mesmo em se tratando de uma ação de massa.

---

[31] BRASIL. Tribunal de Justiça do Distrito Federal. Apelação cível nº 2007.01.1.031195-2, Relator: Des. Fábio Eduardo Marques, 1 T.

Logo, para haver uma maior harmonia entre os dispositivos constantes do próprio Código de Procedimentos, realmente o prazo para contrarrazões, ao menos nesses casos, deverá ser concedido em quádruplo.[32]

6 Sistemática do julgamento liminar de improcedência no projeto do novo CPC

Todos os comentários tecidos até então se referem ao procedimento previsto pelo artigo 285-A do atual Código de Processo Civil, de 1973. Todavia, tramita perante o Congresso Nacional o Projeto de Lei nº 166/2010, o qual prevê a instituição de um novo Diploma de Procedimentos com o intuito de substituir o modelo atual.

Nessa esteira, torna-se totalmente indispensável, para que o presente estudo atinja seu escopo principal, uma abordagem acerca da sistemática do julgamento liminar de improcedência no referido projeto. Em outras palavras, é necessário analisar como o possível Novo Código de Processo Civil pretende disciplinar a matéria, destacando-se os avanços e fazendo-se as críticas pertinentes.

O projeto de lei aborda o julgamento de improcedência *prima facie* em seu artigo 307, encabeçando o capítulo "Da Improcedência Liminar do Pedido". O dispositivo possui a seguinte redação:

> Artigo 307. O juiz julgará liminarmente improcedente o pedido que se fundamente em matéria exclusivamente de direito, independentemente da citação do réu, se este:
>
> I - contrariar súmula do Supremo Tribunal Federal ou do Superior Tribunal de Justiça;
>
> II - contrariar acórdão proferido pelo Supremo Tribunal Federal ou pelo Superior Tribunal de Justiça em julgamento de recursos repetitivos;
>
> III - contrariar entendimento firmado em incidente de resolução de demandas repetitivas ou de assunção de competência;
>
> §1º O juiz também poderá julgar liminarmente improcedente o pedido se verificar, desde logo, a ocorrência a decadência ou a prescrição.
>
> §2º Não interposta a apelação, o réu será intimado do trânsito em julgado da sentença.
>
> §3º Aplica-se a este artigo, no que couber, o disposto no artigo 306.

O artigo 307, caso o projeto seja aprovado, virá em substituição ao atual 285-A, não só ratificando as possibilidades abertas pelo julgamento liminar de improcedência, mas também as ampliando. Isso porque já prevê no texto ser permitido ao juiz resolver liminarmente o mérito de forma desfavorável ao autor, se o pedido contrariar entendimento do Superior Tribunal de Justiça ou do Supremo Tribunal Federal, esteja este sumulado ou não, fazendo menção ao regime das causas repetitivas.

Importante observar que, ao que parece, o Projeto altera o julgamento liminar de improcedência no tocante à sua facultatividade. Isso porque se antes o artigo 285-A era claro no sentido de que "poderá ser dispensada a citação", o novo artigo

---

[32] Em sentido contrário: CUNHA, Leonardo José Carneiro da. *A Fazenda Pública em juízo*. 6. ed. São Paulo: Dialética, 2006.

307 dispõe que o juiz *"julgará* liminarmente improcedente" nos casos previstos, determinando de forma impositiva ao juiz.

Dessa forma, o artigo 307 demonstra o evidente intuito do Projeto em garantir a celeridade e uniformizar a Jurisprudência, porquanto estabelece, até em primeiro grau, o dever de o juiz seguir o entendimento dos Tribunais Superiores nos casos expressamente previstos. Tal interpretação, assim, encontra suporte no claro espírito uniformizador de que é dotado o Projeto do Novo Código de Processo Civil.

A exceção fica por conta do parágrafo primeiro, o qual aborda as prejudiciais de prescrição e decadência. Nestes casos, o julgamento de improcedência *prima facie* consistirá em faculdade do magistrado: caso esteja convicto da ocorrência da prescrição ou da decadência, poderá, sem ouvir o réu, julgar improcedente o pedido autoral. A distinção é elogiável, porquanto prescrição e decadência são matérias cuja análise pode ser mais delicada, razão pela qual seria imprudente impor ao juiz julgar antes da citação.

Outro aspecto a se destacar está no fato de que, em caso de aprovação do projeto, o atual entendimento do STJ, demonstrado no Informativo nº 0477 — referente ao período de 13 a 17 de junho de 2011 — será, enfim, positivado. Destarte, não será suficiente para a rejeição liminar da demanda que a matéria seja pacificada no Juízo, mas também deverá encontrar correspondência no âmbito dos Tribunais Superiores.

Já restou claro que a opinião defendida neste trabalho é da possibilidade de o Tribunal, ao apreciar a apelação de sentença de improcedência *prima facie*, não apenas proceder à anulação do julgado, mas também, a depender do efeito devolutivo horizontal do recurso, já julgar procedente o pedido autoral, reformando a sentença proferida pelo Juízo *a quo*. Não obstante respeitáveis opiniões em contrário, este é o entendimento que mais se coaduna ao princípio da celeridade, sem afrontar de forma alguma os princípios do contraditório e da ampla defesa, haja vista as contrarrazões possuírem a natureza de contestação neste caso específico, da forma como já foi explanado.

No entanto, ante a omissão do atual Diploma de Procedimentos, este entendimento ainda não se encontra positivado de forma expressa, sendo consequência de interpretações sistemática e teleológica do Código de Processo Civil feitas pela doutrina e pela Jurisprudência. Neste ponto, a redação do Novo Código não avançou, desperdiçando uma boa chance de resolver de uma vez por todas tal celeuma.

Por esta razão, caso aprovado o Projeto, em consonância ao espírito do NCPC em garantir a duração razoável do processo e controlar as ações de massa, a reforma do *decisum* pelo Tribunal, dando ganho de causa ao autor, no julgamento de apelação de sentença de improcedência *prima facie* poderá ser feita pelo magistrado, nos mesmos moldes do sistema vigente, a depender do efeito devolutivo horizontal da apelação. Em outras palavras, só será permitido ao Tribunal reformar a sentença caso o apelante assim o requeira expressamente, pois só assim surgirá para o apelado o ônus de alegar todas as matérias que entender pertinentes nas contrarrazões, utilizando estas como se contestação fosse, sob pena de serem frontalmente feridos o contraditório, a ampla defesa e a segurança jurídica.

7 Conclusão

De todo o exposto, percebe-se o avanço introduzido no Código de Processo Civil brasileiro após o acréscimo do artigo 285-A. O referido dispositivo não está eivado de inconstitucionalidade, mas sim em consonância com o princípio da duração razoável do processo, haja vista possibilitar a resolução liminar das ações de massa, as quais colaboram sobremaneira para o abarrotamento do nosso poder Judiciário.

Nenhum princípio ou garantia constitucional é maculado, uma vez que ao autor caberá apelar da sentença de improcedência *prima facie*. Ressalta-se, ainda, que será possível ao Tribunal reformar a sentença, dando de ganho de causa ao apelante, mas unicamente caso seja pedido expressamente no recurso de apelação: será, portanto, decorrência lógica do efeito devolutivo horizontal. Além disso, não sofrerá o réu nenhum prejuízo, vez que será a ele oportunizado responder ao recurso através de contrarrazões, as quais terão a natureza de contestação.

O projeto do Novo Código de Processo Civil, por seu turno, ratifica e amplia as possibilidades do julgamento liminar de improcedência, transformando-o, contudo, em uma imposição ao juiz nos casos legalmente previstos. Ademais, consagra o entendimento do Superior Tribunal de Justiça, divulgado em recente Informativo, segundo o qual não bastam decisões de total improcedência em casos idênticos no mesmo Juízo para a aplicação do julgamento liminar de improcedência, mas também que o entendimento não esteja em descompasso com o dos Tribunais Superiores.

Contudo, no que diz respeito à atuação do Tribunal no julgamento da apelação, o NCPC segue sem dispor de forma expressa, razão pela qual deve ser mantido o entendimento de que será possível a reforma, julgando-se procedente o pedido autoral, a depender da extensão do efeito devolutivo.

Referências

ARAÚJO, José Henrique Mouta. Processos repetidos e os poderes do magistrado diante da Lei 11.277/06: observações e críticas. *Revista Dialética de Direito Processual*, São Paulo, n. 37, abr. 2006.

ARAÚJO, Luciano Vianna. Artigo 285-A do CPC (julgamento imediato, antecipado e maduro da lide): evolução do sistema desde o Código de Processo Civil de 1939 até 2007. *Revista de Processo*, São Paulo, n. 160, maio 2008.

BONDIOLI, Luís Guilherme Aidar. O julgamento liminar de improcedência da demanda da óptica do réu (artigo 285-A do CPC). *Revista Jurídica*, Porto Alegre, n. 367, maio 2008.

BUENO, Cássio Scarpinella. *Curso sistematizado de direito processual civil*: procedimento comum: ordinário e sumário. São Paulo: Saraiva, 2007. v. 2, t. I.

CAMBI, Eduardo. Julgamento *prima facie* (imediato) pela técnica do artigo 285-A do CPC. Disponível em: <www.tex.pro.br>. Acesso em: 05 dez. 2009.

CAMBI, Eduardo. Notas sobre questões recursais envolvendo a aplicação do artigo 285-A do CPC. *In*: NERY JUNIOR, Nelson; WAMBIER, Teresa Arruda Alvim (Coord.). *Aspectos polêmicos e atuais dos recursos cíveis*. São Paulo: Revista dos Tribunais, 2007. v. 11.

CAMPOS, Gledson Marques de. A sentença liminar de improcedência, os requisitos para que seja proferida e os limites da apelação interposta contra ela. *Revista Dialética de Direito Processual*, São Paulo, n. 46, jan. 2007.

CAVALCANTE, Mantovanni Colares. A sentença liminar de mérito do artigo 285-A do Código de Processo Civil e suas restrições. *Revista Dialética de Direito Processual*, São Paulo, n. 42, set. 2006.

COUTO, Mônica Bonetti. O artigo 285-A do CPC na nova ordem processual civil: algumas reflexões. *Revista Forense*, Rio de Janeiro, v. 104, n. 400, nov./dez. 2008.

CUNHA, Leonardo José Carneiro da. *A Fazenda Pública em juízo*. 6. ed. São Paulo: Dialética, 2006.

CUNHA, Leonardo José Carneiro da. Primeiras impressões sobre o artigo 285-a do CPC: julgamento imediato de processos repetitivos: uma racionalização para as demandas de massa. *Revista Dialética de Direito Processual*, São Paulo, n. 39, jun. 2006.

DIDIER JUNIOR, Fredie. *Curso de direito processual civil*: teoria geral do processo e processo de conhecimento. 10. ed. Salvador: JusPodivm, 2009.

DIDIER JUNIOR, Fredie; CUNHA, Leonardo José Carneiro da. *Curso de direito processual civil*: meios de impugnação às decisões judiciais e processo nos tribunais. 6. ed. Salvador: JusPodivm, 2008.

KOEHLER, Frederico Augusto Leopoldino. Breve análise sobre alguns aspectos polêmicos da sentença liminar de improcedência (artigo 285-A do CPC). *Revista Dialética de Direito Processual*, São Paulo, n. 41, 2006.

LIMA, Patrícia Carla de Deus. Notas sobre o julgamento da apelação do artigo 285-A do CPC. *In*: NERY JUNIOR, Nelson; WAMBIER, Teresa Arruda Alvim (Coord.). *Aspectos polêmicos e atuais dos recursos cíveis*. São Paulo: Revista dos Tribunais, 2007. v. 11.

MELO, Gustavo Medeiros. O julgamento liminar de improcedência: uma leitura sistemática da Lei 11.277/2006. *Revista de Processo*, São Paulo, n. 165, nov. 2008.

NERY JUNIOR, Nelson. *Teoria geral dos recursos*. 6. ed. São Paulo: Revista dos Tribunais, 2000.

NEVES, Daniel Amorim Assumpção. Julgamento liminar de improcedência e o recurso de apelação. *Revista de Processo*, São Paulo, n.152, out. 2007.

NEVEZ, Fernando C. Queiroz. O verdadeiro processo sumaríssimo (CPC, arts. 285-A, 518, § 1º, 527, I e 557, *caput*). *Revista Forense*, Rio de Janeiro, v. 391, 2007.

OLIVEIRA, Manoel Gaspar. Comentários ao artigo 285-A do CPC. Disponível em: <www.abdpc.org.br>. Acesso: 10 dez. 2009.

SÁ, Djanira Maria Radamés de; PIMENTA, Haroldo. Reflexões iniciais sobre o artigo 285-A do Código de Processo Civil. *Revista de Processo*, São Paulo, n. 133, mar. 2006.

SANTIAGO, Leonardo Ayres. Apontamentos acerca do artigo 285-A, CPC: os pressupostos e a constitucionalidade da improcedência liminar no direito processual civil brasileiro. *Revista Brasileira de Direito Processual*, Belo Horizonte, ano 17, n. 65, jan. 2009.

VIANNA, Eduardo Araujo Bruzzi. Julgamento liminar de improcedência e conteúdo da resposta do réu. Disponível em: <www.jus.uol.com.br>. Acesso em: 10 jan. 2010

Informação bibliográfica deste livro, conforme a NBR 6023:2002 da Associação Brasileira de Normas Técnicas (ABNT):

MIRANDA, Lucas Lima Costa. Sentença liminar de improcedência e a atuação do tribunal no julgamento da apelação (artigo 285-a do CPC). *In*: CUNHA, Leonardo Carneiro da (Coord.). *Questões atuais sobre os meios de impugnação contra decisões judiciais*. Belo Horizonte: Fórum, 2012. p. 157-176. ISBN 978-85-7700-580-2.

O PROCEDIMENTO DA LEI Nº 11.672/2008 A PARTIR DA MANIFESTAÇÃO DO *AMICUS CURIAE*

MARTA PATRIOTA

1 Introdução

A partir de estudos realizados no âmbito do Instituto Brasileiro de Direito Processual Civil, mais precisamente pelo Ministro aposentado do Superior Tribunal de Justiça, Athos Gusmão Carneiro, foi sancionada a Lei nº 11.672, em 08 de maio de 2008, a qual instaurou o chamado "Julgamento por Atacado".

Reflexo dos anseios sociais de uma justiça mais célere e eficaz,[1] de relevado destaque, mormente a partir de 2004 com a EC nº 45, a Lei dos Repetitivos se apresenta como alternativa a reduzir o elevado número de ações,[2] ao passo que fortalece a jurisprudência do STJ, uniformizando, pois, as decisões por ele emanadas.

Isso porque, a partir da Lei nº 11.672/2008, uma vez julgado um tema repetitivo, a decisão vincula todos os recursos idênticos que tramitem em tribunais de instâncias

---

[1] Segundo Marinoni e Mitidiero, "a efetividade do processo é um dos valores centrais do novo direito processual civil brasileiro. Essa nova impostação, todavia, não desampara a outros valores igualmente fundamentais para conformação de nosso formalismo, como a segurança jurídica, a participação das partes e do juiz no processo e a autonomia individual. Todos vão igualmente prestigiados na construção da tutela jurisdicional adequada aos casos concretos levados a juízo. O formalismo do processo civil é um formalismo valorativo. O sincretismo entre a atividade cognitiva e aquela destinada a realização prática dos direitos, a inserção de técnicas processuais antes reservadas, tão-somente, aos procedimentos especiais no procedimento comum (como, por exemplo, a tutela satisfativa antecipada), o estímulo à cooperação ao longo do processo do juiz com as partes e das partes com o juiz e a flexibilização das exigências formais em atenção à obtenção da justiça do caso concreto marcam o Código Reformado" (MARINONI, Luiz Guilherme; MITIDIERO, Daniel. *Código de Processo Civil comentado artigo por artigo*. São Paulo: Revista dos Tribunais, 2008. p. 93).

[2] Sobre o tema, salientaram Marco Aurélio Serau Júnior e Silas Mendes dos Reis que, no que tange à repetição de julgamentos em milhares de processos idênticos, tem-se que tal ato tem por consequência uma significativa queda de produção intelectual dos julgadores. Isso porque o volume de recursos a serem julgados é de tal forma intenso que o magistrado passa a ser direcionando a reiterar a mesma decisão-padrão o que, não necessariamente, corresponderá à mais justa, apenas a mais célere (SERAU JUNIOR, Marco Aurélio; REIS, Silas Mendes dos. *Recursos especiais repetitivos no STJ*. Rio de Janeiro: Forense; São Paulo: Método, 2009).

inferiores, de modo que apenas as decisões que contrariarem o entendimento já firmado no Colendo Tribunal é que serão aí analisadas.

De logo se evidenciam duas questões nevrálgicas do procedimento dos Recursos Repetitivos: (I) tal como procede no controle abstrato de constitucionalidade de normas, uma decisão se aplicará à vida de indivíduos que não participaram formalmente daquele processo decisório; (II) não há previsão, na Lei nº11.672/2008, quanto ao mecanismo processual de reforma do ato[3] de escolha do recurso paradigma.

Neste contexto, à espera da decisão do recurso representativo da controvérsia, ganha maior destaque o papel do *amicus curiae* enquanto instrumento à ampla defesa e efetivação do contraditório às partes cujos processos encontram sobrestados e que não participaram formalmente daquele processo decisório, tampouco, puderam recorrer da escolha do paradigma.

Com efeito, uma vez que a decisão prolatada no processo eleito como paradigma repercutirá sobre tantos outros sobrestados em vista da celeridade e segurança jurídica, impõe-se a colaboração de todos os sujeitos que possam, em alguma medida, contribuir com argumentos e subsídios úteis à lide. Em vista de tal fato, a intervenção do *amicus curiae* não poderá subsumir-se a uma discricionariedade do magistrado, revelando-se, essencialmente, como um ato impositivo. É o que se ora defende no presente trabalho.

2 O processo civil constitucionalizado

2.1 O direito processual e o princípio fundamental do contraditório

O atual modelo de processo, traçado pela Constituição Federal de 1988, revela-se essencialmente *garantístico*, na medida em que a tutela processual deve ser prestada, necessariamente, na mais estreita fidelidade aos princípios assegurados constitucionalmente, incluindo-se, para tanto, medidas de tutela específicas à proteção das liberdades e garantias aí protegidas.

A respeito do tema, Cândido Rangel Dinamarco, define o "direito processual constitucional" como:

> Um método consistente em examinar o sistema processual e os institutos do processo à luz da Constituição e das relações mantidas com ela. O método constitucionalista inclui em primeiro lugar o estudo das recíprocas influências existentes entre Constituição e processo — relações que se expressam na tutela constitucional do processo e, inversamente, na missão deste como fator de efetividade dos preceitos e garantias constitucionais de toda ordem.[4]

Nesse sentido, prescreve Frederico Marques, a partir dos ensinamentos de Couture e Calamandrei, que o processo, enquanto forma de composição de litígios,

---

[3] A respeito, afirmam Marinoni e Mitidiero que, na hipótese de a parte ver seu recurso sobrestado de maneira equivocada, por não se referir à controvérsia a ser analisada por amostragem pelo STJ, caberá *agravo de instrumento*, por meio do qual a parte demonstrará a diferença entre os casos sobrestados pendentes de análise pelo STJ e o seu (MARINONI, Luiz Guilherme; MITIDIERO, Daniel. *Código de Processo Civil comentado artigo por artigo*. São Paulo: Revista dos Tribunais, 2008. p. 572).

[4] DINAMARCO, Cândido Rangel. *Instituições de direito processual civil*. São Paulo: Malheiros. 2001. v. 1, p. 188-189.

tem por *causa finalis* a resolução de conflitos de interesses, de modo a dar a cada um o que é seu e concretizar a justiça e a liberdade. O *scoppo del processo* constitui, assim, a asseguração do respeito à dignidade da pessoa humana e à liberdade do cidadão,[5] expressas nas garantias constitucionais.

A aplicação das regras de direito processual não pode ocorrer sem que sejam observados os preceitos fundamentais da Constituição, sob pena de ofensa à validade dinâmica das normas. Na ciência jurídica, verifica-se um escalonamento entre as normas, em que uma serve de fundamento de validade à outra, verticalmente inferior. Nesse sentido, comenta José Afonso da Silva, a partir das lições de Hans Kelsen:

> ...Constituição é, então, considerada norma pura, puro dever-ser, sem qualquer pretensão à fundamentação sociológica, política ou filosófica. A concepção de Kelsen toma a palavra Constituição em dois sentidos: no lógico-jurídico e no jurídico-positivo. De acordo com o primeiro, Constituição significa norma fundamental hipotética, cuja função é servir de fundamento lógico transcendental da validade da Constituição jurídico-positiva, que equivale à norma positiva suprema, conjunto de normas que regula a criação de outras normas, lei nacional no seu mais alto grau.[6]

Conforme será melhor discutido adiante, no atual contexto social, não encontra respaldo a tese de que a relação processual se limita à clássica estruturação triangular (autor – Estado-juiz – réu), podendo terceiros, inicialmente desinteressados, demonstrar interesse em se manifestar na causa, caso a decisão nela proferida, de algum modo, venha a afetá-los em seu direito.

Em outra mão, a fim de dar concretude à duração razoável do processo e à segurança jurídica, tem-se observado o surgimento de institutos como a repercussão geral, a súmula vinculante, o procedimento dos recursos repetitivos, o que, na verdade, é uma tendência legislativa à instituição de procedimentos que alcancem várias demandas simultaneamente. Define-se, desta forma, o direito controvertido de tantos quanto se encontram na mesma situação jurídica, contribuindo a obstar o grande volume de demandas frequente nos tribunais superiores.

Nessa relação que se estabelece entre o direito processual e o direito constitucional, também deve ser observada a efetivação dos direitos fundamentais integrantes do núcleo duro da Carta Magna, entre os quais se destaca, por sua importância ao presente trabalho, o princípio do contraditório.

2.2 O contraditório como cooperação

Tem-se destinado especial destaque, na doutrina brasileira, ao princípio da cooperação, considerado como uma das facetas do princípio do contraditório, e entendido como o necessário diálogo a ser travado entre o juiz e as partes, em vista de se alcançar a melhor decisão para a controvérsia.

Em realidade, não há como desconsiderar os interesses particulares e distintos que justificam a atuação das partes e do magistrado no processo, mas tal fato não

---

[5] MARQUES, José Frederico. *Instituições de direito processual civil*. Campinas: Millenium, 2000. v. 1, p. 9.
[6] *Curso de direito constitucional positivo*. 19. ed. São Paulo: Malheiros, 2001. p. 41.

exclui a existência de um interesse comum entre as partes. Trata-se do agir no processo, cada sujeito com seus direitos, deveres e ônus, de modo a resolver a questão pendente de apreciação pelo Poder Judiciário de modo mais efetivo e, com isso, evitar posteriores discussões, de modo a resguardar ao máximo a segurança jurídica.

A colaboração deve, pois, ser entendida em vistas de que o processo, enquanto meio à concretização da justiça e da verdade processual, só alcançará seu escopo mediante a cooperação entre os sujeitos processuais. Nesse contexto, o *amicus* se mostra bastante útil ao deslinde processual, haja vista personificar os interesses e valores dispersos pela sociedade e pelo Estado, fornecendo ao magistrado dados, informações pertinentes à solução da causa.[7]

Precisas, portanto, as palavras de Cássio Scarpinella Bueno a respeito da relação entre o princípio da cooperação e o *amicus curiae*:[8]

> Justamente em função da incidência concreta do "princípio da cooperação", destarte, o amicus curiae legitima-se, ao lado das partes ou de quaisquer outros sujeitos processuais, como portador de informações, elementos, dados, documentos, valores que, de outro modo, poderiam não chegar ao conhecimento do magistrado, que não estaria, rigorosamente falando, apto a proferir a melhor decisão para o caso concreto.

Abandonou-se, assim, a suficiência do princípio do contraditório essencialmente formal, no sentido tradicional de direito de defesa do acusado, reconhecendo-se a necessária participação social ou ainda de órgãos do próprio Estado nos processos. Nessa nova conjuntura do processo constitucional civil, sobretudo quando a norma aplicada ao caso concreto pretende surtir efeitos além dos sujeitos que fazem parte do processo, o dogma do contraditório nos conduz ao postulado democrático do princípio da cooperação.

Em obra específica sobre o tema, Daniel Mitidiero assinala que no contexto da colaboração, o juiz do processo é isonômico, na sua condução através do diálogo, e assimétrico, dada a imperatividade estatal, no ato da decisão. Por força do contraditório, vê-se o órgão jurisdicional obrigado ao debate.[9] Isso implica afirmar que o direito fundamental ao contraditório corresponde ao dever de o julgador dar atenção ao que for alegado pelos sujeitos processuais, para, então, fundamentar sua decisão.[10]

Mais do que nunca, se o Estado incumbiu-se na competência de dirimir conflitos, sendo negada ao indivíduo a vingança privada, deve o exercício da jurisdição ser realizado do modo mais completo possível. Ao passo que para o julgador é garantido o livre convencimento motivado, em relação aos demais sujeitos processuais, protege-se *direito subjetivo a colaborar nesse convencimento*, trazendo aos autos toda a sorte de informações necessárias.

---

[7] José Carlos Barbosa Moreira, ao comentar o art.339 do CPC, ressalta tal dever de informação por parte do terceiro ao dispor "(...) o dever para todos os terceiros do mundo, que possuam conhecimentos em relação a determinado litígio, de informá-los ao juiz. (...) Mas, de certa maneira, o que a lei indica é isso: que o terceiro que saiba de fatos relevantes deve informá-los" (MOREIRA, José Carlos Barbosa. *Comentários ao Código de Processo Civil*. 12. ed. Rio de Janeiro: Forense, 2005. v. 5).

[8] BUENO, Cássio Scarpinella. *Amicus curiae no processo civil brasileiro*: um terceiro enigmático. São Paulo: Saraiva, 2006. p. 56.

[9] MITIDIERO, Daniel. *Colaboração no processo civil*: pressupostos sociais, lógicos e éticos. São Paulo: Revista dos Tribunais, 2009. p. 72.

[10] *Idem*, p. 138.

Em vista disso, faz-se necessário aproximar o juiz do fato social como um todo e o *amicus curiae*, também aqui, encontra-se apto a desempenhar seu papel de cooperar não apenas com o julgador, mas com as próprias partes nessa busca pela verdade.

3 A positivação do *amicus curiae*: Lei nº 11.672/08

3.1 O julgamento por atacado (artigo 543-C, CPC)

A disciplina do novo artigo 543-C do CPC estabelece, em seu §1º, que caberá ao presidente do tribunal de origem admitir um ou mais recursos representativos da controvérsia, os quais serão encaminhados ao Superior Tribunal de Justiça, ficando suspensos os demais recursos especiais até o pronunciamento definitivo do Superior Tribunal de Justiça.

Desse modo, quando houver multiplicidade de recursos com fundamento em *idêntica questão de direito*, serão selecionados um ou mais recursos para serem julgados primeiro pelo STJ, a fim de que a decisão aí prolatada seja aplicada aos demais recursos que se encontrarem sobrestados por força da lei em apreço. Intentou o legislador, com tal norma, imprimir uma maior celeridade no processamento dos recursos dirigidos ao STJ e, com isso, diminuir o volume dos que alcançam aquela Corte pela via recursal.

Compulsando os parágrafos seguintes do referido artigo, observa-se que não foi previsto qualquer meio de impugnação às decisões dos presidentes dos tribunais de origem, restando silente a respeito, também, a Resolução 8[11] do STJ, que assim dispõe no artigo 2º, §§1º e 2º:

> Art. 2º (...)
> §1º A critério do Relator, poderão ser submetidos ao julgamento da Seção ou da Corte Especial, na forma deste artigo, recursos especiais já distribuídos que forem representativos de questão jurídica objeto de recursos repetitivos.
>
> §2º A decisão do Relator será comunicada aos demais Ministros e ao Presidente dos Tribunais de justiça e dos Tribunais Regionais Federais, conforme o caso, para suspender os recursos que versem sobre a mesma controvérsia.

Observa-se que é da competência do Relator inclusive determinar que os recursos repetitivos fiquem suspensos, nos tribunais inferiores, quando houver jurisprudência dominante sobre a questão de direito em tela, ou que tal matéria já esteja na Seção ou Corte Especial para ser julgada. Além dessa atribuição, caberá ao Ministro Relator, ainda, admitir ou não a manifestação de terceiros que comprovem interesse na controvérsia, conforme disposto no §4º do artigo 543-C, CPC.

Ocorre que a identificação das questões substancialmente idênticas pode se mostrar por vezes tortuosa, razão pela qual a Resolução 8 do STJ, no artigo 1º, §1º, estabeleceu, de forma objetiva, que se levará em consideração apenas os recursos que melhor tratarem sobre questão central discutida, *in verbis*: "Serão selecionados,

---

[11] A Resolução 8 do STJ, em vigor desde 08 de agosto de 2008, estabelece os procedimentos relativos ao processamento e julgamento de recursos especiais e repetitivos no âmbito daquela Corte.

pelo menos 1 (um) processo de cada Relator e, dentre esses, os que contiverem maior diversidade de fundamentos no acórdão e de argumentos no recurso especial".

Mas, e na hipótese de a parte restar inconformada quanto à suspensão de seu recurso, ao considerar não existir idêntica questão de direito a ser analisada no recurso tomado como paradigma, qual o meio de defesa que pode ser por ela utilizado?

Há, na doutrina e na jurisprudência, certa divergência quanto ao recurso cabível, se uma simples petição, ação cautelar ou agravo de instrumento ao Tribunal Superior. A respeito, Luiz Guilherme Marinoni e Daniel Mitidiero[12] defendem que, na hipótese de sobrestamento equivocado de recurso, por não guardar correspondência com a controvérsia do paradigma, caberá a interposição de agravo de instrumento.

Sugerem, ainda, os autores como meio de defesa, mediante a fungibilidade recursal, a reclamação constitucional, nos termos dos artigos 13 a 18 da Lei nº 8.038, de 1990. Na esteira de tal tese, tem-se o entendimento de Luiz Rodrigues Wambier e Rita de Cássia Correa Vasconcelos,[13] uma vez que a aplicação indevida do regime de retenção seria tão gravoso quanto negar o prosseguimento aos recursos.

Outro ponto de destaque no artigo 543-C, CPC, é, mais uma vez, o silêncio normativo quanto à recorribilidade das decisões pautadas no §7º, que assim dispõe:

> §7º Publicado o acórdão do Superior Tribunal de Justiça, os recursos especiais sobrestados na origem:
>
> I - terão seguimento denegado na hipótese de o acórdão recorrido coincidir com a orientação do Superior Tribunal de Justiça; ou
>
> II - serão novamente examinados pelo tribunal de origem na hipótese de o acórdão recorrido divergir da orientação do Superior Tribunal de Justiça.

Por fim e, para o presente trabalho, de maior destaque, na hipótese de o recurso afetado como paradigma mostrar-se insuficiente ao melhor convencimento do magistrado que irá julgá-lo, como assegurar a participação no contraditório dos sujeitos que, de algum modo, tenham interesse na controvérsia, se não há qualquer previsão na lei quanto à recorribilidade da escolha do paradigma? Em outros termos, em que medida o princípio da celeridade e da segurança jurídica devem sobrepujar-se ao do contraditório e da ampla defesa?

Essas e outras questões serão respondidas no tópico a seguir.

3.2 A intervenção do *amicus curiae*: interesse institucional

É assente na doutrina clássica e jurisprudência brasileiras que o fundamento da intervenção de terceiros, em geral, é o interesse qualificável de jurídico. Nesse viés, havendo a possibilidade de o terceiro vir a ser prejudicado em seu direito, em função do que vier a ser decidido em outro processo, assiste-lhe o direito a intervir nessa ação.

---

[12] *Op. cit.*, p. 572.
[13] WAMBIER, Luiz Rodrigues; VASCONCELOS, Rita de Cássia Corrêa. Recursos especiais repetitivos: reflexos das novas regras (Lei nº 11.672/2008 e resolução 8 do STJ) nos processos coletivos. *Revista Jurídica*, Porto Alegre, ano 57, n. 378, p. 42, abr. 2009.

Ocorre que, em meio à mutação da ciência jurídica, não mais subsiste a limitação da legitimidade da intervenção do terceiro à possibilidade de prejuízo decorrente da decisão do processo do qual aquele não é parte. Desse modo, os mesmos motivos de política judiciária que motivaram o legislador a autorizar ou não a intervenção do terceiro devem pautar a releitura dos antigos institutos, a fim de adequá-los às novas realidades sociais.

Nesse sentido, deve-se entender e conceituar o interesse jurídico como aquele que, em um Estado Democrático de Direito, legitime o sujeito a ingressar em juízo, espontaneamente ou não, para estabelecer uma efetiva comunicação entre o Estado-juiz e os destinatários das normas. Sua atuação repousará, consciente ou inconscientemente, em uma iniciativa essencialmente instrutória, voltada à formação da melhor e mais ampla convicção do juiz acerca do tema discutido.

A par de tais considerações, tratando especificamente do *amicus curiae*, o que o legitima a intervir em processo alheio?

De fato, a existência ou não do interesse do *amicus*, conforme salienta Carlos Gustavo Rodrigues Del Pra,[14] encontra-se intrinsecamente relacionado com a natureza do objeto da lide e não com as partes envolvidas. Assim, a participação de ente público ou de determinada coletividade de sujeitos, ou mesmo um idoso ou um incapaz por si só, não legitimará a manifestação daquele, mas a expressão social da temática debatida.

Em obra específica sobre o tema, Cássio Scarpinella Bueno discorre que o interesse que motiva (legitima) a atuação do *amicus* em juízo é jurídico, porque é previsto na ordem jurídica considerada como um todo. Mas vai além. Mesmo porque tal caráter não é exclusivo a tal sujeito, na medida em que essa expressão também consagra, tradicionalmente, a atuação do Ministério Público quando atua como *custos legis*.[15]

Com o fito de distinguir cientificamente o interesse que legitima o ingresso do *amicus curiae* dos demais sujeitos processuais, o referido autor, na esteira de outros autores nacionais e estrangeiros, defende o emprego do nome "interesse institucional". Esse seria um interesse jurídico, especialmente qualificado, na medida em que transcende as razões individuais das partes e do próprio interveniente, caracterizando-o público.

Tal interesse institucional é dito público, frise-se, por corporificar aqueles que são externos ao *amicus curiae*, muito embora não deixem de existir os seus particulares, mesmo porque, não há como negar que o ingresso de terceiros em juízo pressupõe um mínimo de motivação egoística desses na causa,[16] inexistindo qualquer agir altruísta por trás de tal conduta.

---

[14] DEL PRÁ, Carlos Gustavo Rodrigues. *Amicus curiae*: instrumento de participação democrática e de aperfeiçoamento da prestação jurisdicional. Curitiba: Juruá, 2007. p. 257.

[15] *Op. cit.*, 2006. p. 501.

[16] A respeito, dispôs Gustavo Santana Nogueira: "O *amicus* não possui esse vínculo com nenhuma das partes, até porque a doutrina majoritária entende que não há partes nas ações de controle da constitucionalidade, porém ele possui interesse em que a decisão sobre a constitucionalidade ou não das leis seja de um determinado conteúdo, por lhe interessar indiretamente. *A sua intervenção não é imparcial, intervindo ele para defender uma tese jurídica que pode lhe beneficiar*, mas sem o interesse jurídico que justifica a assistência. Para nós, o *amicus* intervém para defender um *interesse institucional*" (NOGUEIRA, Gustavo Santana. Do *amicus curiae*. Revista do Tribunal Regional Federal da 1ª Região, Brasília, v. 16, n. 7, p. 28, 2004 - grifos nossos).

Saliente-se que não se trata de um interesse público porque oriundo do Estado, ainda que também diga respeito a esse, mas porque é entendido como conglomerado de valores que o Estado representa e tem a obrigação constitucional de cumprir. É, em última análise, uma das manifestações das ondas de acesso à justiça cappellettianas adaptadas às necessidades políticas e sociais. Transmuda-se o conceito primário de interesse jurídico, de modo a ampliar e, com isso, tutelar outras situações jurídicas em que não se preveja, juridicamente, a atuação de sujeitos estranhos ao processo.

Corroborando tal entendimento, Cássio Scarpinella Bueno esclarece:

> O "interesse público", que se limitava a exigir a presença de um fiscal da lei para secundar a atuação do juiz, com vistas ao aprimoramento da atividade judicial, generalizou-se. Hoje, graças à consciência de seu altíssimo grau conflituoso, sua presença, por si só, inspira a alteração do modelo procedimental de resolução de conflitos. O "modo de ser do processo" não pode passar ao largo da captação desse interesse público — e das bocas que podem fazer suas vozes serem ouvidas —, sob pena de ruptura com o seu "modelo constitucional.[17]

Impende ainda observar que a função do *amicus* não exclui a dos demais sujeitos processuais; antes, as complementa. Surge da necessidade de que diversos interesses sem representação demandam apreciação em juízo, de modo a ampliar o objeto do conhecimento do magistrado. Tal ideal não poderia surgir em outro ambiente, que não o da cooperação, já descrito no início desta obra, em que o contraditório clássico evoluiu para o consenso procedimental ou, em outros termos, da publicização do interesse jurídico.

Considerando a importância da intervenção do *amicus* para a ampliação do substrato da convicção judicial, mediante o exercício da cooperação no processo, o artigo 543-C, do CPC, estabeleceu, em seu §4º: "O relator, conforme dispuser o regimento interno do Superior Tribunal de Justiça e considerando a relevância da matéria, poderá admitir manifestação de pessoas, órgãos ou entidades com interesse na controvérsia".

Importa, por derradeiro, observar qual o instante em que tal manifestação será acolhida.

O Superior Tribunal Federal, no controle de constitucionalidade das normas, firmou o entendimento no sentido de admitir a intervenção do *amicus curiae* apenas até a data em que o Relator liberar o processo para pauta, consoante acórdão a seguir ementado, *in verbis*:

> EMENTA. Agravo regimental. Ação direta de inconstitucionalidade manifestamente improcedente. Indeferimento da petição inicial pelo Relator. Art. 4º da Lei nº 9.868/99.
>
> 1. É manifestamente improcedente a ação direta de inconstitucionalidade que verse sobre norma (art. 56 da Lei nº 9.430/96) cuja constitucionalidade foi expressamente declarada pelo Plenário do Supremo Tribunal Federal, mesmo que em recurso extraordinário.

---

[17] *Op. cit.*, p. 509.

2. Aplicação do art. 4º da Lei nº 9.868/99, segundo o qual "a petição inicial inepta, não fundamentada e a manifestamente improcedente serão liminarmente indeferidas pelo relator".

3. A alteração da jurisprudência pressupõe a ocorrência de significativas modificações de ordem jurídica, social ou econômica, ou, quando muito, a superveniência de argumentos nitidamente mais relevantes do que aqueles antes prevalecentes, o que não se verifica no caso.

4. *O amicus curiae somente pode demandar a sua intervenção até a data em que o Relator liberar o processo para pauta.*

5. Agravo regimental a que se nega provimento.

Preliminarmente, o Tribunal, por maioria e nos termos do voto do Relator, rejeitou a admissão do amicus curiae, vencidos a Senhora Ministra Cármen Lúcia e os Senhores Ministros Carlos Britto, Celso de Mello e o Presidente. E, no mérito, por maioria, desproveu o *recurso* de agravo, vencidos os Senhores Ministros Marco Aurélio, Carlos Britto e Eros Grau. Votou o Presidente, Ministro Gilmar Mendes. Ausente, justificadamente, a Senhora Ministra Ellen Gracie. Plenário, 22.04.2009.

(STF, ADI-AgR 4071)

A respeito, Cássio Scarpinella adverte que, na ausência de disposição normativa expressa, a intervenção do *amicus* no fechamento da parte postulatória é a mais consentânea com a sua finalidade.[18] Isso porque, ao atuar em prol da melhor decisão jurisdicional, a partir da cooperação ao convencimento do magistrado, é de se esperar que se pronuncie após as razões das partes.

Saliente-se que essa suposta fase de manifestação não é, por si só, preclusiva, devendo, antes, ser levado em conta para a admissão do ingresso do *amicus* a pertinência material de sua intervenção. Em outros termos, o limite temporal encontrar-se-á pautado na qualidade dos fundamentos apresentados pelo interveniente, na exata medida em que essa atuação acrescenta substancialmente a controvérsia em análise.

3.3 Legitimidade recursal

Discute-se na seara doutrinária a legitimidade de o *amicus curiae* apresentar recursos no processo em que foi admitido. Mais, haveria algum limite quanto ao tipo de decisão, qualquer que fosse o seu conteúdo?

Ao analisar o tema em relação ao juiz, ao membro do Ministério Público e aos auxiliares de justiça, doutrina e jurisprudência convergem para a legitimidade recursal desses sujeitos, toda vez que a decisão recorrida, de algum modo, direta ou indiretamente, causar-lhes individualmente prejuízo ao seu interesse. Sob tal ótica, é possível afirmar ser também o *amicus* legítimo a interpor recurso sempre que o *decisium* afetar, em qualquer medida, o interesse (institucional) que justifica sua intervenção.

Não apenas quando a atuação do *amicus* se aproxima à função do *custos legis*, mas para os demais casos em que tal equiparação não se dá de maneira tão próxima, tal legitimidade remanesce. Se o terceiro é parte legítima a apresentar recurso, desde que demonstre nexo causal entre a decisão recorrida e o seu direito, conforme

---

[18] *Op. cit.*, p. 542-543.

preconiza o artigo 499, §1º, CPC, não há como não estender tal direito ao *amicus*, mantida a mesma exigência.

Opondo-se a tal tese, o Supremo Tribunal Federal consolidou entendimento no sentido de que, nos processos de controle de constitucionalidade, as entidades que atuarem na condição de *amicus curiae* não são legítimas a interpor recurso, salvo da que não o admita como tal no processo. Pela pertinência, destacam-se os acórdãos a seguir ementados:

> EMENTA: AGRAVOS REGIMENTAIS NOS EMBARGOS DE DECLARAÇÃO EM AÇÃO DIRETA DE INCONSTITUCIONALIDADE. EMBARGOS DE DECLARAÇÃO OPOSTOS POR AMICUS CURIAE. NÃO-CONHECIMENTO DOS EMBARGOS POR AUSÊNCIA DE LEGITIMIDADE RECURSAL. PRETENSÃO, DA AUTORA DA ADI, DE CONHECIMENTO DOS EMBARGOS "COMO SE SEUS FOSSEM". NÃO CABIMENTO.
>
> 1. Agravo regimental interposto pelo Sindicato Nacional das Empresas distribuidoras de Gás Liquefeito de Petróleo — SINDIGÁS. *O entendimento desta Corte é no sentido de que entidades que participam dos processos objetivos de controle de constitucionalidade na qualidade de amicus curiae não possuem, ainda que aportem aos autos informações relevantes ou dados técnicos, legitimidade para recorrer.* Precedentes.
>
> 2. Agravo regimental interposto pela Confederação Nacional da Indústria contra decisão que não conheceu dos embargos declaratórios opostos pelo *amicus curiae*. Não-oposição de embargos de declaração pela requerente da ADI no prazo legal. É desprovida de fundamento legal a pretensão da requerente que, por via transversa, postula o acolhimento dos embargos de declaração opostos pelo *amicus curiae* "como se seus fossem", com efeitos infringentes, para revolver a discussão de mérito da ação direta.
>
> 3. Agravo regimental interposto pelo *amicus curiae*, Sindicato Nacional das Empresas Distribuidoras de Gás Liquefeito de Petróleo — SINDIGÁS, não conhecido. Agravo regimental da Confederação Nacional da Indústria — CNI a que se nega provimento.
>
> O Tribunal, por unanimidade e nos termos do voto do Relator, conheceu e negou provimento ao recurso de agravo da Confederação Nacional da Indústria — CNI, não conhecendo do recurso do Sindicato Nacional das Empresas Distribuidoras de Gás Liquefeito de Petróleo — SINDIGÁS. Votou o Presidente, Ministro Gilmar Mendes. Ausentes, justificadamente, os Senhores Ministros Cezar Peluso e Menezes Direito.
>
> (STF, ADI-ED-AgR 2359, Plenário, Rel. Min. Eros Grau, julgado em 03.08.2009, *DJE* publicação em 28.08.2009 - ATA Nº 25/2009)

> EMENTA: EMBARGOS DE DECLARAÇÃO. LEGITIMIDADE RECURSAL LIMITADA ÀS PARTES. NÃO CABIMENTO DE RECURSO INTERPOSTO POR AMICI CURIAE. EMBARGOS DE DECLARAÇÃO OPOSTOS PELO PROCURADOR GERAL DA REPÚBLICA CONHECIDOS. ALEGAÇÃO DE CONTRADIÇÃO. ALTERAÇÃO DA EMENTA DO JULGADO. RESTRIÇÃO. EMBARGOS PROVIDOS.
>
> 1. Embargos de declaração opostos pelo Procurador Geral da República, pelo Instituto Brasileiro de Política e Direito do Consumidor — BRASILCON e pelo Instituto Brasileiro de Defesa do Consumidor — IDEC. As duas últimas são instituições que ingressaram no feito na qualidade de amici curiae.
>
> 2. *Entidades que participam na qualidade de amicus curiae dos processos objetivos de controle de constitucionalidade, não possuem legitimidade para recorrer, ainda que aportem aos autos informações relevantes ou dados técnicos. Decisões monocráticas no mesmo sentido.*

3. Não conhecimento dos embargos de declaração interpostos pelo BRASILCON e pelo IDEC.

[...].

(STF, ADI-ED n. 2.591, Rel. Min. Eros Grau, julgado em 28.08.2007, *DJ* publicação em 13.04.2007)

3.4 Limites à manifestação

O procedimento previsto na Lei nº 11.672/2008 assegura a intervenção do *amicus curiae*, em conformidade ao disposto no §6º do artigo 543-A, CPC, que prevê a manifestação de terceiros no recurso extraordinário, desde que presente a repercussão geral da matéria discutida. São esses os exatos termos do §4º do artigo 543-C, CPC: "O relator, conforme dispuser o regimento interno do Superior Tribunal de Justiça e considerando a relevância da matéria, *poderá admitir manifestação de pessoas, órgãos ou entidades com interesse na controvérsia*". (grifos nossos)

Da leitura do referido dispositivo, observa-se que a lei não estabeleceu quaisquer limites objetivos à intervenção de terceiros no processamento dos recursos repetitivos, pelo que se conclui ser permitida a manifestação de qualquer pessoa que demonstre interesse na controvérsia, de modo a contribuir com subsídios para a solução da lide.

É esse o entendimento esposado por Luiz Rodrigues Wambier e Rita de Cássia Corrêa de Vasconcelos,[19] para os quais não é devido restringir a manifestação de terceiros, notadamente em se tratando de demandas coletivas. Isso porque não há, no nosso ordenamento, o instituto da representação adequada, previsto no sistema da *class actions*.[20]

Carlos Rodrigues Del Pra,[21] em estudo sobre o tema, assinala que a tendência, ainda presente em nosso direito, e nos demais ordenamentos de tradição romana, em interpretar, restritivamente, a manifestação de terceiros em processo alheio decorre do *princípio da singularidade*. Referido princípio impunha que a intervenção de sujeitos externos à controvérsia é tida como uma exceção ao sistema, por ser a relação processual tipicamente singular, restrita às partes em causa.

Entretanto, nas lides em que o objeto do processo ultrapassa o interesse das partes, tal princípio do direito romano perde sua força, ensejando a livre intervenção de indivíduos, em vista da colaboração ao melhor julgamento.

Repise-se, contudo, o que foi dito anteriormente quanto à legitimidade para o terceiro intervir em processo alheio, na condição de *amicus curiae* — é necessário que ele comprove deter algum argumento relevante à convicção do juiz. Isso porque se, de um lado, a intervenção desse terceiro contribui à efetivação do contraditório, sob o enfoque do exercício da cooperação entre as partes, de outro, a sua manifestação

---

[19] *Op. cit.*, p. 39-64.
[20] Nesse sistema, a representação adequada constitui requisito essencial à legitimidade dos sujeitos à propositura de demandas que envolvam direitos transindividuais, ao exigir desses representantes que demonstrem ter condições de proteger, de modo mais eficiente, os interesses do grupo em juízo.
[21] DEL PRÁ, Carlos Gustavo Rodrigues. *Amicus curiae*: instrumento de participação democrática e de aperfeiçoamento da prestação jurisdicional. Curitiba: Juruá, 2007. p. 176.

infundada terminará por esvaziar o escopo do procedimento, qual seja a celeridade no julgamento das causas.

Nesse sentido, é possível concluir que o ingresso do *amicus curiae*, implica o juízo de admissibilidade, por parte do magistrado, do pleito de intervenção, ocasião em que será comprovado existir ou não o interesse (institucional) desse terceiro sobre a controvérsia. Contudo, tal direito não vinculará aquele em sua convicção, sendo, *nesse ponto*, um ato discricionário do magistrado, ressaltando-se que a decisão deverá ser fundamentada.

Em outros termos, inexistindo na lei em apreço qualquer limite *quantitativo* à manifestação do *amicus*, impõe-se o limite *qualitativo* à intervenção desse, qual seja a demonstração de fundamentos e subsídios úteis e primordiais ao deslinde da causa. Nesse sentido, *não será o número de intervenientes que irá determinar a admissão de um ou outro amicus, mas a pertinência jurídica dos subsídios apresentados*, pelo que restarão rejeitados todos aqueles cujos fundamentos em nada acrescentarem ao já discutido.

Sob esse prisma, é possível concluir que o termo *poderá*, expresso no texto legal, deve ser entendido como um *dever ser*, na exata medida em que a *admissão* do *amicus* em juízo não deve ser um ato discricionário do magistrado. Em defesa da cooperação entre os sujeitos processuais, a manifestação do terceiro em apreço *deverá* ser deferida, reservando-se ao magistrado, nos limites do seu livre convencimento, acolher ou não, fundamentadamente, as razões apresentadas pelo interveniente.

4 Conclusão

Na atual conjuntura jurídico-processual brasileira, a admissão do *amicus curiae*, se apresenta como instrumento à efetivação do princípio constitucional da ampla defesa e do contraditório, além das hipóteses clássicas de intervenção de terceiros, ao proporcionar uma ampliação do substrato sobre o qual se fundamentará o magistrado, na resolução da controvérsia.

Sob tal ótica e, tomando-se como pressuposto o fato de que o processo só alcançará seus objetivos mediante a cooperação entre os sujeitos processuais, o *amicus curiae* mostrar-se-á sobremaneira útil à concretização da justiça e da verdade processual, ao consolidar os interesses dispersos na sociedade, mas pertinentes à solução do conflito. É legítima a intervenção do *amicus*, pois o interesse processual não se limita às partes integrantes da causa, devendo todos quanto de, algum modo, puderem colaborar ao deslinde da controvérsia se manifestarem a respeito.

Não por acaso e, na esteira da atual tendência doutrinária e jurisprudencial em julgar várias ações simultaneamente, no procedimento instituído pela Lei nº 11.672/2008, encontra-se o permissivo à manifestação de sujeitos estranhos ao processo que apresentem interesse na controvérsia. Isso porque, no julgamento por atacado, previsto no artigo 543-C, prolatar-se-á, ao final, uma decisão que terá influência direta sobre indivíduos que não participaram formalmente daquele processo decisório e que, tampouco, puderam recorrer da escolha do paradigma.

Se uma decisão sobre um processo eleito como paradigma surtirá efeitos sobre tantos outros sobrestados em vista da celeridade e segurança jurídica, aquela deve ser a mais completa em argumentos, abarcando todas as informações pertinentes ao caso, de modo a assegurar o cumprimento à ampla defesa e ao contraditório, sob pena de a mesma restar nula. E é por isso que a intervenção do *amicus curiae* se mostra uma imposição e não uma faculdade do juiz.

Referências

MOREIRA, José Carlos Barbosa. *Comentários ao Código de Processo Civil*. 12. ed. Rio de Janeiro: Forense, 2005. v. 5.

BUENO FILHO, Edgard Silveira. *Amicus curiae*: a democratização do debate nos processos de controle da constitucionalidade. *Revista de Direito Constitucional e Internacional*, São Paulo, v. 53, out./dez. 2005.

BUENO, Cássio Scarpinella. *Amicus curiae no processo civil brasileiro*: um terceiro enigmático. São Paulo: Saraiva, 2006.

DEL PRÁ, Carlos Gustavo Rodrigues. *Amicus curiae*: instrumento de participação democrática e de aperfeiçoamento da prestação jurisdicional. Curitiba: Juruá, 2007.

DINAMARCO, Cândido Rangel. *Instituições de direito processual civil*. São Paulo: Malheiros, 2001. v. 1.

MARINONI, Luiz Guilherme; MITIDIERO, Daniel. *Código de Processo Civil comentado artigo por artigo*. São Paulo: Revista dos Tribunais, 2008.

MARQUES, José Frederico. *Instituições de direito processual civil*. Campinas: Millenium, 2000. v. 1.

MITIDIERO, Daniel. *Colaboração no processo civil*: pressupostos sociais, lógicos e éticos. São Paulo: Revista dos Tribunais, 2009.

NOGUEIRA, Gustavo Santana. Do *amicus curiae*. *Revista do Tribunal Regional Federal da 1ª Região*, Brasília, v. 16, n. 7, p. 22-35, 2004.

SERAU JUNIOR, Marco Aurélio; REIS, Silas Mendes dos. *Recursos especiais repetitivos no STJ*. Rio de Janeiro: Forense; São Paulo: Método, 2009.

SILVA, José Afonso da. *Curso de direito constitucional positivo*. 19. ed. São Paulo: Malheiros, 2001.

WAMBIER, Luiz Rodrigues; VASCONCELOS, Rita de Cássia Corrêa. Recursos especiais repetitivos: reflexos das novas regras (Lei nº 11.672/2008 e resolução 8 do STJ) nos processos coletivos. *Revista Jurídica*, Porto Alegre, ano 57, n. 378, abr. 2009.

Informação bibliográfica deste livro, conforme a NBR 6023:2002 da Associação Brasileira de Normas Técnicas (ABNT):

PATRIOTA, Marta. O procedimento da lei nº 11.672/2008 a partir da manifestação do *amicus curiae*. In: CUNHA, Leonardo Carneiro da (Coord.). *Questões atuais sobre os meios de impugnação contra decisões judiciais*. Belo Horizonte: Fórum, 2012. p. 177-189. ISBN 978-85-7700-580-2.

PRINCÍPIO DA FUNGIBILIDADE NA ESFERA RECURSAL BRASILEIRA E A PROBLEMÁTICA DO PRAZO MENOR

APEGO AO FORMALISMO OU REQUISITO DA DÚVIDA OBJETIVA?

PAULYNNE ROCHA V. FIGUEIREDO

1 Da natureza normativa dos princípios no ordenamento jurídico

Os conflitos sociais nascem da convivência em sociedade a partir do confronto de interesses dos indivíduos dela pertencentes. Conflitos que o Estado de direito tomou para si a responsabilidade de solucionar, disciplinando as relações sociais, como forma de assegurar a existência e continuidade da própria sociedade, fazendo-se necessária a criação de normas sociais reguladoras, partes estas de um sistema social complexo.

As normas seriam então preceitos que reconhecem às pessoas ou entidades a faculdade de realizar determinados interesses por ato próprio ou exigindo a ação ou abstenção de outrem, vinculando por outro lado, pessoas ou entidades a submeterem-se à exigência de realizar uma prestação, ação ou abstenção em favor de interesse alheio.[1]

Como dito, o Estado, ao tomar para si a responsabilidade por disciplinar as relações sociais, assegurou a criação de normas através de dispositivos legais, que hão de possuir cogência, de forma a serem cumpridas mesmo que não voluntariamente pelos sujeitos sociais.

Na lição de Tércio Sampaio Jr, vem se percebendo, na complexidade da sociedade atual, em verdade, uma "ideologização dos conteúdos na forma de programas

---
[1] SILVA, José Afonso da. *Curso de direito constitucional*. 32. ed. São Paulo: Malheiros, 2009. p. 91-92.

consistentes de ação em face da crescente estabilização e burocratização dos sistemas sociais".[2] Criticando assim o direito contemporâneo, que contrário ao direito do século XX, vem partindo para uma prescrição radicionalizante e tecnicamente controlada do direito natural, da moral e dos costumes. É o fenômeno do *constitucionalismo* e do *legalismo* — "se está na constituição ou foi estabelecido por lei, é um conteúdo jurídico".

Vale salientar entretanto que, em verdade, as *normas* são os sentidos interpretativos construídos a partir dos textos normativos, e não os próprios textos.[3] Portanto, não se pode dizer que havendo dispositivo, haverá norma, tampouco é correta a afirmação inversa, ponto importante que será posteriormente analisado em nosso trabalho, visto que o princípio da fungibilidade de que trata nosso estudo não está atualmente prescrito em dispositivo textual legal, o que entretanto não exclui sua natureza normativa.

Os princípios são, pois, muitas vezes decorrentes do próprio sistema jurídico, não necessitando estar explicitamente previstos em dispositivos legais para que possuam validade e eficácia[4].

Instituída pelo Estado de forma a concretizar e aplicar a cogência da norma jurídica,[5] a função jurisdicional não tem como único intuito solucionar e dirimir conflitos sociais, mas também serve como própria expressão do poder estatal, demonstrando, mais que apenas juridicamente, também socialmente, a forma com a qual o Estado se relaciona com seu povo;[6] sendo o processo o meio pelo qual se presta a tutela jurisdicional.

Regras devem ser seguidas para o desenvolvimento regular do processo, pelas partes envolvidas no conflito de interesses e pelo Estado-juiz, de forma a fornecer segurança aos indivíduos na resolução da lide, como meio pelo qual serão atingidos os escopos processuais. As regras, em sentido estrito, entretanto, têm caráter mais limitado, abarcando um número previsível de situações, deixando, por vezes, em casos concretos, lacunas. Eis que, em tais casos, faz-se necessária a aplicabilidade dos princípios, possuidores de natureza mais abrangente.[7]

Porém, como anteriormente dito, para além de preencher possíveis lacunas deixadas por regras, os princípios jurídicos são dotados também de normatividade.

---

[2] FERRAZ JUNIOR, Tercio Sampaio. *Introdução ao estudo do direito*: técnica, decisão, dominação. 5. ed. São Paulo: Atlas, 2007. p. 113-114.

[3] ÁVILA, Humberto. *Teoria dos princípios*: da definição à aplicação dos princípios jurídicos. 10. ed. São Paulo: Malheiros, 2009. p. 30.

[4] NERY JUNIOR, Nelson. *Princípios fundamentais*: teoria geral dos recursos. 5. ed. São Paulo: Revista dos Tribunais, 2000. p. 112-113.

[5] TEIXEIRA, Guilherme Freire de Barros. *Teoria do princípio da fungibilidade*. São Paulo: Revista dos Tribunais, 2008. p. 82.

[6] DINAMARCO, Cândido Rangel. *A instrumentalidade do processo*. 12. ed. São Paulo: Malheiros, 2005. p. 185-186.

[7] Por revestir-se o presente estudo de natureza de conteúdo limitada dirigida em especial à aplicabilidade do Princípio da Fungibilidade no sistema recursal brasileiro, não iremos nos referir à polêmica discussão que já povoou a doutrina quanto à distinção entre princípios e regras, ficando a cargo do leitor, para um estudo aprofundado do tema, a leitura da obra de Humberto Ávila – *Teoria dos princípios*: da definição à aplicação dos princípios jurídicos, onde o referido autor apresenta excelente obra conjugando as diversas teorias estruturadas ao longo do processo de discussão doutrinária sobre a matéria.

São eles as bases do ordenamento, seus alicerces, que preenchem de sentido e direção os elementos constitutivos do sistema, as normas. Podem, inclusive, por sua proeminência atual, ser usados como critérios basilares de uma decisão judicial.[8]

A ocorrência de lacunas, obscuridades, conflitos, contradições, antinomias e imprecisões dentro do sistema processual, devem ser resolvidas através de soluções em harmonia com o referido sistema, por suas regras e princípios,[9] ambas as espécies, diferentes em essência, mas dotadas de natureza normativa.[10] O caráter geral e abstracionístico dos princípios serve de complemento e fundamentação para a natureza prática e mais limitada das regras, sendo portanto, ambos, utilizados de forma harmônica e complementares para a própria manutenção do sistema jurídico, tendo, por fim, em se tratando do direito processual, a realização de seu principal escopo, a pacificação social com justiça.

2 Princípios processuais na Constituição Federal

Como visto em tópico anterior, as normas reconhecem direitos e submetem a deveres as pessoas e as entidades formadoras da sociedade.

Vejamos agora dois dos princípios de características processuais presentes no ordenamento jurídico brasileiro, cuja existência é assegurada por nossa *Lex mater*, e com os quais possuem relação direta o princípio da fungibilidade, sendo estes o Princípio do Devido Processo Legal e da Inafastabilidade da Jurisdição.

Primeiramente, duas são as espécies de princípios constitucionais: os *princípios político-constitucionais* e os *princípios jurídico-constitucionais*.[11] Seriam os primeiros as decisões políticas fundamentais concretizadas em normas conformadoras do sistema constitucional positivo, as chamadas *norma-princípio* ou *princípios fundamentais*, os quais são pontos de partida seguros, responsáveis pela harmonia, consistência e legitimidade do sistema.[12]

Os segundos seriam os *princípios gerais informadores* da Constituição, constituindo estes, não raro, desdobramentos de princípios constitucionais fundamentais.[13]

Espécie de *princípio fundamental*, o princípio processual constitucional máximo é, sem sombra de dúvidas, o princípio do devido processo legal, do qual decorrem

---

[8] KOEHLER, Frederico Augusto Leopoldino. *A razoável duração do processo*. Salvador: JusPodivm, 2009. p. 44.
[9] TEIXEIRA, Guilherme Freire de Barros. *Teoria do princípio da fungibilidade*. São Paulo: Revista dos Tribunais, 2008. p. 85.
[10] "(i) as regras possuem uma hipótese e uma conseqüência que predeterminam a decisão, sendo aplicadas com caráter hipotético-condicional (se, então), ao passo que os princípios apenas indicam o fundamento a ser utilizado pelo aplicador para futuramente encontrar a regra para o caso concreto; (ii) as regras são aplicadas de modo absoluto ("tudo ou nada"), enquanto os princípios têm aplicação gradual ("mais ou menos"); (iii) a antinomia entre as regras configura verdadeiro conflito, solucionável com a declaração de invalidade de uma das regras ou com a criação de uma exceção, ao passo que o relacionamento entre os princípios consiste numa imbricação, solucionável mediante ponderação que atribua dimensões de peso a cada um deles; (iv) ao contrário das regras, os princípios servem como fundamentos axiológicos para a decisão ser tomada". Excelente síntese das diferenças entre regras e princípios, apresentadas na obra de Humberto Ávila, (TEIXEIRA, Guilherme Freire de Barros. *Teoria do princípio da fungibilidade*. São Paulo: Revista dos Tribunais, 2008. p. 86).
[11] SILVA, José Afonso da. *Curso de direito constitucional*. 32. ed. São Paulo: Malheiros, 2009. p. 92-93.
[12] DINAMARCO, Cândido Rangel. *Nova era do processo civil*. 3. ed. São Paulo: Malheiros, 2009. p. 23.
[13] SILVA, *Curso...*, op. cit., p. 93.

todos os outros princípios processuais insculpidos na nossa Constituição, como os princípios do contraditório, da proibição da prova ilícita, dentre outros.[14]

Concebido pela primeira vez na Carta Magna, em 1215, na Inglaterra, no entanto, adquiriu a denominação em inglês *due process of law* apenas com uma emenda à Constituição americana, concebendo-se que a lei deveria obedecer uma regularidade e uma razoabilidade para que fosse elaborada, devendo estar enquadrada nos preceitos constitucionais.[15] A partir da Constituição de 1988, o referido princípio passou a estar expressamente previsto em nossa CF, cujo teor encontra-se no art. 5º, LIV: "Ninguém será privado da liberdade ou de seus bens sem o devido processo legal".

Dois são os planos de expressão do referido princípio constitucional: o material e o processual. Quando instituído pela Carta Magna inglesa, o *due process* tinha características plenamente processuais, era basicamente a preocupação de que a lei deva obedecer a regras específicas para sua formulação, de modo a evitar que arbítrios fossem cometidos no campo da formalidade.

Com o decorrer do tempo, dentro da concepção americana, modificado foi o conceito do devido processo, o qual, sofrendo influência dos direitos humanos, passou a ter características também substanciais, materiais (*substantive due process*). Exatamente o ponto em que a lei deverá ser concebida em harmonia com os preceitos constitucionais, os quais são expressões máximas do espírito daquela nação.

O princípio do devido processo legal, ao ter conjugados seus dois planos, garante que as leis obedeçam aos limites impostos pela Constituição, assegurando o acesso à uma ordem jurídica baseada no conceito de justiça, cuja aplicação deve se dar forma contextualizada, em comprometimento com o sistema jurídico como um todo. É a base, portanto, de todo o conceito significativo do Estado de direito.[16]

Já o Princípio da Inafastabilidade da Jurisdição nada mais é do que a garantia constitucional do acesso à justiça. Em seu art. 5º, XXXV, assegura a CF/88: "a lei não excluirá da apreciação do Poder Judiciário qualquer lesão ou ameaça a direito".

Não se pode conceber a interpretação do referido preceito legal de forma a tratar-se apenas da garantia à tutela jurisdicional. Ponto mais que importante, essencial do princípio da inafastabilidade da jurisdição, é o acesso a uma ordem jurídica justa, complementando o princípio do devido processo legal, a prestação jurisdicional assegurada pelo Estado deverá fornecer decisões tempestivas, justas, aptas a efetivamente cumprir os escopos processuais.

A relação entre os referidos princípios processuais presentes da CF/88 e a fungibilidade recursal nasce exatamente da ideia do desapego ao formalismo exacerbado, de forma a permitir ao indivíduo o acesso a uma tutela jurisdicional plena, com todo o seu ideal de justiça. Com o mesmo fito, há, além da previsão constitucional de princípios processuais, aqueles previstos pela legislação infraconstitucional, que analisaremos a partir de então.

---

[14] ALVIM, Angélica Arruda. Princípios constitucionais do processo. *Revista de Processo*, v. 19, n. 74, p. 21, abr./jun. 1994.

[15] VASCONCELOS, Rita de Cássia Corrêa de. *Princípio da fungibilidade*: hipóteses de incidência no processo civil brasileiro contemporâneo. São Paulo: Revista dos Tribunais, 2007. p. 42.

[16] VASCONCELOS, Rita de Cássia Corrêa de. *Princípio da fungibilidade*: hipóteses de incidência no processo civil brasileiro contemporâneo. São Paulo: Revista dos Tribunais, 2007. p. 45.

3 Dos princípios processuais da economicidade e da instrumentalidade das formas

O sistema recursal brasileiro, dentro de nosso Código Civil, traz abalizado determinados princípios que devem ser analisados no presente trabalho por sua relação com a fungibilidade.

O princípio da economia processual trata do equilíbrio entre a prestação jurisdicional e os atos processuais. Não se trata de desprestigiar a tutela jurisdicional, pois, como afirmado em tópico anterior, o acesso à jurisdição há de ser plena, objetivando a realização da justiça, mas sim de que há de se buscar o melhor custo-benefício, a melhor prestação pelo menor processo, visando, portanto, que não haja desequilíbrio entre o processo e o resultado por ele proporcionado.[17] Sua aplicabilidade, porém, deve ser feita com ressalvas, já que não poderá este suprimir outros princípios constitucionalmente garantidos, como por exemplo o direito ao contraditório.

O princípio da instrumentalidade das formas é, na realidade, uma espécie de subprincípio vinculado ao princípio da economia processual. O processo é um instrumento para a efetivação da tutela jurisdicional, portanto, como tal, não deverá ser anulado se não forem obedecidos todos os requisitos formais quando atingindo seu fim, seu objetivo. É, mais uma vez, meio pelo qual desprestigia-se a forma para que seja privilegiado o conteúdo do ato processual, de forma a garantir o acesso à justiça: *pas des nullité sans grief.*[18]

A essência do princípio da fungibilidade nasce da instrumentalidade das formas. A forma passa a segundo plano, quando o direito substancial é o cerne da questão. Para Dinamarco, o processualista deverá estar atento a visão orgânica indispensável da relação entre o jurídico, o político e o social. Apenas a percepção e o exame dessa relação que fundamenta os escopos da jurisdição constituem fator de primeira grandeza para o encontro de soluções adequadas, tanto do plano prático e teórico, bem como em casos particulares ou na abrangência legislativa.[19]

4 Dos princípios recursais

4.1 Princípio da singularidade[20]

Certo é que o princípio da fungibilidade encontra-se vinculado intrinsecamente ao princípio da singularidade,[21] o qual vem sendo abrandado pela prática doutrinária e jurisprudencial brasileira ao ter por estes a adequação entre um recurso e a decisão recorrida "modificada".

---

[17] LAMY, Eduardo de Avelar. *Princípio da fungibilidade no processo civil*. São Paulo: Dialética, 2007. p. 52.
[18] LAMY, *op. cit.*, p. 53.
[19] DINAMARCO. *A instrumentalidade...*, op. cit., p. 188.
[20] "De acordo com esse princípio, não é possível a utilização de dois recursos contra a mesma decisão; para cada caso, há um recurso adequado e somente um. (...) Ressalvadas as exceções (...), a interposição de mais de um recurso contra uma decisão implica inadmissibilidade do recurso interposto por último" DIDIER JUNIOR, Fredie; CUNHA, Leonardo José Carneiro da. *Curso de direito processual civil*: meios de impugnação às decisões judiciais e processo nos tribunais. 7. ed. Salvador: JusPodivm, 2009. v. 3, p. 46).
[21] KOZIKOSKI, Sandro Marcelo. *Manual dos recursos cíveis*: teoria geral dos recursos em espécie. 4. ed. Curitiba: Juruá, 2008. p. 174.

Segundo o princípio a singularidade (também conhecido como da unirrecorribilidade ou ainda da unicidade), contra cada decisão judicial recorrível proferida, caberá uma única espécie recursal, vedando-se a interposição simultânea ou cumulativa de outro ato processual recursal. O CPC de 1939 previa expressamente, em seu artigo 809, o princípio da singularidade.[22]

Atualmente, por interpretação sistemática do art. 496, CPC/73, e de sua relação com os arts. 162, 504, 513 e 522, o qual, definindo os atos praticados pelo juiz e quais os instrumentos recursais determinados para combatê-los, prevê-se a subsistência do referido princípio em nosso ordenamento vigente.[23]

O conteúdo — e não a forma — da decisão judicial foi o critério utilizado pelo Código para determinação do recurso cabível, não importando mesmo que seja dada denominação diversa do conteúdo presente na decisão, este será privilegiado em detrimento daquela, o que muitas vezes pode ocasionar dificuldades para a classificação da natureza decisória, visto que o conceito de "conteúdo" pode ser bastante vago.

Quando temos uma decisão judicial complexa, que no mesmo ato decisório haja o magistrado se manifestado em questões incidentais, bem como, colocado termo ao processo com ou sem julgamento de mérito, podemos estar em situação confusa para o recorrente (agravo ou apelo?), visto que a título de recorribilidade, o CPC não admite a "divisão" do ato judicial. O que deverá ser observado em casos como esse é a finalidade do conteúdo desse ato.[24] Deverá analisar o recorrente se o ato judicial proferido pelo magistrado resolve apenas questões incidentais — interlocutória — ou além, coloca também a termo o processo, recebendo nesse caso a qualificação de sentença.

Não se pode qualificar o ato em sendo ao mesmo tempo decisão interlocutória e sentença, caso o fosse, deveria se admitir interpor agravo e apelação simultaneamente contra o mesmo ato, o que determinaria uma grave exceção ao princípio da singularidade.

A regra do art. 498, CPC, com redação dada pela Lei 10.352/2001, prevê exceção ao princípio da singularidade ao admitir a interposição simultânea de recurso especial e recurso extraordinário contra mesmo acordão.

> Art. 498. Quando o dispositivo do acordão contiver julgamento por maioria de votos e julgamento unânime, e forem interpostos embargos infringentes, o prazo para recurso extraordinário ou recurso especial, relativamente ao julgamento unânime, ficará sobrestado até a intimação da decisão dos embargos.
>
> Parágrafo único: Quando não forem interpostos embargos infringentes, o prazo relativo à parte unânime da decisão terá como dia de início aquele em que transitar em julgado a decisão por maioria de votos.

Trata-se de necessária interposição simultânea, já que se a conclusão do acordão estiver fundamentada em argumentos autônomos e suficientes *per si*, um de

---

[22] "A parte poderá variar de recurso dentro do prazo legal, não podendo, todavia, usar, ao mesmo tempo, de mais de um recurso" (Art. 809, CPC/73).
[23] NERY JUNIOR, Nelson. *Teoria geral dos recursos*. 6. ed. São Paulo: Revista dos Tribunais, 2004. p. 119.
[24] *Idem*, p. 121.

ordem constitucional e outro infraconstitucional, o recurso isolado não ultrapassará a barreira da admissibilidade, pois, como não teria força para atingir por completo os argumentos de fundamentação da decisão, careceria de utilidade.[25]

4.2 Princípio da correspondência[26]

O princípio da correspondência é também ligado diretamente ao princípio da singularidade, o qual estabelece uma relação, uma decorrência, como o próprio nome já diz, entre os tipos de decisões proferidas e as peças recursais cabíveis contra essas. Vem perdendo espaço como princípio fundamental processual, pois a complexidade alcançada pelo sistema recursal atualmente, em especial com a modificação do conceito de sentença dado pela Lei 11.232/2005, torna cada vez mais irrelevante a necessidade de classificação dos pronunciamentos judiciais.

5 Do princípio da fungibilidade

O termo fungibilidade significa troca, permuta de algo por outro, compatíveis entre si.[27] Dentro do sistema recursal, trata-se da possibilidade de trocar recurso interposto inadequadamente por outro, o qual se teria como correto.

O princípio da fungibilidade é, dentro do direito processual brasileiro, aplicado comumente ao sistema recursal. Explícito no art. 810 do antigo Código Processual de 1939, trazia o intuito de diminuir problemas residentes na obscuridade presente nos termos e na organização da legislação existente à época. "Art. 810. Salvo a hipótese de má-fé ou erro grosseiro, a parte não será prejudicada pela interposição de um recurso por outro, devendo os autos serem enviados à Câmara, ou Turma, a que competir o julgamento".

Partia-se da premissa de que, a parte, excluindo-se a existência de erro grosseiro ou má-fé, não poderia ter seu direito prejudicado pela confusão que a legislação pudesse causar sobre o recurso que deveria ser interposto; no dizer de Nelson Nery Jr, no código de 1939, "havia verdadeira promiscuidade em matéria de recurso". Sendo esta a *ratio essendi* do princípio da fungibilidade.

Em vista do art. 810, caso a parte interpusesse recurso diverso daquele entendido pelo juiz ou órgão julgador como o correto, desde que havendo o que a doutrina convencionou chamar por *dúvida objetiva* sobre o recurso cabível contra determinada decisão judicial, este deveria ser recebido, processado e conhecido, como se o correto fosse.

---

[25] SOUZA, Bernardo Pimentel. *Introdução aos recursos cíveis e à ação rescisória*. 6. ed. São Paulo: Saraiva, 2009. p. 153.
[26] MEDINA, José Miguel Garcia; WAMBIER, Teresa Arruda Alvim. *Recursos e ações autônomas de impugnação*. São Paulo: Revista dos Tribunais, 2008. p. 63: "De acordo com o princípio da correspondência, uma vez identificada a natureza jurídica de um pronunciamento judicial, ter-se-á, com precisão, identificado o recurso cabível. (…). Este princípio, contudo, segundo nosso ponto de vista, restou comprometido, ao menos em parte, em razão das sucessivas reformas pelas quais passou o CPC, especialmente nos últimos anos. Tal comprometimento deu-se, de modo particularmente contundente, em relação à definição do recurso cabível contra as sentenças, que, essencialmente, são os pronunciamentos proferidos pelo juiz, encartados nos art. 267 e 269 do CPC".
[27] KOZIKOSKI. *Manual dos recursos cíveis...*, op. cit., p. 173.

O Código vigente não aproveitou o antigo art. 810. No entanto, mesmo ante falta de regra expressa, pôde-se entender que a fungibilidade recursal não impugna o atual CPC, que contém sim questões que suscitam dúvida objetiva a respeito da adequação do recurso cabível ao ato judicial recorrível.[28] Portanto, o princípio da fungibilidade é reconhecido pela doutrina e pela jurisprudência nacional, com importante aplicabilidade jurídica, estando presente de forma implícita em nosso ordenamento.[29] Posicionamento defendido por Barbosa Moreira, baseando-se no fato de que a preocupação com o formalismo não pode ser levada ao extremo de prejudicar irremediavelmente o interesse substancial das partes.[30]

Há que se explicitar, no entanto, contra qual *tipo* de formalismo a fungibilidade recursal é instrumento de combate. Não podemos e nem queremos negar a importância da forma no ato processual, essa é sim necessária como meio de ofertar segurança jurídica, quando assegura direitos, delimita poderes, organiza o processo... Se não houvesse uma forma determinada, delimitada, organizada, o processo perderia sentido, pois o que se teria era uma disputa caótica, desordenada.

> (...) verifica-se que o formalismo, ao contrário do que geralmente se pensa, constitui o elemento fundador tanto da efetividade quanto da segurança do processo. A efetividade decorre, nesse contexto, do seu poder organizador e ordenador (a desordem, o caos, a confusão decididamente não colaboram para um processo ágil e eficaz), a segurança decorre do seu poder disciplinador. Sucede, apenas, que ao longo do tempo o termo sofreu desgaste e passou a simbolizar apenas o formalismo excessivo, de caráter essencialmente negativo. (...) De notar, ainda, que os verbos ordenar, organizar e disciplinar são desprovidos de sentido se não direcionados a uma determinada finalidade. O formalismo, assim como o processo, é sempre polarizado pelo fim.[31]

Porém, do mesmo modo que uma faca de dois gumes, o formalismo, ao atuar como meio de seguridade jurídica, pode, quando excessivo, ser deveras cego ao conceito de justiça.

Quando a formalidade, ao invés de efetivar a segurança como meio pelo qual se realize o direito, passa a ameaçá-lo, trata-se do formalismo excessivo ao qual tenciona-se combater com instrumentos como a fungibilidade.

O princípio da fungibilidade trata-se, em verdade, do Princípio do Maior Favor "generalizado", cujo surgimento veio "adoçar a rijeza das leis sobre a interposição

---

[28] NERY JUNIOR, Nelson. *Princípios fundamentais:* teoria geral dos recursos. 5. ed. São Paulo: Revista dos Tribunais, 2000. p. 113.

[29] TEIXEIRA, Guilherme Freire de Barros. *Teoria do princípio da fungibilidade.* São Paulo: Revista dos Tribunais, 2008. p. 92.

[30] MOREIRA, José Carlos Barbosa. *Comentários ao Código de Processo Civil.* Rio de Janeiro: Forense, 2001. v. 5.

[31] OLIVEIRA, Carlos Alberto Álvaro de. *O formalismo-valorativo no confronto com o formalismo excessivo.* Disponível em: <http://www6.ufrgs.br/ppgd/doutrina/cao_o_formalismo valorativo_no_confronto_com_o_formalismo_excessivo_290808.htm>. Acesso em: 19 jan. 2010. "Impõe-se, portanto, a veemente rejeição do formalismo oco e vazio, que desconhece o concreto e as finalidades maiores do processo, descurando de realizar a justiça material do caso. Se a forma não é oca nem vazia, o que importa é o conteúdo não o nome do ato processual. (...) Por sua vez, tanto a organização do processo quanto o seu ordenamento e disciplina também não são destituídos de conteúdo. Ordem pela ordem não tem significado. Assim, se o juiz preservar as garantias das partes, vedado não lhe é adotar um ponto de vista mais maleável, adaptando o rigor formal ao caso, quando necessário para vencer o formalismo, obstaculizador da justiça na hipótese concreta".

dos recursos, que antes se fundavam em convicções falsas, e.g., a da clareza da lei sobre recursos, a da plenitude inconsútil da lei (que, assim, *previra* todos os casos), a da uniformidade da jurisprudência".[32]

Historicamente, a fungibilidade se fez presente no Brasil mesmo antes do Código de 39. Quando da Proclamação da República, em 1891, com a chamada *dualidade processual*, os Estados-Membros foram autorizados a legislarem códigos processuais próprios. Alguns dos códigos estaduais — como o do Rio de Janeiro e o de Minas Gerais, por exemplo — traziam regras que admitiam o chamado "recurso indiferente".[33] No dizer de Pontes de Miranda, a teoria do recurso indiferente ou do "tanto vale" (*Sowohlals-auch-Theorie*)[34] tratava, entretanto, de casos específicos em que a jurisprudência fosse vacilante quanto ao correto recurso a ser interposto, diferentemente da atual configuração, por assim dizer, do princípio da fungibilidade, a ausência de erro grosseiro e má-fé não eram pré-requisitos.

Registre-se nesse ponto, outra diferença entre a fungibilidade recursal e o "recurso indiferente". Havia, no código processual do Distrito Federal, em caso específico de interposição de agravo ao invés de apelação, a devolução dos autos com a determinação jurisprudencial da Câmara de Agravos do correto recurso a ser interposto, para que a parte, então, corrigindo seu erro, entrasse com o recurso correto, seguindo assim o processo com o trâmite normal relativo àquela espécie recursal. Não havia prejuízo direto à parte, já que seu erro poderia ser corrigido; entretanto, diferentemente da atualidade, fazia-se necessária uma nova movimentação do recorrente, o que já não era exigido pelo art. 810, do CPC de 1939.[35]

Outra regra prevista pelo Código de 39 e anteriormente já presente nos códigos processuais estaduais era a chamada "variação de recurso", quando ao recorrente, ainda que já interposta peça recursal, se ainda dentro do prazo legal de recorrer, era defeso mudar de espécime processual, sem que fosse ferido o princípio da singularidade, pois haveria a verdadeira substituição de um recurso por outro.[36]

O sistema jurídico brasileiro adotou mais recentemente a fungibilidade entre as tutelas de urgência — cautelar e antecipada, prevendo que havendo determinados requisitos, a parte que requerer tutela antecipada quando deveria solicitar medida cautelar — e vice-versa — não será prejudicada, podendo ser deferida uma pela outra em caráter incidental no processo.

5.1 Da dúvida objetiva, da má-fé e do erro grosseiro

Primeiramente, não existe dúvida que não seja *subjetiva*, afinal, toda dúvida é proveniente da compreensão íntima, parcial e/ou incerta de determinado objeto cognoscível pelo intérprete. O que se convencionou chamar doutrinariamente de dúvida objetiva é dúvida fundada numa razão lógica, compreensível, que possa ter

---

[32] PONTES DE MIRANDA, Francisco Cavalcanti. *Comentários ao Código de Processo Civil*. 3. ed. Rio de Janeiro: Forense, 2000. t. VII, p. 46.
[33] NERY JUNIOR, Nelson. *Teoria geral dos recursos*. 6. ed. São Paulo: Revista dos Tribunais, 2004. p. 140-141.
[34] PONTES DE MIRANDA. *Comentários...*, op. cit., p. 46.
[35] TEIXEIRA. *Teoria do princípio da fungibilidade...*, op. cit., p. 132-133.
[36] *Idem*, p. 133.

por base de sua existência: uma improbidade da lei, uma divergência existente na doutrina e/ou na jurisprudência e no proferimento pelo juiz de uma decisão em lugar de outra.[37] Portanto, não se trata de dúvida exclusiva da parte ou do órgão julgador, não sendo então, a *contrario sensu*, subjetiva.[38]

A dúvida objetiva, quando decorrente de divergência doutrinária ou jurisprudencial, chama-se dúvida objetiva positiva. Quando decorrente de lacuna legal sobre determinado meio processual, tem-se a dúvida objetiva negativa.[39]

Outrora, o grande questionamento doutrinário foi estabelecer o que seriam erro grosseiro e má-fé, cuja ausência, como visto, era requisito expresso à aplicação do princípio da fungibilidade. Inicialmente, doutrinadores chegaram a afirmar que a má-fé seria um gravame do erro grosseiro. Posicionamento criticado, haja vista o Código de 73 haver empregado a disjuntiva "ou" e não "e", dando a ideia de alternação de hipóteses, e não de conjunção de ambas.

Erro grosseiro seria aquele fundado em dúvida irracional, ilógica, quando não houver qualquer divergência doutrinária nem jurisprudencial a respeito da adequação da peça recursal, a lei for clara e precisa a esse respeito e quando a decisão judicial não deixar margens — concebíveis racionalmente — de dúvidas quanto à sua natureza.[40] Ausente o erro grosseiro, deve o tribunal *a quo* ou *ad quem* aplicar *ex officio* o princípio da fungibilidade.[41]

Para Milton Sanseverino, o princípio da fungibilidade subsiste no sistema recursal brasileiro desde que, além dos requisitos da ausência de erro grosseiro ou má-fé, seja interposto "recurso impróprio (ou inadequado) no prazo do recurso próprio (ou adequado), respeitado os demais requisitos normalmente exigíveis para a iniciativa recursal".[42]

Eis que a boa-fé do recorrente passou a ser explicitada através da observância dos prazos. A aplicabilidade da fungibilidade passou a ser condicionada, para parte da doutrina e da jurisprudência, à obediência ao prazo menor dos recursos em que estivesse residindo a dúvida, entendimento vigente atualmente.[43] Tal exigência

---

[37] SILVA, Ticiano Alves e. Para além de uma aplicação tradicional do princípio da fungibilidade: possibilidade de conhecimento do ato "intempestivo" no caso da existência de dúvida fundada sobre a natureza do prazo no art. 2º, *caput*, da Lei 9.800/99. *Revista de Processo*, v. 32, n. 150, p. 183, ago. 2007.

[38] KOZIKOSKI. *Manual dos recursos cíveis...*, op. cit., p. 175.

[39] OLIVEIRA, Guilherme Peres de. Novo conceito de sentença: análise da jurisprudência acerca do recurso cabível nas situações duvidosas e aplicação do princípio da fungibilidade. *Revista de Processo*, v. 33, n. 164, p. 304, out. 2008.

[40] BRASIL. Superior Tribunal de Justiça. EDcl no RMS 17852/SP. Embargos de declaração no recurso em mandado de segurança 2004/0016189-9, Rel. Min. Celso Limongi (Desembargador convocado do TJ/SP), 6ª Turma, data do julgamento: 19.11.2009, data da publicação: 7.12.2009. "Embargos de declaração. Recurso ordinário em mandado de segurança. Recurso dirigido ao Supremo Tribunal Federal. Erro grosseiro. Inaplicabilidade do princípio da fungibilidade. Recurso ordinário não conhecido. Embargos de declaração rejeitados. 1. Constitui erro grosseiro a interposição de recurso ordinário contra decisão denegatória da ordem, com fulcro no art. 102, II, 'a', da CR/88, dirigido ao Supremo Tribunal Federal. Precedentes. 2. Acórdão embargado que não apresenta vício a ser sanado. 3. Embargos de declaração rejeitados".

[41] SOUZA. *Introdução aos recursos cíveis e à ação rescisória...*, op. cit., p. 159.

[42] SANSEVERINO, Milton. Fungibilidade dos recursos. *Revista de Processo*, v. 7, n. 25, p. 182-183, jan./mar. 1982, p. 182-183.

[43] BRASIL. Superior Tribunal de Justiça. EDcl no REsp 464425 / SP. Embargos de declaração no recurso especial 2002/0121250-6, Rel. Min. Castro Filho, 3ª Turma, data do julgamento: 10.8.2006, data da publicação: 11.9.2006. "Embargos de declaração. Processo falimentar. Imposição de multa. Artigo 695 do CPC. Natureza

destitui de sentido o princípio da fungibilidade, já que obrigaria a parte recorrente a interpor recurso que considera adequado no prazo de recurso que, a seu ver, é inadequado. Para Teresa Arruda Alvim Wambier, tal orientação não parece adequada, visto que "o recorrente de boa fé, que está sincera e intimamente convencido de que o recurso cabível é o do prazo maior, neste prazo maior, evidentemente, há de interpô-lo".[44]

Continua a referida jurista: "De fato, interpor o recurso, ainda que não *o mais correto*, no prazo que a lei prevê, na verdade poderia até ser *indício de boa fé*".[45] Concordamos com o posicionamento da referida doutrinadora, quando, em face da análise da própria significância do princípio da fungibilidade, por sua amplitude, quando se admite a troca de um recurso pelo outro, estar-se-ia também trocando o próprio prazo. Não se pode falar em preclusão temporal em tal situação, pois, sendo o primeiro recurso tempestivo, admitindo-se a troca, a questão da tempestividade não se opera mais em relação àquele recurso.[46]

Quando afirmamos que, em decorrência da sua obediência aos princípios processuais constitucionais, a tutela jurisdicional deve estar situada entre os planos da perfectibilidade e da celeridade, de forma que seja prestada em tempo suficiente para que seja alcançada a verdade formal procurada pelo juiz, bem como em tempo ágil a solucionar o litígio e restaurar o equilíbrio social,[47] temos aí a importância do prazo para a regularidade formal requisitada aos atos processuais. Entretanto, privilegiar critério formal, supondo tratar-se de maneira apta a determinar critério subjetivo — como a má-fé — é, ao dizer mínimo, ilógico.

6 Do princípio da fungibilidade na jurisprudência nacional

Como decorrência lógica do que já explicitamos em relação entre o princípio da fungibilidade e a instrumentalidade das formas, sua valoração do sentido, da essência, por assim dizer, do ato processual frente à sua forma, não há que se falar de fungibilidade quando à questão judicial não tratar de direito.[48]

Além da presença dos requisitos consagrados da ausência de erro grosseiro e má-fé, a discussão levada aos tribunais não se deve fundar apenas na aplicabilidade

---

do ato. Decisão interlocutória. Recurso cabível. Agravo de instrumento. Princípio da fungibilidade recursal. Tempestividade. Contradição. Erro material. Inexistência. I - Consoante dispõe o artigo 535 do Código de Processo Civil, destinam-se os embargos de declaração a expungir do julgado eventual omissão, obscuridade ou contradição; não se caracterizam via própria à rediscussão do mérito da causa, tampouco para prequestionar aplicação de dispositivos constitucionais. II - Conforme já decidiu esta Corte, para aplicação do princípio da fungibilidade recursal, 'um dos critérios utilizados tem sido a escorreita verificação da tempestividade; por isso, um recurso com prazo de interposição menor é admissível se interposto no lugar daquele cabível, cujo prazo de oferecimento é mais alongado. A recíproca, contudo, não é verdadeira'. No caso, a interposição de apelação ao invés de agravo impede a incidência do princípio da fungibilidade, tendo em vista a extemporaneidade do mesmo. Embargos de declaração rejeitados".

[44] WAMBIER. *Os agravos no CPC brasileiro...*, op cit., p. 161.
[45] Concordando com o posicionamento: MOREIRA. *Comentários...*, op. cit., p. 251.
[46] AMENDOEIRA JUNIOR, Sidnei. *Fungibilidade de meios*. São Paulo: Atlas, 2008. p. 123.
[47] SAMPAIO, José Soares. *Os prazos no código de processo civil*: comentários, tabelas, jurisprudência, súmulas. 5. ed. São Paulo: Revista dos Tribunais, 1999. p. 17.
[48] CERQUEIRA, Luiz Otávio Sequeira de. O princípio da fungibilidade e os embargos de declaração no STJ e no STF. *Revista de Processo*, v. 32, n. 143, p. 180, jan. 2007.

ou não do princípio, o que apenas impediria a preclusão, mas tratar do fundamento jurídico do recurso. O referido princípio deve ser entendido como forma para que haja a cognição pelo julgador do mérito presente em recurso diverso daquele entendido como correto, e não apenas quando a norma legal não for precisa sobre sua adequação, mas também quando sua aplicação resultar numa atuação jurisdicional mais completa, e porque não dizer, justa.[49]

O princípio da fungibilidade vem sendo correntemente aplicado pelo STJ e STF na cognição de embargos de declaração como agravo regimental.

> Embargos de declaração recebidos como agravo regimental. Aplicação do princípio da fungibilidade. Carimbo do protocolo do recurso especial ilegível. Peça essencial.
>
> 1. Embargos de declaração recebidos como agravo regimental, com fundamento nos princípios da fungibilidade recursal e da economia processual.
>
> 2. Consoante entendimento pacificado desta Corte, cabe à parte agravante zelar pela correta formação do instrumento, verificando, inclusive, se o carimbo de protocolo do recurso especial encontra-se legível, para fins de comprovação da tempestividade do apelo nobre, que deve ser feita de ofício por este Tribunal.
>
> 3. Agravo regimental desprovido.[50]

Quando a carga de infringência dos embargos é considerável, é aplicada a fungibilidade de ofício, permitindo-se que esses sejam conhecidos e julgados como agravos regimentais, posição fundamentada no entendimento do STF que não admitia a interposição de embargos declaratórios contra decisão monocrática. Nessa específica questão, fica a problemática dos prazos irrelevantes, pois ambas as peças recursais têm mesmo prazo legal de 5 (cinco) dias (arts. 536 e 557, CPC/73).

No STJ, vem sendo aplicada a fungibilidade inclusive para que pedidos de reconsideração sejam conhecidos como agravo regimental, desde que observado o prazo deste, não sendo incluídas as decisões proferidas pelo órgão colegiado.

> Processo civil. Conflito de competência. Pedido de reconsideração. Recebimento como agravo regimental. Intempestividade. Recurso subscrito por advogado sem procuração nos autos. Incidência da Súmula 115/STJ.
>
> 1. O pedido de reconsideração formulado contra decisão monocrática de relator deve ser recebido como agravo regimental, tendo em vista a aplicação dos princípios da fungibilidade recursal, da economia processual e da instrumentalidade das formas.
>
> 2. É intempestivo o agravo regimental interposto após o prazo de 5 (cinco) dias previsto no artigo 545, do Código de Processo Civil e 258, do Regimento Interno deste Tribunal.
>
> 3. Na instância especial é inexistente o recurso interposto por advogado sem procuração nos autos (Súmula 115/STJ).
>
> 4. Agravo regimental não conhecido.[51]

---

[49] *Idem*, p. 181.
[50] BRASIL. Superior Tribunal de Justiça. EDcl no Ag 1132567 / SP. Embargos de declaração no agravo de instrumento 2008/0268626-0. Rel. Min. Fernando Gonçalves, 4ª Turma, data do julgamento: 24.11.2009, data da publicação: 7.12.2009.
[51] BRASI. Superior Tribunal de Justiça, AgRg no CC 104542/MT, Agravo regimental no conflito de competência 2009/0068813-3, Rel. Min. Vasco Della Giustina (Desembargador convocado do TJ/RS), 2ª Sessão, data do julgamento: 14.10.2009, data da publicação: 28.10.2009.

Conclusão

Os princípios jurídicos devem ser tidos como meio pelos quais se possa obter um processo justo, alcançar o escopo processual da jurisdição de pacificar *com justiça*. A generalidade típica principiológica deve servir para que sua análise e adaptação à realidade jurídica atual se dê de forma mais coerente, mais evolutiva. Prender-se a dogmas passados, de interpretações feitas numa ordem jurídica anterior por um objetivo de segurança jurídica cega, arraigada a conceitos ultrapassados, pode blindar nossos olhos ao verdadeiro fim da tutela jurisdicional.

Não se trata de legitimar soluções tomadas à margem do ordenamento jurídico, mas de enxergar como possíveis soluções fora da letra da lei, mas dentro do próprio sistema, utilizando-se, para tal a doutrina, a jurisprudência. "Zonas de penumbra" manifestam-se no sistema processual, como situações em que se apresentam mais de uma possibilidade de solução, e não há que se discordar que estas não são situações raras, quando há discordância sobre o melhor meio para se atingir determinado fim, no processo ou através do processo.[52]

Há que haver uma dose de cautela para que nem se tome a segurança jurídica como único fator determinante no curso do processo, passando-se por cima de qualquer ideia concebível de justiça — mesmo que esse possa ser um conceito difícil — e nem que os princípios sejam vislumbrados como fórmula mágica a serem aplicados indiscricionalmente, renegando-se as conquistas da ciência processual.

O primo escopo do princípio da fungibilidade é evitar que pereça o direito de recorrer, extensão do garantido constitucionalmente direito de ação, quando este estiver ameaçado por lacunas, contradições e impropriedades da legislação ou mesmo perpetradas pelo juiz, na hipótese de dada decisão judicial com denominação equivocada.[53]

O prazo, como requisito de obediência formal, não pode ser indiscriminadamente empecilho ao direito de recurso da parte quando presentes os critérios de dúvida razoável sobre a adequação da peça recursal à decisão recorrível, entendimento que já encontra precedentes na jurisprudência:

> Tributário. Processo civil. Objeção de inexecutividade autuada como ação autônoma. Decisão de rejeição intitulada de sentença. Interposição de apelação. Aplicabilidade do princípio da fungibilidade recursal. Apelação conhecida como agravo. Necessidade de apreciação da questão suscitada na objeção. Retorno dos autos à primeira instância para nova decisão e regular processamento do incidente. Agravo parcialmente provido. 1. É interlocutória a decisão que rejeita objeção de inexecutividade; inexistindo extinção do processo, é agravável o referido ato decisório, nos termos do art. 522 do CPC. 2. No caso dos autos, houve equivocadamente a autuação da objeção de inexecutividade como ação diversa e a decisão de rejeição desta pelo juízo *a quo* foi intitulada de sentença; esta nomeação equivocada, entretanto, não tem o condão de alterar a natureza interlocutória do ato do juiz, já que este não pôs fim à execução fiscal (precedente: TRF1R., AGTAG 2005.010.000.99552-PI, Rel. Des. Federal Luciano Tolentino Amaral, *DJ* 24.3.2006,

---

[52] WAMBIER, Teresa Arruda Alvim. O princípio da fungibilidade sob a ótica da função instrumental do processo. *Revista Juris Plenum*, Caxias do Sul, v. 1, n. 1, p. 66, jan. 2005.
[53] SOUZA, Bernardo Pimentel. *Introdução aos recursos cíveis e à ação rescisória*. 6. ed. São Paulo: Saraiva, 2009. p. 160.

p. 113). 3. A despeito de ser agravável a decisão recorrida, a parte ora recorrente interpôs apelação; a aplicação do princípio da fungibilidade recursal depende da observância de condições essenciais, quais sejam, dúvida objetiva quanto ao recurso cabível e tempestividade; ressalte-se que a chamada dúvida objetiva se configura diante da existência, na doutrina ou jurisprudência, de controvérsia quanto ao recurso adequado (STJ, AGEDAG 442.209-SP, Rel. Min. Franciulli Netto, DJU 25.2.2004). 4. Todavia, ainda que exista disposição expressa em lei, se determinado incidente se processa em apartado, e não nos próprios autos, ou vice-versa, com isso não se altera o recurso cabível; mas o erro na sua escolha passa a ser escusável (Código de Processo Civil, Theotônio Negrão e José Roberto F. Gouvêa, 40 ed., São Paulo, Saraiva: 2008, p. 649); no caso da objeção de inexecutividade, não há norma que expressamente discipline seu processamento, o que torna escusável a interposição do recurso de apelação contra decisão nominada de sentença e diante de autuação da objeção como ação diversa. 5. *No que tange ao prazo para interposição do recurso correto, admite-se a aplicação da fungibilidade dos recursos mesmo diante de apelação interposta fora do prazo de agravo, quando cabível este, desde que se trate de erro escusável* (grifo nosso) (RSTJ 30/474, 43/348; STJ-RT 687/193, JTJ 158/193, maioria). (Código de Processo Civil, Theotônio Negrão e José Roberto F. Gouvêa, 40 ed., São Paulo, Saraiva: 2008, p. 649). 6. No mérito, dada a natureza adjetiva da ação de embargos à execução e sua incidentalidade em relação apenas à específica execução embargada, merece reforma a decisão recorrida, já que deixou de apreciar a questão da ilegitimidade sob o fundamento de ter feito tal juízo em ação estranha à execução fiscal em questão. 7. Apelação conhecida como agravo de instrumento, dando-se parcial provimento ao agravo para que seja apreciada pelo juízo *a quo* a questão da ilegitimidade ventilada na objeção de inexecutividade, determinando-se, ainda, o regular processamento desta objeção, cancelando-se a autuação da ação diversa que lhe corresponde, com inserção de suas folhas nos autos do processo executivo pertinente.[54]

Posto isso, devem estar conscientes os operadores do Direito que negar tutela jurisdicional a quem tiver razão de solicitá-la é contrariar, no dizer de Dinarmarco, o *princípio-síntese* e o *objetivo final*, no universo dos princípios e garantias inerentes ao direito processual constitucional.[55]

Há que se estar atento sempre aos instrumentos legais disponíveis para a realização da Justiça, em sua amplitude, como o Princípio da Fungibilidade, relegando, algumas vezes, critérios formais de admissibilidade dos recursos, como os prazos, a segundo plano, em prol de algo maior: do fim máximo do processo — a pacificação com justiça.

Referências

ALVIM, Angélica Arruda. Princípios constitucionais do processo. *Revista de Processo*, v. 19, n. 74, abr./jun. 1994.

AMENDOEIRA JUNIOR, Sidnei. *Fungibilidade de meios*. São Paulo: Atlas, 2008.

---

[54] BRASIL. Tribunal Regional Federal da 5ª Região, número do processo: 0000172-58.2008.4.05.9999, AC – Apelação Cível, 2ª Turma, Rel. Des. Federal Manoel Erhardt, data do julgamento: 1º.7.2008, publicado em: *DJ*, 22 jul. 2008.

[55] DINAMARCO, Cândido Rangel. *Nova era do processo civil*. 3. ed. São Paulo: Malheiros, 2009. p. 122-123.

ÁVILA, Humberto. *Teoria dos princípios*: da definição à aplicação dos princípios jurídicos. 10. ed. São Paulo: Malheiros, 2009.

CERQUEIRA, Luiz Otávio Sequeira de. O princípio da fungibilidade e os embargos de declaração no STJ e no STF. *Revista de Processo*, v. 32, n. 143, jan. 2007.

DIDIER JUNIOR, Fredie; CUNHA, Leonardo José Carneiro da. *Curso de direito processual civil*: meios de impugnação às decisões judiciais e processo nos tribunais. 7. ed. Salvador: JusPodivm, 2009. v. 3.

DINAMARCO, Cândido Rangel. *A instrumentalidade do processo*. 12. ed. São Paulo: Malheiros, 2005.

DINAMARCO, Cândido Rangel. *Nova era do processo civil*. 3. ed. São Paulo: Malheiros, 2009.

FERRAZ JUNIOR, Tercio Sampaio. *Introdução ao estudo do direito*: técnica, decisão, dominação. 5. ed. São Paulo: Atlas, 2007.

KOEHLER, Frederico Augusto Leopoldino. *A razoável duração do processo*. Salvador: JusPodivm, 2009.

KOZIKOSKI, Sandro Marcelo. *Manual dos recursos cíveis*: teoria geral dos recursos em espécie. 4. ed. Curitiba: Juruá, 2008.

LAMY, Eduardo de Avelar. *Princípio da fungibilidade no processo civil*. São Paulo: Dialética, 2007.

MEDINA, José Miguel Garcia; WAMBIER, Teresa Arruda Alvim. *Recursos e ações autônomas de impugnação*. São Paulo: Revista dos Tribunais, 2008.

MOREIRA, José Carlos Barbosa. *Comentários ao Código de Processo Civil*, Lei n.º 5.869, de 11 de janeiro de 1973, v. 5: arts. 476 a 565. Rio de Janeiro: Forense, 2001.

NERY JUNIOR, Nelson. *Princípios fundamentais*: teoria geral dos recursos. 5. ed. rev. e ampl. São Paulo: Revista dos Tribunais, 2000.

NERY JUNIOR, Nelson. *Teoria geral dos recursos*. 6. ed. São Paulo: Revista dos Tribunais, 2004.

OLIVEIRA, Carlos Alberto Álvaro de. *O formalismo-valorativo no confronto com o formalismo excessivo*. Disponível em: <http://www6.ufrgs.br/ppgd/doutrina/cao_o_formalismo valorativo_no_confronto_com_o_formalismo_excessivo_290808.htm>. Acesso em: 19 jan. 2010.

OLIVEIRA, Guilherme Peres de. Novo conceito de sentença: análise da jurisprudência acerca do recurso cabível nas situações duvidosas e aplicação do princípio da fungibilidade. *Revista de Processo*, v. 33, n. 164, out. 2008.

PONTES DE MIRANDA, Francisco Cavalcanti. *Comentários ao Código de Processo Civil*. 3. ed. Rio de Janeiro: Forense, 2000. t. VII.

SAMPAIO, José Soares. *Os prazos no código de processo civil*: comentários, tabelas, jurisprudência, súmulas. 5. ed. São Paulo: Revista dos Tribunais, 1999.

SANSEVERINO, Milton. Fungibilidade dos recursos. *Revista de Processo*, v. 7, n. 25, jan./mar. 1982.

SILVA, José Afonso da. *Curso de direito constitucional positivo*. 32. ed. São Paulo: Malheiros, 2009.

SILVA, Ticiano Alves e. Para além de uma aplicação tradicional do princípio da fungibilidade: possibilidade de conhecimento do ato "intempestivo" no caso da existência de dúvida fundada sobre a natureza do prazo no art. 2º, *caput*, da Lei 9.800/99. *Revista de Processo*, v. 32, n. 150, ago. 2007.

SOUZA, Bernardo Pimentel. *Introdução aos recursos cíveis e à ação rescisória*. 6. ed. São Paulo: Saraiva, 2009.

TEIXEIRA, Guilherme Freire de Barros: *Teoria do princípio da fungibilidade*. São Paulo: Revista dos Tribunais, 2008.

VASCONCELOS, Rita de Cássia Corrêa de. *Princípio da fungibilidade*: hipóteses de incidência no processo civil brasileiro contemporâneo. São Paulo: Revista dos Tribunais, 2007.

WAMBIER, Teresa Arruda Alvim. O princípio da fungibilidade sob a ótica da função instrumental do processo. *Revista Juris Plenum*, Caxias do Sul, v. 1, n. 1, jan. 2005.

WAMBIER, Teresa Arruda Alvim. *Os agravos no CPC brasileiro*. 4. ed. rev. ampl. de acordo com a Lei 11.187/2005. São Paulo: Revista dos Tribunais, 2005.

Informação bibliográfica deste livro, conforme a NBR 6023:2002 da Associação Brasileira de Normas Técnicas (ABNT):

FIGUEIREDO, Paulynne Rocha V. Princípio da fungibilidade na esfera recursal brasileira e a problemática do prazo menor: apego ao formalismo ou requisito da dúvida objetiva?. *In*: CUNHA, Leonardo Carneiro da (Coord.). *Questões atuais sobre os meios de impugnação contra decisões judiciais*. Belo Horizonte: Fórum, 2012. p. 191-206. ISBN 978-85-7700-580-2.

A AÇÃO RESCISÓRIA E A PROBLEMÁTICA DOS CAPÍTULOS DE SENTENÇA

RAVI DE MEDEIROS PEIXOTO

1 Introdução

A ação rescisória é um tipo de ação autônoma de impugnação a qual dará ensejo à formação de nova relação jurídico-processual, distinta daquela na qual foi proferida a decisão recorrida.[1] Não é recurso por não atender ao princípio da taxatividade e ainda pelo fato de formar um novo processo, ao passo que os recursos não o fazem.

Esta ação possui como requisitos básicos uma sentença de mérito transitada em julgado, o preenchimento de uma das hipóteses do art. 485, obediência do prazo decadencial de dois anos e o prévio depósito de 5% do valor da causa.[2]

A ação rescisória terá a existência de três juízos: a) admissibilidade; b) rescindente; c) rescisório. O primeiro diz respeito ao cabimento da ação rescisória, o segundo refere-se à desconstituição da coisa julgada e o terceiro, ao novo julgamento da causa.

O *judicium rescindens* está presente em todas as hipóteses do art. 485, já o *judicium rescissorium* nem sempre será possível, como no caso do inc. IV (ofensa a coisa julgada).

No entanto, sendo caso de cumulação de ambos os pedidos, de acordo com parcela considerável da doutrina, esses serão obrigatórios e, não sendo cumulados na petição inicial, será defeso ao magistrado suprir este vício,[3] pois isso violaria

---

[1] WAMBIER, Teresa Arruda Alvim. *Recurso especial, recurso extraordinário e ação rescisória*. 2. ed. São Paulo: Revista dos Tribunais, 2008. p. 463.

[2] LIMA, Arnaldo Esteves; DYRLUND, Poul Erik. *Ação rescisória*. 3. ed. Rio de Janeiro: Forense Universitária, 2008. No entanto, ressalta-se que tanto a Fazenda Pública como o usuário da justiça gratuita são dispensados deste requisito.

[3] CUNHA, Leonardo José Carneiro da; DIDIER JUNIOR, Fredie. *Curso de direito processual civil*: meios de impugnação às decisões judiciais e processo nos tribunais. 7. ed. Salvador: JusPodivm, 2009. v. 3, p. 447; BUENO, Cassio Scarpinella. *Curso sistematizado de direito processual civil*: recursos, processos e incidentes nos

o princípio da inércia da jurisdição. Para tanto, deve o magistrado determinar a intimação do autor para emendar a inicial sob pena de indeferimento da petição inicial.[4]

Data venia, é preferível adotar o posicionamento de que deve se supor a cumulação de ambos os juízos quando for necessário.[5] Esse posicionamento é mais condizente com o modelo processual constitucional[6] concretizado pelo formalismo valorativo, onde se deve preconizar a capacidade do ato de realizar a finalidade perseguida e não a mera forma desse ato.[7]

Quanto ao objeto, esse tradicionalmente era apontado como sendo uma sentença de mérito com trânsito em julgado,[8] não se admitindo a princípio, rescisão de matéria estranha ao *meritum causae*.

No entanto, tal interpretação restritiva acabava por gerar injustiças, pois decisões que analisavam o mérito e não eram "sentença", não poderiam ser rescindidas.

Assim, iniciou a doutrina a admitir a ampliação do termo sentença contido no *caput* do art. 485 do CPC, abarcando todas as decisões que analisem o mérito, seja ela acórdão, decisão interlocutória[9] ou sentença, contanto que transitem em julgado.[10] Esse entendimento restou consagrado com a modificação do §1º do art. 162 do CPC que alterou a definição legal de sentença, passando a admitir o julgamento fracionado.[11]

Entretanto, mesmo com essa ampliação do objeto da ação rescisória, algumas decisões continuaram a não ser atingíveis por esta, mesmo encaixando-se nas hipóteses do art. 485 do CPC.

---

tribunais, sucedâneos recursais: técnicas de controle das decisões jurisdicionais. São Paulo: Saraiva, 2008. v. 5, p. 330; RIZZI, Sergio. *Ação rescisória*. São Paulo: Revista dos Tribunais, 1979. p. 7; MOREIRA, José Carlos Barbosa. *Comentários ao Código de Processo Civil*. 15 ed. Rio de Janeiro: Forense, 2009. v. 5, p. 179.

[4] CUNHA, Leonardo José Carneiro da; DIDIER JUNIOR, Fredie. Termo inicial do prazo para ajuizamento da ação rescisória, capítulos de sentença e recurso parcial (RESP 415.586-DF - STJ). REPRO, São Paulo, n. 120, ano 30, fev. 2005. p. 195.

[5] NEGRÃO, Theotonio; GOUVÊIA, José Roberto Ferreira. *Código de Processo Civil e legislação processual em vigor*. 37. ed. Atual. até 10 fev. 2005. São Paulo : Saraiva, 2005. p. 545; KLIPPEL, Rodrigo. *Ação rescisória: teoria e prática*. Niterói: Impetus, 2008. p. 16-18. Afirma ainda Flávio Yarshell que "não haveria sentido em se desconstituir a decisão de mérito e, a pretexto de que não teria havido pedido de novo julgamento, o tribunal interromper aí seu julgamento". E segue: "Nesse particular, quando a lei acena para o ônus de explicitar o pedido de 'novo julgamento' (CPC, art. 488, I), só se pode entender que faculta ao autor da rescisória pretender 'novo julgamento' que fique aquém dos limites do objeto do processo originário" (YARSHELL, Flávio Luiz. *Ação rescisória*. São Paulo: Malheiros, 2005. p. 356).

[6] Afirma Nelson Nery que esse direito processual constitucional seria a reunião de princípios com o objetivo de regular a jurisdição constitucional, ou seja, atuam de modo a proporcionar as mais efetivas *formas* e instrumentos para a atuação da constituição (NERY JUNIOR, Nelson; NERY, Rosa Maria Andrade. *Princípios do processo na Constituição Federal*: processo civil, penal e administrativo. 9. ed. São Paulo: Revista dos Tribunais, 2009. p. 41-42).

[7] OLIVEIRA. Carlos Alberto Alvaro de. *Do formalismo no processo civil*. 3. ed. São Paulo: Saraiva, 2009. p. 142-152.

[8] BUENO, Cassio Scarpinella. In: MARCATO, Antonio Carlos (Org.). *Código de Processo civil interpretado*. 3. ed. São Paulo: Atlas, 2006. p. 1663-1664.

[9] DINAMARCO, Cândido Rangel. Ação rescisória contra decisão interlocutória, In: DINAMARCO, Cândido Rangel. *Nova era do processo civil*. 3. ed. São Paulo: Malheiros, 2009. p 283-292; WAMBIER, *op. cit.*, p. 484.

[10] Neste sentido, KIPPEL, *op. cit.*, p. 27.

[11] CUNHA, Leonardo José Carneiro da; DIDIER JUNIOR, Fredie. *Jurisdição e competência*. São Paulo: Revista dos Tribunais, 2008. p. 224.

Assim, alguns doutrinadores têm admitido a expansão do cabimento tanto para admitir-se ação rescisória sobre matéria não contida no mérito,[12] como em face de sentenças terminativas, no caso, por exemplo, de litispendência, coisa julgada e perempção, pela impossibilidade de nova propositura da mesma demanda.[13]

2 Breves comentários sobre o instituto da competência

A competência é um conceito lógico jurídico que consiste em uma legitimação concedida ao órgão jurisdicional para exercer um limitado poder concedido pela legislação pátria.

Contrapõe-se à jurisdição, que é um poder uno e indivisível, sendo concedido a todos os órgãos jurisdicionais sem distinção. Assim, de modo a diferenciá-la da jurisdição, podemos afirmar que a competência seria na verdade, a "quantidade de jurisdição cujo exercício é atribuído a cada órgão".[14]

Ao ser fixada pela norma, a competência funcionará ao mesmo tempo como uma limitação e também autorização, não podendo o órgão jurisdicional ir além da competência que lhe é concedida pelo dispositivo normativo.

Dessa feita, conforme ressalta Leonardo José Carneiro da Cunha, uma vez que a competência é ditada pela norma, não se pode admitir sua ampliação mediante a "utilização de analogia nem de brocardos do tipo "quem pode o mais também pode o menos".[15]

Assim, podemos afirmar a existência de dois princípios, que sejam o princípio da indisponibilidade de competência e o princípio da tipicidade de competências.[16]

---

[12] WAMBIER, op. cit., p. 482.
[13] YARSHELL, op. cit., p. 163-164; TFR, AR nº 1.501/RJ, 2ª Seção, Rel. Min. Eduardo Ribeiro. Não admitindo tal possibilidade temos acórdão do STF, AR nº 1.056-6/GO, Rel. Min. Octávio Galloti, DJ 25.5.2001; DINAMARCO. Ação rescisória... op. cit., p. 291.
[14] Assim afirma Dinamarco, a partir dos ensinamentos de Liebman. DINAMARCO, Cândido Rangel. A instrumentalidade do processo. 12. ed. São Paulo: Malheiros, 2005. p.144-145; Perfeita é a definição trazida por Aftalión: "Al Estado — y si quiere al Poder Judicial — corresponde la jurisdicción; al órgano en particular — el juez y tribunal determinado — corresponde la competencia, para entender en ciertos asuntos. El órgano es, por lo tanto —por delegación estatal — el titular de la jurisdicción en los limites de su competencia. La competencia tiene, pues, una relación de la parte al todo con la jurisdicción: ésta se encuentra distribuida entre los diversos órganos del estado" (AFATLIÓN, Enrique R.; OLANO, Fernando Garcia; VILANOVA, José. Introducción al derecho. 5. ed. Buenos Aires: Libreria El ateneo, 1956. p.260.
[15] Jurisdição..., op. cit., p. 47. Em sentido contrário, aponta Moacyr Amaral Santo ao afirmar: "Os limites objetivos da competência são sempre absolutos para o mais, nem sempre para o menos: quer dizer que o juiz inferior nunca pode tornar-se competente para conhecer de ação da competência do superior, porém, o juiz superior pode tornar-se competente para conhecer de ação da competência do inferior" (SANTOS, Amaral. Primeiras linhas de direito processual civil. 25. ed. São Paulo: Saraiva, 2008. v. 1, p. 258).
[16] "(1) de acordo com este último, as competências dos órgãos constitucionais sejam, em regra, apenas as expressamente enumeradas na constituição; (2) de acordo com o primeiro, as competências constitucionalmente fixadas não possam ser transferidas por órgãos diferentes a quem a Constituição as atribuiu" (CANOTILHO, J. J. Gomes. Direito constitucional e teoria da constituição. 3. ed. Coimbra: Almedina, 1999. p. 506).
Inclusive, o próprio STJ já admitiu que a constituição brasileira abarca esses dois princípios. (STJ, REsp 28.848, 6ª Turma, Rel. Min. Luiz Vicente Cernicchiaro, Rel. p/ acórdão Min. Adhemar Maciel, j. 1º.6.1993, Acórdão não unânime, DJ 2.8.1993, p. 14.287; RSTJ 51 182).

2.1 Competência absoluta e relativa

Em termos do assunto ora em análise, é importante tratar, ao menos rapidamente, da diferenciação entre a competência absoluta e a relativa, de modo a ressaltar a obediência necessária pelo Tribunal quando da análise da matéria tratada nas ações rescisórias.

Temos que as diferenças básicas seriam que a primeira configura matéria de ordem pública, reconhecível *ex officio* pelo magistrado, sendo indisponível às partes sua alteração, impondo-se de forma cogente ao magistrado. É fixada por "considerações ligadas principalmente ao interesse público de uma melhor administração da justiça.[17] Em contraponto, a relativa foi criada para atender a vontade dos particulares, não podendo ser conhecida *ex officio* e, não alegando a parte no primeiro momento oportuno, haverá a prorrogação da competência. Enquanto a primeira é definida em razão da matéria, da pessoa ou funcional, a relativa tem, geralmente, relação com a competência territorial. Em relação ao valor, esta pode ser absoluta ou relativa, fazendo parte da primeira quando ultrapassar o valor legal, e da segunda quando não o fizer.

Mais ainda, sendo decretada a incompetência absoluta do juízo, todos os atos decisórios serão considerados nulos (CPC, art. 113, §2º), já no caso da relativa, o seu acolhimento gerará apenas a remessa dos autos para o juízo competente (CPC, art. 311).

Enfim, a incompetência absoluta por ter cunho mais grave, poderá inclusive dar ensejo a desconstituição da sentença por meio de ação rescisória. Enquanto a relativa, se não alegada, vale ressaltar, gerará apenas a preclusão, acarretando na prorrogação de competência do juízo.

Por fim, ressaltamos que a competência para conhecer da ação rescisória é caso de competência absoluta, pois leva em conta "o interesse público na preservação da autoridade das decisões transitadas em julgado".[18] Dessa feita, deve o tribunal se ater rigorosamente aos ditames normativos, sob pena de interposição de nova ação rescisória com base na incompetência absoluta do juízo (CPC, art. 485, II).

2.2 Competência da ação rescisória

A competência para processamento da ação rescisória é exclusiva dos tribunais e, segundo afirma Fredie Didier Jr., tal afirmação tem por base a existência de um princípio implícito na constituição.[19]

A definição para sua competência é extraída pela doutrina a partir dos art. 493, I, do CPC que já indica esse princípio. Tem-se também o art. 102, I, *j*, da CF/88 indicando que cabe ao STF processar e julgar as ações rescisórias de seus julgados. O 105, I, *e*, da CF/88 indica o mesmo para o STJ e o art. 108, I, *b*, indica que cabe também aos TRFs a competência originária para rescindir os próprios julgados. Por fim, em relação aos Tribunais Estaduais, também é deles a competência para processar e julgar

---

[17] CARNEIRO, Athos Gusmão. *Jurisdição e competência*. 15. ed. São Paulo: Saraiva, 2007. p. 103.
[18] CÂMARA, Alexandre Freitas. *Ação rescisória*. Rio de Janeiro: Lumen Juris, 2007. p. 42.
[19] DIDIER JUNIOR, Fredie. *Curso de direito processual civil*: teoria geral do processo e processo de conhecimento. 10. ed. Salvador: JusPodivm, 2008. v. 1, p. 164.

as ações rescisórias de seus próprios julgados, sendo esta definida pelas constituições estaduais, de acordo com o art. 125, §1º, da CF/88.

Resta salientar que, a partir das regras estabelecidas tanto no CPC como na CF/88, e ainda pelo fato de a ação rescisória estar incluída no título chamado de "Do processo nos tribunais", tem-se que essa ação sempre será proposta perante os tribunais e jamais no juízo singular. Ou seja, havendo o trânsito em julgado na primeira instância, a competência será do tribunal a que esteja vinculado no processo referente.

Não será necessariamente no tribunal imediatamente superior, pois tem-se a exceção no caso do art. 109, II da CF, segundo o qual, havendo o trânsito em julgado da decisão rescindenda no primeiro grau, a ação rescisória será proposta não no TRF correspondente, mas no STJ, pois assim como o recurso ordinário será dirigido a este tribunal (CF/88, art. 105, II, *c*), a competência da ação rescisória também assim será considerada.

Em outros termos, a competência para processamento da ação rescisória da decisão transitada em julgado na primeira instância será do tribunal competente para apreciar o recurso de apelação.

Para a melhor definição dessa competência, é necessária a análise do efeito substitutivo, pois ele será imprescindível para determinação de onde houve o trânsito em julgado da decisão em questão.

Ainda em relação ao seu fundamento, tem-se que um de seus objetivos primordiais é o de coibir a existência de duas decisões sobre a mesma matéria, sejam coincidentes ou não no respectivo teor.[20]

De acordo com o art. 512 do CPC, haverá o efeito substitutivo[21] quando: a) em qualquer hipótese (*error in iudicando* ou *in procedendo*), for negado provimento ao recurso; b) em caso de *error in iudicando*, for dado provimento ao recurso.

Sendo assim, se for dado provimento ao recurso, com base em *error in procedendo*, não haverá o efeito substitutivo, uma vez que os autos serão devolvidos à instância originária.[22] No mesmo diapasão, não haverá a incidência do efeito substitutivo caso o recurso não seja conhecido pelo tribunal.

Dessa feita, após breve análise do efeito substitutivo, temos que a competência para processamento da ação rescisória será do tribunal que proferiu a decisão substitutiva. Ou seja, havendo o efeito substitutivo, será do tribunal correspondente a competência para conhecer da ação rescisória, do contrário, será do órgão inferior.

Pode ainda esse efeito ser total ou parcial. Será total quando o recurso impugnar toda a matéria da decisão e forem preenchidos os pressupostos acima delineados. Terá ainda que ser total quando houver litisconsórcio unitário e quando os demais pontos da decisão não forem independentes.[23]

---

[20] ASSIS, Araken de. *Manual de recursos*. 2. ed. São Paulo: Revista dos Tribunais, 2008. p. 259.

[21] Não estamos alheios ao entendimento de Flávio Cheim Jorge no sentido de que o efeito substitutivo não é propriamente um efeito, mas mera consequência do efeito devolutivo, no entanto, nos afigura mais didático apresentar esta consequência como um efeito a parte no presente texto. (JORGE, Flávio Cheim. *Teoria geral dos recursos cíveis*. Rio de janeiro: Forense, 2003. p. 252).

[22] STJ, Resp 744271, 3ª Turma, Rel. Min. Nancy Andrighi, j. 6.6.2006, *DJU* 19.6.2006, p. 136.

[23] LUCON, Paulo Henrique dos Santos. Efeitos imediatos da decisão e impugnação parcial e total. *In*: ALVIM, Eduardo Pellegrini de Arruda, NERY JUNIOR, Nelson; WAMBIER, Teresa Arruda Alvim (Coord.). *Aspectos polêmicos e atuais dos recursos*. São Paulo: Revista dos Tribunais, 2000. p. 531.

Será parcial quando o recurso não impugnar toda a matéria da decisão, havendo assim o trânsito em julgado dos capítulos não impugnados e a possibilidade de execução definitiva destes.[24]

No entanto, nos tribunais superiores a situação é ainda mais complexa, uma vez que há certa impropriedade pela qual esses tribunais consideram ter havido ou não a análise do mérito recursal.

Se o art. 102, III, *a*, da CF fosse analisado na literalidade, todas as vezes que o recurso fosse conhecido, necessariamente teria que ser provido, pois o artigo afirma que é cabível o recurso excepcional quando houver, no caso do STF, violação a dispositivo constitucional.

Ciente dessa imperfeição técnica, Rodrigo Barioni apresenta com perfeição a competência da rescisória nos tribunais superiores.

> A decisão de inadmissibilidade de recurso especial ou extraordinário, por ausência de requisitos formais, não transfere a competência da rescisória ao STJ ou STF. Apenas em duas hipóteses a competência será levada a esses tribunais: (i) juízo positivo de admissibilidade do recurso especial ou do recurso extraordinário; ou (ii) não-conhecimento do recurso especial ou do extraordinário, mas com expressa análise da questão constitucional ou infra-constitucional debatida; nesse caso, apesar de o tribunal utilizar a expressão "recurso não conhecido", terá ocorrido julgamento sobre o mérito do recurso.[25]

Em suma, é esse o teor da súmula nº 249[26] do STF que veio a sanar essa impropriedade técnica caso se entenda que, quando houver a aplicação dessa súmula, ao afirmar o STF que não conheceu do recurso, na verdade, quer dizer que dele conheceu, mas lhe negou seguimento.

Nesses casos, mesmo afirmando não ter conhecido do recurso, será deste tribunal a competência para processar a ação rescisória correspondente.

No entanto, é ainda necessário analisar se o mérito da ação rescisória será coincidente ao mérito do recurso interposto, pois pode haver recurso excepcional parcial e a decisão rescindenda ser completamente referente à decisão proferida pelo tribunal local.

Portanto, é necessário que a matéria suscitada na ação rescisória refira-se exatamente "àquela atingida pela substituição, raciocínio que não se estende a outros argumentos não deduzidos e discutidos no recurso".[27]

---

[24] OLIVEIRA, Gledson Kleber Lopes de. *Apelação no direito processual civil*. São Paulo: Revista dos Tribunais, 2009. p. 255.

[25] BARIONI, Rodrigo. Observações sobre o procedimento da ação rescisória. *In*: NERY JÚNIOR, Nelson; WAMBIER, Teresa Arruda Alvim (Org.). *Aspectos polêmicos e atuais dos recursos cíveis e de outras formas de impugnação às decisões judiciais*. São Paulo: Revista dos Tribunais, 2006. v. 10, p. 522-523.

[26] "É competente o STF para a ação rescisória, quando, embora não tendo conhecido do recurso extraordinário, ou havendo negado provimento ao agravo, tiver apreciado a questão federal controvertida".

[27] ARAÚJO, José Henrique Mouta. Notas sobre o efeito substitutivo do recurso e seu reflexo na ação rescisória. *REPRO*, São Paulo, n. 145, ano 32, mar. 2007. p. 21. Ainda neste sentido, já se posicionou o STJ em recente decisão: STJ, REsp 905.738/SE, 2ª Turma, Rel. Min. Castro Meira, j. 4.6.2009, *DJe* 17.6.2009.

2.3 Capítulos da decisão judicial

A teoria dos capítulos da sentença já podia ser encontrada na obra de Chiovenda, ao afirmar que cada capítulo constituiria uma parcela da decisão referente ao mérito, afirmando que, na verdade, cada um desses capítulos poderia ser alvo de ações autônomas.

Posteriormente, Carnelutti contrapôs os argumentos de Chiovenda afirmando que essa teoria produziria um raciocínio circular incapaz de explicar o fenômeno.[28] Para esse, o conceito de capítulo estaria relacionado à questão, ou seja, capítulo da lide seria equiparável a capítulo da sentença.

Por fim, a teoria de Liebman, adotada pela doutrina pátria, veio a ampliar o conceito de Chiovenda, em que, além de cada capítulo autônomo poder ser alvo de uma ação em separado, poderia também estar justaposta em uma única sentença que admitisse uma preliminar de mérito impedindo ao magistrado a prosseguir no julgamento de mérito de todas as questões.[29]

Pela teoria de Liebman, podemos ter capítulos que versem exclusivamente sobre o mérito ou relativos a questões processuais, ou podem ainda esses ser heterogêneos, em que o magistrado irá analisar primeiramente a preliminar de mérito e rejeitá-la, passando depois à análise do mérito propriamente dito, acolhendo-o ou rejeitando-o.

Mais especificamente em relação ao tema proposto, passamos à análise detida da existência dos capítulos independentes, dependentes e condicionantes.

Os capítulos independentes o são pelo fato de: (a) poderem ser alvo de ações autônomas, havendo apenas eventual junção desses em ação única; e (b) cada um é regido por pressupostos próprios, "que não se confundem necessariamente nem por inteiro com os pressupostos dos demais".[30]

Os capítulos dependentes seriam aqueles que teriam sua análise vinculada, subordinada a outro. Um exemplo seriam os juros, os quais só são devidos e analisados se o pedido principal for provido, assim, a sua análise estaria vinculada e determinada pela análise do capítulo condicionante. Não sendo provido o capítulo principal, os juros seriam implicitamente rejeitados.

Assim, nesse mesmo exemplo, o capítulo condicionante seria, por exemplo, o de danos materiais, onde os juros seriam mera obrigação acessória e sua análise seria influenciada pela análise do mérito do ponto referente aos danos materiais.

Pode ainda haver uma cisão quantitativa, ou seja, em uma pretensão formalmente única, caso esta seja suscetível de divisão, de contagem numérica, em especial, em dinheiro. Neste ponto, afirma Chiovenda que quando se trata de quantidade, a sentença pode ser cindida em tantos capítulos quantas forem as unidades.

---

[28] FONSECA, João Francisco Naves da. Efeito devolutivo na apelação e questões de ordem pública. *Revista Brasileira de Direito Processual – RBDPro*, Belo Horizonte, ano 16, n. 64, p. 85-98, out./dez. 2008. p. 88.

[29] Todas essas teorias podem ser mais detalhadamente observadas em monografia de Dinamarco (*Capítulos de sentença*. 4. ed. São Paulo: Malheiros, 2009. p. 9-30).

[30] *Idem*, p. 43. Ressalta Júlio Cesar Bebber que apenas nesse segundo sentido de autonomia é que se pode considerar a autonomia dos capítulos exclusivamente processuais (BEBBER, Júlio César. Recurso parcial e formação gradual da coisa julgada sob o enfoque dos capítulos de sentença. *RDT*, São Paulo, n. 134, ano 35, abr./jun. 2009. p. 156).

Em suma, no exemplo supra, o capítulo de danos materiais refere-se a 100, mas na sentença, o magistrado confere 60. Nesse caso, a sentença será cindida em dois capítulos de mérito; um referente aos 60 e o outro relativo aos 40.

2.4 Recurso parcial, efeito devolutivo e translativo

Delineadas as diretrizes básicas da teoria dos capítulos de sentença, passamos a análise dos seus reflexos na seara recursal.

O objeto do recurso será determinado pela matéria efetivamente impugnada pela parte em suas razões recursais.[31] Este denominado efeito devolutivo é hoje entendido como uma fragmentação da competência funcional permitindo o reexame da decisão pelo poder judiciário.

Tem-se na atualidade que esse efeito é mera transposição do princípio dispositivo para a seara recursal. Assim, se a parte apelou apenas de parcela da decisão, no exemplo da apelação, será defeso ao órgão *ad quem* reformar para pior a matéria recorrida, em face do princípio da proibição da *reformatio in pejus*.

Já em relação à matéria não impugnada, essa sequer fará parte da matéria devolvida, sendo-lhe proibida tanto a *reformatio in pejus* quanto a *reformatio in mellus*, pois aqueles pontos não impugnados já transitaram em julgado.

A partir desse raciocínio é que é utilizado o brocardo latino "tantum devolutum quantum apelatum", para determinar que a extensão da matéria a ser analisada no recurso será efetivamente definida pelo recorrente em suas razões recursais. No entanto, esse brocardo não é o único a ser utilizado na seara recursal, uma vez que será complementado pelo "vel appellari debebat", sendo este relacionado à profundidade da cognição do magistrado.[32]

Nesse sentido, tem-se o efeito translativo[33] que é um contraponto ao devolutivo, pois gera a possibilidade de o magistrado julgar "fora do que consta das razões ou contrarrazões do recurso, ocasião em que não se pode falar em julgamento *extra, ultra ou infra petita*".[34]

Dessa maneira, podemos observar que, enquanto o efeito devolutivo é relacionado ao princípio dispositivo, o efeito translativo é relacionado ao princípio inquisitório, uma vez que se refere à atividade jurisdicional não vinculada a manifestação das partes, havendo nesse ponto, liberdade de iniciativa ao magistrado.[35]

---

[31] Aponta-se o fato de que há a necessidade de o recorrente indicar os capítulos impugnados, pois do contrário, entender-se-á que o recurso é total (MOREIRA, José Carlos Barbosa. *O novo processo civil*. 25. ed. Rio de Janeiro: Forense, 2005. p. 115).

[32] GOMES FILHO, Antonio Magalhães; FERNANDES, Antonio Scarance; PELLEGRINI, Ada. *Recursos no processo penal*: teoria geral dos recursos, recursos em espécie, ações de impugnação. São Paulo: Revista dos Tribunais, 1996. p. 52.

[33] Barbosa Moreira denomina esse efeito de aspecto vertical do efeito devolutivo, mas com as mesmas características. Já Marinoni e Arenhart estabelecem uma ligeira diferença entre eles, ao afirmar que o aspecto vertical do efeito devolutivo refere-se à possibilidade de o tribunal utilizar-se de argumentos não suscitados em sede recursal pelo recorrente, mas que haviam sido utilizados anteriormente, não estando limitado às razões do recurso, já o efeito translativo diria respeito às questões cognoscíveis *ex officio* (MARINONI, Luiz Guilherme; ARENHART, Sérgio Cruz. *Curso de processo civil*, 6. ed. São Paulo: Revista dos Tribunais, 2007. v. 2, p. 514-516).

[34] NERY JUNIOR, Nelson. *Teoria geral dos recursos*. 6. ed. São Paulo: Revista dos Tribunais, 2004. p. 483.

[35] NORATO, Ester Camila Gomes. O efeito translativo nos recursos extraordinários *latu sensu*. *Revista Brasileira de Direito Processual – RBDPro*, Belo Horizonte, ano 15, n. 59, p. 53, jul./set. 2007.

Assim, o efeito devolutivo irá se relacionar à extensão da matéria a ser analisada pelo magistrado, enquanto o translativo terá relação com a profundidade da matéria, podendo utilizar-se de argumentos não suscitados nos fundamentos recursais, mas anteriormente discutidos[36] e mesmo de argumentos ainda não utilizados, no caso de matérias cognoscíveis *ex officio* sem ser atingido pela proibição da *reformatio in pejus*.

Não é demais ressaltar: o efeito devolutivo limita o translativo, pois, embora possa o magistrado reformar a decisão para pior pela existência de vício cognoscível *ex offico*, estará *limitado* à matéria efetivamente impugnada.

Em síntese, no exemplo ora utilizado em que o magistrado julgue na sentença procedentes tanto o pedido de danos morais quanto o de danos materiais e o réu impugne na apelação apenas o capítulo de danos morais, o tribunal estará limitado a analisar apenas o capítulo impugnado, por força do art. 515, *caput* do CPC, sendo-lhe defeso analisar o capítulo referente aos danos materiais, pois julgará *ultra petita*. No entanto, estará livre para apreciar todos os fundamentos utilizados no processo sobre este capítulo, inclusive podendo trazer argumentos não suscitados se forem cognoscíveis *ex officio*, de acordo com o art. 515, §§1º e 2º do CPC.

Assim, afirma Leonardo José Carneiro da Cunha que "enquanto a *extensão* é fixada pelo recorrente, a *profundidade* decorre de previsão legal".[37]

Não poderá, sobremaneira, expandir o tribunal sua análise às matérias não impugnadas, ou seja, sendo a apelação parcial referente apenas ao capítulo de danos materiais, mesmo que seja reconhecida a ilegitimidade das partes, tal será limitada pela razões recursais da parte. Não poderá haver a expansão de conhecimento da matéria impugnada, uma vez que o capítulo não recorrido já terá sido atingido pela coisa julgada material.[38]

Data venia, resta salientar que, em certos casos, haverá essa expansão. Será nos casos dos capítulos principais e capítulos acessórios, pois, assim como no Código Civil, as obrigações acessórias seguem a sorte da principal.

Em outros termos, se a parte recorre apenas da parte referente aos danos morais, mas não se refere aos juros, e os danos morais forem julgados improcedentes, os juros seguirão a mesma sorte, mesmo não havendo qualquer referência a estes nas razões recursais. Leonardo José Carneiro da Cunha ainda se refere à inversão automática dos ônus sucumbenciais.[39] No entanto, embora concordemos com o autor, o STJ tem um entendimento ainda vacilante sobre o tema. Ora o admite, ora afirma que, não

---

[36] Referindo-se especificamente sobre o efeito translativo da apelação, mas também neste sentido: OLIVEIRA, Gledson Kleber Lopes de. Novos contornos do efeito devolutivo do recurso de apelação. In: FUX, Luiz; NERY JUNIOR, Nelson; WAMBIER, Teresa Arruda Alvim (Org.). *Processo e Constituição*: estudos em homenagem ao professor José Carlos Barbosa Moreira. São Paulo: Revista dos Tribunais, 2006. p. 1002.

[37] *Termo inicial...*, op. cit., p. 219.

[38] BONICIO, Marcelo José Magalhães. Novos perfis da sentença civil: classificação, estrutura, capítulos, efeitos e coisa julgada. *Revista Dialética de direito processual*. n. 53. Ago. 2007. p. 110; MOREIRA, José Carlos Barbosa. *Comentários...* op. cit., p. 356-357; GARCIA, Gustavo Filipe Barbosa. Coisa julgada de capítulos autônomos da sentença. *In*: GARCIA, Gustavo Filipe Barbosa. *Coisa julgada: novos enfoques no direito processual, na jurisdição metaindividual e nos dissídios coletivos*. São Paulo: Método, 2007. p. 55-56. STJ, REsp 203.132, 4ª Turma, Rel. Min. Sálvio de Figueiredo Teixeira, j. 25.3.2003, DJ 28.4.2003 em sentido contrário, NERY JUNIOR, op. cit., p. 477; TEIXEIRA, Guilherme Puchalski. *Sentenças objetivamente complexas*: impossibilidade do trânsito em julgado parcial. REPRO, São Paulo, n. 162, ano 32, ago. 2008. p. 242-243.

[39] *Termo inicial...*, op. cit., p. 221.

havendo referência expressa a essa inversão, será impossível fazê-la em sede de execução,[40] por não ser de caráter automático.

3 Em defesa do trânsito em julgado progressivo

O STJ, ao analisar o prazo para interposição da ação rescisória, tem rechaçado a possibilidade do trânsito em julgado progressivo, afirmando que a coisa julgada material só se formaria a partir da última decisão do processo.[41] Enquanto isso, as demais decisões sobre as quais não houve recursos formariam apenas coisa julgada formal.

Permissa venia do entendimento desse tribunal, não podemos coadunar com esta posição, pois embora entendamos o objetivo do STJ de preconizar a praticidade processual, não concordamos com tais razões, valendo salientar os inúmeros problemas de coerência em relação ao ordenamento jurídico como um todo.

Em termos de ordem prática, foi criada, no mínimo, uma incongruência, pois o CPC vem admitindo a resolução parcial do mérito de maneira definitiva, como é exemplo o §6º do art. 273 do CPC,[42] apta inclusive a formar coisa julgada material. No teor do entendimento do STJ, tais decisões formariam apenas uma coisa julgada formal e, nesse sentido, seria impossível a execução definitiva, o que, na verdade, seria um dos objetivos da possibilidade da sentença parcial, uma vez que a execução provisória corre por conta e risco do exequente, dentre outras limitações em face da definitiva. Assim, admitir este entendimento do STJ seria tornar inútil a possibilidade das sentenças parciais e assim seria atingida diretamente a efetividade processual.

Nesse sentido, em face da maior celeridade e efetividade proporcionada pela possibilidade de cisão da sentença de mérito, o dogma da unicidade vem paulatinamente perdendo espaço,[43] ao contrário do que deseja impor o STJ.

---

[40] Em diversos julgados, o STJ se pronunciou no sentido de que a inversão dos honorários advocatícios não é automática e, não se pronunciando o eg. Tribunal sobre a questão, deverão ser interpostos os embargos de declaração. Afirma que tal pedido não poderá ser feito em sede de execução, sob pena de ofensa à coisa julgada. STJ: REsp 820.476/RJ, 1ª Turma, Rel. Min. Luiz Fux, j. 11.9.2007, *DJ* 8.10.2007, p. 217; REsp 237449/SP, 4ª Turma, Rel. Min. Aldir Passarinho Junior, j. 11.6.2002, *DJ* 19.8.2002, p. 169. Em sentido contrário, no próprio STJ: AgRg no Ag 940.198/ RS, 4ª Turma, Rel. Min. Aldir Passarinho Junior, j. 26.5.2008, *DJe* 23.6.2008; AgRg no REsp 695.311/RS, 1ª Turma, Rel. Min. Denise Arruda, j. 12.12.2006, *DJ* 1º.2.2007, p. 399.

[41] "Sendo a sentença una e indivisível, não há que se falar em fracionamento da sentença/ acórdão, o que afasta a possibilidade do seu trânsito em julgado parcial". STJ, EREsp 404.777/DF, Corte Especial, Rel. Min. Fontes de Alencar, Rel. p/ac. Min. Francisco Peçanha Martins, *DJ* 11.4.2005.

[42] Admitindo que o §6º do art. 273 é decisão decorrente de juízo de cognição exauriente, gerando coisa julgada material e execução definitiva: CUNHA, Leonardo José Carneiro da. O §6º do art. 273 do CPC: tutela antecipada parcial ou julgamento antecipado parcial da lide? *Revista Dialética de Direito Processual Civil*, São Paulo, n. 1, abr. 2003. p. 126; MITIDIERO, Daniel. *Processo civil e estado constitucional*. Porto Alegre: Livraria do Advogado, 2007. p. 45-48; PASSOS, José Joaquim Calmon de Passos. *Comentários ao Código de Processo Civil*. 9. ed. Rio de Janeiro: Forense, 2005. p. 71-72 No mesmo sentido, é imprescindível o ensinamento de Marinoni, mudando o seu entendimento após a introdução do direito ao processo célere: "(...) diante do direito fundamental à duração razoável e do dever do legislador instituir técnicas processuais idôneas a garantir a celeridade do processo, não há razão para entender que a tutela da parte incontroversa da demanda pode ser revogada ou modificada. (...) Não há motivo para fragilizar a tutela da parte incontroversa, negando-lhe a estabilidade e a expectativa de confiança decorrentes da coisa julgada material. Inexiste qualquer diferença, para efeito de produção de coisa julgada material, entre integralidade e parcela do mérito. O que importa, nos dois casos, é que o mérito — na sua integralidade ou em parte — está "maduro" para julgamento" (MARINONI, Luiz Guilherme. *Antecipação de tutela*. 10. ed. São Paulo: Revista dos Tribunais. 2008. p. 294-295).

[43] Nesse sentido trazemos interessante trecho de decisão judicial: "Possibilidade de ser proferida sentença parcial, em caráter definitivo, atacável via apelação, relativamente ao pedido que não demanda dilação probatória. Lições da doutrina nacional e estrangeira e da jurisprudência. Direito da parte à duração

Com a EC 45/2004 e a introdução do direito ao processo célere, entendemos que, inclusive, não faz sentido exigir o julgamento simultâneo dos pedidos, se há independência entre esses e um deles já está "maduro". Conforme afirma Fredie Didier em brilhante passagem: "Uma fruta madura não precisa esperar o amadurecimento de uma outra, ainda verde, para ser colhida".[44]

Em outros termos, inadmitir a possibilidade do trânsito em julgado progresso é atingir frontalmente a efetividade e celeridades processuais, pois tanto o autor como o réu têm direito a um julgamento célere.

Explicamos: "A" entra com uma ação de danos morais cumulada com danos materiais, sendo que o capítulo referente aos danos morais é patentemente indevido. Não fosse a possibilidade da sentença parcial, teria o réu de suportar toda a fase probatória para ter para si um julgamento favorável, o que simplesmente não faria sentido.

No entanto, mesmo que se entenda pela prevalência da manutenção da sentença una, o entendimento ora guerreado não sofre modificações, pois a possibilidade do trânsito em julgado progressivo subsistirá, apenas será postergado.[45]

Dessa maneira, se, no exemplo utilizado, o magistrado considerasse inviável a sentença parcial, esperasse toda a dilação probatória de ambos os pedidos, prolatasse a sentença una ao fim do procedimento, julgasse procedente ambos os pedidos e houvesse apelação apenas em relação ao capítulo de danos morais, teríamos o trânsito em julgado do capítulo de danos materiais. A única diferença para a teoria ora defendida seria que esse trânsito em julgado progressivo seria postergado até a sentença.[46]

Por fim, o que nos causa certo estranhamento é que, em outros julgados, o próprio STJ já apontou a possibilidade do trânsito em julgado parcial, só inadmitindo-o em relação à contagem do prazo para a ação rescisória,[47] demonstrando certa incoerência dentro do próprio tribunal.

4 Da possibilidade de interposição de várias ações rescisórias

O art. 485 do CPC indica as possíveis causas de pedir da ação rescisória, havendo independência de uma em relação a outra, uma vez que a ação pode ser embasada em qualquer dos incisos, contanto que preencha os demais requisitos para sua proposição.

---

razoável do processo e aos meios que a assegurem. Julgamento imediato do pedido de indenização por danos materiais, com instrução do pedido de danos morais. Pedido parcialmente procedente. Processo 001/1.05.2267650-6, 5ª Vara da Fazenda Pública da Comarca de Porto Alegre/RS, j. 14.3.2006 (*REPRO*, São Paulo, n. 142, p. 228-335, dez. 2006).

[44] DIDIER JUNIOR, Fredie. Inovações na antecipação dos efeitos da tutela e a resolução parcial de mérito. *REPRO*. São Paulo, ano 28, n. 110, p. 232, abr./jun. 2003. Tratando especificamente da celeridade processual e das consequências de sua introdução no ordenamento pátrio, recomendamos a leitura de monografia específica sobre o tema: KOEHLER, Frederico. *A razoável duração do processo*. Salvador: JusPodivm, 2009. p. 42-66.

[45] Algo nesse sentido, coadunando que havendo recurso parcial da sentença, os demais capítulos transitam em julgado: COSTA, Coqueijo. *Ação rescisória*. São Paulo: LTr, 1993. p. 129; DINAMARCO. *Capítulos...*, op. cit., p. 99.

[46] Afirmando que o capítulo não impugnado da sentença transita em julgado e está sujeito a execução definitiva: LUCON, op. cit., p. 530.

[47] STJ: REsp 203.132/SP, 4ªTurma, Rel. Min. Sálvio de Figueiredo Teixeira, j. 25.3.2003, *DJ* 28.4.2003, p. 202; AgRg no REsp 872.874, 5ª Turma, Rel. Min. Laurita Vaz, j. 20.3.2007, *DJ* 14.5.2007.

Cada um dos incisos é uma causa de pedir independente, ou seja, a parte, ao invés de interpor apenas uma ação rescisória reunindo todas as *causas petendi*, poderia, na verdade, interpor diversas ações rescisórias, cada qual com sua causa de pedir. Assim, entendemos que a junção dessas causas de pedir são mera conveniência da parte e não uma obrigatoriedade, sendo apenas uma cumulação objetiva do tipo simples de várias causas de pedir e, possivelmente, de mais de um pedido.[48]

Tanto é que, sendo interposta uma ação rescisória por determinado inciso e sendo ela julgada improcedente, estando ainda dentro do prazo decadencial, nada impede a interposição de uma nova ação rescisória. Ainda, sendo proposta a ação rescisória, com base em vários incisos, basta que apenas um deles seja acolhido para que seja provido o pedido de rescisão da decisão.[49]

Ainda mais, para haver o cúmulo de pedidos, é necessário que o órgão jurisdicional referente seja competente para julgar todos eles e, conforme demonstrado no ponto 2.2, é possível que o mesmo tribunal não seja competente para tratar de toda a matéria rescindível. Em outras palavras, se temos dois capítulos independentes A e B e o capítulo A transitou no tribunal local e o capítulo B no STJ, jamais um destes tribunais poderá rescindir o julgado do outro.

Abordando outro tema, mas, nesse diapasão, assim se posiciona Barbosa Moreira:

> Por conseguinte, se se quiser pleitear a rescisão de ambas as decisões, a circunstância de contar-se o prazo decadencial a partir do mesmo momento não implicará que se possam cumular os dois pedidos numa mesma ação rescisória: cada pleito terá de ser proposto em separado, e perante tribunais diferentes.[50]

Nesse sentido, não observamos qualquer tipo de óbice à proposição de mais de uma ação rescisória dentro de um mesmo processo, sendo tal definição de importância curial para o desenvolvimento dos próximos tópicos.

5 Competência da ação rescisória em face da sentença complexa

Por fim, pelos argumentos anteriormente expostos, temos que as competências são exaustivamente determinadas pelo direito pátrio, no sentido de que é defeso aos tribunais invadirem a competência dos demais.

---

[48] Nesse sentido aponta Araken de Assis: "O traço comum das ações cumuladas consiste na aptidão de cada ação de se incluir como objeto de uma relação processual independente. O autor as formula no mesmo processo por razões de economia" (ASSIS, Araken de. *Cumulação de ações*. 4. ed. São Paulo: Revista dos Tribunais, 2002 p. 254).

[49] *Ibidem*, p. 254.

[50] MOREIRA, José Carlos Barbosa. Sentença objetivamente complexa, trânsito em julgado e rescindibilidade. *In*: NERY JUNIOR, Nelson; WAMBIER, Teresa Celina de Arruda Alvim (Org.). *Aspectos polêmicos dos recursos cíveis e assuntos afins*. São Paulo: Revista dos Tribunais, 2007. v. 11, p. 172; BUENO, Cassio Scarpinella. *In*: MARCATO, Antonio Carlos (Org.). *Código...*, *op. cit.*, p. 1710. Ainda no mesmo diapasão, afirma Pontes de Miranda que "*Há tantas ações rescisórias quantas as decisões trânsitas em julgado.*" (grifamos) (PONTES DE MIRANDA, Francisco Cavalcanti. *Tratado da ação rescisória*. Campinas: Bookseller, 1998. p. 357). Em sentido contrário: NERY JUNIOR, Nelson; NERY, Rosa Maria Andrade. *Código de Processo Civil comentado e legislação extravagante*. 9. ed. São Paulo: Revista dos Tribunais, 2006. v. 1, p. 690.

Assim, havendo o trânsito em julgado progressivo de capítulos independentes — o capítulo A transitou no tribunal local e o capítulo B no STJ —, a competência para rescindir os julgados será respectivamente do tribunal local em relação ao capítulo A e do STJ em relação ao capítulo B, não podendo no caso ser interposta uma ação rescisória total no STJ, pois, se assim o fosse, estaria este tribunal usurpando a competência do tribunal local, incorrendo assim, em vício de incompetência absoluta.[51]

Observa-se que há aqui algumas possibilidades. Pode a parte interpor apenas uma rescisória parcial no tribunal onde transitou em julgado o capítulo correspondente, ou, querendo rescindir ambos os capítulos, geralmente deverá interpor duas ações rescisórias, uma em cada tribunal e respeitando a sua competência.

Em relação à primeira possibilidade, no caso de a parte desejar rescindir apenas o capítulo A, tem-se a súmula 515 do STF,[52] a qual é bastante clara em seus termos, no sentido de que a competência para processamento da ação rescisória será do tribunal que proferiu a decisão rescindenda.

Em relação à segunda hipótese, o STF, mudando o seu entendimento,[53] tem passado a adotar a tese ora defendida, no sentido de que não poderá o tribunal processar ação rescisória que contenha capítulos independentes não analisados pelo tribunal.[54]

Ainda nesse ponto, vale ressaltar a lição de Pontes de Miranda afirmando que "Se a sentença continha três pedidos e o trânsito em julgado, a respeito de cada um, foi em três graus de jurisdição, há tantas ações rescisórias quanto os graus de jurisdição".[55]

---

[51] Não é este o entendimento de Rodrigo Barioni, afirmando que, nesses casos, a competência do tribunal hierarquicamente superior se estende às demais questões não julgadas anteriormente, ocorrendo assim a competência por absorção (BARIONI, Rodrigo. *Observações sobre o procedimento da ação rescisória*. In: NERY JÚNIOR, Nelson; WAMBIER, Teresa Arruda Alvim (Org.). *Aspectos polêmicos e atuais dos recursos cíveis e de outras formas de impugnação às decisões judiciais*. São Paulo: Revista dos Tribunais, 2006. v. 10, p. 525).

[52] "A competência para a ação rescisória não é do STF, quando a questão federal, apreciada no recurso extraordinário ou no agravo de instrumento, seja diversa da que foi suscitada no pedido rescisório".

[53] "Sendo o STF competente para julgar um dos aspectos da rescisória, sua competência se prorroga àqueles que por ele não foram examinados anteriormente". STF: AR 1.006/MG, Pleno, Rel. Min. Moreira Alves, j. 8.9.1977, *DJ* 2.6.1978, p.3929; AR 1.274/RJ, Pleno, Rel. Min. Sidney Sanches, j. 28.3.1996, *DJ* 20.6.1997, p. 28.469. Ainda admitindo em tese esta prorrogação, tem-se recente julgado do STJ: "De tal sorte, conclui-se que é da competência deste Superior Tribunal de Justiça processar e julgar ações rescisórias que veiculem ao menos um dos aspectos do litígio que foram efetivamente enfrentados no âmbito do recurso especial, podendo-se cogitar ainda, em tese, de eventual prorrogação quanto aos demais temas correlatos" (STJ, REsp 905.738/SE, 2ª Turma, Rel. Min. Castro Meira, j. 4.6.2009, *DJ* 17.6.2009).

[54] "O provimento, pelo acórdão rescindendo, de um dos pedidos da ação principal não é suficiente para atrair a competência desta Corte para o julgamento de outros pedidos independentes, que sequer foram conhecidos" (STF: AR 1.800 AgR/SP, Pleno, Rel. Min. Eros Grau, j. 23.3.2006, *DJ* 5.5.2006, p. 4; AR 1.780 AgR/CE, Pleno, Rel. Min. Eros Grau, j. 2.2.2006, *DJ* 3.3.2006, p. 70. Importante a transcrição de trecho do voto de Eros Grau no primeiro acórdão que bem exemplifica o nosso entendimento. Voto de Eros Grau: "O fato de a decisão impugnada ter dado provimento a um dos pedidos — o referente ao Plano Bresser — não é suficiente para atrair a competência desta Corte para o julgamento dos outros requerimentos formulados, que sequer foram conhecidos. Os pedidos formulados no processo que de origem a decisão rescindenda são absolutamente independentes. Cada um deles poderia consubstanciar uma ação específica. Em virtude desta autonomia, o julgamento de um ou outro não prejudica a análise dos demais. (...) A decisão rescindenda substitui o acórdão prolatado pelo tribunal de origem somente quando o recurso é conhecido e provido. O efeito substitutivo previsto no art. 512 do CPC não incide sobre os pedidos não conhecidos pelo acórdão rescindendo".

[55] *Op. cit.*, p. 357.

Vale salientar que, havendo a interposição de ação rescisória perante órgão incompetente, mas havendo a correta indicação da decisão rescindenda, os autos deverão ser remetidos ao órgão competente, por força do art. 113, §2º do CPC.[56]

Data venia, para melhor definição, é necessário relembrar a existência de capítulos dependentes e de capítulos independentes. No caso dos capítulos que se deseje rescindir, caso inexista relação de dependência, é defeso a qualquer tribunal, superior ou inferior, invadir a competência do outro.[57]

No entanto, esse entendimento deve ser diverso no caso de capítulos com relação de dependência entre eles. Se a parte entra com uma ação requerendo (a) rescisão de contrato e (b) perdas e danos decorrentes de descumprimento de cláusula contratual e o capítulo b transite em julgado no tribunal local e o "a" no STJ, fará mais sentido a interposição de apenas uma ação rescisória no tribunal que analisou o pedido principal.

Tal se dá, pois, do contrário, interpondo-se duas ações rescisórias, teria a parte que "(a) pleitear a suspensão prejudicial da rescisória de competência do STJ, (b) que poderia ser negada pelo tribunal superior; (c) que se estende ao máximo de um ano, após o qual se deve retomar o seu curso etc.".[58]

Em relação ao entendimento do STJ, esse não parece ser bastante claro, pois, embora no acórdão que ventilou a hipótese de prorrogação de competência afirme-se que "Havendo decidido parte do mérito da causa, compete ao Superior Tribunal de Justiça julgar, na integralidade, a ação rescisória subsequente, ainda que o respectivo objeto se estenda a tópicos que ele não decidiu",[59] e, no julgado que reafirmou tal posição, a relatora Ministra Nancy Andrighi afirme que, em ação rescisória onde se objetiva a declaração de falsidade de título executivo e mudança quanto ao entendimento relativo a incidência de correção monetária e o recurso especial só foi conhecido quanto ao segundo tema e mesmo assim seria o STJ competente para conhecer da totalidade da ação rescisória[60], não é assim que transparece pela análise do inteiro teor desses acórdãos.[61]

O que se percebe, é que, na verdade, houve uma impropriedade em relação à análise do mérito pelos tribunais superiores, nos termos do analisado no tópico

---

[56] BARIONI, *op. cit.*, p. 526.

[57] Assim aponta Rodrigo Klippel "não há justificativa para que o órgão de última instância absorva a competência para o processamento e julgamento dos pedidos de rescisão do(s) capítulo(s) da sentença que deveria(m) ser rescindido(s) por tribunal inferior quando eles sejam independentes, visto que a reapreciação de um pedido em nada influencia a reapreciação do outro". *op. cit.*, p. 32; YARSHELL, *op. cit.*, p. 279; MEDEIROS, Maria Lúcia L. C. de. Anotações sobre a competência para julgar ação rescisória. *In*: MEDINA, José Miguel Garcia et al. (Coord.) *Os poderes do juiz e o controle das decisões judiciais*. São Paulo: Revista dos Tribunais, 2008. p. 1029. Ainda algo neste sentido em: CÂMARA, *op. cit.*, p. 50-51; CARNEIRO, Athos Gusmão. *Ação rescisória, biênio decadencial e recurso parcial*. Disponível em: <www.abdpc.org.br>. Acesso em: 20 dez. 2009, às 12h.

[58] KLIPPEL, *op. cit.*, p. 33.

[59] STJ, AgRg na AR nº 1.115/SP, Rel. p/ acórdão Min. Ari Pargendler, *DJ* de 19.12.2003; AR 2.895/SP.

[60] STJ, AR 2.895/SP, 2ª Seção, Rel. Min. Nancy Andrighi, j. 11.5.2005, *DJ* 29.8.2005, p. 144. No entanto, ressaltamos que, embora pelo inteiro teor dos acórdãos, a posição seja diversa, não podemos coadunar com os termos do voto da relatora, pois vai de encontro ao exposto no presente tópico, pois, do teor do seu voto, admite-se que o tribunal hierarquicamente superior que julgou apenas capítulo acessório possa absorver a totalidade da competência para processar a ação rescisória.

[61] Afirmando que a posição do STJ está equivocada por afirmar que este tribunal entende que "sendo o Superior Tribunal competente para julgar um dos aspectos da rescisória, sua competência se prorroga àqueles que por ele não foram examinados anteriormente": MEDEIROS, *op. cit.*, p. 1029.

2.3 supra, pois, no decorrer dos demais votos de ambos os acórdãos, os ministros chegam à conclusão de que, na verdade, os acórdãos analisaram os capítulos principais do mérito.[62] Sendo assim, a posição do STJ no acórdão referido está contida no entendimento exposto, admitindo-se a interposição da ação rescisória em apenas um tribunal quando este houver analisado o capítulo condicionante e o outro apenas capítulo dependente.

No entanto, não coadunamos com as razões expostas para tal conclusão, pois, de acordo com o Ministro Menezes Direito, nos autos da Ação Rescisória 1.115/SP, tal se daria pelo princípio de que a jurisdição especial atrairia a comum. Na verdade, tal prorrogação tanto se dará pela relação de dependência dos capítulos não analisados que ela ocorrerá mesmo que o capítulo principal tenha sido analisado pelo tribunal local e não pelo STJ, devendo a ação rescisória ser interposta no primeiro.[63]

Ocorre que o STJ tem proferido recentes decisões sobre o tema, detalhando o seu entendimento, como é exemplo trecho do voto da Ministra Nancy Andrighi, no Recurso especial 1.219.276/GO.[64]

> Admite-se também a extensão da competência do STJ, para analisar, em rescisória, determinados aspectos que não tenham sido expressamente ventilados no recurso anteriormente interposto, desde que ele seja competente para conhecer de uma parte ou de um dos fundamentos da demanda.
>
> Isso ocorre, por exemplo, na hipótese em que o STJ já analisou, em sede recursal, uma das questões que são objeto da ação rescisória. Embora as demais não tenham sido objeto de decisão pela Corte Superior, ao julgar o referido recurso, sua competência se prorroga.
>
> Verifica-se, portanto, *que deverá haver coincidência de pelo menos uma entre as matérias que são objeto do recurso e da ação rescisória.*

---

[62] Não é outro entendimento que se pode extrair do voto do Ministro Menezes Direito nos autos da AR 1.115/SP: "O que existe aqui é o enfrentamento de questões que foram objeto da decisão recorrida examinada pelo Acórdão rescindendo, embora, em parte, tenha a Corte levantado o óbice da Súmula nº 07. Mas, mesmo assim, tenha-se presente que os termos da rescisória são todos voltados para a decisão desta Corte, mesmo quando desafia o ponto, e é apenas um deles, o da testemunha que teria a eiva da suspeição, assim ao questionar que a Corte desconheceu o que constava do próprio Acórdão recorrido, e, portanto, incontroverso, sobre a qualidade de credor do embargante, afastada, por isso, a afirmação de reexame de prova, isto é, a cobertura da Súmula nº 07".

[63] Neste exato sentido aponta Rodrigo Barioni: "Havendo julgados dependentes, a ação rescisória destinada a desconstituir o julgado que contém o pedido "principal" deve ser proposta perante o órgão que o proferiu. (...) Pouco importa, aqui, se o pedido dependente foi julgado por tribunal hierarquicamente superior. Opera-se a extensão dos efeitos da procedência da ação rescisória à decisão que versa sobre matéria dependente" (*op. cit.*, p. 526). Em sentido oposto, afirmando que a ação rescisória deve ser proposta no tribunal hierarquicamente superior: YARSHELL, *op. cit.*, p. 278-279; KLIPPEL, *op. cit.*, p. 32-33.

[64] STJ, 3ª Turma, Rel. Min. Nancy Andrighi, j. 16.8.2011, *DJe* 29.8.2011. Reafirmando a tese da expansão da competência, como se percebe no trecho do voto do relator: "esta colenda Segunda Seção reconhece a competência deste Tribunal Superior para conhecer e julgar a ação rescisória destinada a desconstituí-lo, ainda que o objeto da ação rescisória não tenha sido abordado na decisão rescindenda". (STJ, AR 4086/RS, 2ª Seção, Rel. Min. Massami Uyeda. j. 28.9.2011, *DJe* 13.10.2011). Neste caso, o STJ realmente, em sede de RESP, havia conhecido apenas a questão do arbitramento dos danos morais e, na ação rescisória, deseja a parte requerer a nulidade do acórdão do tribunal de origem, pois teria se distanciado da causa de pedir, tema que não foi analisado no RESP, portanto, não fazendo parte da decisão originária do STJ.

O STJ caminha para ignorar a análise entre os capítulos efetivamente conhecidos na decisão rescindenda e aqueles veiculados na ação rescisória, não importando se há relação de prejudicialidade entre eles, que justifique uma eventual expansão da competência.

Ocorre, portanto, que o entendimento exposto na AR 2.895 foi apenas ocasionalmente de acordo com as premissas aqui utilizadas, pois chegou a uma conclusão que obedeceria à análise entre os capítulos de sentença por mera coincidência, não sendo esta a posição do Tribunal.

Sendo assim, pela análise das decisões mais recentes, extrai-se o entendimento de que, para o STJ ser competente para conhecer de ação rescisória, é apenas necessário que essa veicule matéria de mérito que o STJ tenha analisado na decisão rescindenda, não importando quão ampla seja a matéria veiculada na ação rescisória, podendo ela incluir capítulos que tenham transitado tanto no Tribunal originário, ou até mesmo no Juízo de primeiro grau.

O que efetivamente importa para a atração da competência da Ação Rescisória para o STJ é que esta almeje também rescindir alguma matéria de mérito que tenha sido decidida por este Tribunal.

6 Problemática dos prazos com o trânsito em julgado progressivo

O prazo para a interposição da ação rescisória é de dois anos, contados do trânsito em julgado da decisão rescindenda.

Entretanto, conforme exposto nos tópicos supra, temos a possibilidade do trânsito em julgado progressivo, fazendo com que esse lapso temporal possa ser contado de datas distintas e não a partir do trânsito em julgado da última decisão no processo.

As vantagens desse entendimento são relacionadas tanto ao aspecto teórico, quanto ao aspecto prático, uma vez que este permite a maior efetividade processual e ainda maior celeridade, pois o capítulo transitado em julgado já poderia ser executado de maneira definitiva.

Ou seja, admitindo-se tal possibilidade, ter-se-ia que o prazo para a interposição da ação rescisória correspondente seria iniciado a partir do trânsito em julgado da decisão rescindenda. Ou seja, se o capítulo A transitou em julgado no primeiro grau, o B no tribunal local e C em tribunal superior, teremos três prazos diversos a serem contados para a interposição da ação rescisória.[65]

No entanto, esse não é o entendimento do STJ, pois, para esse tribunal, o prazo para interposição da ação rescisória só tem sua contagem iniciada do trânsito em julgado da última decisão existente no processo, não importando se houve capítulos não impugnados nas demais instâncias.

---

[65] Esse entendimento, inclusive, já é admitido pelos tribunais superiores, como é exemplo a súmula nº 100 do TRT: "(...) II - Havendo recurso parcial no processo principal, o trânsito em julgado dá-se em momentos e em tribunais diferentes, contando-se o prazo decadencial para a ação rescisória do trânsito em julgado de cada decisão, salvo se o recurso tratar de preliminar ou prejudicial que possa tornar insubsistente a decisão recorrida, hipótese em que flui a decadência a partir do trânsito em julgado da decisão que julgar o recurso parcial" (ex-Súmula nº 100 – alterada pela Res. 109/2001, DJ 20.4.2001)".
No mesmo sentido: STF, AR 903/SP, Pleno, Rel. Min. Cordeiro Guerra, j. 17.6.1982, DJU 17.9.1982, p. 9097; AI 393.992/DF, Rel. Min. Sepúlveda Pertence, j. 30.5.2004, DJ 30.8.2004, p. 42.

Inclusive, esse tribunal que já havia definido esse entendimento em 2005, recentemente editou uma súmula, a de nº 401, afirmando que "O prazo decadencial da ação rescisória só se inicia quando não for cabível qualquer recurso do último pronunciamento judicial".

Para tanto afirma que: (a) como o direito de ação, o processo e a sentença são unos, só poderá haver o trânsito em julgado quando todos os pontos controvertidos estiverem resolvidos; (b) a admissão do trânsito em julgado progressivo geraria insegurança e atrasos na resolução da lide.

Quanto ao ponto (a), tratamos no tópico 3; já em relação ao ponto (b), temos, na verdade, um entendimento diametralmente oposto, pois, na verdade, tal admissão iria conspirar para uma maior celeridade e efetividade processuais, pois a parte que deseje rescindir um capítulo com trânsito em julgado anteriormente a outro não teria que esperar até a resolução de todos os pontos controvertidos.

Ademais, demonstrando a incoerência desse entendimento, o próprio STJ tem admitido a possibilidade da execução definitiva de parcela incontroversa, inclusive admitindo que houve o trânsito em julgado do capítulo não impugnado.[66] Ora, esse entendimento do STJ atenta contra a ordem e coerência do ordenamento jurídico, pois ora admite o trânsito em julgado progressivo, ora não o admite. Mesmo que se perquira alguma conexão entre esses dois entendimentos, teria que se admitir a execução definitiva sem haver o trânsito em julgado da decisão!

Um questionamento de ordem prática ainda não enfrentado e que pode gerar forte óbice à efetividade processual seria no caso de haver determinado capítulo não impugnado que se encaixe em uma das hipóteses de rescisão elencadas no art. 485 do CPC. Em outros termos, em uma ação de danos materiais cumulada com danos morais, há impugnação parcial apenas em relação aos danos morais.

No entanto, percebe a parte que, no ponto referente aos danos materiais, houve violação literal de lei, sendo cabível ação rescisória com fulcro no art. 485, V do CPC. A partir do entendimento do STJ, teria a parte que esperar a última decisão referente ao outro capítulo para poder interpor a ação rescisória.

Enquanto isso, teria de arcar com uma execução definitiva, correndo o risco de, quando tiver ocorrido o trânsito em julgado do capítulo de danos materiais, ter sofrido grandes danos causados pelo procedimento executivo.

Outra desvantagem desse entendimento é trazida por Ana Paula Schoriza ao afirmar que esta definição do início do prazo apenas ao fim de todos os recursos violaria frontalmente o princípio da isonomia. Tal se daria pois, "enquanto uma parte tem dois anos para impugnar por meio de ação a sentença (acórdão), a outra pode

---

[66] Administrativo e processual civil. Execução de sentença proferida em sede de ação coletiva. Sindicato. Reajuste de 28.86%. Direito reconhecido em acórdão proferido pelo TRF-1ª R. Impugnação parcial. Trânsito em julgado. Execução da parte não impugnada. Possibilidade. Natureza definitiva.
1. Nos termos do art. 587 do CPC, é definitiva a execução de parte de decisão judicial que não foi objeto de recursos ordinários ou extraordinários na fase de conhecimento, em face da ocorrência do trânsito em julgado da parte da sentença não impugnada. Precedentes.
2. É de ser reconhecida a ocorrência do trânsito em julgado da parte do acórdão proferido na Ação Coletiva 97.0004375-4 ajuizada pelo Sindisprev/RS, que ora se pretende executar, em que foi reconhecido o direito dos substituídos ao reajuste de 28.86%, já que, conforme se depreende da leitura da certidão narratória o recurso extraordinário não afeta a situação jurídica já definida dos exequentes.
3. Agravo desprovido (STJ, AgRg no REsp 872.874, 5ª Turma, Rel. Min. Laurita Vaz, j. 20.3.2007, *DJ* 14.5.2007).

ter seis, oito, dez anos, dependendo do número e do tempo que levará o recurso para ser julgado".[67]

A maioria da doutrina aponta para a possibilidade do trânsito em julgado parcial,[68] o qual possibilitaria a execução definitiva do capítulo não impugnado. No entanto, Guilherme Puchalski aponta para sua impossibilidade, pois, seguindo entendimento do STJ, afirma que os pontos não impugnados apenas tornam-se preclusos, não formando a coisa julgada material.[69] Nunca é demais ressaltar: seguir esse entendimento é atentar contra a efetividade processual, pois assim não seria admissível a execução definitiva do capítulo não impugnado.

Por fim, algumas ressalvas devem ser efetuadas no caso de capítulos dependentes, pois estes acompanham o destino do principal, não havendo a possibilidade do trânsito em julgado destes anteriormente ao do principal. Sendo assim, nesses casos em que o recurso seja aparentemente parcial, quando a parte recorra do pedido principal, mas não dos juros, entende-se que o recurso foi total, pois o capítulo de juros está subordinado ao principal.[70]

7 Conclusão

A proposta do presente texto foi no sentido de ressaltar a importância do estudo da teoria dos capítulos de sentença e demonstrar algumas de suas consequências práticas — no caso em estudo, especialmente da ação rescisória —, uma vez que esta teoria não é apenas mais uma "invenção" da doutrina, mas uma maneira de tornar o processo mais efetivo.

Para tanto, chegamos a algumas conclusões que a seguir elencamos:
1. Quanto ao instituto da competência, esse é um limitador da jurisdição dos juízes, assim, em principal, no caso da incompetência absoluta, não pode haver prorrogação e nem ampliação da competência definida pela legislação.
2. A competência da ação rescisória é caso de competência absoluta, uma vez que trata de interesse público, assim, devem ser observadas as regras acima elencadas.
3. A teoria dos capítulos de sentença versa sobre a possibilidade de a sentença estar dividida em diversos pontos independentes ou não e, havendo apenas

---

[67] AZEVEDO, Ana Paula Schoriza Bueno de. Capítulos da sentença: como o STJ tem se posicionado sobre o termo inicial para a contagem do prazo da ação rescisória?. *REPRO*, São Paulo, n. 176, ano 34, out. 2009. p. 213.

[68] CARNEIRO. *Ação rescisória...*, op. cit.; CUNHA. *Termo inicial...*, op. cit., p. 225-226; ARAÚJO, José Henrique Mouta. *Coisa julgada progressiva e resolução parcial do mérito*. Curitiba: Juruá, 2008. p. 380-385; SOUZA JUNIOR, Sidney Pereira de. *Sentenças parciais no processo civil*: consequências no âmbito recursal. Rio de Janeiro: Forense; São Paulo: Método. 2009. p. 196; GARCIA, op. cit., p. 52.

[69] Op. cit., p. 240-241. Também discordando da possibilidade de formação da coisa julgada parcial (MALLET, Estevão. Prefácio à obra. *In*: GARCIA, Gustavo Filipe Barbosa, *Coisa julgada: novos enfoques no direito processual, na jurisdição metaindividual e nos dissídios coletivos*. São Paulo: Método, 2007. p. 11.

[70] No mesmo sentido: CARDOSO, Oscar Valente. Capítulos de sentença, coisa julgada progressiva e prazo para ação rescisória. *In: Revista Dialética de Direito Processual Civil*, São Paulo, n. 70, p. 79-80, jan. 2009; Ainda Barbosa Moreira: "Cumpre ressalvar que os capítulos meramente acessórios de algum outro ficam abrangidos pela impugnação relativa ao capítulo principal, mesmo que o recorrente silencie a respeito deles" (MOREIRA. *Comentários...*, op. cit., p. 356).

recurso parcial, haverá o trânsito em julgado dos pontos não impugnados por força do efeito devolutivo, que limita a cognição do órgão *ad quem*.
4. Quando há o trânsito em julgado progressivo, a competência da ação rescisória será múltipla, cabendo a cada tribunal processar a ação rescisória da decisão proferida.
5. Também, em relação ao prazo da ação rescisória, tem-se a influência do trânsito em julgado, pois, ao contrário do entendimento do STJ, o prazo para sua interposição inicia do trânsito em julgado da decisão que se almeje rescindir e não apenas a partir do último capítulo que transite em julgado.
6. Assim, apresentadas as posições supra, conquanto a doutrina já tenha absorvido a teoria dos capítulos de sentença, tal aceitação ainda se mostra um tanto quanto vacilante por parte dos tribunais superiores. Espera-se que tal situação passe a mudar, uma vez que, no presente texto, almejou-se demonstrar que a sua adoção é capaz de gerar mais celeridade e efetividade no processo, objetivos esses que têm sido cada vez mais buscado no processo moderno.

Referência

AFATLIÓN, Enrique R.; OLANO, Fernando Garcia; VILANOVA, José. *Introducción al derecho*. 5. ed. Buenos Aires: Libreria el Ateneo, 1956.

ARAÚJO, José Henrique Mouta. *Coisa julgada progressiva e resolução parcial do mérito*. Curitiba: Juruá, 2008.

ARAÚJO, José Henrique Mouta. Notas sobre o efeito substitutivo do recurso e seu reflexo na ação rescisória. *REPRO*, São Paulo, n. 145, ano 32, mar. 2007.

ASSIS, Araken de. *Cumulação de ações*. 4. ed. São Paulo: Revista dos Tribunais, 2002.

ASSIS, Araken de. *Manual de recursos*. 2. ed. São Paulo: Revista dos Tribunais, 2008.

AZEVEDO, Ana Paula Schoriza Bueno de. Capítulos da sentença: como o STJ tem se posicionado sobre o termo inicial para a contagem do prazo da ação rescisória?. *REPRO*, São Paulo, n. 176, ano 34, out. 2009.

BARIONI, Rodrigo. Observações sobre o procedimento da ação rescisória. *In*: NERY JÚNIOR, Nelson; WAMBIER, Teresa Arruda Alvim (Org.). *Aspectos polêmicos e atuais dos recursos cíveis e de outras formas de impugnação às decisões judiciais*. São Paulo: Revista dos Tribunais, 2006. v. 10.

BEBBER, Júlio César. Recurso parcial e formação gradual da coisa julgada sob o enfoque dos capítulos de sentença. *RDT*, São Paulo, n. 134, ano 35, abr./jun. 2009.

BONICIO, Marcelo José Magalhães. Novos perfis da sentença civil: classificação, estrutura, capítulos, efeitos e coisa julgada. *Revista Dialética de direito processual*. n. 53. ago. 2007.

BUENO, Cassio Scarpinella. *Curso sistematizado de direito processual civil*: recursos, processos e incidentes nos tribunais, sucedâneos recursais: técnicas de controle das decisões jurisdicionais. São Paulo: Saraiva, 2008. v. 5.

BUENO, Cassio Scarpinella. *In*: MARCATO, Antonio Carlos (Org.). *Código de Processo civil interpretado*. 3. ed. São Paulo: Atlas, 2006.

CÂMARA, Alexandre Freitas. *Ação rescisória*. Rio de Janeiro: Lumen Juris, 2007.

CANOTILHO, J.J. Gomes. *Direito constitucional e teoria da Constituição*. 3. ed. Coimbra: Almedina, 1999.

CARDOSO, Oscar Valente. Capítulos de sentença, coisa julgada progressiva e prazo para ação rescisória. *Revista Dialética de Direito Processual Civil*. São Paulo, n. 70, jan. 2009.

CARNEIRO, Athos Gusmão. Ação rescisória, biênio decadencial e recurso parcial. Disponível em: <www.abdpc.org.br>. Acesso em: 20 dez. 2009.

CARNEIRO, Athos Gusmão. Jurisdição e competência. 15. ed. São Paulo: Saraiva, 2007.

COSTA, Coqueijo. Ação rescisória. São Paulo: LTr, 1993.

CUNHA, Leonardo José Carneiro da. O §6º do art. 273 do CPC: tutela antecipada parcial ou julgamento antecipado parcial da lide?. Revista Dialética de Direito Processual Civil, São Paulo, n. 1, abr. 2003.

CUNHA, Leonardo José Carneiro da; DIDIER JUNIOR, Fredie. Curso de direito processual civil: meios de impugnação às decisões judiciais e processo nos tribunais. 7. ed. Salvador: JusPodivm, 2009. v. 3.

CUNHA, Leonardo José Carneiro da; DIDIER JUNIOR, Fredie. Jurisdição e competência. São Paulo: Revista dos Tribunais, 2008.

CUNHA, Leonardo José Carneiro da; DIDIER JUNIOR, Fredie. Termo inicial do prazo para ajuizamento da ação rescisória, capítulos de sentença e recurso parcial (RESP 415.586-DF - STJ). REPRO, São Paulo, n. 120, ano 30, fev. 2005.

DIDIER JUNIOR, Fredie. Curso de direito processual civil: teoria geral do processo e processo de conhecimento. 10. ed. Salvador: JusPodvim, 2008. v.1.

DIDIER JUNIOR, Fredie. Inovações na antecipação dos efeitos da tutela e a resolução parcial de mérito. REPRO. São Paulo, n. 110, ano 28, abr./jun. 2003.

DINAMARCO, Cândido Rangel. A instrumentalidade do processo. 12. ed. São Paulo: Malheiros, 2005.

DINAMARCO, Cândido Rangel. Ação rescisória contra decisão interlocutória, In: DINAMARCO, Cândido Rangel. Nova era do processo civil. 3. ed. São Paulo: Malheiros, 2009.

DINAMARCO, Cândido Rangel. Capítulos de sentença. 4. ed. São Paulo: Malheiros, 2009.

FONSECA, João Francisco Naves da. Efeito devolutivo na apelação e questões de ordem pública. RBDPro, Belo Horizonte, ano 16, n. 64, p. 85-98, out./dez. 2008.

GARCIA, Gustavo Filipe Barbosa. Coisa julgada de capítulos autônomos da sentença. In: GARCIA, Gustavo Filipe Barbosa. Coisa julgada: novos enfoques no direito processual, na jurisdição metaindividual e nos dissídios coletivos. São Paulo: Método, 2007.

GOMES FILHO, Antonio Magalhães; FERNANDES, Antonio Scarance; PELLEGRINI, Ada. Recurso no processo penal: teoria geral dos recursos, recursos em espécie, ações de impugnação. São Paulo: Revista dos Tribunais, 1996.

JORGE, F. Cheim. Teoria geral dos recursos cíveis. Rio de janeiro: Forense, 2003.

KLIPPEL, Rodrigo. Ação rescisória: teoria e prática. Niterói: Impetus, 2008.

KOEHLER, Frederico. A razoável duração do processo. Salvador: JusPodivm, 2009.

LIMA, Arnaldo Esteves; DYRLUND, Poul Erik. Ação rescisória. 3. ed. Rio de Janeiro: Forense Universitária, 2008.

LUCON, Paulo Henrique dos Santos. Efeitos imediatos da decisão e impugnação parcial e total. In: ALVIM, Eduardo Pellegrini de Arruda, NERY JUNIOR, Nelson; WAMBIER, Teresa Arruda Alvim (Coord.). Aspectos polêmicos e atuais dos recursos. São Paulo: Revista dos Tribunais, 2000.

MALLET, Estevão. Prefácio à obra. In: GARCIA, Gustavo Filipe Barbosa, Coisa julgada: novos enfoques no direito processual, na jurisdição metaindividual e nos dissídios coletivos. São Paulo: Método, 2007.

MARINONI, Luiz Guilherme. Antecipação de tutela. 10. ed. São Paulo: Revista dos Tribunais. 2008.

MARINONI, Luiz Guilherme; ARENHART, Sérgio Cruz. Curso de processo civil: processo de conhecimento, 6. ed. São Paulo: Revista dos Tribunais, 2007. v. 2.

MEDEIROS. Maria Lúcia L. C. de. Anotações sobre a competência para julgar ação rescisória. In: MEDINA, José Miguel Garcia et al. (Coord.). Os poderes do juiz e o controle das decisões judiciais. São Paulo: Revista dos Tribunais, 2008.

MITIDIERO, Daniel. *Processo civil e estado constitucional*. Porto Alegre: Livraria do Advogado, 2007.

MOREIRA, José Carlos Barbosa. *Comentários ao Código de Processo Civil*. 15. ed. Rio de Janeiro: Forense, 2009. v. 5.

MOREIRA, José Carlos Barbosa. *O novo processo civil*. 25. ed. Rio de Janeiro: Forense, 2005.

MOREIRA, José Carlos Barbosa. Sentença objetivamente complexa, trânsito em julgado e rescindibilidade. *In*: NERY JUNIOR, Nelson; WAMBIER, Teresa Celina de Arruda Alvim (Org.). *Aspectos polêmicos dos recursos cíveis e assuntos afins*. São Paulo: Revista dos Tribunais, 2007. v. 11.

NEGRÃO, Theotonio; GOUVÊIA, José Roberto Ferreira. *Código de Processo Civil e legislação processual em vigor*. 37. ed. Atual. até 10 fev. 2005. São Paulo : Saraiva, 2005.

NERY JUNIOR, Nelson; NERY, Rosa Maria Andrade. *Código de Processo Civil comentado e legislação extravagante*. 9. ed. São Paulo: Revista dos Tribunais, 2006. v. 1.

NERY JUNIOR, Nelson; NERY, Rosa Maria Andrade. *Princípios do processo na Constituição Federal*: processo civil, penal e administrativo. 9. ed. São Paulo: Revista dos Tribunais, 2009.

NERY JUNIOR, Nelson; NERY, Rosa Maria Andrade. *Teoria geral dos recursos*, 6. ed. São Paulo: Revista dos Tribunais, 2004.

NORATO, Ester Camila Gomes. O efeito translativo nos recursos extraordinários *latu* sensu. *Revista Brasileira de Direito Processual – RBDPro*, Belo Horizonte, ano 15, n. 59, jul./set. 2007.

OLIVEIRA, Gledson Kleber Lopes de. *Apelação no direito processual civil*. São Paulo: Revista dos Tribunais, 2009.

OLIVEIRA, Gledson Kleber Lopes de. Novos contornos do efeito devolutivo do recurso de apelação. *In*: FUX, Luiz; NERY JUNIOR, Nelson; WAMBIER, Teresa Arruda Alvim (Org.). *Processo e Constituição*: estudos em homenagem ao professor José Carlos Barbosa Moreira. São Paulo: Revista dos Tribunais, 2006.

OLIVEIRA. Carlos Alberto Alvaro de. *Do formalismo no processo civil*. 3. ed. São Paulo: Saraiva, 2009.

PASSOS, José Joaquim Calmon de Passos. *Comentários ao Código de Processo Civil*. 9. ed. Rio de Janeiro: Forense, 2005.

PONTES DE MIRANDA, Francisco Cavalcanti. *Tratado da ação rescisória*. Campinas: Bookseller, 1998.

RIZZI, Sergio. *Ação rescisória*. São Paulo: Revista dos Tribunais, 1979.

SANTOS, Amaral, *Primeiras linhas de direito processual civil*. 16. ed. São Paulo: Saraiva, 2008. v.1.

SOUZA JUNIOR, Sidney Pereira de. *Sentenças parciais no processo civil*: consequências no âmbito recursal. Rio de Janeiro: Forense; São Paulo: Método. 2009.

TEIXEIRA, Guilherme Puchalski. *Sentenças objetivamente complexas*: impossibilidade do trânsito em julgado parcial. *REPRO*, São Paulo, n. 162, ano 32, ago. 2008.

WAMBIER, Teresa Arruda Alvim. *Recurso especial, recurso extraordinário e ação rescisória*. 2. ed. São Paulo: Revista dos Tribunais, 2008.

YARSHELL, Flávio Luiz. *Ação rescisória*. São Paulo: Malheiros, 2005.

Informação bibliográfica deste livro, conforme a NBR 6023:2002 da Associação Brasileira de Normas Técnicas (ABNT):

PEIXOTO, Ravi de Medeiros. A ação rescisória e a problemática dos capítulos de sentença. *In*: CUNHA, Leonardo Carneiro da (Coord.). *Questões atuais sobre os meios de impugnação contra decisões judiciais*. Belo Horizonte: Fórum, 2012. p. 207-227. ISBN 978-85-7700-580-2.

O CABIMENTO DA AÇÃO RESCISÓRIA NOS JUIZADOS ESPECIAIS FEDERAIS

ROBERTO CORTE REAL CURRA

1 Introdução

O Cabimento da Ação Rescisória nos Juizados Especiais Federais, tema a ser abordado no presente artigo trata, absolutamente, acerca de um assunto de incalculável relevância no contexto do processo civil brasileiro, a partir do momento em que, assim como todo ato jurídico, a sentença também está sujeita a vícios invalidantes. Estes, por sua vez, são impugnáveis através de recurso (se na mesma relação jurídica processual), ou, se em outra relação jurídica processual, pela chamada ação rescisória, quando já há coisa julgada do que fora decidido e, portanto, impossibilidade de modificação, no mesmo processo, de sentença viciada.[1] Deste modo, a ação rescisória se traduz em "uma ação autônoma de impugnação, constitutiva negativa ou desconstitutiva de direito, destinada a rescindir sentença ou acórdão transitado em julgado".[2]

Os Juizados Especiais, por sua vez, foram criados em meio ao afã por uma prestação jurisdicional rápida e eficaz, por força do artigo 98, I, da Constituição da República, cuja regulamentação se deu com a instituição da Lei nº 9.099/95 — que trata dos Juizados Especiais —, tema que fora anteriormente disciplinado pela Lei nº 7.244/84 – Lei dos Juizados Especiais de Pequenas Causas. Pelo diploma de 1995, foram definidas as normas para julgamento e execução de causas cíveis e criminais de menor complexidade. Posteriormente, com o acréscimo de parágrafo único ao artigo

---

[1] SOUZA, André Luis Rodrigues de. *Da absoluta inconstitucionalidade do artigo 59 da Lei nº 9.099/95, que veda ação rescisória a nível de juizados especiais cíveis*. Disponível em: <http://www.facs.br/revistajuridica/edicao_fevereiro2001/corpodiscente/pos-graduacao/inconstitucionalidade.htm>. Acesso em: 10 nov. 2009.

[2] CARLOTTO, Daniele Carvalho. *Ação rescisória*: o cabimento da ação rescisória nos juizados especiais federais frente à Constituição Federal de 1988. Disponível em: <http://bdjur.stj.gov.br/xmlui/handle/2011/18212>. Acesso em: 5 jan. 2010.

98 de nossa Carta Federal, foi possível a criação dos Juizados Especiais Federais, com a promulgação da Lei nº 10.259/01. Esta lei não explicita se é possível ou não o uso da ação rescisória, em âmbito de competência dos referidos Juizados, sendo utilizado, subsidiariamente, para a regulamentação da matéria, o conteúdo do artigo 59, da Lei nº 9.099/95, o qual não admite que se proponha ação rescisória no procedimento dos juizados por estes buscarem um rito mais célere e de duração mais razoável.

Desse modo, a questão abordada tem se apresentado cada vez mais relevante, uma vez que não existe qualquer explicação para que, uma vez respeitados os limites de instâncias, as decisões proferidas pelos juízes singulares ou pelas turmas recursais sejam mais rígidas do que aquelas proferidas pelos juízes estaduais ou tribunais, visto que todo o complexo de sentenças deve, em princípio, obedecer aos requisitos do artigo 98, inciso III, de nossa Carta Constitucional, não havendo fundamento para uma diferenciação.

Diante do afastamento dessa alternativa (a de que uma sentença é mais rígida que outra), não sobeja outra conclusão senão a de que tal desiderato foi apenas concebido com o fito de resguardar a celeridade processual, e deste modo, fez-lhe mal. Pela conjuntura que pede um processo legal célere, por que não conferir no seio dos Juizados Especiais certo grau de segurança jurídica por meio da ação rescisória, mesmo que pelo exíguo prazo de dois anos, em prejuízo da rapidez processual? É razoável imperar uma sentença ligeira mesmo que contaminada pelos vícios taxados no artigo 485 do CPC? Será que é legítima a imposição de imutabilidade de uma sentença em detrimento de princípios garantidos em nossa Constituição Federal?

Tem-se, portanto, que a análise da matéria passa necessária e inicialmente pelo exame da constitucionalidade da regra do artigo 59 da Lei n° 9.099/95 — não afastada pela Lei n° 10.259/01 —, na medida em que veda a possibilidade de ações rescisórias no âmbito dos julgados proferidos pelos Juizados Especiais Federais. E acaso se reconheça a possibilidade de utilização do instituto da ação rescisória, se saber de quem seria a competência para o julgamento, na medida em que a alínea "b" do inciso I do artigo 108 da Carta Maior estabelece ser dos Tribunais Regionais Federais a competência para o julgamento de ações rescisórias "contra sentenças" proferidas por magistrados federais.[3]

O assunto é, portanto, alvo de recorrentes discussões nos Tribunais Superiores do Brasil, uma vez que ainda não foi consolidado um entendimento jurisprudencial e doutrinário sobre o cabimento ou não da ação rescisória contra julgado de Juizados Especiais Federais, como também sobre o órgão competente para o seu julgamento.

2 Coisa julgada e ação rescisória

A coisa julgada é o mecanismo que garante o fim do processo e a imutabilidade do ato decisório, integrando o conteúdo do direito fundamental à segurança jurídica, assegurado no Estado Democrático de Direito, em nosso ordenamento jurídico. É importante salientar que a coisa julgada não garante a justiça da decisão, mas tão somente garante a segurança, impondo a definitividade da solução judicial no que

---

[3] FISCHER, Douglas. *É possível ação rescisória de decisões proferidas pelos juizados especiais federais?*. Disponível em: <http://www.tex.pro.br/wwwroot/05de2005/epossivel_dougalsfischer.html>. Acesso em: 03 jan. 2010.

diz respeito à situação jurídica que lhe foi submetida.[4] No direito brasileiro, a coisa julgada pode ser desconstituída por três meios: a querela nullitatis, a impugnação de sentença fundada no §1º do artigo 475-L e no parágrafo único do artigo 741 do CPC, como também pela ação rescisória.

O limite da coisa julgada restringe-se somente aos elementos da ação finda, ou seja, suas partes, causa de pedir e pedido, sem se estender a questões ligadas a tais elementos, mas não discutidas nem decididas no processo.

Sobre os limites da coisa julgada:

> O art. 486 do Código de Processo Civil explicita que a sentença tem força de lei, ou seja, faz coisa julgada, nos limites da lide e das questões decididas, o que impede a propositura de ação idêntica, com as mesmas partes, causa de pedir e pedido' (REsp 861270/PR, 2ª Turma do STJ, rel. Ministro Castro Meira, j. 5.10.2006, em transcrição parcial).

> Em observância à estabilidade das relações jurídicas, todas as questões que as partes poderiam suscitar no processo de conhecimento têm-se como deduzidas e decididas, com a superveniência do trânsito em julgado da sentença, o que se denomina efeito preclusivo da coisa julgada. Inteligência dos arts. 467, 468 e 474 do CPC' (Pet 2516/DF, 3ª Seção do STJ, rel. Ministro Arnaldo Esteves Lima, j. 8.11.2006, DJ, 20 nov.2006, em transcrição parcial).[5]

É necessário recordar que, normalmente, somente a parte dispositiva do julgamento é atingida pela coisa julgada, criando o que se chama de *norma jurídica individualizada*. A norma individualizada, portanto, não compreende as razões que levaram o julgador a proferir tal resposta, importando-se a lei tão somente com a premissa coberta pela *res iudicata*.

Portanto, é "contra" sentença de mérito transitada em julgado ou "contra" a *norma jurídica individualizada* que será utilizada a ação rescisória, funcionando como instrumento extraprocessual, não tendo natureza recursal.

Segundo o entendimento de Tucci:

> Nos sistemas processuais contemporâneos, a sentença de mérito, mesmo depois de adquirir a autoridade de coisa julgada material, pode ainda ser revogada em hipóteses excepcionais. Costuma-se justificar esta técnica na necessidade de prevalência de um interesse que transcende aquele das partes à realização de justiça, uma vez que a decisão definitiva poderá apresentar um vício tão nocivo à ordem pública que propicia a sua revogação inclusive após ter-se operado a preclusão dos prazos para a interposição de quaisquer recursos. Os mecanismos processuais instituídos para esse fim são tradicionalmente de duas espécies — ação autônoma ou recurso — ambos considerados de natureza especial em razão de seu escopo, que se destaca das vias ordinárias de impugnação e supera o da generalidade das ações.[6]

---

[4] DIDIER JUNIOR, Fredie; BRAGA, Paulo Sarna; OLIVEIRA, Rafael. *Curso de direito processual civil*: teoria da prova, direito probatório, teoria do precedente, decisão judicial, coisa julgada e antecipação dos efeitos da tutela. 4. ed. Salvador: Juspodivm, 2009. p. 407.

[5] MONTENEGRO FILHO, Misael. *Código de Processo Civil*: comentado e interpretado. São Paulo: Atlas, 2008. p. 502.

[6] TUCCI, José Rogério Cruz e. *A causa petendi no processo civil*. 2. ed. São Paulo: Revista dos Tribunais, 2001. p. 257.

A ação rescisória consiste, em resumo, na "ação por meio da qual se pede a desconstituição de sentença trânsita em julgado, com eventual rejulgamento, a seguir, da matéria nela julgada".[7] A competência no caso de processamento e julgamento da referida ação resume-se na seguinte ideia: os tribunais julgam as ações rescisórias de seus próprios julgados.[8]

Entende o aclamado jurista Pontes de Miranda que:

> A concepção da ação rescisória como ação, e não como recurso, permite o prazo após a coisa julgada formal e sem as limitações temporais dos recursos. O que mais importa para o direito é a segurança dos seus fins. A ação rescisória visa à correção do julgado quando há, ou já há, incorrigibilidade.[9]

Quanto ao cabimento da referida ação, estabelece o Código de Processo Civil, em seu artigo 485, de forma taxativa, as hipóteses em que se admite a ação rescisória: (a) ao se verificar que a sentença foi dada mediante prevaricação, concussão ou corrupção do juiz; (b) em sentença que for proferida por juiz impedido ou absolutamente incompetente; (c) quando resultar de dolo da parte vencedora em detrimento da parte vencida ou de colusão entre as partes, a fim de fraudar a lei; (d) quando ocorrer afronta a coisa julgada; (e) quando a sentença transgredir literal disposição de lei; (f) quando acontecer de a sentença se edificar em prova, cuja falsidade tenha sido apurada em processo criminal ou seja provada na própria ação rescisória; (g) quando, após a sentença, o autor obtiver documento novo, cuja existência desconhecia, ou de que não pôde fazer uso, capaz, por si só, de lhe assegurar pronunciamento favorável; (h) quando houver embasamento para invalidar confissão, desistência ou transação, em que se baseou a sentença; (i) quando edificada em erro de fato, resultante de atos ou documentos da causa.

No que diz respeito a posicionamentos jurisprudenciais sobre a forma taxativa como são dispostas as hipóteses de cabimento da ação rescisória, temos que:

> Não estando presente uma das hipóteses elencadas no art. 485 do CPC, inviável a pretensão rescisória com escopo único de reexaminar a controvérsia' (Ação Rescisória 70016405599, 8º Grupo de Câmaras Cíveis do TJRS, rel. Des. Vicente Barrôco de Vasconcelos, j. 13.4.2007).

> A procedência do pedido rescisório exige o enquadramento da situação nas hipóteses elencadas pelo art. 485 do Código de Processo Civil (Resp 656103/DF, 4ª Turma do STJ, rel. Ministro Jorge Scartezzini, j. 12.12.2006).[10]

Vê-se, portanto, que a ação rescisória

---

[7] MOREIRA, José Carlos Barbosa. *Comentários ao Código de Processo Civil*. Rio de Janeiro: Forense, 2006. v. 5. p. 100.
[8] CUNHA, Leonardo José Carneiro da; DIDIER JUNIOR, Fredie. *Curso de direito processual civil*: meios de impugnação às decisões judiciais e processo nos tribunais. 7. ed. Salvador: Juspodivm, 2009. p. 374.
[9] PONTES DE MIRANDA, Francisco Cavalcanti. *Tratado da ação rescisória*. Campinas: Bookseller, 2003. p. 141.
[10] MONTENEGRO FILHO, Misael. *Código de Processo Civil*: comentado e interpretado. São Paulo: Atlas, 2008. p. 537.

serve ao desfazimento da coisa julgada material, quer por motivos de invalidade (art. 485, II e IV, p. ex.), quer por motivos de injustiça (art. 485, VI e IX, p. ex.). Não se deve, pois, estabelecer uma relação necessária entre os defeitos processuais e a ação rescisória, pois esta tem espectro mais amplo.[11]

Além das condições usuais de toda e qualquer ação — interesse de agir, legitimidade das partes e possibilidade jurídica do pedido —, a ação rescisória requer a presença de dois pressupostos específicos, quais sejam: a confirmação de que a sentença combatida resolveu o mérito; a confirmação de que o pronunciamento transitou em julgado, não comportando ataque através de recurso (instrumento endoprocessual).[12]

Deste modo, afirma-se que o "instrumento tecnicamente adequado para rescindir todo e qualquer julgado é a ação rescisória, abandonando-se as criações que admitem o mandado de segurança e as cautelares inominadas com efeitos rescisórios"[13] corriqueiramente utilizados nos Juizados Especiais Federais.

3 Cabimento da ação rescisória nos Juizados Especiais Federais

Os Juizados Especiais Federais (JEFs) tiveram sua criação após a modificação do artigo 98 de nossa Carta Federal com a inclusão de um parágrafo único, decorrente do advento da emenda constitucional nº 22, de 18 de março de 1998, depois de forte pressão da sociedade e de vários setores do Poder Judiciário.

A Lei dos Juizados Especiais Federais, Lei nº 10.259/01, seguiu o caminho traçado tanto pela Lei dos Juizados de Pequenas Causas (Lei nº 7.244/84) como pela Lei dos Juizados Especiais (Lei nº 9.099/95), ao buscar, de todo modo, simplificar o rito processual com o intuito de solucionar conflitos com a maior celeridade possível, sendo promulgada em meio ao afã de uma prestação jurisdicional rápida e eficaz. Por isso, "em vez de disciplinar em toda a sua extensão, os Juizados Especiais Federais, preferiu a Lei nº 10.259/01 determinar que a eles se aplique, no que não conflitar com ela (sic), o disposto na Lei nº 9.099/95",[14] como os critérios norteadores dos JEFs, presentes na Lei de 1995.

Após sua criação, os JEFs "demonstraram, de logo, a ampla possibilidade de se viabilizar um sistema mais ágil de concretização das tutelas jurisdicionais simplificadas, eis que no pólo passivo sempre estará um litigante, no caso a União ou um de seus entes autárquicos ou sob forma de empresas públicas federais",[15] ocorrendo, deste modo, uma grande repetição de litigantes, e as matérias discutidas sendo

---

[11] CUNHA, Leonardo José Carneiro da; DIDIER JUNIOR, Fredie. *Curso de direito processual civil*: meios de impugnação às decisões judiciais e processo nos tribunais. 7. ed. Salvador: Juspodivm, 2009. p. 361.
[12] MONTENEGRO FILHO, Misael. *Código de Processo Civil*: comentado e interpretado. São Paulo: Atlas, 2008. p. 536.
[13] OLIVEIRA, Eduardo Fernandes de. *Ação rescisória nos juizados especiais federais*. Disponível em: <http://www.agu.gov.br/sistemas/site/TemplateTexto.aspx?idConteudo=79952&ordenacao=28&id_site=1115>. Acesso em: 02 jan. 2010.
[14] ALVIM, José Eduardo Carreira; ALVIM, Luciana Gontijo Carreira. *Comentários à Lei dos Juizados Especiais Federais Cíveis*. 3. ed. Curitiba: Juruá, 2008. p. 15.
[15] CAVALCANTE, Mantovanni Colares. *Recursos nos juizados especiais*. 2. ed. São Paulo: Dialética, 2007. p. 105.

preponderantemente de direito (não comumente de fato e de direito, a exemplo dos Juizados Especiais Cíveis), possibilitando uma maior celeridade processual.

No que se refere ao funcionamento dos Juizados, André Ramos Tavares explicita o papel daqueles como um meio de solução célere dos litígios, e uma via de acesso facilitada ao Poder Judiciário:

> Assim, por meio desse novo conceito de justiça, permite-se um fácil e amplo acesso ao Judiciário, buscando-se ainda eliminar a lentidão da Justiça comum, pelo acolhimento completo dos modernos conflitos, que constituem, nas palavras de Kazuo Watanabe, uma "litigiosidade contida", ou, como quer Ovídio Baptista, identificados como "conflitos urbanos de massa".[16]

De acordo com o artigo 2º da Lei dos Juizados Especiais Federais, o processo em tais juizados será orientado pelos seguintes critérios: oralidade, simplicidade, informalidade, economia processual e celeridade; buscando por todos os meios a conciliação ou a transação. Segundo lição do processualista José Eduardo Carreira Alvim:

> A simplicidade, informalidade e celeridade são um particular modo de ser do processo dos juizados especiais e, portanto, verdadeiros critérios, mas a oralidade e a economia processual configuram autênticos princípios; aliás, o princípio da economia processual (ou princípio econômico) é do tipo ideológico, que não informa em especial um ou outro processo, mas, qualquer processo e qualquer ordenamento processual.[17]

Ora, é louvável a busca da celeridade processual, sem prejuízo de uma razoável duração do processo, tanto nos Juizados Especiais Cíveis, como nos Juizados Especiais Federais (ao adotar o artigo 2º da Lei nº 9.099/95). Entretanto, é necessária uma análise do quão importante é a celeridade processual e a razoável duração do processo em detrimento de outros princípios processuais e constitucionais.

No entendimento do processualista pernambucano Frederico Augusto Leopoldino Koehler, o principal objetivo do processo deve ser o respeito àqueles que se utilizam do instrumento jurisdicional, consistindo esse respeito "tanto em uma prestação jurisdicional segura quanto ágil, sem que se menoscabe a aplicação dos princípios do devido processo legal, da ampla defesa, do contraditório e da dialeticidade/discursividade como essenciais ao desenrolar do processo".[18] O não cabimento da ação rescisória no âmbito dos Juizados Especiais Federais obedece à proporcionalidade e ao equilíbrio explicitados acima?

Primeiramente,

> a Lei nº 7.244/84, em seu art. 54, proibia a ação rescisória nos Juizados de Pequenas Causas. Por sua vez, art. 59 da Lei n° 9.099/95 manteve o não cabimento de ação rescisória

---

[16] BASTOS, Celso Ribeiro; TAVARES, André Ramos. *As tendências do direito público no limiar de um novo milênio*. São Paulo: Saraiva, 2000. p. 185.

[17] ALVIM, José Eduardo Carreira; ALVIM, Luciana Gontijo Carreira. *Comentários à Lei dos Juizados Especiais Federais Cíveis*. 3. ed. Curitiba: Juruá, 2008. p. 18.

[18] KOEHLER, Frederico Augusto Leopoldino. *A razoável duração do processo*. Salvador: JusPodivm, 2009. p. 30.

nos Juizados Especiais Cíveis, criando uma figura de ficção no seio dos Juizados, pois nada mais é do que ficção acreditar, ingenuamente, que nos Juizados Especiais jamais ocorrerão as hipóteses do art. 485 do CPC.[19]

A Lei reguladora dos Juizados Especiais Cíveis, em seu artigo 59, incorporado pela Lei nº 10.259/01, traz: "Não se admitirá ação rescisória nas causas sujeitas ao procedimento instituído por esta Lei". Sendo assim, entende-se que, de forma tácita, é permitida, na esfera de jurisdição dos Juizados Especiais, a completa pujança e inflexibilidade da decisão corrompida, bem como, a nosso ver, estimula-se o juiz a conspirar com uma das partes em detrimento da outra, o que extrapola suas atribuições e configura abuso de poder, o ato tortuoso das partes para fraudar a lei, os julgamentos duplos sobre o mesmo objeto com afronta à coisa julgada anterior, o uso de provas caluniosas e falsas contra o outro litigante, a deliberação contra a veracidade dos fatos, o estelionato judicial, o vício de vontade na confissão, na desistência, como também na transação e no julgamento contrário a provas presentes nos autos, tudo isso sob a máscara da mais irrestrita irresponsabilidade criminal e civil dos autores dos atos ilícitos.

É impossível não concordar com a afirmação de Joel Dias Figueira Junior e Fernando da Costa Tourinho Neto, no que diz respeito à vedação da ação rescisória nos JEFs, dado que não são encontradas

> razões plausíveis para excluir a ação rescisória do elenco dos meios de impugnação contra as decisões proferidas nestes Juizados, porquanto não nos parece razoável admitir (seria até ingenuidade) que os juízes de primeiro grau ou os Colégios Recursais não incidirão jamais em quaisquer das hipóteses figuradas no art. 485, do CPC. [20]

Evidente que a incessante busca pela celeridade processual nos Juizados Especiais Federais trouxe uma nova problemática que deve ser amparada urgentemente pela legislação brasileira, a diminuição da segurança jurídica. Por vezes, vê-se que a ânsia por uma prestação jurisdicional célere provoca, no processo, o ofuscamento de alguns de seus princípios fundamentais, sendo bem verdade que

> a simplificação dos procedimentos e a restrição às vias recursais, para determinadas causas, assim como outras medidas tendentes a conferir celeridade à tramitação, não podem conduzir a uma queda na qualidade da prestação jurisdicional, tampouco violar o direito à ampla defesa e contraditório. É preciso ter-se presente, por exemplo, que as causas submetidas a procedimento sumário, ou de competência dos Juizados Especiais, *v.g.*, não constituem causas de segundo escalão ou segunda classe, cujo julgamento seja menos importante que as demais. [21]

---

[19] OLIVEIRA, Eduardo Fernandes de. *Ação rescisória nos juizados especiais federais*. Disponível em: <http://www.agu.gov.br/sistemas/site/TemplateTexto.aspx?idConteudo=79952&ordenacao=28&id_site=1115>. Acesso em: 02 jan. 2010.

[20] FIGUEIRA JUNIOR, Joel Dias; TOURINHO NETO, Fernando da Costa. *Juizados especiais estaduais cíveis e criminais*. 5. ed. São Paulo: Revista dos Tribunais, 2007. p. 367.

[21] SGARBOSSA, Luís Fernando; JENSEN, Geziela. *A Emenda Constitucional nº 45/04 e o princípio da celeridade ou brevidade processual*. Disponível em: <http://jus2.uol.com.br/doutrina/texto.asp?id=6676>. Acesso em: 07 jan. 2010.

Parece que o oposto do entendimento expressado por Geziela Jensen e Luiz Fernando Sgarbossa é que vem sendo incorporado no direito brasileiro, sendo a ideia de que os Juizados Especiais — Estaduais e Federais — funcionam para a resolução de lides de menor importância uma grande inverdade.

Não raramente, há quem preceitue que os processos em trâmite nos Juizados Especiais são de menor importância por terem uma expressão econômica de menor envergadura, mas não é o menor valor da causa que justifica uma instrução e julgamentos realizados de forma apressada, que não haja o devido cuidado quanto à apreciação dos fatos e do direito, objetos da lide em que é parte o jurisdicionado.[22]

É bem verdade que o grande desafio do processo civil brasileiro neste novo milênio é a conciliação dos valores da celeridade processual com os da segurança jurídica e da qualidade da prestação jurisdicional. Compartilha este entendimento o eminente processualista Frederico Koehler, quando afirma que "um combate entre as duas garantias fundamentais não teria vitoriosos. Na relação, por vezes conflituosa, entre a segurança jurídica e a celeridade, afinal, deve prevalecer sempre a razoabilidade, com o fito de atingir-se uma convivência harmônica entre ambas".[23]

4 A taxatividade do artigo 3º, §1º, da Lei nº 10.259/01

Quando foi criado, a partir do artigo 1º da Lei nº 10.259/01, o atrelamento entre os Juizados Especiais Federais e os Estaduais, este foi feito mediante recomendação aos analistas do direito acerca da cautela necessária em sua análise como também das suas incompatibilidades com a lei anterior. Reza o artigo supracitado: "São instituídos os Juizados Especiais Cíveis e Criminais Da Justiça Federal, aos quais se aplica, no que não conflitar com esta Lei, o disposto na Lei nº 9.099, de 26 de setembro de 1995".[24]

A ressalva presente no artigo 1º da Lei dos Juizados Especiais Federais evidencia que "ao intérprete cabe observar a noção sistêmica e aplicar as normas atentando para o fato de que, dentro do microssistema criado pela Lei nº 9.099/95, dos Juizados Especiais Estaduais, se inseriu a Lei nº 10.259/01, com o diferencial de que, no pólo passivo estará sempre um ente público federal".[25] É na peculiaridade exposta pelo artigo supracitado, na capacidade de distinguir o que é e o que não é compatível, que é evitada a confusão total.

Observemos o artigo 3º da Lei nº 10.259/01:

> Art. 3º Compete ao Juizado Especial Federal Cível processar, conciliar e julgar causas de competência da Justiça Federal até o valor de sessenta salários mínimos, bem como executar as suas sentenças.

---

[22] SGARBOSSA, Luís Fernando; JENSEN, Geziela. *A Emenda Constitucional nº 45/04 e o princípio da celeridade ou brevidade processual*. Disponível em: <http://jus2.uol.com.br/doutrina/texto.asp?id=6676>. Acesso em: 07 jan. 2010.
[23] KOEHLER, Frederico Augusto Leopoldino. *A razoável duração do processo*. Salvador: JusPodivm, 2009. p. 31.
[24] OLIVEIRA, Eduardo Fernandes de. *Ação rescisória nos juizados especiais federais*. Disponível em: <http://www.agu.gov.br/sistemas/site/TemplateTexto.aspx?idConteudo=79952&ordenacao=28&id_site=1115>. Acesso em: 06 jan. 2010.
[25] OLIVEIRA, Eduardo Fernandes de. *Ação rescisória nos juizados especiais federais*. Disponível em: <http://www.agu.gov.br/sistemas/site/TemplateTexto.aspx?idConteudo=79952&ordenacao=28&id_site=1115>. Acesso em: 06 jan. 2010.

§1º Não se incluem na competência do Juizado Especial Cível as causas:

I - referidas no art. 109, incisos II, III e XI, da Constituição Federal, as ações de mandado de segurança, de desapropriação, de divisão e demarcação, populares, execuções fiscais e por improbidade administrativa e as demandas sobre direitos ou interesses difusos, coletivos ou individuais homogêneos;

II - sobre bens imóveis da União, autarquias e fundações públicas federais;

III - para a anulação ou cancelamento de ato administrativo federal, salvo o de natureza previdenciária e o de lançamento fiscal;

IV - que tenham como objeto a impugnação da pena de demissão imposta a servidores públicos civis ou de sanções disciplinares aplicadas a militares.

§2º Quando a pretensão versar sobre obrigações vincendas, para fins de competência do Juizado Especial, a soma de doze parcelas não poderá exceder o valor referido no art. 3º, caput.

§3º No foro onde estiver instalada Vara do Juizado Especial, a sua competência é absoluta.[26]

Competência, de acordo com o Professor Leonardo José Carneiro da Cunha, é a distribuição que autoriza e limita o exercício do poder no caso concreto, sendo ela o poder jurisdicional pertencente, *in concreto*, a cada órgão judicial,[27] corrobora também este entendimento o processualista José Eduardo Carreira Alvim, ao afirmar que "destarte, todos os juízes têm jurisdição, mas nem todos têm competência para processar e julgar todas as causas. Se nenhuma lei impõe restrições ao exercício da jurisdição, o juiz pode julgar de tudo".[28] Contudo, se lhe é conferido o poder de julgar somente algumas causas, sua jurisdição é limitada pela competência.

Portanto, fora da competência de julgamento dos Juizados Especiais Federais estão as causas que contenham Estado estrangeiro, tratados da União, direitos indígenas, mandados de segurança, desapropriação, ações populares, execuções fiscais e por improbidade administrativa, que digam respeito a direitos e interesses difusos, coletivos e individuais homogêneos, dentre tantas outras elencadas no artigo acima exposto. Deste modo, "as ações impedidas de serem ajuizadas, estipuladas por *numeus clausus* na letra do artigo 3º da Lei nº 10.259/01, determinaram os limites da aplicação do preceito normativo inserido no artigo 1º da mesma lei e sua hipótese de incidência".[29]

Desta feita, entendemos que o artigo analisado foi editado *taxationis causa*, ou seja, não nos parece, de modo algum, um mero rol exemplificativo, uma vez que é impossível entender de modo diverso, porquanto restaram demarcadas de modo expresso, taxativo, as causas que não são da competência dos Juizados Especiais Federais.

---

[26] LEI Nº 10.259/01, de 12 de Julho de 2001. Disponível em: <http://www.planalto.gov.br/ccivil/LEIS/LEIS_2001/L10259.htm>. Acesso em: 07 jan. 2010.
[27] CUNHA, Leonardo José Carneiro da. *Jurisdição e competência*. São Paulo: Revista dos Tribunais, 2008. p. 98.
[28] ALVIM, José Eduardo Carreira; ALVIM, Luciana Gontijo Carreira. *Comentários à Lei dos Juizados Especiais Federais Cíveis*. 3. ed. Curitiba: Juruá, 2008. p. 23.
[29] OLIVEIRA, Eduardo Fernandes de. *Ação rescisória nos juizados especiais federais*. Disponível em: <http://www.agu.gov.br/sistemas/site/TemplateTexto.aspx?idConteudo=79952&ordenacao=28&id_site=1115>. Acesso em: 06 jan. 2010

Entende Eduardo Fernandes de Oliveira que:

> Como todas as demandas que tramitam perante a Justiça Federal envolvem interesse direto ou reflexo da União, seja por si ou por uma de suas Autarquias ou Fundações, esta análise acerca da incompatibilidade ou não da ação rescisória com a Justiça Federal é imprescindível para que se preserve o direito de ver submetido a julgamento uma das situações elencadas no art. 485 do CPC. Este direito é o direito da ação.[30]

É evidente, assim, que a ação rescisória não deve restar afastada dos Juizados Especiais Federais, uma vez que o aparelho tecnicamente apropriado para anular todo e qualquer julgado é a ação rescisória, abandonando-se de vez as invenções que admitem o mandado de segurança e as cautelares inominadas com efeitos de ação rescisória nos Juizados Especiais.

A "desculpa" da celeridade processual, muitas vezes utilizada para justificar o abandono da ação rescisória nos Juizados Especiais Federais é, até certo ponto, vazia, uma vez que nas ações que envolvem o Poder Público, aquilo que se vê é uma previsão de uma aparelhagem altamente revisora das decisões judiciais quando contrárias às pessoas jurídicas de direito público, bastando recordar do *reexame necessário* e da *suspensão de segurança*. Ainda mais, nos Juizados Especiais Federais, contabilizando os recursos propriamente ditos, os mecanismos camuflados de incidentes, mas que tenham natureza recursal e ainda os substitutivos recursais, chega-se ao número de *quinze meios* de revisão. Quanto a isso, imprescindível é a lição de Mantovanni Colares Cavalcante, segundo o qual:

> Essa *possibilidade de se reexaminar por inacreditáveis quinze vezes uma só decisão nos Juizados Especiais Federais* certamente não guarda sintonia com o espírito de informalidade e celeridade que deve estar presente nos Juizados. Optou-se pelo resguardo do princípio da segurança jurídica, com a rígida fiscalização da *uniformidade das decisões* dos Juizados Especiais Federais, em detrimento da rapidez no desate das lides ali veiculadas.[31]

É evidente que o uso da ação rescisória não acarretaria uma considerável demora no fim de processos que tramitem nos Juizados, pois, como afirma Frederico Koehler, "o processo justo não é necessariamente o que é mais célere, mas sim aquele no qual há o mais fino equilíbrio entre o tempo requerido e a segurança jurídica obtida. Em suma, não se pode confundir duração razoável do processo com rapidez a todo custo".[32]

5 Conclusão

A Lei nº 10.259/01 — que trata dos Juizados Especiais Federais — seguiu a trilha demarcada por suas antecessoras, a Lei dos Juizados de Pequenas Causas (Lei

---

[30] OLIVEIRA, Eduardo Fernandes de. *Ação rescisória nos juizados especiais federais*. Disponível em: <http://www.agu.gov.br/sistemas/site/TemplateTexto.aspx?idConteudo=79952&ordenacao=28&id_site=1115>. Acesso em: 06 jan. 2010.

[31] CAVALCANTE, Mantovanni Colares. *Recursos nos juizados especiais*. 2. ed. São Paulo: Dialética, 2007. p. 108.

[32] KOEHLER, Frederico Augusto Leopoldino. *A razoável duração do processo*. Salvador: JusPodivm, 2009. p. 29.

nº 7.244/84) e a Lei dos Juizados Especiais (Lei nº 9.099/95), a partir do momento em que busca, de todo modo, simplificar o rito processual. Isto com o intuito de solucionar conflitos com a maior celeridade possível, sendo o referido diploma promulgado em meio ao afã de uma prestação jurisdicional rápida e eficaz, teoricamente capaz de solucionar a demora na prestação jurisdicional brasileira. A referida Lei não acata o uso da ação rescisória como meio de constituição de sentença transitada em julgado.

No tocante a não aceitação do manejo da ação rescisória nos Juizados Especiais Federais, o argumento empregado se estabelece na redação expressa do artigo 59 da Lei nº 9.099/95, sistema procedimental a que faz referência o artigo 1º da Lei nº 10.259/01. De fato, à primeira vista, a interpretação rigorosa do artigo 59 da Lei dos Juizados Especiais, que veta o uso de ação rescisória dos julgados proferidos neste rito, parece dirigir a um juízo de impossibilidade absoluta de desconstituição de suas decisões.[33] Entretanto, a partir de uma leitura mais detalhada da legislação discutida, observa-se que o artigo 3º trata da competência dos Juizados Especiais Federais, sendo, no nosso entendimento, um rol taxativo, editado *taxationis causa*. É de se observar que a ação rescisória não é vetada no artigo em estudo.

Por derradeiro, é correto afirmar que a "necessidade de se ter um meio de rescindir julgados que porventura se enquadrem na previsão contida no artigo 485 do CPC é que fará a aceitação pela ação rescisória nos Juizados Especiais tornar-se uma realidade".[34] É evidente que a busca por uma prestação jurisdicional ao mesmo tempo segura e ágil, sem se menoscabar a aplicação dos princípios do direito processual (devido processo legal, da ampla defesa, contraditório...), não seria afetada pela possibilidade de uso da ação rescisória como aparelho para constituição negativa ou desconstituição de direito, destinado a rescindir sentença ou acórdão transitado em julgado nos Juizados Especiais.

Entendemos, desta feita, que o uso da ação rescisória na esfera dos Juizados Especiais Federais seria, de fato, estritamente necessário para que se atinja o equilíbrio esperado e a razoabilidade necessária no rito sumaríssimo, uma vez que o referido meio de impugnação não seria empecilho para uma razoável duração do processo, como também traria mais segurança jurídica para os litigantes.

Referências

ALVIM, José Eduardo Carreira; ALVIM, Luciana Gontijo Carreira. *Comentários à Lei dos Juizados Especiais Federais Cíveis*. 3. ed. Curitiba: Juruá, 2008.

BASTOS, Celso Ribeiro; TAVARES, André Ramos. *As tendências do direito público no limiar de um novo milênio*. São Paulo: Saraiva, 2000.

BOEIRA, Alex Perozzo. *Ação rescisória de decisão proferida em juizado especial federal*: viabilidade e competência para julgamento. Disponível em: <http://www.agu.gov.br/sistemas/site/TemplateTexto.aspx?idConteudo =79952&ordenacao=28&id_site=1115>. Acesso em: 08 jan. 2010.

---

[33] BOEIRA, Alex Perozzo. *Ação rescisória de decisão proferida em juizado especial federal*: viabilidade e competência para julgamento. Disponível em: <http://www.agu.gov.br/sistemas/site/TemplateTexto.aspx?idConteudo=79 952&ordenacao=28&id_site=1115>. Acesso em: 08 jan. 2010.

[34] OLIVEIRA, Eduardo Fernandes de. *Ação rescisória nos juizados especiais federais*. Disponível em: <http://www. agu.gov.br/sistemas/site/TemplateTexto.aspx?idConteudo=79952&ordenacao=28&id_site=1115>. Acesso em: 06 jan. 2010.

CÂMARA, Alexandre Freitas. *Ação rescisória*. Rio de Janeiro: Lumen Juris, 2007.

CARLOTTO, Daniele Carvalho. *Ação rescisória*: o cabimento da ação rescisória nos juizados especiais federais frente à Constituição Federal de 1988. Disponível em: <http://bdjur.stj.gov.br/xmlui/handle/2011/18212>. Acesso em: 5 jan. 2010.

CAVALCANTE, Mantovanni Colares. *Recursos nos juizados especiais*. 2. ed. São Paulo: Dialética, 2007.

CUNHA, Leonardo José Carneiro da. *Jurisdição e competência*. São Paulo: Revista dos Tribunais, 2008.

CUNHA, Leonardo José Carneiro da; DIDIER JUNIOR, Fredie. *Curso de direito processual civil*: meios de impugnação às decisões judiciais e processo nos tribunais. 7. ed. Salvador: Juspodivm, 2009.

DIDIER JUNIOR, Fredie; BRAGA, Paulo Sarna; OLIVEIRA, Rafael. *Curso de direito processual civil*: teoria da prova, direito probatório, teoria do precedente, decisão judicial, coisa julgada e antecipação dos efeitos da tutela. 4. ed. Salvador: Juspodivm, 2009.

FIGUEIRA JUNIOR, Joel Dias; TOURINHO NETO, Fernando da Costa. *Juizados especiais estaduais cíveis e criminais*. 5. ed. São Paulo: Revista dos Tribunais, 2007.

FISCHER, Douglas. *É possível ação rescisória de decisões proferidas pelos juizados especiais federais?*. Disponível em: <http://www.tex.pro.br/wwwroot/05de2005/epossivel_dougalsfischer.html>. Acesso em: 03 jan. 2010.

KOEHLER, Frederico Augusto Leopoldino. *A razoável duração do processo*. Salvador: JusPodivm, 2009.

MONTENEGRO FILHO, Misael. *Código de Processo Civil*: comentado e interpretado. São Paulo: Atlas, 2008.

MOREIRA, José Carlos Barbosa. *Comentários ao Código de Processo Civil*. Rio de Janeiro: Forense, 2006. v. 5.

OLIVEIRA, Eduardo Fernandes de. *Ação rescisória nos juizados especiais federais*. Disponível em: <http://www.agu.gov.br/sistemas/site/TemplateTexto.aspx?idConteudo=79952&ordenacao=28&id_site=1115>. Acesso em: 02 jan. 2010.

PONTES DE MIRANDA, Francisco Cavalcanti. *Tratado da ação rescisória*. Campinas: Bookseller, 2003.

SGARBOSSA, Luís Fernando; JENSEN, Geziela. *A Emenda Constitucional nº 45/04 e o princípio da celeridade ou brevidade processual*. Disponível em: <http://jus2.uol.com.br/doutrina/texto.asp?id=6676>. Acesso em: 07 jan. 2010.

SOUZA, André Luis Rodrigues de. *Da absoluta inconstitucionalidade do artigo 59 da Lei nº 9.099/95, que veda ação rescisória a nível de juizados especiais cíveis*. Disponível em: <http://www.facs.br/revistajuridica/edicao_fevereiro2001/corpodiscente/pos-graduacao/inconstitucionalidade.htm>. Acesso em: 10 nov. 2009.

TUCCI, José Rogério Cruz e. *A causa petendi no processo civil*. 2. ed. São Paulo: Revista dos Tribunais, 2001.

Informação bibliográfica deste livro, conforme a NBR 6023:2002 da Associação Brasileira de Normas Técnicas (ABNT):

CURRA, Roberto Corte Real. O cabimento da ação rescisória nos juizados especiais federais. In: CUNHA, Leonardo Carneiro da (Coord.). *Questões atuais sobre os meios de impugnação contra decisões judiciais*. Belo Horizonte: Fórum, 2012. p. 229-240. ISBN 978-85-7700-580-2.

UMA TENTATIVA DE SISTEMATIZAÇÃO DO USO DE EMBARGOS DECLARATÓRIOS PARA FINS DE PREQUESTIONAMENTO

RODOLFO BOTELHO CURSINO

1 Introdução

O prequestionamento não possui qualquer regulamentação legal, sendo a sua exigência derivada da interpretação constitucional dada pela doutrina e pela jurisprudência acerca dos artigos 102, inciso III, e 105, inciso III, da Constituição Federal. Pelo caráter impreciso desse requisito, observam-se diversas controvérsias no mundo jurídico, divergindo os profissionais do Direito sobre seus conceitos e suas formas de ocorrência. Essa falta de pacificação em torno do tema, cuja divergência se encontra inserida, inclusive, no âmbito dos superiores tribunais, ocasiona grande dificuldade para as partes quando da interposição de seus recursos extraordinário e especial, constituindo, muitas vezes, um óbice ao acesso aos superiores tribunais.

Com a evolução do ordenamento jurídico brasileiro, na tentativa de definir o que se deve entender por prequestionamento, o Supremo Tribunal Federal e o Superior Tribunal de Justiça, após reiterados julgados, editaram as súmulas 282 e 256, do STF, e 98 e 211, do STJ, por meio das quais passaram a definir alguns critérios para sua ocorrência, que diferem em cada um dos tribunais. Dentre eles, observa-se a possibilidade de utilização do recurso de embargos de declaração para fins de requerer um pronunciamento expresso do tribunal local sobre as matérias que serão objeto dos recursos excepcionais.

Em decorrência de algumas causas, como o divergente regramento dado pelas referidas súmulas, a ausência de consenso acerca do que se entende por prequestionamento da matéria na doutrina e na jurisprudência, o incorreto proceder da parte quando da análise da decisão a ser recorrida e, ainda, a ausência de ação coercitiva por parte do Poder Judiciário quando do incorreto uso do recurso, os embargos de declaração, de fundamental importância para garantir o direito que a parte possui de ver seus conflitos devidamente apreciados pelo Poder Judiciário, passaram a ser utilizados em demasia e, muitas vezes, fora de suas hipóteses de cabimento, com o escopo de prequestionar a matéria, trazendo grandes prejuízos para o bom andamento processual e para a concretização do princípio da razoável duração do processo.

Dessa forma, o presente trabalho tem por objeto a identificação e o estudo das diversas formas com que o recurso de embargos de declaração vem sendo utilizado, em sentido amplo, para fins de prequestionamento da matéria. Tais formas englobam não só a utilização que é feita com base na orientação do STF e do STJ, e que, dessa forma, entende-se como correta, como também o uso indevido do referido recurso.

2 O prequestionamento

2.1 Histórico

A ideia do que se entende por prequestionamento surgiu com a Lei Judiciária (*Judiciary Act*) norte-americana, datada de 24 de setembro de 1789. Essa lei admitiu a interposição de recursos, para a Corte Suprema norte-americana, contra decisões da justiça estadual envolvendo questões ligadas ao direito federal (constitucional e infraconstitucional),[1] exigindo-se, para tanto, que a questão fosse previamente suscitada e resolvida pelo Tribunal do Estado.[2]

No direito brasileiro, a origem do prequestionamento remete à própria criação do recurso extraordinário, em 1890, pelo Decreto 848.[3] O constituinte de 1891, dando sequência ao que já constava da legislação infraconstitucional, houve por recepcioná-la, inserindo na Carta Magna o requisito do prequestionamento, passando, pois, a exigir a manifestação prévia quanto à questão federal e/ou constitucional, para a interposição dos recursos excepcionais.[4] Esse conceito permaneceu durante muito tempo, sendo mantido nas Constituições de 1934 (art.76, III, *a* e *b*), 1937 (art. 101, III, *a* e *b*) e 1946 (art. 101, III, *b*).[5] Tomando por base a jurisprudência formada sobre o tema, "o Supremo Tribunal Federal, em 16.12.1963, decidiu editar os enunciados das súmulas 282 e 356",[6] estabelecendo a necessidade de ser debatida na decisão recorrida a questão federal suscitada.

No entanto, a despeito da previsão das Constituições Federais anteriores e das Súmulas do Supremo Tribunal Federal, a Constituição de 1967, ao dispor sobre as hipóteses de cabimento do recurso extraordinário, no artigo 114, inciso III, optou por excluir a expressão "questionar". As Constituições de 1969 e 1988 seguiram a mesma

---

[1] FREIRE, Rodrigo da Cunha Lima. Prequestionamento implícito em recurso especial: posição divergente no STJ. In: NERY JUNIOR, Nelson; WAMBIER, Teresa Arruda Alvim (Coord.). *Aspectos polêmicos e atuais dos recursos cíveis e de outras formas de impugnação às decisões judiciais*. São Paulo: Revista dos Tribunais, 2001. v. 4. p. 958.

[2] MANCUSO, Rodolfo de Camargo. *Recurso extraordinário e recurso especial*. 8. ed. São Paulo: Revista dos Tribunais, 2003. p. 226-227.

[3] FREIRE, *op. cit.*, p. 958-959.

[4] MORAIS, Fernanda Bezerra. A (in)subsistência do prequestionamento após o advento da repercussão geral?. *Revista ESMAPE*, Recife, v.13, n. 27, p. 148, 2008.

[5] MANCUSO, *op. cit.*, p. 226.

[6] SANTOS, Alexandre Moreira Tavares dos. "Prequestionamento". *Revista Virtual da AGU*, ano 3, n. 23, p. 109, abr. 2003.

linha. Essa simples alteração ocasionou divergências doutrinárias na interpretação da Lei Maior, levando a afirmação de muitos doutrinadores sobre a inexigibilidade do prequestionamento no ordenamento brasileiro. Neste sentido, Galeno Lacerda, em estudo denominado "Críticas ao prequestionamento", afirmou que:

> (...) mesmo que haja omissão do advogado da parte, não é concebível que o instituto artificial do prequestionamento, não previsto na Constituição, condicione e paralise a missão indisponível do Supremo, de guardião maior da Carta Magna, às carências de um juiz de primeiro grau ou à inexperiência de um jovem advogado, que deixaram de plantar no processo, com os requintes de um formalismo exagerado, a semente da questão constitucional, e, só por isso, por mais aberrante, por mais absurda que se ostente a lesão ao Estatuto Supremo, e a eventual calamidade política, social e econômica dela advindo — a Corte Suprema nada possa fazer, simplesmente porque o juiz deficiente e o advogado inexperiente teriam, com sua inópia, poder de disposição sobre a matéria constitucional![7]

Superando-se as críticas alhures mencionadas, a jurisprudência dos Tribunais pátrios[8] e a doutrina majoritária entendem que, embora a expressão "prequestionar" não conste expressamente na Constituição Federal de 1988 e nem de qualquer legislação infraconstitucional, o requisito do prequestionamento permanece vivo no ordenamento jurídico brasileiro. Alguns doutrinadores confirmam a exigência do prequestionamento, tomando por base a expressão "causas decididas", contida nos artigos 102, III e 105, III, da Lei Maior brasileira. Assim, entendem a necessidade de manifestação do tribunal local sobre a questão que lhe fora proposta, sob pena de inadmissibilidade do recurso excepcional. Nesse sentido, Fernanda Bezerra Morais,[9] Alexandre Freitas Câmara,[10] Fredie Didier Jr. e Leonardo José Carneiro da Cunha.[11]

Outros, no entanto, como Alexandre Moreira Tavares dos Santos[12] e Arruda Alvim,[13] entendem a exigência do prequestionamento pela própria finalidade dos recursos excepcionais. Cândido Ribeiro, por sua vez, defende a permanência da exigência em decorrência do próprio efeito devolutivo inerente aos recursos em geral, eis que deverá ser submetida ao exame da Corte Superior a questão previamente envolvida na controvérsia e objeto da decisão recorrida.[14]

Dessa forma, presente a exigência do prequestionamento no ordenamento jurídico brasileiro, tem-se por noção conceitual, à luz da Constituição de 1988, ter

---

[7] LACERDA, Galeno. Críticas ao prequestionamento. *Revista dos Tribunais*, São Paulo, v. 87, n. 758, p. 8, dez. 1998.
[8] Nesse sentido, o Supremo Tribunal Federal, inclusive, confirmou a constitucionalidade do enunciado da Súmula nº 282, após o advento da atual Constituição Federal, na ocasião do julgamento dos Embargos no Recurso Extraordinário nº 96.802.
[9] MORAIS, Fernanda Bezerra. A (in)subsistência do prequestionamento após o advento da repercussão geral?. *Revista ESMAPE*, Recife, v.13, n. 27, p. 155, 2008.
[10] CÂMARA, Alexandre Freitas. *Lições de direito processual civil*. 7. ed. Rio de Janeiro: Lumen Júris, 2003. v. 2, p. 132.
[11] DIDIER JUNIOR, Fredie; CUNHA, Leonardo José Carneiro da. *Curso de direito processual civil*: meios de impugnação às decisões judiciais e processo nos tribunais. 7. ed. Salvador: JusPodivm, 2009. v. 3, p. 262.
[12] SANTOS, Alexandre Moreira Tavares dos. "Prequestionamento". *Revista Virtual da AGU*, ano 3, n. 23, p. 109-110, abr. 2003.
[13] ALVIM, Arruda. *Direito processual civil*. São Paulo: Revista dos Tribunais, 2002. v. 2, p. 22.
[14] RIBEIRO, Cândido. Re, Resp e Revista: prequestionamento por via de embargos declaratórios. *Revista Virtual da AGU*, ano 2, n. 17, p. 2, dez. 2001.

a causa sido decidida pelo tribunal local ("causa decidida"), tendo este analisado a questão federal ou constitucional suscitada na peça recursal, ou em suas contrarrazões, ou, se omisso, em eventuais embargos de declaração. Estando a matéria decidida, poderão, assim, ser interpostos os recursos excepcionais. Por outro lado, o que não se encontrar "dentro" do acórdão que se pretende impugnar, por meio dos recursos excepcionais, não pode deles ser objeto.[15]

2.2 Conceito

Não é harmônico o entendimento doutrinário e jurisprudencial referente ao verdadeiro conceito de prequestionamento, ou seja, quando se está configurado que determinada matéria se encontra prequestionada. Em estudo sobre o tema, José Miguel Garcia Medina sintetiza bem os três grupos de posicionamentos a respeito da questão.[16] Como demonstra o autor, existem aqueles que entendem a ocorrência do prequestionamento quando da manifestação do tribunal recorrido acerca de determinada questão. Ou seja, o prequestionamento seria um ato do tribunal, o qual, ao analisar a matéria e decidir sobre ela, estaria a prequestionando e, assim, possibilitando a interposição dos eventuais recursos excepcionais.

Uma segunda linha de pensamento, na qual se inclui o próprio doutrinador supracitado,[17] entende o prequestionamento como um prévio debate sobre a decisão recorrida, sendo ele um ônus da parte. Nesse sentido, prequestionar seria um ato exclusivo da parte, não importando a existência de eventual manifestação do tribunal a respeito da questão. Por fim, um terceiro entendimento corresponde a uma posição mista, na qual o prequestionamento é um prévio debate sobre a questão federal provocado pela parte, somado de uma expressa manifestação do tribunal em torno da questão.

No âmbito do Poder Judiciário, observa-se, claramente, a divergência dos conceitos aqui demonstrados, quando da análise das súmulas dos superiores tribunais. Para o Supremo Tribunal Federal, à luz do que dispõe a sua súmula nº 282,[18] o prequestionamento corresponderia à abordagem, na decisão recorrida, de questão federal (constitucional ou legal) suscitada. Ou seja, acolhe-se, nesse sentido, o primeiro entendimento acerca do prequestionamento acima mencionado, mostrando ser prescindível a ação da parte. No entanto, esse mesmo Tribunal, quando interpreta a sua Súmula nº 356[19] de modo a admitir o prequestionamento ficto, entende

---

[15] ORIONE NETO, Luiz. *Recursos cíveis*. São Paulo: Saraiva, 2002. p. 857.
[16] MEDINA, José Miguel Garcia. *O prequestionamento nos recursos extraordinário e especial*. 2. ed. São Paulo: Revista dos Tribunais, 1999. p. 191-192.
[17] MEDINA, José Miguel Garcia. *O prequestionamento nos recursos extraordinário e especial*. 2. ed. São Paulo: Revista dos Tribunais, 1999. p. 223.
[18] STF, Súmula nº 282, 13.12.1963. Súmula da Jurisprudência Predominante do Supremo Tribunal Federal – Anexo ao Regimento Interno. Edição: Imprensa Nacional, 1964. p. 128. Admissibilidade – Recurso Extraordinário – Questão Federal Suscitada. "É inadmissível o recurso extraordinário, quando não ventilada, na decisão recorrida, a questão federal suscitada".
[19] STF, Súmula nº 356, 13.12.1963. Súmula da Jurisprudência Predominante do Supremo Tribunal Federal – Anexo ao Regimento Interno. Edição: Imprensa Nacional, 1964. p. 154. Ponto Omisso da Decisão – Embargos Declaratórios – Objeto de Recurso Extraordinário – Requisito do Prequestionamento. "O ponto omisso da decisão, sobre o qual não foram opostos embargos declaratórios, não pode ser objeto de recurso extraordinário, por faltar o requisito do prequestionamento".

ser prequestionamento a mera suscitação da questão pela parte, não importando a manifestação posterior do tribunal a respeito da matéria. Dessa forma, o Supremo Tribunal Federal adota, também, o segundo ponto de vista analisado.

O Superior Tribunal de Justiça, por sua vez, defende ser o prequestionamento a manifestação do tribunal acerca de determinada questão, seja suscitada ou não pela parte, adotando o primeiro e o terceiro conceito acima mencionados, conforme se observa da sua Súmula nº 211,[20] não admitindo o chamado prequestionamento ficto. Nesse sentido, a título de ilustração, esclarecedora a leitura do EREsp 896528/MG, de relatoria da Ministra Eliana Calmon.[21]

Como mencionado, à luz da Constituição Federal, que dispõe, apenas, sobre a necessidade da causa estar decidida, deve-se entender pela ocorrência do prequestionamento quando a matéria legal ou constitucional tiver sido alvo de pronunciamento do tribunal. Dessa forma, o prequestionamento da matéria se confunde com a própria decisão[22], sendo um ato do tribunal, o qual, ao julgar, deve se manifestar a respeito das questões enraizadas na lide.

Estando o acórdão omisso, no entanto, pode a parte requerer a sua integração, exigindo um pronunciamento do tribunal local quanto às questões lacunosas.[23] No entanto, a praxe jurídica mostra que, por medida de cautela, a própria parte costuma requerer um pronunciamento explícito ao tribunal, de modo a, desde o primeiro recurso, buscar a satisfação do requisito do prequestionamento, para eventual interposição de recurso excepcional cabível.

2.3 As formas de prequestionar: os prequestionamentos explícito, implícito, numérico e ficto

A doutrina e a jurisprudência criaram denominações específicas para indicar a ocorrência do prequestionamento, a depender da forma como a matéria fora debatida. Utilizando-se da classificação mais comum, há quatro formas de se prequestionar a matéria, podendo o prequestionamento ser numérico, implícito, explícito e ficto. Há, também, na doutrina e na jurisprudência, ao menos duas concepções predominantes sobre os conceitos de prequestionamento implícito e explícito. Para um primeiro grupo,[24] o prequestionamento implícito ocorre quando, apesar de não mencionar o

---

[20] STJ, Súmula nº 211. Recurso Especial – Questão Não Apreciada pelo Tribunal *A Quo* – Admissibilidade. "Inadmissível recurso especial quanto à questão que, a despeito da oposição de embargos declaratórios, não foi apreciada pelo tribunal *a quo*".

[21] "1. O STF, no RE 219.934/SP, prestigiando a Súmula 356 daquela Corte, sedimentou posicionamento no sentido de considerar prequestionada a matéria constitucional pela simples interposição dos embargos declaratórios, quando a questão havia sido devolvida ao Tribunal *a quo* por ocasião do julgamento do apelo, mesmo que o Tribunal se recuse a suprir a omissão. Adota a Suprema Corte o 'prequestionamento ficto'.
2. O STJ, diferentemente, entende que o requisito do prequestionamento é satisfeito quando o Tribunal *a quo* emite juízo de valor a respeito da tese defendida no especial. (...)" (STJ, EREsp 896528/MG, Rel. Min. Eliana Calmon, Primeira Seção, julg. 28.5.2008, *DJe* 4.8.2008).

[22] BUENO, Cassio Scarpinella. Quem tem medo do prequestionamento?. *Instituto Brasileiro de Processo Civil*, Disponível em: <http://www.direitoprocessual.org.br>. Acesso em: 29 dez. 2009. p. 10-11.

[23] ALVIM, Arruda. *Direito processual civil*. São Paulo: Revista dos Tribunais, 2002. v. 2, p. 24.

[24] Nesse sentido: NEGRÃO, Perseu Gentil. *Recurso especial: doutrina, jurisprudência, prática e legislação*. São Paulo: Saraiva. 1997; FREIRE, Rodrigo da Cunha Lima. Prequestionamento implícito em recurso especial: posição

dispositivo jurídico, o acórdão enfrenta, expressamente, a tese jurídica. O prequestionamento explícito, por sua vez, se dá quando a norma jurídica violada tiver sido alvo de menção explícita pela decisão recorrida.

De acordo com a segunda visão,[25] há o prequestionamento explícito quando o tribunal analisar toda a matéria proposta, tecendo decisão expressa sobre elas, não tendo, entretanto, mencionado, expressamente, os respectivos dispositivos. O implícito, por sua vez, teria a sua ocorrência quando a questão fosse posta à discussão no primeiro grau, não sendo mencionada no acórdão, que, não emitindo qualquer juízo expresso a respeito dela, a recusaria implicitamente.[26] Acrescenta-se, ainda, nessa classificação, o prequestionamento numérico, o qual consiste na individualização dos artigos de lei federal.[27] Esse prequestionamento numérico equivale, portanto, ao prequestionamento explícito da primeira corrente mencionada.[28]

No âmbito jurisprudencial, observa-se que o STF e o STJ possuem entendimentos divergentes em relação a tais formas de ocorrência do prequestionamento.[29] O Superior Tribunal de Justiça, apesar de algumas jurisprudências se utilizarem de classificação diversa,[30] observa-se que, majoritariamente, utiliza-se da primeira classificação acima exposta, ou seja, conceituando o prequestionamento implícito como a expressa análise da matéria, de modo a dispensar a explícita menção aos normativos. A partir da análise dos acórdãos disponibilizados no sítio eletrônico do STJ, observa-se que tal posicionamento vem sendo pacificado nos julgados dos últimos anos da referida Corte.[31]

Já em relação à Corte Constitucional, há, ainda, divergência quanto à forma de prequestionamento adotada. Na jurisprudência do Supremo Tribunal Federal, extraída da consulta de seu sítio eletrônico, há julgados que exigem, para configuração do prequestionamento explícito, não só um pronunciamento acerca da questão, como a expressa menção do dispositivo tido por violado. Outros, por sua vez, entendem

---

divergente no STJ. *In*: NERY JUNIOR, Nelson; WAMBIER, Teresa Arruda Alvim (Coord.). *Aspectos polêmicos e atuais dos recursos cíveis e de outras formas de impugnação às decisões judiciais*. São Paulo: Revista dos Tribunais, 2001. v. 4; CRISPIM, Miriam Cristina Generoso Ribeiro. *Recurso especial e recurso extraordinário*: questões pontais sobre a admissibilidade e a procedibilidade no direito processual brasileiro. São Paulo: Palmares, 2006.

[25] Defendem tal entendimento: SILVA, Antônio Carlos. *Embargos de declaração no processo civil*. 2. ed. Rio de Janeiro: Lumen Juris, 2006. p. 177; SOUZA, Daniel Barbosa Lima Faria Corrêa de. *O prequestionamento no recurso especial*. Porto Alegre: Nuria Fabris, 2008. p. 80; ALVIM, Eduardo Arruda; ALVIM, Angélica Arruda. Recurso especial e prequestionamento. *In*: NERY JUNIOR, Nelson; WAMBIER, Teresa Arruda Alvim (Coord.). *Aspectos polêmicos e atuais do recurso especial e do recurso extraordinário*. São Paulo: Revista dos Tribunais, 1997. p. 169.

[26] ALVIM; ALVIM, *op. cit.*, p.169.

[27] SOUZA, Daniel Barbosa Lima Faria Corrêa de. *O prequestionamento no recurso especial*. Porto Alegre: Nuria Fabris, 2008. p. 76-81.

[28] MORAIS, Fernanda Bezerra. A (in)subsistência do prequestionamento após o advento da repercussão geral?. *Revista ESMAPE*, Recife, v.13, n. 27, p. 157, 2008.

[29] Interessante observar, ainda, o posicionamento do Tribunal Superior do Trabalho. Essa Corte, por meio do Enunciado nº 297, com nova redação em 21.11.2003, e da OJ-SDI1-118, inserida em 20.11.1997, entende a ocorrência do prequestionamento como um misto dos conceitos adotados pelo STF e pelo STJ. Dessa forma, ao passo em que aceita o prequestionamento ficto, defende, também, a ocorrência do prequestionamento implícito, nos termos da primeira classificação mencionada, dispensando a referência expressa a dispositivos legais.

[30] Neste sentido: "considera-se explícito o questionamento, quando o tribunal *a quo*, mesmo sem fazer referência expressa a dispositivos legais, nem declinar os números que os identificam no Ordenamento Jurídico, enfrenta as regras neles contidas" (STJ, EREsp 155358/SP, Rel. Min. Humberto Gomes de Barros, Corte Especial, j. 17.12.1999, *DJ* 28.2.2000).

[31] A exemplo: STJ, REsp nº 1100394/PR, Rel. Min. Luiz Fux, Primeira Turma, julg. 1º.10.2009, *DJe* 15.10.2009.

apenas por necessária a devida análise da matéria, não importando a menção dos normativos. Dessa forma, não só diverge o Supremo Tribunal Federal, internamente, na classificação adotada sobre o conceito de prequestionamento, como na forma exigida para sua ocorrência (se necessário ser implícito ou explícito). Na análise de dois julgados contemporâneos do Supremo Tribunal Federal, observa-se que é nítida a divergência em relação à exigência de explicitação do dispositivo de lei (ou seja, se é necessário, ou não, o prequestionamento explícito — na linguagem utilizada pelo STJ — ou numérico — no termo utilizado pelo STF). No Agravo de Instrumento nº 585604,[32] de relatoria do então Ministro Sepúlveda Pertence, afirma-se que:

> (...) o prequestionamento para o RE não reclama que o preceito constitucional invocado pelo recorrente tenha sido explicitamente referido pelo acórdão, mas é necessário que este tenha versado inequivocamente a matéria objeto da norma que nele se contenha.[33]

Já no RE nº 449137,[34] relatado pelo Min. Eros Grau,

> (...) diz-se prequestionada a matéria quando a decisão impugnada haja emitido juízo explícito a respeito do tema, inclusive mencionando o preceito constitucional previamente suscitado nas razões do recurso submetido à sua apreciação.[35]

Assim, conclui-se que, em um eventual caso concreto, um mesmo recurso extraordinário teria destinos diferentes caso viesse a ser julgado pela primeira ou pela segunda turma do Supremo Tribunal Federal. Na eventual hipótese de o acórdão não ter pronunciado o dispositivo constitucional e a parte não buscasse tal pronunciamento por meio de aclaratórios, que, em tal caso, entende-se cabível pelo eventual prejuízo quando do juízo de admissibilidade recursal, o conhecimento do recurso estaria a depender da turma julgadora.

Por fim, no que tange ao prequestionamento ficto, adotado pelo Supremo Tribunal Federal, será melhor estudado a seguir.

3 O uso de embargos declaratórios para fins de prequestionamento

Dispõe o Código de Processo Civil brasileiro, em seu artigo 535[36] do CPC, que os declaratórios se prestam ao saneamento de eventuais obscuridade, contradição ou omissão existentes em sentença ou acórdão, necessitando-se, pois, de integração

---

[32] STF, AI 585604 AgR, Rel. Min. Sepúlveda Pertence, Primeira Turma, julg. 5.9.2006, DJ 29.9.2006.
[33] Nesse mesmo sentido, STF: RE 580453 AgR, julg. 16.9.2008, DJ 16.10.2008; AI 614122 AgR, julg. 3.6.2008, DJ 26.6.2008; RE 466492 AgR, julg. 19.2.2008, DJ 30.4.2008; AI 626523 AgR, julg. 15.5.2007, DJ 28.6.2007; AI 580491 AgR, julg. 24.10.2006, DJ 2.2.2007.
[34] STF, RE 449137 AgR, Rel. Min. Eros Grau, Segunda Turma, julg. 26.2.2008, DJe 4.4.2008.
[35] Nesse mesmo sentido, STF: RE 449137 AgR, julg. 26.2.2008, DJ 3.4.2008; RE 288929 AgR, julg. 26.2.2008, DJ 4.4.2008; RE 372698 AgR, julg. 21.2.2006, DJ 24.3.2006; RE 333022 AgR, julg. 6.9.2005, DJ 28.10.2005; RE 217849 AgR, julg. 22.6.2005, DJ 5.8.2005; RE 361755 AgR, julg. 27.5.2003, DJ 22.8.2003; RE 355847 AgR, julg. 27.5.2003, DJ 14.11.2003.
[36] "Art. 535. Cabem embargos de declaração quando: (Alterado pela Lei 8.950/1994)
I - houver, na sentença ou no acórdão, obscuridade ou contradição;
II - for omitido ponto sobre o qual devia pronunciar-se o juiz ou tribunal".

por outro decisório. Não obstante o referido dispositivo delimitar sua incidência às sentenças ou acórdãos, admite a doutrina e jurisprudência sua oposição em face de outros atos judiciais.[37] No mesmo sentido, apesar de sua previsão expressa se limitar às situações de omissão, contradição e obscuridade, a jurisprudência tem aceitado a oposição de aclaratórios para fins de correção de erros materiais.[38] [39] Nesse diapasão, nos termos do art. 463, I, do CPC, tal correção pode ser feita até mesmo de ofício e para fins de correção de equívocos manifestos, como erro de fato e decisão *ultra petita*. No que tange ao uso dos aclaratórios para correção de dúvidas, apesar de tal hipótese de cabimento ter sido retirada do Código de Processo Civil pela Lei 8.950/94, permanece existente no âmbito dos Juizados Especiais, sendo previsto no artigo 48 da Lei 9.099/95.[40]

Conceitua-se obscuridade como a falta de clareza ou precisão que compromete a interpretação do ato, seja na motivação ou no dispositivo do pronunciamento, seja em decorrência de má redação ou porque escrita à mão com letra ilegível.[41] [42] [43] Por sua vez, a decisão é contraditória quando traz proposições, entre si, inconciliáveis, seja entre a fundamentação e a decisão ou até mesmo entre partes da fundamentação, por exemplo.[44] [45] No que tange ao conceito de omissão, afirma Barbosa Moreira que ela ocorre quando o tribunal ou o juiz deixar de apreciar questões relevantes para o julgamento, suscitadas pelas partes ou examináveis de ofício.[46]

Tecidas tais considerações, afirma-se desde já que a expressão embargos declaratórios prequestionadores não corresponde a uma hipótese autônoma de cabimento dos embargos declaratórios, servindo, apenas, para enfatizar a necessidade de integração do decisório, que, se não feito, ocasionará não só a negativa de prestação jurisdicional, como prejudicará o acesso aos tribunais superiores. Ainda que para fins de prequestionar a matéria, devem os embargos serem opostos com base no que estabelece o artigo 535 do CPC. Em sentido contrário, no entanto, expõe Antônio Carlos Silva que autores como Antonio Carlos Amaral Leão, ao tratarem da questão acima exposta, afirmam que existem, verdadeiramente, duas espécies de embargos de declaração. Haveria, como primeiro tipo, os embargos que se propõem a esclarecer dúvidas, obscuridades ou contradição, quais sejam, os embargos declaratórios, ou

---

[37] CÂMARA, Alexandre Freitas. *Lições de direito processual civil*. 7. ed. Rio de Janeiro: Lumen Juris, 2003. v. 2, p.117.

[38] "(...) II - São cabíveis embargos declaratórios quando houver na decisão embargada qualquer contradição, omissão ou obscuridade a ser sanada. Podem também ser admitidos para a correção de eventual erro material, consoante entendimento preconizado pela doutrina e jurisprudência (...)" (STJ, AI 559045/RS, Rel. Min. Félix Fischer, *DJ* 14.2.2005).

[39] THEODORO JÚNIOR, Humberto. *Código de processo civil anotado*. 13. ed. Rio de Janeiro: Forense, 2009. p. 514-515.

[40] DIDIER JUNIOR, Fredie; CUNHA, Leonardo José Carneiro da. *Curso de direito processual civil*: meios de impugnação às decisões judiciais e processo nos tribunais. 7. ed. Salvador: JusPodivm, 2009. v. 3, p. 184.

[41] ASSIS, Araken de. *Manual dos recursos*. 2. ed. São Paulo: Revista dos Tribunais. 2008. p. 610-611.

[42] MARQUES, José Frederico. *Manual de direito processual civil*. 5. ed. São Paulo: Saraiva, 1980. v. 3, p. 154-155.

[43] DIDIER JUNIOR, Fredie; CUNHA, Leonardo José Carneiro da. *Curso de direito processual civil*: meios de impugnação às decisões judiciais e processo nos tribunais. 7. ed. Salvador: JusPodivm, 2009. v. 3, p. 183.

[44] *Idem*, p. 183.

[45] MARQUES, *op. cit.*, p. 155.

[46] MOREIRA, José Carlos Barbosa. *Comentários ao Código de Processo Civil*. 7. ed. Rio de Janeiro: Forense, 1998. v. 5, p. 538.

esclarecedores. Já os que buscam a abordagem de questões federais ou constitucionais que o acórdão não examinou seriam os embargos prequestionadores, opostos com o fim específico de transpor o óbice do prequestionamento, viabilizando a interposição dos recursos excepcionais.[47]

Como mencionado, desde que preenchidas as suas hipóteses de cabimento, servindo o recurso de embargos declaratórios à escorreita prestação jurisdicional, é dever do judiciário pronunciar-se sobre eventual vício, integrando, pois, o decisório proferido. No entanto, demonstra Teresa Arruda Alvim Wambier a grande repulsa que vem ocorrendo no Judiciário, em geral, pelos embargos de declaração, tendendo os juízes a considerá-los como um "meio de procrastinar o feito".[48] Muitas vezes, embora esteja realmente omisso, obscuro ou contraditório o acórdão, os embargos opostos, ao serem julgados, são alvos de repulsão, sendo rejeitados pela simples alegação de inexistência de suas hipóteses de cabimento ou sob a alegação de que o magistrado não estaria obrigado a se pronunciar sobre todas as questões suscitadas pela parte, sobretudo quando já tiver decidido a questão por outros fundamentos.

Uma vez decidida a questão por outros fundamentos que não os suscitados pela parte, se esta objetiva o exercício do seu direito de recorrer aos superiores tribunais com os recursos excepcionais, alegando a violação aos normativos que entende aplicáveis ao caso, que alternativa teria ela senão a oposição de embargos para requerer um pronunciamento expresso da questão ali omitida pelo tribunal? Se o magistrado não está obrigado a se pronunciar acerca de relevantes questões suscitadas pela parte, o próprio recurso de embargos declaratórios perde a sua razão de existir, pelo menos quando da ocorrência de verdadeira omissão.

Dessa forma, não tendo o acórdão se pronunciado sobre questão relevante, a ponto de esta omissão inviabilizar a interposição de recursos aos superiores tribunais, é plenamente concebível a oposição de embargos declaratórios para o suprimento de omissões e fins prequestionadores, sendo dever do magistrado a integração do acórdão, sob pena de macular a devida prestação jurisdicional. Em sentido contrário, tratando-se, no entanto, de embargos que, a despeito da alegação de pretender o prequestionamento da matéria, não se enquadrar nas hipóteses de cabimento, devem ser prontamente repelidos, como será melhor estudado adiante.

3.1 Os embargos declaratórios e o caminho do prequestionamento no âmbito do Supremo Tribunal Federal e do Superior Tribunal de Justiça

Como mencionado, o prequestionamento ficto é uma forma de prequestionar a matéria que decorre da simples oposição de embargos declaratórios, não importando o êxito dos aclaratórios no julgamento. Essa forma de prequestionar foi admitida pelo Supremo Tribunal Federal quando da reinterpretação de sua súmula nº 356, que dispõe que "o ponto omisso da decisão, sobre o qual não foram opostos embargos

---

[47] SILVA, Antônio Carlos. *Embargos de declaração no processo civil*. 2. ed. Rio de Janeiro: Lumen Juris, 2006. p. 174.
[48] WAMBIER, Teresa Arruda Alvim. *Omissão judicial e embargos de declaração*. São Paulo: Revista dos Tribunais, 2005. p. 23.

declaratórios, não pode ser objeto de recurso extraordinário, por faltar o requisito do prequestionamento".

Ao provocar o juízo acerca das questões necessárias à solução da lide, pugna a parte pela total análise da matéria proposta, seja para afastar, seja para aplicar, a tese jurídica em questão. Deixando o tribunal de se pronunciar sobre matéria indispensável à solução do caso concreto e devidamente proposta pela parte, configurada está a omissão, motivo pelo qual se faz plenamente cabível o uso do recurso de embargos de declaração. Entende o Supremo Tribunal Federal que, uma vez opostos embargos declaratórios e estando, de fato, omisso o acórdão sobre a matéria proposta, configurada está a ocorrência do prequestionamento, inclusive se os aclaratórios não obtiverem êxito. Pode-se, assim, desde logo, ser interposto o recurso extraordinário, conhecendo o STF diretamente o seu mérito. Isso se dá pelo fato de considerar que a parte cumpriu com todas as alternativas que tinha ao seu alcance, não podendo ser prejudicada com eventual lacuna não integrada pelo tribunal. Para se admitir tal forma, deve-se entender o prequestionamento como ato da parte, dispensando-se a expressa análise da matéria pelo tribunal local.[49]

Ilustrando o entendimento firmado pelo Supremo Tribunal Federal, o Ministro Sepúlveda Pertence, quando da relatoria do AI 173.179 AgR-SP, publicado em 1º.8.2003, dispôs, em trecho de seu voto, que:

> (...) o que, a teor da Súm. 356, se reputa carente de prequestionamento é o ponto que, indevidamente omitido pelo acórdão, não foi objeto de embargos de declaração; mas, opostos esses, se, não obstante, se recusa o Tribunal a suprir a omissão, por entendê-la inexistente, nada mais se pode exigir da parte, permitindo-se-lhe, de logo, interpor recurso extraordinário sobre a matéria dos embargos de declaração e não sobre a recusa, no julgamento deles, de manifestação sobre ela.

Em Recurso Especial, no entanto, o entendimento firmado pelo Superior Tribunal de Justiça, por meio da Súmula nº 211, inadmite o prequestionamento ficto. Para a referida Corte, uma vez opostos os embargos, estando preenchidas corretamente suas hipóteses de cabimento, a matéria só se encontrará prequestionada caso haja uma efetiva análise por parte do tribunal local. Ou seja, diferentemente do prequestionamento ficto, é de grande importância o resultado do julgamento dos embargos declaratórios opostos, privilegiando-se, assim, o debate da matéria pelo acórdão recorrido — a causa decidida.

Dessa forma, tendo sucesso os aclaratórios, tem-se por prequestionada a matéria, sendo possível, pois, a interposição de eventual recurso especial por violação ao normativo legal que regule a matéria. Por outro lado, não havendo êxito, permanecendo omisso o acórdão embargado, é entendimento majoritário que deve a parte interpor o recurso especial para que seja corrigido o *error in procedendo*, derivado da recusa do órgão julgador em analisar essas questões, ou seja, sob a alegação de violação do artigo 535, II, do Código de Processo Civil, por negativa de vigência da

---

[49] BUENO, Cassio Scarpinella. Quem tem medo do prequestionamento?. *Instituto Brasileiro de Processo Civil*. Disponível em: <http://www.direitoprocessual.org.br>. Acesso em: 29 dez. 2009. p. 4.

prestação jurisdicional.[50] Neste sentido, esclarecedor é o julgado proferido no Resp nº 71.103-RJ, onde se afirmou que:

> (...) Se o órgão julgador persistir na omissão, rejeitando os embargos, deve a parte veicular no recurso especial a ofensa às regras processuais pertinentes e não insistir na violação aos preceitos legais relativos ao mérito da causa, sem que sobre eles haja o Tribunal *a quo* emitido juízo explícito.[51]

Assim, dando prevalência à técnica processual, entende o STJ que o tribunal local, tendo permanecido omisso em seu acórdão embargado, incorre em negativa de prestação jurisdicional, ofendendo não só o art. 535, do CPC, como os incisos XXV, LIV e LV do art. 5º da Constituição Federal. Por cometer erro de procedimento, deve ser declarado nulo o acórdão prolatado, retornando os autos ao tribunal local para que, pronunciando-se sobre a matéria, possibilite a interposição do recurso excepcional em face dos normativos referentes ao mérito da questão, agora plenamente prequestionada.

Embora a necessidade de interposição de recurso com base na violação do artigo 535 do CPC esteja quase pacificada nos dias atuais, válida a leitura da decisão do Ministro Jorge Scartezzini, publicada no ano de 2003, que entendeu tal questão de forma diferente. Nesse sentido, afirmou-se que:

> 1. (...) não podemos admitir que o rigor processual implique numa supressão de um direito, como no caso concreto juridicamente reconhecido, porém limitado. Macularíamos, com isso, o princípio da segurança jurídica. Deve-se observar, nessas hipóteses, sob a ótica da excepcionalidade, que o Poder Judiciário deve ao jurisdicionado, em casos idênticos, uma resposta firme, certa e homogênea. Afasta-se, em conseqüência, o rigor processual técnico, no qual se estaria negando a aplicação do direito material, para alcançar-se a adequada finalidade da prestação jurisdicional, que é a segurança de um resultado uniforme para situações idênticas. Por tais razões, conheço do recurso pela alínea "a", do permissivo constitucional, na via da excepcionalidade.[52]

Muito se discute, na doutrina, acerca de qual seria o melhor entendimento adotado quanto ao uso dos embargos declaratórios para preencher o prequestionamento da matéria, se a ocorrência do prequestionamento ficto ou a necessidade de eventual anulação do acórdão por negativa de prestação jurisdicional, em caso de insucesso dos aclaratórios. Por um lado, Nelson Nery Júnior critica o prequestionamento ficto, por entender que, do ponto de vista técnico, não se pode afirmar pela ocorrência do prequestionamento, uma vez que a matéria não é decidida de forma efetiva pelo tribunal de origem.[53]

---

[50] ALVIM, Arruda. *Direito processual civil*. São Paulo: Revista dos Tribunais, 2002. v. 2, p. 26-27.
[51] STJ, Resp 71.103-RJ, 1ª Turma, Rel. Min. Cesar Asfor Rocha, *DJU* 26.2.1996.
[52] STJ, REsp 525718-SP, 5ª Turma, Rel. Min. Jorge Scartezzini. *DJ* 13.10.2003.
[53] NERY JUNIOR, Nelson. Ainda sobre o prequestionamento: os embargos de declaração prequestionadores. *In*: NERY JUNIOR, Nelson; WAMBIER, Teresa Arruda Alvim (Coord.). *Aspectos polêmicos e atuais dos recursos cíveis e de outras formas de impugnação às decisões judiciais*. São Paulo: Revista dos Tribunais, 2001. v. 4. p. 862.

De fato, não há como se afirmar que a matéria posta para julgamento no Supremo Tribunal Federal se encontra decidida, uma vez que não consta do acórdão qualquer referência a ela, motivo pelo qual foram opostos os embargos declaratórios. Do ponto de vista técnico, adotar tal posicionamento é concluir pela inutilidade dos embargos declaratórios opostos, que passam a ser vistos como mera formalidade para interposição do recurso excepcional. Isso porque, ainda que julgados improcedentes os aclaratórios, caso o tribunal superior entenda pela existência de omissão, a questão será considerada prequestionada. Sendo assim, como conceber a ocorrência do prequestionamento, ou seja, do debate do tribunal acerca da matéria, que deve estar contido no acórdão, quando este não fora alvo de qualquer integração, permanecendo omisso? Nesse sentido é o entendimento de Eduardo Ribeiro de Oliveira:

> (...) com a devida vênia, entender-se que se faz imprescindível pedido de declaração, mas que nada importa o que disso advenha, corresponde a simplesmente cumprir-se um ritual.
>
> Costuma-se afirmar que, com os embargos, a parte teria feito tudo o que dela seria de reclamar-se. A questão, entretanto, não é essa. Não se formula, no caso, um juízo de valor sobre a atuação do recorrente, que envolvesse qualificá-lo de mais ou menos diligente. O ponto é que, como exaustivamente se colocou em relevo, não haverá recurso se não houve decisão. Se essa, a hipótese, nada interessa deva ou não ser tido como negligente o interessado.[54]

De outro lado, Frederico Koehler afirma que mais ritualístico é o posicionamento adotado pelo STJ, "eis que terá que ser percorrida uma onerosa, demorada e inútil *via crucis* a fim de atingir o objetivo que poderia ter sido de logo cumprido, qual seja, a análise da questão de fundo pelo Tribunal Superior".[55] Para o mencionado autor, deveria o Superior Tribunal de Justiça, desde logo, analisar o mérito do processo. Ainda, Cassio Scarpinella Bueno, apesar de reconhecer ser impecável o tecnicismo desse procedimento, afirma que, em termos práticos, tal proceder impõe ao recorrente a necessidade de "interposição de dois recursos sucessivos o que, em termos temporais, pode levar uns bons pares de anos para ser resolvido ou, quando não, o não conhecimento do primeiro recurso",[56] sendo, pois, um tecnicismo que ultrapassa a necessidade e a consciência da técnica.

De fato, adotando-se uma visão tecnicista, não há como negar que soa melhor o entendimento esposado pelo STJ. No entanto, por uma visão sistêmica do ordenamento brasileiro, observa-se que, como defende Frederico Koehler, o prequestionamento ficto é um meio de concretização dos princípios da instrumentalidade, celeridade e economicidade do processo. O mencionado autor sugere, inclusive, a unificação

---

[54] OLIVEIRA, Eduardo Ribeiro de. Prequestionamento. *Revista de Processo*, São Paulo, v. 25, n. 97, p. 169, jan./mar. 2000.

[55] KOEHLER, Frederico Augusto Leopoldino. Do prequestionamento ficto como meio de efetivação dos princípios da instrumentalidade, economicidade e celeridade do processo. *Revista ESMAPE*, Recife, v. 12, n. 26, p. 75, 2007.

[56] BUENO, Cassio Scarpinella. De volta ao prequestionamento: duas reflexões sobre o RE 298.695-SP. *In*: NERY JUNIOR, Nelson; WAMBIER, Teresa Arruda Alvim (Coord.). *Aspectos polêmicos e atuais dos recursos cíveis e de outros meios de impugnação às decisões judiciais*. São Paulo: Revista dos Tribunais, 2005. v. 8, p. 79.

desta ideologia, para que seja adotada pelo Superior Tribunal de Justiça.[57] No mesmo sentido, afirma Luis Guilherme Aidar Bondioli que:

> (...) a parte não pode ser penalizada por faltas que não são suas. A conduta que mais simboliza a diligência da parte é a oposição de embargos declaratórios antes da interposição dos recursos especial e extraordinário, com finalidade de incitar e exaurir discussão sobre temas legais e constitucionais. Por isso, mesmo que o tribunal *a quo* falhe na resposta a esses embargos, a exigência do prequestionamento deve ser flexibilizada e as portas das instâncias superiores devem, desde logo, ser abertas para análise das questões legais e constitucionais.[58]

Nesse contexto, inclusive, o Projeto de Lei nº 166/2010, em sua redação atualizada pela Emenda nº 1 – CTRCPC, que objetiva a criação de um novo código de processo civil, em seu artigo 979,[59] busca a universalização do prequestionamento ficto, não só reconhecendo o referido instituto por meio legal, não mais se restringindo a definições jurisprudenciais, como o aplicando, também, ao âmbito do Superior Tribunal de Justiça, eliminando todo o caminho a ser percorrido com a interposição do Recurso Especial em face da ofensa ao artigo 535, II, do CPC.

4 Problemática no uso dos embargos declaratórios sob a justificativa de prequestionamento

Em meio à insegurança ocasionada pelas divergências conceituais do prequestionamento, as partes, por diversas vezes, opõem, indevidamente, os embargos declaratórios, sob a justificativa de buscar o prequestionamento. Na tentativa de identificar e sistematizar alguns desses incorretos usos do recurso de embargos, tomando-se por base a doutrina pátria e a jurisprudência dos tribunais superiores, pode-se afirmar que as partes dele se utilizam, de forma indevida para: a) buscarem uma inovação da matéria que não fora devolvida ao tribunal local — pós-questionamento; b) obterem um pronunciamento explícito do acórdão acerca dos dispositivos que regulam a matéria, não obstante, muitas vezes, já se encontre esta implicitamente prequestionada; c) ou, até mesmo, pela incompreensão do que se entende por prequestionamento, em virtude das divergências conceituais doutrinárias e jurisprudenciais, utilizando-se do recurso, de modo automático, por extrema cautela, como se fosse condição sem a qual não se pode interpor os recursos excepcionais.

4.1. A tentativa de pós-questionamento

Utilizam-se as partes, por diversas vezes, dos embargos de declaração com a justificativa de buscar o prequestionamento da matéria, visando o pronunciamento

---

[57] KOEHLER, Frederico Augusto Leopoldino. Do prequestionamento ficto como meio de efetivação dos princípios da instrumentalidade, economicidade e celeridade do processo. *Revista ESMAPE*, Recife, v. 12, n. 26, p. 77-79, 2007.

[58] BONDIOLI, Luis Guilherme Aidar. *Embargos de declaração*. São Paulo: Saraiva, 2007. p. 268-269.

[59] "Art. 979. Consideram-se incluídos no acórdão os elementos que o embargante pleiteou, para fins de prequestionamento, ainda que os embargos de declaração não sejam admitidos, caso o tribunal superior considere existentes omissão, contradição ou obscuridade".

do tribunal local sobre determinada questão, não obstante não ter sido a mesma levada ao tribunal por meio do recurso interposto ou por contrarrazões recursais anteriormente ofertadas. Dessa forma, faz-se uso do referido recurso para trazer à discussão, pela primeira vez, questão não antes mencionada, seja por esquecimento, seja pela criação de nova tese jurídica.

Não se pode, no entanto, falar em omissão do acórdão quando a questão nunca lhe fora proposta para debate, sendo inaugurada por meio dos embargos de declaração. Em situação como está, afirmam Roberto Carlos Martins Pires,[60] Perseu Gentil Negrão[61] e Carreira Alvim[62] que estaria a parte buscando não o prequestionamento, mas sim, o pós-questionamento, objetivando um pronunciamento do tribunal sobre a matéria mesmo após a prolação de acórdão não eivado pelos vícios do artigo 535, do CPC. Nesse sentido, explica o primeiro doutrinador:

> (...) vale dizer que os embargos declaratórios não podem suscitar matéria nova, devem sim reiterar questão que tenha sido previamente levantada, seja em apelação ou em contra-razões, até porque se assim não fosse estaríamos pós-questionando, bem como infringindo a regra do efeito devolutivo do recurso, onde o Tribunal *a quo* somente irá se pronunciar acerca das matérias devolvidas nas razões do recurso.[63]

Nessa mesma linha, também, posiciona-se a jurisprudência do Superior Tribunal de Justiça, que, sob a relatoria da Ministra Nancy Andrighi,[64] decidiu que

> (...) Inexiste omissão no acórdão recorrido se busca a parte, em embargos de declaração, inovar seus argumentos, trazendo questão não abordada na peça de defesa, sentença ou apelação. – Os embargos declaratórios, mesmo quando manejados com o propósito de prequestionamento, são inadmissíveis se a decisão embargada não ostentar qualquer dos vícios que autorizariam a sua interposição. – Os embargos de declaração interpostos após a formação do acórdão, com o escopo de prequestionar tema não veiculado anteriormente no processo, não caracterizam prequestionamento, mas pós-questionamento.[65]

Como visto, via de regra, a doutrina e a jurisprudência repelem a utilização do recurso de embargos no sentido acima exposto. No entanto, em determinadas situações, não obstante não ter a parte levado a matéria quando da fase recursal, é admitido o uso dos embargos de declaração trazendo matéria nova, como quando se tratar de questões de ordem pública ou quando a violação aos dispositivos normativos surgir no próprio acórdão.

---

[60] PIRES, Roberto Carlos Martins. O prequestionamento nos recursos especial e extraordinário: considerações e análise crítica. *Revista de Processo*, São Paulo, v. 32, n. 144, p.118, fev. 2007.

[61] NEGRÃO, Perseu Gentil. *Recurso especial*: doutrina, jurisprudência, prática e legislação. São Paulo: Saraiva, 1997. p. 57.

[62] ALVIM, J. E. Carreira. Diversas faces dos embargos de declaração. *Revista de Processo*, São Paulo, v. 30, n. 130, p. 14, dez. 2005.

[63] PIRES, Roberto Carlos Martins. O prequestionamento nos recursos especial e extraordinário: considerações e análise crítica. *Revista de Processo*, São Paulo, v. 32, n. 144, p. 118, fev. 2007.

[64] STJ, RESP 200501378668. Rel. Min. Nancy Andrighi, Terceira Turma, *DJ* 26.3.2009.

[65] Com a mesma fundamentação: STJ, AGRESP 200900007492, Rel. Min. Maria Thereza de Assis Moura, Sexta Turma, *DJ* 24.5.2010.

Nesse sentido, no que tange às matérias de ordem pública, o Superior Tribunal de Justiça, recentemente, proferiu julgados em diferentes sentidos, seja entendendo pela possibilidade de cobrar um pronunciamento da Corte de origem sobre a questão de ordem pública, por meio de aclaratórios que tratem da matéria pela primeira vez,[66] por entender estar obrigado o Tribunal, ainda que em instância extraordinária, a se pronunciar sobre as referidas questões; seja dispensando o prequestionamento e conhecendo do recurso com base no efeito translativo,[67] prescindindo-se, pois, do uso de embargos declaratórios. Dessa forma, no âmbito desse Tribunal, há quem admita o pós-questionamento por meio de embargos de declaração quando se tratar de matéria de ordem pública, constituindo, assim, uma exceção à proibição do pós-questionamento.

Diferentemente, no entanto, quanto a essa questão, o Supremo Tribunal Federal, em seus recentes julgados, defende que "são inviáveis os embargos de declaração opostos para fins de prequestionamento quando o tema constitucional não tiver sido ventilado previamente no recurso interposto perante o Tribunal de origem",[68] ainda que se trate de matéria de ordem pública, constituindo, assim, para essa Corte, dever das partes buscarem um pronunciamento do tribunal local sobre a questão desde a fase recursal, não sendo viável a inovação em sede de aclaratórios.

Já em relação à violação a normativo surgida no próprio acórdão, não será possível a interposição de eventuais recursos excepcionais antes da provocação do tribunal local a respeito da questão ali inaugurada, eis que exige a Constituição Federal como requisito para interposição de recursos aos superiores tribunais estar a causa decidida.[69] Isso porque, em tais casos, a questão não só não se encontra decidida, como surgiu, pela primeira vez, do julgamento do recurso, sendo, pois, dever da parte buscar uma solução para a referida violação junto à Corte local.

Em julgados recentes, decidiu o Supremo Tribunal Federal que "nos casos em que a violação ao dispositivo constitucional surgir no aresto impugnado, o tema é de ser levado à apreciação da Corte de origem por meio de embargos declaratórios",[70] "a fim de que sobre ele se pronunciasse, sob pena de não restar prequestionado".[71] Também, no mesmo sentido, decidiu o Superior Tribunal de Justiça, por entender que ainda quando a alegada ofensa à lei federal "decorra do próprio julgamento no tribunal de origem, é imprescindível, para fins de recurso especial, o seu prequestionamento, o que se fará, nas circunstâncias, mediante embargos de declaração.[72]

Dessa forma, apesar de vedada a inovação da matéria por meio de embargos declaratórios, as duas situações acima destacadas constituem exceções, nas quais se permite o pós-questionamento das questões federais.

---

[66] STJ, EDRESP 200703069466. Rel. Min. Fernando Gonçalves, Quarta Turma. *DJ* 12.4.2010.
[67] STJ: EARESP 200800641473. Rel. Min. Francisco Falcão. Primeira Turma, *DJ* 3.9.2010. e RESP 201000702411. Rel. Min. Castro Meira, Segunda Turma. *DJ* 28.6.2010.
[68] STF AI 671744 AgR, Rel. Min. Ellen Gracie, Segunda Turma, julg. 16.3.2010, *DJ* 9.4.2010; No mesmo sentido: STF AI 748056 AgR, Rel. Min. Ellen Gracie, Segunda Turma, julg. 14.9.2010, *DJ* 8.10.2010.
[69] GRAZIANO, Analucia. Quais as repercussões da divergência jurisprudencial quanto à classificação dos graus de prequestionamento: ficto, implícito ou explícito: nos embargos de declaração para fins de interposição de recursos excepcionais? *Revista de Processo*, São Paulo, v. 32, n. 154, p. 119, dez. 2007.
[70] STF, RE 541485 AgR, Rel. Min. Carlos Britto, Primeira Turma, julg. 23.10.2007, *DJ* 14.3.2008.
[71] STF, RE 275664 AgR, Rel. Min. Ellen Gracie, Segunda Turma, julg. 3.8.2004, *DJ* 20.8.2004.
[72] STJ, RESP 200401524365. Rel. Min. Teori Albino Zavascki, Primeira Turma. *DJ* 3.3.2008. No mesmo sentido: STJ, RESP 200501894701. Rel. Min. Humberto Gomes de Barros, Terceira Turma, *DJ* 13.5.2008.

4.2 O requerimento de pronunciamento expresso dos dispositivos violados e os embargos inquisitórios

Como demonstrado, enquanto a tendência do STJ é a de aceitar o prequestionamento implícito, dispensando-se a expressa menção dos dispositivos violados, o STF, por sua vez, diverge sobre tal necessidade, prevalecendo, em seus julgados, a exigência dessa expressa menção. Por tal motivo, muitas vezes, observa-se a oposição de embargos declaratórios apenas com o fim de requerer um pronunciamento expresso do dispositivo violado, embora o acórdão já tenha debatido a questão federal/constitucional de que trata a norma.[73] Questiona-se, pois, se os declaratórios opostos constituem ou não recurso cabível, se deve ser considerada a existência de possível omissão pelo não pronunciamento dos artigos eventualmente violados.

Como mencionado, entende-se omisso um acórdão quando deixar de apreciar questão relevante. No mesmo sentido, afirmam Luiz Rodrigues Wambier, Eduardo Talamini e Flávio Renato Correia de Almeida serem cabíveis embargos declaratórios para fins de prequestionar a matéria sempre que, no acórdão, faltem elementos indispensáveis à admissibilidade e conhecimento de quaisquer dos recursos excepcionais no acesso aos tribunais superiores.[74] Dessa forma, não obstante haver a explícita apreciação, por parte do tribunal, da questão federal/constitucional, sem, no entanto, ter o tribunal mencionado, no acórdão, o dispositivo de lei violado, para aqueles que entendem pela necessidade de explicitação do dispositivo de lei, por parte do tribunal, para ocorrência do prequestionamento, certamente a sua ausência seria relevante, constituindo elemento indispensável de conhecimento do recurso, ensejando, assim, os aclaratórios, com base no art. 535, II, do CPC. Por outro lado, para a corrente que se posiciona pela ocorrência do prequestionamento pelo simples pronunciamento sobre a questão em debate, não exigindo a menção aos dispositivos constitucionais ou infraconstitucionais, os embargos declaratórios não teriam fundamento. Conhecer de tais embargos seria admitir a possibilidade de sua oposição fora das hipóteses legais.

O razoável proceder, no entanto, consiste em observar os normativos que regulam a matéria do processo. Em se tratando de matéria que envolva, também, dispositivos constitucionais, passíveis, então, de ensejar a interposição de recurso extraordinário, o não pronunciamento dos dispositivos violados pelo tribunal de origem poderá, a depender do entendimento, consistir em óbice ao acesso ao Supremo Tribunal Federal, motivo pelo qual é plenamente cabível a oposição de embargos de declaração para tal fim, devendo os tribunais compreender e aceitar tal uso do recurso.

Já em se tratando de matéria regulada, tão somente por normativos infraconstitucionais, uma vez que o STJ admite o prequestionamento implícito, e estando a matéria plenamente prequestionada, não há que se admitir a oposição de aclaratórios para confirmar o prequestionamento. Como demonstra Luiz Fux, os embargos, nesse caso, passam a significar uma consulta acadêmica, listando a parte todos os

---

[73] GRAZIANO, Analucia. Quais as repercussões da divergência jurisprudencial quanto à classificação dos graus de prequestionamento: ficto, implícito ou explícito: nos embargos de declaração para fins de interposição de recursos excepcionais?. *Revista de Processo*, São Paulo, v. 32, n. 154, p. 119, dez. 2007.

[74] WAMBIER, Luiz Rodrigues *et al.* (Coord.). *Curso avançado de processo civil*. 10. ed. São Paulo: Revista dos Tribunais, 2008. v. 1, p. 652.

dispositivos que entende por violados e requerendo um posicionamento específico do tribunal de origem, o que não trará qualquer utilidade para fins de interposição de recurso especial.[75] No mesmo contexto, denominando os referidos embargos de inquisitórios, demonstra Carreira Alvim, que "os embargos declaratórios são, muitas vezes, interpostos para que o juiz ou tribunal responda a um verdadeiro questionário sobre pretensas violações da lei, ordinária ou constitucional, o que torna inviável o exercício da jurisdição, tamanho o número desses embargos".[76]

4.3 A automática oposição de embargos declaratórios como requisito para interposição dos recursos excepcionais

Todas as controvérsias que giram em torno do prequestionamento e o uso dos embargos declaratórios para tal fim acabaram por resultar em uma automática oposição do referido recurso, desprestigiando o seu correto uso. Tratando da presente questão, Araken de Assis bem contextualiza o mau uso dos aclaratórios, afirmando que:

> (...) costumam as partes usar os embargos de modo automático e protocolar, mostrando indiferença com as hipóteses de cabimento do recurso. Quando o objeto dos embargos é acórdão, o mau vezo explica-se, talvez, por força da exigência do prequestionamento – fora daí, e principalmente a reiterada postulação do efeito infringente, representa hábito que compromete o futuro do recurso.[77]

Com efeito, as partes, muitas vezes, após tomarem ciência da decisão de um acórdão, não procedem à cautelosa análise da existência ou não do prequestionamento da matéria ali suscitada, de modo a, mesmo estando preenchido tal requisito, opor embargos declaratórios, com o escopo de buscar um pronunciamento explícito do tribunal local a respeito da questão violada, requerendo, de preferência, menção expressa aos alegados dispositivos.

Essa produção em série de aclaratórios contribui, assim, para a morosidade da justiça, criando-se uma espécie de *recurso necessário para interposição dos recursos excepcionais*, ou seja, a cada recurso excepcional, opõe à parte um embargo de declaração para fins de prequestionar. Um recurso que poderia ser, desde logo, interposto, por eventual ocorrência de pronunciamento do tribunal sobre a questão violada, passa a, com a oposição de embargos, aguardar mais um julgamento do tribunal, atrasando não só o processo em que postula a parte, mas também conturbando o andamento dos demais processos que tramitam naquele tribunal.

Na praxe jurídica, o próprio sentido de prequestionamento vem sendo confundido com o de oposição de embargos com fins prequestionadores. O que deveria ser exceção, oposto, apenas, em caso de omissão no pronunciamento acerca da matéria federal ou constitucional em debate, passa a ser regra. A cautela na análise

---

[75] FUX, Luiz. *Curso de direito processual civil*. 2. ed. Rio de Janeiro: Forense, 2004. p. 1161-1162.
[76] ALVIM, J. E. Carreira. Diversas faces dos embargos de declaração. *Revista de Processo*, São Paulo, v. 30, n. 130, p. 17, dez. 2005.
[77] ASSIS, Araken de. *Manual dos recursos*. 2. ed. São Paulo: Revista dos Tribunais. 2008. p. 592-593.

da ocorrência ou não do prequestionamento está a se transformar em oposição, por cautela, de embargos de declaração. Dessa forma, como afirma Cândido Ribeiro, vive-se "uma verdadeira panaceia que resultou em instituir a figura dos embargos de declaração prequestionadores, de natureza obrigatória, manejados ainda que fora do esquadro traçado pela Lei Processual",[78] o que acaba por comprometer o bom funcionamento do aparelho judiciário e a própria efetivação do princípio da razoável duração do processo.

5 A Súmula nº 98/STJ e os embargos declaratórios protelatórios

Como forma de combater o mau uso do recurso de embargos de declaração, prevê o Código de Processo Civil, em seu artigo 538, parágrafo único,[79] a possibilidade de aplicação de multa para as situações em que o recurso interposto tiver notório caráter protelatório. Observa-se, assim, que o próprio sistema processual brasileiro previu, expressamente, a necessidade de repressão às práticas protelatórias advindas do referido recurso. No entanto, em 1994, o STJ criou o Enunciado de Súmula nº 98, dispondo que "embargos de declaração manifestados com notório propósito de prequestionamento não têm caráter protelatório". Destarte, nos termos do referido enunciado, quando a parte buscar, por meio de embargos de declaração, o notório propósito de prequestionamento, não há que se falar em caráter protelatório, nem, tampouco, na consequente aplicação de multa.

Primeiramente, deve-se observar que, do ponto de vista técnico, não há que se falar que *o notório propósito de prequestionamento não tem caráter protelatório*, isso porque, como já abordado, não se pode compreender os embargos declaratórios para fins de prequestionamento como uma hipótese autônoma. Dessa forma, havendo vício no acórdão e tendo os embargos sido opostos com o escopo de integrar a decisão, o recurso é plenamente cabível. Em sentido oposto, no entanto, não estando preenchidas as hipóteses de cabimento dos aclaratórios, devem eles ser repelidos, e, a depender do caso, considerados protelatórios, aplicando-se a consequente multa, ainda que opostos sob a justificativa de prequestionar a matéria.[80]

Em segundo lugar, do ponto de vista prático, observa-se que o enunciado em análise acabou por estimular, indiretamente, a oposição de embargos declaratórios. As partes assistiram à retirada de eventual repressão no uso de seus recursos, passando a utilizá-los indevidamente, de forma protelatória, sob a justificativa de buscar o prequestionamento. O Superior Tribunal de Justiça, inclusive, em muitos de seus recentes julgados,[81] apesar de reconhecer a inexistência de omissão no acórdão

---

[78] RIBEIRO, Cândido. Re, Resp e Revista: prequestionamento por via de embargos declaratórios. *Revista Virtual da AGU*, ano 2, n. 17, p. 4, dez. 2001.

[79] "Art. 538. (...) Parágrafo único. Quando manifestamente protelatórios os embargos, o juiz ou o tribunal, declarando que o são, condenará o embargante a pagar ao embargado multa não excedente de 1% (um por cento) sobre o valor da causa. Na reiteração de embargos protelatórios, a multa é elevada a até 10% (dez por cento), ficando condicionada a interposição de qualquer outro recurso ao depósito do valor respectivo".

[80] Neste sentido: RAMOS, André Luiz Santa Cruz. Embargos de declaração. *Revista Virtual da AGU*, ano 6, n. 57, p. 19, out. 2006.

[81] STJ: ADRESP 200802274892. Rel. Min. Luiz Fux, Primeira Turma. *DJ* 2.3.2010; RESP 200802334018. Rel. Min. Luiz Fux, Primeira Turma, *DJ* 15.10.2009; RESP 200601234068. Rel. Min. Luiz Fux, Primeira Seção, *DJ* 19.11.2009; RESP 200801286007. Rel. Min. Benedito Gonçalves, Primeira Turma, *DJ* 31.8.2009; e RESP 200702015450. Rel. Min. Denise Arruda, Primeira Turma, *DJ* 12.12.2007.

recorrido e negar provimento ao recurso interposto com base na violação ao art. 535 do CPC, vem reformando os decisórios dos tribunais locais que aplicaram, corretamente, a multa do parágrafo único do art. 538 do CPC, sob a alegação do respeito à Súmula ora em destaque. Bem exemplificando tal situação, observa-se trecho da ementa do ADRESP 200802274892, relatado pelo então Ministro do STJ Luiz Fux:

> (...) A ausência de manifestação acerca de matéria não abordada em nenhum momento no *iter* processual, salvo em embargos de declaração, não configura violação ao art. 535, do CPC. Precedentes do STJ: EDcl no AgRg no Ag 691.757/SC, *DJ* de 6.3.2006 e EDcl no REsp 446.889/SC, *DJ* de 22.8.2005. 2. *In casu*, o Tribunal de origem decidiu, de maneira fundamentada, as questões relevantes ao deslinde da controvérsia, apresentadas nas razões dos Embargos Infringentes, inexistindo ponto omisso sobre o qual se devesse pronunciar em sede de embargos declaratórios. (...) 7. A exclusão da multa, imposta com base no art. 538, parágrafo único, do CPC, é medida que se impõe quando opostos os embargos para fins de prequestionamento, ante a *ratio essendi* da Súmula 98 do STJ.[82]

Não se deve compreender o referido enunciado de modo absoluto, sendo dever do tribunal a devida análise do cabimento do recurso, ainda que mencione a parte a oposição com a justificativa de prequestionamento. Caso entenda o tribunal ser a oposição dos aclaratórios desnecessária, deverá o tribunal, como defende André Luiz Santa Cruz, "em decisão devidamente fundamentada, declarar os embargos de declaração manifestamente protelatórios, aplicando a multa do parágrafo único do art. 538 do CPC".[83] Nesse sentido, estabelecendo a correta interpretação da referida súmula, aplicando a multa prevista para os embargos protelatórios, há alguns julgados do Superior Tribunal de Justiça.[84] No AGA 200801803823, também de relatoria do então Ministro do STJ Luiz Fux, decidiu-se que:

> (...) 2. Os embargos declaratórios não são cabíveis para a modificação do julgado que não se apresenta omisso, contraditório ou obscuro. 3. Não há violação ao artigo 535, II do CPC, quando a matéria não analisada pelo aresto recorrido não foi objeto de recurso de apelação. 4. Buscando a agravante o rejulgamento da causa sob a alegação de que o acórdão atacado incorreu em omissão, afiguram-se completamente procrastinatórios os embargos de declaração opostos, atraindo à hipótese a incidência do disposto no parágrafo único do art. 538 do CPC.

A oposição de embargos declaratórios sob a justificativa de prequestionamento merece ser freada, não podendo ser admitida a sua oposição fora das hipóteses legais, sobretudo por ser um recurso dotado de efeito interruptivo, suscetível, assim, de protelar o feito, conturbando, em demasia, a celeridade do andamento processual. A correta aplicação da multa prevista no parágrafo único do art. 538 do CPC é a escorreita medida que possui Judiciário para tentar corrigir o uso do recurso, não só reprimindo as partes, no caso concreto, como servindo de parâmetro para as futuras oposições do mesmo.

---

[82] STJ, AgRg nos EDcl no REsp 1099034/ES. Rel. Min. Luiz Fux, Primeira Turma, julg. 9.2.2010, *DJ* 2.3.2010.
[83] RAMOS, André Luiz Santa Cruz. Embargos de declaração. *Revista Virtual da AGU*, ano 6, n. 57, p. 19, out. 2006.
[84] STJ: RESP 200901626556. Rel. Min. Benedito Gonçalves, Primeira Turma. *DJ* 17.3.2010; RESP 200802207520. Rel. Min. Eliana Calmon, Segunda Turma. *DJ* 16.12.2008; AGA 200801803823. Rel. Min. Luiz Fux, Primeira Turma. *DJ* 21.5.2009.

6 Considerações finais

Como visto ao longo deste estudo, é dever do tribunal se pronunciar devidamente acerca da matéria, de forma a realizar um debate prévio e decidir a causa, possibilitando, assim, que faça a parte o uso de seus recursos especiais e extraordinários, quando cabíveis, ultrapassando o óbice do prequestionamento. No entanto, observou-se que os conceitos que giram em torno do prequestionamento não são pacíficos, adotando a doutrina e a jurisprudência diferentes concepções a respeito do referido requisito e critérios para sua ocorrência. Dessa forma, muitas vezes, não obstante se encontrar a matéria corretamente prequestionada na visão do Superior Tribunal de Justiça, por exemplo, não se encontra nos termos do entendimento do Supremo Tribunal Federal, motivo pelo qual buscam as partes, sob a alegação de omissão, o devido prequestionamento da matéria por meio do recurso de embargos de declaração, sem o qual não teriam o seu recurso extraordinário conhecido.

Assim, vive-se em uma constante e desnecessária insegurança jurídica, na qual opõem as partes, via de regra, e por medida de cautela, os embargos declaratórios com o escopo de prequestionamento, sem uma correta análise da decisão recorrida e dos critérios utilizados pelo tribunal que julgará o seu recurso excepcional. Na mesma linha, afirma Cassio Scarpinella Bueno que:

> (...) enquanto não houver um consenso a respeito do que é prequestionamento, como ele se manifesta perante os jurisdicionados e qual o papel dos embargos de declaração para a fase recursal extraordinária e especial, o acesso ao Supremo Tribunal Federal e ao Superior Tribunal de Justiça resta seriamente comprometido.[85]

É inegável a necessidade de superar esta insegurança jurídica, sendo formas de solução a unificação de entendimentos e dos critérios acerca de quando ocorre o prequestionamento da matéria ou a aceitação de todas as formas de prequestionamento pelos tribunais quando de sua admissibilidade. Esta última solução é a defendida por Fábio de Oliveira Camillo, que entende que, enquanto não se chegar a um consenso sobre a matéria, deveriam os tribunais superiores, com base no princípio da fungibilidade, ter como prequestionada a questão por qualquer das formas.[86]

No que tange à unificação dos critérios, entende-se que, como órgão constitucional, cabe ao Supremo Tribunal Federal definir o que se deve entender por prequestionamento, inclusive aplicando tal interpretação ao Superior Tribunal de Justiça, uma vez que a exigência do mencionado requisito dos recursos excepcionais é extraída da Constituição Federal. Como afirma Cassio Scarpinella Bueno, "o STJ pode (e no sistema brasileiro, indiscutivelmente, deve) interpretar a Constituição, mas é ao STF a quem compete contrastar esta sua interpretação em sede recursal".[87]

---

[85] BUENO, Cassio Scarpinella. Quem tem medo do prequestionamento?. *Instituto Brasileiro de Processo Civil.* Disponível em: <http://www.direitoprocessual.org.br>. Acesso em: 29 dez. 2009. p.22-23.

[86] CAMILLO, Fábio de Oliveira. Dos embargos de declaração "prequestionadores" conforme a jurisprudência do STF e do STJ e o princípio da razoável duração do processo. *Revista de Processo*, São Paulo, v. 33, n. 159, p. 257, maio 2008.

[87] BUENO, Cassio Scarpinella. De volta ao prequestionamento: duas reflexões sobre o RE 298.695-SP. *In*: NERY JUNIOR, Nelson; WAMBIER, Teresa Arruda Alvim (Coord.). *Aspectos polêmicos e atuais dos recursos cíveis e de outros meios de impugnação às decisões judiciais.* São Paulo: Revista dos Tribunais, 2005. v. 8, p. 83.

Ressalta-se que a tentativa dessa unificação vem sendo posta em prática pelo Poder Legislativo, que, por meio do Projeto de Lei nº 166/2010, que objetiva a criação de um novo código de processo civil, determina a adoção do prequestionamento ficto para os recursos a serem interpostos no STF e STJ. Com efeito, a unificação dos entendimentos reduzirá, ou até eliminará, as divergências acerca do prequestionamento, trazendo um norte não só para as partes, que terão um referencial de como proceder para prequestionar a matéria, mas também para os tribunais brasileiros, possibilitando a melhor identificação e consequente punição do mau uso do recurso de embargos.

De todo modo, de forma mais imediata, devem as partes praticar um cauteloso proceder[88] quando da interposição de seus recursos. Assim, deve-se ter todo o cuidado para verificar se o acórdão por impugnar tratou das matérias com a intensidade necessária, confrontando-o com as alegações e teses trazidas pelas partes em seus recursos, verificando-se a existência de algum vício a ser sanado antes de se esgotar as vias recursais ordinárias, de forma a, somente quando necessário, opor os cabíveis aclaratórios.[89] Ademais, com uma análise minuciosa de cada caso concreto, devem as partes observar o entendimento sobre o prequestionamento adotado pelo tribunal superior a que se pretende recorrer, de modo a evitar a indevida oposição de aclaratórios quando já se encontrar preenchido o referido requisito.

Esse correto proceder, no entanto, deve ser estimulado por ações do próprio Poder Judiciário, que, utilizando-se de um olhar clínico em cada caso concreto, deve observar as intenções das partes e o porquê da oposição dos aludidos aclaratórios, analisando o cabimento dos embargos em face do entendimento sobre o prequestionamento adotado pelo tribunal destinatário e aplicando, quando necessário, as medidas coercitivas cabíveis quando verificado o indevido uso do recurso, visando-se não só um escopo punitivo, mas, também, educativo, para servir como um norte para as condutas a serem adotadas na interposição de futuros recursos.

Referências

ALVES, Francisco Glauber Pessoa. Dos efeitos infringentes nos embargos declaratórios e algumas atualidades em assuntos afins. *In*: NERY JUNIOR, Nelson; WAMBIER, Teresa Arruda Alvim (Coord.). *Aspectos polêmicos e atuais dos recursos cíveis e de outras formas de impugnação às decisões judiciais.* São Paulo: Revista dos Tribunais, 2001. v. 4.

ALVIM, Arruda. *Direito processual civil.* São Paulo: Revista dos Tribunais, 2002. v. 2.

ALVIM, Eduardo Arruda; ALVIM, Angélica Arruda. Recurso especial e prequestionamento. *In*: NERY JUNIOR, Nelson; WAMBIER, Teresa Arruda Alvim (Coord.). *Aspectos polêmicos e atuais do recurso especial e do recurso extraordinário.* São Paulo: Revista dos Tribunais, 1997.

ALVIM, J. E. Carreira. Diversas faces dos embargos de declaração. *Revista de Processo*, São Paulo, v. 30, n. 130, dez. 2005.

ASSIS, Araken de. *Manual dos recursos.* 2. ed. São Paulo: Revista dos Tribunais, 2008.

BONDIOLI, Luis Guilherme Aidar. *Embargos de declaração.* São Paulo: Saraiva, 2007.

---

[88] Neste mesmo sentido: BONDIOLO, Luís Guilherme Aidar. *Embargos de declaração.* São Paulo: Saraiva, 2007. p. 262.

[89] BUENO, Cassio Scarpinella. Quem tem medo do prequestionamento? *Instituto Brasileiro de Processo Civil*, Disponível em: <http://www.direitoprocessual.org.br>. Acesso em: 29 dez. 2009. p. 17.

BUENO, Cassio Scarpinella. De volta ao prequestionamento: duas reflexões sobre o RE 298.695-SP. *In*: NERY JUNIOR, Nelson; WAMBIER, Teresa Arruda Alvim (Coord.). *Aspectos polêmicos e atuais dos recursos cíveis e de outros meios de impugnação às decisões judiciais*. São Paulo: Revista dos Tribunais, 2005. v. 8.

BUENO, Cassio Scarpinella. Quem tem medo do prequestionamento?. *Instituto Brasileiro de Processo Civil*. Disponível em: <http://www.direitoprocessual.org.br>. Acesso em: 29 dez. 2009.

BUENO, Cassio Scarpinella. Súmula 288, 282 e 356 do STF: uma visão crítica de sua (re)interpretação pelos tribunais superiores. *In*: WAMBIER, Teresa Arruda Alvim (Coord.). *Aspectos polêmicos e atuais do recurso especial e do recurso extraordinário*. São Paulo: Revista dos Tribunais, 1997.

CÂMARA, Alexandre Freitas. *Lições de direito processual civil*. 7. ed. Rio de Janeiro: Lumen Júris, 2003. v. 2.

CAMILLO, Fábio de Oliveira. Dos embargos de declaração "prequestionadores" conforme a jurisprudência do STF e do STJ e o princípio da razoável duração do processo. *Revista de Processo*, São Paulo, v. 33, n. 159, maio, 2008.

CRISPIM, Miriam Cristina Generoso Ribeiro. *Recurso especial e recurso extraordinário*: questões pontais sobre a admissibilidade e a procedibilidade no direito processual brasileiro. São Paulo: Palmares, 2006.

DIDIER JUNIOR, Fredie. *Curso de direito processual civil*. 10. ed. Salvador: JusPodivm, 2008. v. 1.

DIDIER JUNIOR, Fredie; CUNHA, Leonardo José Carneiro da. *Curso de direito processual civil*: meios de impugnação às decisões judiciais e processo nos tribunais. 7. ed. Salvador: JusPodivm, 2009. v. 3.

FREIRE, Rodrigo da Cunha Lima. Prequestionamento implícito em recurso especial: posição divergente no STJ. *In*: NERY JUNIOR, Nelson; WAMBIER, Teresa Arruda Alvim (Coord.). *Aspectos polêmicos e atuais dos recursos cíveis e de outras formas de impugnação às decisões judiciais*. São Paulo: Revista dos Tribunais, 2001. v. 4.

FUX, Luiz. *Curso de direito processual civil*. 2. ed. Rio de Janeiro: Forense, 2004.

GRAZIANO, Analucia. Quais as repercussões da divergência jurisprudencial quanto à classificação dos graus de prequestionamento: ficto, implícito ou explícito: nos embargos de declaração para fins de interposição de recursos excepcionais? *Revista de Processo*, São Paulo, v. 32, n. 154, dez. 2007.

KOEHLER, Frederico Augusto Leopoldino. Do prequestionamento ficto como meio de efetivação dos princípios da instrumentalidade, economicidade e celeridade do processo. *Revista ESMAPE*, Recife, v. 12, n. 26. 2007.

LACERDA, Galeno. Críticas ao prequestionamento. *Revista dos Tribunais*, São Paulo, v. 87, n. 758, dez. 1998.

MANCUSO, Rodolfo de Camargo. *Recurso extraordinário e recurso especial*. 8. ed. São Paulo: Revista dos Tribunais, 2003.

MARQUES, José Frederico. *Manual de direito processual civil*. 5. ed. São Paulo: Saraiva, 1980. v. 3.

MEDINA, José Miguel Garcia. O prequestionamento e os pressupostos dos recursos extraordinário e especial. *In*: WAMBIER, Teresa Arruda Alvim (Coord.). *Aspectos polêmicos e atuais do recurso especial e do recurso extraordinário*. São Paulo: Revista dos Tribunais, 1997.

MEDINA, José Miguel Garcia. *O prequestionamento nos recursos extraordinário e especial*. 2. ed. São Paulo: Revista dos Tribunais, 1999.

MEDINA, José Miguel Garcia. Variações jurisprudenciais recentes sobre a dispensa do prequestionamento. NERY JUNIOR, Nelson; WAMBIER, Teresa Arruda Alvim (Coord.). *Aspectos polêmicos e atuais dos recursos cíveis e de outros meios de impugnação às decisões judiciais*. São Paulo: Revista dos Tribunais, 2005. v. 8.

MONNERAT, Fábio Victor da Fonte. Embargos de declaração com função prequestionadora na jurisprudência do STF e STJ: posições contrárias. *Revista de Processo*, São Paulo, v. 31, n. 141, nov. 2006.

MORAIS, Fernanda Bezerra. A (in)subsistência do prequestionamento após o advento da repercussão geral?. *Revista ESMAPE*, Recife, v. 13, n. 27, 2008.

MOREIRA, José Carlos Barbosa. *Comentários ao Código de Processo Civil*. 7. ed. Rio de Janeiro: Forense, 1998. v. 5.

NEGRÃO, Perseu Gentil. *Recurso especial: doutrina, jurisprudência, prática e legislação*. São Paulo: Saraiva, 1997.

NERY JUNIOR, Nelson. Ainda sobre o prequestionamento: os embargos de declaração prequestionadores. *In*: NERY JUNIOR, Nelson; WAMBIER, Teresa Arruda Alvim (Coord.). *Aspectos polêmicos e atuais dos recursos cíveis e de outras formas de impugnação às decisões judiciais*. São Paulo: Revista dos Tribunais, 2001. v. 4.

OLIVEIRA, Eduardo Ribeiro de. Prequestionamento. *Revista de Processo*, São Paulo, v. 25, n. 97, jan./mar. 2000.

ORIONE NETO, Luiz. *Recursos cíveis*. São Paulo: Saraiva, 2002.

PIRES, Roberto Carlos Martins. O prequestionamento nos recursos especial e extraordinário: considerações e análise crítica. *Revista de Processo*, São Paulo, v. 32, n. 144, fev. 2007.

RAMOS, André Luiz Santa Cruz. Embargos de declaração. *Revista Virtual da AGU*, ano 6, n. 57, out. 2006.

RIBEIRO, Cândido. Re, Resp e Revista: prequestionamento por via de embargos declaratórios. *Revista Virtual da AGU*, ano 2, n. 17, dez. 2001.

SANTOS, Alexandre Moreira Tavares dos. "Prequestionamento". *Revista Virtual da AGU*, ano 3, n. 23, abr. 2003.

SILVA, Antônio Carlos. *Embargos de declaração no processo civil*. 2. ed. Rio de Janeiro: Lumen Juris, 2006.

SOUZA, Daniel Barbosa Lima Faria Corrêa de. *O prequestionamento no recurso especial*. Porto Alegre: Nuria Fabris, 2008.

THEODORO JÚNIOR, Humberto. *Código de processo civil anotado*. 13. ed. Rio de Janeiro: Forense, 2009.

WAMBIER, Luiz Rodrigues et al. (Coord.). *Curso avançado de processo civil*. 10. ed. São Paulo: Revista dos Tribunais, 2008. v. 1

WAMBIER, Teresa Arruda Alvim. *Omissão judicial e embargos de declaração*. São Paulo: Revista dos Tribunais, 2005.

Informação bibliográfica deste livro, conforme a NBR 6023:2002 da Associação Brasileira de Normas Técnicas (ABNT):

CURSINO, Rodolfo Botelho. Uma tentativa de sistematização do uso de embargos declaratórios para fins de prequestionamento. *In*: CUNHA, Leonardo Carneiro da (Coord.). *Questões atuais sobre os meios de impugnação contra decisões judiciais*. Belo Horizonte: Fórum, 2012. p. 241-263. ISBN 978-85-7700-580-2.

RESCISÃO POR MEIO DE EMBARGOS

RODRIGO NUMERIANO DUBOURCQ DANTAS

1 Limites impostos à estabilidade dos pronunciamentos jurisdicionais: os novos contornos da coisa julgada

Diante da dicção do art. 467 do CPC,[1] percebe-se claramente que o legislador, ao definir as bases do regramento normativo da coisa julgada material civil — em se tratando de decisão de mérito, analisado em cognição exauriente —, optou por conferir-lhe um *status* de imutabilidade.[2] A coisa julgada, assim, relaciona-se com a impugnabilidade das decisões.[3] Isso porque, a partir de certo momento, seria preciso garantir a estabilidade daquilo que fora objeto do *decisum*, sob pena de perpetuar-se a incerteza sobre a situação litigiosa submetida à apreciação do Poder Judiciário.

Relaciona-se o instituto da coisa julgada ao direito fundamental à segurança jurídica. Entre os seus efeitos, porém, cumpre-se observar, não restará sempre garantida a justiça do provimento jurisdicional. Pelo contrário: a coisa julgada vincula-se, mais fortemente, a uma noção formal de definitividade. Nesse sentir, parte da doutrina entendeu ser a coisa julgada regra do próprio discurso jurídico: "la cosa juzgada es el fin del proceso".[4] Marinoni, na apresentação de sua obra *A coisa julgada inconstitucional*,[5] defende que uma interpretação judicial sem meios para tornar-se

---

[1] CPC: "Art. 467. Denomina-se coisa julgada material a eficácia, que torna imutável e indiscutível a sentença, não mais sujeita a recurso ordinário ou extraordinário."

[2] Veja-se ensinamento de Kazuo Watanabe, citado por Teori Albino Zavascki, "a solução definitiva do conflito de interesses é buscada através de provimento que se assente em cognição plena e exauriente, vale dizer, em procedimento plenário quanto à extensão do debate das partes e da cognição do juiz, e completo quanto à profundidade desta cognição" (ZAVASCKI, Teori Albino, Ação rescisória em matéria constitucional. *Revista de Direito Renovar*, n. 27, set./dez. 2003).

[3] DIDIER JUNIOR, Fredie; BRAGA, Paula Sarno; OLIVEIRA, Rafael. *Curso de direito processual civil*. 3. ed. Salvador: JusPodivm, 2008. v. 2, p. 551.

[4] COUTURE, Eduardo J. *Fundamentos del derecho procesual civil*. 3. ed. Buenos Aires: Depalma, 1990. p. 411.

[5] MARINONI, Luiz Guilherme. *A coisa julgada inconstitucional*. São Paulo: Revista dos Tribunais, 2008.

estável não teria propósito: "uma solução que não se torne imutável e indiscutível é uma mera opinião sobre um conflito".[6] Ainda, na esteira do pensamento de tal autor, a decisão transitada em julgado constitui fundamento do próprio direito de ação, porquanto relacionada à confiança legítima depositada, pelo jurisdicionado, na definitividade da decisão que lhe é oferecida. Também, o instituto da *res iudicata*, por ser o substrato da segurança jurídica, é corolário do Estado Democrático de Direito. Veja-se que o poder, para se afirmar, deve gerar confiança, para o que é imprescindível a estabilidade das decisões dele emanadas.[7]

Tamanha é a proteção dispensada ao instituto do caso julgado que este foi eleito, pelo constituinte originário, como direito fundamental. Não é outra a leitura que se faz do inciso XXXVI do artigo 5º da Carta Magna vigente: *a lei não prejudicará o direito adquirido, o ato jurídico perfeito e a coisa julgada.*

Apesar da referida proteção em sede constitucional, entremostra-se imperiosa uma ressalva: a eficácia preclusiva da *res iudicata* não poderá, jamais, respaldar sentenças e/ou acórdãos eivados de inconstitucionalidade ou de teratologia. Fortalece-se, logo, na jurisprudência pátria, uma tendência relativizadora dos direitos fundamentais e da própria coisa julgada que, dentre estes, inclui-se.

Padeceu, perguntariam alguns, o caráter absoluto outrora dispensado a tal categoria de direitos? Decerto que os mesmos podem ser excepcionados em função da necessidade de observância de outros valores igualmente assegurados pela Constituição Federal de 1988. Neste toar, Celso Antônio Bandeira de Mello defende que:

> (...) o estatuto constitucional das liberdades públicas, ao delinear o regime jurídico a que estas estão sujeitas — e considerado o substrato ético que as informa — permite que sobre elas incidam limitações de ordem jurídica, destinadas, de um lado, a proteger a integridade do interesse social e, de outro, a assegurar a coexistência harmoniosa das liberdades, pois nenhum direito ou garantia pode ser exercido em detrimento da ordem pública ou com desrespeito aos direitos e garantias de terceiros.[8]

Ratificando o entendimento ora esposado, ainda, cita-se, por oportuno, ensinamento de Cândido Rangel Dinamarco, segundo o qual "não é legítimo eternizar injustiças a pretexto de evitar a eternização de incertezas".[9]

A coisa julgada, enfim, nas lúcidas palavras de Teori Albino Zavascki não é valor constitucional absoluto. "Trata-se, na verdade, de um princípio, como tal, sujeito à relativização, de modo a possibilitar sua convivência harmônica com outros princípios de mesma hierarquia existentes no sistema".[10]

Enquanto princípio, pois, a *res iudicata* se realiza na medida das possibilidades jurídicas determinadas por outros princípios que atuam em sentido diferente. Assim, apesar de sua proteção revelar-se consentânea com o valor da segurança jurídica,

---

[6] *Ibidem*, p. 62.
[7] *Ibidem*, p. 61.
[8] MS nº 23.452/RJ, Tribunal Pleno, Rel. Min. Celso de Mello, *DJ*, 12 maio 2000. p. 20.
[9] LIMA, Gislene Frota. A coisa julgada inconstitucional no Código de Processo Civil. *Revista Jus Navigandi*, ano 10, n. 1038, 5 maio 2006. Disponível em: <http://jus2.uol.com.br/doutrina/texto.asp?id=8354>. Acesso em: 01 nov. 2009.
[10] ZAVASCKI. Ação rescisória..., *op. cit.*, p. 157.

convém asseverar, noutro giro, que este não se sobrepõe, irrestritamente, à moralidade e à justiça das decisões judiciais.[11] Legitima-se, então, a possibilidade de revisão do caso julgado em situações excepcionais, dentre as quais, figura, particularmente, a coisa julgada inconstitucional, a qual se verifica quando o Direito é aplicado de forma acintosa à Constituição.[12]

Não é sempre, contudo, que a segurança jurídica — da qual é paladino o instituto sob referência — cederá espaço a outros valores constitucionalmente assegurados. Elucida, neste mister, Cândido Rangel Dinamarco, que:

> (...) a linha proposta não vai ao ponto insensato de minar imprudentemente a *auctoritas rei judicatae* ou transgredir sistematicamente o que a seu respeito assegura a Constituição Federal e dispõe a lei. Propõe-se apenas um trato extraordinário destinado a situações extraordinárias com o objetivo de afastar absurdos, injustiças flagrantes, fraudes e infrações à Constituição — com a consciência de que providências destinadas a esse objetivo devem ser tão excepcionais quanto é a ocorrência desses graves inconvenientes.[13]

Igual entendimento é defendido por Barbosa Moreira, segundo o qual haveria hipóteses de revisão típicas da coisa julgada material, ou seja: nas hipóteses previstas em lei (a coisa julgada inconstitucional, como se pretende demonstrar, é um desses casos), a força da *res iudicata* já seria relativa.[14]

Perfilhando a argumetação presentemente esposada, permite-se asseverar que a estabilidade dos resultados produzidos em um processo não deverá nunca prejudicar a coerência de seus efeitos. Rescindir o caso julgado inconstitucional não equivale, logo, à rediscussão da decisão judicial simplesmente por estarem cristalizadas injustiças. Fala-se, isto sim, na viabilidade de revisão nos estritos termos de provimentos jurisdicionais inconstitucionais — atacáveis através de impugnação de sentenças inconstitucionais (art. 475-L, §1º, CPC), de embargos à execução (art. 741, parágrafo único, CPC) ou de ação rescisória (485, V, CPC). Note-se que admitir dita relativização com base na mera existência de injustiça significaria franquear, ao Judiciário, uma cláusula geral de revisão da coisa julgada, a qual poderá, a seu turno, dar margem a interpretações das mais diversas, em prejuízo dos imperativos da segurança jurídica, anteriormente considerados.[15]

Por fim, em se tratando das decisões judiciais que violam o Ordenamento Constitucional, exsurge uma situação tão grave que merecem ser enfrentados os limites da proteção da inconstitucionalidade pelo manto da coisa julgada material, a despeito do poder de sanação geral e da eficácia preclusiva que tal instituto encerra. De fato, o simples trânsito em julgado de uma sentença parece não ter o condão de

---

[11] Não é outro o entendimento de Eduardo Talamini, *vide*: TALAMINI, Eduardo. *Coisa julgada e sua revisão*. São Paulo: Revista dos Tribunais, 2005. p. 391.
[12] Coisa julgada inconstitucional, ressalte-se, difere da descoberta superveniente da verdade real, a qual torna injusta a decisão judicial com trânsito em julgado.
[13] DINAMARCO, Cândido Rangel. Relativizar a coisa julgada material. Disponível em: <www.pge.sp.gov.br/centrodeestudos/revistaspge/Revista%20PGE%2055-56.pdf>. Acesso em: 11 dez. 2009.
[14] MOREIRA, José Carlos Barbosa. Considerações sobre a chamada relativização da coisa julgada material: DIDIER JUNIOR, Fredie (Org.). *Relativização da coisa julgada*: enfoque crítico. 2. ed. Salvador: JusPodivm, 2006.
[15] DIDIER JUNIOR; BRAGA; OLIVEIRA, *op. cit.*, p. 583.

eliminar a inconstitucionalidade nessa contida. Isso porque a intangibilidade da coisa julgada depende da conformidade de um *decisum* com a Carta Magna vigente. Sustentar entendimento diverso, ressalte-se, poderia ferir outra vez a Constituição.

2 A natureza das sentenças inconstitucionais: considerações sobre "invalidade", "nulidade" e "inexistência"

Ao se buscar o valor jurídico dos pronunciamentos jurisdicionais eivados de inconstitucionalidade, motivadores da desconstituição do caso julgado, impende-se, preliminarmente, ressaltar a distinção entre os regimes da "invalidade" e da "nulidade/inexistência", apontados como um dos frutos da evolução histórica do Direito Processual Civil.[16]

Como bem expõe Eduardo Talamini, elucidando a diferenciação acima:

> (...) no que tange aos atos jurídicos, a adequação do fato à norma envolve dois estágios distintos. O primeiro presta-se à correspondência básica do ato ao conceito, ao tipo, trazido na norma. Havendo esta primeira correspondência, o ato é juridicamente relevante (em certas situações, está apto a produzir, em algum grau, efeitos jurídicos). No entanto, — e diferentemente do que ocorre com os fatos jurídicos em sentido estrito e os atos-fatos — a adequação não pára por aí. A representação conceitual do ato não basta para acionar as conseqüências jurídicas imputadas ao ato de modo pleno e integral. O passo seguinte consiste na verificação do cumprimento das regras técnicas para a obtenção dos efeitos aos quais a declaração tende. O primeiro passo concerne à existência jurídica do ato. O segundo, à sua validade.

Em rasas palavras, para que reste configurada a existência de um ato (veja-se que a sentença é ato!), como *fattispecie*, nos dizeres de Pontes de Miranda,[17] bastaria que esse se enquadrasse minimamente em uma determinada moldura normativa. Na hipótese de alguns de seus requisitos, normativamente previstos, mostrarem-se ausentes ou viciados, tal ato continuaria a existir, sob um manto de invalidade, porém. Nesses termos, os contornos da inexistência traduziriam necessariamente uma ideia de negação. Uma sentença inexistente, destarte, por equivaler a uma não-sentença, corresponderia a uma vazia aparência de ato, não havendo qualquer instrumento para convalidá-la. É que, sobre essa, enquanto negação de ato, jamais recairia o instituto da *res iudicata*, permanecendo a mesma, assim, atacável a qualquer tempo. À inexistência, portanto, seria conferida uma eficácia *ultrarescisória*.

Alguns defeitos processuais, por outro lado, ainda que graves, cumpre-se notar, não constituem fundamento suficiente para caracterizar a inexistência de uma sentença. Nesses casos, não se fala em pronunciamento jurisdicional inexistente, mas, no máximo, em invalidade do *decisum*. Assim, as sentenças advindas da cognição exauriente de mérito, quando contaminadas com tais vícios, seriam passíveis de saneamento, operado através de remédios típicos e de acordo com prazos determinados.

---

[16] Para a inteira visualização do panorama histórico-evolutivo dos regimes de "nulidade" e "inexistência" no processo civil, (TALAMINI. *Coisa julgada...*, op. cit., p. 196-278).

[17] PONTES DE MIRANDA, Francisco Cavalcanti. *Tratado de direito privado*. 4. ed. São Paulo: Revista dos Tribunais, 1983. v. 4, p. 357-360.

Passadas as considerações *retro*, emerge uma dúvida: como se classificam as sentenças que fazem coisa julgada inconstitucional?

Compreendendo-se a coisa julgada como a definitividade/imutabilidade que recai sobre o comando de uma sentença,[18] no âmbito da *res iudicata* inconstitucional, deve-se perceber a existência de uma ofensa a normas (regras ou princípios) constitucionais, com *animus* definitivo, a qual repousa na própria sentença, como reflexo ou mesmo como pressuposto desta. Isso posto, retomando-se o questionamento acerca do valor da sentença inconstitucional, diz-se que, em regra, não é amplamente aceita a tese que defende a inexistência jurídica das mesmas.[19] Também, não há que se falar, sequer em nulidade absoluta. Veja-se que a nulidade absoluta, assim como a inexistência, constitui um defeito que permanece atacável a qualquer tempo. É o que se pretende esclarecer por meio dos parágrafos a seguir.

Com base nos ensinamentos de Kelsen, ressalvando-se, contudo, a confusão feita por tal autor entre o plano da "validade" e o da "pertinência" das normas a um dado sistema jurídico, o que equivale à própria "existência" desta, pode-se inferir que mesmo a lei inconstitucional existe. Veja-se, neste mister, que a evidência de tal existir decorre, preliminarmente, de um reconhecimento operado pelo próprio sistema jurídico, a partir dos mecanismos, por ele criados, para expurgar, de seu *corpus*, a norma inconstitucional. Isso porque não faria sentido tentar remover o que, efetivamente, não existe.

A lei inconstitucional, portanto, existirá até que sobrevenha um determinado pronunciamento, em moldes legalmente predefinidos, reconhecendo-lhe a inconstitucionalidade e invalidando-a.[20]

A lei inconstitucional, retomando-se os termos acima postos, insere-se, logo, no plano da existência, mas padece, como bem aponta Eduardo Talamini, de invalidade desde o seu nascimento. Existindo, está inserida em determinado sistema jurídico, e, dele, só virá a ser retirada quando o Supremo Tribunal Federal exercer o controle direto e abstrato de constitucionalidade ou quando, fazendo-se esse controle pela via incidental, o Senado vier a exercer a competência que lhe confere o art. 52, X, da Constituição.[21]

A inconstitucionalidade de uma lei, portanto, longe de configurar hipótese de inexistência, é caso de *anulabilidade*. Tal lei existirá, repise-se à exaustão, conquanto inválida, injusta ou mesmo equivocada. Seu defeito, tão-somente, será, pois, de conteúdo. Vê-se, assim, que, em se tratando de sentenças inconstitucionais, difícil seria aceitar entendimento diverso daquele aplicável às leis. É que uma sentença, enquanto um meio de fazer valer, *in concreto*, as previsões abstratas das normas, por declarar-lhes os efeitos, não poderia ostentar valor jurídico outro, que não o da própria norma que aplicou.

---

[18] Acerca das diversas acepções conferidas ao instituto da coisa julgada, em breve relato, DIDIER JUNIOR; BRAGA; OLIVEIRA, *op. cit.*, p. 556-560.

[19] Tal postura é assumida por Teresa Wambier, defensora de uma concepção ampliativa das sentenças inexistentes e de uma maior relativização do próprio instituto da coisa julgada, *vide*: WAMBIER, Teresa Arruda Alvim. *Nulidades da sentença e do processo*. 4. ed. São Paulo: Revista dos Tribunais, 1997.

[20] KELSEN, Hans. *Teoria pura do direito*. 6. ed. Tradução de J. Baptista Machado. Coimbra: Armênio Amado, 1984. p. 363-376.

[21] TALAMINI. *Coisa julgada...*, *op. cit.*, p. 441.

A inconstitucionalidade de uma norma, enfim, acarretará a inexistência do pronunciamento jurisdicional, em um único caso: se essa incidir sobre os pressupostos de existência das sentenças ou do próprio processo.[22]

Rememorando o que restou alinhavado, no tópico antecedente, acerca do arcabouço principiológico que resguarda a força da coisa julgada, nos casos em que esta se entremostra eivada de inconstitucionalidade, por se não estar diante de mera "inexistência" (a qual não é capaz de fazer coisa julgada!), aos seus mecanismos de desconstituição, impõe-se um juízo de ponderação.

3 O reconhecimento da inconstitucionalidade como fundamento do *ius rescindens*

Em uma acepção instrumental, permite-se aplicar, aos embargos de título judicial eivado de inconstitucionalidade, institutos previstos para a ação rescisória, vez que ambos possuem um fim comum. Isso porque, em sede de tais embargos, opera-se um *iudicuim rescindens*,[23] a partir do qual se autoriza a possibilidade de desconstituição da coisa julgada.

Tal juízo rescindente consiste, justamente, em um dos pedidos dos embargos *supra* e estará sempre presente quando configuradas as hipóteses do parágrafo único do art. 741 do CPC, adiante explicitadas.

Com o acolhimento do *ius rescindens*, requerido por meio dos embargos previstos no parágrafo único do art. 741 do CPC, pode ser operada a desconstituição de uma decisão transitada em julgado, anterior a uma execução contra a Fazenda Pública. Claro, então, é o caráter desconstitutivo da pretensão rescindente, cujo julgamento, nas palavras de Teresa Wambier, citada por Fredie Didier, ganha feições constitutivo-negativas.[24] Nesse toar, uma rápida consideração: se as leis não são imunes ao controle de constitucionalidade, não o serão, também, as sentenças. Eduardo Talamini, citando Moniz de Aragão, afirma não ser possível ver na sentença, e na própria coisa julgada, algo que seja menos do que a lei.[25] Seguramente, pois, pode-se inferir que a intangibilidade da coisa julgada depende de sua conformidade à Constituição, fundamento maior de validade.

Ante o exposto no tópico anterior, enfim, se a sentença inconstitucional existe, situando-se os seus vícios sobre o plano da validade, tal *decisum* faz coisa julgada, submetendo-se esta a um regime predefinido de desconstituição. Em sendo, então, juridicamente possível a rescisão operada por via de embargos, presentes as 3 situações descritas no parágrafo único do art. 741 CPC, como restará aclarado adiante, imperioso falar-se em um *iudicium rescindes*, quando do julgamento desses. Veja-se que, através de tais embargos, a Fazenda Pública, quando executada, pretende atingir

---

[22] *Ibidem*, p. 404-422.
[23] Compartilham do mesmo entendimento DIDIER JUNIOR, Fredie; BRAGA, Paula Sarno; OLIVEIRA, Rafael. *Curso de direito processual civil*. 3. ed. Salvador: JusPodivm, 2008. v. 2, p. 556-560.
[24] DIDIER JUNIOR, Fredie; CUNHA, Leonardo José Carneiro da. *Curso de direito processual civil*. 7. ed. Salvador: JusPodivm, 2008. v. 3, p. 448.
[25] TALAMINI. *coisa julgada...*, *op. cit.*, p. 383.

a sentença inconstitucional transitada em julgado — o que configura o julgamento rescindente em comento — e, também, impedir a própria execução, contra ela manejada.

Por fim, em posição diversa da ora defendida, cita-se, Luiz Guilherme Marinoni, segundo o qual permitir a desconstituição, por meio de embargos, ou seja, acolher o *ius rescindens* de sentença transitada em julgado sob a alegação de matéria de fundo constitucional, traduz uma notável exceção ao princípio de que a coisa julgada cobre o deduzido e o dedutível e, assim, constitui uma violação à sua essência.[26] Para o mencionado autor, que lembra não haver qualquer previsão de embargos com força rescisória no Ordenamento Jurídico de Portugal ou da Espanha, a inconstitucionalidade, apesar de superveniente à sentença, afirma uma causa que deveria e poderia ter sido detectada antes da sentença. É que, no Brasil, sendo dever de todo e qualquer juiz realizar o controle de constitucionalidade, a dicção do parágrafo único do art. 741 do CPC, além de violar a garantia da coisa julgada material, desconsidera o poder de todos os juízes de controlar a constitucionalidade, nulificando-o em prol de uma interpretação sucessiva operada pelo STF. Atente-se que, na ótica de Marinoni, se o um juiz de primeiro grau deixa de se pronunciar sobre a constitucionalidade de determinada lei, ainda assim haveria um juízo de constitucionalidade; implícito, porém — o que não autoriza considerá-lo como não acobertado pela *res iudicata*. Nesses termos, a combatida previsão do parágrafo único do art. 741 submeteria a coisa julgada a uma condição negativa temporalmente imprevisível.[27]

4 *Embargos Rescisórios*: o parágrafo único do art. 741 do CPC e as questões de direito intertemporal

Já vislumbrada pelo Ordenamento Jurídico pátrio a possibilidade de desconstituir a *res iudicata* — antes do advento do parágrafo único do art. 741 do CPC —, aos inconformados com o resultado dos provimentos jurisdicionais incompatíveis com a Constituição, caberia, unicamente, a tentativa de rescindir os casos julgados operada através da ação rescisória. Não era outro o posicionamento do STF.[28]

Acreditava-se, à época, que o reconhecimento da inconstitucionalidade por parte do Excelso Pretório, posterior ao trânsito em julgado da sentença, não teria o condão de ferir-lhe a autoridade. A sentença, assim, seria executada, sem que isso implicasse o menoscabo da força do posterior acórdão. Assumia-se, então, postura diversa, consoante a qual se entregava, ao juízo da execução, o dever de executar a sentença alvo da *res iudicata*, a qual não seria passível de desconstituição por meio de embargos à execução.[29]

Uma reviravolta em tal contexto operou-se, contudo, através de Medida Provisória, inspirada no Direito Alemão, (MP nº 2.180-35, art. 10), a partir de cuja dicção considerar-se-ia inexigível o título judicial fundado em lei ou ato normativo

---

[26] MARINONI, *op. cit.*, p. 125.
[27] *Idem*, p. 131.
[28] Veja-se o seguinte precedente: STF, 1ª Turma, RE 86.056/SP (Rel. Min. Rodrigues Alckmin. Julgamento em 31.5.77).
[29] STF, Pleno do STF, Recl 148/RS, Rel. Min. Moreira Alves, julgamento em 12.5.83.

declarados inconstitucionais pelo Supremo Tribunal Federal ou em aplicação ou interpretação tidas por incompatíveis com a Constituição Federal. A partir daí, pois, em sede de embargos — à execução de título judicial —, possibilitou-se a arguição de matérias anteriores à formação do próprio título, cuja revisão operar-se-ia ainda que o mesmo estivesse coberto pelo manto do caso julgado. Surge, assim, uma alternativa à referida ação rescisória, que, por sua vez, operava-se fora do prazo da possibilidade de rescisão ora examinada.

Em uma análise comparativa das diversas redações dadas ao atual parágrafo único do art. 741 por sucessivas Medidas Provisórias, Hamanda Ferreira nota uma:

> (...) aparente *flexibilização* das novas hipóteses de 'inexigibilidade' do título executivo judicial. Na primeira versão do preceito, mencionava-se o "título judicial fundado em lei, ato normativo ou em interpretação ou aplicação declarada inconstitucional pelo Supremo Tribunal Federal" (art. 3º da MP nº 1.997-37, de 11.4.2000). A partir da Medida Provisória nº 1.984-20, de 28.7.2000, passou-se a aludir a "título judicial fundado em lei ou ato normativo declarados inconstitucionais pelo Supremo Tribunal Federal ou em aplicação ou interpretação tidas por incompatíveis com a Constituição Federal". Esse texto se repetiu na Medida Provisória nº 2.102-27, de 26.1.2001, e se manteve na redação determinada pela Medida Provisória nº 2.180-35, de 24.8.2001.[30]

É que, segundo a autora, "pelo cotejo literal das redações, tem-se a impressão de que a mudança teria servido para dispensar uma prévia manifestação do Supremo acerca da 'incompatibilidade' constitucional 'da aplicação ou interpretação da norma'".[31]

Com o fito de evitar tais flexibilizações interpretativas, a Lei nº 11.232/05, ao inserir o referido parágrafo único do art. 741, preferiu deixar expressa a necessidade de um pronunciamento prévio do Supremo Tribunal Federal, entronizado como fonte única e exclusiva da aplicação ou interpretação de normas conforme a Constituição — para o desgosto de alguns.[32] Nas palavras de Fredie Didier, seguido por Leonardo Carneiro da Cunha, "o paradigma que deve ser utilizado para a aferição da constitucionalidade de uma lei deve ser uma decisão do STF".[33]

Em rápida justificativa do teor das regras acima mencionadas, reforça-se não ser cabível a exigibilidade da coisa julgada considerada inconstitucional. É que, ao *decisum* inconstitucional, faltaria a certeza necessária à formação dos títulos executivos, daí se falar na possibilidade de um *iudicium rescisorium* em sede de embargos. Por fim, uma última ponderação empreendida por Leonardo José Carneiro da Cunha: embora o dispositivo do parágrafo único do art. 741 do CPC faça menção à inexigibilidade —

---

[30] FERREIRA, Hamanda Rafaela Leite. Impugnação e embargos à execução de título judicial inconstitucional. *Revista Jus Navigandi*, ano 13, n. 2263, 11 set. 2009. Disponível em: <http://jus2.uol.com.br/doutrina/texto.asp?id=13488>. Acesso em: 28 dez. 2009. p. 2.
[31] *Ibidem*.
[32] Observe-se o posicionamento de Luiz Guilherme Marinoni para quem "exatamente porque a decisão judicial não se confunde com lei, a declaração de inconstitucionalidade do Supremo Tribunal não tem o efeito de invalidar a decisão do juiz ordinário. Isto seria a invalidação de uma decisão transitada em julgado por outra, ou melhor, a invalidação da interpretação judicial revestida pela coisa julgada pela ulterior interpretação do Supremo Tribunal Federal" (*op. cit.*, p. 81).
[33] DIDIER JUNIOR et al., *op. cit.*, p. 372.

referência ao inciso II do art. em comento —, o caso é de inexequibilidade, exatamente porque falta o título executivo hábil à execução.[34]

Passadas as considerações *retro* quanto à tipicidade/previsão, no ordenamento jurídico pátrio, dos embargos como meio para oposição à execução de título judicial eivado de inconstitucionalidade, permite-se adentrar em um aspecto pontual, referente à aplicabilidade da norma inserida como parágrafo único ao art. 741 do CPC. Surge nessa seara, como se verá, uma questão de direito intertemporal.

Por tratar-se de norma processual, importa ressaltar que o parágrafo único do art. 741 goza de aplicação imediata,[35] atingindo, inclusive, os processos em curso. Assim, do ensinamento de Leonardo José Carneiro da Cunha, depreender-se-ia ser "relevante observar que a regra já existia antes da Lei nº 11.232/2005, tendo sido inserida no ordenamento jurídico brasileiro desde 11 de abril de 2000, por meio de medida provisória".[36]

Teori Albino Zavascki, entretanto, amparado por vasta jurisprudência do STJ, observa que o parágrafo único do art. 741 do CPC foi acrescido pela medida provisória 2.180-35/01. Segundo o referendado autor, seria a partir de 2001, portanto, que poderiam ser os embargos rescisórios manejados pela Fazenda como óbice à execução de títulos judiciais inconstitucionais.[37]

A eficácia do dispositivo em comento, ressalva-se contudo, não poderá, jamais, ser retroativa. É que, segundo a estrita dicção do art. 5º, XXXVI, da Constituição, a lei não prejudicará o direito adquirido, o ato jurídico perfeito e a coisa julgada. Conferir, destarte, à norma do parágrafo único do CPC eficácia para o passado corresponderia a um desrespeito frontal ao princípio da irretroatividade das leis. Sob pena de macular o novel instituto com o vício da inconstitucionalidade, por conseguinte, poder-se-á operar a eficácia rescisória dos embargos à execução, apenas, contra sentenças transitadas em julgado depois de 24.8.2001. Fala-se, inclusive, que o beneficiado pela sentença anterior à mudança normativa teria o direito adquirido de preservar a coisa julgada com a higidez própria do regime processual da época em que foi formada, quando não era prevista a modalidade rescisória dos embargos.[38]

4.1 Hipóteses de cabimento[39]

Já configurado o panorama de relativização da *res iudicata*, e, assim, justificada a desconstituição dos julgados com vício de constitucionalidade através do manejo de

---

[34] CUNHA, Leonardo José Carneiro da. *A Fazenda Pública em juízo*. 7. ed. São Paulo: Dialética, 2009. p. 291.

[35] Veja-se a dicção do art. 1.211 do CPC: "Este Código regerá o processo civil em todo o território brasileiro. Ao entrar em vigor, suas disposições aplicar-se-ão desde logo aos processos pendentes."

[36] CUNHA, Leonardo José Carneiro da. *A Fazenda Pública em juízo*. 7. ed. São Paulo: Dialética, 2009. p. 295.

[37] Tal é o posicionamento do STJ, *vide* os seguintes precedentes: 1) Resp 667 362/SC, 1ª Turma, Relator Min. José Delgado, julgamento em 15 fev. 2005; 2) Resp 651.429/RS, 5ª Turma, Relator Min. José Arnaldo da Fonseca, julgamento em 18 out. 2004; 3) Resp 718432, 1ª Turma, Relator Min. Teori Albino Zavascki, julgamento em 2 maio 2005).

[38] ZAVASCKI, Teori Albino. Embargos à execução com eficácia rescisória: sentido e alcance do art. 741, parágrafo único, do CPC. *Revista Jus Navigandi*, ano 11, n. 1510, p. 7, 20 ago. 2007.

[39] Reitera-se, oportunamente, o teor do art. 736 do CPC, segundo o qual o devedor pode opor-se à execução por meio de embargos, que serão autuados em apenso aos autos do processo principal. Não cabem, destarte, embargos se não houver ação autônoma de execução.

embargos rescisórios, necessário proceder a uma análise pontual das suas hipóteses de cabimento. Em conformidade com o que se disse outrora, permitir que se opere a relativização em casos atípicos franqueia ao Judiciário uma cláusula geral de revisão da coisa julgada, turbando fortemente as bases da segurança jurídica.

Aceitam-se os embargos rescisórios, como restou esposado, em nome do princípio da supremacia da Constituição. Deve-se observar que a lei constitucional não é uma lei qualquer; é fundamento no qual o Ordenamento Jurídico fixa as suas bases de validade e legitimidade. Nesse sentido, Teori Albino Zavascki enuncia que:

> (...) guardar a Constituição, observá-la fielmente, constitui, destarte, condição essencial de preservação do Estado de Direito no que ele tem de mais significativo, de mais vital, de mais fundamental. Em contrapartida, violar a Constituição, mais do que violar uma lei, é atentar contra as bases de todo o sistema.[40]

Em matéria constitucional, portanto, não se cogitam posicionamentos razoáveis. Pelo contrário, impõe-se a existência de uma interpretação juridicamente correta, de aplicação uniforme a todos os destinatários. Levando ao extremo o argumento ora destacado, pensariam alguns ser insuscetível de execução qualquer sentença tida por inconstitucional, pouco importando a maneira de exteriorização da inconstitucionalidade ou a existência de um prévio pronunciamento do STF a respeito. Humberto Theodoro ensina, no particular ora tratado, que:

> (...) a inconstitucionalidade não é fruto da declaração direta em ação constitutiva especial. Decorre da simples desconformidade do ato estatal com a Constituição. O STF apenas reconhece abstratamente e com efeito *erga omnes* na ação direta especial. Sem esta declaração, contudo, a invalidade do ato já existe e se impõe a reconhecimento do judiciário a qualquer tempo e em qualquer processo onde se pretenda extrair-lhe os efeitos incompatíveis com a Carta Magna. A manter-se a restrição proposta, a coisa julgada, quando não for manejável a ação direta, estará posta em plano superior ao da própria Constituição.[41]

O que pareceria, à primeira vista, um raciocínio coerente merece uma ressalva, lucidamente feita por Teori Albino Zavascki.[42] Configurada a propedêutica da rescisão por meio de embargos nos termos do parágrafo anterior, atribuir-se-ia ao novel instituto um poder rescisório muito maior do que prevê o parágrafo único do art. 741 do CPC, o qual parece não fundamentar o posicionamento *supra*, legitimado, tão-somente e, em último caso, pela Constituição. Em lúcida crítica, também, o referido autor defende que tal modo de operação dos embargos revela-se uma afronta, em questões envolvendo matéria constitucional, ao princípio da coisa julgada, desrespeitando a própria Carta Constitucional.

---

[40] ZAVASCKI, Teori Albino. Ação rescisória em matéria constitucional. *Revista de Direito Renovar*, n. 27, p. 161, set./dez. 2003.
[41] THEODORO JÚNIOR, Humberto. A reforma do processo de execução e o problema da coisa julgada inconstitucional. *Revista Brasileira de Estudos Políticos*, Belo Horizonte, n. 89, jan./jun. 2004.
[42] Embargos à execução..., *op. cit.*

Pragmaticamente, então, assevera-se não ser qualquer julgamento inconstitucional que viabiliza a propositura dos embargos sob referência. Como se depreende da dicção expressa do parágrafo único do art. 741 do CPC, imperioso é o reconhecimento da inconstitucionalidade pelo STF — o que já fora exposto anteriormente.[43] Nesse toar, salienta-se que o legislador, na redação do parágrafo único em comento, além de preservar a supremacia do texto constitucional, procurou garantir a autoridade de um guardião da Constituição, de um órgão legítimo, capaz de proferir a decisão final em temas relacionados à interpretação ou aplicação da Magna Carta.[44] Nas palavras de Eduardo Talamini, assim, o parágrafo do art. 741 conteria, também na sua segunda parte, um enunciado implícito da existência de anterior pronunciamento do STF, conforme restou exposto.[45]

Reitera-se, portanto, o já referido *status* de guardião da Constituição dispensado ao STF. Veja-se ser dele, ao menos em sede de rescisória, o poder para justificar a substituição do parâmetro negativo da Súmula 343 por um parâmetro positivo, segundo o qual há violação à Constituição na sentença que, em matéria constitucional, é contrária ao pronunciamento da Corte Suprema.[46]

Passadas as considerações acima, adentrar-se-á propriamente na análise das estritas hipóteses de cabimento legalmente previstas. Preliminarmente, impende-se ressaltar, porém, que o manejo dos embargos rescisórios deve guardar fiel observância à regra de direito intertemporal alvo de comentário *supra*. Dito isso, vê-se, que a inconstitucionalidade de sentença contra que enseja o manejo dos embargos do art. 741 do CPC manifesta-se em 3 casos: 1) aplicação de lei inconstitucional (já existe a declaração de inconstitucionalidade com redução de texto); 2) aplicação da lei à situação considerada inconstitucional (fala-se em uma declaração de constitucionalidade parcial da lei); 3) aplicação da lei com um sentido tido por inconstitucional (requer-se uma interpretação conforme à Constituição). Quanto ao último ponto, nota-se ser instituto hermenêutico que visa à preservação da constitucionalidade da interpretação diante da polissemia de algumas normas.

Uma ressalva, apenas, poderia ser feita, nas palavras de Teori Albino Zavascki, quanto ao caráter absolutamente taxativo do rol colacionado no parágrafo antecedente. Trata-se de casos graves, quando, por inexistir procedimento previsto em lei para desconstituir o caso julgado inconstitucional, à luz do princípio da instrumentalidade e para a defesa da Constituição, poder-se-iam manejar, extraordinariamente, os embargos do parágrafo único do art. 741 a hipóteses que extrapolem os limites nele estabelecidos.

Retomando-se o que restou alinhavado acerca da necessidade de existência de pronunciamento do STF, no que se refere à viabilização da proposição dos embargos

---

[43] Dispensam-se, portanto, em se tratando de hipóteses de inconstitucionalidade de provimento jurisdicional viabilizadoras da propositura dos embargos rescisórios, aprofundamentos referentes: 1) à rescisão de sentença em matéria constitucional ainda não apreciada pelo STF; 2) à rescisão de sentença em matéria objeto de ADIN ou ADC em andamento; 3) à rescisão de sentença em questões não sujeitas aos mecanismos de controle de constitucionalidade das normas.

[44] Não é outro o entendimento defendido por Eduardo Talamini, veja-se: TALAMINI, Eduardo. *Coisa julgada e sua revisão*. São Paulo: Revista dos Tribunais, 2005. p. 387.

[45] Embargos à execução..., *op. cit.*, p. 57.

[46] *Vide* o Resp 479909, 1ª Turma, STJ.

rescisórios, imperioso notar certo desconforto na doutrina. Consoante Teori Albino Zavascki, o precedente do Excelso Pretório pode ter sido anterior ou posterior ao trânsito em julgado da sentença exequenda.[47] Observe-se que a lei não tratou do tema e um dos objetivos da norma em estudo é, justamente, prestigiar a força das decisões daquela Corte. Entendimento diverso, por outro lado, orienta-se no sentido da necessidade do *excelso decisum* ser anterior à formação do título judicial que se pretenda combater. Nesse sentido, Leonardo Cunha, seguindo Nelson Nery Jr. e Rosa Nery, defende que a sentença, para ser rescindida, deve conter um defeito genético — o que é de fácil configuração lógica. Para tais autores, o precedente do STF posterior à consolidação da *res iudicata* só estará apto a rescindi-la se lhe for conferida eficácia *ex tunc*, quando da modulação de seus efeitos. Reiterando-se as considerações já feitas acerca do valor jurídico do caso julgado inconstitucional, o qual não é inexistente, conclui-se pela impossibilidade de sua desconstituição a qualquer tempo.

O manejo dos embargos do parágrafo único do art. 741, logo, com fundamento em pronunciamento do Supremo Tribunal Federal ao qual foi dada eficácia pretérita, lucidamente, deve obedecer ao prazo bienal da ação rescisória.[48] Apesar de não haver previsão normativa nesse sentido, hermenêutica diversa abalaria profundamente o princípio constitucional da segurança jurídica. Lembre-se que toda interpretação normativa, para ser válida, deve guardar concordância com o texto constitucional.

Ainda quanto ao precedente do STF que viabiliza o uso dos embargos rescisórios, nota-se que o mesmo pode ter origem em controle concentrado ou difuso. Na última hipótese, concorda-se com Teori Albino Zavascki quando esse dispensa a resolução do Senado (art. 52, X, CF/88) que suspende a norma tida por inconstitucional.[49] Muito se fala, atualmente, na eficácia *ultra partes* do controle difuso de constitucionalidade, alvo de objetivação. Tal entendimento, a despeito de ser a situação tratada alheia a qualquer previsão normativa, coaduna-se com a já mencionada intenção do legislador de conferir valor especial à autoridade dos precedentes emanados do Excelso Pretório, que não pode ser hierarquizada em função do procedimento em que se manifesta.[50] Veja-se que tais considerações já eram tecidas em relação à ação rescisória, a qual possui desiderato idêntico ao dos embargos do parágrafo único do art. 741 do CPC sob análise.[51]

Por fim, no que concerne às hipóteses de cabimento dos embargos rescisórios em foco, uma última nota de cunho lógico-jurídico: a lei cuja inconstitucionalidade já tenha sido proclamada pelo STF deve ser imprescindível ao julgamento rescindente. Nesse toar, observa Leonardo Cunha a necessidade de haver uma relação de causa e efeito, de sorte que, afastada a lei inconstitucional que fundamentara uma sentença, torne-se impossível que o juiz da causa chegue à conclusão (inconstitucional) idêntica a que será atacada. Também, os motivos de oposição à execução da referida sentença

---

[47] Embargos à execução..., *op. cit.*
[48] Não é outro o posicionamento de Leonardo Cunha, vide: CUNHA, Leonardo José Carneiro da. *A fazenda pública...*, *op. cit.*, p. 295.
[49] Observe-se que há precedentes na jurisprudência pátria em sentido contrário, *vide*: TRF 6ª Região, 6ª Turma. AC 200338000142710/MG, Rel. Des. Fed. Daniel Paes Ribeiro, julgamento 20.6.2005.
[50] ZAVASCKI, Teori Albino. Inexigibilidade de sentença inconstitucional. *In*: DIDIER JUNIOR, Fredie (Org.). *Relativizações da coisa julgada*: enfoque crítico. 2. ed. Salvador: JusPodivm, 2006. p. 337.
[51] ZAVASCKI. Ação rescisória..., *op. cit.*

não podem ser os mesmos que foram arguidos ou que poderiam ter sido invocados na fase antecedente à resolução do mérito, nela, ventilado. Isso constituiria uma dupla oportunidade de discussão, despida de racionalidade e justificativa.[52]

4.2 Do prazo para o ajuizamento

No que concerne ao prazo para o ajuizamento dos embargos rescisórios, impende-se trazer à colação a divergência doutrinária, já ventilada, acerca da anterioridade do posicionamento do STF quanto ao trânsito em julgado da sentença eivada de inconstitucionalidade que será atacada. Há que se considerar, então, duas situações: o precedente do Excelso Pretório é anterior ao trânsito em julgado da sentença exequenda; dito precedente é posterior à consolidação da *res iudicata*.

No primeiro caso, aplicando-se em dobro o prazo do art. 738 do CPC, na execução proposta contra a Fazenda Pública, obedecendo a regra geral, essa é citada para, em 30 dias, oferecer seus embargos rescisórios. Quanto a isso, não há dúvidas.

Na situação do precedente surgir posteriormente ao trânsito em julgado da sentença inconstitucional, entretanto, cabem aprofundamentos. Explica-se.

Conforme restou alinhavado, diante das considerações acerca da existência do caso julgado inconstitucional, o qual, tão-somente, pode ser anulado, concluiu-se, em defesa da segurança jurídica e da confiança, pela fixação de um limite temporal para que fosse operada a desconstituição pretendida. Poderia a Fazenda, destarte, utilizar-se dos embargos com força rescisória, em caso de pronunciamento do Supremo Tribunal Federal (ao qual foi dada eficácia pretérita e posterior ao trânsito em julgado da sentença a ser combatida), tão-somente, dentro do prazo de 2 anos previsto para a ação rescisória.

Utilizando-se as palavras de Luiz Guilherme Marinoni, ao reportar-se ao instituto da ação rescisória, do qual se extraem informações subsidiariamente aplicáveis aos embargos do parágrafo único do art. 741 do CPC, afirma-se que:

> (...) admitir o uso de um instrumento, mas não se conferir prazo adequado à sua utilização é o mesmo do que não admitir o seu uso. Trata-se da invocação da idéia de que o prazo adequado é corolário da previsão em abstrato da possibilidade de utilização de um instrumento.[53]

O prazo ora proposto para o ajuizamento dos embargos rescisórios, pois, é razoável, porquanto, constitucional. Ressalte-se que a inexistência de limite temporal para a propositura dos mesmos ou a dilação indevida do prazo conferido à rescisória — que se presta aos mesmos efeitos da via de impugnação prevista no parágrafo único do art. 741 do CPC — conduziria a uma afronta da Carta Magna.

Mutatis mutandi, por apresentar posicionamento diverso do acima defendido, cumpre colacionar, por fim, lição de Eduardo Talamini quando trata da quebra atípica da coisa julgada.

---

[52] CUNHA, *op. cit.*, p. 294.
[53] *Op. cit.*, p. 205.

Há prazo decadencial para o exercício da pretensão de quebra atípica da coisa julgada? Em regra, (ressalvados os casos excepcionais, em que a inconstitucionalidade implicar a própria inexistência do pronunciamento), a ação não será meramente declaratória, mas desconstitutiva. Em vista disto, poder-se-ia supor serem aplicáveis regras gerais sobre decadência. No entanto, se a própria segurança jurídica está sendo relativizada, mediante a ponderação dos valores envolvidos, e se o próprio prazo decadencial da ação rescisória está sendo afastado, não faria sentido, em seguida, afirmar a aplicação automática e inafastável de outro prazo peremptório. Em outras palavras, também o prazo cuja incidência se afirmasse poderia vir a ser afastado mediante juízo de ponderação (sempre a depender do balanceamento concreto dos valores jurídicos envolvidos).[54]

No que tange à existência de prazos para embargar, uma última palavra: em interpretação extremista, alguns poderiam crer que, por serem ação autônoma de defesa, os embargos à execução sob referência não se sujeitariam a prazos para a sua propositura, posto sempre haver a possibilidade de ajuizar outra ação, com nome diverso, buscando o mesmo efeito da via de defesa ora estudada. Trata-se de forma de contornar, porém, imprudentemente, as regras processuais. Observe-se que a previsão de prazos em processo obedece a um princípio, sobretudo ético, de evitar a dilação indevida da lide. Isso para não se falar na proteção à segurança jurídica e à confiança, conforme exposto anteriormente.

4.3 Da competência para processar e julgar

Questão que tem causado celeuma na doutrina diz respeito à competência para julgar os embargos rescisórios em tela.

Observa-se que o legislador também silenciou quanto à competência para processar e julgar o particular caso dos embargos do parágrafo único do art. 741 do CPC. Assim, pensariam alguns aplicar-se à via de defesa em comento o que já restara expresso quanto à competência absoluta do juízo da execução para julgar os demais casos de embargos (art. 108, CPC). Eis que surge um problema: tratando-se tais embargos, verdadeiramente, de nova hipótese de rescisão da coisa julgada, como seria permitido ao juízo da execução, que normalmente é o juízo de primeira instância, singular, rescindir um acórdão de tribunal — proferido em julgamento colegiado — a ser executado?[55] Veja-se, nesse mister, que o legislador conferiu competência sempre aos tribunais para o julgamento de ação rescisória; em se tratando de embargos rescisórios, porém, repise-se, nada disse.

Acaso fosse utilizada a via da ação rescisória para desconstituir o julgamento inconstitucional que dá azo à modalidade de embargos presentemente estudada, facilmente estaria definida a competência para processar e julgá-los — o que se faria com fulcro na própria Constituição: 1) compete ao Supremo Tribunal Federal processar e julgar, originariamente, ação rescisória de seus julgados (CF/88, art. 102, I, j); 2) compete ao Superior Tribunal de Justiça processar e julgar, originariamente, ação

---

[54] *Coisa julgada...*, op. cit., p. 642-643.
[55] *Op. cit.*, p. 292.

rescisória de seus julgados (CF/88, art. 105, I, *e*); 3) compete aos Tribunais Regionais Federais processar e julgar, originariamente, ação rescisória de seus julgados (CF/88, art. 108, I, *b*); 4) compete aos Tribunais Estaduais, processar e julgar, originariamente, ação rescisória de seus julgados (CF/88, art. 125, §1º).

À luz da instrumentalidade, assim, não haveria porque impedir a aplicação, aos embargos com efetiva força rescisória, a competência constitucionalmente definida para processar e julgar a ação rescisória. Em ambos os casos, ressalte-se, o fim pretendido pelas vias de defesa *sub examini* é idêntico. Relembra-se, assim, lúcida premissa lógico-jurídica, consoante a qual, para fins de definição do regime aplicável a determinados institutos jurídicos, mais vale observá-los a partir dos fins que perseguem do que a partir do *nomen iuris* que ostentam. Imperioso, portanto, em se tratando de modalidade rescisória de embargos, que se opere o deslocamento de competência anteriormente sugerido.[56] Ainda nesse toar, coláciona-se, por fim, preciosa lição de Leonardo José Carneiro da Cunha, ao tratar da competência para o julgamento dos embargos em questão, segundo o qual é preciso dar coerência ao sistema, reconhecendo a competência para a rescisão ao tribunal que proferiu o acórdão rescindindo, ou ao próprio juízo de primeira instância, no caso de pretender-se rescindir, com base no parágrafo único do art. 741 do CPC, a sua própria sentença, aplicando-se, por analogia, a competência para a *querella nulitatis*.[57]

Em outra senda, afirmam alguns serem ditas hipóteses constitucionais de competência dos tribunais elencadas a *numerus clausus*. Desse modo não seria possível que lei, ou pior, interpretação pudesse operar acréscimos em tal rol. Trata-se de argumento que não merece prosperar. Ao permitir que tribunais julguem os embargos do parágrafo único do art. 741 do CPC, não se lhes estão ampliando a competência. Muito pelo contrário: trata-se de reconhecer, apenas, o caráter rescisório da modalidade de defesa ora estudada, preservando a própria competência dos tribunais.

5 A redefinição dos resultados do processo anterior: efeitos dos embargos rescisórios e suma conclusiva

Os embargos rescisórios podem ser vistos como um misto de ação e defesa. Tanto é assim que, por ter natureza de ação, tais embargos deverão conter os três pressupostos elementares da demanda: partes, causa de pedir e pedido. Quanto à causa de pedir, verdadeiramente, melhor seria se falar em causa *excipiendi*. No que tange ao pedido, por sua vez, considera-se, como alvo do manejo do previsto no parágrafo único do art. 741 do CPC, a desconstituição do próprio título executivo judicial eivado de inconstitucionalidade. Daí a natureza constitutivo-negativa de tal modalidade de defesa operada pela Fazenda Pública quando executada. Veja-se que a sentença de procedência de tais embargos com força rescisória não se limita a declarar a inexistência do direito de crédito do embargado diante da ausência de fundamento de ordem constitucional.

---

[56] Não parece ser esse, contudo, o entendimento de Eduardo Talamini, *vide*: TALAMINI. *Coisa julgada...*, op. cit., p. 640.
[57] CUNHA, op. cit., p. 292.

Nessas bases, passadas as considerações anteriormente empreendidas acerca do *iudicium rescindes*, viabilizado através dos embargos rescisórios, surge uma dúvida: poderia o manejo do disposto no parágrafo único do art. 741 do CPC levar também a um novo julgamento da causa, operando-se verdadeiro *iudicium rescissorium*?[58]

Em sentido positivo, Eduardo Talamini, acompanhado por Paulo Lyrio Pimenta argumenta que a falta de disciplina especial a esse respeito autoriza que se aplique aos embargos rescisórios o regime geral dos embargos, já exposto, a partir do qual se opera a desconstituição do título — o que implica, também, novo julgamento do feito.[59] Sugerem ditos autores, assim, que, ao se deparar com embargos viabilizados com base no parágrafo único do art. 741 do CPC, o juiz da execução, sendo o título executivo proveniente de acórdão de órgão jurisdicional superior, a este remeta os autos.

Observa-se que, em determinadas situações, a correção da argumentação inconstitucional que serviu de base para a constituição do título executivo judicial automaticamente inverterá o resultado do processo anterior. Casos mais complexos, envolvendo diversas causas de pedir ou fundamentos, contudo, apesar do vazio normativo, não ficam sem solução. Quanto a esses, acompanha-se a sugestão de Eduardo Talamini, segundo o qual poder-se-ia cogitar que apenas a desconstituição da decisão anterior se desse nos embargos, mas, no lugar de se permitir uma nova ação, deveria ser possibilitada a reabertura do processo anterior para julgamento com base em novas premissas.[60] Retomar-se-ia, então, o processo anterior do ponto em que fossem reaproveitáveis os atos nele praticados. Tal proposta, além de guardar perfeita sintonia com o princípio da economia processual, coadunar-se-ia com a inovação almejada pelo legislador, ao inserir o parágrafo único ao art. 741 do CPC, de permitir que o juiz dos embargos examine matéria anterior e prejudicial à formação do título.

Diante de flagrante inconstitucionalidade, reconhecida pelo STF, de sentença, que aplicou lei inconstitucional — em sentido genérico ou à situação considerada inconstitucional — ou que aplicou lei com um sentido diverso do previsto na Carta Magna, à Fazenda Pública caberá o direito de ver reapreciada a demanda, o que se coaduna, inclusive, com o princípio da inafastabilidade de apreciação da questão pelo Poder Judiciário (art. 5º, XXXV, CF/88). Reside aí, atente-se, o grande valor dos embargos rescisórios alinhados com o Ordenamento Jurídico pátrio.

Uma ressalva, entretanto, deve ser feita por fim: é a práxis que degenera os institutos, daí porque se recomenda ponderação quando da utilização, pela Fazenda Pública, de tais embargos com força rescisória. Isso porque há uma linha muito tênue entre a não-eternização das decisões com vício constitucional, viabilizadora da desconstituição da *res iudicata*, e as necessidades de segurança, certeza, estabilidade e legitimidade do provimento jurisdicional, indispensáveis à validade do discurso jurídico e à afirmação do próprio poder estatal.

---

[58] Em posição contrária à viabilidade do efeito *rescissorium* de tais embargos, cita-se Araken de Assis, para quem o disposto no parágrafo único do art. 741 do CPC opera-se tão-somente no plano da eficácia do título judicial, *vide*: DIDIER JUNIOR et al., *op. cit.*, p. 375.
[59] *Coisa julgada...*, *op. cit.*, 468 e 469.
[60] *Ibidem*, p. 471.

Referências

ASSIS, Araken de. *Eficácia da coisa julgada inconstitucional, relativização da coisa julgada*. Salvador: JusPodivm, 2008.

ASSIS, Araken de. *Reflexões sobre a eficácia preclusiva da coisa julgada*: doutrina e prática no processo civil contemporâneo. São Paulo: Revista dos Tribunais, 2001.

BARROSO, Luís Roberto. *O controle de constitucionalidade no direito brasileiro*. 4. ed. São Paulo: Saraiva, 2009.

CANCELLA, Carina Bellini. Da relativização da coisa julgada. *Revista Jus Navigandi*, ano 12, n. 1872, 16 ago. 2008. Disponível em: <http://jus2.uol.com.br/doutrina/texto.asp?id=11612>. Acesso em: 1º nov. 2009.

COUTURE, Eduardo J. *Fundamentos del derecho procesual civil*. 3. ed. Buenos Aires: Depalma, 1990.

CUNHA, Leonardo José Carneiro da. *A Fazenda Pública em juízo*. 7. ed. São Paulo: Dialética, 2009.

DIDIER JUNIOR, Fredie; BRAGA, Paula Sarno; OLIVEIRA, Rafael. *Curso de direito processual civil*. 3. ed. Salvador: JusPodivm, 2008. v. 2.

DIDIER JUNIOR, Fredie; CUNHA, Leonardo José Carneiro da. *Curso de direito processual civil*. 7. ed. Salvador: JusPodivm, 2008. v. 3.

DIDIER JUNIOR, Fredie et al. *Curso de direito processual civil*. Salvador: JusPodivm, 2009. v. 5.

DIDIER JUNIOR, Fredie. *Relativização da coisa julgada*. 2. ed. Salvador: JusPodivm, 2008.

DINAMARCO, Cândido Rangel. *A instrumentalidade do processo*. 14. ed. São Paulo: Malheiros, 2009.

DINAMARCO, Cândido Rangel. Relativizar a coisa julgada material. Disponível em: <www.pge.sp.gov.br/centrodeestudos/revistaspge/Revista%20PGE%2055-56.pdf>. Acesso em: 11 dez. 2009.

FERREIRA, Hamanda Rafaela Leite. Impugnação e embargos à execução de título judicial inconstitucional. *Revista Jus Navigandi*, ano 13, n. 2263, 11 set. 2009. Disponível em: <http://jus2.uol.com.br/doutrina/texto.asp?id=13488>. Acesso em: 28 dez. 2009.

GONÇALVES, Tiago Figueiredo. *In*: NERY JUNIOR, Nelson; WAMBIER, Tereza Arruda Alvim (Org.). *Aspectos polêmicos e atuais dos recursos cíveis e de outras formas de impugnação às decisões judiciais*. São Paulo: Revista dos Tribunais, 2002. v. 6.

KELSEN, Hans. *Teoria pura do direito*. 6. ed. Tradução de J. Baptista Machado. Coimbra: Armênio Amado, 1984.

LIMA, Gislene Frota. A coisa julgada inconstitucional no Código de Processo Civil. *Revista Jus Navigandi*, ano 10, n. 1038, 5 maio 2006. Disponível em: <http://jus2.uol.com.br/doutrina/texto.asp?id=8354>. Acesso em: 1º nov. 2009.

MARINONI, Luiz Guilherme. *A coisa julgada inconstitucional*. São Paulo: Revista dos Tribunais, 2008.

MENDES, Gilmar Ferreira. *Direitos fundamentais e controle de constitucionalidade*: aspectos jurídicos e políticos. 3. ed. São Paulo: Saraiva, 2004.

MOREIRA, José Carlos Barbosa. Considerações sobre a chamada relativização da coisa julgada material. *In*: DIDIER JUNIOR, Fredie (Org.). *Relativização da coisa julgada*: enfoque crítico. 2. ed. Salvador: JusPodivm, 2006.

MONTEIRO NETO, Nelson. Inexigibilidade do tributo, coisa julgada e mudança da situação do Direito. *Revista Dialética de Direito Tributário*, São Paulo, n. 169, 2009.

NEVES, Marcelo. *Teoria da inconstitucionalidade das leis*. São Paulo: Saraiva, 1988.

PONTES DE MIRANDA, Francisco Cavalcanti. *Tratado de direito privado*. 4. ed. São Paulo: Revista dos Tribunais, 1983. v. 4.

SARLET, Ingo. *A eficácia dos direitos fundamentais*. 10. ed. Porto Alegre: Livraria do Advogado, 2009.

TALAMINI, Eduardo. Embargos à execução de título judicial eivado de inconstitucionalidade. *In*: DIDIER JUNIOR, Fredie (Org.). *Relativizações da coisa julgada*: enfoque crítico. 2. ed. Salvador: JusPodivm, 2006.

TALAMINI, Eduardo. *Coisa julgada e sua revisão*. São Paulo: Revista dos Tribunais, 2005.

THEODORO JÚNIOR, Humberto. A reforma do processo de execução e o problema da coisa julgada inconstitucional. *Revista Brasileira de Estudos Políticos*, Belo Horizonte, n. 89, jan./jun. 2004.

WAMBIER, Teresa Arruda Alvim. *Nulidades da sentença e do processo*. 4. ed. São Paulo: Revista dos Tribunais, 1997.

ZAVASCKI, Teori Albino, Ação rescisória em matéria constitucional. *Revista de Direito Renovar*, n. 27, set./dez. 2003.

ZAVASCKI, Teori Albino. Embargos à execução com eficácia rescisória: sentido e alcance do art 741, parágrafo único do CPC. *Revista de Processo*, São Paulo, n. 125, 2005.

ZAVASCKI, Teori Albino. Inexigibilidade de sentença inconstitucional. *In*: DIDIER JUNIOR, Fredie (Org.). *Relativizações da coisa julgada*: enfoque crítico. 2. ed. Salvador: JusPodivm, 2006.

Informação bibliográfica deste livro, conforme a NBR 6023:2002 da Associação Brasileira de Normas Técnicas (ABNT):

DANTAS, Rodrigo Numeriano Dubourcq. Rescisão por meio de embargos. *In*: CUNHA, Leonardo Carneiro da (Coord.). *Questões atuais sobre os meios de impugnação contra decisões judiciais*. Belo Horizonte: Fórum, 2012. p. 265-282. ISBN 978-85-7700-580-2.

O AGRAVO DE INSTRUMENTO INTERPOSTO CONTRA DECISÕES LIMINARES E A SUPERVENIÊNCIA DE SENTENÇA

SHEILA PINTO GIORDANO

Introdução

O agravo de instrumento é recurso oponível contra as decisões interlocutórias proferidas no primeiro grau de jurisdição, interposto perante o segundo grau, e cabível "quando se tratar de decisão suscetível de causar à parte lesão grave e de difícil reparação, bem como nos casos de inadmissão da apelação e nos relativos aos efeitos em que a apelação é recebida".[1] Situação interessante verifica-se quando o agravo de instrumento ainda se encontra pendente de julgamento no tribunal e ocorre a superveniência de sentença no processo originário, em que fora proferida a decisão interlocutória impugnada, uma vez que surge aí a questão relativa ao destino a ser dado ao referido agravo.

Questiona-se se, com a prolação da sentença, o agravo perde seu objeto ou deve ainda ser julgado e, havendo divergência entre a decisão proferida no agravo e a sentença, qual deve prevalecer. A resposta para essas questões nem sempre é pacífica, tanto na doutrina como na jurisprudência. Há diversas opiniões divergentes, e a solução vai depender do conteúdo da decisão agravada e da sentença, entre outras coisas.

Essa questão tem grande relevância, revestindo-se de importância prática. A situação em que, interposto agravo de instrumento, sobrevenha sentença no processo originário antes do julgamento do agravo é extremamente comum, em face, inclusive, da demora na prestação jurisdicional, problema crônico do Judiciário brasileiro. Isso mostra-se ainda mais acentuado na segunda instância, devido ao maior volume de

---

[1] Art. 522 do CPC.

processos, transformando em regra uma situação que deveria ser exceção. Assim, a necessidade de analisar se subsiste objeto a ser apreciado pelo recurso é algo corriqueiro, mas muitas vezes polêmico.

Observe-se que, com as alterações realizadas pela Lei nº 11.187/05, com a alteração do art. 522, restringiu-se bastante o cabimento do agravo de instrumento. Assim, só permanece o agravo de instrumento em três hipóteses. As referentes à inadmissão da apelação e aos efeitos em que a esta é recebida não interessam ao presente estudo, pois sempre ocorrerão após a prolação da sentença, logo, não poderão originar a controvérsia aqui analisada. Assim, nas decisões interlocutórias anteriores à sentença, só continua cabível o agravo de instrumento quando se tratar de decisão suscetível de causar à parte lesão grave e de difícil reparação.

Questão que aumentou a relevância e trouxe novas problemáticas a esse tema é a ampliação dos poderes do relator, de modo a permitir que ele conceda monocraticamente medidas de urgência no âmbito recursal, como a antecipação da tutela recursal ou da própria tutela jurisdicional, ou ainda a concessão de providências cautelares.[2] Então, na prática, não é incomum verificar a situação em que, após o deferimento ou indeferimento da medida liminar, o andamento do agravo fica parado, e este só é julgado após a prolação da sentença pela primeira instância,[3] gerando a controvérsia sobre se deve prevalecer a medida liminar concedida pelo tribunal ou a sentença proferida no primeiro grau.

Mostra-se especialmente relevante, portanto, analisar-se as questões relativas ao destino do agravo de instrumento quando interposto contra decisões liminares que versam sobre a concessão de medidas de urgência, e esse será o objeto do presente trabalho.

1 Considerações introdutórias

Antes de passar ao exame da problemática suscitada, cabe fazer algumas considerações sobre três temas relacionados, relevantes para a compreensão da questão: os efeitos do agravo, as tutelas de urgência e as medidas de urgência no âmbito recursal.

---

[2] Cf. SANT'ANNA, Paulo Afonso de Souza. Medidas de urgência no âmbito recursal. *In*: NERY JUNIOR, Nelson; WAMBIER, Teresa Arruda Alvim (Coord.). *Aspectos polêmicos e atuais dos recursos cíveis e de outros meios de impugnação às decisões judiciais*. São Paulo: Revista dos Tribunais, 2003. p. 565-570.

[3] Através de pesquisa jurisprudencial no âmbito dos Tribunais Regionais Federais, observa-se um grande número de ações em que decorre grande lapso temporal entre a apreciação da medida liminar e o julgamento definitivo do agravo, que ocorre apenas após a prolação da sentença. Exemplificativamente, consulte-se o andamento processual dos processos listados a seguir. No TRF da 5ª Região: AGTR62068/PE, AGTR58197/PB, AGTR59815/PE, AGTR48790/PE, AGTR18672/CE, AGTR62270/SE, AGTR71079/RN, AGTR62460/PE, AGTR59597/AL (Disponíveis em: <http://www.trf5.jus.br/>. Acesso em: 29 jan. 2010). No TRF da 4ª Região: 2005.04.01.034225-2, 2004.04.01.044611-9, 2005.04.01.001962-3, 2003.04.01.031906-3 (Disponíveis em: <http://www.trf4.jus.br/>. Acesso em: 29 jan. 2010). No TRF da 3ª Região: 1999.03.00.061395-7, 2003.03.00.061683-6, 2002.03.00.045023-1 (Disponíveis em: <http://www.trf3.jus.br/>. Acesso em: 29 jan. 2010). No TRF da 2ª Região: 2000.02.01.026595-4, 2003.02.01.015174-3, 2002.02.01.012145-0 (Disponíveis em: <http://www.trf2.jus.br/>. Acesso em: 29 jan. 2010). No TRF da 1ª Região: AGTAG 001.01.00.041406-8/PA, AGA 2002.01.00.041565-6/DF, AGA 2003.01.00.041847-7/PA, AG 2002.01.00.004557-7/MG (Disponíveis em <http://www.trf1.jus.br/>. Acesso em: 29 jan. 2010).

1.1 Efeitos do agravo[4]

O efeito devolutivo é comum a todos os recursos, implicando a transferência para o juízo *ad quem* do conhecimento da matéria impugnada, ou seja, provoca o reexame da decisão recorrida. Em face do efeito devolutivo, a interposição do recurso instaura um óbice à preclusão da matéria nele versada. O efeito suspensivo, por sua vez, impede a produção imediata dos efeitos da decisão impugnada.

Como o agravo de instrumento é recebido, em regra, apenas no efeito devolutivo,[5] sua interposição transfere para o juízo *ad quem* o conhecimento das matérias ali impugnadas, sem, contudo, impedir que a decisão recorrida seja desde logo eficaz e que o procedimento mantenha seu curso, culminando na prolação de sentença.

Deve-se, ainda, ressaltar o efeito substitutivo do agravo: de acordo com o art. 512 do CPC, a decisão reformada pelo órgão julgador, ou mesmo confirmada, substitui a decisão impugnada, sempre que o recurso for conhecido e tiver seu mérito julgado, exceto quando a decisão impugnada for anulada por *error in procedendo*.

1.2 Tutelas de urgência: tutela antecipatória, tutela cautelar e medida liminar

Ressalte-se, primeiramente, que a tutela de urgência é gênero, do qual são espécies a tutela antecipatória e a tutela cautelar. A tutela cautelar, caracterizada pela instrumentalidade e referibilidade, se destina a assegurar a efetividade da tutela satisfativa do direito material,[6] enquanto a tutela antecipatória é satisfativa do próprio direito material, permitindo a sua realização mediante cognição sumária ou verossimilhança, e não apenas sua segurança. Com a Lei nº 10.444/2002, que acrescentou o §7º ao art. 273 do CPC, instituiu-se a fungibilidade entre a tutela antecipatória e a cautelar, passando a ser requeridas, no processo de conhecimento, a título de tutela antecipada, tanto a tutela antecipada como a tutela cautelar, com base nos arts. 273 e 461, §3º do CPC.

A medida liminar, por sua vez, é aquela "medida concedida *in limine litis, i.e.*, no início da lide, sem que tenha havido ainda a oitiva da parte contrária. Assim, tem-se por liminar um conceito tipicamente cronológico".[7] "É certo que a caracterização de liminar se faz em relação ao elemento temporal, considerando-se o momento

---

[4] Cf. DIDIER JUNIOR, Fredie, CUNHA, Leonardo Carneiro da. *Curso de direito processual civil*. 7. ed. Salvador: JusPodivm, 2009. v. 3. p. 81-86; NERY JUNIOR, Nelson. Liminar impugnada e sentença irrecorrida: a sorte do agravo de instrumento. *In*: NERY JUNIOR, Nelson; Teresa Arruda Alvim Wambier (Coord.). *Aspectos polêmicos e atuais dos recursos cíveis e de outros meios de impugnação às decisões judiciais*. São Paulo: Revista dos Tribunais, 2003. p. 522-528; ROSSI, Julio César. Breves comentários ao efeito devolutivo do agravo de instrumento e a questão da superveniência de sentença. *Revista Dialética de Direito Processual*, São Paulo, n. 15, 2004. p. 57-58; WAMBIER, Teresa Arruda Alvim. O destino do agravo depois de proferida a sentença. *In*: NERY JUNIOR, Nelson; WAMBIER, Teresa Arruda Alvim (Coord.). *Aspectos polêmicos e atuais dos recursos cíveis e de outros meios de impugnação às decisões judiciais*. São Paulo: Revista dos Tribunais, 2003. p. 689-690.

[5] Arts. 497 e 558 do CPC.

[6] MARINONI, Luiz Guilherme; ARENHART, Sérgio Cruz. *Curso de processo civil*: processo cautelar. São Paulo: Revista dos Tribunais, 2008. v. 4, p. 61.

[7] DIDIER JUNIOR, Fredie; BRAGA, Paula Sarno; OLIVEIRA, Rafael. *Curso de direito processual civil*. 3. ed. Salvador: JusPodivm, 2008. v. 2, p. 615.

processual em que o ato judicial é praticado".[8] Assim, o que caracteriza a liminar não é seu conteúdo, mas apenas a ocorrência em determinada fase do procedimento: o início; é provimento emitido *inaudita altera parte*. É esse caráter de celeridade, inerente às liminares, que as torna um importante veículo para a concessão de tutelas de urgência, e, também, que implica uma importante característica das liminares, que será retomada mais à frente: são decisões fundadas em cognição sumária.

Dessa forma, a medida liminar não se confunde com a antecipação de tutela, que pode ser concedida liminarmente ou não, também podendo ser deferida em qualquer momento ulterior do procedimento, inclusive na própria sentença. Também a tutela cautelar pode ser concedida por meio de liminar ou não, e pode, ainda, ter seus efeitos antecipados. Assim, distinguem-se claramente as providências antecipatória, cautelar e liminar.

A possibilidade de concessão de medidas liminares já era prevista em algumas ações de ritos especiais, como as possessórias, a ação civil pública e o mandado de segurança, e, a partir da instituição da tutela antecipada no CPC, com a inclusão do art. 273, estendeu-se também ao procedimento ordinário. Assim, a decisão que concede a antecipação de tutela ou a tutela cautelar, na ação ordinária, *inaudita altera parte*, é uma decisão liminar, marcada pela cognição sumária, e pode ostentar tanto conteúdo antecipatório quanto cautelar.

Sobre a natureza jurídica da liminar, assim ensina Francisco Cavalcanti, ao tratar do mandado de segurança:

> (...) as medidas liminares representam, indubitavelmente, quer em mandados de segurança quer em outros procedimentos, instrumentais para evitar a ineficácia do provimento definitivo. (...) Ora podem ser meramente assecuratórias de uma situação, ora impositivas de um *facere*, ora de um *non facere*, pela Administração Pública. Por vezes, têm conteúdo materialmente idêntico ao do provimento definitivo, distinguindo-se pela provisoriedade. (...) Essa é a idéia básica da liminar. Instrumento de conteúdo variável, relacionado com a natureza da pretensão, podendo ter conotação predominantemente conservativa e assecuratória, mas, em alguns casos de antecipação, desde que essa antecipação seja imprescindível para evitar lesão a direito.[9]

1.3 Medidas de urgência no âmbito recursal[10]

Sabe-se que, com base nos arts. 273, 461, 527, II e 258 do CPC, é facultado ao relator conceder medidas de urgência monocraticamente.

Primeiramente, é importante diferenciar antecipação da tutela jurisdicional de antecipação da tutela recursal. A antecipação da tutela jurisdicional é a antecipação dos efeitos da tutela pretendida no pedido inicial, que adviria do resultado final de

---

[8] CAVALCANTI, Francisco. *O novo regime jurídico do mandado de segurança*. São Paulo: MP, 2009. p. 113.
[9] *Ibid*, p. 110-111.
[10] Cf. FERREIRA, William Santos Ferreira. *Tutela antecipada no âmbito recursal*. São Paulo: Revista dos Tribunais, 2000. p. 239-246. (Recursos no processo civil, v. 8); SANT'ANNA, Paulo Afonso de Souza. Medidas de urgência no âmbito recursal. *In*: NERY JUNIOR, Nelson; WAMBIER, Teresa Arruda Alvim (Coord.). *Aspectos polêmicos e atuais dos recursos cíveis e de outros meios de impugnação às decisões judiciais*. São Paulo: Revista dos Tribunais, 2003. p. 565-607.

procedência do pedido, nos moldes do art. 273 do CPC. Já a antecipação da tutela recursal é a antecipação dos efeitos da tutela objetivada pelo recurso, prevista no art. 527, III do CPC, que pode coincidir ou não com a antecipação da tutela jurisdicional.

Ressalte-se, ainda, que a fungibilidade entre a tutela antecipada e a tutela cautelar, consagrada pela inclusão do §7º ao art. 273 pela Lei nº 10.444/2002, aplica-se tanto à antecipação da tutela jurisdicional quanto à antecipação da tutela recursal.

Outra distinção relevante é a existente entre a antecipação da tutela recursal e a atribuição de efeito suspensivo. Enquanto aquela se relaciona ao mérito do recurso, esta representa apenas uma providência acautelatória. Quando a decisão de primeira instância é negativa, o agravante pode pedir a antecipação da tutela recursal ou requerer a concessão de providências cautelares que assegurem o resultado prático pretendido com o provimento do recurso. Já quando a decisão de primeiro grau é positiva, pode o agravante requerer a atribuição de efeito suspensivo, para suspender a decisão impugnada até o julgamento do mérito do recurso, visando garantir a eficácia de uma possível decisão futura favorável. Isso é uma providência acautelatória, não uma antecipação da tutela recursal, pois o mérito do recurso é a reforma ou anulação da decisão, e não apenas sua suspensão.

Com relação à atribuição de efeito suspensivo, observe-se que a suspensão de uma decisão denegatória não é suficiente para impedir a ocorrência de prejuízos decorrentes da decisão negativa, que deixou de conceder a providência positiva requerida pela parte. Esse é o fundamento da possibilidade de antecipação da tutela recursal, a qual é muitas vezes chamada de efeito suspensivo ativo, embora faça bem mais do que apenas suspender a eficácia da decisão impugnada.

2 O agravo de instrumento e a superveniência de sentença

Voltando à problemática apresentada: qual o destino a ser dado ao agravo de instrumento na situação em que o mesmo ainda se encontra pendente de julgamento no tribunal quando sobrevém sentença no processo originário?

Primeiramente, ressalte-se que a prolação de sentença, por si só, não acarreta necessariamente a perda de objeto do agravo, tanto que o CPC prevê, no art. 559, que o agravo de instrumento será sempre julgado antes da apelação. Logo, prevê expressamente a possibilidade de ainda haver necessidade de julgar o agravo mesmo após a superveniência de sentença.

A resolução da controvérsia vai requerer uma análise de conteúdo tanto da decisão agravada quanto da sentença. De acordo com Teresa Arruda Alvim Wambier, "é inevitável a conclusão de que o destino que deve ser dado ao agravo, depois de proferida a sentença, *depende do conteúdo da decisão impugnada*".[11] Ademais, deve-se ter em vista o interesse recursal do agravante: se o julgamento do agravo vai trazer alguma utilidade prática.

---

[11] WAMBIER, Teresa Arruda Alvim. O destino do agravo depois de proferida a sentença. *In*: NERY JUNIOR, Nelson; WAMBIER, Teresa Arruda Alvim (Coord.). *Aspectos polêmicos e atuais dos recursos cíveis e de outros meios de impugnação às decisões judiciais*. São Paulo: Revista dos Tribunais, 2003. p. 689.

Deve ser feita uma correlação entre o conteúdo da decisão interlocutória e o conteúdo da sentença. Há questões que apresentam tal conexão lógica com o mérito — o objeto principal do processo — que precisam necessariamente ser apreciadas antes do mérito propriamente dito. A solução vai depender "de se saber se a matéria sobre a qual versa a decisão do recurso é pressuposto lógico da possibilidade de decisão do mérito".[12]

Diversos estudos realizados sobre o tema, anteriores a 2005, a exemplo do de Teresa Arruda Alvim Wambier,[13] fazem considerações sobre vários casos em que há ou não a perda do objeto, em função do conteúdo da decisão. No entanto, como já ressaltado, as alterações realizadas pela Lei nº 11.187/05 restringiram bastante o âmbito do agravo de instrumento, e, nas decisões interlocutórias anteriores à sentença, tal recurso só continua cabível quando se tratar de decisão suscetível de causar à parte lesão grave e de difícil reparação. Em face disso, chegou-se a questionar se subsistiria a referida controvérsia.[14]

De fato, com a alteração legislativa, restringindo-se as possibilidades de cabimento do agravo de instrumento, limitam-se, consequentemente, as hipóteses em que surgirá a controvérsia aqui apresentada, mas não se extinguem. A principal hipótese de cabimento do agravo de instrumento passa a ser a impugnação das decisões liminares, proferidas em mandado de segurança, por exemplo, ou em sede de antecipação de tutela e de tutela acautelatória. No entanto, subsistem outras decisões, não liminares, das quais se admite a interposição do agravo de instrumento, como as de inadmissão da intervenção de terceiro, de inadmissão da reconvenção, de julgamento dos incidentes de exceção de incompetência, as que resolvem parcialmente o mérito da demanda, entre outras. Este estudo, porém, centrar-se-á na hipótese referente ao agravo de instrumento interposto contra decisões liminares.

3 O agravo de instrumento interposto contra decisões liminares e a superveniência de sentença

3.1 A existência da controvérsia

Nesse caso, tratando-se de agravo interposto contra medida de urgência, Rafael Motta e Correa[15] entende que não há controvérsia. Afirma que os pressupostos para a admissão do agravo de instrumento[16] são os mesmos exigidos para o deferimento do efeito suspensivo e do efeito ativo (antecipação da tutela recursal):[17] a potencialidade

---

[12] *Ibid.*, p. 691.
[13] *Ibid*, p. 690, referindo-se ao caso do agravo que versasse sobre a produção de prova.
[14] Cf. CORREA, Rafael Motta e. A prolação de sentença e o agravo pendente de julgamento: acabou a controvérsia?. *In*: NERY JUNIOR Nelson; WAMBIER, Teresa Arruda Alvim (Coord.). *Aspectos polêmicos e atuais dos recursos cíveis e de outros meios de impugnação às decisões judiciais*. São Paulo: Revista dos Tribunais, 2007. p. 348-357.
[15] CORREA, Rafael Motta e. A prolação de sentença e o agravo pendente de julgamento: acabou a controvérsia?. *In*: NERY JUNIOR Nelson; WAMBIER, Teresa Arruda Alvim (Coord.). *Aspectos polêmicos e atuais dos recursos cíveis e de outros meios de impugnação às decisões judiciais*. São Paulo: Revista dos Tribunais, 2007. p. 354-356.
[16] Art. 522 do CPC.
[17] Art. 558 do CPC: "(...) e em outros casos dos quais possa resultar lesão grave e de difícil reparação."

de causar ao agravante lesão grave e de difícil reparação. Dessa forma, os agravos interpostos com fundamento na possibilidade de lesão grave e de difícil reparação sempre se seguiriam da concessão de efeitos suspensivos ativos ou antecipações da tutela recursal, por decorrência lógica.

Então, concedido o efeito suspensivo, a prática de ato subsequente do procedimento, como a prolação de sentença, poderia estar suspensa, não havendo decisão de mérito superveniente antes do julgamento do agravo. O mesmo, no entanto, não ocorreria com a antecipação da tutela recursal, pois nesse caso não haveria suspensão do processo na primeira instância, sendo possível a prolação de decisão de mérito mesmo sem o julgamento final do agravo.

Em que pese a opinião do autor, e a relevância de seu estudo, que examinou a controvérsia à luz das alterações no regime do agravo pela Lei nº 11.187/2005, há problemas nesse entendimento.

Primeiramente, embora coerente seu argumento de que, se preenchidos os pressupostos para a admissão do agravo na modalidade de instrumento, também estariam preenchidos os pressupostos para a concessão do efeito suspensivo ou da antecipação da tutela recursal, fazendo com que um fosse decorrência lógica do outro, infelizmente não é o que ocorre na prática dos tribunais. Nem toda admissão de agravo de instrumento vem acompanhada da concessão de efeito suspensivo ou antecipação da tutela recursal, e a não concessão destes não acarreta sempre a conversão do agravo em retido.

Afirma ainda o autor que, quando concedido o efeito suspensivo, a prática de atos subsequentes do procedimento, como a prolação de sentença, estaria suspensa. Observe-se, no entanto, que o efeito suspensivo tem o condão de impedir a produção imediata dos efeitos da decisão impugnada. Só. Não tem o efeito de suspender o processo, até porque a concessão da medida liminar não é pressuposto lógico para a prolação da sentença, não a influencia em nada. Se a concessão de efeito suspensivo ao agravo tivesse o poder de suspender o processo originário, haveria uma paralisação do primeiro grau de jurisdição, que ficaria à mercê da demora do tribunal em apreciar o agravo, e os efeitos seriam desastrosos para a celeridade da prestação jurisdicional.

O absurdo dessa situação é reconhecido, inclusive, pelo Ministro Luiz Fux, no julgamento da Rcl 1444/MA,[18] mesmo já tendo defendido a prevalência da decisão do tribunal sobre a sentença de primeiro grau, como se verá mais a seguir.

Na prática, vê-se que, frequentemente, após a concessão do efeito suspensivo, os agravos acabam perdendo sua condição de prioridade no tribunal e não são julgados antes que sobrevenha a sentença no processo originário.[19]

Percebe-se, então, que a questão não é tão simples, e, como será demonstrado a seguir, há divergência, doutrinária e jurisprudencial, sobre a solução a ser empregada.

---

[18] BRASIL. Superior Tribunal de Justiça. Rcl 1444/MA. Órgão Julgador: Primeira Seção, Relatora: Ministra Eliana Calmon, julgado em 23.11.2005, publicado no DJ, 19.12. 2005. Veja-se trecho de seu voto: "Essa reclamação seria o mesmo que dizer o seguinte: 'Se o tribunal defere tutela antecipada, paralisa-se o processo e o juiz não pode proferir uma sentença de mérito'. Se acolhêssemos a reclamação, geraríamos essa perplexidade".

[19] Ver referência nº 4.

3.2 Critérios para solução

Quando o tribunal não concede o efeito suspensivo ao agravo, ou a antecipação da tutela recursal, a questão é mais simples. Se não foram concedidas tais providências, é porque o relator não vislumbrou a relevância da fundamentação ou a verossimilhança da alegação, e isso é indício de que o julgamento do agravo desaguará no desprovimento. Do mesmo modo, a tendência é que o juiz de primeiro grau mantenha, na sentença, o entendimento adotado na decisão liminar, especialmente quando a questão for eminentemente de direito. Dessa forma, se, a princípio, o relator manifestou entendimento no mesmo sentido do expressado pelo juiz da 1ª instância, isso tende a se manter, não vindo a surgir decisões conflitantes. Nesse caso, a questão restringe-se a saber se, após a prolação da sentença, o agravo perde seu objeto ou deve ser apreciado.

Controvérsia maior surge quando o agravo impugna a decisão que apreciou o pedido de antecipação de tutela, e, no tribunal, o relator concede, em decisão monocrática liminar, o efeito suspensivo ao agravo ou a antecipação da tutela recursal, também chamada de efeito suspensivo ativo. Como visto no tópico anterior, a concessão do efeito suspensivo ou da antecipação da tutela recursal não obstam o prosseguimento do feito, que pode seguir seu curso, culminando na prolação de sentença. O problema reside na possibilidade de que a sentença seja contrária à decisão do juízo *ad quem*, e provavelmente será. Então, sobrevindo sentença contrária à decisão do juízo *ad quem*, confirmando a decisão interlocutória, o que prevalece, a decisão liminar do tribunal ou a sentença proferida pelo juízo *a quo*? E o agravo perde seu objeto ou deve ser apreciado? Surgem, aí, duas questões, portanto.

Buscando solucionar o problema, dois critérios são utilizados para justificar a defesa pela perda ou não do objeto: o da cognição e o da hierarquia, respectivamente.

Pelo critério da hierarquia, considera-se que "a sentença de primeiro grau não tem força para revogar a decisão do tribunal, razão por que o agravo não perde o objeto, devendo ser julgado".[20] Assim, a sentença proferida pelo juízo singular da primeira instância não poderia ser incompatível com a decisão tomada pelo juízo colegiado do tribunal nos autos do agravo. Então, em vista da possibilidade de incompatibilidade dessas decisões, nesse caso o agravo não perderia seu objeto, ficando a sentença com sua eficácia condicionada ao desprovimento do agravo.[21] Já pelo critério da cognição, "a cognição exauriente da sentença absorve a cognição sumária da interlocutória. Nesse caso, o agravo perderia o objeto e não poderia ser julgado".[22]

Serão vistos, em seguida, os fundamentos doutrinários e jurisprudenciais que sustentam a aplicação de um ou outro critério. Antes, porém, é importante fazer referência a outro argumento utilizado para defender a perda do objeto: a questão da provisoriedade das medidas liminares e a absorção da liminar pela sentença.

Nesse sentido, confira-se elucidativo julgado do TRF da 4ª Região:

---

[20] Voto do Ministro Castro Meira nos autos do REsp 742512/DF (BRASIL. Superior Tribunal de Justiça. REsp 742512/DF. Órgão Julgador: Segunda Turma, Relator: Ministro Castro Meira, julgado em 11.10.2005, publicado no *DJ*, 21.11.2005).

[21] DIDIER JUNIOR, Fredie; CUNHA, Leonardo Carneiro da. *Curso de direito processual civil*. 7. ed. Salvador: JusPodivm, 2009. v. 3, p. 174.

[22] Voto do Ministro Castro Meira nos autos do REsp 742512/DF, citado acima.

Tendo sido proferida sentença (fls. 44-52) na Ação Ordinária nº 2008.72.15.000832-0/SC, restou sem objeto o presente agravo de instrumento.

Efetivamente, o entendimento majoritário da jurisprudência e da doutrina é no sentido de que, se proferida sentença no processo principal, perde o objeto o recurso de agravo de instrumento interposto contra decisão deferitória ou indeferitória da antecipação de tutela. (...)[23]

No julgamento do RESP nº 818.169/CE (DJ, 15.5.2006), em seu voto condutor, o Relator Ministro Teori Albino Zavascki teceu as seguintes considerações a respeito do tema, *in verbis*:

"(...) 2. As medidas liminares, tanto as antecipatórias quanto as tipicamente cautelares, são provimentos jurisdicionais com características e funções especiais. São editados em situações peculiares de ocorrência ou de iminência de risco ou de perigo de dano ao direito ou ao processo. Justamente em razão da urgência, são medidas tomadas à base de juízo de verossimilhança, que, por isso mesmo, se revestem de caráter precário, não fazem coisa julgada e podem ser modificadas ou revogadas a qualquer tempo. Elas exercem, no contexto da prestação jurisdicional, uma função de caráter temporário, vigorando apenas pelo período de tempo necessário à preparação do processo para o advento de outro provimento, tomado à base de cognição exauriente e destinado a dar tratamento definitivo à controvérsia.

3. É importante realçar esse aspecto: as medidas liminares desempenham no processo uma função essencialmente temporária. Ao contrário dos provimentos finais (sentenças), que se destinam a trazer soluções com a marca da definitividade, as liminares são concedidas em caráter precário e com a vocação de vigorar por prazo determinado. É o que já ensinava Calamandrei, em seu conhecido e didático estudo sobre as medidas cautelares: 'temporal es, simplesmente, lo que no dura siempre; lo que, independientemente de que sobrevenga outro evento, tiene por si mismo duración limitada; provisorio es, en cambio, lo que esta destinado adurar hasta tanto que sobrevenga un evento sucesivo, en vista y en espera del cual el estado de provisoriedad subsiste durante el tiempo intermedio (...). Teniendo presentes estas distinciones de terminología, la cualidad de provisoria dada a las providencias cautelares quiere significar en sustancia lo siguiente: que los efectos jurídicos de las mismas no sólo tienen duración temporal (...), sino que tiene duración limitada a aquel periodo de tiempo que deberá transcurrir entre la emanación de la providencia cautelar y la emanación de outra providencia jurisdicional, que, en la terminología común, se indica, en contraposición a la calificación de cautelar dada a la primera, con la calificación de definitiva. La provisoriedad de las providencias cautelares sería, pues, un aspecto y una consecuencia de una relación que tiene lugar entre los efectos de la providencia antecedente (cautelar) y los de la providencia subsiguiente (definitiva), el inicio de los cuales señalaria la cesación de los efectos de la primera' (CALAMANDREI, Piero. Introducción al estudio sistemático de las providencias cautelares. Traduccion de Santiago Sentis Melendo. Buenos Aires: Ed. Bibliográfica Argentina. 1945. p. 36). Convém anotar que, no entendimento de Calamandrei, uma das espécies do que denomina de medida cautelar está a medida que antecipa provisoriamente providências relacionadas com o mérito (tutela antecipatória), '... destinada a durar hasta el momento en que a esta regulación provisoria de la relación controvertida se sobreponga la regulación de carácter estable que se puede conseguir a través del más lento proceso ordinario' (*op.cit.*, p. 59). O signo da temporariedade das medidas liminares decorre, portanto, do necessário vínculo de referência e de dependência que guardam em relação

---

[23] Cita os artigos de Nelson Nery Jr. e Teresa Arruda Alvim Wambier, mencionados nesse trabalho.

aos provimentos de tutela definitiva, cujos efeitos ela antecipa provisoriamente. É a tutela definitiva, com a qual mantêm elo de referência, que demarca a função e o tempo de duração da tutela provisória. Isso significa que, em relação às liminares, o marco de vigência situado no ponto mais longínquo no tempo é justamente o do advento de uma medida com aptidão de conferir tutela definitiva.

4. O julgamento da causa esgota, portanto, a finalidade da medida liminar. Daí em diante, prevalece o comando da sentença, tenha ele atendido ou não ao pedido do autor ou simplesmente extinguido o processo sem exame do mérito. Procedente o pedido, fica confirmada a liminar anteriormente concedida bem como viabilizada a imediata execução provisória (CPC, art. 520, VII). Improcedente a demanda ou extinto o processo sem julgamento de mérito, a liminar fica automaticamente revogada, com eficácia *ex tunc* (súmula 405 do STF), ainda que silente a sentença a respeito. A partir de então, novas medidas de urgência devem, se for o caso, ser postuladas no âmbito do próprio sistema de recursos, seja a título de efeito suspensivo, seja a título de antecipação da tutela recursal, medidas que são cabíveis não apenas em agravo de instrumento (CPC, arts. 527, III e 558), mas também em apelação (CPC, art. 558, parágrafo único) e, como medida cautelar, em recursos especiais e extraordinários (Regimento Interno do STF, art. 21, IV; Regimento Interno do STJ, art. 34, V). Conseqüentemente, a superveniente sentença julgando a causa torna inútil qualquer discussão sobre o cabimento ou não da liminar, ficando prejudicado o objeto de eventual recurso sobre a matéria."

No mesmo sentido é maciça a jurisprudência do Superior Tribunal de Justiça, como dão conta os seguintes julgados: (...)[24]

Essa questão também é tratada por Nelson Nery Jr., em artigo sobre o assunto.[25] Ele entende que, no caso das medidas liminares de caráter antecipatório, "a superveniência de sentença de mérito não depende da manutenção ou da cassação da liminar antecipatória, já que ambas — liminar e sentença — decidirão sobre a mesma matéria (mérito ou efeito dele decorrente)". São, então, decisões de mesma classe, razão por que a sentença absorve a liminar antecipatória. Faz, ainda, duas observações:

I - Se a medida tiver sido negada, o agravo objetiva a concessão da liminar: sobrevindo sentença, haverá *carência superveniente* de interesse recursal, pois o agravante não mais terá interesse na concessão da liminar, porquanto já houve sentença e ele terá de impugnar a sentença que, por haver sido prolatada depois de *cognição exauriente*, substitui a liminar que fora concedida mediante *cognição sumária*.

II - Se a liminar tiver sido concedida, o agravo objetiva a cassação da liminar: a) se a sentença superveniente for de improcedência do pedido a liminar estará *ipso facto* cassada, ainda que a sentença não haja consignado expressamente essa cassação, aplicando-se ao caso a solução preconizada no STF 405; b) se a sentença superveniente for de procedência, terá absorvido o *conteúdo* da liminar, ensejando ao sucumbente a impugnação da sentença e não mais da liminar, restando prejudicado o agravo por falta de interesse recursal.[26]

---

[24] BRASIL. Tribunal Regional Federal da 4ª Região. Agravo de Instrumento nº 2009.04.00.004387-7. Órgão Julgador: Terceira Turma, Relator: Luiz Carlos de Castro Lugon, julgado em 15.5.2009, publicado no *DE*, 26.5.2009.

[25] NERY JUNIOR, Nelson. Liminar impugnada e sentença irrecorrida: a sorte do agravo de instrumento. In: NERY JUNIOR, Nelson; Teresa Arruda Alvim Wambier (Coord.). *Aspectos polêmicos e atuais dos recursos cíveis e de outros meios de impugnação às decisões judiciais*. São Paulo: Revista dos Tribunais, 2003. p. 523-533.

[26] *Ibid*, p. 533.

Teresa Arruda Alvim Wambier,[27] como já ressaltado anteriormente, considera que a solução para o problema do destino do agravo com a superveniência de sentença depende de saber se a matéria sobre a qual versa a decisão do agravo é pressuposto lógico da possibilidade de decisão do mérito da sentença. Baseando-se nessa premissa, entende que não deve haver o julgamento do agravo interposto de provimento cautelar ou antecipatório de tutela. Todos os recursos derivados de decisões concessivas ou denegatórias de liminares perdem seu objeto e sua utilidade com a prolação da sentença.

Resgatando o que se comentou sobre o efeito substitutivo dos recursos, vê-se que a decisão do agravo é apta a substituir a interlocutória e não faz sentido transplantá-la para um momento do processo que restou superado pela sentença. Primeiramente, a decisão acerca da liminar não é pressuposto lógico para prolação da sentença. Ademais, a decisão interlocutória é proferida com base em um juízo de cognição sumária e é com base nesse mesmo universo de dados que o tribunal iria trabalhar, enquanto a sentença é proferida com base em um juízo de cognição exauriente. Mais um motivo, portanto, pelo qual não faria sentido falar em prevalência da decisão do tribunal sobre a sentença.

Observe-se que Teresa Arruda Alvim Wambier entende haver a perda do objeto do agravo tanto no caso da decisão liminar que concede a antecipação de tutela, quanto no da que concede providência cautelar, enquanto Nelson Nery Jr. ressalva apenas as liminares de caráter antecipatório. De fato, o fundamento do autor, de que a sentença absorve a liminar porque são decisões de mesma classe, que versam sobre a mesma matéria, aplica-se apenas às liminares antecipatórias. As liminares acautelatórias, por sua vez, não têm caráter satisfatório, seu conteúdo é distinto do mérito da ação. Não obstante, o fundamento exposto pela primeira aplica-se aos dois tipos de liminares, sendo suficiente para determinar a perda do objeto também do agravo voltado contra a liminar que concede providência cautelar.

Como ressaltaram os autores, as medidas liminares têm como característica marcante a temporariedade. As decisões concessivas de tutela antecipada e de providências cautelares são prolatadas mediante cognição sumária, em juízo de verossimilhança, e visam, respectivamente, adiantar os efeitos do provimento final ou garantir a eficácia deste, quando há risco de que a demora cause dano irreparável ou de difícil reparação. Sua finalidade, portanto, é evitar o dano que poderia advir no espaço de tempo compreendido entre o pedido e a prolação da sentença. Com a superveniência da sentença, baseada em cognição exauriente, não faz mais sentido subsistir a liminar.

Se a decisão do agravo substitui a decisão agravada, e a decisão liminar sobre a antecipação de tutela é absorvida pela sentença, eventual decisão, proferida no agravo interposto contra a decisão sobre a antecipação de tutela, integraria o processo originário substituindo essa decisão. Só que tal decisão já está superada pela sentença. Mesmo que com o julgamento do agravo se constate que a antecipação de tutela não deveria ter sido concedida, por exemplo, isso não interessa mais, pois a liminar tinha

---

[27] Cf. WAMBIER, Teresa Arruda Alvim. O destino do agravo depois de proferida a sentença. *In*: NERY JUNIOR, Nelson; WAMBIER, Teresa Arruda Alvim (Coord.). *Aspectos polêmicos e atuais dos recursos cíveis e de outros meios de impugnação às decisões judiciais*. São Paulo: Revista dos Tribunais, 2003. p. 689.

como finalidade regular a situação das partes até a prolação da sentença, e desde então é a sentença que vale. Logo, a partir deste momento, qualquer impugnação tem que se voltar contra sentença, através do recurso próprio, que é a apelação. Não há mais utilidade nenhuma em discutir uma decisão que já restou superada, pois eventual provimento do agravo não seria apto a modificar ou anular a sentença, até porque, como bem apontou Teresa Arruda Alvim Wambier, a decisão da liminar não é pressuposto lógico para a sentença.

Esse posicionamento foi, inclusive, expressamente adotado pela nova lei do mandado de segurança (Lei nº 12.016/2009), que estabeleceu, no §3º do seu art. 7º, que "os efeitos da medida liminar, salvo se revogada ou cassada, persistirão até a prolação da sentença". A Súmula 405 do STF já previa que, denegado o mandado de segurança, fica sem efeito a liminar concedida, o que, de acordo com Nelson Nery, é corolário da improcedência do pedido, sendo desnecessária a cassação expressa da liminar na sentença.[28] A Lei nº 12.016/2009, no entanto, vai além, dispondo expressamente que, uma vez prolatada a sentença, não subsiste mais a liminar, sem fazer ressalvas quanto ao conteúdo da sentença ou à possibilidade de a liminar ter sido reformada pelo tribunal.

Assim, vê-se que o entendimento de que a liminar exaure sua finalidade com a prolação da sentença foi o adotado pela nova lei do mandado de segurança, promulgada recentemente, reforçando a tese apresentada. Muito coerente, então, que se aplique o mesmo entendimento também para as medidas liminares concedidas na ação ordinária, visto que a situação é análoga.

No mesmo sentido, ainda, é a lição de Francisco Cavalcanti, em seu livro sobre o novo regime do mandado de segurança.[29] Ao tratar da duração das liminares, o autor afirma que, com a prolação da sentença, surgem duas situações: 1) sendo a sentença concessiva da segurança, o que era uma mera liminar assecuratória ou antecipatória, passa a ser substituído pela sentença, que deve desde logo começar a gerar seus efeitos; 2) se a sentença for denegatória, quando havia liminar de cunho assecuratório ou antecipatório, aí não podem persistir os efeitos da liminar, visto que terá desaparecido o requisito do *fumus boni iuris*, se assecuratória, ou a verossimilhança da alegação, se antecipatória. Afirma, ainda, mais especificamente, que:

> Equivocados os posicionamentos, inclusive, no sentido da persistência de eventuais efeitos de agravos interpostos, face à liminar, após a sentença. Eventuais liminares concedidas por agravo, em sede recursal, são atos provisórios, tanto quanto quando concedidos pelos Juízos originários, e são "substituídas" pela sentença como provimento definitivo.

Júlio César Rossi,[30] em sentido contrário, defende que, na situação aqui analisada, o agravo jamais poderá ser prejudicado pela superveniência de sentença,

---

[28] NERY JUNIOR, Nelson. Liminar impugnada e sentença irrecorrida: a sorte do agravo de instrumento. *In*: NERY JUNIOR, Nelson; Teresa Arruda Alvim Wambier (Coord.). *Aspectos polêmicos e atuais dos recursos cíveis e de outros meios de impugnação às decisões judiciais*. São Paulo: Revista dos Tribunais, 2003. p. 531.

[29] CAVALCANTI, Francisco. *O novo regime jurídico do mandado de segurança*. São Paulo: MP, 2009. p. 126-127.

[30] ROSSI, Julio César. Breves comentários ao efeito devolutivo do agravo de instrumento e a questão da superveniência de sentença. *Revista Dialética de Direito Processual*, São Paulo, n. 15, p. 60, 2004.

com ou sem trânsito em julgado desta. Entende que, quando o juízo *a quo* conceder tutela de urgência e a parte prejudicada interpuser agravo de instrumento, dotado apenas de efeito devolutivo, sobrevindo procedência do pedido antes do resultado do agravo, os efeitos da sentença ficarão condicionados ao resultado do agravo. Assim, se negado provimento ao agravo, a sentença é confirmada, "pois plausível seu resultado com aquele constante do decreto definitivo",[31] mas, se dado provimento, anulam-se todos os atos que lhe seguirem, inclusive a sentença.

Afirma o autor que:

> (...) os requisitos de cada um dos provimentos jurisdicionais — antecipatório ou acautelatório — são independentes, não podendo haver prejuízo do julgamento pela instância superior decorrente da superveniência de uma decisão na lide que corre no primeiro grau de jurisdição, até por razões óbvias de concatenação lógica do sistema processual.[32]

Alega que, caso considerado prejudicado o recurso, "se estaria tirando a autonomia do agravo na forma de instrumento, eliminando sua principal finalidade, qual seja, evitar a preclusão das decisões que não põem fim ao processo". Vê-se, nitidamente, que o autor segue o critério da hierarquia em seu raciocínio, do qual se falará mais a seguir.

É de se ressaltar a discussão travada no STJ, nos autos do REsp 742512/DF.[33] Veja-se trechos do voto do relator Ministro Castro Meira:

> Os dois critérios (hierarquia e cognição) são perfeitamente válidos e aplicam-se a situações, via de regra, distintas. Por um lado, o juiz não tem competência para desfazer uma decisão tomada pelo tribunal, devendo, sob esse aspecto, prevalecer a hierarquia. Por outro, a cognição exercida na sentença é exauriente, prevalecendo sobre a cognição sumária adotada na interlocutória. (...)
>
> Imagine-se, por exemplo, que a liminar tenha sido concedida pelo tribunal em razão do que consta do documento X. Suponha-se que, na instrução, resta comprovada a falsidade desse documento ou surgem outros elementos de convicção que reduzem o seu valor probante, tendo sido, em razão disso, julgado improcedente o pedido do autor. Neste caso, a sentença deve sobrepor-se à decisão do agravo, o qual perderia o objeto, pois o critério da cognição prevalece sobre o da hierarquia.
>
> Se, entretanto, não há modificação do quadro fático e probatório, nem sobrevém qualquer elemento que afaste a premissa da decisão proferida pelo tribunal no agravo, então prevalece a hierarquia, não perdendo o agravo o seu objeto.
>
> Conclui-se: se não houve alteração do quadro, mantendo-se os mesmos elementos de fato e de prova existentes quando da concessão da liminar pelo tribunal, a sentença não atinge o agravo, mantendo-se a liminar. Nesse caso, prevalece o critério da hierarquia. Se, entretanto, a sentença está fundada em elementos que não existiam ou em situação que afasta o quadro inicial levado em consideração pelo tribunal, então a sentença atinge o agravo, desfazendo-se a liminar.

---

[31] *Ibid*, p. 59.
[32] *Ibid*, p. 59.
[33] BRASIL. Superior Tribunal de Justiça. REsp nº 742512/DF. Órgão Julgador: Segunda Turma, Relator: Ministro Castro Meira, julgado em 11.10.2005, publicado no *DE*, 21.11.2005.

Sobre a questão, Francisco Glauber Pessoa Alves leciona:

"(...) considerando-se essencialmente a predominância da sentença, sempre que para ela tenha sido decisiva a produção de provas, a que o tribunal, dada a restrita devolutividade do agravo, marcada pela interposição em momento anterior a essa produção, não poderia ter acesso [critério da cognição]. Ao contrário, quando a decisão do agravo prescindir de conjunto probatório (...) e for pelo provimento, há de prevalecer sobre a sentença [critério da hierarquia]. (...)

Neste caso, existindo o convencimento do juiz a partir do conjunto probatório dos autos não cogitado no agravo de instrumento, há de ser utilizada a sistemática mencionada no parágrafo anterior" (ALVES, Francisco Glauber Pessoa. Agravo de instrumento julgado depois de proferida a sentença, não tendo sido conhecida a apelação. *Revista de Processo*, São Paulo, v. 95 1999). (...)

Inalterado o quadro probatório e mantidas as premissas de fato, afasta-se o critério da cognição e aplica-se o da hierarquia, o qual impede que a sentença absorva ou desfaça a decisão interlocutória concessiva da liminar.

Ademais, com a sentença, o juízo monocrático encerra seu ofício jurisdicional e o poder geral de cautela é devolvido ao Tribunal, a quem compete, a partir de então, decidir sobre a presença ou não dos requisitos necessários à concessão ou manutenção dos provimentos de urgência, seja dando provimento ao agravo após a sentença, como na hipótese vertente, seja atribuindo efeito suspensivo à apelação na cautelar, ou ainda concedendo liminar em cautelar preparatória do recurso de apelação.

Em sentido contrário, confira-se o voto vencido da Ministra Eliana Calmon:

Sr. Presidente, tenho algumas colocações a fazer. Em primeiro lugar, considero muito perigoso o STJ, adotando o critério da hierarquia, tomar como tese jurídica a possibilidade de decisão interlocutória do Tribunal valer mais do que a sentença de 1º grau.

Atualmente, a grande luta da magistratura é no sentido de repor a dignidade da Justiça de 1º grau. No momento em que essa Corte adota o critério da hierarquia, está a dizer que vale mais um exame perfunctório, em decisão interlocutória do Tribunal, do que uma sentença de mérito, com juízo exauriente, do magistrado de 1º grau. Essa tese jurídica, dentro do STJ, é perigosíssima, porque chancela mais um ato de grande e profundo desprestígio à magistratura de 1º grau. Hoje a primeira instância está deformada, funcionando como uma corte de passagem, espécie de protocolo do Tribunal.

Por essas razões, não aceito o critério da hierarquia, pois adoto o da cognição. Entendo que a sentença tem prevalência sobre a decisão do Tribunal. É natural que caia por terra a decisão interlocutória que foi examinada no Tribunal, à vista dos pressupostos pertinentes a uma interlocutória, em cognição sumária. Este é o princípio, mas naturalmente existem exceções. Excepcionalmente, diante do *periculum in mora*, quando comprovada a inutilidade do processo se não se preservar a situação fática, será possível a quebra do princípio.

Em voto-desempate, o Ministro Luiz Fux seguiu o relator. Posteriormente, porém, na Rcl 1444/MA,[34] o mesmo Ministro proferiu voto defendendo a perda do objeto, ressalvando, porém, que a situação era diferente.

---

[34] BRASIL. Superior Tribunal de Justiça. Rcl 1444/MA. Órgão Julgador: Primeira Seção, Relatora: Ministra Eliana Calmon, julgado em 23.11.2005, publicado no *DJ*, 19.12.2005.

Sr. Presidente, recentemente, fui convocado para a Segunda Turma a fim de proceder a um desempate, mas a hipótese era diferente, o que quero deixar ressalvado.

Data maxima venia, tenho dificuldade de assimilar a tese de que o advento da sentença de mérito esvazia o provimento contrário de um tribunal superior, porque o art. 512 dispõe que o julgamento proferido pelo tribunal, quer de sentença, quer de decisão, substitui a decisão recorrida. Só o julgamento do recurso da sentença é que poderia substituir o julgamento proferido pelo tribunal acerca da interlocutória. Bem ou mal, certo ou errado, é o princípio do duplo grau de jurisdição, estabelecido pelo art. 512, e, também, a razão de ser da Súmula 405 do Supremo Tribunal Federal.

A Súmula 405 do Supremo Tribunal Federal pressupõe que a liminar que o próprio juiz da sentença profere fica absorvida pela sentença final e não pressupõe órgãos diferentes, com graus de jurisdição diversos. Mas essa reclamação é diferente do caso específico, o que faço questão de ressalvar, porque fui à Segunda Turma desempatar. Trata-se de matéria dividida nesta Seção.

Essa reclamação seria o mesmo que dizer o seguinte: "Se o tribunal defere tutela antecipada, paralisa-se o processo e o juiz não pode proferir uma sentença de mérito". Se acolhêssemos a reclamação, geraríamos essa perplexidade.

Muito pertinente a preocupação da Ministra Eliana Calmon com o prestígio da justiça de primeiro grau. Com a concessão do efeito suspensivo ou da antecipação da tutela recursal no agravo, o juiz de primeiro grau ficaria com sua independência tolhida, pois a sentença posterior, se contrária ao entendimento do tribunal, nunca poderia surtir efeitos. O princípio do duplo grau de jurisdição visa garantir um novo exame sobre a lide, para que possam ser corrigidos erros, mas, se o juiz de primeiro grau perde sua independência, o próprio princípio do duplo grau está sendo ferido.

Revelar-se-ia perigosa a adoção da tese do Ministro Castro Meira de que deve prevalecer a hierarquia sempre que não houver modificação do quadro fático e probatório nem sobrevenha qualquer elemento que afaste a premissa da decisão proferida pelo tribunal no agravo, pois isso dá margem a uma análise discricionária do tribunal, a que este adote o critério da hierarquia sempre que entender que os elementos nos quais se baseou o juiz em sua fundamentação não são aptos a afastar a premissa da decisão do agravo. E isso já é uma análise do próprio mérito da sentença, cuja rediscussão só cabe em sede de apelação.

Também em oposição a essa tese, merece referência a opinião de Willian Santos Ferreira, ao tratar das possibilidades de alteração da tutela antecipada deferida pelo juiz de primeira instância, considerações que, segundo ele, aplicam-se igualmente para o caso de a medida de urgência ter sido deferida em sede de agravo, sem que fique configurada ofensa hierárquica.

> Preocupa-nos esta vedação sobre a percepção dos fatos se não forem modificados, pois parece que a tutela antecipada não terá uma *força vinculante* que *obrigue* o juiz a prolatar sentença, com base na *mesma posição* externada quando da apreciação do pedido de concessão da tutela antecipada. Entendemos dessa maneira porque, normalmente, a cognição sumária não possibilita ao magistrado sequer tempo hábil à reflexão — aliás, só lhe é exigida a aferição da *verossimilhança da alegação* e da *prova inequívoca*. Situação diversa ocorre na sentença em que, ante a *cognição exauriente*, permite-se (e até exige-se) que o magistrado, *sem as pressões advindas da urgência*, reflita sobre o caso que lhe

é submetido (não haverá mais probabilidade). Além de toda responsabilidade, seria fardo por demais gravoso se exigir do magistrado *cognição exauriente* onde este inexiste; logo, não podendo haver esta *vinculação absoluta*, repete-se, em relação à sentença![35]

Com relação ao artigo de Francisco Glauber Pessoa Alves, citado no REsp 742512/DF,[36] é importante ressaltar que o autor, embora termine por entender que a depender da situação deve prevalecer o critério da hierarquia ou da cognição, faz, anteriormente, outra distinção, no mesmo sentido da lição de Teresa Arruda Alvim Wambier.

> Quer nos parecer que a parte sempre e sempre terá direito ao julgamento do agravo de instrumento, quando a matéria nele cogitada for prévia àquela contida na sentença, mesmo que contra esta não seja interposta apelação (...)
>
> Evidentemente que existirão situações em que, mesmo provido o agravo de instrumento, não haverá possibilidade de se confrontar diretamente o teor da decisão (contida no acórdão) com o da sentença proferida, por não lhe ser matéria prejudicial (...).
>
> Por isso é que se diz que a sentença fica condicionada ao julgamento do agravo, no que concerne às questões nele ventiladas e que sejam prejudiciais ao deslinde meritório do processo. Infere-se, assim, que, sempre que a matéria versada no agravo de instrumento for prévia (preliminar ou prejudicial), e tiver o condão de influir no teor da sentença de mérito, alterando seu sentido, tem a parte o direito ao julgamento do agravo, não se lhe considerando prejudicado.[37]

Já no sentido de privilegiar o critério da cognição, veja-se elucidativo julgado do STJ, que sintetiza o exposto anteriormente:

> Processual civil. Recurso especial. Medida liminar. Superveniência de sentença julgando a causa. Perda de objeto do recurso relativo à medida antecipatória.
>
> 1. As medidas liminares, editadas em juízo de mera verossimilhança, têm por finalidade ajustar provisoriamente a situação das partes envolvidas na relação jurídica litigiosa e, por isso mesmo, desempenham no processo uma função por natureza temporária. Sua eficácia se encerra com a superveniência da sentença, provimento tomado à base de cognição exauriente, apto a dar tratamento definitivo à controvérsia, atendendo ou não ao pedido ou simplesmente extinguindo o processo. 2. O julgamento da causa esgota, portanto, a finalidade da medida liminar, fazendo cessar a sua eficácia. Daí em diante, prevalece o comando da sentença, e as eventuais medidas de urgência devem ser postuladas no âmbito do sistema de recursos, seja a título de efeito suspensivo, seja a título de antecipação da tutela recursal, providências cabíveis não apenas em agravo de instrumento (CPC, arts. 527, III e 558), mas também em apelação (CPC, art. 558, parágrafo único) e em recursos especiais e extraordinários (RI/STF, art. 21, IV; RI/STJ, art. 34, V). 3. Conseqüentemente, a superveniência de sentença acarreta a inutilidade

---

[35] FERREIRA, William Santos Ferreira. *Tutela antecipada no âmbito recursal*. São Paulo: Revista dos Tribunais, 2000. p. 181-182, 324. (Recursos no processo civil, v. 8).

[36] ALVES, Francisco Glauber Pessoa. Agravo de instrumento julgado depois de proferida a sentença, não tendo sido conhecida a apelação. *Revista de Processo*, São Paulo, v. 95, 1999.

[37] WAMBIER, Teresa Arruda Alvim. O destino do agravo depois de proferida a sentença. *In*: NERY JUNIOR, Nelson; WAMBIER, Teresa Arruda Alvim (Coord.). *Aspectos polêmicos e atuais dos recursos cíveis e de outros meios de impugnação às decisões judiciais*. São Paulo: Revista dos Tribunais, 2003. p. 257-259.

da discussão a respeito do cabimento ou não da medida liminar, ficando prejudicado eventual recurso, inclusive o especial, relativo à matéria. 4. A execução provisória da sentença não constitui quebra de hierarquia ou ato de desobediência a anterior decisão do Tribunal que indeferira a liminar. Liminar e sentença são provimentos com natureza, pressupostos e finalidades distintas e com eficácia temporal em momentos diferentes. Por isso mesmo, a decisão que defere ou indefere liminar, mesmo quando proferida por tribunal, não inibe a prolação e nem condiciona o resultado da sentença definitiva, como também não retira dela a eficácia executiva conferida em lei. 5. No caso específico, a liminar foi indeferida em primeiro grau, mas parcialmente deferida pelo Tribunal local, ao julgar agravo de instrumento. Pendente recurso especial dessa decisão, sobreveio sentença definitiva julgando parcialmente procedente o pedido, nos termos do acórdão. Tal sentença, tomada à base de cognição exauriente, dá tratamento definitivo à controvérsia, ficando superada a discussão objeto do recurso especial. 6. Recurso especial não conhecido, por prejudicado.[38]

No mesmo sentido, encontram-se diversos julgados recentes do STJ.[39]

Realizando-se uma análise jurisprudencial no âmbito dos Tribunais Regionais Federais, observa-se a predominância do posicionamento que privilegia o critério da cognição, entendendo pela perda do objeto do agravo.[40] Apenas no TRF da 5ª Região predomina a corrente que adota o princípio da hierarquia, como se vê no seguinte julgado, do qual se transcreve trecho do voto proferido pelo relator:

> (...) Ocorre que atualmente, prestigia-se a denominada teoria da ultra-atividade, segundo a qual, o ato do Tribunal, proferido no agravo de instrumento, prevalece sobre a sentença *a quo*, cujo resultado não coincida com aquele.
>
> Assim, a decisão que venha a ser proferida na segunda instância, substitui o ato do primeiro grau e perdura até o julgamento da apelação, salvo se o resultado da sentença coincidir com o objetivo pretendido pelo agravante, hipótese em que restará prejudicado referido recurso (...).[41]
>
> (...) Assim, se a sentença foi prolatada e contra ela não foi interposto recurso de apelação, é de se reconhecer que a preclusão foi obstada pela interposição do agravo.

---

[38] BRASIL. Superior Tribunal de Justiça. REsp 810052/RS. Órgão Julgador: Primeira Turma, Relator: Min. Teori Albino Zavascki, publicado no *DJ*, 8.6.2006.

[39] Confiram-se os seguintes: BRASIL. Superior Tribunal de Justiça. AGRESP 200401428639 – Agravo Regimental no Recurso Especial – 695945. Órgão Julgador: Terceira Turma, Relator: Sidnei Beneti, publicado no *DJe*, 1º.6.2009; BRASIL. Superior Tribunal de Justiça. AGA 200700424631 – Agravo Regimental no Agravo de Instrumento – 880632. Órgão Julgador: Primeira Turma, Relator(a): Ministra Denise Arruda, publicado no *DJe*, 25.6.2008.

[40] Confiram-se, exemplificativamente, os seguintes julgados: BRASIL. Tribunal Regional Federal da 4ª Região. Agravo de Instrumento nº 2009.04.00.004387-7. Órgão Julgador: Terceira Turma, Relator: Luiz Carlos de Castro Lugon, julgado em 15.5.2009, publicado no *DE*, 26.5.2009; BRASIL. Tribunal Regional Federal da 3ª Região. Agravo de Instrumento nº 295932/SP. Órgão Julgador: Oitava Turma, Relatora: Marianina Galante, julgado em 2.6.2008, publicado no *DJF3*, 24.6.2008; BRASIL. Tribunal Regional Federal da 2ª Região. Agravo interno no Agravo de Instrumento nº 125218. Órgão Julgador: Terceira Turma especializada, Relator: Eugênio Rosa de Araújo, julgado em 20.9.2005, publicado no *DJU*, 14.10.2005; BRASIL. Tribunal Regional Federal da 1ª Região. Agravo regimental no Agravo de Instrumento nº 2008.01.00.014765-7/PI. Órgão Julgador: Sexta Turma, Relator: Carlos Moreira Alves, julgado em 3.8.2009, publicado no *DJF1*, 19.10.2009.

[41] Trecho do voto proferido no AGTR 62068/PE (BRASIL. Tribunal Regional Federal da 5ª Região. AGTR 62068/PE, Órgão Julgador: Terceira Turma, Relator: Desembargador Federal Vladimir Souza Carvalho, julgado em 8.10.2009, publicado no *DJe*, 24.11.2009).

Em qualquer caso, antes do trânsito em julgado, deve prevalecer a decisão proferida no agravo, inclusive porque o Pleno deste Tribunal, em orientação fixada na Sessão do dia 28.8.2002, entendeu que "no caso de Agravo de Instrumento interposto contra despacho de Juiz Federal, a extinção do processo no 1º grau não subtrai os efeitos da decisão proferida pelo 2º grau, exceto se transitar em julgado".

O entendimento desta egrégia Corte faz prevalecer a liminar concedida no agravo ou o acórdão nele proferido até o trânsito em julgado da sentença. É a chamada ultra-atividade das decisões de agravo de instrumento após a prolação da sentença pelo juízo *a quo*.

É desse modo que deve ser. É certo que, com a sentença, o Juiz cumpre e acaba o seu ofício jurisdicional, analisando a matéria em cognição exauriente, inclusive a tutela ou a liminar postulada, mas aquela somente passa a ser definitiva e produzir os efeitos que lhe são próprios após o trânsito em julgado. Assim, conforme as leis da lógica, se o juízo *ad quem* vislumbrou algum prejuízo à parte e concedeu-lhe a liminar requerida, esta deve perdurar, inclusive porque tal decisão é de 2º grau.

Entendo até mesmo que, desse modo, pode-se dizer que se está obedecendo ao princípio do duplo grau de jurisdição obrigatório, que vigora no nosso ordenamento jurídico, pois, com a prolação da sentença, ou a parte se conforma com os termos da mesma, ou não, impetrando, nesse último caso, o recurso de apelação. O que quero dizer é que, de qualquer forma, a sentença não é de logo definitiva, oportunizando-se à parte o direito de pleitear a sua reforma. Portanto, coerente é que se mantenha a decisão que concedeu o efeito suspensivo até o trânsito em julgado da sentença de 1º grau. (...)[42]

Segundo esse entendimento, a liminar proferida no agravo, que concede ao mesmo o efeito suspensivo ou a antecipação da tutela recursal, prevaleceria sobre a sentença prolatada no primeiro grau, até seu trânsito em julgado. Entende-se que essa sentença não teria o poder de revogar uma decisão do tribunal, em virtude do princípio do duplo grau de jurisdição. O relator alega que, enquanto não há o trânsito em julgado, a sentença não estaria apta a produzir efeitos.

Observe-se que, até então, os argumentos aqui apresentados para a subsistência ou não do interesse no julgamento do agravo giravam em torno da relação de prejudicialidade entre a decisão do agravo e a da sentença, ou seja, discutia-se se a decisão proferida no agravo teria o condão de infirmar aquilo que foi decidido na sentença, em sentido contrário. Já o acórdão do TRF da 5ª Região, colacionado acima, traz à tona o outro aspecto da questão: a necessidade de se determinar qual a decisão que deve produzir efeitos no intervalo de tempo entre a prolação da sentença e o julgamento dos recursos.

A resolução dessa questão vai depender dos efeitos em que será recebida apelação, o que, por sua vez, depende do conteúdo da decisão liminar e da sentença. O art. 520 do CPC[43] estabelece que, em regra, a apelação será recebida no duplo efeito: devolutivo e suspensivo; todavia, será recebida apenas no efeito devolutivo quando interposta de sentença que confirmar a antecipação dos efeitos da tutela ou

---

[42] Trecho do voto proferido no AGTR 61774/01/CE (BRASIL. Tribunal Regional Federal da 5ª Região. AGTR 61774/01/CE. Órgão Julgador: Terceira Turma, Relator: Desembargador Federal Paulo Gadelha, julgado em 15.12.2005, publicado no *DJ*, 7.4.2006.)

[43] Art. 520. A apelação será recebida em seu efeito devolutivo e suspensivo. Será, no entanto, recebida só no efeito devolutivo, quando interposta de sentença que: (...) IV - decidir o processo cautelar; (...) VII - confirmar a antecipação dos efeitos da tutela; (Incluído pela Lei nº 10.352, de 26.12.2001)

de sentença que decidir o processo cautelar. Assim, tendo em vista que o art. 273, §7º permite a cumulação de pedido cautelar e pedido de conhecimento, quando a sentença conceder medida cautelar, a apelação será também recebida apenas no efeito devolutivo, no tocante ao provimento cautelar. Ressalte-se, no entanto, que, como o inciso IV abrange toda sentença que decidir lide cautelar, a apelação não possuirá efeito suspensivo, tanto quando a medida cautelar for concedida liminarmente e confirmada pela sentença, como quando concedida apenas na sentença.

A Lei nº 12.016/2009, que regula o mandado de segurança, dispõe, por sua vez, que a sentença concessiva pode ser executada provisoriamente, salvo nos casos em que for vedada a concessão de medida liminar.[44] Assim, salvo nessa hipótese, a apelação contra a sentença concessiva do mandado de segurança sempre vai ser recebida apenas no efeito devolutivo, independentemente de ter havido ou não a concessão de liminar. Na ação civil pública, por sua vez, a Lei nº 7.347/85 estabelece, em seu art. 14, que "o juiz poderá conferir efeito suspensivo aos recursos, para evitar dano irreparável à parte". A regra, portanto, é que os recursos não tenham efeito suspensivo, sendo a apelação recebida apenas no efeito devolutivo.

Portanto, tratando-se de mandado de segurança, ação civil pública, ou ação ordinária na qual seja concedida medida cautelar, a apelação será sempre recebida apenas no efeito devolutivo. No entanto, na ação ordinária em que a decisão liminar tenha conteúdo antecipatório, surgem várias hipóteses.

Uma situação é aquela em que não é concedida a liminar em decisão contra a qual é interposto agravo de instrumento, e a sentença julga improcedente o pedido. Nessa hipótese, a apelação é recebida no duplo efeito — devolutivo e suspensivo.

Mesmo que, no agravo interposto, tenha sido concedida a antecipação da tutela recursal, para conceder a medida de urgência, o efeito suspensivo da apelação não é apto a manter a liminar. Nesse sentido, ensina Nelson Nery Jr., ao tratar da duração das liminares em ação possessória e ação civil pública, que a interposição de apelação contra a sentença proferida nessas ações não interfere com a manutenção da liminar nelas concedida, pois o problema "não é do efeito suspensivo do recurso contra essas sentenças, mas de incompatibilidade lógica da sentença de improcedência com a subsistência da liminar".[45] Embora trate o autor de ações específicas, o entendimento igualmente se aplica às demais decisões liminares, e tal incompatibilidade lógica ocorre mesmo se a liminar provier do tribunal, seja em sede de antecipação da tutela recursal ou em decisão definitiva. Nesse sentido, confira-se o seguinte julgado do TRF da 2ª Região, tratando de liminar em mandado de segurança:

> Processual civil – Agravo interno em agravo de instrumento – Mandado de segurança – Sentença denegatória – Perda de objeto – Apelação – Duplo efeito – Liminar concedida – Agravo prejudicado. I - Denegada a segurança, fica prejudicado o agravo

---

[44] Art. 14. Da sentença, denegando ou concedendo o mandado, cabe apelação. (...) §3º A sentença que conceder o mandado de segurança pode ser executada provisoriamente, salvo nos casos em que for vedada a concessão da medida liminar.
[45] NERY JUNIOR, Nelson. Liminar impugnada e sentença irrecorrida: a sorte do agravo de instrumento. In: NERY JUNIOR, Nelson; Teresa Arruda Alvim Wambier (Coord.). Aspectos polêmicos e atuais dos recursos cíveis e de outros meios de impugnação às decisões judiciais. São Paulo: Revista dos Tribunais, 2003. p. 530.

de instrumento onde foi concedido efeito suspensivo ativo à decisão de primeiro grau que não concedera a liminar requerida. II - Inobstante ter sido a apelação da ora agravante recebida no duplo efeito, não prevalece a decisão monocrática deste agravo de instrumento, visto que a superveniência da sentença denegatória no mandado de segurança esgotou a liminar recursal deferida, justificando tanto a sua cassação quanto a perda de objeto do agravo de instrumento.

III - Agravo interno improvido.[46]

Ademais, não é coerente que a decisão liminar do agravo, proferida monocraticamente pelo relator, em cognição sumária no contexto do próprio agravo, examinando a interlocutória que já fora proferida em cognição sumária, prevaleça sobre a sentença proferida pelo juiz de primeiro grau com cognição exauriente. Não há quebra de hierarquia no fato de a sentença de primeiro grau revogar a decisão liminar do agravo, pois se tratam de decisões distintas, referentes a momentos processuais distintos. Transplantar os efeitos de uma liminar proferida em agravo que discute decisão já superada pela sentença para depois desta é subverter a lógica processual. Mesmo a prolação de decisão colegiada no agravo representaria uma subversão da lógica processual, pois, de todo modo, estaria se analisando uma questão relativa a um momento processual já ultrapassado.

Nesse sentido, ainda, é a lição de Willian Santos Ferreira:

> O juiz da primeira instância poderá proferir decisão diversa da proferida na instância superior, desde que a situação processual no momento seja diversa da apreciada pelo tribunal.
>
> Como o processo, mesmo após a concessão da tutela antecipada em grau recursal, tem continuidade (§5º do art. 273), pode ocorrer uma *alteração do quadro analisado*, o que impõe a alteração da decisão anterior. Esta alteração pode ser inclusive a sentença de improcedência prolatada pelo juiz de primeira instância, após o julgamento do agravo.
>
> Antes que se questione uma suposta *ofensa hierárquica*, deve-se atentar que o tribunal, quando deu provimento ao agravo de instrumento, apenas *reapreciou* a matéria decidida pelo juiz de primeira instância, o que significa dizer que, para o órgão colegiado, o juiz deveria ter deferido a tutela antecipada.
>
> Logo, é decorrência lógica deste raciocínio que tudo que se disser sobre a alteração da tutela antecipada deferida pelo juiz de primeira instância aproveita-se para a hipótese de ter sido ela deferida pelo provimento do agravo. Em síntese o que se admitir para o primeiro caso em termos de cassação, revogação, alteração ou nova decisão valerá para o segundo caso. (...)
>
> Sintetizando: admite-se que o juiz de primeira instância modifique ou revogue tutela antecipada quando esta foi concedida pelo provimento do agravo de instrumento ou de recursos deste julgamento advindos, quando ocorrer alteração *do quadro analisado*, pois o que haverá é *outra decisão* com base em *outra situação*, sendo relevantíssimo relembrar que a sentença de improcedência ou que extingue o processo sem julgamento de mérito também revogará a tutela antecipada, sendo que, existindo ainda recursos

---

[46] BRASIL. Tribunal Regional Federal da 2ª Região. AGTAG – Agravo Interno no Agravo de Instrumento nº 125218. Órgão Julgador: Terceira Turma, Relator: Eugenio Rosa de Araujo, julgado em 20.9.2005, publicado no *DJU*, 14.10.2005.

em trâmite quanto à decisão anterior à sentença, perderão seu objeto, ocorrendo um autêntico "efeito dominó". Mas, frise-se, *só nestes casos*.[47]

A decisão liminar no processo de conhecimento tem como objetivo regular provisoriamente a situação até a prolação da sentença. Após esse momento, é possível que se necessite de uma decisão liminar que regule a situação até o julgamento definitivo da apelação, mas aí tal providência deve ser buscada no âmbito da própria apelação, como medida de urgência em sede recursal. Não faz sentido analisar a questão nos autos do agravo quando a mesma questão pode ser analisada nos autos da apelação, onde já há mais elementos para a cognição. Nesse caso, portanto, a prolação da sentença de improcedência faz cessar os efeitos da antecipação de tutela concedida liminarmente no agravo, assim como gera a perda de objeto do recurso.

Situação diversa ocorre quando é concedida a medida de urgência, em decisão contra a qual é interposto agravo, e a sentença confirma a medida liminar, julgando procedente o pedido. Por força do art. 520, VII,[48] a apelação é recebida apenas no efeito devolutivo. Nesse caso, o eventual provimento do agravo, ao desconstituir a decisão liminar que havia antecipado os efeitos da tutela, faria com que não mais restasse configurada a hipótese do art. 520, VII, implicando o recebimento da apelação no duplo efeito. Essa possibilidade de modificar os efeitos em que deve ser recebida apelação justifica a subsistência de interesse no julgamento do agravo.

Quando, em situação análoga, for deferido efeito suspensivo ao agravo interposto, a suspensão da decisão liminar faz com que a apelação seja recebida no duplo efeito, mas o eventual desprovimento do agravo faria com que fosse recebida apenas no efeito devolutivo, subsistindo, também nessa hipótese, o interesse no julgamento do recurso.

Recente julgado do STJ, em sede de Embargos de Divergência, analisando caso em que a sentença confirmou a decisão que deferiu a antecipação de tutela, consolidou entendimento pela inocorrência da perda de objeto do agravo.

> Embargos de divergência. Direito processual civil. Agravo de instrumento contra decisão que concede tutela antecipada. Superveniência de sentença de mérito confirmando a tutela. Perda do objeto. Inocorrência.
> 1. A superveniência da sentença de procedência do pedido não prejudica o recurso interposto contra a decisão que deferiu o pedido de antecipação de tutela. 2. Embargos de divergência rejeitados.[49]

Tal julgado merece uma análise mais detida, vez que traz à tona esses novos argumentos em favor da inocorrência da perda do objeto do agravo, relacionados à produção de efeitos pela sentença durante o trâmite da apelação.

---

[47] FERREIRA, William Santos Ferreira. *Tutela antecipada no âmbito recursal*. São Paulo: Revista dos Tribunais, 2000. p. 324-325. (Recursos no processo civil, v. 8).
[48] Art. 520. A apelação será recebida em seu efeito devolutivo e suspensivo. Será, no entanto, recebida só no efeito devolutivo, quando interposta de sentença que: (...) VII - confirmar a antecipação dos efeitos da tutela.
[49] BRASIL. Superior Tribunal de Justiça. EREsp 765105 – Embargos de Divergência em Recurso Especial 2007/0294006-6. Órgão Julgador: Corte Especial, Relator: Ministro Hamilton Carvalhido, julgado em 17.3.2010, publicado no *DJe*, 25.8.2010.

Analisando-se o relatório e o voto proferido pelo relator no EREsp nº 765105, observa-se que a divergência objeto do recurso é a verificada entre arestos proferidos pela Primeira Turma, no AgRgREsp nº 638.561/RS,[50] pela Segunda Turma, no AgRgAgRgREsp nº 917.581/PR,[51] e pela Quinta Turma, no AgRgREsp nº 587.514/SC,[52] os quais adotam a teoria da cognição, seguindo as lições de Nelson Nery e Teresa Arruda Alvim Wambier, expostas acima; e acórdão da Terceira Turma, assim ementado:

> Processo civil. Tutela antecipada. Subseqüente sentença de mérito. Subsistência do agravo que ataca a antecipação da tutela. A sentença de mérito superveniente não prejudica o agravo de instrumento interposto contra a tutela antecipada; a aludida tutela não antecipa simplesmente a sentença de mérito — antecipa, sim, a própria execução dessa sentença, que, por si só, não produziria os efeitos que irradiam da tutela antecipada. Recurso especial conhecido e provido.

Veja-se trecho do voto proferido pelo relator no EREsp nº 765105:

> Isso estabelecido, tenho que a superveniência da sentença de procedência do pedido não torna prejudicado o recurso interposto contra a decisão que deferiu a antecipação dos efeitos da tutela.
>
> É que a antecipação da tutela não antecipa a sentença de mérito, mas sim a própria execução do julgado que, por si só, não produziria os efeitos que irradiam da tutela antecipada.
>
> Não é outro o sentido que exsurge da lei processual, valendo anotar, a propósito, o que dispõe o artigo 273 do Código de Processo Civil, com redação dada pela Lei nº 8.952, de 13 de dezembro de 1994:
>
> "Art. 273. (...)
>
> §3º *A execução da tutela antecipada observará, no que couber, o disposto nos incisos II e III do art. 588.*"
>
> E o artigo em referência, na regra da execução provisória, em sua redação anterior à Lei nº 11.232, de 2005:
>
> "Art. 588. A execução provisória da sentença far-se-á do mesmo modo que a definitiva, observados os seguintes princípios: (...)
>
> III - fica sem efeito, *sobrevindo sentença que modifique ou anule* a que foi objeto da execução, restituindo-se as coisas no estado anterior.
>
> Parágrafo único. No caso do inciso III, deste artigo, se a sentença provisoriamente executada for modificada ou anulada apenas em parte, *somente nessa parte ficará sem efeito a execução.*"
>
> E na regra do pedido de cumprimento de sentença, pela letra do artigo 475-O, incluído pela Lei nº 11.232, de 2005:

---

[50] BRASIL. Superior Tribunal de Justiça. AgRg no REsp 638561/RS - Agravo Regimental no Recurso Especial 2004/0004209-9. Órgão Julgador: Primeira Turma, Relatora: Ministra Denise Arruda, julgado em 2.8.2007, publicado no *DJ*, 6.9.2007.

[51] BRASIL. Superior Tribunal de Justiça. AgRgAgRgREsp nº 917.581/PR. Órgão Julgador: Segunda Turma, Relatora: Ministra Eliana Calmon, julgado em 4.10.2007, publicado no *DJ*, 17.10.2007.

[52] BRASIL. Superior Tribunal de Justiça. AgRgREsp nº 587.514/SC. Órgão Julgador: Quinta Turma, Relatora: Ministra Laurita Vaz, julgado em 15.2.2007, publicado no *DJ*, 12.3.2007.

"Art. 475-O. A execução provisória da sentença far-se-á, no que couber, do mesmo modo que a definitiva, observadas as seguintes normas: (...)

II - fica sem efeito, *sobrevindo acórdão que modifique ou anule a sentença* objeto da execução, restituindo-se as partes ao estado anterior e liquidados eventuais prejuízos nos mesmos autos, por arbitramento; (...)

§1º No caso do inciso II do caput deste artigo, se a sentença provisória for modificada ou anulada apenas em parte, *somente nesta ficará sem efeito a execução*." (grifos nossos)

Nesse sentido, confiram-se os seguintes precedentes:

"Processual civil e tributário. Agravo de instrumento. Tutela antecipada. Compensação de valores indevidamente recolhidos. Sentença de mérito. Ausência de perda do agravo interposto da decisão da tutela antecipada. Recurso especial provido. Tutela cassada nos termos da súmula 212/STJ.

1. Não perde o seu objeto o agravo de instrumento desafiado de decisão que concede antecipação da tutela, em sobrevindo a sentença de mérito da ação. A decisão que concede antecipação da tutela não é substituída pela decisão de mérito posto que os seus efeitos permanecem até que seja cassada pela instância superior. Não há relação de continência entre a tutela antecipada e a sentença de mérito. A aludida tutela não antecipa simplesmente a sentença de mérito; antecipa, sim, a própria execução dessa sentença, que, por si só, não produziria os efeitos que irradiam da tutela antecipada. (REsp 112.111/PR; Min. Ari Pargendler.) (...)" (REsp 546.150/RJ, Rel. Ministro José Delgado, Primeira Turma, julgado em 2.12.2003, *DJ*, 8.3.2004)

"Agravo regimental. Tutela antecipada. Sentença de mérito superveniente. Perda do objeto recurso especial. Não caracterização.

1. O julgamento definitivo da questão em 1ª Instância não exaure o conteúdo do provimento concedido em sede de antecipação da tutela, uma vez que seus efeitos sobrepõem-se muitas das vezes à fase de conhecimento, antecipando no tempo a execução da própria sentença. 2. Agravo regimental a que se nega provimento." (AgRg no Ag 470096/RJ, Rel. Ministro João Otávio de Noronha, Segunda Turma, julgado em 4.9.2003, *DJ*, 13.10.2003)

Pelo exposto, rejeito os embargos de divergência.

Confira-se, ainda, trecho do voto proferido pelo relator no citado REsp 564.150:[53]

Discute-se nos autos se, sobrevindo a sentença que julga o mérito de ação onde se concedeu antecipação de tutela, o agravo de instrumento interposto da citada decisão perde o seu objeto.

Sem dúvida este é um assunto bastante controvertido na doutrina e na jurisprudência existindo tanto aqueles que entendem pela perda do objeto do agravo de instrumento como os que pensam diversamente, ou seja, pela subsistência do recurso de agravo.

No caso *sub judice* foi conferido ao agravo de instrumento o efeito suspensivo da antecipação da tutela até o julgamento de seu mérito.

Além disso, o dispositivo sentencial condicionou a eficácia da antecipação da tutela ao julgamento final do agravo de instrumento como se vê à fl. 84:

"Posto isto, declaro subsistentes os efeitos da antecipação da tutela, e condiciono, todavia, a sua eficácia à decisão final a ser proferida no Agravo de Instrumento em curso no Tribunal Regional Federal da 2ª Região, e julgo procedente em parte o pedido, (...)".

---

[53] BRASIL. Superior Tribunal de Justiça. Órgão Julgador: Primeira Turma, Relator: Ministro: José Delgado, julgado em 2.12.2003, publicado no *DJ*, 8.3.2004.

Demonstra-se que o agravo interposto é o previsto na hipótese do §4º do artigo 523 do Código de Processo Civil diverso do agravo interposto com base no mesmo artigo 523, §4º *in fine* para o fim de emprestar efeito suspensivo à apelação interposta da sentença que, confirmando os efeitos da tutela, julga procedente a ação.

É sabido que, diferentemente dos demais casos, a decisão que concede antecipação da tutela não é substituída pela decisão de mérito posto que os seus efeitos permanecem até que seja cassada pela instância superior.

E quais são os efeitos pretendidos pelo requerente da tutela antecipada senão a execução imediata da própria sentença?

Sendo assim, comete engano o entendimento de que com a prolação da sentença de mérito, o agravo haja perdido o seu objeto pois, como bem assinalado pelo eminente Min. Ari Pargendler no REsp 112111/PR:

"Não há relação de continência entre a tutela antecipada e a sentença de mérito. A aludida tutela não antecipa simplesmente a sentença de mérito; antecipa, sim, a própria execução dessa sentença, que, por si só, não produziria os efeitos que irradiam da tutela antecipada.

É preciso que isso fique claro: os efeitos que o recurso especial quer evitar resultam da tutela antecipada, e não da sentença — pouco importando que ela tenha confirmado a tutela antecipada; a decisão a esse respeito foi tomada antes e não fica prejudicada pela reiteração constante da sentença. De outro modo, a parte não teria recurso relativamente à tutela antecipada.

Subsistente a tutela antecipada, deve ela ser cassada nos termos da jurisprudência da Turma." (fl. 182).

Sobre este assunto, pertinente a transcrição de trecho do estudo de Guilherme de Almeida Bossle, intitulado "Antecipação de Tutela, efeito suspensivo e a reforma do Código de Processo Civil" publicado no site (<http.www.tj.sc.gov.br/cejur/doutrina/antecipaçaotutelar>), *ad litteram*:

"(...) Diferentemente dos demais casos, a decisão interlocutória que concede a antecipação de tutela não é substituída pela decisão de mérito. Seus efeitos permanecem até que seja cassada pela instância superior.

Isto se torna evidente quando a antecipação de tutela, confirmada na sentença, ingressa nas exceções à regra geral de suspensão da execução em havendo apelação. Sendo cassada antes da prolação da decisão definitiva, mesmo que esta julgue procedente o pedido do autor, a apelação será recebida no duplo efeito. Com esta premissa, torna-se mais claro diferenciar os fundamentos do julgamento do agravo interposto logo após a decisão interlocutória de antecipação de tutela e do agravo que pretenda suspender a execução, em caso de apelação contra decisão que confirme a antecipação de tutela.

Na hipótese do primeiro agravo, caso a sentença que confirme a antecipação de tutela sobrevenha antes de seu julgamento, é equivocada a idéia de que estaria o mesmo prejudicado. A posição assumida pela jurisprudência, no entanto, é majoritária no sentido de que, julgada procedente a ação na qual foi concedida a antecipação de tutela, o agravo de instrumento que visava atacá-la resta prejudicado.

O Tribunal Regional Federal da 4ª Região, assim se manifesta: 'Fica prejudicado o julgamento do agravo de instrumento interposto contra tutela antecipatória se já proferida sentença no processo principal' (Agravo de instrumento nº 95.04.62592-4/PR, 2ª Turma. Data da decisão 21.3.1996. Fonte: *DJ*, data 2.5.1996, p. 28025, Relatora Juíza Tânia Terezinha Cardoso Escobar. Decisão unânime).

Embora se admita que a regra geral é a da perda do objeto do agravo contra decisão interlocutória confirmada em sentença, devendo os prejuízos serem manifestados na apelação, no caso da antecipação de tutela, opera-se uma exceção. É que os efeitos da tutela antecipatória, apesar da sentença que a ela sobreveio, subsistem independentemente da decisão definitiva, senão vejamos.

Ao se analisar as exceções previstas nos incisos do art. 520 do CPC, percebe-se que somente a do inciso VII não se refere, propriamente, aos efeitos da sentença definitiva, mas aos de uma decisão interlocutória. Em todas as demais hipóteses, é a sentença que impede o recebimento da apelação no efeito suspensivo, enquanto que, na confirmação da antecipação de tutela, é a decisão interlocutória que a concedeu que impede seja suspenso o cumprimento da decisão. A sentença de procedência, por si só, não produziria esse efeito.

Assim, mesmo que a sentença confirme a tutela antecipada, fazendo com que se receba a apelação apenas no efeito devolutivo, nos termos do inciso VII do art. 520 do CPC, o agravo de instrumento interposto, durante a instrução do processo, contra a decisão interlocutória, caso seja julgado procedente após a prolação da sentença, fará com que a apelação seja recebida no duplo efeito, devolutivo e suspensivo."

Cito, ainda, estudo do professor e advogado William Santos Ferreira em seu livro Tutela antecipada no âmbito recursal. [São Paulo: Revista dos Tribunais, 2000. (Recursos no processo civil, v. 8)].

"(...) Finalmente não podemos deixar de comentar sobre interessante questão que, embora complexa, é de muita importância. Imagine-se uma tutela antecipada concedida em primeira instância e mantida na segunda instância, sobre a última das quais foi interposto recurso especial. A pergunta que surge é: se antes do julgamento do recurso especial o juízo de primeira instância prolata sentença de procedência da ação e em face desta foi interposta apelação, o recurso especial, ainda não julgado, perde o objeto?

Esta questão já foi apreciada no Superior Tribunal de Justiça, do qual extraiu a seguinte ementa: 'Processual civil. Antecipação de tutela. Agravo de instrumento. Recurso especial. Perda do objeto. Havendo comprovação nos autos, de que a sentença de mérito já foi proferida, oportunidade em que a antecipação de tutela foi ratificada, e de que esta decisão foi submetida ao poder revisional na instância *ad quem*, perde objeto o recurso especial manifestado nos autos do agravo de instrumento. Recurso especial que se julga prejudicado.'

Em que pese só termos acesso à ementa, podemos analisar alguns pontos. Não necessariamente a sentença prejudica o recurso especial interposto. Sempre que a sentença não puder ser executada (v.g., efeito suspensivo da apelação), a tutela antecipada deverá ser mantida, até para se preservarem os atos já realizados, e é desta preservação que se mantém incólume o objeto do recurso especial. O que queremos dizer é que enquanto o provimento final (de procedência) não tiver eficácia, a tutela antecipada não será substituída por ele. E nesta hipótese não podemos concordar com a decisão referida."

A ementa referida no trabalho acima transcrito diz respeito ao já mencionado REsp 112111/PR, no qual foi voto-vencedor o proferido pelo Min. Ari Pargendler que deu pela ausência de perda de objeto do recurso especial em relação ao agravo de instrumento, assim sumulado:

"Processo civil. Tutela antecipada. Subseqüente sentença de mérito. Subsistência do agravo que ataca a antecipação da tutela. A sentença de mérito superveniente não prejudica o agravo de instrumento interposto contra a tutela antecipada; a aludida tutela não antecipa simplesmente a sentença de mérito — antecipa, sim, a própria execução dessa sentença, que, por si só, não produziria os efeitos que irradiam da tutela antecipada. Recurso especial conhecido e provido."

A jurisprudência desta Superior Corte de Justiça tem firmado posicionamento no sentido acima exposto:

"Agravo regimental. Tutela antecipada. Sentença de mérito superveniente. Perda do objeto. Recurso especial. Não caracterização.

1. O julgamento definitivo da questão em 1ª Instância não exaure o conteúdo do provimento concedido em sede de antecipação da tutela, uma vez que seus efeitos sobrepõem-se muitas das vezes à fase de conhecimento, antecipando no tempo a execução da própria sentença.

2. Agravo regimental a que se nega provimento." (AGA 470096 / RJ; Rel. Min. João Otávio de Noronha; *DJ*, 13.10.2003)

"Processual civil. Agravo na reclamação. Antecipação de tutela. Recurso especial. Sentença de mérito superveniente. Perda do objeto. Inexistência. Cabimento da reclamação. A simples superveniência de sentença de mérito não prejudica o julgamento do recurso especial interposto, anteriormente, contra a concessão de tutela antecipada.

- A desobediência à decisão do STJ que, ao conceder efeito suspensivo a recurso especial, suspende a tutela antecipada, enseja reclamação.

Agravo não provido." (AGRGRCL 1332/RJ; Rel. Min. Nancy Andrighi; *DJ*, 15.9.2003).

Como bem ressalta o Ministro Ari Pargendler, no voto-vista proferido no citado REsp 112.111,[54] a tutela antecipada não antecipa simplesmente a sentença de mérito, mas a própria execução dessa sentença, que, por si só, não produziria os efeitos que irradiam da tutela antecipada. É preciso ter em conta que a antecipação da tutela é técnica de antecipação dos efeitos da tutela, e não da tutela em si; é a tutela provisória por excelência, que dá eficácia imediata à tutela definitiva, permitindo sua pronta fruição, e, por ser provisória, será necessariamente substituída pela tutela definitiva que a confirme, revogue ou modifique.[55]

No mesmo sentido é a lição de Guilherme de Almeida Bossle.[56] Ele observa, em seu artigo — citado no REsp 564.150 — que o réu, que sofrerá os efeitos da execução iniciada com a concessão da tutela antecipatória, dispõe de dois momentos para suspendê-la: o primeiro se dá mediante a interposição de agravo de instrumento logo após a concessão da tutela antecipada; o segundo ocorre quando o juiz, após ter confirmado a antecipação de tutela na sentença, recebe a apelação somente no efeito devolutivo, permitindo-se ao réu interpor agravo de instrumento, a fim de obter a suspensão do cumprimento da decisão até o pronunciamento definitivo da turma ou câmara (art. 558, *caput*, e parágrafo único, c/c inciso VII do art. 520, do CPC). Ressalta que, embora os agravos, interpostos em um ou outro momento, tenham o mesmo objeto, qual seja, a suspensão da execução provisória decorrente de antecipação de tutela, seus requisitos são diversos, e, nesse segundo momento, o agravante não pode mais atacar a decisão interlocutória do juiz *a quo*, pois, ou o momento já precluiu, ou, ainda que interposto agravo no primeiro momento, este fora julgado improcedente.

---

[54] BRASIL. Superior Tribunal de Justiça. Órgão Julgador: Segunda Turma, Relator para acórdão: Ministro Ari Pargendler, julgado em 8.9.1998, publicado no *DJ*, 14.2.2000.

[55] DIDIER JUNIOR, Fredie; BRAGA, Paula Sarno; OLIVEIRA, Rafael. *Curso de direito processual civil*. 3. ed. Salvador: JusPodivm, 2008. v. 2, p. 595-596.

[56] BOSSLE, Guilherme de Almeida. *Antecipação de tutela, efeito suspensivo e a reforma do Código de Processo Civil*. Disponível em: <http://tjsc25.tjsc.jus.br/academia/arquivos/antecipacao_tutela_guilherme_bossle.pdf>. Acesso em: 13 nov. 2010.

Afirma, em seguida, que:

> Em ambos os casos, todavia, o recebimento da apelação apenas no efeito devolutivo decorre da decisão interlocutória, e não da sentença. Por isso mesmo, o inciso VII do art. 520 do CPC exige que a mesma seja confirmada na sentença, pois esta, por si só, não permite que a apelação seja recebida somente no efeito devolutivo, mas apenas quando confirme antecipação de tutela.[57]

Ressalte-se, no entanto, que o recebimento da apelação somente no efeito devolutivo não decorre apenas da antecipação da tutela, independentemente do conteúdo da sentença, mas sim da verificação de dois pressupostos: a concessão da tutela antecipada e a sua confirmação pela sentença, vez que, não sendo a antecipação de tutela confirmada pela sentença, estará automaticamente revogada, e aí independem os efeitos em que recebida a apelação, pois não haverá o que executar. Não obstante, é certo que a ausência de efeito suspensivo da apelação decorre, essencialmente, da antecipação de tutela em si.

Vê-se, portanto, que, para que o réu questione os efeitos em que foi recebida a apelação, com base no não cabimento da concessão da tutela antecipada, sua insurgência deverá ser manifestada no âmbito do agravo interposto contra a decisão liminar concessiva da antecipação. Assim, subsiste o interesse recursal contra a decisão que concedeu a antecipação de tutela, vez que se faz necessária sua desconstituição para que sejam alterados os efeitos de recebimento da apelação.

Muito pertinentes, ainda, as considerações de Willian Santos Ferreira, em seu livro "Tutela antecipada no âmbito recursal",[58] já referidas acima, conforme citação no REsp 564.150. O autor, nas conclusões apresentadas ao final da obra, sintetiza muito bem o entendimento aqui exposto:

> A sentença de procedência não prejudica a apreciação de recursos interpostos com relação à apreciação do pedido de tutela antecipada; porém, a sentença de improcedência ou de extinção do processo sem julgamento de mérito a prejudicam, porque haverá a revogação do provimento antecipatório, gerando um autêntico "efeito dominó" (salvo se outras matérias forem objeto do recurso). Frise-se que estas características não impedem que, na apelação, se requeira a mantença ou a concessão da tutela antecipada, mas uma nova fase se iniciará.[59]

É importante registrar, todavia, que o Projeto do Novo Código de Processo Civil[60] — em tramitação na Câmara dos Deputados — prevê, em seu art. 949,[61] que

---

[57] BOSSLE, Guilherme de Almeida. *Antecipação de tutela, efeito suspensivo e a reforma do Código de Processo Civil*. Disponível em: <http://tjsc25.tjsc.jus.br/academia/arquivos/antecipacao_tutela_guilherme_bossle.pdf>. Acesso em: 13 nov. 2010.

[58] FERREIRA, William Santos Ferreira. *Tutela antecipada no âmbito recursal*. São Paulo: Revista dos Tribunais, 2000. p. 187-188. (Recursos no processo civil, v. 8).

[59] *Ibid.*, p. 386.

[60] BRASIL. Senado Federal. Projeto de Lei nº 8046/2010. Código de Processo Civil: revoga a Lei nº 5.869, de 1973. Disponível em: <http://www.camara.gov.br/internet/sileg/Prop_Detalhe.asp?id=490267>. Acesso em: 18 abr. 2011.

[61] Art. 908. Os recursos, salvo disposição legal em sentido diverso, não impedem a eficácia da decisão.
§1º A eficácia da sentença poderá ser suspensa pelo relator se demonstrada a probabilidade de provimento do recurso, ou, sendo relevante a fundamentação, houver risco de dano grave ou difícil reparação, observado o art. 968.

os recursos, em regra, não terão mais efeito suspensivo, que poderá ser concedido pelo tribunal apenas se demonstrada a probabilidade de provimento do recurso, ou, sendo relevante a fundamentação, houver risco de dano grave ou difícil reparação. Portanto, se aprovado o projeto, nesses termos, não remanescerá a referida hipótese de subsistência do interesse do julgamento do agravo, vez que tal fato não mais terá o condão de modificar os efeitos de recebimento da apelação.

Conclusão

Vê-se, portanto, que, em regra, a prolação da sentença acarreta a perda de objeto do agravo de instrumento interposto da decisão liminar que concede antecipação de tutela ou defere pedido cautelar, pelos motivos já expostos.

O único caso em que subsiste o interesse na apreciação do agravo é quando o seu eventual provimento pode acarretar a mudança nos efeitos em que a apelação é recebida. E isso ocorre, como visto, quando é concedida a medida de urgência, em decisão contra a qual é interposto agravo, e a sentença confirma a medida liminar, julgando procedente o pedido, pois aí a apelação é recebida apenas no efeito devolutivo, mas o provimento do agravo faz com que o recurso seja recebido no seu duplo efeito. Em situação análoga, mas em que tenha sido deferido efeito suspensivo ao agravo, a suspensão da decisão liminar faz com que a apelação seja recebida no duplo efeito, mas o eventual desprovimento do agravo faria com que fosse recebida apenas no efeito devolutivo, subsistindo, também nesse caso, o interesse no julgamento do agravo.

Referências

ABREU, Frederico do Valle. O recurso de agravo de instrumento pendente de julgamento. *Revista do Tribunal Regional Federal da 1ª Região*, Brasília, v. 15, n. 12, dez. 2003.

ALVES, Francisco Glauber Pessoa. Agravo de instrumento julgado depois de proferida a sentença, não tendo sido conhecida a apelação. *Revista de Processo*, São Paulo, v. 95, 1999.

ASSIS, Araken de. *Manual dos recursos*. 2. ed. São Paulo: Revista dos Tribunais, 2008.

BOSSLE, Guilherme de Almeida. *Antecipação de tutela, efeito suspensivo e a reforma do Código de Processo Civil*. Disponível em: <http://tjsc25.tjsc.jus.br/academia/arquivos/antecipacao_tutela_guilherme_bossle.pdf>. Acesso em: 13 nov. 2010.

CAVALCANTI, Francisco. *O novo regime jurídico do mandado de segurança*. São Paulo: MP, 2009.

DIDIER JUNIOR, Fredie; BRAGA, Paula Sarno; OLIVEIRA, Rafael. *Curso de direito processual civil*. 3. ed. Salvador: JusPodivm, 2008. v. 2.

DIDIER JUNIOR, Fredie, CUNHA, Leonardo Carneiro da. *Curso de direito processual civil*. 7. ed. Salvador: JusPodivm, 2009. v. 3.

---

§2º O pedido de efeito suspensivo do recurso será dirigido ao tribunal, em petição autônoma, que terá prioridade na distribuição e tornará prevento o relator.
§3º Quando se tratar de pedido de efeito suspensivo de apelação, o protocolo da petição a que se refere o §2º impede a eficácia da sentença até que seja apreciado pelo relator.
§4º É irrecorrível a decisão do relator que conceder o efeito suspensivo.

FERREIRA, William Santos Ferreira. *Tutela antecipada no âmbito recursal*. São Paulo: Revista dos Tribunais, 2000. (Recursos no processo civil, v. 8).

CORREA, Rafael Motta e. A prolação de sentença e o agravo pendente de julgamento: acabou a controvérsia?. *In*: NERY JUNIOR Nelson; WAMBIER, Teresa Arruda Alvim (Coord.). *Aspectos polêmicos e atuais dos recursos cíveis e de outros meios de impugnação às decisões judiciais*. São Paulo: Revista dos Tribunais, 2007.

NERY JUNIOR, Nelson. Liminar impugnada e sentença irrecorrida: a sorte do agravo de instrumento. *In*: NERY JUNIOR, Nelson; WAMBIER, Teresa Arruda Alvim (Coord.). *Aspectos polêmicos e atuais dos recursos cíveis e de outros meios de impugnação às decisões judiciais*. São Paulo: Revista dos Tribunais, 2003.

ROSSI, Julio César. Breves comentários ao efeito devolutivo do agravo de instrumento e a questão da superveniência de sentença. *Revista Dialética de Direito* Processual, São Paulo, n. 15, 2004.

SANT'ANNA, Paulo Afonso de Souza. Medidas de urgência no âmbito recursal. *In*: NERY JUNIOR, Nelson; WAMBIER, Teresa Arruda Alvim (Coord.). *Aspectos polêmicos e atuais dos recursos cíveis e de outros meios de impugnação às decisões judiciais*. São Paulo: Revista dos Tribunais, 2003.

WAMBIER, Teresa Arruda Alvim. O destino do agravo depois de proferida a sentença. *In*: NERY JUNIOR, Nelson; WAMBIER, Teresa Arruda Alvim (Coord.). *Aspectos polêmicos e atuais dos recursos cíveis e de outros meios de impugnação às decisões judiciais*. São Paulo: Revista dos Tribunais, 2003.

Informação bibliográfica deste livro, conforme a NBR 6023:2002 da Associação Brasileira de Normas Técnicas (ABNT):

GIORDANO, Sheila Pinto. O agravo de instrumento interposto contra decisões liminares e a superveniência de sentença. *In*: CUNHA, Leonardo Carneiro da (Coord.). *Questões atuais sobre os meios de impugnação contra decisões judiciais*. Belo Horizonte: Fórum, 2012. p. 283-311. ISBN 978-85-7700-580-2.

POSSIBILIDADE DE ALEGAÇÃO DE PRESCRIÇÃO NAS INSTÂNCIAS RECURSAIS EXTRAORDINÁRIAS

TAMYRES TAVARES DE LUCENA

1 Prescrição: aspectos jurídicos relevantes

O instituto jurídico da prescrição é uma construção do direito positivo que expressa o reconhecimento da situação de insegurança que o passar do tempo pode provocar nas relações jurídicas. Visa-se, portanto, à segurança e à paz públicas,[1] o que denota a existência de especial interesse coletivo no trato dessa matéria.

A prescrição é uma exceção que pode ser oposta para encobrir a eficácia de certa pretensão, quando o titular desse direito não o exercitou em um lapso de tempo determinado. Assim, essa prerrogativa do devedor apenas pode afastar a exigibilidade do cumprimento de uma prestação (obrigação de fazer, não fazer, ou entregar coisa), mas não desconstitui o direito em si mesmo, que subsiste.

O Código Civil de 1916 não distinguia claramente os prazos prescricionais e decadenciais, o que tornava o estudo dessa matéria objeto de sérias controvérsias. A fim de afastar a casuística na abordagem dessas questões, Agnelo Amorim Filho desenvolveu uma teoria que permitia delinear seguramente o contorno de cada um desses institutos jurídicos. Essa tese baseava-se na moderna classificação dos direitos subjetivos, desenvolvida por Chiovenda, a qual estabelecia as seguintes categorias: "direitos a uma prestação" e "direitos potestativos".

A prescrição se aplicaria ao primeiro grupo destacado, formado por direitos passíveis de violação (direitos reais e pessoais), que objetivariam conseguir um bem da vida, através de uma prestação a ser exigida de um sujeito passivo. Logo, as ações

---

[1] PONTES DE MIRANDA, Francisco Cavalcanti. *Tratado de direito privado*. Campinas: Bookseller, 2000. t. VI, p. 135.

de cunho condenatório são apontadas como o meio de proteção desses direitos, já que buscam justamente obter do réu uma prestação.[2]

A importância de se distinguir a prescrição da decadência reside no fato de que cada um desses institutos provoca efeitos diversos: a consequência imediata da decadência é a extinção do próprio direito não exercitado, enquanto a prescrição apenas extingue a ação correspondente.

Os prazos prescricionais, portanto, apenas limitam o período em que a ação (sempre de natureza condenatória) pode ser proposta, pois tal espécie de ação é somente o instrumento de proteção da pretensão e não meio pelo qual o próprio direito é exercido.

Uma vez violado o direito a uma prestação, nasce para o titular a pretensão, que será extinta, por sua vez, através da prescrição consumada (art. 189, CC/2002). O marco inicial do prazo prescricional é, nesses termos, a partir da lesão do direito, quando surge a possibilidade de se propor a ação cabível para restaurar o direito corrompido. Ao se transcorrer o prazo prescricional sem a propositura dessa ação, o direito tem sua eficácia encoberta, ou seja, perde a exigibilidade.

A respeito da natureza jurídica da prescrição, Câmara Leal, em obra clássica sobre a matéria, adverte a respeito de especial característica desse instituto:

> Ora, na prescrição, dando-se o sacrifício do interesse individual do titular do direito, pelo interesse público da harmonia social, que exige a estabilidade do direito tornado incerto, é evidente que sua instituição obedeceu, direta e principalmente, à utilidade pública e que a norma que a estatui é de ordem pública.
>
> Não obstante, como as relações jurídicas por ela regulada são de ordem privada, esse fato lhe empresta, também, um caráter privado, dando-lhe uma natureza mista, simultaneamente pública e privada.[3]

Dessa feita, apesar do evidente interesse coletivo que permeia a existência desse instituto jurídico, também é manifesta a presença de um forte caráter privatista na essência dessa matéria. Essa "natureza mista" é decorrência dos tipos de relações jurídicas que estão sob a influência dos prazos prescricionais.

O Código Civil revogado, em seu art. 166, proibia o reconhecimento pelo juiz da prescrição de direitos patrimoniais, se não invocado pelas partes. Tal dispositivo não encontra correspondente no atual regramento civilista e se justifica a existência desse tipo de previsão no antigo código, justamente pelo já comentado fato de que o regime revogado não distinguia precisamente prescrição e decadência.

Esse dispositivo então serviria para destacar o caráter patrimonial dos direitos acobertados pela prescrição, o que leva à conclusão de que, em regra, essa matéria não poderia ser conhecida "de ofício" pelo juiz.[4]

---

[2] AMORIM FILHO, Agnelo. Critério científico para distinguir a prescrição da decadência e para identificar as ações imprescritíveis. *Revista dos Tribunais*, São Paulo, v. 49, n. 300, p. 7-37, out. 1960; *Revista de Direito Processual Civil*, v. 3, n. 2. p. 95-132, jan./jun. 1961.

[3] LEAL, Antônio Luís da Câmara. *Da prescrição e da decadência*. 3. ed. Rio de Janeiro: Forense, 1978. p. 18-19.

[4] LEAL, op. cit., p. 81-82.

Os direitos patrimoniais são próprios das relações jurídicas de caráter privado, em que predomina o aspecto negocial e, assim, impera a autonomia da vontade. Consequentemente, em regra, confere-se ao titular de ditos direitos a possibilidade de dispô-los, em nome de interesses pessoais que podem emergir em casos concretos.

A prescrição, uma vez consumada, por si só não desconstitui o direito de ação que detém o titular do direito violado. Para que se encubra devidamente a eficácia da pretensão, o devedor deve alegar em juízo a ocorrência desse pressuposto fático, ou seja, deve opor a exceção de prescrição.[5]

A prescrição é considerada, portanto, uma exceção substancial e, nesse sentido, destaca-se a lição doutrinária de Fredie Didier acerca desse assunto:

> A exceção substancial, para ser conhecida pelo juiz, precisa ser exercida pelo demandado. Não pode, de regra, o magistrado conhecer *ex officio* dessa exceção. Não alegada a exceção substancial no momento da contestação, ocorre a preclusão, salvo se a lei expressamente permitir a alegação a qualquer tempo, o que é raro (ex.: prescrição, art. 193 do CC-2002). A exceção opera no plano da eficácia: não pretende o demandado extinguir a pretensão contra si exercida, mas apenas retirar-lhe a eficácia. Quem excetua não nega a eficácia, busca neutralizá-la ou retardá-la. (...). São exceções substanciais, por exemplo, a prescrição, o direito de retenção e a exceção de contrato não cumprido.[6]

Outro aspecto que corrobora com a ideia de que a prescrição não poderia ser reconhecida sem que fosse arguida pela parte a quem beneficia é o fato de que este direito pode ser objeto de renúncia, expressa ou tácita (art. 161, CC/1916 e art. 191, CC/2002).

A renúncia é uma declaração unilateral de vontade que, em casos de prescrição consumada, repercute inevitavelmente na esfera patrimonial do sujeito que pratica tal ato. Esse fato, inclusive, limita a possibilidade de se praticar dito ato de liberalidade em determinadas circunstâncias.

Por exemplo, a renúncia da prescrição efetuada por devedor insolvente, ou por esse ato reduzido à insolvência, não poderia prevalecer, visto que seria caso de fraude aos credores quirografários, pois a validade da renúncia depende de que seja realizada sem prejudicar terceiros (art. 191, CC/2002). Tal requisito é, inclusive, de cunho objetivo, posto que não se considera a possível intenção de fraudar por parte do devedor.[7]

A renúncia tácita, por sua vez, não se presume a partir da simples falta de alegação da prescrição como exceção no processo da ação prescrita. Apenas se configurará tal espécie de renúncia quando a sua arguição pelo réu se tornar processualmente inadmissível, porque apenas nesse momento a omissão do demandado em alegá-la se torna incompatível com a intenção de socorrer-se dela.[8]

A prescrição, como um dos elementos que compõe uma relação jurídica obrigacional, é um conceito próprio do direito material. As normas processualistas

---

[5] PONTES DE MIRANDA, *op. cit.*, 141.
[6] DIDIER JUNIOR, Fredie. *Curso de direito processual civil*. 10. ed. Salvador: JusPodivm, 2008. v. 1, p. 470.
[7] LEAL, *op. cit.*, p. 61.
[8] LEAL, *op. cit.*, p. 57.

também tratam desse tema para determinar a forma como esse assunto será reconhecido em juízo e, portanto, as disposições processuais e materiais devem necessariamente compor um todo harmônico.

As peculiaridades ora destacadas a respeito da prescrição ajudam a compreender a essência dessa construção normativa, mas não esgotam as possíveis percepções que se pode ter acerca dessa matéria, que ainda suscita pertinentes indagações, como adiante irá se demonstrar.

2 Consequências da alteração legislativa provocada pela Lei 11.280/2006

Em decorrência do quadro teórico até então construído pela doutrina pátria, a mudança trazida pela Lei 11.280/2006 ao instituto da prescrição causou perplexidade nos operadores do direito. O aludido ato normativo revogou expressamente o art. 194 do Código Civil que determinava: "o juiz não pode suprir, de ofício, a alegação de prescrição, salvo se beneficiar incapaz".

Além disso, a aludida lei também modificou o §5º, art. 219 do Código de Processo Civil, que passou a ostentar a seguinte redação: "O juiz pronunciará de ofício a prescrição".

As alterações legislativas apontadas estão inseridas no contexto de reforma a que se tem submetido o Código de Processo Civil, em nome da celeridade da prestação jurisdicional.[9] [10] No entanto, ao se estabelecer o reconhecimento de ofício da prescrição como regra, não se considerou que toda a sistemática do direito material acerca dessa questão considerava a livre disponibilidade desse direito por parte do devedor, através da possibilidade de renúncia.

Conforme já salientado, a prescrição é uma construção do direito positivo que reflete a relevância que a ordem jurídica confere a eventos de ordem fática (transcurso do tempo e inércia do titular de uma pretensão), que atinge direitos de natureza patrimonial, a princípio disponíveis. O reconhecimento *ex officio* desse fenômeno

---

[9] O projeto de lei nº 4.729 de 2004, da Câmara dos Deputados originou a lei 11.280/06, ora em discussão. O relatório da CCJ, de autoria do deputado Maurício Rands, explicita o caráter reformista da proposição de lei e, a respeito da alteração do §5º, art. 219 do CPC, justifica: "Igualmente conveniente é a norma do art. 219, §5º do CPC, que permite o reconhecimento *ex officio* da prescrição, ainda que se trate de direitos patrimoniais. O Código Civil, no art. 194, ora revogado, já ampliava essa possibilidade quando a prescrição favorecesse o absolutamente incapaz, de forma que a doutrina entendia derrogado o referido §5º do art. 219, do CPC. Agora permite-se que o juiz reconheça, de ofício, a prescrição, independentemente da natureza dos direitos em litígio e da capacidade das partes. A providência é salutar, uma vez que, podendo a prescrição ser alegada em qualquer grau de jurisdição (art. 193 do Código Civil), não raro o seu reconhecimento tardio ocasionava a tramitação inócua do processo, gerando uma extinção do feito que poderia ter ocorrido muito antes (art. 269, IV, CPC)" (Disponível em: http://www.camara.gov.br/sileg/integras/308078.pdf. Acesso em: 16.1.2010, às 12h).

[10] Após a promulgação da EC nº 45, a preocupação com a celeridade processual passou a constar de forma expressa na Constituição (art. 5º, inc. LXXVIII). Um dos instrumentos para garantir a razoável duração do processo é, justamente, as alterações legislativas, conforme leciona Frederico Koehler: "Segundo a doutrina italiana e a jurisprudência da Corte de Estrasburgo (caso Buchholz *versus* Alemanha), o princípio da duração razoável do processo deve vir acompanhado de reformas legislativas gerais e de intervenções instrumentais asseguradas caso a caso pelo magistrado, que, no exercício do poder de direção do processo (ProzeBleitung), deve zelar por uma administração célere da Justiça, por intermédio da aceleração e concentração do processo" (*A razoável duração do processo*. Salvador: JusPodivm, 2009. p. 55).

costumava ser exceção, aplicado aos casos em que o sujeito passivo não tinha poder de dispor, como os absolutamente incapazes, em decorrência das inevitáveis consequências patrimoniais que o ato de renúncia poderia provocar.

Ao se conferir ao juiz o poder de reconhecer a prescrição sem que a parte a ser beneficiada tenha suscitado essa questão, o direito de renúncia conferido ao sujeito passivo da relação obrigacional poderia ser indevidamente tolhido, assim como outros direitos legitimamente reconhecidos pela ordem legal.

Como a prescrição extingue apenas a exigibilidade da pretensão e não o direito subjetivo em si, caso o juiz julgue improcedente a ação por estar prescrita, sem participação das partes envolvidas, estará frustrando a satisfação de um direito existente e válido de titularidade do credor.

Além disso, caso nada deva, o sujeito passivo de uma ação de cobrança pode ter interesse de que essa situação de "inexistência da obrigação" seja reconhecida em juízo, de sorte que será necessário que renuncie à prescrição. O art. 574 do CPC confere ao devedor o direito de ser ressarcido dos danos que sofreu em decorrência de cobrança indevida, mas apenas quando sentença, passada em julgado, declarar inexistente, no todo ou em parte, a obrigação que deu lugar à execução.

Assim, caso uma ação de cobrança seja manejada para executar um débito que não mais existe e o juiz julgar improcedente a ação com base no reconhecimento de ofício da prescrição, não será possível ao demandado injustamente ser ressarcido dos danos sofridos, com base no disposto no art. 574 do CPC.[11]

Da mesma forma, o art. 940 do Código Civil concede o direito de o sujeito demandado por dívida já paga receber em dobro o valor indevidamente cobrado. Desse modo, o devedor pode ter interesse de que haja o reconhecimento judicial da inexistência da dívida, para que possa fazer jus ao ressarcimento previsto no regramento civilista.

Caso o juiz indefira o pedido nas circunstâncias apontadas acima com base na prescrição do direito de ação, sem manifestação do demandado acerca da matéria, pode estar indevidamente frustrando o direito de ressarcimento que se confere ao sujeito passivo cobrado indevidamente, pois não houve o reconhecimento de inexistência da dívida, que permanece íntegra.[12]

É importante destacar que a prescrição e a decadência são questões que integram a própria relação jurídica discutida em juízo, objeto principal da demanda. Desse modo, o reconhecimento de tais matérias no caso concreto extingue o processo com resolução do mérito (art. 269, inc. IV) e, assim, constitui coisa julgada material.

Dessa forma, há quem defenda que o Código de Processo Civil, ao estabelecer o reconhecimento da prescrição e decadência como uma das hipóteses de indeferimento da petição inicial, instituiu mais um caso de *julgamento liminar de mérito* ou *improcedência prima facie*, ao lado do julgamento das causas repetitivas previsto no art. 285-A do CPC.[13]

Ainda a respeito das implicações do reconhecimento de ofício da prescrição, as hipóteses de suspensão e interrupção, relativas apenas aos prazos prescricionais,

---

[11] MAZZEI, Rodrigo et al. *Reforma do CPC*. São Paulo: Revista dos Tribunais, 2006. p. 434.
[12] DIDIER JUNIOR, Fredie. *Regras processuais no Código Civil*. 3. ed. São Paulo: Saraiva, 2008. p. 27.
[13] DIDIER JUNIOR, op. cit., p. 21.

podem estar presentes em determinada situação e não ser de conhecimento do juiz da causa, caso sejam manifestações de ordem predominantemente fática, apenas cognoscíveis se suscitadas por uma das partes, ou que demandem dilação probatória.

Humberto Theodoro Jr., atento a essas implicações, teceu a seguinte crítica:

> (...) Sem dúvida, as questões de fato e de direito se entrelaçam profundamente, de sorte que não se pode tratar a prescrição como uma simples questão de direito que o juiz possa, *ex officio*, levantar e resolver liminarmente, sem o contraditório entre os litigantes. A prescrição envolve, sobretudo, questões de fato, que, por versar sobre eventos não conhecidos do juiz, o inibem de pronunciamentos prematuros e alheios às alegações e conveniências dos titulares dos interesses em conflito.[14]

Na tentativa de se interpretar sistematicamente as novas disposições legais acerca da prescrição e, desse modo, superar as incongruências apontadas anteriormente, vários doutrinadores elaboraram teses a respeito desse assunto.

Fredie Didier Jr. sustenta que a regra do §5º do art. 219 do CPC apenas poderia ser aplicada antes da citação do réu, no momento do exame da petição inicial. Após a apresentação de defesa pelo demandado, não seria legítimo ao magistrado exercer tal direito em nome do réu, posto que consistiria em um "esdrúxulo caso de legitimação extraordinária conferida ao magistrado para tutelar direito subjetivo de uma das partes".[15]

Esse argumento reforçaria a ideia de que o reconhecimento de ofício da prescrição configura um caso de improcedência *prima facie*. Desse modo, tal modalidade de decisão de mérito, proferida sem a participação do réu, deveria seguir os procedimentos previstos para os casos do art. 285-A, tais quais a possibilidade de retratação do juiz em caso de apelação e a necessidade de se cientificar o réu acerca do resultado do julgamento, para que possa arguir a exceção de coisa julgada em caso de reproposição da demanda.

Humberto Theodoro Jr., por sua vez, afirma que, ao se admitir que o juiz possa decretar de ofício a prescrição não arguida, o art. 191 do Código Civil, que confere ao devedor o direito potestativo de renúncia, estaria abolido do sistema.

Sendo assim, a simples revogação da norma que proibia o reconhecimento *ex officio* da prescrição (art. 194, CC/2002) não permitiria que se concluísse pela possibilidade de se declarar em juízo a ocorrência da prescrição, sem a provocação da parte interessada. Nas palavras do eminente autor:

> De fato, não há mais a regra expressa que proibia a iniciativa do juiz na espécie. Existe, porém, todo um sistema de direito material que não autoriza a imediata extinção do direito do credor ao termo final do prazo de prescrição; e que, ao contrário, preconiza sua sobrevivência sob a condição resolutiva do exercício da exceção de prescrição, deixado à livre disponibilidade do devedor.[16]

---

[14] THEODORO JUNIOR, Humberto. *As novas reformas do Código de Processo* Civil. Rio de Janeiro: Forense, 2006. p. 27.

[15] DIDIER JUNIOR, *op. cit.*, p. 30.

[16] THEODORO JUNIOR, *op. cit.*, p. 57.

Outra parte da doutrina admite a possibilidade de o juiz reconhecer *ex officio* a prescrição, ou seja, independente de ter sido arguida por qualquer das partes, desde que os sujeitos da relação processual sejam chamados para se pronunciar sobre o assunto, em homenagem ao princípio da cooperação.

O princípio da cooperação orienta o magistrado a adotar uma postura de diálogo com as partes e com os demais sujeitos do processo. Assim, o juiz passa a ter o dever de esclarecer as dúvidas dos envolvidos no litígio e consultá-los para dirimir questionamentos próprios, além de também estar obrigado a prevenir as partes acerca de possível decretação de nulidades processuais. É, portanto, um princípio que informa e qualifica o contraditório.[17]

Essa parece ser a interpretação que melhor se coaduna com o novo regramento instituído — que privilegia a celeridade processual e também com o arcabouço jurídico de ordem material — que consagra a autonomia da vontade.

Boa parte dos estudiosos do assunto defende esse tipo de aplicação das normas alteradas, para harmonizar a possibilidade de reconhecimento *ex officio* da prescrição e o direito de renúncia do sujeito passivo.[18] A título de exemplo, destaca-se trecho de artigo de Alexandre Freitas Câmara a respeito dessa questão, em apaixonada crítica às mudanças levadas a termo pela Lei 11.280/06:

> Pois a norma ora em exame, ao estabelecer que o juiz tem o poder de reconhecer de ofício a prescrição, invade, de forma desarrazoada e irracional, a esfera da autonomia privada dos participantes de uma relação jurídica obrigacional, ao levar o juiz a ter de reconhecer uma prescrição que o prescribente não quer que lhe aproveite. (...)
>
> Ainda que assim não fosse, porém, e a cognoscibilidade *ex officio* da prescrição fosse perfeitamente admissível no sistema jurídico brasileiro, seria inócua a reforma operada. E isso porque será sempre preciso compatibilizar o poder de o juiz conhecer de ofício da prescrição com a garantia constitucional do contraditório, insculpida no art. 5º, LV, da Constituição da República (...)
>
> Assim, se ao juiz parece ter decorrido o prazo prescricional e tal matéria não foi suscitada pelo interessado, não poderá ele reconhecer a prescrição sem dar às partes oportunidade para manifestar-se sobre a questão por ele de ofício suscitada. Perdoe-se a insistência, mas é preciso fixar bem este ponto: o poder de o juiz reconhecer de uma certa matéria de ofício não lhe dá autorização para dispensar o contraditório, elemento legitimador dos provimentos estatais.[19]

As mudanças operadas pela Lei 11.280/2006 no regime processual da prescrição, portanto, não revogaram as demais disposições de direito material, pertinentes a esse assunto. Todavia, o novo poder conferido ao juiz de reconhecer de ofício a prescrição, ainda que dependente do pronunciamento das partes, destaca ainda mais

---

[17] DIDIER JUNIOR. *Curso de Direito...*, op. cit., p. 58.
[18] Adotam essa tese: BUENO, Cássio Scarpinella. *A nova etapa da reforma do Código de Processo Civil*. São Paulo: Saraiva, 2007. v. 2, p. 109-110; ALVIM, Arruda. *Lei 11.280, de 16.2.2006*: análise dos arts. 112, 114 e 305 do CPC e do §5º do art. 219 do CPC. *Revista de Processo*, São Paulo, v. 143, jan. 2007. p. 23-25; MAZZEI, op. cit, p. 439-440.
[19] CÂMARA, Alexandre Freitas. Reconhecimento de ofício da prescrição: uma reforma descabeçada e inócua. *In*: DIDIER JUNIOR, Fredie. (Coord.). *Leituras complementares de direito processual*. 5. ed. Salvador: JusPodvim, 2007. p. 373-383.

o interesse público que esse instituto jurídico suscita, em nome da tão valorizada celeridade processual.

Inclusive, a referida alteração processual foi tão significativa que parte da doutrina, até mesmo, passou a considerar que o instituto legal da prescrição, a partir de então, transformou-se em matéria de ordem exclusivamente pública.[20]

Ainda que se discorde de tal posicionamento extremo, é certo que, em decorrência das alterações da Lei 11.280/06, deve ser aplicado aos casos de prescrição o tratamento destinado às matérias de ordem pública, em que o interesse geral sobrepuja o interesse particular, já que tais questões podem ser conhecidas *ex officio* a qualquer tempo pelo juiz.

3 O tratamento jurídico dado à prescrição na esfera recursal extraordinária

Conforme se demonstrou, o regime jurídico do milenar instituto jurídico da prescrição sofreu significativa alteração, ao se conferir ao julgador o poder de conhecer *ex officio* dessa matéria.

Entre as inúmeras repercussões provocadas por essa mudança, ganha destaque o novo tratamento jurídico que pode ser destinado a essa questão em sede dos recursos de natureza excepcional. Esse assunto será a seguir destrinchado.

4 Recursos Excepcionais: regime jurídico

Os recursos excepcionais são meios de impugnação de aplicação mais restrita. Enquanto os recursos de natureza ordinária visam a proteger imediatamente o direito subjetivo dos recorrentes, os recursos extraordinários tutelam o direito objetivo,[21] de modo que também são conhecidos como recursos de estrito direito.

Para que sejam cabíveis os recursos de cunho extraordinário, é necessário que não seja mais possível interpor qualquer outra espécie de recurso ordinário à decisão que se pretenda modificar. O recurso de natureza excepcional, em regra, não possui efeito suspensivo (art. 497, CPC), mas impede o trânsito em julgado do aresto guerreado.

Pode-se citar como exemplo o recurso especial, interposto ante o STJ, para, de modo geral, atacar decisões que comportem violação à legislação federal e também o recurso extraordinário, destinado ao STF, que visa a combater concretamente decisões eivadas com afronta aos ditames constitucionais.

A Constituição Federal, nos artigos 102, inciso III e 105, inciso III, estabelece as hipóteses de cabimento desses recursos excepcionais, o que confere a tais espécies recursais um regime jurídico com características peculiares.

---

[20] "*A prescrição, que hoje é de ordem pública*, (grifo nosso) ainda que pudesse ser entendida como matéria de direito dispositivo, pode ser alegada a qualquer tempo, porque existe autorização expressa da lei nesse sentido (CC 193; CC/1916 162; CPC 303 III)." Interpretação dada por: NERY JUNIOR, Nelson; NERY, Rosa Maria de Andrade. *Código de processo civil comentado e legislação extravagante*. 10. ed. São Paulo: Revista dos Tribunais, 2007. p. 469-470.

[21] JORGE, Flávio Cheim. *Teoria geral dos recursos cíveis*. Rio de Janeiro: Forense, 2003. p. 18.

O regramento dos recursos excepcionais é voltado para a apreciação de questões de direito, o que impede a interposição para reexame de provas ou de fatos (Súmula 7 do STJ e Súmula 279 do STF[22]). No entanto, as questões fáticas podem ser objeto de apreciação pelas Cortes Superiores quando se busca discutir se determinado fato examinado pelo tribunal recorrido subsume-se ao tipo normativo, ou se no caso analisado houve violação às regras do direito probatório.[23]

As referidas situações, a despeito de levarem em conta aspectos fáticos, configuram questões de direito, posto que em tais circunstâncias se discute a correta aplicação em casos concretos das disposições de direito objetivo.

Ademais, as restritas hipóteses de cabimento enquadram os recursos de estrito direito como meios de impugnação de fundamentação vinculada, além de tornarem necessária a existência de prequestionamento.

O prequestionamento era expressamente previsto na Constituição de 1891 (art. 59, §1º) e se manteve, conquanto não exatamente expresso, nas Constituições seguintes. Isso levou o Supremo Tribunal Federal, em sessão plenária de 13.12.1963, a editar as Súmulas 282 ("é inadmissível o recurso extraordinário, quando não ventilada, na decisão recorrida, a questão federal suscitada") e 356 ("o ponto omisso da decisão, sobre o qual não foram opostos embargos declaratórios, não pode ser objeto de recurso extraordinário, por faltar o requisito do prequestionamento").[24]

Desse modo, é possível concluir que hodiernamente o prequestionamento é uma exigência decorrente de construção jurisprudencial, que leva em consideração o texto do inciso III dos artigos 102 e 105 da Constituição, o qual determina que a causa a ser apreciada tenha sido decidida definitivamente nas instâncias ordinárias.

A expressão "causa decidida" é, portanto, o parâmetro atual para se delinear o alcance desse instituto jurídico. Desse modo, a respeito da exata aplicação desse pressuposto de admissibilidade, é válido destacar a seguinte lição doutrinária:

> Vale ressaltar que *o prequestionamento* contém sentido equívoco: pode ser considerado como atividade da parte ou ser confundido com a abordagem da matéria na decisão recorrida. Os tribunais superiores, quando aludem a *prequestionamento*, estão a considerar esse segundo sentido: o de que deve haver pronunciamento a respeito da questão constitucional ou federal.[25]

Nesse sentido, a despeito de opiniões contrárias, o entendimento que prevalece nos Tribunais Superiores acerca desse requisito é aquele que considera como prequestionada a matéria que integra o acórdão vergastado.[26]

---

[22] *Súmula 7 do STJ*: "A pretensão de simples reexame de prova não enseja recurso especial"; *Súmula 279 do STF*: "Para simples reexame de prova não cabe recurso extraordinário".

[23] CUNHA, Leonardo J. Carneiro da; DIDIER JUNIOR, Fredie. *Curso de direito processual civil*. 7. ed. Salvador: JusPodivm, 2009. v. 3, p. 256-258.

[24] MELO, Andréa Cherem Fabrício de. O prequestionamento e as matérias de ordem pública nos recursos extraordinário e especial. *Revista de Processo*, São Paulo, v. 132, p. 8, fev. 2006.

[25] CUNHA; DIDIER JUNIOR, *op. cit.*, p. 265.

[26] A esse respeito, a Súmula 320 do STJ institui a seguinte ressalva: "A questão federal somente ventilada no voto vencido não atende ao requisito do prequestionamento". Nesse caso, deve-se entender como "questão ventilada" aquela apenas suscitada no decorrer da argumentação, sem ter sido objeto de atividade decisória.

Dessa forma, caso a matéria que o recorrente deseja levar ao conhecimento do STF ou do STJ através dos recursos excepcionais não conste do acórdão proferido, será necessário manejar embargos declaratórios para suprir tal omissão e, assim, satisfazer o requisito do prequestionamento. Acerca desse assunto, é importante trazer à baila o teor das seguintes Súmulas:

> O ponto omisso da decisão, sobre o qual não foram opostos embargos declaratórios, não pode ser objeto de recurso extraordinário, por faltar o requisito do prequestionamento. (*Súmula 356 do STF*)

> Os embargos de declaração manifestamente com notório propósito de prequestionamento não têm caráter protelatório. (*Súmula 98 do STJ*)

Nesses termos, pode-se dizer que o prequestionamento é uma exigência que está em consonância com o regime de admissibilidade restrito dos recursos excepcionais, pois busca garantir a prévia discussão e julgamento da questão a ser levada para apreciação nos Tribunais Superiores e, assim, destacar o direito objetivo que deve ser preservado por tais espécies recursais.

Por fim, é importante salientar que o STF e o STJ, responsáveis pelo julgamento dos recursos excepcionais, não exercem o papel de Cortes de Cassação, mas sim de Cortes de Revisão. A atividade dos referidos Tribunais Superiores em relação a esses recursos consiste em admiti-los, detectar a possível ilegalidade ou inconstitucionalidade e corrigi-las.[27]

Essa atividade de rejulgamento da causa encontra-se reconhecida na Súmula 456 do STF,[28] que enuncia: "O Supremo Tribunal Federal, conhecendo do recurso extraordinário, julgará a causa aplicando o direito à espécie".

Os aspectos até então destacados acerca dos recursos especiais/extraordinários demonstram que o caráter excepcional atribuído a tais meios de impugnação está relacionado com o regime jurídico singular que se lhes é aplicado.

A possibilidade de reconhecimento em sede de recursos excepcionais de matérias de ordem pública, entre as quais se destaca a prescrição, está diretamente envolvida com as normas que determinam o sistema especial de processamento desses recursos e os efeitos decorrentes dessa interposição.

5 Possibilidade de reconhecimento de questões de ordem pública nos Recursos Excepcionais

Ao interpretar as normas que compõem o regime legal dos recursos excepcionais, a doutrina controverte acerca da possibilidade de reconhecimento *ex officio* das

---

[27] WAMBIER, Teresa Arruda Alvim. *Recurso especial, recurso extraordinário e ação rescisória*. 2. ed. São Paulo: Revista dos Tribunais, 2008. p. 355.
[28] Entendimento expressamente reconhecido também pelo art. 257 do RISTJ ("No julgamento do recurso especial, verificar-se-á, preliminarmente, se o recurso é cabível. Decidida a preliminar pela negativa, a Turma não conhecerá do recurso; se pela afirmativa, julgará a causa, aplicando o direito à espécie") e pelo art. 324 do RISTF ("No julgamento do recurso extraordinário, verificar-se-á, preliminarmente, se o recurso é cabível. Decidida a preliminar pela negativa, a Turma ou Plenário não conhecerá do mesmo; se pela afirmativa, julgará a causa, aplicando o direito à espécie").

matérias de ordem pública que, conforme já destacado, agora incluem o instituto jurídico da prescrição.

Os recursos, de um modo geral, ao serem interpostos, dão ensejo à manifestação de diversos efeitos, que a doutrina trata de discriminar. Pode-se apontar, por exemplo, algumas espécies, tais como: devolutivo, suspensivo, obstativo, entre outros. Para os fins do presente estudo, destaca-se especialmente os entendimentos referentes ao efeito translativo quanto aos recursos excepcionais.

Nelson Nery Jr. aduz que o efeito devolutivo, que se fundamenta no princípio dispositivo, impede que o órgão *ad quem* julgue além do que lhe foi pedido na esfera recursal, sob pena de se incorrer em julgamento *extra, ultra* ou *citra petita*, de acordo com a natureza do vício.[29]

No entanto, segundo esse mesmo autor, em certos casos o próprio ordenamento jurídico admite que o órgão *ad quem* julgue além do que seja especificamente impugnado em sede recursal. Tal autorização estaria expressa no art. 515, §§1º e 3º, que permitiria o exame das questões de ordem pública (matérias conhecidas de ofício, sob a qual não se opera a preclusão), mesmo quando não suscitadas na esfera recursal ou decididas no juízo *a quo*. Tal fenômeno é o que se denomina de "efeito translativo", fundamentado no princípio inquisitório.

O princípio inquisitório, inclusive, encontra-se consubstanciado no art. 262 do CPC, que dispõe: "o processo civil começa por iniciativa da parte, mas se desenvolve por impulso oficial". Sempre que o legislador atribuir um poder ao magistrado, independente da vontade das partes, observa-se a manifestação do referido princípio.[30]

Boa parte da doutrina, no entanto, sustenta a tese de que, quanto aos recursos de estrito direito, o precitado efeito translativo não se manifestaria.[31]

O fato de o texto constitucional instituir que os recursos excepcionais são cabíveis para analisar "causas decididas" em única ou última instância, levaria à conclusão de que as questões de ordem pública não poderiam ser reconhecidas de ofício pelos Tribunais Superiores, a menos que tais matérias estivessem prequestionadas.

Os dispositivos contidos no Código de Processo Civil que permitem a transladação para o juízo *ad quem* de questões de cognição oficiosa, ainda que não decididas, não seriam aplicáveis aos recursos de estrito direito, em decorrência da superioridade hierárquica das normas constitucionais, que estabelecem a necessidade de prequestionamento.

Ademais, também se argumenta que o reconhecimento de ofício das questões de ordem pública, independente de prévia decisão a respeito, apenas seria possível nas instâncias recursais ordinárias, que comportam ampla cognição exauriente, já que buscam tutelar os direitos subjetivos das partes.

Os recursos extraordinários, uma vez que visariam apenas a preservar a higidez da legislação federal e dos dispositivos de ordem constitucional (direito objetivo), não guardariam relação próxima com eventual injustiça cometida pelo julgador.

---

[29] NERY JUNIOR, Nelson. *Teoria geral dos recursos*. 6. ed. São Paulo: Revista dos Tribunais, 2004. p. 482-488.
[30] DIDIER JUNIOR. *Curso de direito...*, op. cit., p. 55.
[31] NERY JUNIOR. *Teoria geral...*, op. cit., p. 487-488; DANTAS, Bruno. *Repercussão geral*. 2. ed. São Paulo: Revista dos Tribunais, 2008. p. 146; ASSIS, Araken de. *Manual dos recursos*. 2. ed. São Paulo: Revista dos Tribunais, 2008. p. 703.

Nesse caso, somente seria necessária uma cognição parcial, restrita à questão que possivelmente estaria violando a norma posta, sem possibilitar ao julgador examinar qualquer outra matéria que não estivesse expressamente contida no acórdão vergastado, bem como da própria petição de interposição do recurso.[32]

Nesses termos, caso uma decisão seja proferida sem que o juiz exerça o poder-dever de conhecer *ex officio* das matérias previstas em lei, apenas restará à parte prejudicada a opção de desconstituir a decisão viciada através da ação rescisória (art. 485, inc. V, CPC).

Em contrapartida a tais entendimentos, uma outra corrente doutrinária admite a possibilidade de cognição oficiosa das matérias de ordem pública nas instâncias recursais extraordinárias, ainda que não prequestionadas.[33]

Isso seria possível ao se considerar que o prequestionamento somente diz respeito ao juízo de admissibilidade dos recursos excepcionais e que, uma vez superado tal pressuposto de conhecimento, estaria aberta a jurisdição do Tribunal Superior a respeito de todas as demais matérias relacionadas ao pedido recursal, ainda que não enfrentadas no acórdão recorrido.

Para que se compreenda esse fenômeno, é necessário levar em conta a já comentada Súmula 465 do STF, a qual expõe o fato de que os Tribunais Superiores no Brasil, como Cortes de Revisão, estão aptos a exercer um juízo de rejulgamento das causas discutidas em sede de recursos excepcionais. Tal atividade jurisdicional, por sua vez, não comportaria qualquer limitação cognitiva, a não ser a limitação imposta pela extensão do efeito devolutivo, que apenas permite ao órgão *ad quem* analisar a matéria efetivamente impugnada pelo recorrente.

Nesse sentido, conclui-se que o prequestionamento é necessário para a admissão do recurso excepcional. Contudo, uma vez admitido o recurso por estar prequestionado determinado assunto, abre-se a possibilidade de a Corte Superior conhecer *ex officio* ou por provocação de todas as outras matérias que podem ser alegadas a qualquer tempo, além de todas as demais questões suscitadas e discutidas no processo, desde que relacionadas com o pedido recursal.

Esse posicionamento considera excepcional o regime jurídico de admissão dos recursos de estrito direito e não a forma de julgamento, que se processaria tal qual os dos demais recursos ordinários.

Inclusive, Nelson Nery Jr., que antes defendia a inexistência do efeito translativo nos recursos excepcionais, atualmente admite que se possa conhecer de ofício matérias de ordem pública não prequestionadas nos recursos de estrito direito. Tal hipótese seria cabível quando a Corte Superior superasse um preliminar juízo de cassação do acórdão recorrido e passasse então a "rejulgar" a causa. Nos termos do referido doutrinador:

---

[32] JORGE, *op. cit.*, p. 254.
[33] CUNHA; DIDIER JUNIOR, *op. cit.*, p. 282-286; CAHALI, Yussef Said. *Prescrição e decadência*. 3. ed. São Paulo: Revista dos Tribunais, 2008. p. 51-52; MELLO, Rogério Licastro Torres de. A prescrição e o seu conhecimento de ofício. In: MEDINA, José Miguel Garcia et al. (Coord.). *Os poderes do juiz e o controle das decisões judiciais*: estudos em homenagem à Professora Teresa Arruda Alvim Wambier. São Paulo: Revista dos Tribunais, 2008. p. 85-86.

Existe efeito translativo nos recursos excepcionais, mas apenas na função de revisão. (...) pelo juízo de revisão o tribunal superior exerce funções de verdadeiro tribunal de apelação, sendo-lhe permitido analisar e rever amplamente as provas e decidir de ofício, *pela primeira vez*, as questões de ordem pública não suscitadas pela parte ou interessado (efeito translativo do recurso).[34]

Desse modo, evitar-se-ia que decisões viciadas fossem prolatadas, afastando-se a possibilidade de uma futura desconstituição do *decisum* através de ação rescisória, em privilégio da economia processual.

Outrossim, sabe-se que, ante um caso concreto, os princípios que regem o ordenamento jurídico podem entrar em conflito. Para solucionar tais situações, não se opera a revogação de algum dos princípios colidentes, mas somente se afasta pontualmente a aplicação de determinada norma valorativa, para privilegiar o emprego de outra, que ofereça ao caso solução mais satisfatória.

Nesses termos, essa outra abordagem, que admite a apreciação das matérias de ordem pública a despeito do prequestionamento, não desconsidera a validade do princípio da superioridade hierárquica das normas constitucionais, mas apenas confere prevalência ao princípio do devido processo legal, através de um exercício de proporcionalidade.[35]

O princípio do devido processo legal é a base sobre a qual todos os outros princípios e regras pertinentes ao direito processual se sustentam. A partir desse postulado, decorrem todas as consequências processuais que garantem aos litigantes o direito a um processo e uma sentença justa.[36]

Essa garantia constitucional (art. 5º, inc. LIV), que detém uma concepção tanto processual quanto material, abarca o direito das partes à segurança jurídica. Logo, ao se instituir o prequestionamento como requisito para análise das questões de ordem pública, afrontar-se-ia o referido princípio constitucional, já que se possibilitaria a formação de decisões viciadas, que poderiam, futuramente, ser objeto de ação rescisória.

Além disso, há quem defenda que, caso fosse conferida aplicação plena ao referido princípio da hierarquia, as Cortes Superiores não poderiam exigir dos recursos excepcionais a tempestividade, o preparo, entre outros requisitos, já que tais matérias não se encontram fixadas pela Constituição, mas sim pela legislação federal, de cunho infraconstitucional.[37]

De toda sorte, é importante destacar que o posicionamento o qual nega a manifestação do efeito translativo nos recursos de cunho extraordinário fundamenta-se

---

[34] "NERY JUNIOR, Nelson. "Questões de ordem pública e o julgamento do mérito dos recursos extraordinário e especial: anotações sobre a aplicação do direito à espécie (STF 456 e RISTJ 257)". *In*: MEDINA, José Miguel Garcia *et al*. (Coord.). *Os poderes do juiz e o controle das decisões judiciais*: estudos em homenagem à Professora Teresa Arruda Alvim Wambier. São Paulo: Revista dos Tribunais, 2008. p. 974-975.

[35] BOCCUZZI NETO, Vito Antônio. Recursos excepcionais: o prequestionamento e a matéria de ordem pública. *In*: NERY JUNIOR, Nelson; WAMBIER, Teresa Arruda Alvim (Coord.). *Aspectos polêmicos e atuais dos recursos cíveis e assuntos afins*. São Paulo: Revista dos Tribunais, 2007. v. 11, p. 439-448.

[36] NERY JUNIOR, Nelson. *Princípios do processo na Constituição Federal*. 9. ed. São Paulo: Revista dos Tribunais, 2009. p. 77.

[37] FÉRES, Marcelo Andrade. Da alegação e do reconhecimento da prescrição no âmbito dos recursos especial e extraordinário: análise a partir da Lei nº 11.280/06. *Revista Dialética de Direito Processual*, São Paulo, v. 48, p. 72, mar. 2007.

na estrita interpretação do que determina o regime especial de processamento de tais meios de processuais.

Os Tribunais Superiores no país foram criados com a finalidade de apaziguar as controvérsias judiciais e, assim, sedimentar o entendimento jurisprudencial no país. Em decorrência desse fato, o regime legal dos meios de impugnação de decisões judiciais destinados ao STF e STJ foi elaborado para a matéria veiculada se cingir à discussão da correta aplicação do direito objetivo.

Dessa feita, a observância restrita do rito especial destinado aos recursos de estrito direito seria uma forma de se atuar em consonância com os parâmetros próprios das Cortes Superiores. Conforme destaca Carlos Alberto Álvaro de Oliveira, o formalismo, que se reveste de poder ordenador e organizador, restringe o arbítrio judicial, promove a igualação das partes e empresta maior eficiência ao processo.

Contudo, este mesmo autor, atenta para o fato de que a dialética processual pode se desenvolver de forma contraditória, quando o rigor formal torna-se um fim em si mesmo e, desse modo, afasta a justiça que antes objetivava alcançar. Dessa maneira, propõe que, ao se tratar de formalismo, não se desconsidere o aspecto axiológico que legitima a instituição das formas. Nesse sentido, destaca-se o seguinte excerto da argumentação do autor acerca desse tema:

> É verdade que o procedimento, em maior ou menor medida estratificado na legalidade, sempre constitui o plano do exercício da jurisdição e também para o da ação e da defesa pelas partes. Igualmente não padece dúvida de que a sua observação racional legitima o resultado do exercício do poder. Todavia a formação do próprio procedimento está impregnada de valores e até o rito pode ser estruturado injustamente, se não obedecidas as garantias fundamentais do processo, os princípios que lhe são ínsitos e o nível de desenvolvimento cultural de cada povo.[38]

Conclui-se, destarte, que o rigor formal, *a priori*, é um meio necessário para se alcançar um resultado justo. No entanto, a observância do formalismo nos casos concretos também deve levar em conta os demais valores que fundamentam a ordem jurídica, tal qual o devido processo legal, a isonomia, a razoabilidade, entre outros princípios.

Um exemplo emblemático desse tipo de abordagem que mitiga o rigor formal em favor de outros princípios que também legitimam o ordenamento jurídico é a decisão do Ag. Reg. no Agravo de Instrumento nº 375.011-0/RS, de relatoria da Ministra do STF Ellen Gracie.

No caso em questão o recurso extraordinário havia sido inadmitido na instância *a quo* em decorrência da ausência de prequestionamento, pois a pretensa violação à Constituição havia sido suscitada na apelação, mas não constava do acórdão recorrido. No entanto, a decisão apontada desconsiderou a ausência de prequestionamento, pois já havia no STF entendimento pacificado acerca da matéria tratada no recurso extraordinário inadmitido.

---

[38] OLIVEIRA, Carlos Alberto Álvaro. *Do formalismo no processo civil*. 3. ed. São Paulo: Saraiva, 2009. p. 219-220.

Tal decisão foi motivada não somente para preservar a aplicação do direito objetivo, mas também para atender ao princípio da isonomia, conforme esclarece a eminente ministra na fundamentação do julgado:

> Lembro que estamos a tratar de uma lide envolvendo inúmeros servidores do município de Porto Alegre e causa espécie a possibilidade de alguns dele saírem vitoriosos, a despeito da inconstitucionalidade das leis municipais nas quais basearam a sua pretensão. Isso porque estaríamos diante de uma situação anti-isonômica, em que entre dois funcionários que trabalhem lado a lado e exerçam iguais atribuições, exista diferença de vencimento, pelo fato de um deles restar vencedor na sua demanda, em virtude da falta de prequestionamento da matéria constitucional suscitada no RE da municipalidade, enquanto que ao outro, em cujo processo estava atendido tal requisito de admissibilidade do apelo extremo, aplicou-se a orientação do Supremo Tribunal Federal e rejeitou-se a sua pretensão. Esta Corte não pode admitir tal disparidade de tratamento de situações idênticas.

Desse modo, demonstra-se que é viável, em casos concretos, relativizar-se o rigorismo formal, quando se visa a preservar valores maiores da ordem jurídica. O reconhecimento de matérias de ordem pública em sede de recursos excepcionais, ainda que não prequestionadas, é uma possibilidade que se coaduna com tal forma especial de se aplicar o direito.

6 Posicionamento jurisprudencial das Cortes Superiores a respeito do efeito translativo nos recursos de estrito direito

O tradicional posicionamento que impõe a necessidade de prequestionamento para se conhecer das matérias de ordem pública nos recursos excepcionais possui larga aceitação nas Cortes Superiores do país.[39] A título de exemplo, destaca-se o teor da seguinte decisão:

> Agravo regimental no recurso especial. Rescrição. Ausência de prequestionamento. Ofensa ao art. 20 da Lei nº 4.328/64 e ao inciso VI, do §10, do art. 178 do Código Civil. Ausência de prequestionamento. Súmulas nºs 282 e 356 do Supremo Tribunal Federal. Dissídio não demonstrado.
>
> 1. A ausência de particularização dos dispositivos legais do Decreto n.º 20.910/32 e do Decreto nº 4.597/42 inviabiliza a compreensão da irresignação recursal, incidindo na espécie o enunciado da Súmula n.º 284 do Supremo Tribunal Federal.
>
> 2. *Em sede de recurso especial, exige-se o prequestionamento da matéria suscitada, ainda que se trate de questão de ordem pública. Precedentes.*
>
> 3. No caso, o dissídio jurisprudencial não foi demonstrado conforme os requisitos elencados nos arts. 541, parágrafo único, do CPC, e 255 e parágrafos do RISTJ.
>
> 4. Agravo regimental a que se nega provimento.
>
> (AgRg no REsp 423569/RJ. Órgão julgador: T6 – Sexta Turma. Rel. Min. Og Fernandes. Data da Publicação: *DJe*, 3.11.2009)

---

[39] Nesse sentido: STJ – AgRg no REsp 1122353/RO. STF – AI 733846 AgR/SP; AI 633188 AgR/MG.

Contudo, o citado posicionamento que nega a existência do efeito translativo nos recursos de caráter extraordinário não goza de adesão unânime no Superior Tribunal de Justiça. A jurisprudência dessa corte possui decisões (em especial da 2ª Turma) em que se admite o conhecimento de matérias de ordem pública não prequestionadas, desde que o recurso especial tenha sido admitido por outro motivo.[40] Nesse sentido, aponta-se:

> Administrativo e processual civil. Retratação quanto à aplicação da súmula 284/STF. Matéria de ordem pública. Ausência de prequestionamento. Conhecimento do recurso especial por outros fundamentos. Aplicação do direito à espécie. Colação de grau e emissão de diploma. Atribuição do reitor da universidade. Legitimidade passiva. Situação fática consolidada. Teoria do fato consumado.
>
> 1. *Em relação às matérias de ordem pública, excepciona-se a regra do prequestionamento nas hipóteses em que se pode conhecer do recurso especial por outros fundamentos.*
>
> 2. Nos termos do art. 48, §1º, da Lei nº 9.394/96, compete às instituições de ensino a expedição de diplomas. Sendo assim, o mandado de segurança impetrado, tão-somente, para garantir a colação de grau do discente, e não para que este seja dispensado de participar do ENADE, deve ser oposto contra o reitor da instituição de ensino, sendo o Ministro de Estado da Educação parte ilegítima.
>
> 3. As situações consolidadas pelo decurso de tempo devem ser respeitadas, sob pena de causar à parte excessivo prejuízo, e ainda violar o art. 462 do CPC. Aplicação da teoria do fato consumado. Agravo regimental improvido.
>
> (AgRg no REsp 1049131/MT. Órgão julgador: T2 – Segunda Turma. Rel. Min. Humberto Martins. Data da publicação: *DJe*, 25.6.2009)

O posicionamento que admite o reconhecimento *ex officio* das matérias de ordem pública e, consequentemente da prescrição, representa atualmente um movimento de vanguarda no Superior Tribunal de Justiça.

O dissídio jurisprudencial ora demonstrado, na verdade, traz à tona o fato de que o assunto abordado no presente estudo é de especial complexidade. Há que se admitir que ambas as correntes conflitantes fundamentam-se em sólidos argumentos, de modo que, no atual momento do desenvolvimento jurídico, pode-se afirmar com convicção que não há entendimento firmado sobre a matéria.

7 Conclusão

Ante todo o exposto, conclui-se que, quanto ao instituto jurídico da prescrição, as mudanças trazidas pela Lei 11.280/2006 não efetuaram a revogação da possibilidade de renúncia conferida ao sujeito passivo da relação obrigacional.

Para que haja a devida compatibilização do poder do juiz de conhecer de ofício da prescrição com o direito potestativo de renúncia do demandado, deve-se possibilitar às partes manifestarem-se sobre a matéria, antes que o juiz conclua pela decretação da ocorrência desse pressuposto fático.

---

[40] Nesse sentido: REsp 765970/RS; AgRg no REsp 900449/RJ; AgRg no REsp 1077909/RJ; REsp 1080808/MG; AgRg no REsp 610709/RJ; EDcl no REsp 720919/SP; REsp 656399/PE.

A prescrição, como matéria de ordem pública, pode ser conhecida em sede de recurso excepcional, ainda que tal assunto não conste do acórdão recorrido, desde que o referido recurso tenha sido admitido com base no prequestionamento de outra matéria.

Dessa forma, não se nega a ocorrência do efeito translativo nos recursos de estrito direito, mesmo que de forma peculiar. Tal abordagem, inclusive, impede que decisões viciadas sejam, futuramente, objeto de desconstituição através de ação rescisória e, desse modo, preserva-se o postulado da segurança jurídica.

Tal posicionamento está em consonância com as garantias instituídas pelo devido processo legal e já possui adesão na jurisprudência do Superior Tribunal de Justiça, ainda que de forma minoritária.

Referências

ALVIM, Arruda. Lei 11.280, de 16.2.2006: análise dos arts. 112, 114 e 305 do CPC e do §5º do art. 219 do CPC. *Revista de Processo*, São Paulo, v. 143, jan. 2007.

AMORIM FILHO, Agnelo. Critério científico para distinguir a prescrição da decadência e para identificar as ações imprescritíveis. *Revista dos Tribunais*, São Paulo, v. 49, n. 300, p. 7-37, out. 1960; *Revista de Direito Processual Civil*, v. 3, n. 2. p. 95-132, jan./jun. 1961.

ASSIS, Araken de. *Manual dos recursos*. 2. ed. São Paulo: Revista dos Tribunais, 2008.

BOCCUZZI NETO, Vito Antônio. Recursos excepcionais: o prequestionamento e a matéria de ordem pública. *In*: NERY JUNIOR, Nelson; WAMBIER, Teresa Arruda Alvim (Coord.). *Aspectos polêmicos e atuais dos recursos cíveis e assuntos afins*. São Paulo: Revista dos Tribunais, 2007. v. 11.

BUENO, Cássio Scarpinella. *A nova etapa da reforma do Código de Processo Civil*. São Paulo: Saraiva, 2007. v. 2.

CAHALI, Yussef Said. *Prescrição e decadência*. 3. ed. São Paulo: Revista dos Tribunais, 2008.

CÂMARA, Alexandre Freitas. Reconhecimento de ofício da prescrição: uma reforma descabeçada e inócua. *In*: DIDIER JUNIOR, Fredie. (Coord.). *Leituras complementares de direito processual*. 5. ed. Salvador: JusPodivm, 2007.

CUNHA, Leonardo J. Carneiro da; DIDIER JUNIOR, Fredie. *Curso de direito processual civil*. 7. ed. Salvador: JusPodivm, 2009. v. 3.

DANTAS, Bruno. *Repercussão geral*. 2. ed. São Paulo: Revista dos Tribunais, 2008.

DIDIER JUNIOR, Fredie. *Curso de direito processual civil*. 10. ed. Salvador: JusPodivm, 2008. v. 1.

DIDIER JUNIOR, Fredie. *Regras processuais no Código Civil*. 3. ed. São Paulo: Saraiva, 2008.

FÉRES, Marcelo Andrade. Da alegação e do reconhecimento da prescrição no âmbito dos recursos especial e extraordinário: análise a partir da Lei nº 11.280/06. *Revista Dialética de Direito Processual*. São Paulo, v. 48, mar. 2007.

JORGE, Flávio Cheim. *Teoria geral dos recursos cíveis*. Rio de Janeiro: Forense, 2003.

KOEHLER, Frederico Augusto Leopoldino. *A razoável duração do processo*. Salvador: JusPodivm, 2009.

LEAL, Antônio Luís da Câmara. *Da prescrição e da decadência*. 3. ed. Rio de Janeiro: Forense, 1978.

MAZZEI, Rodrigo et al. *Reforma do CPC*. São Paulo: Revista dos Tribunais, 2006.

MELLO, Rogério Licastro Torres de. A prescrição e o seu conhecimento de ofício. *In*: MEDINA, José Miguel Garcia et al. (Coord.). *Os poderes do juiz e o controle das decisões judiciais*: estudos em homenagem à Professora Teresa Arruda Alvim Wambier. São Paulo: Revista dos Tribunais, 2008.

MELO, Andréa Cherem Fabrício de. O prequestionamento e as matérias de ordem pública nos recursos extraordinário e especial. *Revista de Processo*, São Paulo, v. 132, fev. 2006.

NERY JUNIOR, Nelson. Questões de ordem pública e o julgamento do mérito dos recursos extraordinário e especial: anotações sobre a aplicação do direito à espécie (STF 456 e RISTJ 257). *In*: MEDINA, José Miguel Garcia *et al.* (Coord.). *Os poderes do juiz e o controle das decisões judiciais*: estudos em homenagem à Professora Teresa Arruda Alvim Wambier. São Paulo: Revista dos Tribunais, 2008.

NERY JUNIOR, Nelson. *Princípios do processo na Constituição Federal*. 9. ed. São Paulo: Revista dos Tribunais, 2009.

NERY JUNIOR, Nelson; NERY, Rosa Maria de Andrade. *Código de Processo Civil comentado e legislação extravagante*. 10. ed. São Paulo: Revista dos Tribunais, 2007.

OLIVEIRA, Carlos Alberto Álvaro. *Do formalismo no processo civil*. 3. ed. São Paulo: Saraiva, 2009.

PONTES DE MIRANDA, Francisco Cavalcanti. *Tratado de direito privado*. Campinas: Bookseller, 2000. t. VI

THEODORO JUNIOR, Humberto. *As novas reformas do Código de Processo Civil*. Rio de Janeiro: Forense, 2006.

WAMBIER, Teresa Arruda Alvim. *Recurso especial, recurso extraordinário e ação rescisória*. 2. ed. São Paulo: Revista dos Tribunais, 2008.

Informação bibliográfica deste livro, conforme a NBR 6023:2002 da Associação Brasileira de Normas Técnicas (ABNT):

LUCENA, Tamyres Tavares de. Possibilidade de alegação de prescrição nas instâncias recursais extraordinárias. *In*: CUNHA, Leonardo Carneiro da (Coord.). *Questões atuais sobre os meios de impugnação contra decisões judiciais*. Belo Horizonte: Fórum, 2012. p. 313-330. ISBN 978-85-7700-580-2.

SOBRE OS AUTORES

Alexandre Freire Pimentel
Mestre e doutor em direito pela FDR-UFPE. Professor adjunto de Direito Processual Civil da Universidade Católica de Pernambuco (graduação, especialização e mestrado) e da Faculdade de Direito do Recife (FDR-UFPE). Coordenador dos cursos de pós-graduação da escola superior da magistratura de Pernambuco. Vice-diretor do centro de estudos judiciários do TJPE. Ex-promotor de justiça. Juiz de direito. Assessor especial da Corregedoria Geral da Justiça do TJPE.

Alyson Rodrigo Correia Campos
Aluno da Universidade Federal de Pernambuco, 6º período. Aluno-pesquisador do PIBIC-CNPq. Participante dos grupos de pesquisa dos Professores: Dr. Alexandre da Maia; Dr. Leonardo José Carneiro da Cunha e do PHD João Maurício Leitão Adeodato.

Felipe Regueira Alecrim
Graduando em direito pela UFPE.

Francisco de Barros e Silva Neto
Juiz Federal. Mestre e Doutor em Direito (UFPE). Professor adjunto da Faculdade de Direito do Recife da Universidade Federal de Pernambuco – UFPE.

Frederico Augusto Leopoldino Koehler
Juiz Federal do Tribunal Regional Federal da 5ª Região. Mestre em Direito Público pela Universidade Federal de Pernambuco – UFPE. Professor Substituto do Curso de Graduação em Direito da Universidade Federal de Pernambuco – UFPE. Professor dos Cursos de Graduação e Pós-Graduação em Direito da Faculdade Boa Viagem – FBV. Professor do Curso Preparatório para Concursos Espaço Jurídico.

Irving William Chaves Holanda
Professor colaborador dos cursos de treinamento e aperfeiçoamento da Escola do Legislativo da Assembleia Legislativa do Estado de Pernambuco – ALEPE. Bacharel em direito pela Universidade Católica de Pernambuco – UNICAP/UCP. Oficial de gabinete da Corregedoria Geral de Justiça. Assistente técnico da assessoria especial da CGJ.

Isabela Lessa de Azevedo Pinto Ribeiro
Mestre em Direito Processual pela Universidade Católica de Pernambuco. Professora de Processo Civil da Faculdade Christus (Fortaleza – CE). Advogada.

Ivo Dantas
Professor titular (antigo Catedrático) da Faculdade de Direito do Recife – UFPE. Doutor em Direito Constitucional – UFMG. Livre Docente em Direito Constitucional – UERJ. Livre Docente em Teoria do Estado – UFPE. Membro da Academia Brasileira de Letras Jurídicas. Membro da Academia Brasileira de Ciências Morais e Políticas. Presidente do Instituto Pernambucano de Direito Comparado. Presidente da Academia Pernambucana de Ciências Morais e Políticas. Membro do *Instituto IberoAmericano de Derecho Constitucional* (México). Membro do *Consejo*

Asesor del Anuario IberoAmericano de Justicia Constitucional, Centro de Estudios Políticos y Constitucionales (CEPC), Madrid. Ex-Diretor da Faculdade de Direito do Recife – UFPE. Membro da Academia Pernambucana de Letras Jurídicas. Fundador da Associação Brasileira dos Constitucionalistas Democráticos. Membro Efetivo do Instituto dos Advogados de Pernambuco. Membro do Instituto Pimenta Bueno – Associação Brasileira dos Constitucionalistas. Professor Orientador Visitante do Programa de Pós-Graduação em Ciências da Saúde, Universidade Federal do Rio Grande do Norte, conforme aprovação do Colegiado, em 31 de maio de 2001. Juiz Federal do Trabalho — aposentado. Vice-Presidente da Comissão de Precatórios Judiciais da OAB, Secção de Pernambuco. Advogado e Parecerista.

João Luiz Lessa de Azevedo Neto
Bacharelando em Direito pela Faculdade de Direito do Recife da Universidade Federal de Pernambuco. Bolsista de Iniciação Científica do PIBIC-CNPq-FACEPE.

João Victor Lima
Graduando em direito pela UFPE.

Lucas Lima Costa Miranda
Graduando em direito pela UFPE.

Marta Patriota
Mestranda em direito pela UFPE e advogada.

Paulynne Rocha V. Figueiredo
Graduanda em direito pela UFPE.

Ravi de Medeiros Peixoto
Bacharelando em Direito pela Faculdade de Direito do Recife da Universidade Federal de Pernambuco.

Roberto Corte Real Curra
Aluno de Graduação da Faculdade de Direito da Universidade Federal de Pernambuco.

Rodolfo Botelho Cursino
Advogado. Bacharel em Direito pela Universidade Federal de Pernambuco – Faculdade de Direito do Recife.

Rodrigo Numeriano Dubourcq Dantas
Graduando em direito pela UFPE.

Sheila Pinto Giordano
Graduanda em direito pela UFPE.

Tamyres Tavares de Lucena
Graduanda em direito pela UFPE.

Esta obra foi composta em fonte Palatino Linotype, corpo 10
e impressa em papel Offset 75g (miolo) e Supremo 250g (capa)
pela Paulinelli Serviços Gráficos Ltda.
Belo Horizonte/MG, junho de 2012.